解读秦俑

——考古亲历者的视角

王学理　著

學苑出版社

图书在版编目（CIP）数据

解读秦俑：考古亲历者的视角／王学理著．－北京：学苑出版社，2011.9

ISBN 978-7-5077-3856-8

Ⅰ．①解… Ⅱ．①王… Ⅲ．①秦俑－研究 Ⅳ．①K878.94

中国版本图书馆CIP数据核字（2011）第184959号

出 版 人：孟 白
责任编辑：潘占伟
封面设计：徐道会
出版发行：学苑出版社
社　　址：北京市丰台区南方庄 2 号院 1 号楼
邮政编码：100079
网　　址：www.book001.com
电子信箱：xueyuan@public.bta.net.cn
销售电话：010-67675512　67678944　67601101（邮购）
经　　销：新华书店
印 刷 厂：保定市彩虹艺雅印刷有限公司
开本尺寸：787×1092　1/16
印　　张：37.875
字　　数：712 千字
版　　次：2011 年 10 月第 1 版
印　　次：2011 年 10 月第 1 次印刷
定　　价：180.00 元（精装）

秦俑军阵

秦俑一号坑（矩阵）全景

一号坑军阵前锋队列

一号坑军阵中的车、步混编队列

一号坑军阵俑群侧视

一号坑军阵中的重装步兵（长铍队列）

一号坑军阵中的轻装步兵

秦俑兵器

矛、铍、殳

寺工矛（Ⅰ式）

寺工矛（Ⅱ式）

铜镞首

青铜戈头

铜弩机

青铜长剑

铜铍

铜钩（金钩、秦钩、铜弯刀）

秦戟（戈与矛组合）

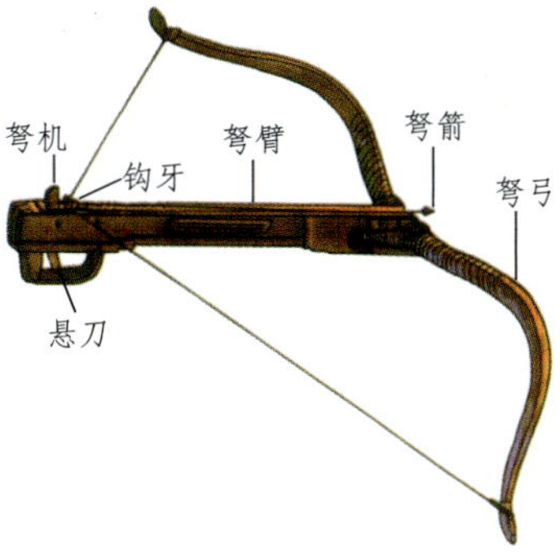

秦弩示意图

弩与箭

铜镞一束

秦兵马俑

高级军吏俑
（戴切云冠、穿袍）

高级军吏俑
（戴切云冠、著甲）

高级军吏俑
（擐甲年长者）

中级军吏俑
（戴长冠穿全铠甲）

中级军吏俑
（正背，坎肩式甲）

下级军吏俑
（穿战袍）

甲俑
（著袍擐甲）

甲俑（著袍擐甲）

袍俑

立姿射俑

车兵俑（车右、御、车左）

车御铠甲

骑兵及其乘马

跪姿射俑

发髻

将军俑头

秦俑形象（戴武弁）

秦俑形象（免胄束发）

秦俑形象（戴长冠）

秦俑形象

秦俑服饰图案

高级军吏俑（戴切云冠、著甲）绘彩复原

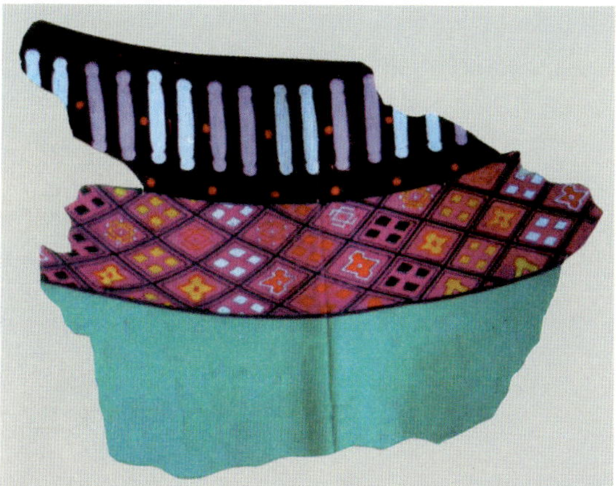

将甲腰背部彩绘图案复原

粘连在泥土上的将服图案

秦俑颜色岩相

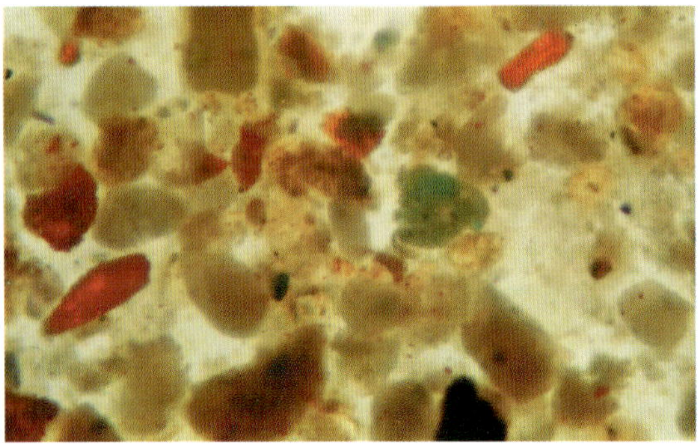

1# 玫瑰红（透射单偏 ×210）

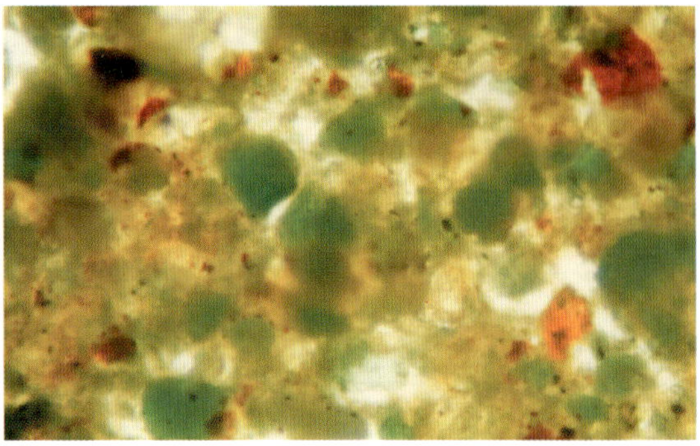

3# 粉绿（透射单偏 ×210）

6# 土红（透射单偏 ×210）

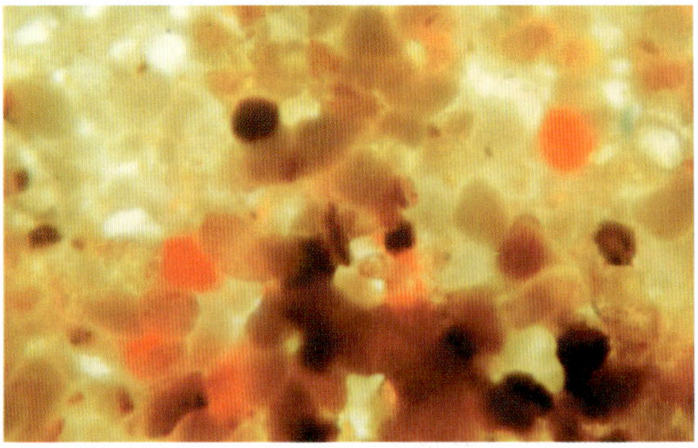

7# 粉红（有黑色不透明矿物）

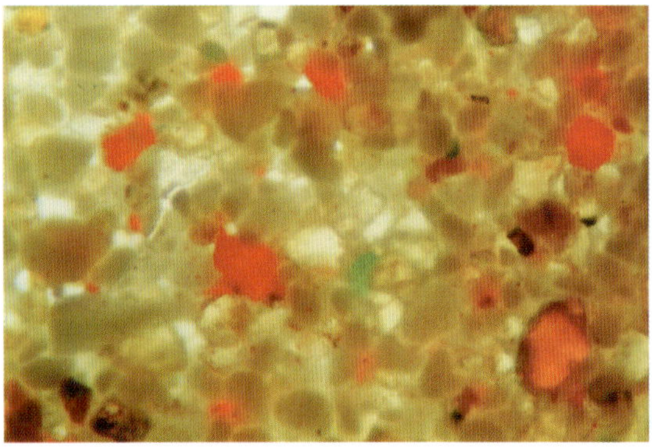

7# 粉红（透射单偏 ×210）

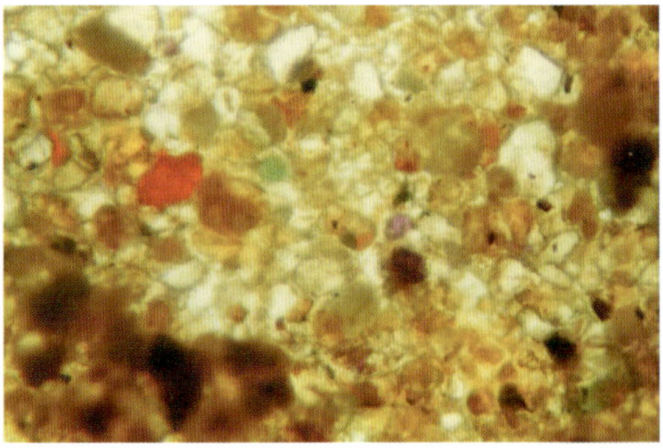

9# 群青紫（有黑色不透明矿物）

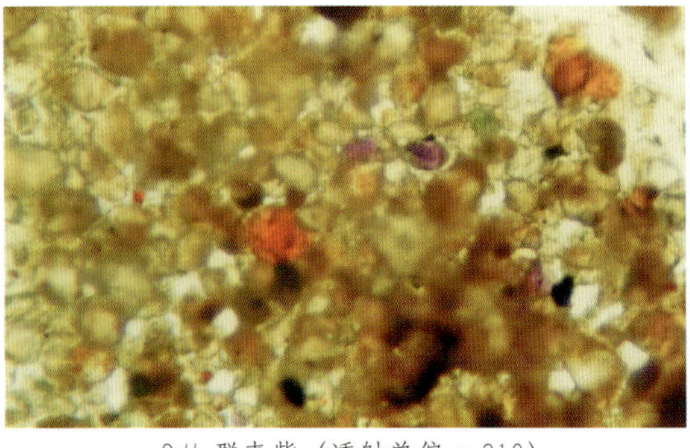

9# 群青紫（透射单偏 ×210）

10# 肉红（透射单偏 ×210）

目　录

军事篇

兵器篇

艺术篇

附　录

军 事 篇

壹 一幅秦代的陈兵图

——论秦俑坑的性质及其编成

秦始皇陵兵马俑从葬坑的发现，被誉为世界的一大“奇迹”。“奇”，就奇在它气魄的雄浑、内容的丰赡，使我们进而认识到秦人创造力之伟大，中华文明之璀璨。再从更深层的意义上看，秦俑坑及其文物，已不独为中国人的骄傲，而应当属于世界人民共有的文化财富。

无为之作，绝无仅有。秦俑坑的构筑，也当然毫无例外地受着某种意识的支配，有着严谨的总体规划（图Ⅰ-1：1）。

一 兵马俑坑的设置意图

（一）作用和属性

秦始皇陵墓外侧兵马俑坑的作用，截至目前主要有四说。即：守京城的宿卫军说[1]，秦始皇东巡卫队象征说[2]，送葬的俑群说[3]，表彰统一全国军功所树纪念碑式的“封”说[4]。

从某种意义上说，陵墓这种“地下王国”的形式是“地上王国”现状的反映。但是，陵墓制度毕竟不同于京都的建制。秦都雍的诸公陵墓围以壕沟，说明秦人的护陵设施早有传统。秦都咸阳故地至今也未发现城郭，更说不上有什么“重城”[5]。即使要守卫京师的话，三面俱无而东门独设，岂非有违城池守备的部署原则？秦俑坑的俑向朝东，也未必是跟始皇“东巡”有关。此理明若观火，无须析疑。因为秦俑坑属于始皇陵的从葬坑，若要说以俑群送葬的

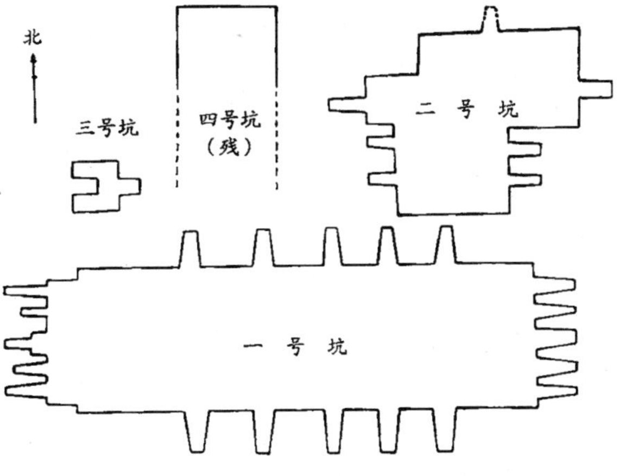

图Ⅰ-1：1 秦俑从葬坑平面位置示意图

话，未尝不可。无论如何，前三说还是基于“坑”从属于“陵”的这一认识而提出来的。可以仁者见仁，智者见智，各抒己见，无须早做定论。唯有树“封”之说，断然分离了“陵”与“坑”的关系，使人迷惘，疑窦连连。

《史记·秦本纪·集解》引贾逵说：“封识之。”即“封”是一种标识。但“封”的原意总是同死葬连接在一起，也未必属于纪念性的。《史记·秦本纪》记秦穆公“封殽中尸”同《礼记·乐记》的“封比干之墓”的意思相同，是对死者之墓培土，目的在于防水流侵蚀和堵塞鼠穴。时至今日，仍在举行扫墓之礼，显然是对这一古老的风俗的延续。如果说在陵墓前作标志的话，远在夏商周三代尚无陵丘，又没有碑出现的情况下，以埋入地下的兵马俑作为“封识”，同样也难于成立。若真的是为“表彰统一全国之功”的话，树“封”之地，大概莫过于秦都咸阳了。且看秦统一六国之后，曾“收天下兵，聚之咸阳，销以为钟鐻”，就显然含着化干戈为玉帛的宣传作用。把十二个金光闪闪的大铜人放置在宫廷，岂能不算作“封”？秦始皇五次出巡，有七次刻石，“颂秦德，明得意”（《史记·秦始皇本纪》），我们视之为“封”有何不可？只不过在那时，并没有这样的称呼罢了。由此可见，“封”毕竟还是有着确定的含义的。秦俑身上的印戳及刻文，除去工匠的名字和编号之外，并没有片言只语的颂辞，又独置于地下而秘不示人，同秦始皇“明其得封”（《汉书·郊祀志》）的用意能有半点相近乎？

秦俑四坑，其中的第三号坑属于军幕性质的认识，一般的说还能为人所接受。但对第一、二、四号坑的属性则见有两说，即：一种看法是以为此三坑分别代表着右、左、中三军；另一种看法则以为属于主军、佐军和后勤。乍看起来，似各有理。但从阵形变换关系、坑的形状及其布局上考虑，特别是追溯俑坑设置的本意，就感到前说确有商榷之处。因为孤立地谈“阵”，无处非阵、非坑不阵，并由此而套用兵法，恐怕就免不了涉于推测申说之虞。

（二）“陈兵”形式

我以为兵马俑坑的创设是秦始皇陵园建制的组成部分。立论的根据是：俑坑因陵而存，而这又是秦代陵墓制度发展高度的特殊表现。我以为秦始皇陵园表现出三个带有时代烙印的特点，这表现在：一是保留了殷周以来的旧制（如设置车马坑、祭祀坑、埋葬牺牲等）；二是继承了秦的埋葬传统（如筑大丘垅、建城隍、立寝殿、陪葬制等）；三是出现了新的从葬内容（如马厩坑、珍禽异兽坑、兵马俑坑等）。这些因素从根本上讲，固然都是死者生前行为的表现，但秦始皇兵马俑的出现，不只是具有鲜明的时代性，更主要的是由秦始皇个人的性格特点所决定的。

兵马俑坑之所以能在陵园出现，其前提就是秦始皇对于军队的偏爱。我们知道，秦自商鞅变法以后，因为靠推行耕战政策而强盛起来。秦始皇横扫六合，统一全国，靠军队；其守备国防，巩固政权，仍然靠军队。不但队伍的调遣、统帅的任免都得听凭他的指令，就连一些重大战役，他也亲临前线督战。如秦始皇十九年（公元前228年），在王翦、羌瘣灭赵之战中，“秦王之邯郸”（《史记·秦始皇本纪》）。那么，军权集于于一身、志得意满的秦始皇，把模拟秦将卒形象的陶俑群从葬于郦山陵墓就是情理中的事了。至于“送葬”之说、“辟邪”之说，只能是以今况古的推测，大概有违于秦始皇筑坑置俑的原意了。

以俑群从葬该采取什么形式呢？是一群将卒麇集的乌合之众，是整肃的三军阵列，是某一厮杀的战斗场面，是边防“萃险增垒”（《孙膑兵法·威王问》），还是进军奔袭？……摆法甚多，而这里独取“陈兵”这一最能全面表现秦军事生活和军容的形式，可说是最佳的选择了。

所谓“陈兵”者，有多义。一种是动词，作句子的谓语。如《孙子兵法·行军篇》有“奔走而陈兵车者”，是指战车在运动中展开。《尉缭子·兵令上》的“出卒陈兵”，说的是行军布阵；另一种是名词，作为主语或宾语。如《孙膑兵法·官一》：“陈师以危□。”指的是，列队时用“危□”阵。在《汉书·刑法志》上，有“善师者不陈”的话。颜师古注作：“战阵之义，本因陈列为名。”在这里，他从本义上点出了“阵”的实质不过是“陈师”而已。《周礼·地官司徒·司市》郑玄的注，就更明白地说出“陈，犹列也”。所以，这里的“陈兵”也即是孙膑说的“张军”（《孙膑兵法·威王问》）。于此，不论是那种“陈”，但都同排列、部署、展开兵力有关。不过，论其实际内容，则不尽一致罢了。

秦俑坑的兵种，除去水军之外，已有了步、骑、车等三大兵种的具体形象（另外，步兵中又分离出“弩兵”，即“射兵”一种）。这大概同它们所处的主力地位有关。至于部署成四个坑，我以为它在于从整体上反映了秦军临战、宿营、作战和幕府的编成与编制原则。

二　秦俑一号坑——一个完成了布阵程序的形式

（一）矩阵的格局

战争是两个军力单位武装冲突的最高形式。作为战斗的双方，不是也不该是一群无组织的混合体。否则，一触即溃，何以谈军？为了战胜敌方，各自都必须把用武器装备的一定数量的武装人员（战斗员）按照一定的组织形式进行编列。从而形成一个进可以攻、退可以守，能分散又便于收拢的战斗集体。于是，人们就把这种临战的队形称之为“阵”。由于阵是伴随战争而产生的一种组织艺术，又随战争实践而发展成变化无穷的多种形式，成为古今中外军事家需要熟谙并探研的一门学问，通常人们也就把这种布阵的方法称之为“阵法”。

尽管古来阵名繁多，使人眼花缭乱，但实际上阵形不外乎方、圆、曲、直、锐五种[6]。再纵观诸阵的构成，它必须具备交战，追击，以及退却等基本功能。这就是：

第一，进攻性：对战、追击、奔驰、突袭等；

第二，防卫性：守战、掩护、警戒等；

第三，应变性：随战场情况变化而作多种机动转换，做到“五阵相应”；

第四，凝聚性：收拢等；

第五，疏散性：展开、分散，退却时的掩护（殿）等。

阵的性能同基本阵形有其一致性，因为适应战场上多变的情况，如影随形地作机动变换本来就是矩阵的格局[7]。今举以下几条材料说明之：

其一：一号坑是个异常规整的长方形。坑长 210 米，宽 62 米，其中装备的陶质武士俑和战车也随之一致。（图Ⅰ-1：2）坑的东西两端各有三排武士俑构成矩阵（即方阵）的“前列”和“后列”，南北两侧各有一排武士俑构成阵的两“旁”。这些面朝四方坑壁的俑群，从而形成了阵表。而中间部分的那些面东的车卒，即是“阵中”（可称“阵体”或“阵本”）”了[8]。一号坑军阵，从阵中到阵表，均以步兵构成矩形的方阵，正是《李靖问对》“方所以矩其步”的具体化（图Ⅰ-1：3）。

图Ⅰ-1：2　秦俑一号坑发掘示意图

其二：因为“阵中”的车马和武士俑全是面东，其他向外，显然整个俑群就具备了锋、翼、卫、本几个方阵不可或缺的组成部分。一号坑东端有三列作横队队形的立俑，每列 68 尊，计 204 尊。他们中除去三尊戴长冠的甲俑外，其余的身著战袍，腿扎行縢，足蹬浅履（有带鞋）或履（无带鞋），免胄束发，手执弓箭，显然是些“善发强弩，远而必中”的摧锋之士（诸葛亮：《新书》）。这和二号坑的前端安置弩兵俑群一样，尽管那是教射的场景，但为出战方便，同样反映了秦军是一支攻击型的部队。其战法必定是：先以万箭齐发，使敌军“绝行乱阵”（《尉缭子·兵教上》），后续部队再源源冲击，白刃格斗，擒敌杀将。在前锋部队之后，紧跟的是 38 路纵队的“本甲”部队。他们身著铠甲，免胄或戴帻，护腿以膝缚、胫衣或跗注，手执戟、铍、矛、戈等长兵器，显然是些“跿跔科头，贯颐奋戟”善于白刃格斗的“虎挚之士”（《战国策·韩策》张仪语）。全坑约有俑、马近乎 6000，这部分的数量最多，车马与徒卒相间，约占全坑的 85.6%，而且在一些特定位置的战车上站有握剑的指挥者，从而组成军队的主体。这种有锋有后的安排，完全符合阵的要求。正同一把利剑之有锋有茎一样，“相信不动，敌人必走”。（《孙膑兵法·势备》）。从总

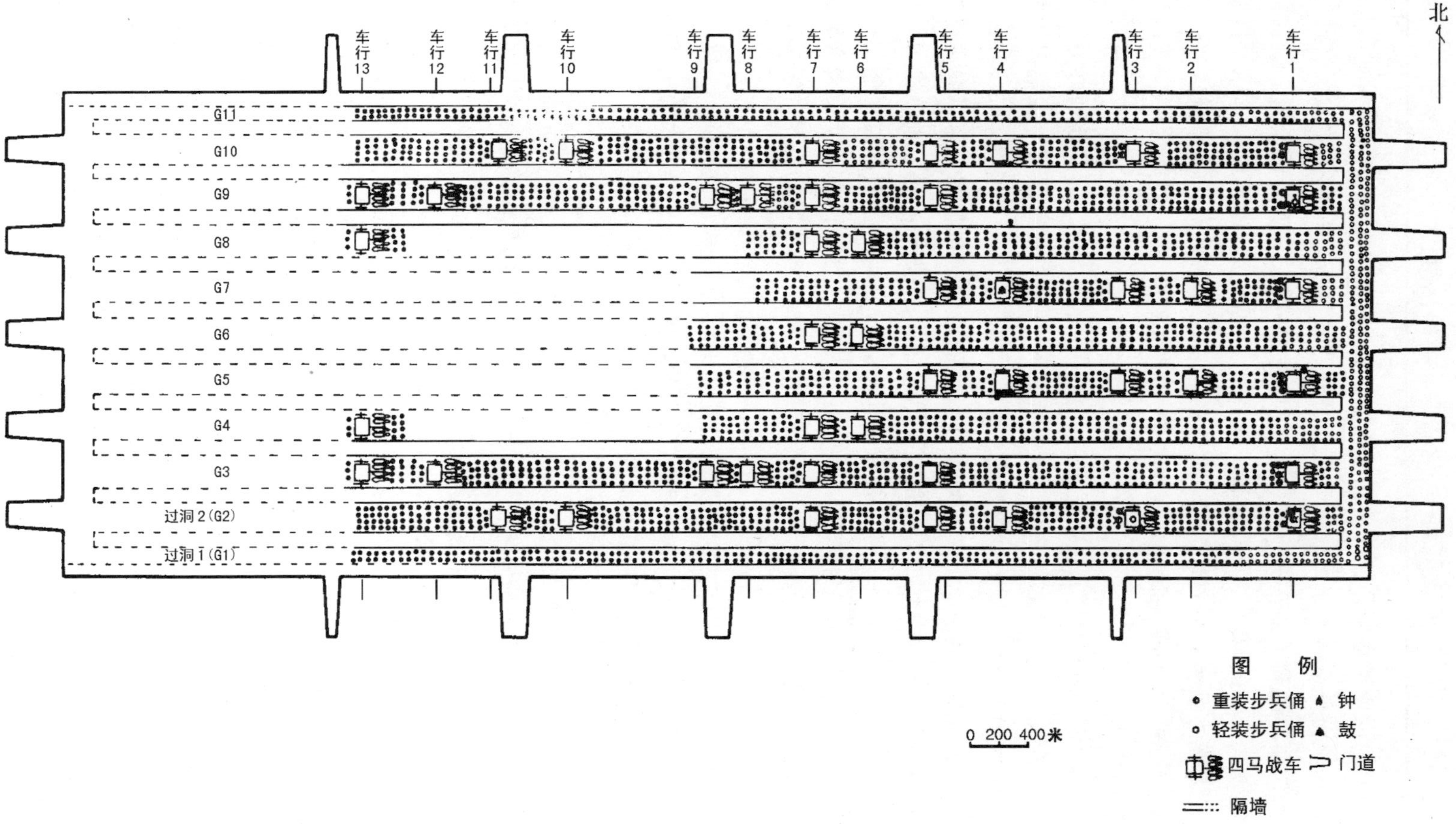

图Ⅰ-1：3　秦俑一号坑陶武士俑、车马排列示意图

（系作者测绘）

体上不但真实地再现了秦国作战时"强弩在前，锬戈在后"(《史记·苏秦列传》)的武器配备原则，而且也体现了方阵部署兵力时要"末甲劲，本甲不断"的气势[9]。

俑群南北两旁的武士俑，多穿铠甲，手里拿的兵器无一例外的是弩，且面向军阵两侧，这就是方阵的两翼。俑群后部，即一号坑的西端，面西的三排俑作横队排列，这就是方阵的卫部。两"翼"和"卫"的作用在于防备敌人拦路截击或包抄后路，以保障自己军队的战斗行动，完全服从着"保存自己，消灭敌人"这一战略目的。

其三：《孙膑兵法·十阵》在描述"钩行之阵"的格局时说："前列必方，左右之和必钩。三声既全，五彩必具备……无前无后……"左右两"和"在矩阵中称之为"左盂"、"右盂"，晋、宋人称其曰"左甄"、"右甄"[10]，均指军阵的两翼。钩，具有迂回、曲折、勾连的意思。一号坑军阵俑群的锋部横列整齐，两翼向东延伸有六个俑包在"锋"之两端（"卫"部的情况也大概如此），这正是"前列必方，左右之和必钩"的形象。一旦对阵破敌，便形成包抄。后卫俑的排列同前锋俑一样，相当齐整，可说是"无前无后"的配置，也正是适应了"回军转阵，以前为后，以后为前"(《军志》)的需要。虽然在坑内未发现旗旆，但作为军事指挥系统的钟和鼓却有出土，当是阵形完整的又一证据。

正因为"钩行之阵"的"前列必方"、"无前无后"，就表明这种阵形的本体仍然是一个巨大的方阵。而秦俑一号坑的长方形结构，无疑就是一个巨大的矩阵。它确确实实地具备了进攻、防卫、应变、收拢、疏散等战术性能。

（二）构成特点

解剖秦俑一号坑，除去确定锋、翼、卫、本几个阵的基本要素外，还能从中获得研究矩阵基本结构及队形配置原则方面的形象材料。

秦俑一号坑阵体的布置有如下三个特点：

第一，兵力部署上的对称性。

用土筑的10道"承重墙"，把一号坑隔成东西向的11道"过洞"。以第6过洞为中轴线，武士俑和车马的排列是向两侧对称展开的。作战单位和各兵种的位置几乎都具有对称性。以前排6乘战车为例，G5和G7（G为过洞代号，后面的数字为由南往北的顺序编号）是单车对称，G2、G3和G10、G9属于双车对称。除去两个翼侧俑作相背对称外，38路纵队武士俑也是偶数可分的；戴帻的甲士单独编列，在T2（T为探方代号）的G1、G2和G3的三个过洞里站9列。相对应的是北侧T20中，在G11、G10和G9三个过洞里，也有9列武帻甲士俑。即以作横队排列的前锋而论，不但3尊戴长冠的下级官吏俑站在前一排的两端和中间这三个点上，而且还把两把秦钩（铜弯刀）分置在锋部的两端[11]。

第二，行列的规整性。

一号坑阵体部在步兵同战车的关系上，除去横向的对称排列外，纵向的则作间隔排列。尽管每两战车后的步兵数多寡不一，但前后安置得却是相当整齐的。

《司马法·严位》一再强调要“立卒伍、定行列”，“行慎行列，战谨进止”。按周代军制：五人为“伍”，五伍为“两”（25 人），四两为“卒”（100 人）。其中的“两”往往是一个作战单位，士卒是要佩带徽章的。编队时，从前一个五行到第 5 个五行的徽章颜色分别是苍、赤、黄、白、黑，而且置章的部位按行也分别是首、项、胸、腹、腰[12]。军吏入列，同自己的士卒一致，做到战时“前如雷霆，动如风雨，莫敢当其前，莫敢蹑其后”（《尉缭子·经卒令》）。为了保持横向排面呈“行”和纵向排列呈“列”，队伍就得不断地要“定”。如果平时不作“立卒伍，定行列”的训练，那是难于应战的。

从秦俑坑战车前后的武士俑排列看，都是 4 行。这是否就是秦军编制的最小单位呢？无论做何解释，而这里卒、乘行列的整齐划一却是事实。

第三，总体上的统一性。

一号坑矩阵严整是不待言的，不但俑、马的高矮，战车的大小相差无几，而且姿态神情也几乎是相同的。在这里，马已服驾，御者握辔，士卒执兵，军吏入位，俨然是个待令趋发的场景。

士兵在队伍里受到军风纪的约束，是不能自由行动和左顾右盼的。《尉缭子·勒卒令》规定：“喧哗者有诛。”遵守法规、服从命令是军人的天职，这就是《六韬》上说的“士卒畏法，敬其将命”（《六韬·兵徵》）。而秦军的功赏相长同严刑峻法两相并用，对于治军更有其积极的作用。秦俑阵列气势磅礴而严整肃穆，将士个个表现得唯命是从而严谨谦恭。战马伫立如柱，显然是平时严格训练的结果，当然也是军事条令要求的必然。

（三）阵法意义

秦俑军队阵形的模拟，从认识的高度上，提供给我们的则是极其重要的军事学研究资料。而这同样也反映了战国时期阵法的丰富内容。

首先，阵表坚固，阵体雄壮。

在战国、秦汉时期，经过专门训练、专司射弩者，成为一支独立的发弩兵种。秦俑矩阵的锋部诸俑，均著轻装（战袍），无一例外地执弩弓，显然是具有轻足善走、逾高绝远的特长。而锋部有三尊戴长冠、穿战袍的武士俑，可能就是管理这支队伍的“发弩啬夫”。矩阵的两个侧翼和后卫部，同样是以弩弓装备的队伍。总之，矩阵之表是由趆张、引强组成，环壁如堵，“发于肩膺之间，杀人百步之外”（《孙膑兵法·势备》）。无论是对付来犯之敌，还是以攻坚逐强，均可使敌卷甲遁远，触之即溃。

秦俑矩阵之本，是个以众多的步兵簇拥战车组成强大的战斗主力。步兵手执矛、戟、铍等长兵器，用以白刃格斗。车兵则是以弓弩为主的武器配置，射杀接近战车之敌，同步兵协同作战。

战国杰出的军事家孙膑总爱用剑喻阵。他以末之劲锐、刃之锋利、本体鸿大为比，可说是很形象而又寓意颇深。秦俑矩阵之表正合于剑刃的要求，阵体又同剑本牢固的结构相吻，确与战国时期的战术思想一致。它不但反映秦军阵的特点，而且也表明了同春秋时期大排面的车阵战的不同。这就是建制步兵已成为军队的主力，其战斗作用也正是战斗手段进步、士兵地位提高带来的结果。故而军事指挥员在布阵时，当然也会考虑到这一因素。

其次，疏阔其表，隐变其里。

矩形阵有着深远而广阔的纵深，其作战方法足以显示出对敌斗争的优越性。“强弩在前，锬戈在后”的武器配备，表现了秦军布阵的进击思想，贯彻着交战中力争掌握战场主动权的动机。由“万弩齐发”到格斗决胜的作战次序，近代战争的进程也有着极其相似的一面。这，还只是从正面对敌作战而言。

秦俑矩阵的兵力部署本身就隐含着随战场情况变化而阵形变换的种种迹象。执弩的前锋在射击之后，可随即分开居于两侧给主力让路，也可以同随后的主力分开（G6为中分线）形成犄角，夹击敌人。在春秋时期的车战中出现了一种叫做“角”的追击队形，到战国时期随步、骑兵兴起，追击和遭遇成为进攻的主要形式时，进而就演化为“雁行之阵”[13]。那么，秦俑矩阵在实施追击时，由弓弩手配合用弩的战车组成强力的战斗力量，沿着敌军两侧运动，迅速展开雁行之阵，以便于进行有效的侧面攻击。当然，按照攻击型的秦军特点，它也可以把纵深进攻的矩阵变成“冲坚毁锐”的“锥行之阵”。因为这种末锐、刃薄、本鸿的阵形，适宜在快速进攻中对敌军穿插、分割而“决绝”（《孙膑兵法·十阵》），况且它又同雁行之阵本来就有着转换的关系，所以也应是秦军正面对付敌阵经常采用的形式之一。

当两军对峙时，双方谁也不敢率先行动，往往是极力避开正面而以一部分兵力袭击敌军翼侧。这就是孙膑说的“微阵以触其侧”的战法（《孙膑兵法·威王问》）。秦俑矩阵处于屯聚状态时，对两侧袭来的敌军也能立即左右旋转，变成作战的横队。至于矩阵以前为后，以后为前的变换，更是无须赘言的便当了。

恩格斯在总结两军会战时，说采用的攻击方法通常有四种，即“全面攻击”、“翼侧攻击”、“中央攻击”和“斜形攻击”[14]。其中的第二种正是“雁行之阵”的攻击方法。所以从战术角度看，古今中外有着很多相似的战法。而作为阵法的变换，在古代中国则有其独到之处了。

“变”与“应变”是军事指挥者才能和素质最集中的表现。何良臣曾说过：“用变取胜，各有神异”（何良臣：《阵纪·阵宜》）。秦俑矩阵虽处静态，但从直观中却隐匿着这个“变”字。

再次，车步协同，疏密应时。

《吴子·料敌》在谈到破六国阵法时，给秦军的作战队形以“散而自斗”的评价。按照吴起的说法，秦的士卒往往“贪于得而离其将”，只要示之以利而引去，设伏投机，就可取将破阵了。这种状况也许是战国初年秦军的实情，但它从另一个侧面透露出战国时期在野战进攻战术上确实是与前大不相同，绝非秦国独出于此。因为任何时期，单兵是不可言战的，秦军的“自斗”也绝非是个人的竞技行为。战车时期的战争作为一场有组织的武装冲突，已是从殷周以来密集的车阵战演变为车、步、骑的协同作战，战斗队形也就转向便于作战的疏散配置。这时期的军事理论著作，如《司马法·定爵》说：“凡阵，行唯疏，战唯密，兵唯杂”，《尉缭子·兵令上》也说：“阵以密则固，锋以疏则达……出卒阵兵有常令，行伍疏散有常法，先后之次有适宜”。

《史记·张仪列传》：“秦带甲百余万，车千乘，骑万匹。”大体上勾出秦兵种的构成比例是100∶1∶10。秦俑一号坑内，我据布局密度估计，可出土武士俑6700尊左右、驷马战车60余乘，毕竟还是合于“百与一之比”。但是具体到坑内每乘战车的随员数额就大相径庭了。无论怎么说，这一时期车后随员人数不只比春秋时期要多得多，而且还有了不随车的独立建制步兵。它还反映出自由民充任的甲士身份远在徒卒之上，自然就成了作战的主力。这就是说，秦俑一号坑不是纯粹的车阵，也不是纯粹的步阵，更不是以车为主的军阵，而确实是步兵为主、伴有大量战车的矩阵编成。

秦俑矩阵本部的车、步作横和纵向的间隔排列，实际上是一种有纵深的密集配置。从横向看，第一行有驷马战车6乘，分别位于G2、G3、G5、G7、G9、G10等六个过洞里，其中除G2、G3和G9、G10四个过洞的两辆相并外，G5和G7的车则是隔有步兵队列的。像这种两车相并、车步相伴的情况，在以后行里的其他过洞中也均有出现。从纵向看，每一过洞的编列则是步、车相接的关系。如果我们再换一个角度观察，还可发现阵本部诸车无论是总体或单体（包括相关的双车）都为同向的步兵所簇拥着（即每乘战车的两侧和前部都有步兵俑）。综前所述，步、车间隔排列，彼此不留空隙，而又由矩阵本身所赋予的纵深，从而使得这个阵容具有排山倒海之势、泰岳压顶之力。对敌无疑是以石击卵、乌获搦婴，所向无前的了。

秦俑矩阵阵体的作战单位是什么呢？很可能还是由战车和步兵协同组成的。这可由钟、鼓的指挥车、军吏俑及武帻俑、长冠俑所处的位置得到说明。如G2和G3的一行两车同二行的一车间，除去各车的三个乘员不计外，前有免胄束发的甲士，后为戴武帻的甲士，各占两个过洞，排列得相当齐整。相对的，在G9、G10的战车之间，也是这种安排[15]。车步相间，密切配置是一号俑坑布阵独有的特点。也正因为如此，就使得它同前此的车步协同作战的“鱼丽之阵”相似而又相区别。

第一，“鱼丽之阵”的队形是“先偏后伍，伍承弥缝”[16]。就是说先把战车车“偏”横向地排开来拉大距离，再在车后安排步兵“伍”，成为车前步后的二线配置。

然后又在车同车的间隙中以“伍”填补之，形成鱼儿钻进曲簿的样子。郑国以少量兵车占据较大的界面进行正面防御，先用两翼的方阵攻击周军两翼，再集中兵力攻周的中军，这种车步间隔的结果，就使得二者能够发挥各自的特长，相互掩护而又凝聚为一个整体。虽然“鱼丽之阵”创造了以少胜多的战例，但毕竟还是以车为主、步兵为辅的全正面进攻队形，并不能适应以后战场变化的形势。因此，经过战国到秦俑矩阵则演变为以环绕战车的步兵为主、应变能力较强的纵队形态。

第二，“鱼丽之阵”的战车两侧和后部各有步卒一“伍”，不但配置疏散，而且力量单薄。秦俑矩阵却是众多的甲士布满战车的前后左右，像第一行战车前各有 12 名执长兵的步卒，其中穿袍与擐甲者各半。这些“车前卒”大概是与车相配合的战斗步兵，属于同一个战斗单位。

秦俑一号坑矩形阵的作用是什么？由阵本坚固雄阔深远，锋和卫宽疏，两翼单薄而向外等配置看，我可以断言：它是一个临战对敌的“常阵”。具体地说，属于外向的立阵，但绝不是作战的队形或行军阵形。言此的军事学的理论根据，就是《尉缭子》[17]。

秦俑一号坑确实是个完成了布阵程序的队形，是战国时期随战斗步兵兴起和方阵发展达到历史新水平的反映。秦俑矩阵吸收了“鱼丽之阵”和步阵的有益成分，从而形成一个独具特色的临战队形。虽然它还只是属于步兵同车兵组成的秦阵之一种，其军事史的意义却是极其深远的。

三　秦俑二号坑——一个兵营性质的形式

（一）“营”的概念

一本久已失传的西周兵法著作《军志》说：“止则为营，行则为阵。”[18]可见营是军队驻扎的地方，但又常常同固守军事要地的“寨”连用。“营”在于安置军队止息，“阵”系布置作战队形，故而表述上分称为“安营”和“布阵”。

过去流行一种说法，以为“居则以车为营”（马端临：《文献通考》）。实际上，这种理解带有片面性。固然“营”在于“居”，但不一定要“以车为营”。因为那是在行军中来不及筑土墙作“垒”时，才用车辆临时联结成所谓“车宫”，留出“辕门”，就成“营”（《周礼·天官·掌舍》）。如果时间和条件都许可的话，部队要在宿营地周围筑土墙作垒的。因此，《尉缭子·战威》就有“军垒成而后舍”的话。

《左传》上有“垒”的记述，却不见有关“营”的录载。本来“垒”和“壁”都是守备的军事设施，性质也相近。在春秋时期的车阵战中即已存在，并非步战时才有。而营就不同了，带有一定的时间性。《左传》庄公三年（公元前 691 年）：“凡师，一宿为舍，再宿为信，过信为次。”舍、信、次都是人或军队在行经某地短暂留宿的称谓。在盛行车战的殷周时代，呆笨的辎重和严整队形的要求，为了确保战斗力，只能使军队保持日行三十里即宿的速度。如果超过这一时限，人困马乏就会出问题。《孙子兵法·军争篇》就警告说："卷甲而趋，日夜不处，倍道兼行，百里而争利，则擒三将军，劲者先，疲者后，其法十一而至；五十里而争利，则蹶上将军，其法半至；三十里而争利，则三分之二至。"虽然这一时期无营的记载，但却把堡、垒、栽、壁等一些军事据点混在一起[19]。战国时期的情况发生了变化，以步为主的多兵种不但行军速度大大提高，可以日行"百里"（约合今83.5里）[20]，而且也有了固定的营地[21]。恩格斯把过夜之营称作"野营"，把临时军营称作"舍营"，把永久性军营才称作"兵营"（恩格斯《野营》）。

（二）是"营"非"阵"

行营、宿营固然带有暂驻的性质，而防守和屯围的营却带有常驻的作用。因而对营地的选择、营房建筑也就较为讲究。不仅如此，而且它还是住兵集训的场所。对照秦俑二号坑，我们就很清楚地看到它就是一所完整的兵营形式（图Ⅰ-1：4）。

1．建筑结构具有营地的基本要素

二号俑坑的平面呈向东的曲尺形，东西两端各留有出入的斜坡通道3条（这种斜坡道是专供当时施工用，同军阵和营守没有关系）。而坑本体筑有西向的过洞14条，但彼此没有贯通的回廊。按放置俑、马、车的内涵说，坑内明显地分为4个独立的区域（编号：Ⅰ～Ⅳ）：

Ⅰ区——突出于二号坑的东北角，是个独立的建筑单位。其中包括东西方向的过洞6条，过洞两端贯通为通道。在过洞两端的通道里，放置有立射和蹲射的两种陶俑（弓弩手）；

Ⅱ区——位于坑的南部。有东西向的过洞8条，其中放置着64乘战车兵。在过洞两端的通道里，既未墁铺青砖，又未置俑；

Ⅲ区——位于Ⅱ、Ⅳ区之间，东接Ⅰ区的西廊，西端向后拖长，超出Ⅱ区的西界，连接一斜坡道。计占3条过洞，东部和中部放置战车和步兵俑间隔的队列，西部有8骑殿后；

Ⅳ区——位于坑的北部，占3条过洞。东西两端平直，东接Ⅰ区。过洞里前端有6乘战车外，余皆骑兵。

以上4个区域，其中Ⅱ、Ⅲ、Ⅳ各区互不相通，Ⅰ和Ⅱ间也不能直接往来。唯有Ⅲ、Ⅳ区内5条过洞的东端有5个小门可通Ⅰ区。

《尉缭子·将令》："将军受命，君必先谋于庙，行令于廷。……将军入营，即闭门清道。"将军受命，身负重托，居营忙于军务，自然要断绝同外界的交往。杜佑《通典》说到安营之法，是"每一大营有四十子营"。秦俑二号坑内容纳有弩、车、步、骑等4个兵种939人、马472匹、战车89乘，很像是一座庞大的军营。而其中

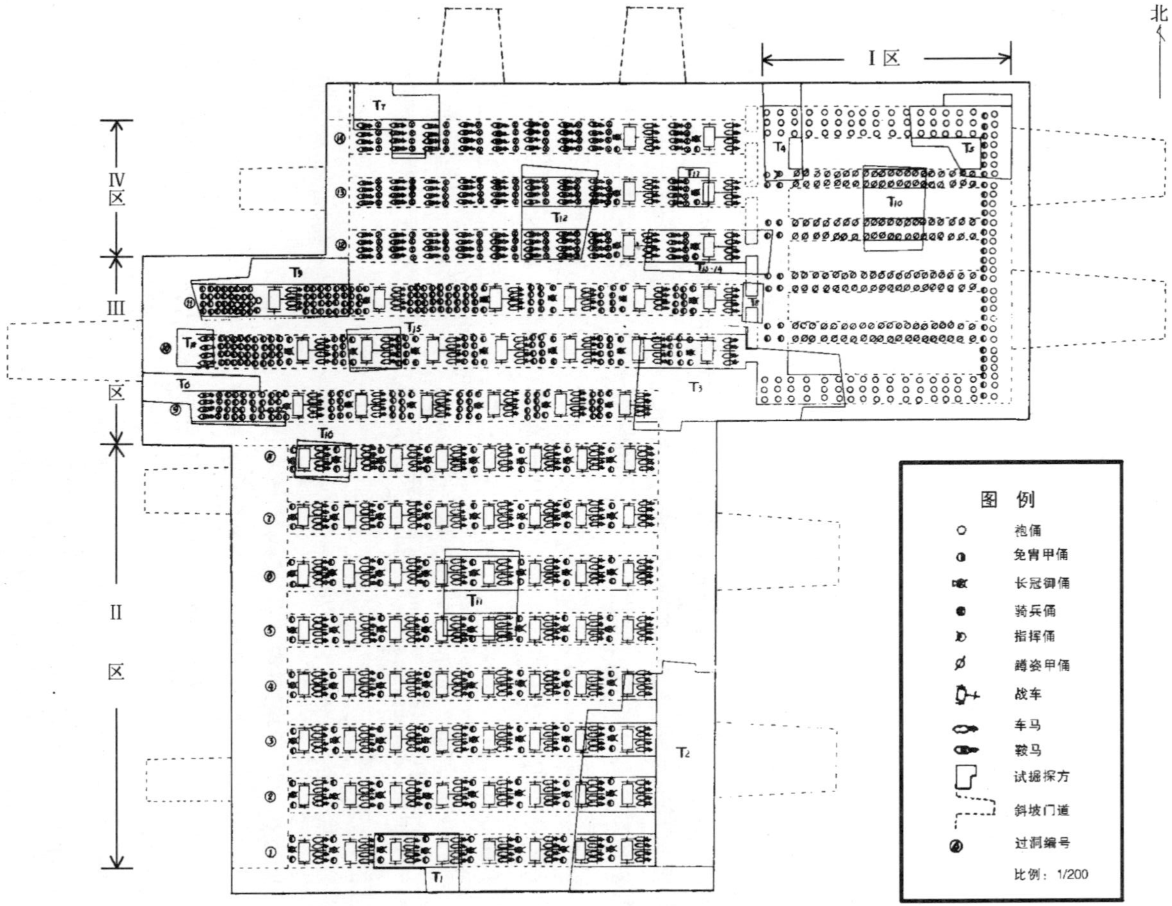

图Ⅰ-1：4　秦俑二号坑陶武士俑、车马排列示意图

（系作者测绘）

的Ⅱ、Ⅲ、Ⅳ3 区，似乎就是依兵种的不同而安排的子营。另外，按规定营区各有“行垣”，彼此是不得随便往来的[22]。显然二号坑Ⅲ、Ⅳ区各过洞的小门，也即是子营外出的“横门”（也称“衡门”）[23]。至于将军坐营的“军门”或“辕门”[24]，大概是放在了二号坑之外。在这里重在表现营中之兵，故而作了省略。

2. 武士俑与战车的排列缺乏阵的性能要求

秦俑二号坑的武士俑、战车和骑士无一例外地面向东方，无论如何从总体到每一小区都还看不出有布阵的考虑。这表现在：

第一，没有列阵的性能要求。仅以Ⅰ区的弩弓兵种队列为例，中心 4 个过洞中有 160 尊蹲姿弓射甲俑，而外圈有著袍的 172 尊立射弩俑围绕着，共同形成方块式的结构。似乎“有表有里”，但它缺乏一号坑前锋那样轮番射击的配置，而且“锋”与“后”不清。如果以作为“角”的追击队形，是很难从左右两侧包抄接敌的[25]。况且这部分俑群处于二号坑“主体”力量的一隅，固然“外向”暴露充分，射界开阔，但“内向”单薄，缺乏接应。所以从这三点上看，还不能说明Ⅰ区就是弓弩方阵。若果我们进而观察，还可发现这 4 个区的兵种布置一是彼此关系松懈，机动转换也无阵形应变设施，“聚”也无中心；二是前、后、左、右 4 个兵力单位平摆，并没有形成以剑喻阵的那种整体，故而也难于体现对阵的目的。

第二，缺乏出战程序的编排。《孙子兵法·行军篇》：“轻车先出居其侧者，阵也。”在车战时代，军事家是把先出轻车当做判断敌情布阵的一个重要标志。可见在担任掩护的机动车辆未“出”之前，整个战斗车乘和战斗员是处在一个行进或戒备的状态。出自布阵的需要和方便，当然有一个“先出”和“继出”的问题。

由一号坑的队形排列，再结合文献，大致就可以使我们推知“秦阵”的战斗员和武器配备的情况。“强弩在前，锬戈在后”（《史记·苏秦列传》），同秦军的攻击型性质是一致的。当秦遣樗里子率领百乘战车向周王煊耀武力时，周就使“长戟居前，强弩在后”的兵力部署进行防卫（《史记·樗里子甘茂列传》）。周王做这样的布置，实际上是在“敌众我寡，敌强我弱”的态势下采用“让威”的一种战法[26]。那么，秦俑二号坑虽有居前的弓弩，但是既看不到“前列”的战斗位置，又显示不出车、步、骑几个兵种的衔接关系来。显然，不仅二号坑的布置同“阵”没有任何关系，而且二线三区（Ⅱ～Ⅳ）中任何一个单元都没有阵的要素，因此“大阵包小阵的前角、后犄的曲形阵”的说法只能是一种主观的推测。

二号俑坑各区内俑马的安排，各有重点，自有配置。Ⅱ区系战车队，Ⅲ区为车步间隔（但随员不定、殿骑不整），Ⅳ区由 6 车居前，骑兵大队随后。各区兵种及其所用兵器，固然因战场的需要而随时调出，发挥其优势，但彼此间并未受到程序的制约。这些更加表明二号坑的兵营性质。

3. 营内驻军划区是服从于出战方便的需要

秦俑二号坑固然不是阵，却隐含着布阵的组合关系。集中的表现就是，有“营”

有“练”的安排，而营为主体所占地盘要大。营可分为单兵小营和混宿小营两大类：

（1）练兵场地——校场（Ⅰ区）

位于秦俑二号坑东北角前突的部分。俑群呈方块编制，由表、里两部分组成。其中心有8列160个蹲姿甲俑。两侧共有6列84尊作“丁字步”站立的袍俑，东西两端分别站有60和40尊袍俑与甲俑。两侧和两端的立俑组成这一小区之表，把蹲姿俑围在里面。

蹲俑持弓，立俑执弩或长兵。前者为里，后者为表。其兵器配备也符合《司马法》所谓“兵唯杂”，“兵不杂则不利”的战术原则。弓是随张即射的达远兵器，但张弓后难于持久。弩是积存弹力、蓄势待发的复合装置，比弓更具穿坚摧锐的威力。扼守塞隘或用于城坊，可说是“非弩莫克，邀彼方张，非弩莫可”的（何良臣：《阵纪》）。但无论是弓或弩，都做不到连续射击。装矢，需要时间，尤以弩为甚，从而出现了射击空间。而且“臂张”或“蹶张”，在有效射程内临敌的射击也不过三发。命不中，就有自己被消灭的危险。那么，为解决这一死角，只有把弓弩手集中一队，前后相次，射时前无立兵，阵无横阵，张而复出，射而复入，更发更止，番次轮回，就会做到“弩不绝声，敌无薄我”（李筌：《神机制敌太白阴经》）。秦俑弓弩相次的射兵队，有蹲姿和立姿两种，正是装矢和射击两个战斗动作的形象。

讲武的军事训练古已有之。周代春天教“振旅”（演习阵法和战斗动作），夏天教“茇舍”（野外宿营），秋天教“治兵”（与“振旅”之义同，不过“出曰治兵，入曰振旅”），冬天教“大阅”（大检阅）[27]。《后汉书·礼仪志》注引《魏书》：“……有司奏：‘四时讲武于农隙。汉承秦制，三时不讲，唯十月车驾幸长安水南门，会五营士，为八阵进退，名曰乘之……’”由此可见，秦俑二号坑的Ⅰ区不是阵，而是教阅场。可能因为射兵、步兵都在不大的场地上可以教习，故“宿”、“练”合二为一。但从模拟而言，这里展现的只有射兵一种。从编排和姿势观察，它还属于“入列式”的一种习射。我的理由是：

第一，此区偏处于二号俑坑的一隅，当衡门（横门）之外，自成一个地域单元，同军阵的组成无关。其射兵集中，正是营练的反映；

第二，除中心部分蹲姿甲俑有弓箭的遗留外，周围的立俑并未带任何兵器，只是做出丁字步站立、左手扶枝、右手抱儿的持弩姿势[28]，秦俑设计者在此表现的正是蹲、立两种队列动作交替的一瞬间；

第三，居此区后部偏左的俑群中有一将一佐两尊军吏俑。其中拄剑者神情严肃而专注，显然是这一教射场合的主持者。教射（或称习射）的场面，在此间是个很具体的形象。

（2）车兵小营（Ⅱ区G1～G8）

这部分占有二号坑南半部的8个过洞（G1～G8）。每个过洞里排列着驷马战车8乘，共计64乘。每乘战车的乘员有3人，中为御者，两侧是擐甲的车士计192

人。车右和车左靠车一侧的手势作按车状，外侧的手作屈肘握长兵的姿势。

这一区域的战车编成，同一号坑的战车组织有着显著的区别：一是乘员三人的身份不同——御者居中，铠甲修长，项、手的部位都得到严密的保护。甲士二人分在车的两侧，分别为“车左”和“车右”。车乘上的甲士，显然是以车为凭借的战斗主体。而一号坑战车往往是将、佐、御或佐、御、右的安排，显然是指挥车乘。二是装备不同——车士执长兵按车舆，无弓矢和钟鼓的发现，同样说明不属于指挥车的性质。三是编成不同——车的前后均无步兵俑的排列，表明没有车、步协同的安排。所以，这个排列整齐得像豆腐块似的车兵队伍并非战车方阵，而是驻营待令的形式。

战国以来由于步、骑兵兴起，战车退居于次要地位，再无单独列阵对战的记载。正因如此，战车的作用就随车阵战变步骑战而变，其作用一是同步、骑兵配合，二是作机动的补阙之车（即“游阙”）和独立冲刺的“轻车”。大家知道，在阵战中往往因车损坏，就得用“阙车”来补充。公元前597年，晋楚邲之战中，“潘党率游阙四十乘，从唐侯以为左拒，以从上军”（《左传》宣公十二年），表明游阙是用来补充左翼方阵的。秦俑二号坑战车排列得方方正正，车后除去3个乘员之外。别无随车步兵，难于成阵更是显而易见的。

（3）车、步、骑混编的小营（Ⅲ区G9～G10）

这一小营是二号坑第Ⅲ区的一部分，只占G9和G10两个过洞。其排列法是纵向地车、步相间，再以8骑殿后。G10的前一辆驷马战车后随3名乘员和8名甲俑。而在G9相对的位置上是个空白，后面的车、俑马排列的次序是和G10相对应的。细分之，前11乘战车上除去每车有3名乘员外，随车甲俑都是8名，但后两车各自的随员不但变为28名，而且都是4骑随后。

车后随卒，同一号坑阵中的情况相似，确有“先偏后伍”的味道。但不见“伍承弥缝”的穿插。二号坑Ⅲ区的车后8卒类同一号坑第一行6车前的8卒，但后面整齐的程度却是一号坑车后所不及的。这一状况是否说明：车卒结合、关系固定，是一支车步结合、随令调遣的战斗力量。

车、步、骑配合是建立在各自战斗特长的基础上的。步兵的机动性强，而战车用来“陷坚阵，要强敌，遮走北”，骑兵擅长“踵败军，绝粮道，击便寇”（《六韬·均兵》）。三者的编组适应了战国以来战场地域扩大，在不同地域上战斗的需要。这就是《孙膑兵法·八阵》上说的：“易则多其车，险则多其骑，厄则多其弩。”由此可以看到：三者编组可以克服各自的不足，相互补充，最大地发挥其阵战中的整体威力。故而军事家布阵时就把“步不离车，骑不远毂”（何良臣：《阵纪》）的安排作为自己的战术思想来对待。

（4）车、步同宿的小营（Ⅲ区G11）

这个小营仅占第Ⅲ区中一个过洞（G11），与G10、G9的区别仅在于无殿后的骑兵。其东部 3 车的随员是 8 名甲士，而后面 3 车的随员则分别变为 36、28 和 32 个。

车后随徒是殷周以来传统的战斗队形编列法。随战法的进步，随员社会地位的提高，不仅其战斗作用起了变化，而且人数也不像过去那么稳定了。据《禹鼎》“戎车百乘，斯驭二百，徒千”的铭文知，西周时期车徒卒只有 10 名。后来“五伍共卫一车”，成了 25 人制。春秋时期是 72 人制（《左传》隐公元年杜预注）。战国时期的隶属步兵有 72 人制[29]，也有 20 人制的[30]。这正是春秋以来车、步和其他兵种协同作战构成多种“阵”形的反映。

这部分车、步编队同车、步、骑混编的两小营同处一区之内，可能是出自列阵时各自为用、调兵方便的原则而单独宿营的。

（5）车、骑同宿的小营（Ⅲ区 G12～G14）

车兵同骑兵同宿的小营占有二号俑坑北部的 3 个过洞（G12～G14），计有战车 6 乘，鞍马 108 匹，骑士俑 108 尊。在前端两行的 6 乘战车间夹有 12 骑（即骑士与鞍马合为一骑），接后全是 12 列 8 行 96 骑。

车、骑同营，在安排上却是车前骑后。这同样是布阵的一种反映。《孙膑兵法·八阵》提到车骑参与战斗时采用左、右、后三点法配置兵力。固然我们还不得其详，但 6 乘战车与 108 骑平均分布在这 3 个过洞里却也透漏出秦代战法的一点信息。一旦布阵对敌，3 个分队即可东出衡门，迅速到达自己的战斗岗位上。

骑兵固然在战国末期已经发展成一个独立的兵种，但在战场上却没有构成独立的骑兵之阵。秦俑骑兵用的唯一武器是弩，而且骑的还是没有脚镫的低鞍马，显然带有早期骑兵的特征。其行动迅速、机动性大的特长与张弩费时、矢射匆忙的弱点，决定了在战场上需同其他兵种配合的命运。那么，在宿营的配置上，也当然有这种为了方便的考虑。秦俑骑兵营地，纵向地同车配，横向地同步、车处于一线。这同西方宿营的情况相同，正如恩格斯指出的这一原则：“骑兵和步兵应尽可能配置在一条线上——骑兵在翼侧，步兵在中央。掩蔽物或临时兵营（这要看地形条件而定）应当排成几道，与正面垂直，从营地的一端伸到另一端”。（恩格斯：《野营》）

从以上 5 个小营的内容看，二号俑坑是个常驻营地的缩影。按照迅速布阵的要求，在营内划区止宿是依兵种组织而驻扎的，这正体现了“大营包小营”的驻营原则。据此，在这里有两点需要说明：

第一，既是营为何不表现“宿”，而要一律面东地整装待发？因为营不单是为了“宿”，“练”往往是营地生活的主要内容，正如当年楚兵求战而王翦却在军中让士兵投石超距！秦俑二号坑表现的正是出营列阵前的一刹那，旨在反映出秦军军容雄壮整肃、兵马机警求战的风貌。如果这里表现的是解甲卸鞍、兵眠马卧的倦态，人们的感受将是如何呢？

第二，持弓弩的射兵场地居于二号坑前端一隅，其后三营并列（车、步骑小营和车、步小营可合为一营），以骑营和车营分居在混编之营两侧。这种驻营的方式一方面是受秦军性质（攻击型，时刻处于战备状态）的影响；另一方面是根据秦军布阵要求而安排。“强弩在前”，“流弩”机动，壁垒设弩，都是因为劲弩趋发具有一种“甘战持久”的威力而备受重视的。至于骑兵用做踵败军、绝粮道、击便寇，车兵用来“陷坚阵，要强敌，遮走北”，各有其特殊的作用。把车、步、弩、骑 4 个兵种放置在一大营中也正是适应多兵种协同作战的需要。

四 秦俑四号坑——一个未完成的战阵形式

秦俑四号坑位于第二、三号坑之间。经复原，南北长 96 米，东西宽 48 米，深约 4.8 米。坑形的北半部完整，南半部遭受破坏，但可确知是个经人工挖筑的平面呈南北向的长方形。坑内没有夯筑隔墙，没有青砖墁地，没有其他坑那样的木架结构，更没有放置兵马俑。因此，有的学者认为它是农民的“取土壕”，或是自然水流冲积而成。后经复探也没有发现任何人工的痕迹，从而坚定地认为四号坑不存在。其实决定存在与否的两个因素值得考虑：其一，如非拟建之坑，留此巨大空间在二、三坑之间造成总体的不协调，是显而易见的；其二，初具坑形而停，经两千多年的风雨剥蚀，面目全非，也在情理之中。

结合其他坑一些残毁迹象，我仍然认为这是一个正建而停辍的秦俑坑。

为什么停建？个中的原因，我们只有从当时秦末激变的政治形势中来寻找答案了。

《史记·秦始皇本纪》记载说秦二世二年（公元前 208 年）冬，周章率领的农民起义军到达临潼东的戏水时，秦王朝内部乱作一团。于是，少府章邯对秦二世说：“盗已至，众强，今发县不及矣。郦山徒多，请赦之，授兵以击之”。由于秦俑坑属于秦始皇陵墓工程中的一个部分，那里有几十万做工的“郦山徒”受章邯指挥，他的建议立即被采纳。“郦山徒”成了对抗农民起义军的战斗主力而上了军事前线，就使陵墓的附属工程无形中停了下来。这应该就是刘向说“郦山之作未成”（《汉书·楚元王传》刘向语）的那种实际情况。

被废弃的秦俑四号坑，正因为能予定性的内容不具备，人们在研究其作用问题时，也就莫衷一是。不过，豹留一斑也算幸运，因为残缺的空坑毕竟给人一种启迪。如果就残存的遗迹形状，调整思路，我们是否先提出如下一些疑问来，以便作为进一步探讨的凭借：

1. 整个秦俑从葬坑南北两列，形成一组有机联系的东西纵深的配置（南侧：一号坑；北侧：二、四、三号坑）。为何四号坑居于二、三号坑之间？

2. 第一、二、三号坑东西向的横长，而四号坑又为何是南北向的纵长？

3. 秦俑三坑的大多数俑面向东，建筑结构也表明坑向在东。而四号坑的正方向又在哪一面？

纵观秦俑四坑，由设置意图、作用和性质上，我推断第四号坑是个表现战阵的形式。理由是基于下面的考虑：

第一，不大像中军或后勤的配置。

除去作为指挥所的三号坑外，有学者以为一、二、四号坑为左、中、右三军，但明确的事实是：一号坑是方阵，而二号坑既非阵形，那四号坑也就难说是左军或右军的编列。况且以三坑为三军，表现的也只是战时布阵，毕竟还不是秦军事生活的全部。有学者以主军、佐军、后勤当之，固然也是秦军事生活的主要场景，但四号坑又为何独异于其他三坑而要加宽横向的界面呢？作为辎重部队，要供应粮食、草料和军需用品，其驻扎或运输途中的队形，我们还不得而知。那么要作为大排面向东行进，也是违背常理的。

第二，秦俑四坑，其中有表现列阵、宿营和军幕场景，唯独缺少对敌决胜的场面。

列阵是临战的组织形式，是处于接敌的前奏阶段。一号俑坑完成兵力部署，各级军吏已进入了自己的指挥位置。部伍整肃，一旦接到号令，静止的状态随即化为车驰卒奔、万矢交坠、干戈并举的厮杀场面。

宿营和指挥机关一幕，是军事生活中两项重要的内容。秦俑二、三号坑不但表现了秦代营地和幕府的建筑结构与格局，而且也把营地生活（住宿、训练等）、军事首领的有关指挥活动（合谋、卜战等）表现得清清楚楚。但是，这些以俑坑形式表现出来的仍是静态的模拟，而最能表现秦军风貌的莫过于“顿足徒裼，犯白刃，蹈炉炭，断死于前”（《韩非子·初见秦》），“捐甲徒裎以趋敌”（《战国策·韩策》）的克敌制胜场面。秦俑四号坑所表现的应该就是这一内容。

第三，古代作战队形多是大排面的横队。

古代西洋人作战，仍是沿正面平分兵力作横排方阵的队形。最有名的就是埃及方阵和亚述方阵，如：古代埃及方阵，是把步兵作为作战的主力而部署力量的。他们把射兵（弓箭兵、投石队）放在第一线，后面紧跟着是一字排开的长矛队、短剑队和狼牙棍队。战车则是排在步兵方阵之前，以便接战时冲乱敌方的阵形，为步兵创造战机。骑兵却是分散在步兵方阵的两翼。以车为锋，两翼辅之以骑，横向部署，这就是有名的“埃及步兵方阵”。

亚述是按步兵使用的兵器种类（如盾牌、弓箭、长矛）由前向后排列，组成步兵方阵，再把战车和骑兵各自平分后排在步兵队列的两翼。这种兵力部署，同样是横向展开的。

恩格斯在谈到两军会战时的攻击方法有四种，举例之一就是“罗马人、英国人和美国人过去不断在进攻或防御中都几乎始终不变地成横队作战，而英国人和美国人现在仍然如此；他们常常用这种队形以中央兵力去抗击敌人纵队的猛攻，阻止住敌人，直到自己的两翼前出，包围敌人的两翼，粉碎敌人为止。必须指出，每当英国人放弃这种可以说是民族的两列横队攻击方法，而像在丰特努瓦会战和契珀瓦会战那样用纵队攻击时，他们就遭到失败。对于坚定沉着的敌军，用纵队攻击中央的战法是根本错误的，这几乎已成了定论……”（恩格斯：《攻击》）

实际上，我国古代阵战的攻击早就采用横队的战法。周灭殷的牧野之战就是车步相间配置的一线横排方阵的典型，可见双方均作全正面冲突的，其战术变化是不大的。春秋初期攻车编制除去车士 3 人、车下甲士 7 人外，有隶属步兵 15 人，实是西周以“两”为单位的 25 人制。春秋中期虽然还是以车兵为主，但车下隶属步兵人数增加，攻车编制成了 75 人制（即“三两”）。车兵和步兵则是以“卒”为战斗单位的编制，使二者（车兵和步兵）的依存关系比过去更加重要，而战斗队形无论是步卒在战车前，使三“两”作“一”字排列，或是战车在步兵前，把三“两”作“品”字排列，即如公元前 707 年郑国子元所作“先偏后伍，伍承弥缝”的“鱼丽之阵”，都不脱离大排面方阵的特点。尤可注意的是战车同三“两”隶属步兵配置比过去更为疏散。因为不如此，战斗力量是难于有效发挥的。所以《尉缭子·兵令上》就强调说：“阵以密则固，锋以疏则达。”《孙膑兵法》把横向延长的军阵（“延而衡”）作为“击锐之道”来使用的；同样，为了对付“延阵以衡”的强敌，自己又需用三分之二的兵力“延阵张翼”，再加上“材士练兵”，猛攻敌之要害，就可“杀将击衡”（《孙膑兵法·十问》）。吴起说秦阵“散而自斗”，实际上并非是离散开各自为战，而是由于队形配置疏散，为使战斗单位作用发挥创造了条件。此语该是秦军横队进攻的形象化概括，尤其需要引起人们的高度重视才对。

古代中外横队的战例说明，它是由当时的物质技术条件决定的。因为一则正面进攻，可以胜负立现，二则兵器杀伤范围有限，正面接触面加大可以便于白刃格斗。

冷兵器时代的战争，尽管各兵种地位及其作用因出现和消长的过程不同；尽管有单兵种作战和多兵种协同的区别，但从攻击队形看，毕竟以横队为常。即使是火器出现于战争舞台之后，直到立体的近现代战争，其地面部队的阵地战、包围战等等，光有纵深是不够的，也都需要一个更为宽阔的界面。

进攻型的横队，一般的说也是方阵。那么，人们还可能提出这样的反问：“怎么能说四号坑不是别的阵形呢?”我回答是：“有可能。”但在这里有几个时代因素提醒问者需加以考虑，并以此来判断其可能性的大小：

第一，秦军是个攻击型的队伍，很少守阵；

第二，表现统一战争时冲击的场面似乎比别的阵形更为壮观；

第三，建秦俑坑的构想应该是秦始皇于次第并灭六国之际，特别是接近胜利时提出并施行的。要达到表现秦兵强马壮之目的，除去选取有代表性的军事生活还有什么？

五　简单的结论

（一）陈兵同陵的关系

秦俑四坑以陈兵的形式出现于秦始皇陵区，是郦山陵墓工程的组成部分。它同设置铜车马、马厩坑、珍禽异兽坑等设施一样，是封建统治者财富占有欲受宗教思想支配的必然结果。秦始皇对军队的偏爱，又是那个特定的时代赋予的性格特征。

在秦始皇陵园布置军队从葬，没有做成代表人物的偶像，因为那会给人以单调的感觉；也不能做成一群士兵的模拟，同样，那会给人以杂芜的印象。既不能具体到战场厮杀和献俘的凯旋场面，又不能是难以设计的列阵对敌，该怎么办，才能表现出秦军军容强盛以体现秦帝国强大呢？陵墓工程的设计者，聪明地选取了"陈兵"这一概括军事生活的典型，加以如实地塑造。可说这是建筑、陶塑、冶金等艺术的综合，是精心审慎之作。在后代，把这种地下的设置搬到地面上来，就形成了神道之侧那种柱、碑和石像生一类礼仪性偶物。

（二）秦俑四坑的格局

面东的秦俑四个坑，作南北两行排列。这首先取决于当时的社会意识。一号坑占据右侧是因为秦代以右为上的缘故，同时也表明矩阵在秦代作为常阵是一种备受重视的基本队形。三号坑作为指挥部的所在，正是处于后部偏右的位置上，这同练兵场、车步骑营等几个作战单位军吏所处的位置保持了一致。

其次，出自艺术的安排，正好使四坑组成一个大的方块地域。第二、三、四号坑居于整个俑坑体系的左侧，其东西两端基本同一号坑对齐。即以此三坑而论，四号坑居于营、幕坑之间，其横长部分虽露而不显，对于有碍于整体性排列的缺陷也得到了纠正。

（三）指挥坑内无指挥

三号坑内正庭中部有一辆驷乘鼓车，车后除有一名御俑、两个甲士俑和一名佐俑外，未见统帅秦俑诸坑更高一级的指挥官。过去大家以为三号坑西 150 米处的"甲"字形大墓的主人必定是指挥秦俑军队的将军。但因此墓未经发掘，墓主是男是女尚难判断，同俑坑未必会有何种关系。

我们知道：秦的军事大权牢牢地操持在国君之手。军队的统帅不常设，遇战才临时任命。被任者，可以是武人，也可以不是。三号俑坑内无统帅，正表明秦俑坑军阵并非处于战时，为从葬的需要而只是陈兵而已。

注　释

[1] 陕西始皇陵秦俑考古发掘队、秦始皇兵马俑博物馆：《秦始皇陵兵马俑》，文物出版社，1983年。

[2] 秦鸣：《秦俑坑兵马俑军阵内容及兵器试探》，《文物》1975年第11期。

[3] 黄展岳：《中国西安、洛阳汉唐墓的调查与发掘》，《考古》1981年第6期。

[4] 林剑鸣：《秦俑之谜》，《文博》1985年第1期。

[5] 王学理：《秦都咸阳》，陕西人民出版社，1985年。

[6] 李靖在回答唐太宗问及"五行阵"时，总括出"方、圆、曲、直、锐"五种阵名。他一语揭示出阵形"实因地形使然"的道理，并郑重指出："凡军不习此五者，安可以临敌乎?"（《李靖问对》）李靖对阵名的概括具有历史意义，经过1300多年，他的说法终为1972年出土的山东临沂银雀山汉墓竹简所证实。

银雀山竹简《孙膑兵法·十阵》："凡阵有十：有方阵，有圆阵，有疏阵，有数阵，有锥行之阵，有雁行之阵，有钩行之阵，有玄襄之阵，有火阵，有水阵。"名虽十阵，实际其中一些不能算是阵，如火阵属于用火攻击的方法，水阵是水上战斗的方法，这些并不是一种阵形。因此《孙膑兵法》又把这些具体为"八阵"。于是"八阵法"由孙膑首先提出而后为历代军事家推演出各种"阵法"来。

我们摒除派生，追本溯源，"八阵"仍可简缩，如"玄襄之阵"只是多置旌旗而诱敌的疑阵，并非战斗队形，是不可称阵的。当然在《孙膑兵法》里的"方阵"和"圆阵"倒是很明确的，其他如"疏阵"和"数阵"属于直阵，只是前者疏散（展开队伍，扩大阵地），后者密集（收拢队伍，不为敌所分割）而已。"锥行之阵"，即突破敌人之锐阵。而"雁行之阵"是左右弯曲如钩，不过是改变队形，采取了迂回包抄的曲阵而已。所以，实际上基本阵形仍是方、圆、曲、直、锐五种。

[7] 矩阵本是方阵。古书上把"矩"也写作"拒"，如《左传》桓公五年（公元前707年）周、郑繻葛之战时，"郑子元请为左拒，以当蔡人、卫人；为右拒，以当陈人"。杜预注："拒，方阵也。"六朝手写本改"拒"为"矩"。因为矩形是长方形，而秦俑一号坑的坑形是长方形，其阵形故称之为"矩阵"。

[8] 这里所谓"前列"、"后列"、"旁"、"中"等名词，并非全是军事术语，只是当时的军事家为了说明阵法问题而采用的方位词而已。

[9] "末"指剑锋，"甲"指甲士，故"末甲"系前锋部队。此处"本甲"的"本"在《孙膑兵法》中也称"后"（《孙膑兵法》的《八阵》、《势备》等篇），仍是依剑比阵的说法。明人何良臣还有"阵头"、"阵尾"、"阵腹"和"阵翼"的说法。

[10] 杨伯峻：《春秋左传注》文公十年，中华书局，1981年。

[11] 始皇陵秦俑坑考古发掘队：《临潼县秦俑坑试掘第一号简报》，《文物》

1974 年第 11 期。以后提到二号坑和三号坑，其材料是《文物》1978 年第 5 期、1979 年第 12 期。

[12]《尉缭子·经卒令》："卒有五章：前一行苍章，次二行赤章，次三行黄章，次四行白章，次五行黑章。……前一五行置章于首，次二五行置章于项，次三五行置章于胸，次四五行置章于腹，次五五行置章于腰。"

[13] 见蓝永蔚：《春秋时期的步兵》五，第 22 页《野战进攻战术的发展》，中华书局，1979 年。

[14]《马克思恩格斯全集》第 14 卷《进攻》。

[15] 虽然 G2 和 G10 的战车接近翼侧，但 G1 和 G11 靠内站的一排俑却是面东，同车向一致，故应视作车侧之步兵。

[16] 见《左传》桓公五年（公元前 715 年）传文。"偏"是指战车的一个编制单位。根据《左传》桓公五年、宣公十二年杜预注引《司马法》佚文："二十五乘为偏"，"车九乘为小偏，十五乘为大偏"，战车一队又可分为有主有副的左右两偏（楚分"两广"）。所以战车编队就有 50 乘、18 乘和 30 乘三种，均分成左右两偏。

"伍"是步卒的最小编制单位，由执有不同兵器的 5 人组成。

[17]《尉缭子·兵令上》："常阵皆向敌，有内向，有外向，有立阵，有坐阵。夫内向所以顾中也，外向所以备敌也。立阵以行也，坐阵所以止也。"

[18]《军志》一书据有人考定为西周时的作品。但已散佚。《左传》里就有三处引用过《军志》的条文。这里所引系《十一家注孙子》杜牧注《军争篇》。

[19]《左传》文公十二年："请深垒固军以待之。"孔疏："垒，壁也，军营所处，筑土自卫，谓之为垒。深者，高也。"垒是高起的军事据点。《六韬》、《孙膑兵法》就多次提到"深沟高垒"。筑壁垒，树旗帜，也叫"武军"，《左传》襄公二十五年："张武军"，昭公十三年："故请为武军"。襄公元年关于"栽"的记述是"广丈，高倍"。

[20]《荀子·议兵》："魏氏之武卒，以度取之：衣三属之甲，操十二石之弩，负服（箙）矢五十，置戈其上。冠由（胄）带剑，赢三日粮，日中而趋百里。"《尉缭子·政权》："故凡集兵，千里者旬日，百里者一日……必集敌境。"

在无机动车辆的古代，像魏国的步兵要身负重荷日行二百里，那是无论如何也办不到的。战国、秦代一里合今长度不清，但据陈梦家先生推算，西汉一里合今 417.53 米（见《考古》1966 年第 1 期），那么战国时期的"百里"可折合 83.5 里。此数虽不准确，想来差距也不会太大。

[21]《尉缭子·将令》："将军受命，君必先谋于庙，行令于廷……将军入营，即闭门清道。"

[22]《尉缭子·分塞令》："中军、左、右、前、后军，皆有分地。方之以行垣，而无通其交往。将有分地，帅有分地，伯有分地。皆营其沟域，而明其塞令。"

[23]《尉缭子·分塞令》："吏属无节，士无伍者，横门诛之。"这里的横门应该指的是小营的门，因为对于犯禁令的下级军吏和士兵是就地正法的。

[24]《十一家注孙子》曹操注："军门为和门，左右门为旗门，以车为营曰人门。"

[25]"角"的阵形有如兽之两角可以抵触。春秋时期的车战中为了在追逐中展开队形，遂将战车队分为两偏。《左传》宣公十二年记晋、楚邲之战："晋人逐之，左右角之。朱伯（楚人）左射马而右射人，角不能进。"《左传》昭公元年，晋国对狄之战中，"魏舒曾毁车以行"，"为五阵以相离，两于前，伍于后，专为右角，参为左角，偏为前拒"。这些传文都说明"角"是两只，没有"独角阵"的。

[26]《孙膑兵法·威王问》："威王曰：'敌众我寡，敌强我弱，用之奈何?'孙子曰：'命曰让威。必藏其尾，令之能归。长兵在前，短兵在□，为之流弩，以助其急者。□□勿动，以待敌能。'……"

[27]全文见《周礼·夏官司马》。

[28]《吴越春秋》载孙音回答越王的问题时说："夫射之道，身若戴板，头若击卵，左足纵右足横，左手若附枝，右手若抱儿。举弩望敌，翕心咽烟，与气俱发。得其和平，神定思去，去止分离。右手发机，左手不知，此正射持弩之道也。"

[29]《左传》成公元年服虔注引《司马法》佚文："长毂一乘，马四匹，牛十二头，甲士三人，步卒七十二人……"

[30]《周礼·地官小司徒》郑玄注引《司马法》佚文："革车一乘，士十人，徒二十人。"

贰　秦俑矩阵的历史意义

——再论始皇陵一号坑中武士俑群的编成

一　一个军事学术史上的新课题

（一）矩阵由来尚矣

《左传》桓公五年（公元前 707 年）载：在周、郑的繻葛之战中，郑国军队以“曼伯为右拒，祭仲为左拒，高渠弥以中军奉公。”拒，据《淮南子·齐俗训》高诱注：“拒折，方也。”又《左传》杜预注：“拒，方陈也。”[1]陈，古阵字。《释文》：“拒，本亦作矩。”此处借拒为矩，二字相通，知“矩”为方阵。战国以来，一般也就径称“矩阵”为“方阵”（《孙膑兵法·十阵》）。不过，“矩阵”作为一个数学概念，现在仍然被人们沿用着。

周王的军队在繻葛之战中编成左、中、右三军，同郑军一样，也是三个矩阵（方阵）。实际上，矩阵是一个起源很早而时间延续又很长的战斗队形，殷墟就有“丁酉贞，王作三师，左中右”的卜辞[2]。“前后整齐，四方如矩”（《淮南子·兵训略》）的方阵，由于排面大而密集，最有利于冷兵器战斗效能的发挥，故而是军事指挥家最容易接受而又首先考虑的编队方式。如果从公元前 13 世纪的殷王武丁的车战算起，经过步兵战术到骑兵战术结束，矩阵（方阵）竟跨越了整整 2400 多年的时间。只有到了火器出现之后才真正把这个和冷兵器同步的古老战斗队形撵下了历史舞台[3]。矩阵兴衰的历程，在中国和西洋，可说是有着惊人的相似之处。

秦始陵一号从葬坑内有 5700 左右个军吏和武士陶俑、40 余乘驷马战车，从而组成一个浩浩荡荡的军事实体。研究者从查“兵书”中“对不上号”的感叹到多种多样的定性推断，经过长期潜心研讨，终于认识到了它是一个古代阵形的缩影。在总体上，本、表清楚，锋、翼、卫、体俱备，布阵严密，队列规整；在性能上，可适应攻、守、聚、散的作战要求；在布局上，对称相应，自成作战单位，又车、步协同……认识了“矩阵”（方阵）的这一形态，终于把人们从过去的迷惘中解脱了出来[4]。

殷周时期的车阵战均作横长形大排面的方阵，尽管军队都编为左、中、右（或上、中、下）三军，属于密集集团的性质，但无论从总体到军内的车步相间，多作以战车为核心的一线配置。武王在灭殷的“牧野之战”中，率戎车三百乘、虎贲之士三千人，行进中令“六步七步，乃止齐焉”，“四伐五伐六伐七伐，乃止齐焉”，会诸侯兵车四千乘，陈师牧野，后“以大卒驰帝纣师……武王驰之”（《史记·周本纪》）。《正义》：“大卒，谓戎车三百五十乘，士卒二万六千二百五十人，有虎贲三千人。”在这里，因为战车同步卒横向地间隔排列，步卒处于一排，为了在行军中保持队形就需要走六步、七步地停下来使左右看齐（“齐之”）；也正因为战车同步卒二者前后不相干扰，才使战车能够奔驰得开（“驰之”）。但是，我们若以秦俑矩阵与之对照，就发现两者的纵深相差极其悬殊，显然，它绝不是殷周时期以战车为主组成横排面方阵的翻版。

春秋时期战车的隶属步兵由过去的25人制（即“一两”）增加成75人制（“三两”）[5]，于是，战车与徒卒排列的队形就相应地发生了变化，即把三个“两”既可一字排在车前，也可排在车后面[6]，或者是配置在车之两侧和后方。繻葛之战时，郑国子元“为鱼丽之阵，先偏后伍，伍承弥缝”（《左传》桓公五年）。孔颖达疏：“车战二十五乘为偏。”偏，是战车的一个战斗编组；伍，为步卒。那么，由多乘战车及其相邻的“伍”卒为一线兵力，再加上后随“伍”卒组成的二线兵力，其阵容不但有了宽大的界面，而且有了前所未有的纵深，无疑是既增强了攻击力量，又使三“两”步兵小方阵获得了独立作战的能力，还促使了战车同步卒协同，结合稳固。

春秋时期的这种兵力配置是个很大的进步，但毕竟还是以战车为主的车战队形。而秦俑一号坑战车同步卒相间排列已是以步卒为主力，配备有强弓劲弩和长短兵器，无论其总体或局部，也不论在横的或纵的布局上，更不论在战车和步卒的依赖关系上，显然同春秋时期的方阵有着很大的区别。

（二）新型的矩阵实例

秦俑矩阵是战国时期，特别是秦国演进了的一种新型阵形（图Ⅰ-2：1）。它同殷周和春秋时期的战车方阵有着相似与非是的区别。那么，秦俑矩阵在兵力部署上究竟有哪些特点呢？我认为有以下四点：

第一，是以步兵为主力的多兵种混合编队。

一号坑内的兵种虽是战车兵和步兵两种，但步兵已不是殷周时期定制的隶属步兵，且不论其阶级身份如何，单就使用兵器的不同、单独编列来看，不但数量大，占全坑俑数的97%，而且已分化出“射兵”和“长铍兵”来[7]。所谓“多兵种”，这里还没有包括骑兵。事实上，骑兵作为参与野战的一支重要力量，文献记载中是不乏其例的，秦俑二号坑里也有骑兵俑宿营的实例。战车上有乘员3人，一号坑充其量不过150多人，大大少于步兵俑。

第二，纵深加大，阵形灵活。

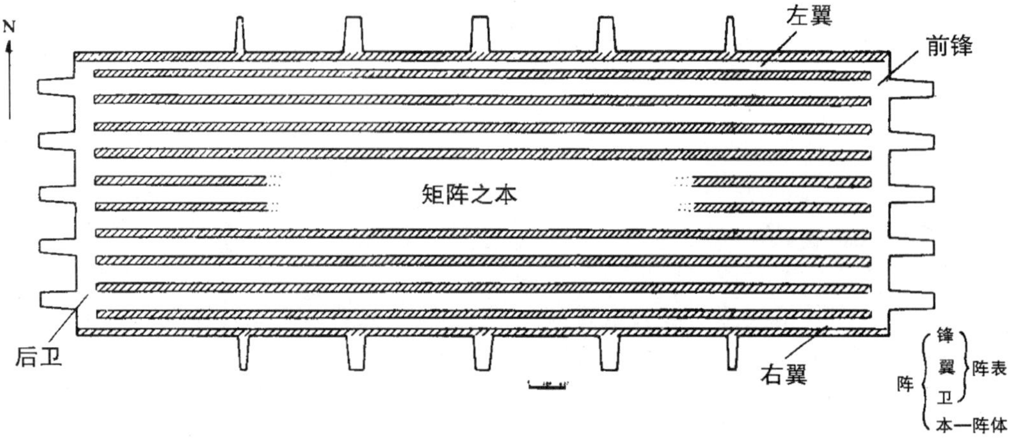

图Ⅰ-2：1 秦俑矩阵结构示意图

（作者设计）

秦俑矩阵的前锋和后卫由射兵组成，各作3行计204人的横队。射兵在前，是步兵出现并成为作战主力的前提，因为它不但提高了步兵远战的能力，而且多行弩兵作战时可以轮番射击。阵体中的车步相间，横向11道、纵向15组，不但有宽大的界面，而且有更远的纵深，从而突破了殷周以来一线到三线的配置（图Ⅰ-2：2）。

战车的战术编队，除去单车随步之外，还出现了“双车编组”。双车有主有副（副车又称“贰车”[8]、“属车”[9]、“仆车”[10]、“后车”[11]、“佐车”[12]、“倅车”[13]等），其编法有一左一右的，如车1行、5行、7行的G2和G3的合一组，G9和G10的又合一组，车13行的G3和G4合一组，G8和G9的又合一组；也有一前一后的，如车6行、7行的G4前后合一组，G6前后合一组和G8前后合一组；车8、9行的G3前后合一组和G9前后合一组。战车一组分主、副，其副车应称之为“倅车”。横向双车，右为主，左为倅；纵向双车，前为主，后为倅。这种双车在进攻中可以夹击敌车，在防御中又能掩护自己的一个侧面。但在秦阵中的双车似乎更是为了增强攻击力量。

秦俑矩阵中的随车战斗步兵的人数不等，按6个过洞的32辆战车统计，分别有12、28、40、44、60、108、152等7个级差。其中随车步兵12人的有12乘车，占车数的37.5%；40人的有6乘车，占车数的18.75%；有28、44、60、108、152人的各2乘，还不到6.25%。可见秦以战车及其隶属步兵组成的战斗单位大小不等，以12人为常。尽管这不合“两”制，但多规格的编制，则是适应战场上复杂情况的一种反映。而这不同等的单位，放置在矩阵中作对称排列，成偶数，相当整齐，也正是车、步协同又各自为战的表现。由几近万名的兵马组成的大型矩阵（方阵），其基本单元是战车及其随员的大小队形，也可以是某一特定兵种组成的队形。而吴起说“秦阵散而自斗”（《吴子·料敌》）实则指的是作战队形。其实秦军在布阵时，

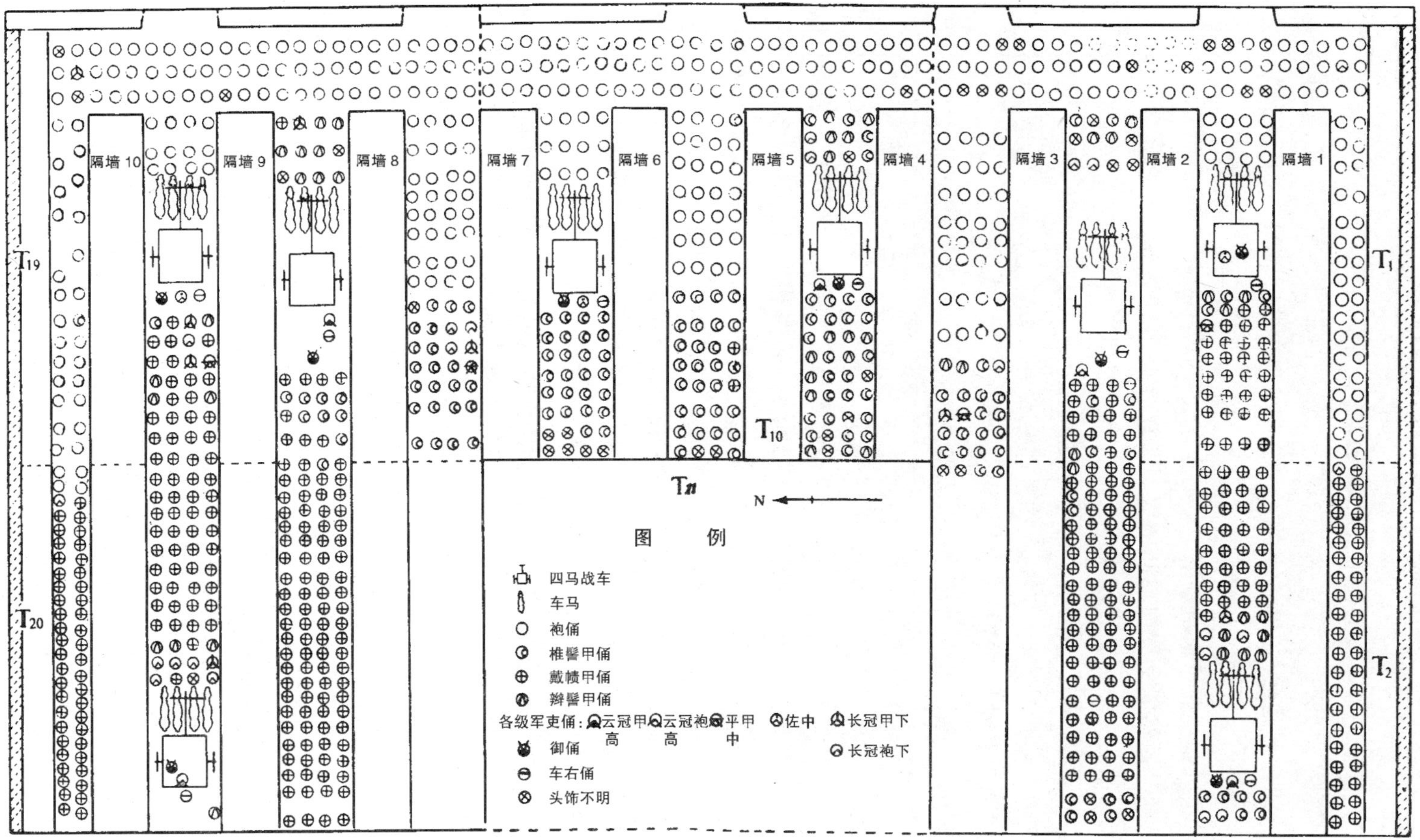

图 I -2：2　矩阵（一号坑）东端五方（T1、T2、T10、T19、T20）阵形排列示意图

（摘自《秦俑一号坑发掘报告》）

既能做到“大阵包小阵，大营包小营，隅落勾连，折曲相对”(《李靖问对》)，“军中容军，队中容队”(沈括：《梦溪笔谈》)，又能杂而不乱、相当灵活，“有如率然(蛇)”，“击其首则尾至，击其尾则首至，击其中则首尾俱至”(《孙子兵法·九地篇》)。

第三，车、步协同，隐疏于密。

俑群同车马固然因受坑内空间的限制，放置得相当紧密，但这只是临战队形，显然是不能对敌的。一旦接战，拉开距离，就变得相当疏散。这是因为长兵器的挥斥需要足够的空间，车、步同时作战还得互相掩护。况且单辕战车转向不灵活，本身也需要疏散。那么，雄壮的秦阵，在各部分兵力的布置上，就为迅速展开作了巧妙的安排。“散”的结果，无论是从横的或是纵的方面，都会构成一个以石击卵、强鹰捕食的态势，对敌人形成无比的军事威慑。

第四，弓少弩多，长短兵器相杂。

矩阵之表多以远射程兵器装备，阵本战车上除了劲弩之外，步兵则执矛、戟、戈、铍等长柄兵器，另外还配置有剑一类卫体武器和弓弩。大量用弩，固然可以减少白刃格斗，是野战防御战术中常见的武器配备。但秦俑矩阵所显示的，似乎不全是为了防御，更多的则在于进攻。而多种兵器的配备，正是适应多方面的需要，既可用于远距离的进攻、退却时的掩护，也用于近身的白刃格斗。

“方阵主攻，圆阵主守”[14]，这是中国古代用阵经验的总结。当两军对峙并准备会战时，西洋军队的战术进攻有四种方法，即：“全正面攻击”、“翼侧攻击”、“中央攻击”和“斜行攻击”。而中国古代军队的进攻方法，在盛行战车作战的春秋时代早期以战车并列为横队，双方作正面冲突，利用错毂之机，一次即可决定胜负。因此，这时的战术变化不大。但从公元前707年的周、郑“繻葛之战”到公元前597年的晋、楚“邲之战”的百年之间，战术的发展则改变了以蛮力较量的最简单的全正面攻击方法，从而创立了侧击(即“翼侧攻击”)、包抄、诱退、伏击等奇诡战术[15]。春秋中期以后，随着铁兵器的登上战争舞台后[16]，普遍用弩装备队伍[17]，步、骑兵作为一个独立兵种的出现并逐渐担任了战斗主力的角色，战场地域扩大，参战人数增多，战争方式由过去的车阵战演化为步、骑兵的野战和包围战，于是进攻手段也带上运动的性质，如急速进攻、争取主动、迂回运动、合围集中兵力、阵地攻坚等战略也较多地采用。多种阵形及其变化，多兵种协同作战，或因时因地制宜的单兵种进攻方式，可说是极其丰富的。秦俑矩阵作为战国时期的主要阵形之一，不但提供了布阵的实例，而且也使人们借此对秦军在野战中的战法做一些推理。

秦俑一号坑既是完成了布阵程序的完整阵形——矩阵，锋、后、翼、卫具备。其中锋(前锋，也就是孙膑说的“末甲”)、后(后队，即“本甲”)是阵的主要组成部分，当然是取胜的主力。孙膑也曾多次以剑喻阵，强调二者的重要性。他所说的“八阵”，据很多学者的研究表明：并非“八种阵形”，而实为“八阵本一”(《李卫公问对》卷上），从而给予“八阵是方阵自身队形变化的统称”（蓝永蔚：《春秋时期的步兵》）的合理解释。那么，秦俑矩阵自身的队形变换，除了由内部各作战单位不断调整战车和步兵的位置外，大概还创造性地运用“八阵”，由“中军握奇”（阵中的指挥者）向八个方向上作频繁地队形变化，从而形成“变化制敌，则纷纷纭纭，斗乱而法不乱，混混沌沌而势不散……散而成八，复而为一”的局面（《李卫公问对》）。

（三）便于战术机动的临战队形

秦俑矩阵的正方向面东，阵体作38路的纵队，是个全正面的规则阵形。但它不是作纵队进攻的战斗队形。道理很简单，纵深太大固然“末甲劲，本甲不断”（《孙膑兵法·擒庞涓》），但因为接敌面相应地变小，使得大部分后续部队发挥不了战斗作用。由此我们可以得出这样的推断：秦俑矩阵既不是战斗队列，也非行军队形，而属于临战队形。如果在平坦地域上进军或者是一旦会战，其队形将会疏朗地作多种变换。

对阵前，隔相当距离，对正面之敌的攻击首先是万弩齐发，形成类似火器时代那种“火力网”。重创以至于摧毁敌人的阵地，后再近战而占领之。发弩的作用在于：一是侦察对方的作战意图；二是打乱敌人阵脚，寻找战机；三是军事威慑，为肉搏战的取胜创造条件。苏秦说秦军布阵和攻击的兵器配备是“强弩在前，锬戈在后”（《史记·苏秦列传》），有时则是长戟在前。在这里，秦俑矩阵提供了攻击性队列的实例，如前锋一律是穿战袍（轻装）、执弓弩（远射程器）的“射兵”，接后是擐铠甲（重装）、持戈、矛、戟、铍等（长兵器）的战斗步兵。

弩射取得成效之后，或向两侧闪开，令战车和战斗步兵作正面冲击；或出两角[18]，形成两翼包围。《孙子兵法·行军篇》说“轻车先出居其侧者，阵也”。轻车，是攻击型的战车。布阵时，使轻车先出军门，故而孙武把它看做判断敌情的标志之一。但在战国时期，由于车战不再是唯一的作战方式，因而从兵种到阵形以及攻击方法就自然不同于以前。当然，全正面进攻在车阵战中都极为少用，更不用说在多兵种与战的战国时期。接战的先奏，往往是从正面冲击，在行进中很快斜行展开，成为“角”的队形，从两侧包抄接敌。纵队只有在急速冲锋中，沿着敌军两侧方向迅速运动，变成更为疏散的作战横队，源源而进的战车和战斗步兵才在白刃格刺中派上了用场。根据军事指挥者的策划，出现在战场上的必然是，高明的决策所追求的那种宽大界面和纵深地域。

有着特大纵深的秦俑矩阵，无论是在入主阵地或是行进中，如有必要，随时都能向左或向右旋转90°，变为作战的横队。这时，持远射程兵器的两侧翼队就变成了前锋和后卫。而战车无论是单车或是双车的关系也没有变，只随车的战斗步兵变成了“弥缝”的那部分罢了。

本来矩阵是“无前无后”的规矩，其布阵能适应“回军转阵”的战术机动，做到“以前为后，以后为前”(《军志》)，在行进方向上作出新的调换。至于阵内队形变换与否，则依战场情况而定。公元前550年的秋天，齐庄公伐卫后伐晋，长途行军，其队形是由6个小方阵组成，齐侯及副车居“贰广”。在他前面的有两个方阵：前锋曰“先驱”，后随的次前军曰“申驱”；后卫曰“大殿”，其左右翼分别称作“启”和“胠”(《左传》襄公三十三年)。这固然是个以战车为主组成的行军队形，实际也是个“矩阵”队形(图Ⅰ-2：3)。如果回军转阵，是无须掉头180°，只要在阵内作旋转调整即可。公元前541年，晋大夫魏舒在同狄人的遭遇战中“毁车为行”，把甲士同步卒混编在一起，由5个互相掩护的小方阵(基本单元是五伍)组成一个大方阵，即“为五阵以相离。两于前，伍于后，专为右角，参为左角，偏为前拒”(《左传》昭公元年)。这个按前、后、左、右配置而中间空缺的4个小方阵，再加上为诱敌而设的“前拒”，被称作“五阵”(图Ⅰ-2：4)。当时，遭到狄人的讥笑，结果是大获胜利。魏舒随机应变的这一战术，有着重要的意义。既把在狭窄地形上的行军队形直接展开变换为作战队形，减少了布阵时间，而每个小方阵又能以战车为中心在八个方位上机动转换(蓝水蔚：《春秋时期的步兵》)。同样，大方阵的转换，包括回军转阵在内，也是极为方便的。在这点上，秦俑矩阵的本体如果再增加兵种和兵额，也是不难做到“四头八尾，触处为首”的(《军志》)。

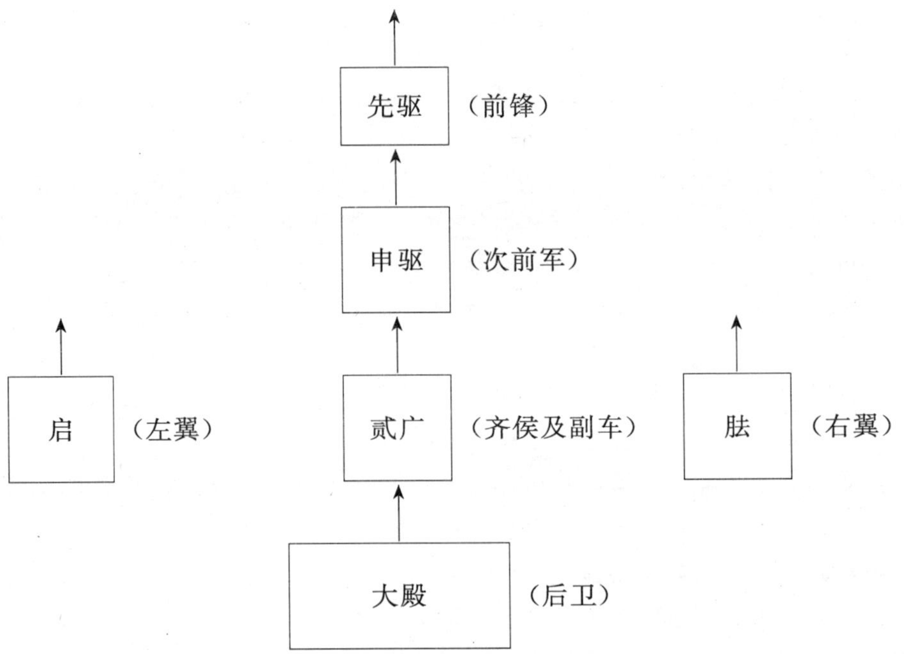

图Ⅰ-2：3　春秋行军队形示意图

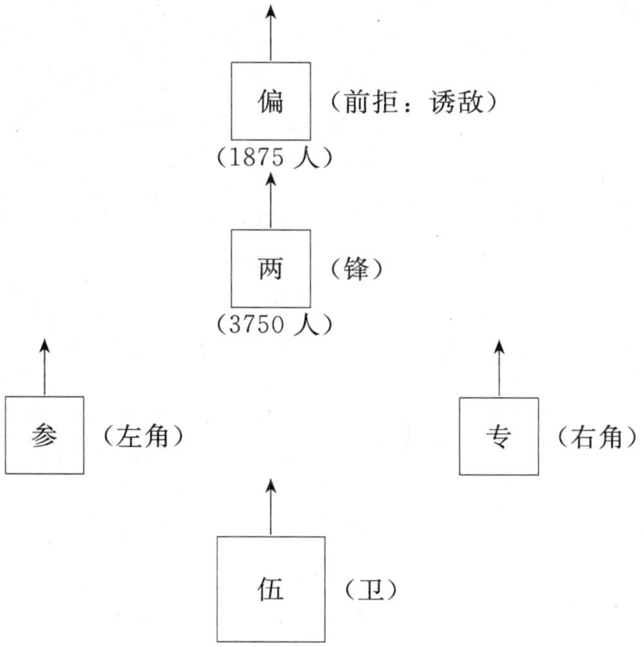

图Ⅰ-2：4 步兵战斗队形（魏舒五阵）示意图

行军中，作180°的战术机动，一般是出于两种情况的需要，即：反包围和退却。而前者对秦军说来，多属于进攻的继续。如果是冲锋失利、交战遭围，方阵就立即收拢，转为圆阵防御。秦俑矩阵之表，皆有外向的持弩射兵，当变为圆阵时，原来的锋、卫、翼消失而整体为一，有“如循环之无端，孰能究之”?（《孙子兵法·势篇》）

二 秦矩阵的历史性战例选析

矩阵的历史，在秦人的军事生活中同样是悠久的。但其内容和作战也深深地打上了时代的烙印。遗憾的是，历史留给我们可以作为直接凭借的史料却很稀少。在这里只能选择三则战例，主要从战术史的角度而又兼及胜负的综合因素，探寻其关系来加以阐释。

（一）秦、晋的“韩原之战”

战况：公元前645年（秦穆公十五年），“秦穆公发兵，使丕豹将，自往击之。九月壬戌，与晋惠公夷吾战于韩地[19]。晋君弃其军，与秦争利。还而马骜，穆公与麾下驰追之，不能得晋君，反为晋军所围”（《史记·秦本纪》）。“晋人已环穆公之车矣，晋梁由靡已扣穆公之左骖矣。晋惠公之右路石奋投而击穆公之甲，中之者已六札矣。野人之尝食马肉于岐山之阳者三百有余人，毕力为穆公疾斗于车下。”（《吕氏春秋·爱士篇》）“驰冒晋军，晋君解围，遂脱公而反生得晋君。”（《史记·秦本纪》）

提示：第一，秦、晋两国君直接指挥战斗，实是车阵战时代的特点之一。

第二，战场选在地势平坦的“韩原”，两军均取“方阵”（矩阵）与战。而“晋君弃其军”，“穆公驰追之”，都是脱离阵体而冒险“争利”的行为。虽然结果各别，但犯了脱阵大忌的教训是一致的。

第三，秦穆公从被包围到反包围的过程，是借助了步卒对孤立的晋君“疾斗”而最后取胜的。这正显示了在战场上车与卒具有一种依赖的关系。

（二）秦伐楚的“拔郢之战”

战况：秦为了攻取楚都鄢郢，从公元前 280 年（秦昭王二十七年）起就由三路进军。一路是秦将司马错领兵从陇西入川，经过补充，率 10 万之众，带大船 1 万艘，载米 600 斛，从巴的涪水而下，攻取楚的商于之地，建立了黔中郡[20]。然后又分兵一部分由巴郡东下，抵夔巫，拟出巫峡攻楚的西部（《史记·秦本纪》、《华阳国志·蜀志》）。第二路秦军出武关东下，迫使楚割让上庸、汉北地（《史记·秦本纪》、《楚世家》、《六国年表》），进入了桐柏山区。第三路军是大将白起率军由攻打赵国代邑的北方前线南下的。秦利用渑池会后秦、赵两国停战之机，攻取了楚的鄢（楚的别都。因距郢很近，时人以“鄢郢”连称。地当今湖北宜城东南）、邓（今襄樊市北）、西陵（宜昌市西南津天）等五城（《史记》的《六国年表》、《楚世家》、《白起列传》）。秦军攻鄢时，曾遭到楚的顽强抵抗。白起在鄢城西立堨，引长谷水（即蛮水，也称鄢水）灌城，从东到西，城东北角塌陷，溺死军民数十万人（《水经注·沔水》）。楚国防守郢都的第一道防线从此被突破，主力军也随之被消灭了，使郢都成了一座无援的孤城。

公元前 278 年（秦昭王二十九年），秦军三路已越过北、西、南三面的险地，进入楚西平原。白起下令进围楚都郢（今江陵东北），迅速将城攻克，楚军大部被歼，少数溃散。楚顷襄王仓皇出逃，迁都于陈（今河南淮阳县，也“郢陈”）。接着，秦军又东取竟陵（今湖北潜江市西北），南攻洞庭湖的江北和江南地，建立南郡。楚国因为失去了江汉、湘黔之地，国力就更加衰落了。

提示：第一，秦拔郢之战历经三年，是秦昭王蚕食楚地、夺取襄汉上游，使巴蜀的秦军得以东出长江，再向前推进的战略构想下的一次重大战役。

第二，选择的战机良好，对秦极为有利。三晋经过秦的一系列打击，特别是公元前 293 年（秦昭王十四年）白起发起的“伊阙之战”使韩、魏之精锐被击灭而从此一蹶不振，其他诸侯国也为之震惊。公元前 284 年，燕将乐毅率军攻破齐都临淄，取 70 余城，虽以后由田单收复，但燕、齐两国的力量都遭到了很大的损耗。此时，东方诸国已无力抗秦，就给秦国专力对付南方像楚这样一个大国以极大的方便。

第三，楚都郢具有重要的战略地位，它占有江汉咽喉之地，西据巫巴之险，北有桐柏之固，南控湘黔，东制吴越，实为强国之雄都。秦选郢都作为进攻的目标，是深谋远虑的一种选择。秦调三路大军从关陇一带，以及北线，分别穿三峡、越巫夔、过秦巴、渡汉水，经长途奔袭，从三面包围郢都，是一次大的运动战。在以后秦的统一战争中，也得到了广泛的应用。

第四，时间经过三年，行程跨越千里，水陆并进，步车协同，矩阵攻坚，出奇制胜。

(三) 秦伐赵的"长平之战"

战况：在韩、魏、楚三国相继削弱之后，剩下的赵国是唯一能同秦国抗衡而又是阻止秦国东进中原的劲敌。但秦昭王两次派兵越过韩国攻赵的要地阏与（今山西和顺县西），以便东出武安、直袭邯郸的军事行动，都被赵奢挫败。于是，秦改变战略，就向距秦最近的韩国进攻。公元前 265 年（秦昭王二年），取韩的少曲（今河南济源县东北）、高平（孟县西）。公元前 263 年，取韩国通上党郡的孔道——太行山南端的南阳地。次年，又攻取野王（沁阳县），致使上党郡（今山西长治市一带）同韩国的本土完全断绝。此时，上党郡守冯亭不愿降秦，就把上党郡十七县献给赵国（《史记·赵世家》、《战国策·赵策一》）。公元前 260 年（秦昭王四十七年），秦派左庶长、大将王龁攻取韩之上党，赵军退守长平（今山西高平县西北）。赵派大将廉颇率大军驻守长平险阨，同秦军对峙。

由于赵国老将廉颇筑壁垒固守，以消耗秦军，相持三年而不分胜负。后来赵孝成王中了秦的反间之计，改派只会纸上谈兵、"不知合变"（《史记·赵奢列传》）又年少气盛的赵括为将。这时，秦密派白起为上将军、王龁为裨将军，向赵军作试探性的进攻。面对来犯的赵括，先诈败后退，诱敌追击。至壁垒前，即派一支 2.5 万人的奇兵切断赵军的后路，又一支 5000 人的骑兵插入赵壁垒间。不但把赵军切成两段，使之首尾不能相顾，而且也断绝了赵军的粮道，实行围困。另派轻车兵攻击赵军，迫使赵军退守壁垒，转入坚守防御。经过 46 日，赵军得不到接济，竟"皆内阴相杀食"，并分成四队实施突围，均遭失败。最后，赵括亲率"锐卒"搏战，遂被秦军射死。赵军大败，40 万人全部被俘。白起除释放 240 个年幼的战俘外，竟把其余的人活埋了（《史记·白起列传》）。长平之役中，前后有 45 万赵国士兵死亡，秦军也损失惨重。

提示：第一，这是我国古代战争史上首次出现的大规模歼灭战。

第二，秦军获胜的原因，除去政治的和经济的优势外，还成功地运用了"远交近攻"的策略，破坏了各国合纵抗秦的企图。秦采用离间之计，诈退诱敌而歼之，正表现了懂得"诡道"的兵家才能（《孙子兵法·计篇》）。

第三，白起灵活地采用迂回运动，正奇结合。其全正面后退也必定是方阵回军的办法。以奇兵插入赵军，再以展开的矩阵对敌，因而掌握了战场的主动权。

第四，以步兵为主力，包括车、骑在内的多兵种参加作战，量机使用，组织严密，分工也细，其进攻队形是射兵在前的部署。

三　秦矩阵的历史地位

战国时代中晚期，特别是在秦始皇统一六国的过程中，可说是战争连年，兵无闲日。即便处在秦统一后的15年间，还进行过伐南越、逐匈奴的两次大规模的战争。随后，又是农民掀起的灭秦战争。兵革不息，战例不胜枚举。但从春秋到战国这两个大跨度的时段里，矩阵的队形尽管一脉相承，而内容和战争方式则截然两样。战国时代以前多是整齐的矩阵车战，以后则是步骑为主的多兵种的协同作战。从秦俑矩阵的实例中，我们看到了它同殷周到春秋时代的矩阵车战有着继承的关系，同时它也形象地反映出战国时期秦国军事家善于多兵种协同、正奇结合，具有运动战、歼灭战的指挥能力。

春秋时代的矩阵是一种战斗队形，而战国以后则主要是用作临战队形或平原广野上的行军队形。因为步骑兵的地位上升，步兵内部分工较前为细，兵器和更为先进的复合兵器的广泛采用，接战时矩阵必须做新的变换，以适应在复杂地形上作战的需要。那么，它既可以是多兵的协同作战，也可以是单兵独进。也正因如此，所以这时战争就有了如下一些特点：

首先，战争规模大，时间旷日持久。战争的结果是多次交战的总和。公元前578年（秦桓公二十六年），秦国面对以晋为首的“八国联军”12万人，举全国之兵也不过5万。而麻隧（今陕西泾阳县南）之战的失利，竟带来数世的不振。但于公元前260年（秦昭王四十七年）“长平之战”，秦竟把15岁以上的男丁全部编入军队，在三年内连续发起一系列战斗，使赵国一次就死了45万人！公元前225年（秦始皇二十二年），秦国“空国中之甲士”，征集到60万大军，交给王翦去消灭楚国。战争的残酷程度，是空前的。

其次，军事行动范围（也就是作战空间）随着人数的增加、武器先进、装备齐全而能做到大规模和大范围运动。秦伐楚的拔郢之战、伐赵的长平之战、十年统一战争、征南越之战等，都是数路调军，远涉千里而抵达前线的。

再次，作为进攻型的矩阵由于多兵种的编入就能演出多种阵形来。“奇正相生”，变幻无穷，战法灵活。而战术机动往往又是取得战争胜利的重要因素。大排面的密集的队形和直接武力对抗的行为，逐渐被具有较大纵深和灵活的集团队形所代替。

从战略和战术史的角度看，这一时期常用的作战方式如下：

集中兵力

预留预备队

围歼攻击

阵地战

野战中的进攻和防御

骑兵突袭

《孙膑兵法》:“孙子曰：用八阵战者，因地之利，用八阵之宜。用阵三分，每阵有锋，每锋有后。皆待令而动。斗一守二；以一侵敌，以二收。敌弱以乱，先其选卒以乘之。敌强以治，先其下卒以诱之。车骑与战者，分以为三，一在于右，一在于左，一在于后。易则多其车，险则多其骑，厄则多其弩。”(《八阵》) 这段带有鲜明战国时代特征的话，包含着很丰富的战术内容。

战国以来：由多兵种组成的用做“主攻”的方阵（矩阵）不光用在容易展开的广阔平坦的地带，更重要的是在于“因地之利”而用之。这说明它的适应性甚强。兵力分为三部分，战术上不是全线出击，而是以兵力的三分之一进攻敌人，三分之二的兵力作预备队以便最后决胜。接敌时，要挑选精锐勇敢的士卒，突破敌人的薄弱环节，打乱敌人的阵脚，再获取胜利。如遇强敌，则以一般士卒与之周旋，诱惑敌人，消耗其力量使之疲劳，待机而消灭之。如果是步、骑、车三兵种与战，布阵则须把车兵摆在阵之右翼，骑兵放在左翼，步兵安排在后部。还需按照战场地形的险易，所用兵种也应当各有侧重。

秦俑二号坑表现的是营房设置，其主体部分则是车兵在右，骑兵在左，中部则是以步兵为主的车、步、骑混编。它形象地反映了“用阵三分”的安排，既便于临战调遣，又便于“斗一守二，以一侵敌以二收”的指挥，自然这也是“因地利”用兵的考虑。

汉代初年的战争方式一如秦代之旧，可说是没有太大的变化。汉景帝平定吴楚七国叛乱时，周亚夫“以梁委之”，制订了“敌疲弊后击”的作战方针，在睢阳（今河南商丘市南）深沟高垒，粉碎吴楚声东击西的企图，使其 10 万联军遭受挫折后，乘机以精锐之主力追击而消灭之。以矩阵（方阵）固守，实则可灵活地加强主力一翼，随之变为进攻队形。同样，公元前 121 年（汉武元狩二年），在汉反击匈奴的“河西之战”中，车、步、骑与战，李广在被包围的情况下，以 4000 骑的进攻队形迅速地收缩为圆阵，竟使左贤王 4 万骑不能得逞。

在骑兵为作战主力的历史时期，即汉代以后，矩阵随之又演化出极为丰富的内容，更加精彩无比。

注　　释

[1]《左传》桓公五年："子元请为左拒。"杜预注："拒，方阵也。"

[2] 郭沫若：《殷契粹编》597页，科学出版社，1965年。

[3] 火器是以火药为动力，发射弹丸或子弹杀伤敌人的武器。火药作为中国四大发明之一，已在西汉作为药物使用。两晋、隋唐时期，炼丹家从实践中发现了硝石、硫黄、木炭等混合物具有燃烧的性能。至迟到北宋初年（十一世纪），火药兵器才被创造了出来。

据说，唐福发明的"火箭"是用火药推送出去的箭，一次可发射五十支。至于火器以一定的规模用于战争的，还见有岳飞用的"石灰炮"。那是在洞庭湖镇压钟相、杨么起义时，点燃火药，喷出石灰雾，使对方睁不开眼。靖康元年（1126年），宋军在丞相李纲指挥下，用火箭、霹雳炮等，在京城汴梁（今河南开封市）击退金兵的进攻。南宋时期，金和南宋都使用了铁壳的爆炸性火器"铁火炮"。

最早的火枪，是南宋绍兴二年（1132年）陈规守德安（今湖北安陆）时使用的长竹竿火枪。开庆元年（1259年），创造的突火枪，是以巨竹为枪筒，内安子窠（弹丸），用火药发射的管形射击火器。就在这一年，成吉思汗的孙子——元宪宗蒙哥在四川合州（今重庆合川）钓鱼城被宋军用火炮打死了。

元至顺三年（1332年）制造的青铜火铳，是截至目前见到最早的金属管形射击火器。到元末，火铳又成为元军和农民军的重要装备。明朝除大量生产火铳外，还开始制造铁炮。不过，这时的火铳是把火药、铅子、石子等从管制形口填进去的。射击时要把管托抵住肚子，左手握管，右手引火，常因燧眼喷火伤人。戚继光就在燧眼上加了个"火门盖"，避免烧人，也加大了射程和命中率。

16世纪中叶，中国从外国侵略者手中缴获了佛朗机铳、鸟铳、红夷炮，并仿制之，用以大量装备军队。至清雍正十年（1732年），火器平均占军队的60%。

18世纪中叶以后，欧洲经过工业革命，火器制造日趋先进，而中国闭关锁国，致使火药生产落到了西方之后。

[4] 王学理：《一幅秦代的陈兵图——论秦俑坑的性质及其编成》，《文博·秦文化秦俑研究特刊》1990年第5期。

[5] 江永：《周社疑义举要·地官下》说，西周以前"五伍共卫一车，因谓二十五人为两"。金鹗引用史料证明"二十五人为一乘"的制度，其《求古录札记》："方叔南征，车三千乘，每乘二十五人，三千乘得七万五千人，是王六军之制也"。蓝永蔚也据《司马法》佚文确认攻守车共30人，其中攻车25人，守车仅5人，是"周代古制"（《春秋时期的步兵》）。

《孙子兵法·作战篇》："驰车千驷，革车千乘，带甲十万。"显然是攻、守车的编制人数为100人。其中直接用于“驰敌”的攻车有隶属步兵75人。晋杜预在《春秋经传集解》里多次指出春秋时期“兵车一乘，甲士三人，步卒七十二人”。唐李靖按《曹公新书》明确地指出：“攻车七十五人，前拒一队，左右角二队，守车一队。炊子十人，守装五人，厩养五人，樵汲五人，共二十五人。攻守二乘，凡百人。”(《李卫公问对》)

[6]《周礼·夏官·大司马》：“险野人为主，易野车为主。”郑玄注：“险野人为主人居前，易野车为主车居前。”

[7] 在一号坑前部出土的戴武帻执长铍的铠甲武士俑有403尊，分布在第一、二、三、九、十、十一等6个过洞里，略去第一和第二列战车之间。因为对称排列，就形成了此类俑较为集中的“方阵”，其排列关系如下表：

南部		对应关系	北部		合计
过洞	数量		数量	过洞	
G1	41	←　→	45	G11	86
G2	62	←　→	62	G10	124
G3	92	←　→	99	G9	193
方阵合计	197	……	206	方阵合计	共403

执长铍的步兵单独编列，说明它不同于其他兵种。是一支别有用场的武装力量。《史记》、《汉书》的“高祖功臣表”中有隆虑侯周灶，曾以“长铍（鈹）都尉”的身份击项羽有功。可知“长铍兵”是秦汉军中就有的建制。

[8]《左传》昭公二十七年。

[9]《后汉书·舆服志》：“秦灭九国，兼其车服，故大驾属车八十一乘，法驾半之。”《汉书·贾捐之传》：“鸾车在前，属车在后。”

[10]《史记·司马穰苴列传》：“景公遣使者持节赦贾，驰入军中，穰苴……乃斩其仆车之左驸，马之左骖，以徇三军。”

[11]《诗·小雅·緜蛮》：“命彼后车。”《孟子·尽心篇》：“驰骋畋猎，后车千乘。”

[12]《礼记·少仪》郑玄注：“朝祀之副曰贰”，“戎猎之副曰佐”。

[13]《大戴礼·朝事》孔广森补注：“乘车之副曰贰，田车之副曰佐，戎军之副曰倅。”

[14] 李兴斌等：《孙膑兵法新译》之《十阵》注释，齐鲁书社，2002年。蓝永蔚在其《春秋时期的步兵》一书中也明确地说：“阵形名称尽管繁多，但是若从队形排列来说，它的基本形态却只有方阵和圆阵两种……方阵是进攻的队形……圆阵是由方阵变化而来的一种阵形，是方阵的收缩，是方阵处于防御阶段的形态。”

[15] 参阅卢林：《战术史纲要》，解放军出版社，1987年。

[16] 1972年、1977年在河北藁城县台西村和北京平谷县刘家河的商代中期遗址和墓葬里，都发现了用天然陨铁制造的铁刃铜钺。

但真正地把铁用来制造兵器的材料，则见于湖南长沙出土的一柄属于春秋时期的铜格铁剑，其长38.4厘米。我们知道，炼铁技术由块炼铁（熟铁）经过铸铁（生铁），发展到钢铁阶段，才能造出真正的钢铁兵器。从文献记载到考古发现，战国时期的三晋地方、南方的楚、北方的燕，甚至中山国，已经在普遍地用钢铁兵器装备了自己队伍。但这时，青铜兵器仍然广泛地在生产和使用。只有经过秦到西汉时期，随着封建经济的巩固和发展，以及钢铁冶炼技术的进一步提高，钢铁兵器才真正地取青铜兵器而代之。

[17] 我国的弩，早在原始社会末期就已经出现。《韩非子·说林篇》说“羿执鞅持杆，操弓关机”。考古中也出现有骨、蚌制作的原始悬刀。

在实践中重视用弩应该是春秋时期的事，而普遍用弩则在战国中期以后。孙武和孙膑在其兵法中也多处说到“矢弩”、“劲弩”的作用。河南洛阳市中州路曾出土一只战国中期的弩，其弩机为青铜质，在木质弩臂后端装有错金的铜弩机，其前端则安有错银的蛇头样铜承弓器。当是我国目前见到最早的较为完整的弩。但这时的弩部属于“臂张弩”，所承之弓也较小，弩箭短，射程也不远。至战国晚期出现的“蹶张弩”，有的还增加了铜郭，强化了机槽，从而也大大地增强了弩的张力和射程。

[18] “角”，是春秋中期出现的一种战车在追击中直接展开两翼的战斗横队。公元前597年，在邲之战中，楚国的乐伯向晋军挑战，“晋人逐之，左右角之。乐伯左射马而右射人，角不能进”（《左传》宣公十二年）。

角的队形到战国时期就演化为“雁行之阵”。据《孙膑兵法·十阵》讲：“雁行之阵者，所以接射也。”《威王问》说“雁行者，所以触侧应□也。”角阵的形状如一个倒“人”字形，其作用在于用“劲弩趋发”前后无碍地击溃敌之翼侧，使其中主军孤立毂而败之。这一进攻队形，同恩格斯说的两翼同时进攻、中央兵力控制在稍后的地方的“翼侧攻击”有些近似。从角的队形到雁行之阵，我们可以看出：有着大纵深的矩阵是个暂注的临战队形。

[19] 此处“韩地”在《吕氏春秋·爱士篇》、《左传》“僖公十五年”里均做“韩原”。实属于晋地，当今陕西韩城县西南。

[20] 司马错攻楚，建立黔中郡的时间，《史记·秦本纪》作秦昭王二十七年（公元前280年），而《华阳国志》卷三《蜀志》作周赧王七年（公元前308年）。周赧王七年，当秦武王三年，显然有错，应以《秦本纪》所载为是。

叁 播校相连 营壁必坚

——兼论秦俑二号坑的象征意义

古兵书《军志》中“止则为营，行则为阵”的话概括了宿、战两种军事行动均具同等的重要性，于是，安营的巧与拙同样也就成了衡量古代将帅们军事指挥艺术水平的标尺。三国时，蜀汉与曹魏两军隔渭水对峙，蜀汉军队的统帅诸葛亮猝死五丈原军中，只好全军撤退。当司马懿率魏军赶到汉军的“营垒处所”，看到诸葛亮营寨布防之严谨奇曲时，不由得发出了“天下奇才”的赞叹（《三国志·魏书·诸葛亮传》）。英雄识英雄，品评才中肯。诸葛亮伐南中时，被俘的孟获看过蜀军“营阵”后不以为然地说“若只如此”，但却免不了被“七纵七擒”而终于归降的结局（前书注引《汉晋春秋》）。蜀将马谡出祁山（今甘肃礼县东）“舍水上山”，被魏将张郃“大败于街亭”，被军法处斩（《三国志·蜀书·王平传》），这正是立营失误导致败绩的严重后果。同样的例子，就是尽人皆知的蜀吴“彝陵之战”中陆逊“火烧连营八百里”的故事[1]。

结营（又名“为营”）关系胜负，不下于布阵的当否。其作为军事生活的重要内容，格外受到关注，自然是情理中的事。秦始皇陵第二号兵马俑从葬坑作为营寨的形式，出现于“陈兵”的环境中也是容易理解的。同那作“矩阵”形式的一号坑一线并列，不仅反映了“营”同“阵”的等值关系，而且也形象地呈现出秦营的具体内容，为研究此前此后营的发展变化提供了直观的材料。

有学者首倡二号坑 是“左军”一说，以为系“大阵套小阵”建制，有违史实，也同1977年我参与试掘测绘的情况相左。鉴于其影响深广，故对定性的甄别，尤显必要。

一 有关几个军事术语的概念问题

（一）壁垒和营垒

涉及部队行止的军事设施和军事工程的词，见有壁、垒、营、寨、城、堡等。对这些常见而又容易混淆的军事术语，给予较为确切的诠释，溯本求源地加以区别，有助于秦俑研究的深入，同时对中国古代军事学的研究也不无益处。

壁，是军营周围高起的防御性土堤状建筑物，其外沿设置有长长的壕沟，用以阻止敌人接近，并附设一些障碍物。

垒，为壁上筑起的堡寨，是兵力集中防守的要害部位。《左传》孔疏："垒，壁也。军营所处，筑土自卫，谓之垒。"垒上多布置有远射程兵器，阻隔敌人。有时为了加强防御能力，是需要"深垒固军"的[2]。垒在壁上是散开构筑的，数目当然非一。如果两军相持，为增强防御力量，双方各自都在增垒，像长平之役中，秦赵两国就是生动的例子。

营，系军队止宿和驻扎的地方。在行军途中临时住宿的称"行营"。

寨，用木栅构筑的防卫据点。在山上称"山寨"，在水边的称"水寨"。

城，筑有高厚围墙的大型防御工程。最早由村落集合而成为都邑，随后在四周建造起两重城垣。内为"城"，外为"郭"（《管子·度地》）。或两城相并，其作用在于"筑城以卫君，造郭以守民"。（《吴越春秋》）城上有"女墙"、"马面"、"碉楼"等防卫设施，城外则挖有蓄水的隍壕，从而形成"城隍"、"城池"等体系性防御工事。

堡，是小型的防御性建筑。可附于城，但多单独存在。春秋时期的"栽"，也当是"堡"的一种最早称呼[3]。

以上诸种有实际内容的军事设施，多是有连带关系的配套工程。"壁垒"连用是野战防御阵地的统称。车战时代虽无壁垒，却在它后期孕育了防御作战的圆阵[4]。而壁垒在向敌的一面组成为具有防御层次的堤状工事，俨然形成了一道"铜墙铁壁"[5]。当然，这种防御还属于积极性的，因为"筑壁垒而守之"的"守"固然是其第一位的作用，但它的终极目标还在于"战"。像壁垒间每隔百步设置的"突门"，虽则在门道和门前有拒马（交叉而成的木架，上面带刺，可以移动）阻隔来犯之敌，但它却是阵内部队出入的通道。况且配备在壁垒两侧的车骑往往又是通过迂回、侧击来对付进攻之敌的。这显然是它后出而又有别于圆阵的进步之点。壁垒结合，形为主体，外设条沟，成就"深沟壁垒"，再配备上"天罗"（张挂的网）、"武落"（又名"虎落"，是用以遮挡壁垒的竹篱，一说是带绳的木桩）、"行马"（塞门道以阻车马行人过往的木架子）、蒺藤一类障碍物，从而构成为一个完整的防御体系。（图Ⅰ-3：1）。由此可见，古书中"军壁曰垒"（《周礼》郑注），"垒，军壁也"（《说文解字》），两个互为解释，时而称"壁垒"，时而又称"垒壁"，或合称，或单称……就不足为怪了。如果从"筑垒壁而守之"（《史记·白起传》）来看其兵力部署，正如《六韬·临境》说的："分兵三处，令我前军，深沟增垒而无出，列旌旗，击鼙鼓，完守备。令我后军多积粮食，无使敌人知我意。发我锐士潜袭其中，击其不意，攻其不备。敌人不知我情，则止不来也。"在这里，守军、机动兵力和后勤保障都具备了。而孙膑对来不及构筑垒时，如何配备兵力、武器、设置哨所等，谈的都是很具体的意见（《孙膑兵法·陈忌问垒》）。

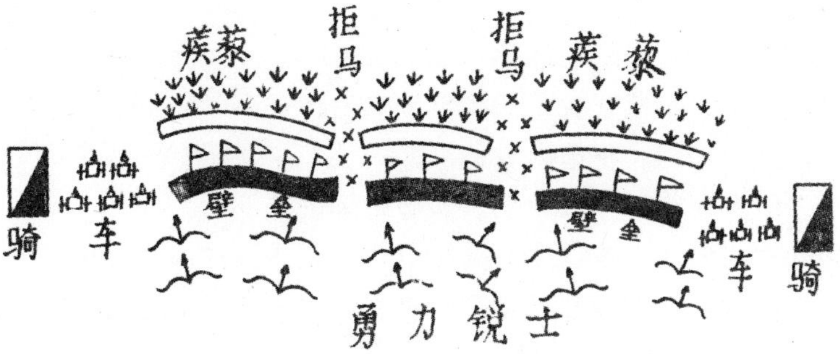

图Ⅰ-3：1 壁垒图（采自卢林设计）

（二）顿舍和营军

军营的设立，从相对的时间上分，大致有暂驻和长期驻军的两种形式。公元前1027年，周武王伐纣时，“率戎车三百乘，虎贲三千人，甲士四万五千人”（《史记·周本纪》），行程九百余里，时经一月余[6]，是不可能建筑正规的营舍的。公元前208年，项羽率兵救赵，破釜沉舟，所烧的“庐舍”若不是营舍而是民舍，那还能表现出什么样“必死争胜”的决心？公元前123年，卫青面对“兵阵而待”的匈奴军，令“武刚车自环为营”（《汉书·卫青传》），显然是没有构筑工事的时间，像这种在行军途中的营舍只能属于暂驻性质。由于只求其起到止宿遮护的作用，因此是简易而粗率的。除去临时驾车为营外，还有架兵为营的。这类营大概就是所谓的“顿舍”（《史记·王翦列传》、《汉书·李广传》）。如果属于部队长期的营宿之舍，其规模和结构就要讲究得多了，而且是同城堡、壁垒各自有机地结合，由此而更加审慎地选择营地。

“顿舍”，顾名思义是临时性的军营。大将李信、蒙恬率秦兵20万攻楚，“荆人随之，三日三夜不顿舍，大破李信军，入两壁，杀七都尉，秦军走”（《史记·白起王翦列传》）。《汉书》记赵充国“行必为战备，止必坚营壁”（《赵充国传》）。在这里，“营壁”又被连用了起来。因为“壁垒”接近，故而又称“营垒”（《六韬·军略》）。《周礼·夏官司马》说量人“营军之垒舍”。“营”为建造之意，孔疏：“营军之垒舍者，军所至之处，则外周而为壁垒，又于垒中有馆舍”。“馆舍”指军营无疑，而且在垒中，必然是发生在两军对阵之时，故《尉缭子·战威》说“军垒成而后舍”。军营即同壁垒结合，就不是一般的“顿舍”、“止宿”，而是着眼于防卫攻战的作用。那么，其结构必定是杂糅了构筑壁垒的精神因素的。

营虽同壁垒的连用，但各自毕竟属于几个不同的军事设施。它们间的关系可说是：既有区别（如营设周垣，行营不对敌，壁垒多为堤状，又是在对峙的情况下为之），又有联系（如两军相持，营周匝筑壁垒，故称“营垒”）。因此，人们不能一概而论，还须具体分析。不过，连用频率之大，也正好说明军营的重要地位。其作用概略地说，大致有五个方面：

第一，供军队止宿、安歇、休整；

第二，储备粮草、武器装备，保障后勤供给；

第三，提供战地训练、整肃内务的场所；

第四，是各级军吏制订作战计划、实施指挥的总部；

第五，扼守战略要地，是退守的歇足点，也是进攻的出发点。

营垒地点一旦选定，作为一项工程，在军内就有专门的管理修建机构。汉代就有“垒壁”一职，就“主垒壁之事”（《后汉书·光武帝记》）。

二　冷兵器时代“营式”的雏形及其完备化

在漫长的中国冷兵器时代，军营的外形出现过很多种。它们大致是由于军队住宿时间的暂久、当时地理环境的可否，而因时因地制宜的结果。也正因为正规的军营设立，选在作战的前线或防守的要地，聚集着为数众多的军队、车马、武器、粮草及其他军用物资，当然也就成了敌人攻击的主要目标。历史上发生夜袭与火攻营地的例子，是不胜枚举的。因此，从“自固”和“拒敌”的防攻角度考虑，不但立营择地须审慎，要保证绝对安全，而且对营内的结构都要做到布局合理，便于防守又有利于出击[7]。因此，还要有一套严密的管理制度和“营规”。这些都属于“为营”的程式和布阵的规则，当然也都是那一个时期军事家智慧的结晶。

（一）秦汉时期营壁结构与攻防设施的概况

1. 布局和规模

《尉缭子·分塞令》载：“中军、左、右、前、后军皆有分地，方之以行垣，而无通其交往。将有分地，帅有分地，伯有分地，皆营其沟域，而明其塞令，使百人无得通。”分地，即是军中分配的营地。以军为单位安营，故称“军营”，可见不全是望文生义的“军人之营”的一般性解释。至少战国到秦汉时期是这样。既然一个军的兵马辎重住在一个具有“行垣”（围墙）的营区里，不能挤在一个帐幕中，就须按将、帅、伯各领的营地安置。据其“百人而卒，千人而率，万人而将”（《攻权》），“伯长得诛什长，千人之将得诛百人之长，万人之将得诛千人之将”（《束伍令》）知，“百人之长”就是“伯”，“千人之将”即是“率”，也就是“帅”。“伯”是有资格为营的基层单位，那么，在一个军营里至少就有 120 个“伯营”（12000 人）。这种“大营包小营”的营壁结构，就明白地告诉了人们“结营”一词的含义。

甘肃嘉峪关汉墓第三号墓的甬道上，绘有一幅营帐壁画。据称：中间是大军帐，内坐一武官，帐外左右各立一军士。右立者执一旗，为传令官，“中军帐的前后及左侧面环以三排小军帐，帐前列以矛和盾，右侧分别六面镶有牙边的白色军旗，似为辕门”[8]（图Ⅰ-3：2)。可见营有“分地”，士兵是分住在帐幕之中的。刘邦赴项羽设的鸿门宴，“樊哙居营外，闻事急，乃持盾入。初入营，营卫止哙。哙直撞入，立帐下”（《汉书·樊哙传》)。因为营盘不大，哙才能“闻事急”持盾撞入。营中之帐显然也不止一个。不过，长官同士兵们的帐有着大小、繁简和等级的区别罢了。

图Ⅰ-3：2　帐幕图

（甘肃嘉峪关汉墓出土）

秦汉时期的营究竟有多大？《汉书·卫青传》：“军大捷，皆诸校力战之功也。”师古注：“校者，营垒之称。故谓军之一部为校……每军一校，则别为幡耳，不名校也。”张汤与甘延寿出西域，“矫制发城郭诸国兵、车师戊己校尉屯田吏士……益置扬威、白虎、合骑三校，汉兵胡兵合四万余人……即日引军分行，别为六校……”师古注：“一校则别为一部军，故称校耳。”校，即校尉，是三公之一的太尉和九卿中武官之外，在军中具有实际指挥权的高级军官。它原是秦武官的称呼，而且分有“左右”。《史记·陈涉世家》有“秦左右校攻阵”的记载。《索隐》：“即左右校尉军也。”既然“一部为一校”，即一个部校就是一个军营（营垒或营壁)。秦将王龁在长平，攻取赵的“二鄣四尉……又攻其垒，取二尉，败其阵，夺西垒壁”。而秦攻楚时，“（荆人）大破李信军，入两壁，杀七都尉”（《史记·白起王翦列传》)。从这些史料得知，一个校在管辖的一个营壁中就有好几个都尉，其兵数估计也有千余人[9]。一支大部队可由将军率领，下面再设若干支队（即部校)，当然可以设若干壁。刘备连营七百里，就是由很多营壁连接起来长达700余里，而绝不是有700里长的一个“连营”。

2. 设施

长期性的营壁必须是筑有一道高起的方形周垣（即“垒垣”、“军垣”）环绕，外表形为矗立的垣壁。垣墙上留有数目不等的门。少则一个，多可四个。正门称“军门”（即营门，又称“和门”、“垒门”[10]、“壁门”[11])，侧门称作“旗门”[12]。

壁垣之外挖掘有沟堑，沟外沿深栽“鹿角”（带枝杈的树枝)，并布满蒺藜、竹马（竹桩)，以防敌人偷营。

营壁内按军队的编制单位划区驻防，彼此间不得随便往来（《尉缭子·分塞令》)。各级军吏和士兵各有营帐。营内有道路，营帐的安排则是由军事指挥家的运筹行为风格而没有定制[13]。

军营内立有“营表”（木柱)，是用以观测日影的计时器。

3. 防卫

部队的驻营同任何军事行动一样，都是军中的大事，容不得半点疏忽。否则，就有遭敌暗袭致使全军溃散、覆没之虞。所以，在带兵打仗的校尉之外，还设有

“军司马”一职。但在不设校尉的情况下，军司马就成了一部的主将。分部的司马则特设“营军司马”，使其专管部队的住营之事。

军门的管理和把守，即所谓“营事”，统由“军门都尉”节制（《汉书·周亚夫传》、《汉书·高惠高后孝文功臣表》）。而具体管理营门的，则是“门侯”。守门者是站立门两旁执有长兵器的卫士，也称作“壁门士”（《汉书·周亚夫传》），遇到未经许可而擅入的则交戟不纳（《史记·项羽本纪》）。

为了军营的安全、防止奸细，明令也有一套营规和营法。它大概包括了这么一些内容：将军入营，即闭门清道，不准妄行，不得喧哗，一切行动听命令；营内各区间有明确的活动范围和道路，炊事、采樵和一切闲杂人员不得超出规定；夜间关闭营门，派人巡逻，不停地敲击刁斗，按日更换的联络口令，并加以盘查；任何人不得私自改变军营的设施……否则，对违犯营规者将以军法处置[14]。

防止敌人乘营，特别是对待夜袭的最好办法就是：在营外远距离地段上派出流动哨——“斥候”，随时报告敌情动态。（《汉书·李广传》、《汉书·赵充国传》）

“军中闻将军令，不闻天子之诏”，这是西汉周亚夫严于治军、汉文帝细柳营遵制故事中的卫士之言。它给后世留下了严守营规的“真将军”、“真天子”的形象[15]。

（二）秦俑二号坑的短期性军营实例

古今悬隔，同一事物往往截然两样。如不细察其间的变化之迹，是很难连接其首尾的。秦俑二号坑出现初期，关于它性质的讨论，就反映了人们认识的过程。揭去表相，联系本质，它模拟秦人军营的布置就给我们展现了一个形象具体、内涵丰富、特点鲜明的秦营实例。

结营有多种办法，或像西洋军队“按武器类型分编为营的各种步兵队、长矛队、短剑队、狼牙棍队、投石队等”（《马克思恩格斯全集》第14卷《军队》）；或按兵种，包括步、骑、车、弩在内。但以单兵或多兵种混宿，而平面呈方块组合格局的，是构成秦营的基本特点。

二号坑内有四个独立的区域，可分为前后两线，应该说是“营中有营”的建制。后线三区（由南而北，依次是Ⅱ区——车兵小营；Ⅲ区——车、步、骑混编小营；Ⅳ区——车、骑小营）间互不相通，前线Ⅰ区（练兵场）同Ⅱ区也不能直接往来。Ⅲ、Ⅳ的前部只有穿过五道小门，才能进入Ⅰ区的后部[16]。这种情况反映了大营内除分小营住宿外，各小营也应该有自己的“行垣”，使得彼此不连通。而各区结为营壁，则应有大的周垣或壕沟环绕。这些设施，在这里显然是省略了。既然小营辟有“横门”（即“衡门”），大营也当另有“军门”（图Ⅰ-3：3）。

秦俑射兵练习场地，安置在二号坑Ⅲ区的东北角，看来是安营的又一大特点。因为秦军是一支攻击型的队伍，行军作战成多兵种的矩阵队形，又作“强弩在前，锬戈在后”（《史记·苏秦列传》）的武器配备，故而把射兵小营安放在军营的最前部就大大地方便了出战布阵的需要。同时，军营也是战地训练的场所。王翦统领 60 万大军进驻楚地，没有接受楚兵的挑战，而是“坚壁守之”，除每日“休士洗沐”，“善饮食抚循之”以改善生活条件外，还作“投石超距”的军事体育锻炼。及至战机成熟，他就一鼓作气地消灭了楚国（《史记·白起王翦列传》）。秦俑射兵小营的武士俑，作徒手轮番射击的姿态，正是教阅场上练武的形象化。

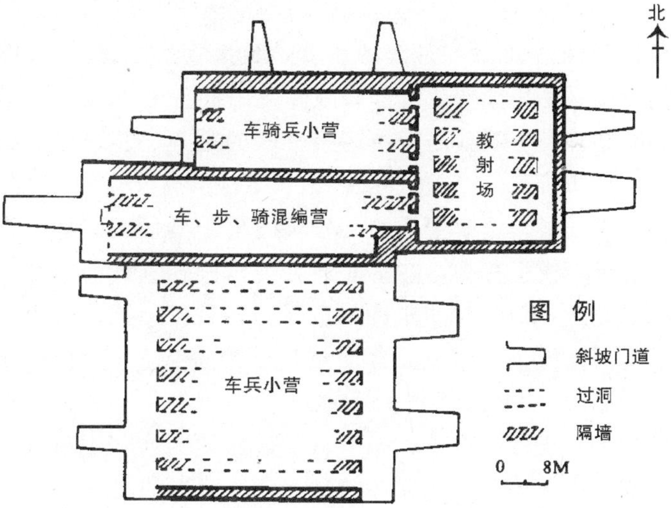

图Ⅰ-3：3 秦俑二号坑驻营分区示意图

（作者测绘）

甲士乘车，带着“乘附”（又作“承副”，即随车的隶属步兵）凭借战车搏击的车阵战，随着车阵时代的结束、步骑兵作战方式的推广而销声匿迹。但战车作为战斗的运载的工具并没有因此而隐退，它在战国以后的历史长河中，又以新的姿态发挥着新的作用。秦俑坑中出土了为数不少的木质车乘，但它绝不是旧式战车的“遗老”，而是适应新兵种、新战法的“新少”。从指挥系统的专用车乘、追奔逐北的驰车、骑步专车到四人共乘的“驷乘”，应有尽有。二号坑军营后线的并列三小营有战车编列，就显示了它们各自的作用。特别是Ⅱ区的车兵小营，竟是 64 乘清一色“不中不益”的“轻车”[17]。车后无随员的步兵，乘员还只限于御手和两名执长兵、擐铠甲的左右车士。可见驰驱轻车作战的队伍这时已成为一支独立的兵种，并在野战中发挥着重要作用。“轻车先出居其侧者，阵也。”（《孙子兵法·行军》）如果说孙武所在的春秋时代，军事家还把用做担任掩护任务而机动的轻车当做判断敌军列阵的重要征候的话，但到了他后人孙膑所处的战国时代就不同了。虽然重视用车，但已不限于此一作用。这时不但“车骑与战”，而且还把车兵单独用在平坦的旷野上作为一支独立的作战力量（《孙膑兵法·八阵》）。云梦秦简中“轻车”同“赿张”、“引强”的并列（《秦律杂抄》），就很能说明问题。汉代从中央到地方的车兵，都有一套自成系统的军吏，如“轻车将军”、“虎贲校尉”等（《汉书·卫青传》、《百官公卿表》）。所以，秦俑二号坑战车单独编营不是旧式车的陈列，也不是对往昔车兵的缅怀，而是适应当时出战列阵需要的模拟。

《孙膑兵法·八阵》："车骑与战者，分以为三，一在于右，一在于左，一在于后。"他把战车放在战阵的右翼，骑兵置于左翼，步兵排在后面，看来是古代军事家们对多兵种协同作战时部署战斗主力的经验总结。二号坑军营的后线三区基本是作如是驻营的。唯独处于中间第Ⅲ区的是车、步、骑混宿小营，当是适应战场需要的又一种布置。

表现秦军营寨生活的二号坑同整个秦俑坑一样，在很大程度上具有象征性。尽管它极力模拟真物，在某些地方可以做到具体而微地"像"，但毕竟同其本身一样，都是处于"似"与"非是"之间。既是营，无"行垣"沟堑，却有门；既是"宿"，俑马却立而不卧……分营而居，营地练兵，却无金鼓的发现，没有形成指挥系统，兵俑多徒手而少长兵……足见秦俑军营提供给我们的是一个相对稳定的、暂住形式的实例。当然"重攻轻守"和"远斥候"这些军事活动是不便表现的，但通过营垒这种具体形象曲折地反映的却是一个隐形的战术思想。

（三）从李靖到戚继光的完备营式

强大的唐王朝同样是在与强敌血与火的拼搏中建立起来的。一代名将李靖（571—649年）不但战功卓著，而且在军事理论上也有很高的造诣。其所著《李卫公兵法》虽已佚亡，而同唐太宗谈论兵法的实录却幸运地流传了下来，这就是有名的《唐太宗与李靖问对》（又名《唐李问对》、《李靖问对》）[18]。其治军、布阵、安寨的经验也是代表了当时军事学的最高成就。宋人曾公亮《武经总要》中就载有李靖的营法并附有营式图。

唐营常有两种，即方营和月营。其立营的根据只有一条，就是注重军队所处的态势和地理环境。如"诸军逢平原广泽，无险可恃，即作方营"，反之，背山面原的"地带半险，须作月营"。

李靖把部队分为七军，即将帅所居的是中军，其下属的是前后左右四军（如左厢的两左总管，右厢的两右总管）和机动兵力两军（左右虞候）。住营的依然是三大兵种，即包括了步兵（名曰"战锋"，其中的弓箭手称"弩手"、"弓手"）、骑兵（即"战队"，或名"马军"、"跳荡"）、战车（名为"驻队"），另设有奇兵。兵力分配是中军4000人左右，左右四军各2600人，虞侯两军各2800人，共计2万人。每军都是一个方营，其中中军营最大。因为扎营在自己领土上，土地平坦宽广，每营中间就可留一营大的空地。若果受地形限制，中间的空地就可能小于这个数额。由于中军位处中央，六军分布至周围有如六瓣的花朵，所以这种方营也叫做"六花营"（图Ⅰ-3：4）。

月营的编制未变，只不过因地形关系，形为向前突出的半月形（又名"偃月营"）罢了。中军居中，六军分布两翼，即两左总管和左虞侯在一侧，两右总管和右虞侯在另一侧。每一大营包括40子营，"营各四十幕为一部"，子营中都留有空地。

"左矛右戟，前盾后弩"，旗鼓则立在中央的"大将之所"。

从李靖营地布局看，"取山川地形，利便水草，随其险易"而方便可行。"营中有营，队中有队"的安排，可使各部有分合调整的余地，便于应付敌情。确乎做到了相互联系、彼此照应，既可向外各方运动，又能收拢成为一个整体。因此说这是一种灵活而安全的营法。

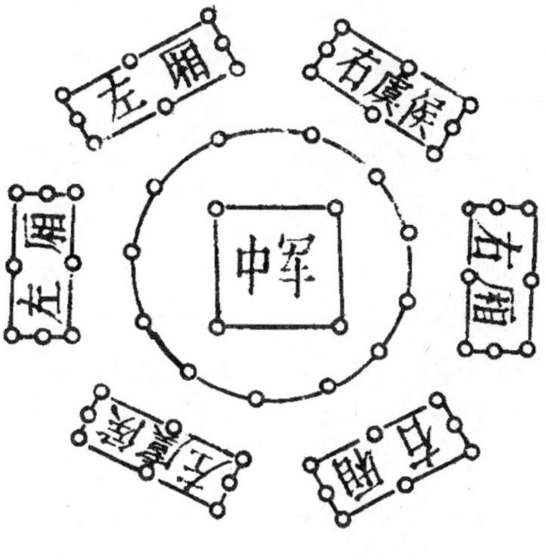

图Ⅰ-3：4　李靖六花阵图

唐以前用冷兵器作战，部队的行营驻防的格局变化不是太大。此后，随着火器的出现并登上战争舞台，武器配备的变化也为部队的营守问题增添了新的内容。明代抗倭明将戚继光（1528—1578年）对于军营的建设和管理十分重视，把处于热兵器时代的"戚家军"的驻营、行军和野营当做反袭击和歼灭敌人的战术来对待。这些都在他的《纪效新书》和《练兵实纪》两部重要军事学著作中都有详尽的阐述。

明嘉靖年间（1522—1566年），用于战争的火器已经有100多种。戚继光经过研制，把原来在管口填药的鸟铳，改成在后面填药，还在燧眼上加了"火门盖"，从而避免了向后喷火伤自己人的危险，大大提高了射程和命中率。他还改进了火炮（无敌大将军、虎蹲炮和佛朗机铳）的结构和装置[19]，在军事技术史和战术史上都产生着深远的影响。对车、步、骑和辎重诸营协同作战问题，戚继光也是异常关注的[20]。尽管这时的炮兵还没有成为一个独立的兵种，但火炮和其他火器已被配备在各个兵种之中。在镇守蓟州时，他建立了7个车营，共有官兵约22000名。每营有官兵3109名，就配有口径二寸的佛朗机火炮两门，骑兵中还有鸟铳手。7个步兵营计2万人，每营都有火器队。同样，7个骑营里都各有鸟铳手、快枪手和火兵的编制。而辎重的建立，实是戚继光的一大创举。共计3营，不但是保障后勤供应的运输单位，而且也是战斗的单位。休息时，以车为营，前有拒马桩，中有火器。在前线，则加入车、步、骑阵的系列，来对付蒙古骑兵。而这些配备有火器的诸兵种，在驻营格局上也当然地产生了新的影响。

戚继光的车营、骑营、步营和辎重营都作方形，组织严密，针对性强。面对"敌人铁骑数万冲突，势锐难当，我军队伍未定，辄为冲破"（《练兵实纪·杂集》）的态势，戚继光建立的车营是用偏厢车128辆。首尾相接，"左右前后，分合疏密"为营，另有骑兵一队。车上装有大佛朗机2架，还配备有其他火器和人员，形成了对付"敌马拥众"的"有足之城"、"不秣之马"。

涉及野营的修建和管理，详尽地论述及规定，都载在《练兵实纪》卷七《野营》

里。其中有29条，如“安野营”、“遏人畜”、“谨营壁”、“严营门”、“慎启放”、“稽出营”、“恤病军”、“查军器”、“放厕所”、“革抽差”、“备火警”、“止扰害”、“报机密”、“治喧动”、“戢透漏”、“责交通”、“惜水草”、“处夜解”、“教夜巡”、“甲夜号”、“辨巡箭”、“设灯火”、“备雨晦”、“下暗营”、“变明暗”、“诘来人”、“重夜令”、“出夜奇”、“明再发”等。这些都是营中活动的具体规定、做法及违令的处置方法。

对于偷袭和伏击的敌人，做法是在营地周围除设有哨探（流动哨）、“夜不收”（夜间巡逻人员）外，还布置有暗弩、铁蒺藜和“自犯钢轮火”（地雷）等，收到来者必歼的效果。

三　驻营和作战关系索解

（一）母营和子营

只要是部队，无论是何军兵种都是有固定宿营的。秦汉时期，从常备军、野战军到边防军，特别是对于“兵无常帅，帅无常兵”的大规模野战部队，都由皇帝任命将帅，兵的数额少则数万，多到几十万，均按部为营。秦始皇“空秦国甲士专委”于王翦60万众（《史记·白起王翦列传》），日夜兼程，长驱数千里，也不可能住在数个帐篷之中的。为了防卫的需要，大部队必然是集中在一个或数个营地的，做到“小分散、大集中”。军之一部为一校，校又是组成军营的基本单位。因此，对这人数逾千、兵种多样的部校人马，就须从大的方面形为混宿的“母营”，从战术单位形为单兵种或几个兵种的“子营”。纵观秦俑二号坑的布局，其分作4—5个单元，无疑为我这一立论提供了证据。

（二）京师的屯卫和区庐

营地和营房设施，既同军队的级属有很大关系，也因平时或战时而有所区别。《史记·秦始皇本纪》载秦二世元年（公元前209年）“尽征其材士五万人为屯卫咸阳，令教射狗马禽兽”。即使是“屯卫”，也必定集中于军营住宿的。

《汉官解诂》说护卫皇宫和官府的“卫士”们“诸门部各陈屯夹道其旁，当兵以示威武，交戟以遮妄出入者”。“屯夹道其旁”是屯卫的据点，也是营地的所在。当然也只是设营的一种。

《汉书·刑法志》：“天下既定，踵秦而置材官于郡国，京师有南北军之屯。”设置材官，秦汉皆然。南北军屯卫都城，也理当相共。由于戍卫首都，关系重大，此权不易授人，多是皇帝亲诏，任命卫将军统领之（《汉书·文帝纪》）。其主管官员和任务也甚为明确，如卫尉掌南军，卫宫；中尉掌北军，内卫京师，外备征战[21]。具体掌管“宫门卫屯兵”的是卫尉，掌管“京师城门屯兵”的则是中尉下属的城门校尉。长安十二门都有候（《汉书·百官公卿表》）。据颜师古引《汉旧仪》说，“卫尉寺在宫内”，又引胡广说“主宫阙之门内卫士，于周垣下为区庐”。他解释说：“区庐者，若今之仗宿屋矣。”可见宫阙卫士住的营舍，设在宫墙之下，其指挥所（卫尉寺）就在宫内。守城门的屯兵，则是建立营垒的，像“中垒校尉掌北军垒门内”。

卫戍京师的军队，因为较稳定，所建军营设施也就相应地要讲究得多。单就营内的军事训练和检阅而言，都是国家一级的。训练的内容从军事体育锻炼的“教射”（《史记·秦始皇本纪》）、“投石拔距”（《汉书·甘延寿传》）、“角抵”（《昭明文选·西京赋》李善注），到“教以五兵”、“演习阵法”（《汉书·百官公卿表》），都是逐步提高的。至于秋天的“都试”（正式的军事检阅）更是隆重无比，连皇帝都来亲阅。当然，这些平日的练习只能在军营内专设的场地进行了。

（三）障塞

因为边防线漫长而又往往受地形的制约，所以边防军的营地一般都要选择在扼要而又便于迅速抵达的关梁、安塞、徼亭、障塞等防御要地。除去平常值班防守外，一旦闻警，就得立即集结，从防守工事上御敌。较大的“障”（通“鄣”）、塞，无疑就是一座城堡[22]。驻守“障城”往往是要派尉一级的武官，领有重兵[23]。秦始皇派大将蒙恬率大军守长城，“城河上为塞”，“筑亭障以逐戎人”（《史记·秦始皇本纪》）。又派尉屠睢发卒分五军，南戍五岭伐越，边防军人数达到百万（《淮南子·人间训》）。同样，西汉王朝也曾“兴关中卒乘边塞”（《汉书·高帝纪》），南方则以木栅水为徼。汉武帝时，“边郡太守各级万骑行鄣塞、烽火，追虏。置长史一人掌兵马，丞一人治民。当兵行，长史领。置部都尉、千人，司马、候、农都尉，皆不治民。不给卫士”（《汉旧仪》）。领兵守护障塞是长期的任务，其军营以部校为驻守单位也相应稳定而坚固。

（四）营阵相侔

杜佑在其《通典》里有“安营之法与圆阵相侔”的话，这就是说军营形同圆阵。那么，营同阵究竟是什么关系？又为何“相侔”？

我们知道：圆阵是“主守”的防御性队形。兵力收拢、高度集中是其特点之一。为了减少敌人的攻击面，就把防御正面尽量缩小到最低的限度，使之成为一个外向密集的防御圈，从而使敌人很难从某一点上攻破它。所以说圆阵是对付强敌从多方攻击的最佳阵式，往往能取得以少胜多、化险为夷的效果。项羽兵败垓下（今安徽灵璧南）之后，仅仅剩下了28骑，他面对灌婴所领的5000骑汉军，“因四隤山而为圜（圆）陈外向”，竟斩杀一汉将、一都尉及“数十百人”，冲出了重围（《汉书·项籍传》）。汉将李广帅4000骑兵面对十倍于己的匈奴骑兵的包围，同样采取了“圜陈外向”的守御队形，才摆脱了被歼灭的危险处境（《汉书·李广苏建传》）。

军队营寨的主要功用，无非是两个：一要保证己军安全的所谓“自固”；二要做到随时战斗的所谓“御敌”。从这个意义上讲，特别是处于前线和深入敌境，其安营之法同圆阵相较，确是“相侔”的。因为驻营虽然不是面对强敌的包围那样地带有几分被动性，但处于一个并不完全排除遭受袭击的未知环境之中，无异于被包围。因此，立营扎寨就不能不作出遇敌即战的考虑。

圆周本来是个无端之环，在面积相等的任一几何图形中都是最小者。这一数学上的道理，也早已为我国古代军事家所利用而变为战术上不移的法则。“圆阵无角，利以坚守”（《武经总要·前集》），也应是根据战争实践总结出的认识。孙子说：“浑浑沌沌，形圆而不可败。”（《孙子兵法·兵势》）孙膑说：“圆阵者，所以搏（借为‘团’、‘结聚’）也”（《孙膑兵法·十阵》），“圆阵以胥（等待），因此为固”（《十问》）。荀子也说：“圜居而方止，则若磐石然，触之者角摧。”（《荀子·议兵》）同样，在敌境安营时，“即须窄狭，不得使容一营，其势编入仿佛使圆”[24]。

营、阵“相侔”，从指导思想原则上是接近的。但二者毕竟是不同的状态。不过，在营地的规划上，总是要把布阵作为自己的立足点。其主要的表现就在于对各兵种、各子营的安排，均须服从出战列阵的需要。即：尽量使二者靠近，以缩短出营的时间。这就是说，驻营部队一旦接到列阵的命令，就得迅速、准确地进入自己的战斗队列。所以，《六韬·犬韬》说“大将设营而陈，立表辕门，清道而待”。（《分兵》）《汉书·李陵传》：“陵于是将其步卒五千人出居延，北行三十里，至浚稽山止营……与单于相直，骑可三万围陵军。军居两山间，以大车为营。陵引士出营外为阵，前行持戟盾，后行持弓弩，令曰：‘闻鼓声而纵，闻金声而止。’虏见汉军少，直前就营。陵搏战攻之，千弩俱发，应弦而倒。虏还走上山，汉军追击，杀数千人。”李陵以“大车为营”，即所谓“车营”。“引士出营外为阵”，可知阵在营外，二者相去必定不远。营地遭到包围，李陵军迅速布阵追杀敌人，如无科学的营地划分和训练有素的士兵，要做到5000人拉出营外迅速定行列是很困难的。

唐李靖制定了著名的“六花阵法”并绘有“阵图”。他向唐太宗说自己的“六花阵”是根据诸葛亮的“八阵图”演变而来的。其阵法是“大阵包小阵，大营包小营，隅落钩连，曲折相对，古制如此。臣为图因之，故外画之方，内环之圆，是成六花”（《李卫公问对》卷中）。这种“六花阵”是个由3万人组成的内圆外方的阵形，即中军为一阵，居阵中，队形不作大的变化；在中军外围则环绕着由6个军组成的小方阵，其中包括着左右虞侯各1军，左右厢各2军。根据地形可做出方、圆、曲、直、锐5种阵形的变化。“大阵包小阵”，是指中军之外有6阵分布如“六花”，总数为7，故也称“七军阵”。训练时，六军分为左右两厢。安营布阵，则以六花为正，中军为奇（图Ⅰ-3：4）。在这里，李靖的“六花阵”同“六花营”出于一炉，足以反映出营、练、阵、战的依存关系，是那么分明。所以，秦俑二号坑以小营住宿，射营（包括教习场）在前，这正是驻营的安排原则、秦阵出战程序、兵力部署的生动实例。

《墨子·守城篇》有“营如城”的话。从守备上讲，城、营之周垣及外围设施相似。对驻营的坚固要求和警卫力量，也不比城池稍逊。但二者毕竟不同，其难易程度、布局和作用也是不可同日而语的。

注 释

[1]“火烧连营八百里”是《三国演义》演义里的说法，但刘备在白帝城（今重庆奉节县东白帝山上）以东至猇亭（今湖北宜都县西、长阳县南）700里间处处结营，兵力分散，遭受火攻，全线致败，却属事实。《太平御览》是这么论述的：“蜀先主刘备东下伐吴，魏文帝（曹丕）闻备树栅连营七百余里，谓群臣曰：备不晓兵，岂有七百里营可以拒敌者乎？包原隰险阻而为军者，为敌所擒，此兵忌也。缓急不相救，一军溃而众心恐矣。数日，果有备败书至。”

[2]《左传》文公十二（公元前615年，即秦康公六年），秦晋战于河曲。臾骈曰：“请深垒固军待之。”孔疏：“深者，高也。”

[3]《左传》哀公元年（公元前494年）：“元年春，楚子围蔡，报柏举也。里而栽，广丈，高倍。夫屯昼夜九日……”在楚都外一里的地方，用版筑起高一倍的方形建筑，驻兵昼夜把守。这“栽”不是“堡”又是什么？

[4]《孙子兵法·兵势》：“浑浑沌沌，形圆而不可败。”曹操注：“卒骑转而形圆。”杜牧说这个“圆”是“阵法也”。点破了说，这就是收缩兵力，组成环形防御的圆阵。所以，蓝永蔚在其《春秋时期的步兵》一书中说：“方阵是进攻的队形……圆阵是由方阵而来的一种阵形，是方阵的收缩，是方阵处于防御阶段的形态”。

[5] 据《六韬》讲，在垒上“金鼓旌旗，皆列而张，别队为伏兵。令我垒上多积强弩，百步一突门，门有行马，车骑居外，勇力锐士隐伏而处”（《豹韬·突战》）。又“设营垒，则有天罗、武落、行马、蒺藜”（《虎韬·军略》）。联系起来看，由壁垒组成的这道防御工事大致轮廓是：在长而且宽的壁（土堤）上置垒，遍插旌旗，多置金鼓，埋有伏兵；壁垒外侧深挖壕沟，沟前洒满蒺藜一类障碍物；持有弓弩和长短兵器的“勇力锐士”，隐蔽在壁垒的内侧；战车和骑兵则配置在壁垒的两端。同时，壁垒上每隔百步，设一突门。与之对应的深沟处都留有通道，并且安置拒马。这样一来，就形成了以壁垒为主体的、由外到里的四个防御层次。

[6]《汉书·律历志》：“癸巳武王始发，丙午还师，戊午渡于孟津。孟津去周九百里，师行三十里，三十一而度。……至庚申，二月朔日也。四日癸亥，至牧野。夜陈，甲子昧爽而合矣。”戊午为周正月二十八日，癸亥为二月四日，前后6天，行了180里。所以，武王率军由丰京到距朝哥只有20里的牧野（今河南淇县南），前

后一月零七天，行程1080里。按西汉一里约为417.53米算，即折合901.8里。

[7]《孙子兵法·行军》："凡军好高而恶下，贵阳而贱阴，养生处实，军无百疾，是谓必胜。丘陵堤防，必处其阳，而右背之，此兵之利，地之助也。"

关于立营择地的最具体的论述要算是《武经总要》前集的《下营择地法》一节，今节录如下：

"地之善者，左有草泽，右有流泉。背山险，向平易，通达樵牧为之四备。大约军之所居，就高去下，向阳背阴，养生处实，无以水火为虑。居阳山不居水泽，避卑不居恶，名谓豆入牛口之类。不居无障塞，谓四通八达之道，受敌益多。不居深草，恐有潜袭或被火烧。不居水冲，恐有涨溢或彼决壅。不居无水及死水，恐渴饮致病。不居无出路谓四面'地隘'，恐被围难解及粮运阻绝。不居无草莱，恐军乏绝。不居下湿，恐人多疾病，军马不利。不居废军故城久无人居者，急疾无固守。不居冢墓间与鬼神处。春夏宜居高，以防暴水。秋冬不居沟潼深阜，虑有延潦。"

另外，对于"天柱"（高山）、"地柱"（岛）、"天狱"、"地狱"、"飞锋"（斥卤之地）、"虚耗"（荒城废墟）、"天灶"（缺水草的川谷之口）、"沃焦"（无险可凭之地）、"天社"（神祠）、"死地"（丘陵之上，大山之口）、"龙头"（大山之端）等兵家所忌讳的地方，都不能驻营，须尽快离去，尽量让给敌人，变害为利。

[8]嘉峪关市文物清理小组：《嘉峪关汉画像砖墓》，《文物》1972年第12期。

[9]熊铁基：《秦汉军事制度史》，广西人民出版社，1990年。

[10]《周礼·大司马》郑玄注："军门谓和门，今谓之垒门，立两旌以为之。"

[11]《汉书·韩信传》："赵开壁击之，大战良久。"《汉书·周亚夫传》："亚夫传言开壁门。"

[12]《孙子兵法·军争》："合军聚众，交和而舍。"曹操注："军门为和门，左右门为旗门，以车为营曰辕门，以人为营曰人门。"

[13]《汉书·灌夫传》："创少瘳，又复请将军曰：'吾益知吴壁曲折，请复往。'"

[14]《汉书·胡建传》："时监军御史为奸，穿北军垒垣以为贾区……遂斩御史，护军诸校皆愕惊。……遂上奏曰：'《黄帝李法》曰壁垒已完，穿窬不由路，是谓奸人，奸人者杀。'"师古曰："李者，法官之号也，总主征伐刑戮之事也。故称其书曰《李法》。"

[15]《史记·绛侯周勃世家》：汉文帝"至霸上及棘门军，直驰入，将以下骑送迎。已而之细柳军，军士吏被甲，锐兵刃，彀弓弩，持满。天子先驱至，不得入。先驱曰：'天子且至！'军门都尉曰：'将军令曰：军中闻将军令。不闻天子之诏。'居无何，上至，又不得入。于是上乃使使持节诏将军：'吾欲入劳军。'亚夫乃传言开壁门。壁门士吏谓从属车骑曰：'将军约，军中（指军营中）不得驱驰。'于是天子乃按辔徐行。至营，将军亚夫持兵揖曰：'介胄之士不拜，请以军礼见，天子为

功，改容式车，使人称谢：‘皇帝敬劳将军’。成礼而去。既出军门，群臣皆惊。文帝曰：‘嗟乎，此真将军矣！曩者霸上、棘门军，若儿戏耳，其将固可袭而虏也。至于亚夫，可得而犯邪！’称善者久之。”

[16] Ⅱ、Ⅳ两区，各占6个过洞，其中北侧的5个过洞东部部有一个向东开的小门。而Ⅱ区8个过洞前部有横向的长廊连通，其北端只有同Ⅲ区的南一过洞交合后，才通向Ⅰ区的后部。由此可见，后线三区的“横门”（即“衡门”）都是集中在东北一隅的。

[17]《后汉书·舆服志》：“轻车，古之战车也。洞朱轮舆，不巾不盖，建矛戟幢麾，辟（同珽，皮箧，用以藏弩）輒弩箙，藏在内府。大驾、法驾出，射声校尉、司马吏、士载，以次属车，在卤簿中。”这里说的是天子卤簿中的轻车，其装饰之华丽都在实际战车之上。不过，“不巾不盖”作为“古之战车”，建有矛戟弩箙等兵器却反映了它原来的面貌。

[18]《旧唐书·经籍志》、《新唐书·艺文志》著录有《李靖六军镜》三卷，而无《唐李问对》。因此，宋人疑其为伪。何薳《春渚纪闻》中考订为阮逸所著。马端临《文献通考》疑其为宋熙宁年间（1068—1077年）辑录的《卫公兵法》。中国军事科学院的研究者有详细的辨正，今从之。

[19] 原来的“无敌大将军”炮重1000余斤，有效射程内的杀伤直径可达20余丈，是守城的重要武器。但每次装进6～10斤的火药和500个生铁子是从炮口灌进去的。当放炮之后，再装新药放炮的间隙太长，往往给敌人冲来留下可乘之机。戚继光针对这一缺点，就在炮身（即“母体”）后部开口，把装有火药和铁子的“子铳”放进母体，使子铳的放射口和炮管对接，就可放炮。数个子铳轮换装卸，既缩短了发射时间，又便于一个人操作，当是原始的“子母炮”雏形。

[20] 北宋的“虎蹲炮”是在木架上弹射的。明嘉靖年间（1522—1566年）已发展成有前高后低的支架，并能在炮膛中发射的小炮。其炮身长一尺九寸（合今60厘米），口径二寸余（合今6.3厘米），重36斤（约合今21.5公斤）。但它后坐力大，炮身跳跃，燧眼喷火，往往使炮手受伤或死亡。戚继光就在燧眼上加盖，把支架的四只脚改为尖桩并插入地中，还使炮尾紧抵炮坑之壁，从而提高了炮膛的光滑度，使虎蹲炮身稳定，程射延长，提高了命中率，又可使之同鸟铳一齐发射，是对付敌人骑兵的有力武器。

[21] 熊铁基《秦汉军事制度史》引陈树镛《汉官答问》。

[22]《史记·秦始皇本纪》：“三十三年……西北斥逐匈奴。自榆中，并河以东，属之阴山，以为四十四县。城河上为塞。”

[23]《史记·白起王翦列传》载：秦昭四十七年（公元前260年）“六月，陷赵军，取二鄣四尉”。《索隐》：“鄣，堡城。尉，官也。”

[24]［宋］曾公亮：《武经总要·前集》卷六《制度三·裴绪营法》。

肆　运筹帷幄　决胜千里

——秦俑三号坑漫议

秦俑三号坑位在一号坑西端的北侧，由此向东越过一个南北长的空坑（编为Ⅳ号坑），就是二号俑坑。按坐西面东的这一组具有完整体系的从葬设施看，四坑范围界定，东西进深260余米，南北跨度约178米，而三号坑正位于这组从葬坑的后左部，同一、二号坑中作战单元中的指挥者位置相似。那么，从总体到局部的这种“似”是偶然的巧合，还是别有讲究？这就涉及三号坑的性质和作用，以至于引申到军事学意义等，就有探究的必要。

力倡秦俑“无坑不阵”的权威学者认定三号坑也属于“军阵”。那么，我们就有必要从此坑的位置、形制、作用和俑位、级别上加以分析，给出恰当的定位。

一　第三号俑坑性质的判定

（一）结构述要

秦俑三号坑的坑形特殊、结构怪异、布局别样，必定是由其功能所决定的。不言而喻，也当是秦代军事设施实际的反映。由于1977年我亲自参与发掘测绘和研究，又鉴于《简报》材料已公布，故而在此屏除那些枯燥的资料性介绍，只选择相关的要点作些提示，以便我们作为进一步探讨的凭借：

放置文物的坑体在西，坡道在东，其面积是这组军事内容的从葬坑中最小的一个。东西长17.6米，南北宽21.4米。总面积仅及一号坑的1/27。坑体平面略呈向西的“凹”字形，内部布局上则以正面的“鼓

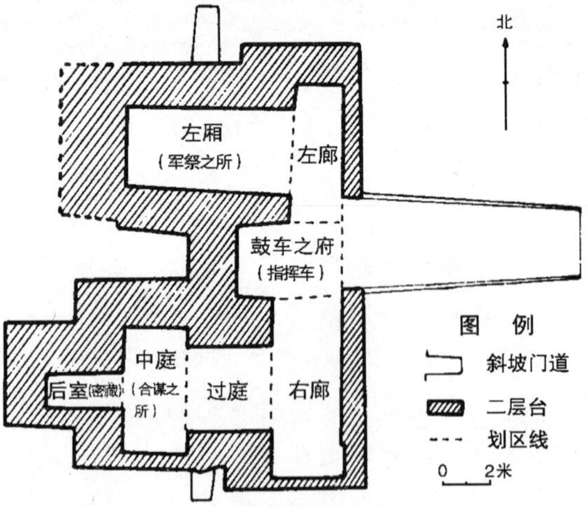

图Ⅰ-4：1　秦俑三号坑分区示意图

（作者测绘）

车之府”[1]为纵轴向南北两边对称展开。车府两侧相连的是南北长的左右廊道，又在两廊中部的两侧各向西扩进一个进深大于跨度的厢房。所以，三号坑的主体实际是由车府和两廊、两厢等5个单元组成。各单元的结构又不尽相同，其中除两廊均作南北长的长方形外，左厢（即“北厢”）东西为长条形，东端连接左廊，平面呈“凸”字状（有的学者称之为“且”字形）；右厢（即“南厢”）较特殊，从东到西由过庭、中庭和后室三部分组成，像个空心的“土”字形（图Ⅰ-4：1）。

坑中车马与武士俑的排列，因区而异（图Ⅰ-4：2）：正面停放一乘驷马鼓车，后随甲俑4尊。北廊空无文物，而左厢的南北壁下各立一排甲俑，计22尊（48～67号俑）。其中除东端的两尊面东做守门状（47号俑和68号俑），其余20尊均呈横向的面面相对。南廊的东西两壁下，各立4尊甲俑。尽管因廊长俑少，而在排列上显得疏朗，但仍是东西向两两相对的（1～6号、41、42号俑）。南厢过庭有6尊甲俑（7～9、38～40号俑），宽大的中庭里有24尊甲俑均等的分为南北两部相对（10～21、26～37号俑各部俑数是横3、纵4），狭窄的后室只有4尊甲俑两两相对（22～25号俑）。

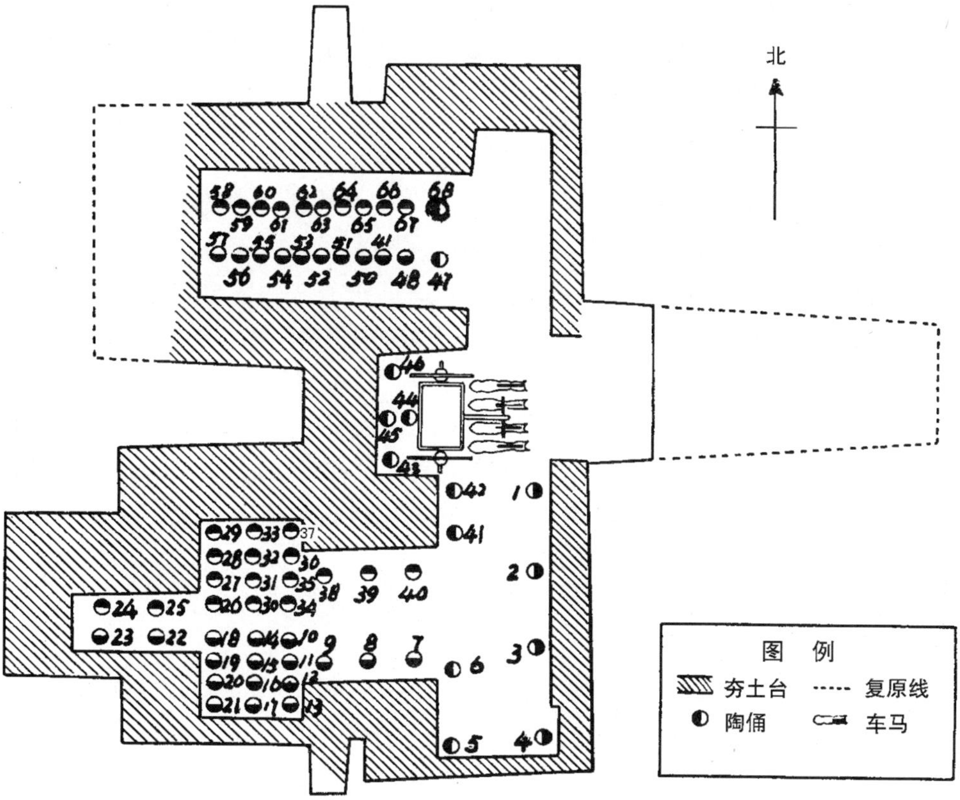

图Ⅰ-4：2　秦俑三号坑车马、陶俑排列示意图

坑中共有 68 尊著甲陶俑中，除车后 4 尊随员外，其余均右手半握，曲肘作拄长兵器状。所见兵器，除 30 柄长杆铜殳（图Ⅰ-4：3）外，仅有三棱铜镞 3 枚、剑 1 件。

右廊北口、后室东口都有“过梁木”样的门楣，上装有带舌的铜环，用以悬挂帷幕。同样，左厢入廊的口部也是以帷幕相隔。

左厢地面有残鹿角一件、动物骨骼朽迹一堆。左廊北壁下靠着一束铜殳，计有 20 柄。

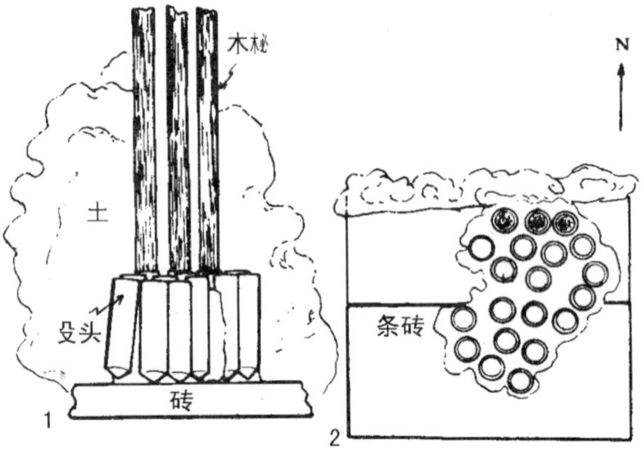

1. 立面　　2. 平面

图Ⅰ-4：3　秦俑三号坑束殳出土图

对照一、二号俑坑，三号坑显然不同于军阵或营垒之设。因为它既有指挥用的“鼓车”，又有礼仪性的长兵器，还有祭祀活动的遗迹。可见此坑是在表现秦军事生活的思想指导下，设计的又一个内容。但显而易见的是，它同军事领导机关的某些活动有关。

（二）军幕的模拟物

崔浩说：“古者出征为将帅，军还则罢，理无常处，以幕帘为府署，故曰幕府。”（《史记·李牧列传·索隐》引）因为将帅在外，行无常处，也没有固定的治所，所以在行军途中或战场上只能用小帐篷搭盖成临时的指挥所，过后即撤。这里所言的“古者”之幕，至少在春秋后期就见于记载，如《左传》哀公二年（公元前 493 年）载：晋、郑的铁（今河南濮阳县西北五里）之战，赵鞅率师“以徒五百人宵攻郑师，取蠭旗于子姚之幕下”。公元前 487 年晋伐吴，“微虎欲宵攻王舍，私属徒七百人，三踊于幕庭，卒三百人，有若（孔子弟子）与焉，及稷门之内”[2]。秦俑三号坑的结构，不像是用帐篷搭盖的。但从内部的格局和功能考察，确实反映了秦军幕的一些特点。这表现在：

第一，位居于模拟的秦军事活动体系的后左部，同阵营中作战单元的指挥俑的位置相一致。

一号坑的高级指挥俑戴切云冠，著有重袍并擐铠甲者，如第二过洞的 97 号和第十过洞的 97 号两将俑，均位于重装的“长铍队”之后的战车上。同样的情况如二号坑东端练兵场上的将俑，还有车步小营中的将俑，也都是被安置在那些作战单位的后左部。当然，一号坑的作战队形编制明确，伴随这些军吏俑的指挥物有金铎和革鼓。在二号坑的将俑之处虽未见到金鼓，但其身份及指挥位置却是很明显的。那么，三号坑中唯一的一乘驷马鼓车被安置在坑正面的中心位置上，不但悬挂彩绘革鼓（有鼓环及漆绘图案的鼓面遗迹），有鼓手相随（如 45 号甲俑跟车后，双手前伸半握，似执桴。图Ⅰ-4：4），而且是另安置一室，由鼓手和四俑（御手、佐吏、鼓手、甲士各一）组成一个单元。足见此车属于诸俑坑中唯一高级的指挥车，无疑此坑也当属于军中的指挥部。

图Ⅰ-4：4　秦俑三号坑鼓手姿势

从整个俑坑的设计思想看，既有了表现阵、营、战的几个坑，再加上军中之幕，就显得全面、协调。

第二，没有实战兵器，而只有礼仪性兵器，显然不是作战部队的装备。

三号坑出土无尖锋的长柄铜殳有 30 柄，不但是诸坑中特殊的现象，而且武士俑拥持此器的比例也大。除去随车的 4 俑，其余 64 尊都是同一手势，可以推断为每俑一殳。这同其他俑坑形成鲜明的对照。如一号坑前五方中的实战兵器只及俑数的 2.48%！若果不计佩剑，而按每俑一件兵器计算，其他实战兵器才占到俑数的 43.1%[3]。二号坑由试掘知，各类实战兵器同俑的比例更少，仅 5.32%[4]。当然，若非俑坑在秦末未经盗取或其他原因，原来配备的兵器数量一定是很大的。秦始皇既然能投入大量的人力、财力建兵马俑坑，尽量使之真实，就不可能使这些武士俑徒手而立！再从宏观上看，唯有一、二号坑俑装备着实战兵器，而三号坑俑装备是礼仪性的铜殳。由此可见，三号坑表现的绝不是一支作战部队。

无尖锋铜殳的作用，和利刺的矛、铍不同，和集中钩、刺、啄于一身的戟更有区别。殳不利于战，纯粹是一种撞击性的长柄器械。王晫在其《兵仗记》中说："殳即梲也……主于击。"[5]《释名·释兵》："殳，殊也，长丈二，而无刃，有所撞柽于车上，使殊离也。"《说文解字》说："杸，军中士所持殳也。"虽在商代的文献中未见到殳的记载，周代也曾把殳列为"车之五兵"，但却不见实物的出土。湖北随县曾侯乙墓出土战国初期的铜殳，前有三棱状的尖锋，并附有尖刺的铜箍，确还有实战的价值。[6]秦、晋的韩原之战中，"晋惠公之右路石奋梲而击缪公之甲，中之者已六札矣"（《吕氏春秋·爱士》）。但在战国时代，由于步、骑兵地位的上升，更适应战争的钢铁兵器逐渐在取代铜兵器，再也见不到殳的影子。睡虎地秦墓竹简《法律答问》说："邦客与主人斗，以兵刃、殳梃、拳指伤人，擎以布。"殳与梃相似。该书又说："何谓梃？木可以伐者为梃。"可见殳同梃都是无锋的棒状物，三号俑坑的殳也就是安木柄的无刃铜殳头，显然不用于战场。汉代画像石和壁画所见执殳者，都是些伍伯一类人物。所以，汉人注释"殳"时，都是以无刃对待的。如"殳长丈二而无刃"（《诗·卫风·伯兮》毛传），"殳如杖，长寻有四尺"（《周礼·夏官司马·司戈盾》郑注）。

纵观用殳的历史，其主要功能在于守备和警戒，特别是多充当王侯的仪礼兵器。如《诗·卫风·伯兮》有"伯也执殳，为王先驱"的句子，说明用殳先行开道、隔断行人。《说文·殳部》："以梲殊人也。"段注："殊，断也。杖殊人者，谓以杖隔远之。"曾侯乙的带尖锋铜殳上铭刻"曾侯郕之用殳"，这只表明此殳的专用。殳作为宫廷守备兵器，在春秋战国时代也是有史可证的。《韩非子》一书上记载了这么一则故事："楚王急召太子。楚国之法，车不得至于茅门。天雨，廷中有潦，太子遂驱车至于茅门。廷理曰：'车不得至茅门，至茅门非法也。'太子曰：'王召急，不得须无潦。'遂驱之。廷理举殳击其马，败其驾。"（《韩非子·外储说右上》）

另外，《司马法》上还有"执羽从梲"的记载。殳同旂旆并用，是作为军事指挥的一种标志而已。无论怎样，此后诸多文献记载反映出来的还是这么一个基本事实，即：殳更多地起着礼兵的作用，更多地用在仪仗队里。即使在军事上出现殳、钺同用，实际上也只是军权的象征物罢了。那么，秦俑三号坑的侍卫甲俑执殳，和一、二号坑的武器装备迥异，不正是警戒、仪卫、军权的集中表现吗？

第三，秦俑三号坑执殳的甲俑，以鼓车为中心向左右展开，又是取环壁而立的布置，这同样也显示了他们具有担任警戒的侍卫身份。

该坑的甲俑固然属于步兵，但在组织上并没有战斗编列。它既不像一号坑步兵俑有战斗位置，又不像二号坑各兵种随营的情况，而是执殳环绕周壁站立，具有一种向心性。这个"中心"当然就是指挥车。同样，两廊和两厢，尽管因其内容不同，数量有多寡，但各自也是围绕着一个“中心”（4 个中心，如接见：在右廊；议事：在右厢中庭；密藏：在右厢后室；军祭：在左厢）。可见这些甲士们不是用来参战，而是保卫军事首长又在显示军吏等级身份的侍卫。这种布置同所谓的“军阵”，简直是风马牛不相及的！

商鞅把侍卫长官的亲兵称作“短兵”。秦国对随带短兵的资格及其人数有着严格的规定，《商君书·境内》：“五百主，短兵五十人；二五百主，将之主，短兵百；千石之令，短兵百人；八百之令，短兵八十人；七百之令，短兵七十人；六百之令，短兵六十人；国封尉，短兵千人；将，短兵四千人”。在这里可以看出：秦的短兵之设是按军吏和县令两个系统进行的，而且都是同军功的有无直接挂钩的。秦俑三号坑有侍卫甲俑 64 尊（除去车之随员），显然高于“五百主”之数而又低于“二五百主”、“将之主”的卫兵数，距国尉和大将的卫兵数又相差很远。在这里，我们还应该清楚地意识到这么一种实际情况，即：一、二号坑内估计有兵马俑 7000 左右，如果加上拟建中的四号坑，必定在万数以上。即使如此，从实战上看，仍非编制军队的实数。其统帅究属何衔级，又不好骤断。那么，三号坑所置的“短兵俑”数岂不也具有象征性吗？但无论如何，充作幕中侍卫的身份却是洞若观火的。

第四，内部结构，展示着军幕的性质。

军幕是行军或前线的指挥所，将帅于此处理军机大事，实施指挥，并临机出动。秦俑三号坑内部几个单元间次，根据活动内容而深浅阔狭有大小，彼此又有帷幕相隔。合谋、军祭、车府、密藏等，既是幕中不可或缺的几个活动内容和处所，又需要彼此以廊道、过庭相通从而组成一个整体。但这同样与临战队形的“军阵”毫不相关。

第五，三号坑遭受人为的破坏，是俑坑工程未竣的证据之一，也是被捣毁指挥部的反证。

三号坑遭受人为的破坏，其情景与一、二号坑截然不同。一是未经火焚，二是武士俑绝大多数无头，三是铜殳 20 支一束被弃置于北壁之下。这些现象说明了什么问题呢？

秦末的那段历史记载告诉我们：“郦山之作未成，而周章百万之师至其下矣。项羽燔其宫室营（茔）宇，往者咸见发掘”（《汉书·楚元王传》）。既然建造俑坑仍属于“骊山之作”的工程内容之一，其未竣工的事实和陵周建筑被盗焚的记载，也都获得了考古的证明。那么，项羽的军队面对偌大的俑坑岂能不动心？我们考古工作者提供了证据是：一、二号坑对装备武士俑的实用兵器被夺走了，继之一把火使俑坑建筑坍塌……但是三号坑则采取另一种手段。揆其原因是：殳无实战价值，虽然把它“收缴”却不带走。因为重而无用，便弃置了；再把车后的俑给它掀翻，使之倒插在地下！既然没有“将军俑”，就把侍卫俑的头颅给截取了……捣毁秦俑军队的指挥中枢，这不正是项羽获取全胜的气概吗？他的复仇情绪在此也找到了宣泄的机会。

二　关于先秦时期“幕”的探索

（一）关于“幕府”的认识问题

将军的指挥所随历史的进程，曾有过多种称谓，如“幕”、“莫”、“帐”、“幄”、“帷幄”，等等。《左传》哀公八年(公元前48年)，晋伐吴时，“微虎欲宵攻王舍，私属徒七百人三踊于幕庭”。《韩非子·十过》：“昔者楚共王与晋厉公战于鄢陵……战既罢，共王欲复战，令人召司马子反。司马子反辞以心疾。共王驾自往，入其幄中，闻酒臭而还。”《史记·李牧列传》：“市租皆输入莫府，为士卒费。”《索隐》：“按：注如淳解‘莫，大也’。又崔浩云‘古者出征为将帅，军还则罢，理无常处，以幕帟为府署，故云莫府。’则‘莫’当作‘幕’，字之讹耳。”“幕”本来是将帅在出征途中临时用帷帘遮挡起来的帐篷，有时竟称“帐幕”，其设同“出军命将”一样，是暂宿的场所，即设即撤。随后因“将军”称号定制之后，它就有了新的变化。“将军”的称号定为官名的时间，按顾炎武《日知录》的说法是在西汉中期。于时，“将军府”就变成一个常设的府署机关，称之为“幕府”。同时，也因为开府置吏的关系，“幕僚”、“僚属”之称就随之而派生。“幕府”由将军的多设，也不止一个。大将军、列将军均设有幕府，即所谓“凡将兵皆有莫府”(《汉书·李广传》注刘启语)。

西汉时期，幕府组织趋于完善，属吏不但设有校尉、军司马、军监、军市令等一类武官，而且还有长史、从事中郎、掾、史一类内务性的文官。这些都当然也具有一定的员额。尽管他们先后多有变化，毕竟还是形成了一套“协助将军参赞军务”的军中机构[7]。但是，在整个先秦时期，幕还处在初级阶段。

军幕的建筑结构、内部格局及其功能，文献中是鲜于记载的。甘肃嘉峪关第三号汉墓中，有一营帐壁画，其中的营帐有大有小，但都是用织帛制作成“蒙古包”的样子[8]。尽管它还属于营幕，官兵都作为止宿的场所，而中间画一个“大军帐”，内坐一武官，外有军士守护，显然是“元帅升帐”的形象。若从单独办理军务、军机大事方面看，毕竟同军幕有着相似之处（图Ⅰ-3：2）。

（二）指挥部职能的诸问题

指挥部之设起源甚早，随着军事行动的采取，理所当然地伴生出统帅处所的设置问题。《周易》记载战争的文字很多，其中像“伏戎于莽，升起高陵，三岁不兴”（《同人》九三），“高宗伐鬼方，三年克之”（《既济》九三），“震用伐鬼方，三年有赏于大国”（《未济》九四）等等，而且战程也够长的。当然其间不是一次用兵，很可能是多次的行动。此外，像神农伐补遂、黄帝伐蚩尤、尧伐欢兜、舜伐三苗、禹伐共工、汤伐有夏、文王伐崇、武王伐纣的几次大战，往往也是长趋千里，经时非日，绝不可能中无止宿、兵帅混杂。但由于记述粗略，语焉不详，我们也就难以确知指挥部及指挥位置的详情了。

对于军幕的记载，以《左传》庄公二十八年（公元前666年）“楚幕有乌”一条的时间为最早。随后还见有哀公二年（公元前493年）晋、郑的铁之战，晋赵鞅“以徒五百人宵攻郑师，取蠭旗于子姚之幕之下”。至于他书所记，恕不一一征引，但我们可以肯定地说，军幕出现的时间绝不限于春秋早期。尽管商周时期，我们固然还不能断定是否有幕，但指挥位置设置于中军，却是了无问题的。因为战术决定了车阵不可能有大的纵深，所以指挥员兼战斗员，身先士卒，也是时代的使然。

车战时代的指挥多在中军，从“中军从王”[9]，到“中军奉公”[10]，可说是个通例。公元前707年，周、郑繻葛之战，周桓王亲率中军，以虢林父带领蔡、卫军队组成右军，以周公黑肩带领陈国的军队为左军[11]。公元前597年，晋、楚邲之战，楚也设三军，沈尹率中军，以左、右“二广”（楚君的禁卫部队）作掩护，还有潘党的四十乘“游阙”作为机动兵力（预备队）[12]。因为中军的这种地位，它自然拥有重兵，也就成了加强的重点。即使到了公元前550年，齐侯伐卫时，组织了6个方阵的行军队形，也是以自己的禁卫部队（“贰广”）居中，前有先头部队（“先驱”）和次二军（“申驱”），后有“大殿”殿后，两翼部队分别安设着“启”和“胠”（图Ⅰ-4：5）。

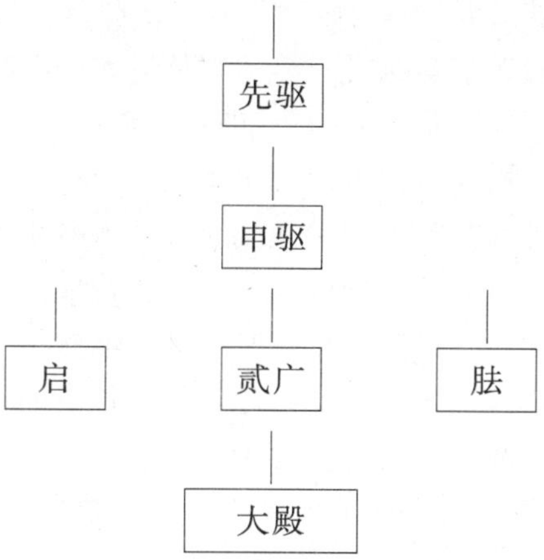

图Ⅰ-4：5　春秋时期行军队形示意图

但是，秦俑坑的指挥位置大不同以前，显然是发生了新的变化。如一、二号坑的单元指挥多在其后左部，而三号坑作为指挥部却从作战部队中分离出来，放在了诸坑的后左部。究其原因，大概同这么一些情况相关：步、骑兵的战斗地位上升，兵额数量增多，不但使作战空间扩大，而且战术机动也成为取胜的重要因素。因此，往昔大排面密集的阵形已不敷实用，代之而起的就是机动性、灵活性的集团队形。作为凌驾于诸军、实施有效指挥的指挥部独立出来设立幕府也就成了很自然的事。

军幕既是指挥部，其指挥功能表现在什么地方？这是我们探讨秦幕又一个不可回避的问题。

“运筹策帷幄中，决胜千里外”（《汉书·张良传》），确也道出了军事行动受军幕这一中枢节制的道理。《左传》成公十六年（公元前575年）记载了晋、楚鄢陵大战前，太宰伯州犁同楚王的一段对话，给我们勾绘出开战前准备的一般程序："楚子登巢车，以望晋军"。王曰："驰而左右，何也?"曰："召军吏也"，"皆聚于中军矣"。曰："合谋也"，"张幕矣"。曰："虔卜于先君也"，"彻幕矣"。曰："将发命也"，"甚嚣，且尘上矣"。曰："将塞井夷灶而为行也"，"皆乘矣，左右执兵而下矣"。曰："听誓也"，"战乎"? 曰："未可知也"，"乘而左右皆下矣"。曰："战祷也。"这段文字既包含了战前准备的主要内容，也是部署接战的一般次序，概括起来大致是如下的过程：

首先是"合谋"。即：主帅派人飞速通知各军指挥到中军来，商定作战计划。

接着是"卜战"。即：张开帷幕，在内部向先君神主卜问吉凶。

随后是"誓师"。即：在"彻幕"之后，填塞水井，夷平灶台，整理队伍，列阵，御者登车执辔，车士则从车上取下武器，立正，听取主帅宣誓。

末了才是"战祷"。即：全体将士肃立，祷告鬼神，祈佑取胜。

当然，接下来的就是挑战、合战了。

车战时代的这种迎战仪式，大概到了步、骑兵上升的时候也不会有根本性的变化。三号俑坑右厢的中庭和过庭构成为一个完整的建筑单元，对面壁下两部分侍卫陶俑拱卫，中间留出空旷地带，显然是主帅召集军吏合谋的议事大厅。左厢出土无钻凿痕迹的鹿角及动物骨，属于牲祭的遗留，此间当时"军祭"之所。由于"合谋"与"卜战"是将帅层里少数人的行为，涉及军机大事，当然是在密闭的、戒备森严的幕府中进行的。楚军一方面远望晋军，也只能通过"驰而左右"、"聚于中军"、"张幕"、"彻幕"等表面现象，再联系迎战的一般规程来判断。可见幕中的"诡道"，敌方是不易窥见的。至于宣誓和祷战活动，因为是面对广大士卒作战斗动员的，不能聚集于幕中，故而需要选择开阔地带的。如武王伐纣时，"甲子昧爽，王朝至商郊牧野"，才发表了历史上有名的誓词——《牧誓》(《尚书·周书·牧誓》)。

"卜战"既是"虔卜于先君"，就涉及同"社宗"的关系。《周礼·春官》："小宗伯之职，掌建国之神位，右社稷，左宗庙。若大师，则帅有司而立军社，奉主车。"郑注："社主曰军社，迁主曰祖。"古代行军，须车载先代君主和社主的牌位同行，而且是每舍必奠，遇战必祭。看来，秦人军祭的对象绝不止于社宗。秦始皇统一天下后，曾祭过"八神"，其中的"兵主"就是"战神"蚩尤。这种用牺牲祈神福佑的军祭活动，一直长期存在于古代军事生活之中。及至宋代，才达到了它的顶峰(《武经总要后集》)。用"卜、筮"和"星占"问定吉凶，虽属虚妄的迷信，而古人却恭敬又虔诚地进行着，倒也起了同仇敌忾、鼓舞士气的作用。好些学者据秦俑三号坑北厢的构筑及出土物或说是"宗"，或说用在"卜战"，或说是"祷战"。歧异存在，正是内容非一。但无论怎样，在同神祇祖宗有关的军事活动的这一点而言，却是一致的。但包括社、宗在内的告主卜祭活动于一处合并进行，不是不可能的。仅凭此一点，推断三号坑是社宗遗址，似乎略显勉强，但这也许正是秦幕的特点之一。至于社、宗为何物，是否设之于幕内，也许就难于深究了。

军幕作为指挥系统的首脑机关，真正地从作战部队中独立出来，大概还是战国中期以后的事。因为春秋以上所言的“幕”，毕竟还是将在军中。“凡举兵，师以将为命”（《六韬·龙韬·王翼》），不只说明将的重要，而且表明“将”同“兵”的关系更为直接。因为在古代，受到通信、观察手段的限制，将帅只能靠自己操纵的“金”和“鼓”，在短距离内形成指挥系统，以决定军队的行止。公元前589年，晋、齐的鞍之战中，晋欲克将中军，虽已“伤于矢，流血及屦”，但他“未绝鼓音”，以至于“马逸不能止，师从之，齐师败绩”，取得了全胜[13]。由此可见，将帅在军中身先士卒，有着鼓舞士气、稳定军心的作用，对于及时掌握敌情动态、根据具体情况，实施巧妙而有效的指挥，是更为重要的。但是，随着以后战争规模的扩大，部队人数的增多，单纯的车战向步骑兵等多兵种联合的进攻战、包围战的转移，加上旷日持久的鏖战，就产生了将帅从作战部队中分离出来的客观条件。于是，他们完全有可能居于第二线或第三线，进入幕中指挥。至此，战争已是发展到一个新的阶段。它也可说是指挥相应变化的标志。

三　秦幕散论

（一）秦俑军幕的特色

首先，具备了议事、告神、交通和藏密等不可或缺的内容和场所。有“短兵”守护，为将帅运筹帷幄、处理军机大事提供了必要的条件和保证。

其次，集“合谋”、“卜战”、“祷战”于幕，简化了开战前的程序，突出重点，是“以法治军”精神的反映。

再次，指挥车居中而前，议事与军祭之所分居两侧而后，也许是秦幕格局的一般模式。

最后，幕中的“甲士”守卫，幕外也定有重兵，必然具备一套警戒设施。这些“亲兵”既担任幕中安全、严守机要，也是将帅出行、施之军礼的仪仗队。

由以上各点可以看出，秦幕的设置，以军事的需要为第一。至于其他各项，姑不引申其说，但有一点还需要明确，这就是：出师有无胜战的把握，源自将帅的决心。而正确的、不是盲目的决心，则来自“知己知彼”的程度。士卒作战能量发挥得怎样，是由将帅动员工作和指挥才能所决定的。在这里，“合谋”比什么都重要。秦灭楚的决战，王翦“非六十万（军队）不可”，面对“荆兵数出挑战，终不出”，而取养精蓄锐的一系列措施（“翦日休士洗沐，而善饮食抚循之，亲与士卒同食”，军中“投石超距”），以行动激励士气，然后才说：“士卒可用矣”。势如破竹、杀将略地，取得了灭楚的胜利（《史记·王翦列传》）。“凡事预则立，不预则废”（《礼记·中庸》)。“预”用之于军事学上，就相当于“谋”。“论敌察众，则胜负可先知也”(《商君书·战法》)。所以说“预”属于“军事运筹学”(Military Operational Research)的范畴。那么，重视“预”而去“谋”，就成了幕中活动的重点项目了。至于秦军载社、宗二主同行，并进行祭祀、祈祷，只能作为一种仪式，而且也会去掉一些繁文缛节并按“于己有用”的方式进行的。因为他们坚信“能壹民于战者，民勇”(《商君出·画策》)，从而把取胜的支点落实在士卒大众的身上，所以这才是秦幕活动中又一个不可忽视的环节。

(二) 秦俑“幕”的性质

有关古代幕形、结构的文献记载是零星的、片断的，至今又无考古实物的参稽。经筛选澄滤后，留给我们的还是个轮廓模糊的印象。至少军幕有三种形式：

第一种，属于临时性的，是在行军或接战前搭盖的帐篷。“张幕”、“彻幕”都较为方便，是名副其实的“幕”、“莫”、“帐”。

第二种，设幕的时间较前一种长，形式也较为固定。战国时期的几次大战中，双方军队的集结、攻守都带有阵地战的性质，其指挥部不可能是草率的。秦军围长平、王翦的灭楚之战，引军长驱、对垒鏖战，如没有稳定、坚固的军幕是不可想象的。

第三种，属于固定的军事指挥机关。秦军戍守五岭、屯兵长城，都因是守备的性质，没有大的军事行动，军事将领就需要有固定的处所。同样，西汉就设立有“幕府”。

对照秦俑三号坑，似接近于军幕的第二种。理由是：

第一，结构上已有功能齐备的设施，显非随时张撤的帐幕建筑。

第二，除去坑内有一随车的佐俑外，余为侍卫甲俑，并无身份高于“佐”，或高于一、二号坑中将俑的军吏俑。也没有编制一定的幕僚，也不似幕府。

第三，因为整个俑坑在于表现秦军生活中有代表性的内容，其编列、数额等都具有象征意义，三号坑同样也只能是军幕的模拟物。统一战争中，秦军的名将是一大批人，此间塑谁？隐而不显，正是设计的上策。

(三) 学术意义

第一，秦俑三号坑作为“军幕”的缩影，结合文献记载，对消除理解分歧和浮泛的印象，大有裨益。它首次向人们展示了战国以来秦的高级军事指挥部的立体形象。其内容结构和文物遗迹，是我们研究“幕后活动”内容及其方式的凭借。尽管它还仅仅只是“幕的一种”，而又属于“秦式”，毕竟是可贵的资料。

第二，为军事学研究，引出来不少的课题。随手拈来的例子，就有如下一些：

先秦军中的指挥位置都在中军，魏舒“毁车以为行”，组成“两于前，伍于后，专为右角，参为左角，偏为前拒”的步兵“五阵”[14]，尽管它还沿袭了战车的行军队形，但“伍”作为指挥所在的主力方阵已是移在整个步兵战斗队形的后部（图Ⅰ-4：6）。公元前4世纪的大军事家孙膑创立的“八阵”队形，把步兵的“三”分成“斗一守二”居后。再以车兵为右翼，以骑兵为左翼居前[15]。很明显，不但指挥所在的“守”居后，而且产生了多种协同战斗的标准队形（图Ⅰ-4：7）。秦俑指挥官位于作战部队（包括战斗单位）后部偏左处，军幕又从多兵种协同的阵、营中分离出来处在最后一线，显然是战国以来指挥位置的延续和发展。

军幕规制明确，显然也是从“理无常处，以帐帘为府署”的临时帐幕向正规的、制度化了的“幕府”过渡形式。

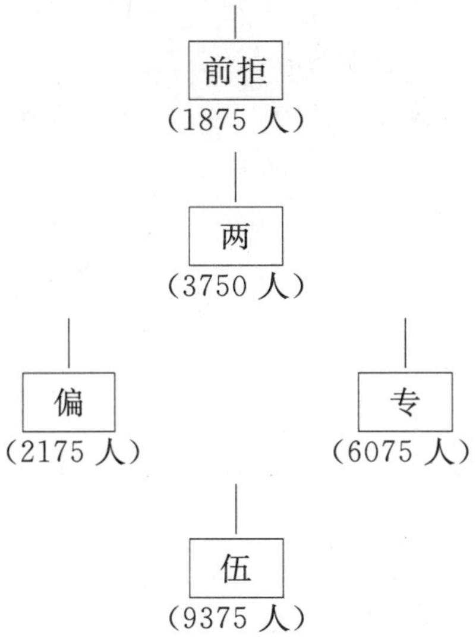

图Ⅰ-4：6　魏舒五阵示意图

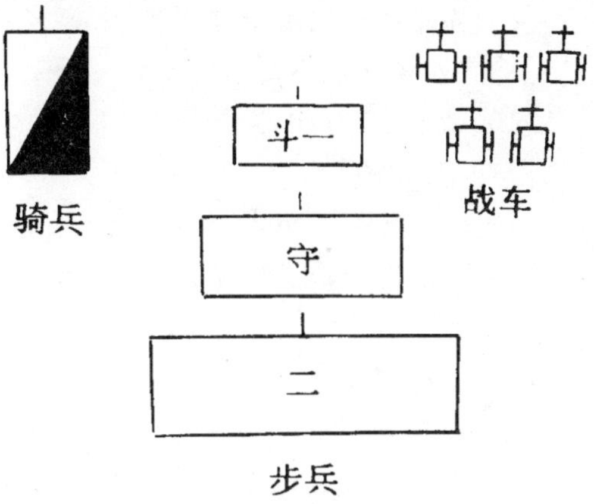

图Ⅰ-4：7　孙膑“八阵”示意图

军伍社宗在秦军中的地位的影响问题[16]。

除此之外，还有更多的问题和细节，以及它们发展变化的轨迹、原因等，都是值得从战略的高度进一步探讨的。

第三，秦俑军幕作为统领诸军的指挥部，其发号施令是通过诸阵营的各级军吏，听命于金鼓铃旗一类指挥物，构成一套严密的指挥系统，遂使秦军成为一个反应机敏的战斗整体。

注　　释

[1] 王隆：《汉官解诂》：“太仆厩府，皮轩鸾旗。”胡广注：“马有厩，车有府。”

[2]《左传》哀公八年。

[3] 秦俑一号坑前五个探方（T1、2、10、19、20）出土青铜矛6、戈1、戟4、

铍16，共计27件，其数占陶俑1087尊的2.48%。如果除铜剑17柄不计外，包括前述长兵器和铜钩及铜弩机在内，约有469件，可占俑数的43.1%。材料见始皇陵秦俑坑考古发掘队：《临潼县秦俑坑试掘第一号简报》，《文物》1975年第11期。

［4］二号坑试掘期出土各式武士俑196件、铜矛头3个、弩机6件，则兵器数占俑数的5.32%。材料见始皇陵秦俑坑考古发掘队：《秦始皇陵东侧第二号兵马俑坑钻探试掘简报》，《文物》1978年第5期。

［5］《昭代丛书》第47卷。此书系张潮等人编纂，是清朝前期和中期的大型综合性丛书。上海古籍出版社1990年出版有精装本。

［6］随县擂鼓墩一号墓考古队：《湖北随县曾侯乙墓发掘简报》，《文物》1979年第7期。

［7］安作璋、熊铁基：《秦汉官制史稿》上册，齐鲁书社，1984年。

［8］嘉峪关市文物清理小组：《嘉峪关汉画像砖墓》，《文物》1972年第12期。

［9］《左传》昭公二十三年。

［10］《左传》桓公五年。

［11］同［10］。

［12］《左传》宣公十二年。

［13］《左传》成公二年。

［14］《左传》昭公元年。

［15］《孙膑兵法·八阵》："用八阵战者，因地之利，用八阵之宜。用阵三分，每阵有锋，每锋有后，皆待令而动。斗一守二。以一侵敌，以二收。……车骑与战者，分以为三。一在于左，一在于右。"这里的所谓"八阵"绝非是八种阵形，而是一种阵名，正如李靖说的："八阵本一也，分为八焉。若天地者，本乎旗号；风云者，本乎幡名；龙虎鸟蛇者，本乎队伍之别。后世误传，诡设物象，何止八而已乎。"(《李卫公问对》)

［16］在这方面张仲立先生做了有益的探讨，可参阅《秦俑三号坑性质刍论》，《文博》1990年第5期。

伍 先秦阵战中的指挥系统

——附论秦俑矩阵提供的实例

公元前589年，齐、晋两国在鞌进行了一场很激烈的战争。《左传》成公二年是这样描述的："邴夏御齐侯，逢丑父为右。晋解张御郤克，郑丘缓为右。齐侯曰：'余姑翦灭此而朝食。'不介马而驰之。郤克伤于矢，流血及屦，未绝鼓音，曰：'余病矣'。张侯曰：'自始合，而矢贯余手及肘，余折以御，左轮朱殷，岂敢言病？吾子忍之。'缓曰：'自始合，苟有险，余必下推车，子岂识之？然子病矣。'张侯曰：'师之耳目，在吾旗鼓，进退从之。此车一人殿之，可以集事。若之何其以病败君之大事也？擐甲执兵，固即死也。病未及死，吾子勉之。'左并辔，右援枹而鼓。马逸不能止，师从之。齐师败绩。逐之，三周华不注。"在这里，可以看到，主帅负伤不退，鼓音不绝，挥旗奋进，士卒应从，终于取得胜利。反之，如果是"旌靡辙乱"，必然导致失败，像公元前684年的齐、鲁长勺之战就是一例[1]。

《孙子兵法·军争篇》："《军政》[2]曰：'言不相闻，故为金鼓；视不相见，故为旌旗。'夫金鼓旌旗者，所以一人之耳目也；人既专一，则勇者不得独进，怯者不得独退，此用众之法也。""金鼓所指，百人尽斗"（《尉缭子·制谈》）。毋庸赘言，这些起着信号作用的指挥工具，在堂堂之阵中，对陷行乱阵，覆军杀将，夺取胜利，是多么的重要！

古代战争的指挥物，随时代的不同，战争形式有别，因而构成的指挥系统及其内容也不尽一致。在这方面，秦俑矩阵仍不失其直观的价值。本文追溯先秦时期阵战的指挥系统时，愿借机一并加以讨论。

一 指挥物的内容及其识别

（一）金鼓

战车（包括教习的所谓"振旅"）中的指挥物，如：令行禁止的钟、鼓，"精进士卒"的旌旗等，在各级军吏的统一指挥下，按照规定的号令行动，从而就构成一套有机的指挥系统。

《周礼》一书中有"四金六鼓"的说法，但涉及军事者仅为其中的几种。所谓

“四金”，实指镎、镯、铙、铎。文献中提到的军乐器常有“丁宁”一物，《国语·晋语五》说“战以镎于，丁宁，儆其民也。”韦昭注：“丁宁者谓钲也。”《说文解字》释钲为“铙也”，但释铙为“小钲”。可见二者均是比附之说，其实并非一物。再从文献记载各物的所持者讲，镯、铙、铎皆为军吏所用，唯无钲。但考古中确有钲、铙、铎的发现，又独无镯。由此反观，《说文》释镯为“钲”，这正是一物两名而已。

镎，即镎于。《周礼》郑注：“圜如碓头（即舂谷的杵端），上大下小。”考古发现镎于正是上粗下细的圆筒状。其顶部多有纽，作桥形或龙、虎、凤、马、龟等动物形象，而虎纽镎于可说是其中数量最多的一种。咸阳出土的秦镎于高 69.6 厘米，底围 118 厘米，纽有贯索的磨痕，形体较大，中作束腰，有似铜钟，击肩发音。[3]

钲，一名丁宁。似钟，唯体狭长，口沿平齐。用时口朝上，手执下面的木柄。靠槌敲击发声。盛行于春秋时期。

铙，似钲而钟体短而宽大。短柄中空，可另装木柄。用时，同样是“执而鸣之”。盛行于商代。

铎，《说文解字》：“铎，大铃也。”凹口，有铣。有柄有舌，振舌发声。盛行于春秋至汉代（图Ⅰ-5：1）。

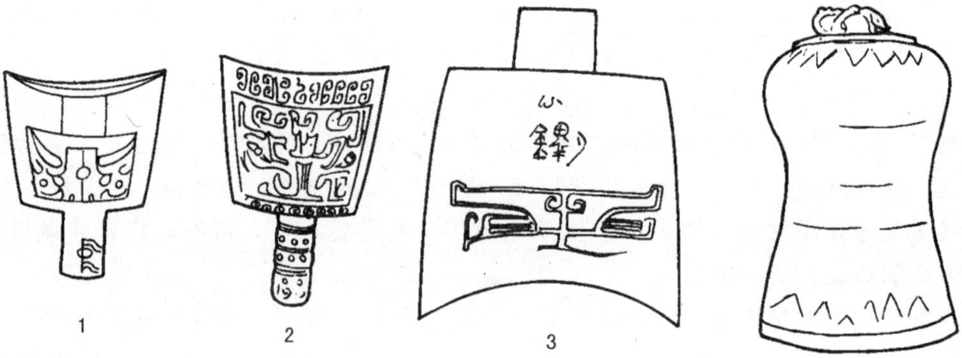

1　　　2　　　3　　　4

1. 铙（商晚期）　2. 钲（商晚期）　3. 铎（战国）　4. 镎于（战国晚期）

图Ⅰ-5：1　四金图

远在龙山文化早期的山西襄汾县陶寺遗址的墓葬里，已有了鼍鼓（以鳄鱼皮蒙鼓面）的发现。可见古代的鼓，是伴随着我国文化史的发生而出现的，真可说是桴鼓相应了。不过，鼓随其用途的不同，而名目繁多，不下四五十种[4]。《周礼》提到的雷鼓、灵鼓、路鼓、鼖（贲）鼓、贲鼓和晋鼓等“六鼓”，都是些包括用于祭祀、军事、力役、乐奏在内的专用鼓，其中除“鼓军事”的贲鼓和晋鼓外，编入指挥系统的鼓，在《夏官·司马》里还有提鼓、鼙鼓。所以，该书反映出春秋战国时期的军鼓，实际上是路、鼖（贲）、晋、提、鼙等五种。

路鼓，《周礼》郑注："四面鼓也"。此鼓本是宗庙用鼓，战时为王所执，同八面的雷鼓、六面的灵鼓一样，极为少见。

鼖鼓，《周礼·考工记·韗人》："鼓长八尺，鼓四尺，中围加三之一，谓之鼖鼓。"即鼓版长八尺，面径四尺。郑玄依"中围加三之一"（即鼓面周长加三分之一就是鼓腔的周长），求出鼓腔"径五尺三寸之一也"。按春秋末齐国度制折算，则鼓面径 78.8 厘米，腔径 105.06 厘米，高约为 55.3 厘米。[5]

晋鼓，《周礼》郑注："晋鼓长六尺六寸"。是奏乐时和钟、镈的乐鼓，又用以作军鼓。同鼖鼓的面径一样，都是四尺，但其高度比鼖要矮。据"鼓大而短，其声疾而短；鼓小而长，则其声舒而远闻"的道理，鼖鼓之声洪亮而深沉，晋鼓之声清亮而激越。

提鼓，郑玄说是"马上鼓，有曲木提持"。甚确，但说"立马髦上"则不通。它应属于一种小鼓。

鼙鼓，小鼓，《说文解字》："骑鼓也"。

《吴子兵法·应变》中有"夜以金鼓笳笛"之句。"笳"和"笛"本来是管乐器，其中笛的使用虽然很早，而"胡笛"还只是汉代流行于塞北、西域一带的民族乐器。战国时期，吴起领兵时用笳笛作为行、聚的音号指挥工具，确是一种创造。

（二）旌旗

先秦的旗帜主要有九种，这就是《周礼》所谓的"九旗"之说[6]。按照地位的尊卑和职别等级的高下，在縿（旗之正幅）上以画物的图形，或以色帛的不同，或用羽的多少和特定标志来区别。现将这种对应关系列如表一：

表一 《周礼》九旗表

旗名		縿面标志	竖旗者	备注
原名	今名			
大常	王旗	画"日月"	王	
旂	诸侯旗	画"交龙"	诸侯	
旜(旃)	卿旗	不画，色大赤，曲柄	卿	用通帛〔正幅和周边(縿)用赤色丝帛〕
物	大夫、士旗	縿面作燕尾形，边缀杂色	大夫，士	用杂帛(正幅用绛帛，縿白帛)
旗	军吏旗	画"熊虎"	师，都	
旟	百官旗	画"鸟隼"	州，里	
旐	郊野官吏旗	画"龟蛇"	县，鄙	
旞	道车旗(乘车旗)	用一束五彩的雉尾羽编缀	王乘车时用	用一束雉尾，即"全羽"
旌	斿车旗(战车旗)	用两束五彩或纯白的雉尾之羽编制	各级军吏	用两束雉尾，即"析羽"

九旗所用虽有严格的等级制规定，但出现在战场上或畋猎时，最高的统帅除用自己专有旗帜外，还可以建其以下各旗。当然，用于指挥的战旗，最主要的还是“旌”和“旗”两种，以至后来将二者混称为一。

春秋时期的战旗，在古籍中还出现过另外一些名称，如公元前 597 年，晋国的兵车遇到追来的楚军，盘旋不进。就“拔旆投衡”后逃走[7]；公元前 555 年平阴之役，晋军布置疑兵，“使乘车者左实右伪，以旆先，舆曳柴而从之”[8]。因为“旆”在军前，它就作了前军的代称[9]。公元前 632 年，晋、楚城濮之战中，晋“狐毛设二旆而退之”，郑玄注：“旆，大旗也。”[10]在这里，“旆”也成了旌旗的一种泛际。

公元前 707 年，“周、郑战于繻葛，命二拒曰：‘旝动而鼓’”[11]。郑玄注：“旝，旃也。通帛为之，盖今大将之麾也，执以为号令。”孔颖达疏：“旝字从衣，旌旗之类。故知旝为旃也。”所以旝是通帛不经画物的主帅之指挥旗。

同样，“麾”也是旌旗的又一称呼[12]。

至于有些专用旗，又往往是自己命名的，如郑伯之旗名“蝥弧”，齐侯之旗名“灵姑銔”，赵简子旗名“蠭旗”[13]。另外，还有名目繁多的其他军旗，虽不属于指挥旗，正如墨子说的，是“以形名为旗”（《墨子·旗帜》）。

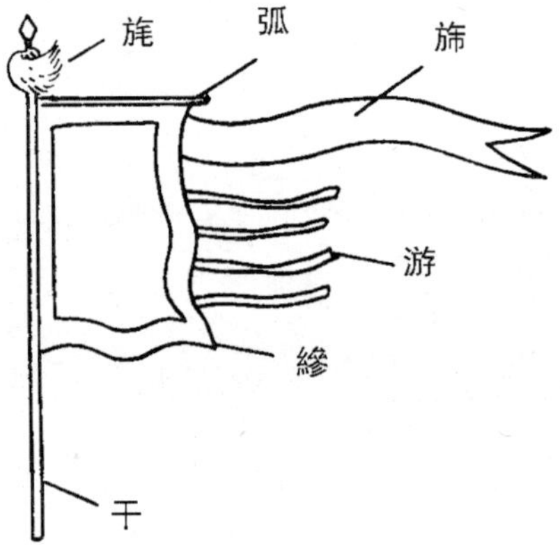

图Ⅰ-5：2　**旗帜各部名称**

“通帛为旃”（《说文解字》），“杂帛为物”（《仪礼·乡射礼》），是对旗面大的分类。先秦旗帜的幅面以通帛或杂帛为基础，再进而画以物象，这就成了判断拥有者身份的唯一标志（图Ⅰ-5：2）。而爵位的显示物在于“斿”（又作“游”、“旒”。即縿面上缀的飘带）或“星”，等级的高低则在于数之多寡。王“受天有大命”，故“建大常，十有二斿”（《周礼·巾车》）。据《周礼·春官宗伯·典命》“掌诸侯之五仪（即公、侯、伯、子、男之仪），诸侯之五等之命（即孤以下四命、三命、再命、一命、不命）”知，用车旗、衣服的礼仪同其国家宫室一样，都受命数的节制，即：上公九命为伯、侯伯七命、子男五命。王之三公八命，其卿六命，大夫四命。那么，旌用斿数当同命数相符。我们看到河南山彪镇出土的水陆攻战纹铜鉴（图Ⅰ-5：3）、成都百花潭出土的铜壶、故宫藏铜壶上的刻纹旗之星数分别是五、四、七[14]。孔颖达说“旌之旗旒数皆仿其星”[15]，可见旗上的星数也就是斿数的又一表示法。

旗之外，还有一种传令的工具。这就是“铃”（《尉缭子·勒卒令》）。

图Ⅰ-5：3 水陆攻战纹铜鉴上的金鼓、旗帜图

二 指挥系统的构成及其实施

金鼓、旌旗等传令工具在各级军吏指挥下，按照统一的号令行动，从而在战斗中构成一套完整的指挥系统。

（一）金鼓铃旗的用途及其配合

先秦军队中选用金鼓为时尚矣。《吕氏春秋·不二》说：“金鼓所以一耳也。”《左传》僖公二十二年：“金鼓以声气也。”疏曰：“士众由闻金鼓声，气满盛能致勇武之志，以击前敌。”鼓声洪亮，金音清越，只有借助二者统一号令，才能激励斗志[16]。但其实质却是建立在使部下敬畏而服从的基础之上的，核心是一个“威”字。吴起明白地指出其中的真谛，他说：“夫鼙鼓金铎，所以威耳；旌旗麾帜，所以威目；禁令刑罚，所以威心。……三者不立，虽有其国，必败于敌”（《吴子·论将第四》）。

鼓在军事指挥中的具体作用有三。

第一，是进击的总号令。旌旗、战车、骑兵、步兵以及战士的战斗动作等，均按规定的鼓点分别前驱、进击、环顾、跪坐等队列动作[17]。

第二，具有协调步伐、传达不同命令的作用。《尉缭子·勒卒令》按照慢步、快步和跑步，规定军事训练时三种步伐的鼓音信号是：“一步一鼓，步鼓也；十步一鼓，趋鼓也；音不绝，鹜鼓也”。士卒也可以根据鼓声发出的商音、角音和小鼓的音，判断出分别属于将鼓、帅鼓和伯鼓。如果三鼓同时敲响，就表明将、帅、伯的指挥意图是一致的。《司马法·严位》也说：“奏鼓轻，舒鼓重。”正因为鼓点繁密而急奏的鼓音频率大、音程短，发声就急速而轻；节奏分明而舒缓的鼓点频率小、音程长，发声就凝重。

第三，攻击助威。《孙膑兵法·十阵》说火攻时，要“以火乱之，以矢雨之，鼓噪敦兵，以势助之”。布置玄𬮱翼之阵时，也需要“多旌旗羽旄，鼓罪罪庄”（鼓声中显示车队的盛壮）地迷惑敌人。

“四金”用于指挥者，在于同鼓相配合。其具体作用正如《周礼·鼓人》说的：“以金錞和鼓，以金镯节鼓，以金铙止鼓，以金铎通鼓。”鼓固然在听觉号令中起着主导作用，但却受着金的节制。说明白，就是：錞于起伴音作用；在行军中，钲配合鼓点来协调步伐，保持队形；铙用于止鼓还军；铎按孔颖达的说法是：“两司马振铎，军将已下即击鼓”。实际上，在此四金中作为权力的指挥物应该数铙和铎了。从实施作战讲，春秋时期的“两”已是一个由五伍组成的战术分队，能够独立地进行对敌攻击和防御。[18]所以两司马就能够“振铎以作众，既起，鼓人击鼓以行之，伍长鸣镯以节之”[19]。作战时，两司马振铎通达军将以下诸鼓，并命令两内执有五兵的步卒行、止、起、坐。可见铎不但可以通鼓，也能止鼓。铙，在卒长的手里仅是传达上级还军的命令罢了。

《周礼·司常》：“凡军事，建旌旗，及致民。”旌旗是统一意志、勇敢和胜利的象征，具有“精进士卒”（《说文解字》）的精神作用，所以《释名·释兵》说：“熊虎为旗。旗，期也。言与众期其下也。军将所建，象其猛如熊虎也。”旅尊的“旅”字作三人集合于旗下的形象[20]（图Ⅰ-5：4）。三人为“众”，正符合众期旗下而组成师旅的含义。旗的指挥作用体现在以下几方面。

图Ⅰ-5：4　旅尊“旅”字
（《金文编》卷七，旅字取众人集于㫃下之形）

首先，具有信号作用。孙膑说：“三声既全，五彩必具。辨吾号声，知五旗。”（《孙膑兵法·十阵》）可知军旗是用不同颜色作为标识的。《司马法·天子之义》：“旗夏后氏玄首，人之执也。殷白，天子之义也。周黄，地之道也。”吴、晋两国交战，吴国作方阵，中军白旂，左军赤旟，右军玄旗（《国语·吴语》）。《尉缭子》关于编队条令的规定是：左军用苍旗，右军用白旗，中军用黄旗（《经卒令》）；步兵训练时同样也按“将异其旗”，“自尉吏而下，尽有旗”（《兵教上》），从而体现出“辨疑以旌舆（旟）”（《孙膑兵法·官一》）的重要。用各种旗帜的颜色、画物等来区别军吏等级和军事单位。

其次，旗是将帅及各级军吏手中的指挥号令。“旗所以立兵也，所以制兵也，所以偃兵也”（《管子·兵法篇》），故大旗是三军的司令。战争的指挥者居中军，故中军之旂称“帅旂”，亦名“军旗”，是全军的总指挥旗。左右军之主旗称左右“旃”，是指挥本军的“方旗”。车上的旂，既指挥全乘，也同左右乘联络。按军队的行止、左右、进退、回旋等，规定旗的信号，如“低旗则趋”，“麾而左之，麾而右之”（《尉缭子·兵教上》）。

再次，适应布阵的需要。孙膑说到阵法时很注意旗的运用，如疏阵和玄翼之阵为迷惑敌人，故需“多其旌旗羽旄”；钩行之阵具有严整的正面和强有力的两翼，需

“五彩必具”（《孙膑兵法·十阵》）。

由金鼓旌旗等指挥工具构成一个有机的指挥系统，需要规定一套视听号令。它们配合的大原则是：击鼓进军，鸣金收兵，旗指决定运动的方向，吹奏笛箛则是集合队伍。但在行动细节上则有许多具体的规定。其中之一是金、鼓、铃、旗的配合。二是四金同鼓的关系，正如《周礼》鼓人“以和军旅”的规定。因为主帅掌鼓，所以旗鼓相应地常在一起。山彪镇水陆攻战纹铜鉴上就有悬鼓于旌旗的图象，而且是指挥者一手执桴击鼓，一手执枹击钲。[21]“铃，传令也。”（《尉缭子·勒卒令》）

《尉缭子》的队列号令规定得更为详细，如：“鼓之则进，重鼓则击。金之则止，重金则退。……旗麾之左则左，麾之右则右。奇兵则反是。一鼓一击而左，一鼓一击而右。一步一鼓，步鼓也。十步一鼓，趋鼓也。音不绝，鹜鼓也”（《勒卒令》）。“低旗则趋……金鼓俱击而坐”（《兵教上》）。《吴子兵法》上除金、鼓、旗的用法和上面相同外，还有笛箛“一吹而行，再吹而聚”的规定（《应变》）。

军队是有组织的武装集团，非久经训练是不能熟谙这一套完整的指挥号令的。不如是，无异于一伙乌合之众，对敌必败。我们从周代春振旅、夏茇舍、秋治兵、冬大阅“四时讲武”的大规模军事演习中，就能更清楚地了解到指挥系统所发挥的重要作用（《周礼·夏官大司马》）。

（二）实施

现在，我们再来探索一下先秦时期军事指挥系统的实施问题。

其一，指挥物的执持者及其在行列中的位置，对实施有效指挥是至关重要的。《周礼·夏官》说习战时，“王执路鼓，诸侯执贲鼓，军将执晋鼓，师帅执提，旅帅执鼙，卒长执铙，两司马执铎，公司马执镯”。在军队中，主帅全权指挥，对夺取战斗的胜利往往要通过鼓声而实现，被视为“存亡死生，在枹之端”（《尉缭子·兵令上》）。因此要求他“援枹而鼓忘其身”（《尉缭子·武议》）。在鞍之战中，晋郤克中箭，“流血及屦，未绝鼓音”，终于胜齐，就是很好的说明。两军对阵，主帅的指挥位置常在中军。因此，金鼓置于中后部者就见有方阵[22]、雁行之阵[23]和锥行之阵[24]。

军旗和军内各军吏之旗帜，均由士卒中的勇力之士撑持着。《吴子·治兵》按各个人的身材与体格状况给予任务，即“短者持矛戟，长者持弓弩，强者持旌旗，勇者持金鼓，弱者给所养，智者为谋主”。《六韬·武车士》还把“能束缚旌旗”作为选车士的条件之一。

其二，随着时间的推移、战斗手段的进步、夜战的出现，指挥系统也随之增加了新的内容。武王灭商的牧野之战发生在“昧爽”的黎明之时，齐晋的鞍之战也是在早饭之前展开的。直至春秋中期以前的大小战争都还是发生在白昼。但到春秋中期，战争在时间上和空间上均已发生了前所未有的大变化，夜间也成了双方争取制胜的战机。先秦兵书上多有夜战多火鼓的条令，当是夜以继日大战的反映。像《孙子兵法·军事篇》："夜战多火鼓，昼战多旌旗。"《吴子兵法·应变》："昼以旌旗幡麾为节，夜以金鼓笳笛为节。"《六韬·军略》："夜则火云万炬，击雷鼓，振鼙铎，吹鸣笳。"孙膑还把"昼多旗，夜多鼓"看做是判断战争指挥者能否掌握和运用"兵之道"的标准之一（《孙膑兵法·势备》）。

其三，兵书上所载战法，当是指挥系统有效实施的经验总结，又是战斗行动的指导。《六韬》讲作战注意问题时，涉及指挥物的运用更为详备。今录几段文字于下：

敌我双方临国境拒守时：阵前三军"令我前军，深沟增垒勿出，列旌旗，击鼙鼓，完为守备。令我后军，多积粮食，无使敌人知我意。发我锐士，击其不意，攻其无备。"（《临境》）

两军对垒时："发我兵，去寇十里而伏其两旁，车骑百里而越其前后。多其旌旗，益其金鼓。战合，鼓噪而俱起。敌将必恐，其军惊骇。众寡不相救，贵贱不相待，敌人必败。"（《动静》）

对垒防夜袭："令我垒上'谁何'不绝；人执旌旗，外内相望，以号相命，勿令乏音，而皆外向。千人为一屯，戒而约之，各慎其处。敌人若来，视我军之警戒，至而必还，力尽气怠。发我锐士，随而击之。"（《金鼓》）

在林地两军相持："使吾三军分为冲阵。便兵所处，弓弩为表，戟盾为里。斩除草木，极广吾道，以便战所。高置旌旆，谨敕三军，无使敌人知吾之情，是为林战。"（《林战》）

对逼所近城邑之敌："谨候敌人，未尽至则设备而待之。去城四里而为垒，金鼓旌旆皆列而张。别队为伏兵。令我城上多精强弩。百步一突门，门有行马。车骑居外，勇力锐士隐而处。敌人若至，使我轻卒合战而佯走；令我城上立旌旗，击鼙鼓，完为守备。敌人以为我守城，必薄我城下。发吾伏兵以充其内，或击其外。三军疾战，或击其前，或击其后。勇者不得斗，轻者不及走，名曰突战。敌人虽众，其将必走。"（《突战》）

三　士卒和各级军吏的标识及其"位"

《尉缭子·兵教》："将异其旗，卒异其章。"在军中，为了区别本部及别部的士卒，就需要佩带一些便于识别的标志物，如符令、名牌、腰牌之类。先秦士卒的标识还只限于"章"和"徽"两种。

（一）章、徽

对于"章"的形状，现在还没有直观的资料作为参考。只知章的内容表现法有二，一是书写“某甲”、“某士”；二是绘画，如夏代用日月，商用虎，周用龙（《司马法·天子之义》）。对前者，看后一目了然；而后者除便于识别外，还有威吓敌人的作用。

因为对章的使用方法和放置位置不同，就出现了有“九章”和“五章”之说。如《管子·兵法》上举出章有日、月、龙、虎、乌、蛇、鹊、狼、韓（皋鸡）等九种。《尉缭子·经卒令》则用苍、赤、黄、白、黑五色。因为前者是在不同时间行军（日行、夜行等），或行进在不同的地理环境中（水、林、陂、泽、陆、山等）时用，而且是“举章”，可见放在最前面是作为指示信号用的，似乎不符合用章便于识别士卒行列的用意；后者则是从步卒的训练和编列条令上讲的。但以《尉缭子》的规定最为明确，如左军的章在左肩上，右军的章在右肩上，中军的章在胸前（《兵教》）；在战斗编队时，把五种颜色的章按行排列，像“前一五行，置章于首；次二五行，置章于项；次三五行，置章于胸；次四五行，置章于腹；次五五行，置章于腰”（《经卒令》）。这种关系如表二：

表二　《尉缭子》步卒置章表解

五　行	章的颜色	章的位置
第一五行	苍	首
第二五行	赤	项
第三五行	黄	胸
第四五行	白	腹
第五五行	黑	腰

在五“伍”为“两”的这个编制单位里，章色相同的一伍战士，既是同里的乡党关系，熟悉相亲而同伍连保；又持有五组五种不同的兵器（车之五兵是戈、殳、戟、酋矛、夷矛；步兵之五兵是弓、矢、殳、戟、矛），具有战术意义。特别是步兵兴起并在战斗中具有重要作用的战国时期，远射兵器、长兵器和短兵器被组织在一个战斗集体里，军事家按其战术性能正是通过“长以卫短，短以救长”，相互补充，做到“弓矢御，殳矛守，戈戟助”（《司马法·定爵》）而进行编队的。章的使用本身体现了阵战中各种兵器间的互补性，而且也因“卒无非其吏，吏无非其卒”

图Ⅰ-5：5　肩披旌羽的战士

（山彪镇出土水陆攻战纹铜鉴纹样）

（《尉缭子·经卒令》）的明白而使指挥方便。

按《尉缭子》的编队条令，需将战斗队分为三部分（即三军），说“左军苍旗，卒戴苍羽；右军白旗，卒戴白羽；中军黄旗，卒戴黄羽”（《经卒令》）。这个“羽”就是系戴在士卒背上的鸟羽，《国语·晋语》称作“披羽”[25]。山彪镇出土的水陆攻战纹铜鉴上有士卒身披鸟羽的图像（图Ⅰ-5：5），发掘报告称之为“旌羽”，实际上也就是《左传》上作为旗帜的“徽”。《战国策·齐策》：“章子为变其徽章以杂秦军。”[26]宋鲍彪注：“徽，帜也，以杂帛著于背，章其别也。”（《四部丛刊》本）尽管摭拾的资料仅此几条，也足以看出魏、齐、秦等国戴徽，均是著于背的标帜。战国究竟用“析羽”还是绛帛，抑或二者均有？铜鉴图像同《尉缭子》相印证，起码标明前者是存在的。

戴徽的士卒必是勇武的先锋战士。铜鉴上执长戟隔人助战者，都肩披旌羽。秦俑一号坑有戴武帻、背负双环（可能是用作插旌羽的）、执长兵器的铠甲俑集中排列（T2、T20内，对称排列），大概属于战国时期军内的“持戟之士”（《孟子·公孙丑》）。他们同弓弩兵一样，都是从步卒中独立出来的一个新兵种，故而“持戟”一词竟成了一个国家武装力量的代称[27]。

作为战争指挥者的各级武官有无特殊的标识呢？兵书上无载。循情度理，应该是有的。将军受命时，要举行仪式，接受指挥权的印[28]及执军法的斧钺[29]，调集军队时，有凭信物的虎符[30]。但这些东西在战斗队列是隐而不显的。其实，各级军吏身份的明显标志大体有三种，一是所执的指挥物，二是所处的指挥位置，三是所著军服的样式及颜色。这些不同之处，不但使军吏同士兵分开，而且也使军吏依等级而相互区别开来。

（二）位、列、行

佩戴徽章的士卒入列，各级军吏进入指挥位置，并按照布阵要求编队，前呼后应，才称得上是一个正规的战斗集体。其间，各自所处的位置及其距离，对战斗动作的发挥，对实现指挥系统的有效反应，尤其不可忽视。无论从战术分队——两的角度，或是从战斗队形——阵的角度看，都是由每一个点——步卒的交叉构成纵、横排面的关系，这就是兵书上一再强调的位、行、列三要素。那么，在金、鼓、旌、铃的指挥下，佩戴徽章和执有“五兵”的编制及其队形就具有无可比拟的重要性。“立卒伍，定行列，正纵横”（《司马法·严位》），既是分层负责，相互照应，融为一个有机的整体，当然也就能使部队迅速变换队形，使行军、作战均能先敌一步，占据有利地形并把握战机。不逾列、不结轨，既是“行列之政”，而乱行绝阵也就招致失败无疑。蓝永蔚先生曾以翔实的资料，确凿的辩证，指出周时的攻车编制是二十五人制，春秋初则变为七十五人制。其中的三名甲士是作为两侧及前方这三个作战分队的统领。[31]杨泓先生也据车之结构及其所用长兵器，推算出车战时的作战半径在 3.2 米左右。[32]

我国古代寓兵于农。军事训练（教战）也分四时进行。虽练如战阵，大概也因不违农时而四时各有侧重。如春教振旅，辨鼓铎；夏教茇舍，辨号名；秋教治兵，辨旗物；冬教大阅，简军实。四时教战中，只有在冬天才进行综合性的大演习。《周礼》记述的大阅场面饶有趣味。开始，先学战法。再在广野上按照百步立“表”，计有四表。军帅各依级别执旗物：鼓、铎、镯、铙，摆开战车与徒卒，皆南面向表而坐，聆听誓词。然后，中军之将以鼙鼓发令，鼓人擂鼓三通。于是，两司马振铎，各级军官举旗，车徒起立。随鼓声，部队行进，伍长则鸣镯（钲）以应节拍。行至第二表的地方，部队就停下来。击鼓三通，两司马摝铎[33]，各军官放下手中的旗帜，车徒都坐下来。又击鼓三通，振铎，举旗，车徒站起。再击鼓，命令前进，鸣镯（钲），车辆急行，徒卒随后紧跟。到了第三表时，都停下来，又同以前一样的坐下，起立。当再次击鼓时，车辆加速奔驰，徒卒跑步急进，直至前表时，再停下来。响起三通鼓，车兵随三次旋转射箭，徒卒也作三次击刺。然后，卒长鸣铙止鼓，部队退却到后表的地方，坐下、起立的动作也同开始一样。然后，才是列阵畋猎（《周礼·夏官大司马》）。通过从队列教练到列阵畋猎的演习，就可使部队熟悉并适应整个指挥系统，做到“居则有礼，动则有威，进不可当，退不可追，前却有节，左右应麾，虽绝成阵，虽散成行”（《吴子兵法·治兵》）。

四　秦俑矩阵的指挥网络

作为重要的指挥物的“金鼓”在秦俑一号坑内均有发现。青铜铎（原《报告》作“甬钟”）表饰夔凤纹，具两铣，甬上有纽，通高 27 厘米，重 4.6 千克（图Ⅰ-5：6）。革制的鼓面已朽，测知其面径 53 厘米，高 9～12 厘米，框外彩绘，并有三个等距离的鼜环（图Ⅰ-5：7）。虽然金存鼓毁，但却为我们提供了军事指挥物的实例。

秦俑矩阵中的金鼓多半出于战车之上，而且二者的距离很近。铎以纽悬挂，鼓则以环平架。金、鼓配合使用的关系，已是明白无疑的了。不过，按照一号坑第六过洞为轴线的对称布局，在有些对应的战车上并未发现铎鼓，如第五过洞一号车上有铎有鼓，而对应的第七过洞的一号车上则无；第九过洞一号车上有铎无鼓，而对应的第三过洞一号车则铎鼓俱无。同样，第二过洞的二号车和第五过洞二号车上铎鼓齐全，而对应的第十过洞二号车和第七过洞二号车上俱无。只有第五过洞和第七过洞的两个四号车，不但位置相对应，而且金鼓俱存。以上残缺情况的发生，当同俑坑被扰有关。所以，我们姑且视无为有，也于理可通。在此，不难看出秦俑矩阵的指挥系统的构成有如下一些特点：

第一，阵本中车、步协同，行位严整而金、鼓齐备。

金（铎）、鼓（迹象）之数及其分布，据我的测绘与统计如下表：

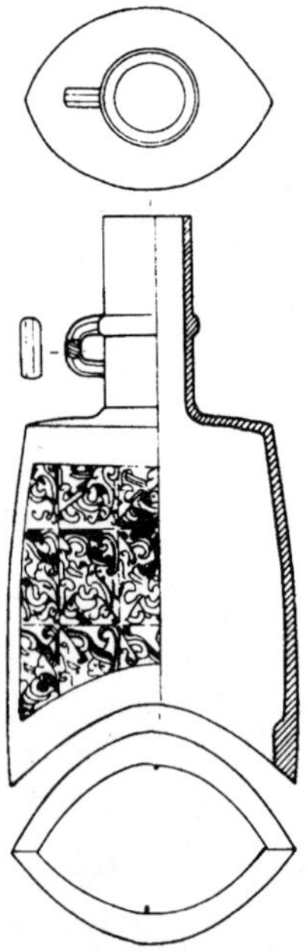

图Ⅰ-5：6　秦铜铎图

（一号坑 T19G9：01302）

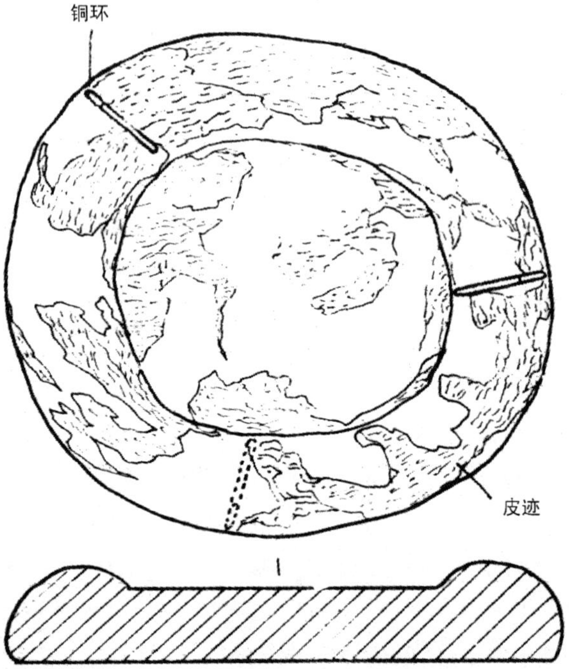

图Ⅰ-5：7　秦俑坑革鼓遗迹图

车行	行中车数	金鼓数及其所在位置				备　　注
		铎数	过洞及车号	鼓数	过洞及车号	
一	6	4（存 2）	G3—Ch1△，G5—Ch1▲ G7—Ch1△，G9—Ch1▲	2（存 1）	G5—Ch1▲ G7—Ch2△	G3：过洞及编号；Ch：车；▲有，△无
二	2	2（存 1）	G5—Ch2▲，G7—Ch2△			
三	4	2（存 1）	G2—Ch2▲，G10—Ch2△	2（存 1）	G2—Ch2▲ G10—Ch2△	
四	4	4（存 3）	G2—Ch3△，G5—Ch4▲ G7—Ch4▲，G10—Ch3▲	2（存 2）	G5—Ch1▲ G7—Ch4▲	
五	6					以下车未清理完
六	3					以下车未清理完
七	6					以下车未清理完
……	……					以下车未清理完

从表中可知，前四行的 16 乘车有铎 12 只，鼓 6 面，其中有铎鼓的车理应是 12 乘，占车总数的 75％。如果除却双车编组共用金鼓的情况，则具备金鼓的战车可达到 87.5％。这说明秦俑矩阵之本的战车，实际是随车步兵的指挥车乘。也就是说，

该车及随车步兵属于一个基本的作战单位。其随车人数有 28、40、44、60、151 几种。此数不合古制，也许是“秦阵散而自斗”的一种反映。

第二，阵本横向的车、步穿插，独立步兵当另有指挥节制。

车下的步兵俑有两种，一种是独立步兵俑，另一种是随车步兵俑。前者位于四、六、八等三个过洞的一号车之前，直与前锋相接，各自别为一队，约 55 行，计 220 俑（每过洞 55×4 俑/行），而每队独立步兵俑的两侧，则为车步相间的纵列。此独立步兵队伍同第一列六乘战车前的 12 名“车前卒”一样，当有两个作用，一作前锋的补充，二作“本甲”的主力之一。因此，他们的行动既听命本队的指挥，又得受矩阵总指挥的节制。

第三，战旗地位高于金鼓俱全的战车，当是矩阵中区队的指挥旗。

在第十过洞一号车右侧之前出土一木杆遗迹，其下端安装有铜镈，前端有脱离木杆的矛头，长达 6.7 米，曾被认为是一支长矛。实际上，此木杆，不属于矛柄。据试掘者讲，杆迹前曾有色彩迹象，因此我认为可能是一面战旗。[34]

图Ⅰ-5：8 秦俑坑下级指挥俑（吏俑）

（一号坑 T19K：139）

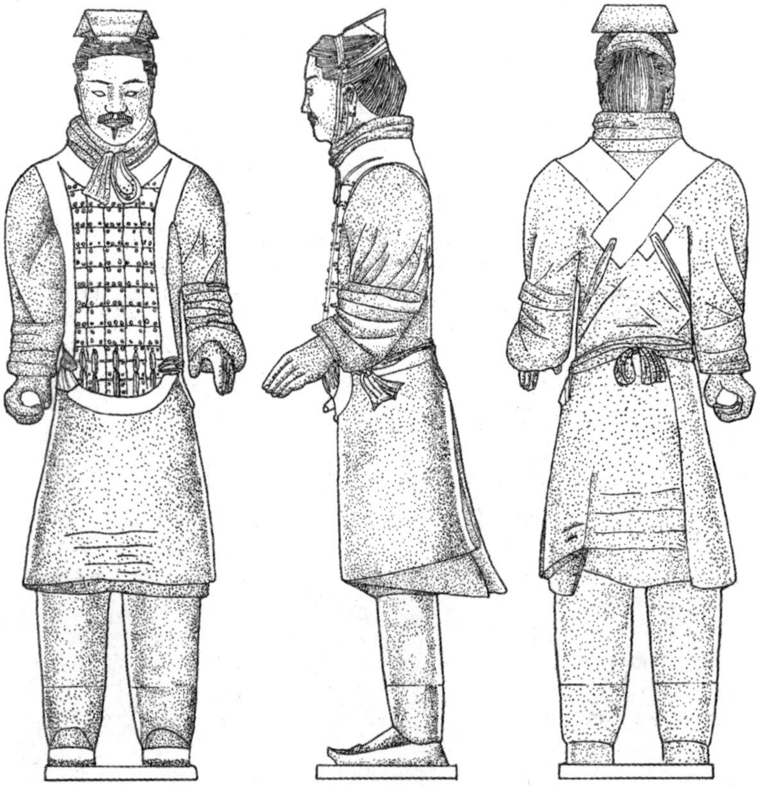

图Ⅰ-5：9　秦俑坑中级指挥俑（佐吏俑）

（秦俑三号坑坑俑 44）

我认定的这面旗，出自于第一行战车的左翼。其右翼，是否也应当有，绝对有此可能。在以后的双车编组队列里，也有类似长杆物的存在。而这种旗所在的区域，正好有多乘具金鼓的指挥车及随车步兵的存在。可见其是矩阵中区队的指挥旗。

第四，卒无徽章，而服饰稍有区别。

如果先秦的军队是以徽章作为区别士卒的身份并保持队形整齐的话，则秦军似乎用的是另一种标帜系统。这就是军服的不同，体现在布阵中的区域性，如前锋或前锋的补充队（第一行战车前的兵俑，第四、六、八过洞的独立步兵俑前部，左右翼部的东端）都是免胄的战袍俑；T2、T20 外侧三过洞九列戴武帻、背负双环的，是铠甲俑；T22（含 T4）则是梳辫髻的随车铠甲俑。这些不同点的集合体，就构成秦阵指挥的固有特点。

第五，指挥者等级有别，各自位置固定。

秦指挥俑的身份可分为三级。目前见到最低的一级称作“吏俑”。他们戴长冠，穿战袍或袍外擐铠甲（图Ⅰ-5：8）；高前一级的称“佐吏俑”，戴长冠，袍外擐背带式的前甲，或穿长披膊、齐摆式的细叶甲（图Ⅰ-5：9）。再高一级的是“将俑”，戴

图Ⅰ-5：10　秦俑坑高级指挥俑（将俑）

（秦俑二号坑 T9：1）

“切云冠”，穿袍或袍外擐细叶甲（图Ⅰ-5：10）。这些军吏俑身份的确定，不但是由服饰，更重要的是从其所处的指挥位置而定。如佐俑多在将俑之侧，乘车，也有单独同长冠甲士乘车的。

战车乘员三名，除极少数站在车上外，多一字排在车后。三俑的排法是：擐甲的车右俑无一例外地居右，而将或佐的位置也多在车右和御手之间。换句话说，车右居右，其制一定；而在一般情况下，御者居左，将帅居中，有时是二者位置调换。战车上多有铎鼓等发令工具。

同步兵俑相处的指挥者，多是吏俑或佐俑，在 T2 和 T20 的阵本部，就有戴长冠、擐长披膊齐摆式细甲的长冠甲俑。而三尊戴长冠的铠甲俑居于前锋部左、中、右三点上，显然是这部分轻装射兵的“发弩啬夫”或“队帅”。但以上这两级军吏都处于作战的基层单位，应当是接受上一级指挥的。

以上仅是据有限的材料，从观察中加以推论。而对秦俑矩阵指挥系统的全面了解，有待于发掘工作的完成。但目前所见一斑，毕竟为窥见全豹提供了一种信息。

注　释

[1]《左传》庄公十年。

[2]《军政》，古兵书名，早佚。

[3] 王丕忠：《咸阳塔儿坡出土秦代錞于》，《考古与文物》1984年第4期。

[4] 文史知识编辑部：《古代礼制风俗漫谈》（二集）中傅同钦：《古代的鼓》，中华书局，1986年。

[5]《考工记》一书据郭沫若考订，本系春秋末年齐国的官书，见《〈考工记〉的年代与国别》，《郭沫若文集》第16卷。对其中所用度制，闻人军先生考订齐尺约为19.7厘米，参见《〈考工记〉齐尺考辨》，《考古》1983年第1期。

按《考工记》的规范要求，鼖鼓虽已做出，但严格地说，其所给版长及穹深，三者所形成的曲线并非圆弧。但为计算方便起见，仍以圆弧对待。已知版长（弧长）八尺，穹深（弧高）是（5.33－4）尺÷2＝0.66尺，则求出鼓高（即弦长）7.88尺，合155.39厘米。

[6]《周礼·春官宗伯·司常》：“掌九旗之物名，各有属。以待国事。日月为常，交龙为旂，通帛为旜，杂帛为物，熊虎为旗，鸟隼为旟，龟蛇为旐，全羽为旞，析羽为旌。及国之大阅，赞司马，颁旗物。王建大常，诸侯建旂，孤卿建旜，大夫建物，师都建旗，州里建旟，县鄙建旐，道车载旞，游车载旌。皆画其象焉。”

[7]《左传》僖公十二年。

[8]《左传》襄公十八年。

[9]《左传》庄公二十八年载：楚军伐郑时，以“子元，斗御疆。斗梧、耿之不比为旆，闹班、王孙游、王孙喜殿”。

[10]《左传》僖公二十八年。

[11]《左传》桓公五年。

[12]《十三经注·春秋谷梁传注疏》庄公二十五年：“天子救日，置五麾，陈五兵、五鼓。”范宁注：“麾，旌幡也。”《玉篇》：“麾，旌旗之属，所以指麾（挥）也。”《左传》成公十六年：“栾鍼见子重之旌。请曰：‘楚人谓：夫旌，子重之麾也。’”

[13]《十三经注·春秋左传正义》隐公十一年孔颖达疏：“郑有蝥弧，齐有灵姑钘。皆诸侯之旗也。赵简子有蠭旗，卿之旗也。其名当时为之，其义不可知也。”

[14] 郭宝钧：《山彪镇与琉璃阁》，图版拾玖、贰拾；四川省博物馆：《成都百花潭中学十号墓发掘记》，《文物》1976年第3期，图版贰；杨宗英：《战国绘画资料》图20，中国古典艺术出版社，1957年。

[15]《十三经注疏·周礼注疏·考工记·辀人》：“龙旂九斿，以象大火。鸟旟

七斿，以象鹑火也。熊旗六斿，以象伐也。龟蛇四斿，以象营室也。”郑注：“苍龙宿之心，其属有尾，尾九星；鹑火，朱鸟宿之柳，其属有星，星七星；伐属白虎宿，与参连体而六星；营室，宣武宿，与东壁连体而四星。”

[16]《孙膑兵法·官一》：“辨疑以旌舆（旟），申令以金鼓。”

[17]《司马法·严位》：“凡鼓，鼓旌旗、鼓车、鼓马、鼓徒、鼓兵、鼓首、鼓足。七鼓兼齐。”《尉缭子·勒卒令》：“一鼓一击而左，一鼓一击而右。”

[18] 蓝永蔚：《春秋时期的步兵》，中华书局，1979年。

[19]《周礼·夏官·司马》郑注。

[20] 容庚：《金文编》，科学出版社，1959年。

[21] 郭宝钧：《山彪镇与琉璃阁》，科学出版社，1959年。

[22]《武经总要》卷八。

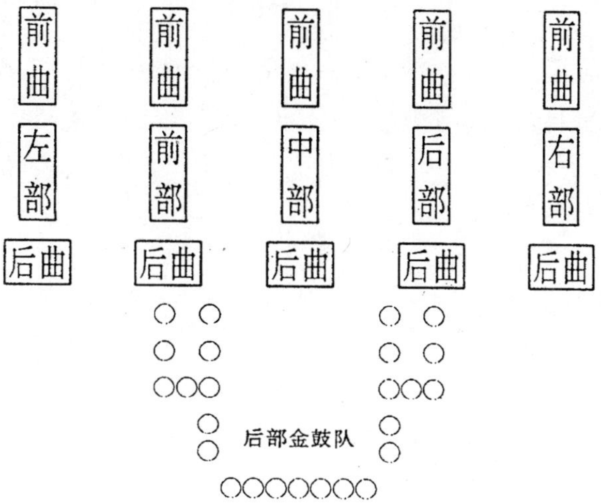

[23] 银雀山汉墓竹简兵法佚文《孙膑兵法·十阵》说：“雁行之阵者，所以接射也。”实际是弩战的队形，其特点是“前列若臃（貔），后列若狸”。意为前锋部队像伸张两臂的猿，后卫部队像准备猛扑的野猫。茅元仪《武备志·陈练制》卷54也绘有左右向前呈梯次配备的雁行阵示意图。

雁行之阵既可向前，也可以向后作梯次形配置，所以《武经总要·本朝八阵法》说：“雁行前锐后张，延伸而行，便于绕人”。

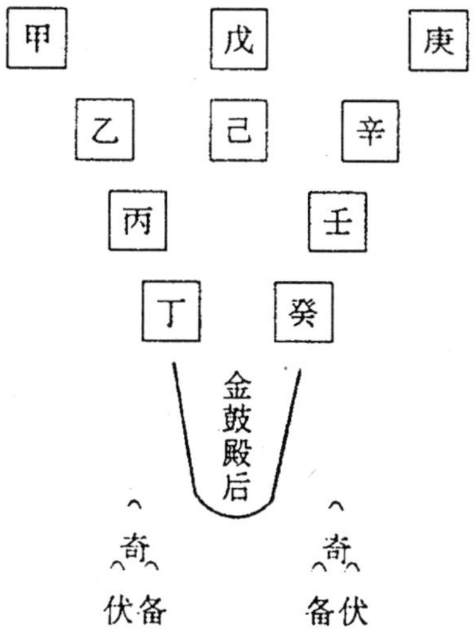

［24］锥行之阵像《孙膑兵法·十阵》说的："卑之若剑。"其兵力部署的特点是"末必锐，刃必薄，本必鸿"。按照孙膑的意思是锥行之阵的前锋部队必须精锐，才能插入敌阵，只有两翼部队擅长兵力机动，才可扩大突破口（即"剸"）；作为阵本的后续部队力量雄厚，才具有强大的冲击力。《武经总要》卷八绘制的锥行之阵图如下：

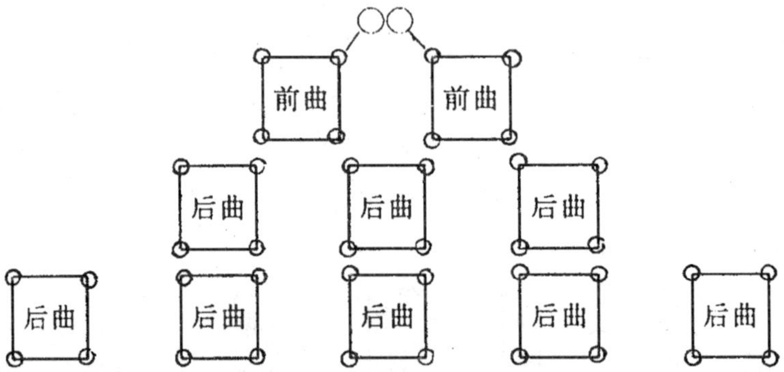

［25］《国语·晋语》："献公曰，见翟相之氛，归寝不寐……乃伐翟相。郤叔虎将乘城，其徒曰：'弃政而役，非其任也。'郤叔虎曰：'既无老谋，而又无壮事，何以事君?'披被羽先升，遂克之。"

［26］《左传》昭公二十一年："杨徽者，公徒也。"郑注："徽，识也。"《战国策·齐策一》："章子为变其徽章，以杂秦军。"高诱注："徽，帜名也。《传》曰：'杨徽者，公徒也。'通白（帛）曰章幅（幅，一作帜）。变易之，使与秦旗章同，欲以袭秦。"

［27］《史记·平原君列传》："楚地方千里，持戟百万，此霸王之资也。"

［28］《史记·魏公子列传》："魏王见公子，相与泣，而以上将军印授公子，公子遂将。"

［29］《尉缭子·将令》："将军受命，君必先谋于庙，行令于庭，君身以斧钺授将。"授斧钺的仪式很隆重，要在太庙举行。君致词，将答词，被认为是"社稷安危，一在将军"。参见《六韬·立将》、《心书·释才》、《淮南子·兵略》。

［30］《史记·魏公子列传》载魏公子信陵君盗虎符、夺晋鄙兵以救赵的故事，可说是人人皆知的。传世品有新郪虎符、阳陵虎符和西安南郊出土的杜虎符。

［31］蓝永蔚：《春秋时期时代的步兵》第三章，中华书局，1979年。

［32］杨泓：《中国古兵器论丛·战车与车战》，文物出版社，1980年。

［33］《周礼·夏官司马·大司马》："三鼓，摝铎。"郑注："掩上振之为摝者，止行息气也。"孔疏："以手在上，向下掩而执之。"据说，振铎是手执柄而摇，其声嘹亮；摝铎是手执柄下掩而摇，其声沉闷。

［34］《周礼·考工记》："凡兵无过三其身。过三其身，弗能用也，而无已，又以害人。"按其尺码要求是："戈柲长六尺有六寸"，合今1.3米。"殳长寻有四尺"，

合今 2.36 米。“车戟常”，合 3.15 米。“酋矛常有四尺”，合 3.94 米，“夷矛三寻”，合 4.73 米。秦俑高约 1.75 米左右，如“三其身”也不过是 5.25 米。事实是秦俑的长兵器也不过 2.8 米左右。那么，出土这件“长杆矛”长达 6.7 米，无论如何是无法使用的，所以我以为有可能是旗杆。至于无旗縿的发现，很可能是毁于秦俑坑被焚之时。

陆　锐士、武卒与技击

——秦步兵俑引起的题目

战国时期，关东六国的军事力量随时间的进程，虽然均有消长，但说起来还是实力雄厚、战斗力坚强的。作为强秦的敌手，它们也并非那么容易对付。即以步兵而论，齐威王时（公元前356～前320年）不但有了像《司马穰苴兵法》和《孙膑兵法》这样的军事学专著，而且以其“三军之良，五家之兵，疾如锋矢，战如雷霆，解如风雨”（《战国策·齐策一》苏秦对齐宣王语），可说是无坚不摧的。《汉书·刑法志》也说：齐湣王（公元前300年～前284年）“以技击强”。魏国的重装步兵更是训练有素的，他们“衣三属之甲，操十二石之弩，负矢五十个，置戈其上，冠胄带剑，赢三日之粮日中而趋百里”（《汉书·刑法志》），还有那“武力”、“苍头”、“奋戟”、“厮徒”，都是些“武勇之士”。赵国的“彀者”、“百金之士”数十万（《史记·廉颇蔺相如列传》），也是勇猛异常的。“韩卒超足而射，百发不暇止，远者达胸，近者掩心。韩卒之剑戟……皆陆断马牛、水击鹄雁，当敌即斩。坚甲盾、鞮鍪、铁幕、革抉、㕹芮，无不具备。以韩卒之勇，被坚甲，蹠劲弩，带利剑，一人当百，不足言也”（《战国策·韩策一》苏秦语）。而“楚人鲛革犀兕以为甲，鞈如金石。宛钜铁釶，惨如蜂虿。轻利僄遬，卒如风雨，天下称强兵莫如楚”（《荀子·议兵》）。

然而，荀卿经过对各国兵力，特别是把步兵作过比较之后，却从本质上得到了相反的结论，说什么“齐之技击，不可遇魏氏之武卒。魏氏之武卒，不可以遇秦之锐士……有遇之者，若以（指）焦熬，（以卵）投石焉”（《荀子·议兵》）。

两军对抗的事实，确也支持了荀子的这一看法和说法。公元前260年“长平之战”，秦出“奇兵”，实行大迂回，使赵军付出死亡45万人的惨重代价，由此而一蹶不振。在秦国发起灭六国的统一战争中，强劲的韩国反倒成了最早亡国的一个。同样，齐国超绝的个人竞技行为，对战事的取胜也毫无补益。由此推而论之，别国之兵何尝不是如此！但秦兵剽悍勇猛，所向无敌，张仪曾对韩王做了绘声绘色的描述：秦“虎挚之士，跿跔科头，贯颐奋戟者，至不可胜计也……山东之卒被甲胄以会战，秦人捐甲徒裎以趋敌，左挈人头，右挟生虏。夫秦卒之与山东之卒也，犹孟贲之与怯夫；以重力相压，犹乌获之与婴儿。夫战，孟贲乌获之士，以攻不服之弱国，无以异于坠千钧之重集于鸟卵之上，必无幸矣”（《战国策·韩策一》）。秦兵与六国之卒，装备上的轻与重，战场上表现出的勇与怯，确有霄壤之别！

秦军作为一支劲旅，其步兵随战斗地位的提高，愈益显示出它的重要性。对此，秦俑坑也为我们提供了直观的研究材料。

一 秦俑坑的步兵形象

（一）“步兵”释义及秦步兵俑的种类

“步兵”的词义及其内容，古今有着显著的不同。恩格斯在《步兵》一文中说它是“军队中徒步的兵士”[1]。现代陆军中，却有徒步步兵和搭乘车辆实施机动作战的摩托化（机械化）步兵的区别。如历史地看，“步兵”一词作为军事术语被广泛地采用，最早出现的还是在战国末期的《六韬》一书上[2]。在此之前，叫法不一，名称繁多，像春秋初期称“徒”[3]、“卒”[4]、“徒兵”[5]、“步卒”[6]、“徒卒”[7]等，战国时期，齐曰“技击”，魏曰“武卒”，秦曰“锐士”（《荀子·议兵》）。即使一国之内也有多种叫法，像魏国就有“武士”、“苍头”、“奋戟”、“厮徒”等名称（《史记·苏秦列传》）。以秦而言，春秋时期称“步卒”（《韩非子·十过》），战国时称“带甲”（《战国策·韩策一》），又称“奋戟”（《战国策·秦策一》）、“中卒”（云梦秦简《秦律杂抄》），对弓箭手又专称“趆张”、“引强”（同前）。“步兵”名称从以前长期来杂乱不定，到固定统一，正反映了它从附属于战车走向独立的过程[8]。当然，这也是同步兵组成，其社会地位的变化相适应的。

在车战盛行的殷周时代，除车的“甲士”之外，车后还有一定数量的步兵跟随。而这随车的步兵，是些无权作战、只能听从甲士摆布、做些保卫战车和杂役的奴隶。对于战车具有从属性的这些“徒卒”，学者们称之为“隶属步兵”。春秋初期，随着对戎狄族作战的需要而出现了脱离战车、具有独立编制的步兵，名之曰“建制步兵”（或“独立步兵”）。战国时期，作战步兵已成为军队的主力，但两类步兵依然并存，只是在战车退出战争舞台之后，隶属步兵也才随之消失。可见无论从广义或狭义上谈步兵，也都具有它时间上的相对性。作为历史学者，不应疏于此。另外，人们又可以从步兵的装束和装备上分出“轻装步兵”和“重装重步兵”来。

秦俑三坑的武士俑，包括步、车、骑三大兵种。其中，以步兵俑的数量为最多，骑兵最少。步兵俑中有专司弓弩者，可称之为“射兵”。其作用有如现代的“炮兵”，所以另立为一个亚种。步兵俑从编制上看，有两种：一是隶属步兵，二是建制步兵。其装束虽有轻、重的区别，但对独立的建制步兵说来，是二者兼有的，而随车的隶属步兵俑则无一例外的是重装。

所谓“轻装”，就是指战衣轻捷简便的意思。轻装武士俑，身著交领右衽战袍，长仅及膝，腰束革带。双股著膝缚，其上部掩藏于袍下，而下端盖于膝下。胫部缠有斜幅式的“行縢”，足蹬方口履。有些穿战袍的步兵俑不扎行縢，而是套一对筒状并有絮棉的“胫衣”（如二号坑前端的战袍射俑）[9]。此物上口接膝，下口扼腕，正好护住双胫，比起粗壮臃肿的“跗注”来，显得轻快，但又比“行縢”厚重，是一种简单便当的护腿设施，也许就是汉代所谓的“絮衣”（《汉书·晁错传》）。秦轻装步兵俑头不戴胄、不戴冠，只是把头发梳挽成椎髻，多绾在头顶的右侧（图Ⅰ-6：1）。

“重装”是同轻装相对而言。著重装的步兵俑，只是在袍外擐穿一领长仅于腹的短襟铠甲罢了（图Ⅰ-6：2）。至于下体防护，同轻装步兵俑无甚大的区别，即：膝缚下或有行縢，或胫衣。多数足蹬屦，少有合鞮。头上同样是免胄束发的，唯发式有椎髻、辫髻的区别。椎髻扎以橘红色的发绳，而辫髻压以方板形的发卡。束敛头发稍有讲究者，是头上套一顶“武帻”，其质地轻薄，椎髻依旧兀立。不过，这种戴武帻的铠甲步兵俑主要分布在矩阵前部两侧对称的位置（即一号坑的第一至三、九至十一等 6 个过洞内，计 394 尊），其身份、作用和来源，当另有讲究（图Ⅰ-6：

图Ⅰ-6：1　轻装步兵俑

（一号坑 T10K：98）

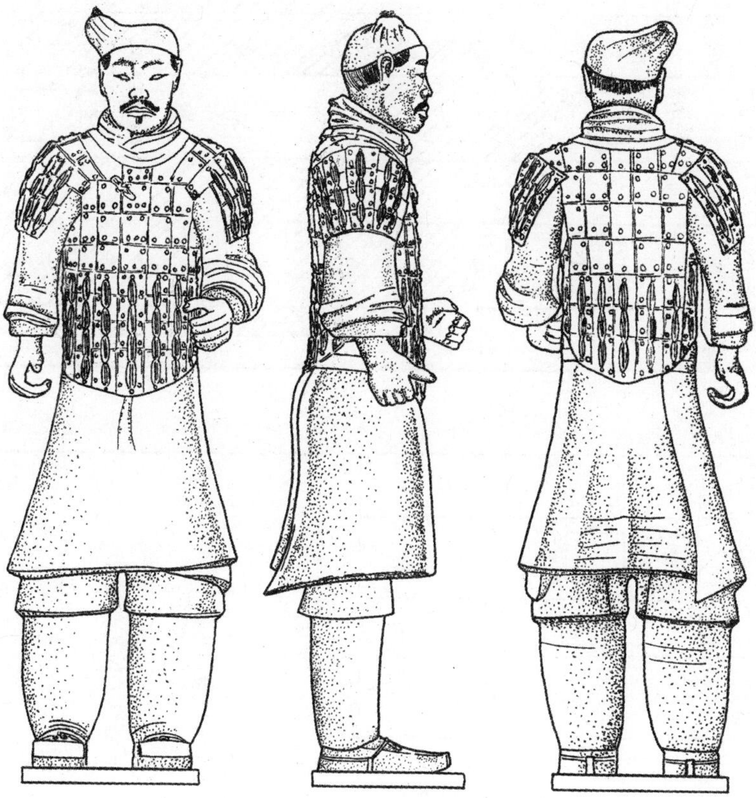

图Ⅰ-6：2 重装步兵俑
（一号坑 T1G3：17）

3）。

步兵无论是轻装，还是重装，都是战斗步兵。只有从它的战斗编列及其武器配备上，作进一步的观察，才能明了各自的作用。

（二）步兵俑的分布及其战斗编队

一号坑（矩阵）的建制步兵主要分布在前后廊（阵之锋、卫部）、南北二边洞（G1、G11，即阵之两翼）及第四、六、八等 3 个过洞（阵本部）的东部。而奇怪的是在第二、三、五、七、九、十等 6 个过洞东部第一乘战车前都有 12 个“车前卒”。详情如表一：

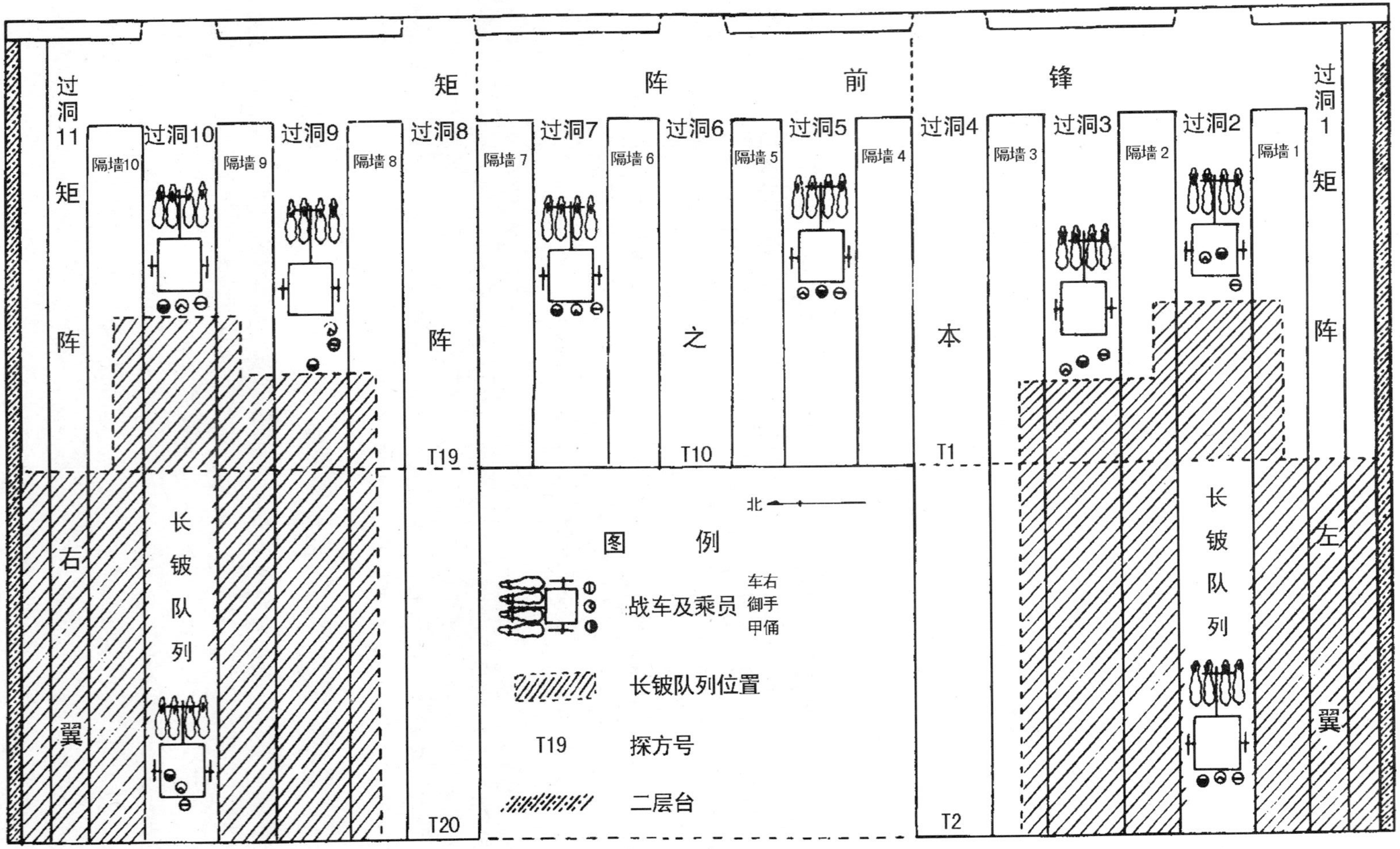

图 I-6：3　秦俑矩阵东端左右长铍队列位置图

表一 秦俑矩阵（一号坑）局部建制步兵编制表

阵中位置		轻装步兵(袍俑)		重装步兵(甲俑)		分计	排列方式述要	说明
		数量	位置	数量	位置			
阵表部	锋(K11前廊)	201	东端	3	左、中、右	204	面东作横队三行，行68俑	已发掘
	卫(K21后廊)	/	/	204	西端	204	横队作三行，其中前二行面东，后一行面西，行68俑	据试掘探测已知部分
	右翼(G1)	35	过洞东端	135	过洞中部	170	外侧作单行横行面南，内侧一列面东	据试掘探测已知部分
	左翼(G11)	35	过洞东端	135	过洞中部	170	外侧单行横队面北，内侧单列面东	已发掘
阵本部	G2	12	第一车前	/	/	12	面东	已发掘
	G3	/	/	12	本过洞第一车前	12	面东	已发掘
	G4	35	甲俑前，接锋	185	袍俑后第一车前	220	面东	已发掘
	G5	/	/	12	袍俑后第一车前	12	面东	已发掘
	G6	32	甲俑前，接锋	188	（同G4）	220	面东	已发掘
	G7	12	本过洞第一车前	/	/	12	面东	已发掘
	G8	24	（同G4、6）	184	（同G4）	208	面东	已发掘
	G9	/	/	12	本过洞第一车前	12	面东	已发掘
	G10	12	本过洞第一车前	/	/	12	面东	已发掘
总计		401		1067		1468		

从上表中我们可以总结出建制步兵在秦矩阵中的编制特点是：

第一，轻装步兵主要安排在阵表的锋部和两翼接锋的一段。阵本中的轻装步兵不但同锋相接，而且在各个过洞的安排上也是以重装步兵为主的间隔排列。在矩阵前部编列轻装步兵，后面是浩浩荡荡的战车和随车重装步兵。结合武器配备，使我们知道：这正是“末甲劲，本甲不断”（《孙膑兵法·擒庞涓》），“末必锐，刃必薄，本必鸿”（《孙膑兵法·十阵》）布阵思想的生动体现。

第二，建制步兵作为战斗单位的人数，是有差别的，约有220人、208人、204人、170人、12人等5种。大概以200人为常，12人则可能是一种预备队的性质。

第三，矩阵中的建制步兵俑，重装者占72.7%。虽然秦兵的一领短襟甲衣，远远比不上魏氏武卒的“三属之甲”，不戴帽子的“科头”，更不能同“冠胄”相提并论，他们硬是凭着一种冒死的精神而在搏杀。

一号坑随车的隶属步兵均著铠甲，位于阵本中，其编队如表二：

表二　秦俑矩阵隶属步兵编制表

过洞	战车编号及其随车甲俑数							小计	说　　明
	车 1	车 2	车 3	车 4	车 5	车 6	车 7		
G2	80	44	12	40	104	12	?	292	“?”未发掘符号
G3	152	40	12	/	108	12	?	324	车 4 和车 5 为前后双车编组
G4	/	?							
G5	28	12	40	12	?			92	
G6	/	?							车 1 和车 2 为前后双车编组
G7	28	12	40	12	?			92	
G8	/	?							（说明同 G6）
G9	152	40	12	/	108	12	?	324	（说明同 G3）
G10	80	44	12	40	104	12	?	292	
总计	520	192	128	104	424	48		1416	

由表中看出，随车的重装步兵数可以分为 152、108、104、44、40 和 12 等 6 级，而且排列上是以第 6 过洞为轴线向两侧对称展开的。

二号坑（营垒）的步兵同样也包括建制和随车的两类。由单独编制的 324 尊轻装和重装步兵俑组成为“射兵营”，被置于营垒的最前部。在这个教阅的营地上，武士俑作立姿（图Ⅰ-6：4）和蹲姿（图Ⅰ-6：5）两种习射的架势，但在排列上呈现出有“表”有“里”的格局。其里是由 8 列纵队，队各 20，计 160 尊蹲姿的重装武士俑组成。表则由 170 尊立姿的袍俑和甲俑环绕一周，前部的立姿俑分作两行，行各 30，计 60 尊，其中轻装的袍俑站前 1 行，重装的铠甲俑站次 2 行；后部的立姿重装甲俑分 4 组，前后两两相对，计 16 尊（其中有将、佐各 1）；两翼的立姿俑全是轻装的袍俑，各为 3 列纵队，队各 16，计共 96 尊。

二号坑的随车步兵，是重装的铠甲俑 264 尊，分布在由 3 个过洞组成的车、步、骑混宿营里。这里有战车 19 乘，同数额不尽相等的随车步兵间隔纵向排列，再以 8 骑殿后。其中 5 乘战车的随车步兵数，分别是 28、32、36，其余 14 乘车后都随俑 8 尊。其分布如表三：

表三　秦俑二号坑随车甲俑表

过洞	战车编号及其随车甲俑数							小计	说　　明
	车 1	车 2	车 3	车 4	车 5	车 6	车 7		
G9	8	8	8	8	8	28	/	68	“/”为无车符号
G10	8	8	8	8	8	8	28	76	
G11	8	8	8	36	28	32	/	120	
总计	24	24	24	52	44	68	28	264	

图Ⅰ-6：4　立射俑

（一号坑 T19G11B：4）

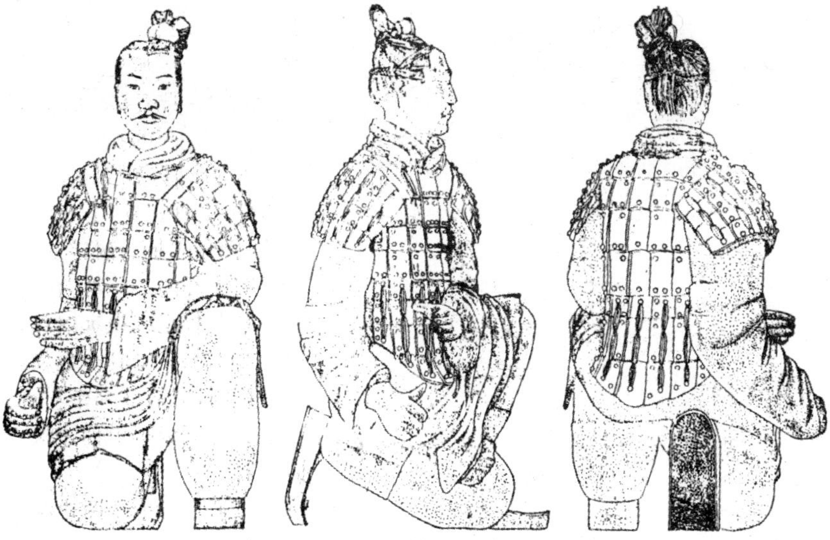

图Ⅰ-6：5　蹲姿射俑

（二号坑 T17：1）

综览秦俑矩阵和营垒的步兵编列，我们可以看出有这么一些特点：

第一，阵营前部的兵力多是以独立编制的轻装步兵俑为主的安排，或是同重装步兵俑分开编列（如一号坑），或是间隔编列（如二号坑），无论是哪一种，毕竟在总体上是浑然为一的。

第二，随车步兵均属重装的甲俑，绝无轻装的袍俑（无一例外者）。

第三，无论是建制步兵或是随车步兵，在矩阵中的数量都远远大于营垒中的数量。

第四，随车的重装步兵数不等，大致有 152、108、104、44、40、36、32、8、12、8 等，共 10 级，但都是“4”的倍数。

在车战时代，战车是主体，随车的徒兵是附属。殷周至春秋时期，一乘战车后随的徒兵只有 10 人，到战国时期增为 75 人制（其中 3 人在车上）。而秦代步兵的地位上升，数量增加，又多寡不一，正是反映了战斗激烈、地域广大、多兵种协同的时代特征。

（三）兵器配备

一号坑东端长廊部队的轻装袍俑，作面东的立姿横队，其大多数右臂下垂，手作挟弓的半握姿势。少数俑曲右肘，拳半握，拳眼向上，作拄长兵器状，左臂斜伸。在这一区域里发现的兵器有：弓弩遗迹 52 处、铜弩机 40 件、成束的和零散的铜镞约合 112 箙、铜剑 4 件、剑的附件 22 件；铜钩（弯刀）2 柄、铜矛 1 柄、铜镦6 件。这说明锋部的 204 尊著轻装的编制步兵是些执远射程兵器的“弓弩手”，其少数俑还腰挎长剑，只有 3 名戴长冠著甲衣的下级军吏俑才持长柄兵器[10]。

在第一、十一两边洞的编制步兵，无论是轻重装的袍俑，抑或是重装的甲俑，无一例外的是面向两侧的一行作横队，个个背负箙矢，前有弓弩；面东的一列纵队，个个右手提弩一张，身后散落的有束矢。发现的铜兵器以束箭、弩机为最多，并有少量的戈、矛及铜镦、剑及剑件（图Ⅰ-6：6～8）。

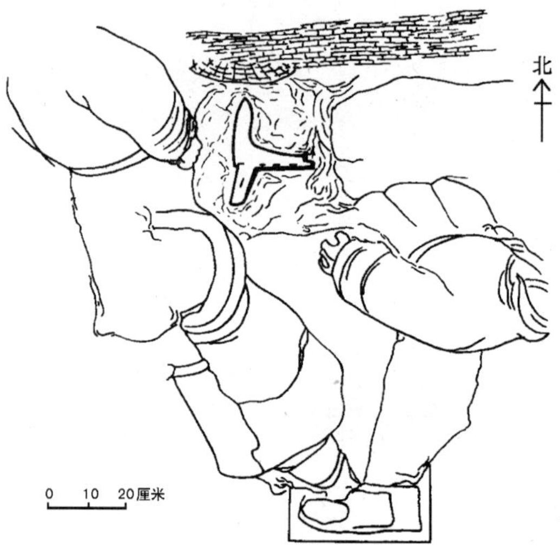

图Ⅰ-6：6 秦俑矩阵左翼（东端）出土铜戈迹象图

（一号坑 T19G11）

第二、三、五、七、九、十等 6 个过洞的“车前卒”，无论是轻装或重装，都是以弓弩为主，极少数配有长兵器。这情况同锋部射兵的武器配备

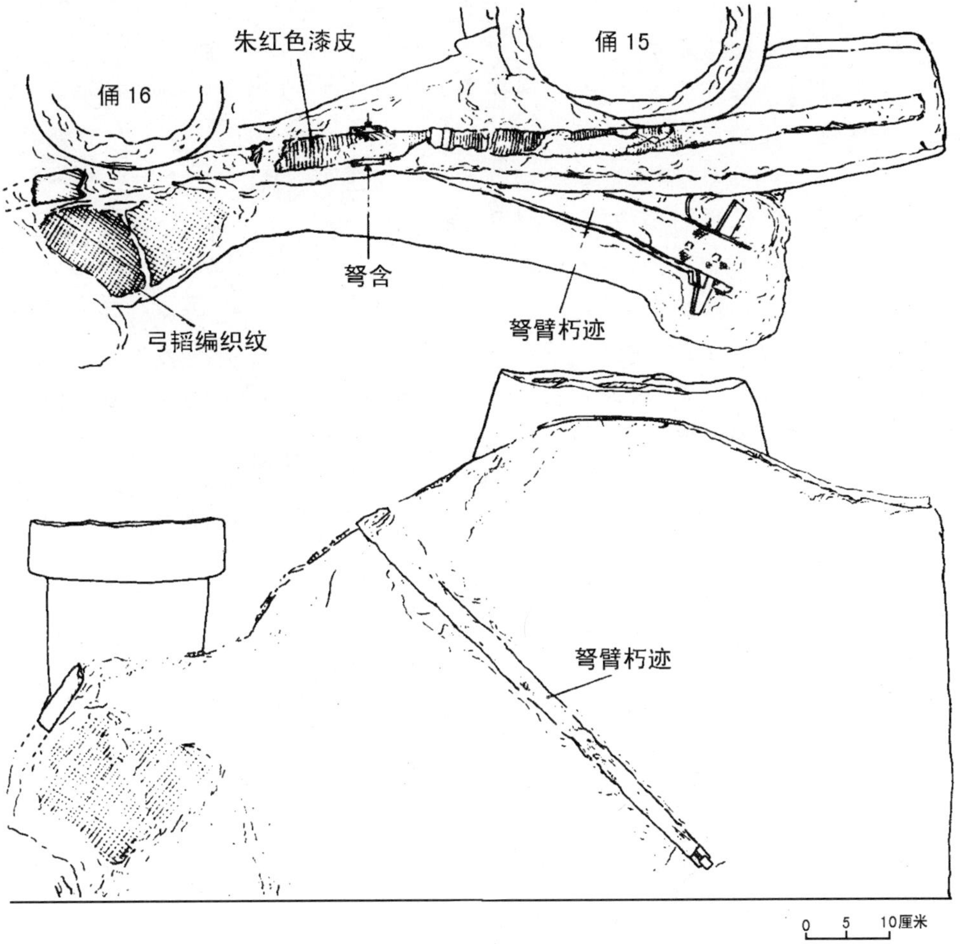

上：平面图 下：剖面图

图Ⅰ-6：7 秦俑矩阵左翼（东端）出土弩弓迹象图

（一号坑 G11）

是一致的。在第四、六、八、十等4个过洞的编制步兵俑中，同样是以弓弩、箙矢的数量为最多，而矛、戟一类长兵器和剑的数量也相应增加。

随车的铠甲武士俑群，可以说是远射（弓弩、箙矢）、长兵（戈、矛、铍等）和短兵器（剑）齐备的，只是在内部有着持弓弩、握矛戟的分工罢了（图Ⅰ-6：9）。长铍就是出土在第二、三、九、十等过洞的车后，而且是集中于戴武帻的甲俑之手（图Ⅰ-6：10）。

因为俑坑经过历史上严重的盗扰，出土兵器的数量远远不能反映配置兵器的历史原貌，因此，统计的数字和求出的比例，就很难说明它的准确性。不过，从出土物的种类和陶俑的手势上，终究能使我们比较清楚地得出一些基本的认识：矩阵之锋、卫和翼的编制步兵主要执有远射程的弓弩，并配置以少量的戈、矛类长兵器和剑。阵本中编制步兵虽以弓弩为主，长兵的数量也相应增加，而随车的重装步兵则以矛、戟、铍等长兵器为主，还杂以劲弩，并腰际挎剑。

二号坑校场（练兵场）内的蹲姿甲俑160尊，右膝着地，脚压臀下，左腿如弓，两手在右胯侧作一上一下地控弩之势。周围散落有大量的铜镞、朽弓迹象，还有剑摽。环绕蹲姿俑而立的步兵俑172尊，其中甲俑46尊手作握长柄兵器的姿态，地面上散落有铜矛、铜镈；袍俑126尊则作“丁”字步站立，做出钩弦抬弩的架势。这部分俑群中使用弓弩约占86.14%。可见此区的编制步兵俑，虽配备着三类冷兵器，但主要还是使用着弓弩，是名副其实的“射兵”。

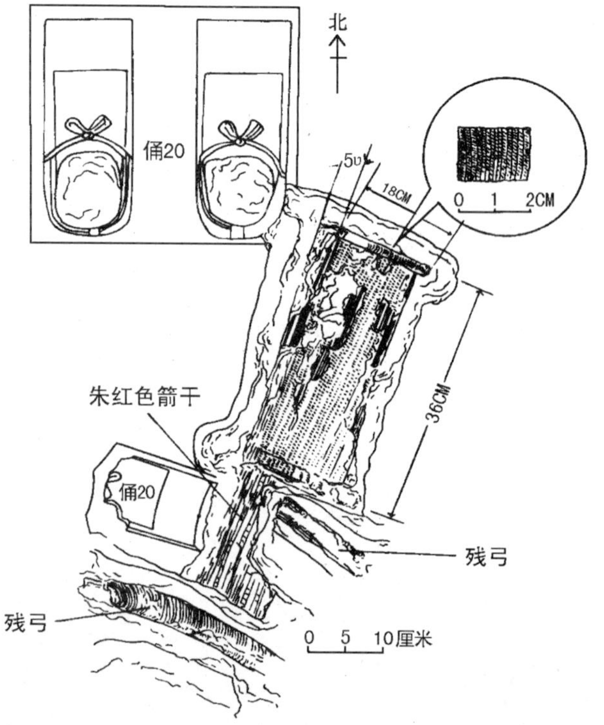

图Ⅰ-6：8　秦俑矩阵左翼（东端）出土束箭迹象图
（一号坑G11）

二号坑的随车步兵俑群中，发现的兵器是铜镞、矛、剑等，说明也是用三类兵器装备的。

秦俑三号坑的步兵只有64尊，虽然也擐穿铠甲，但不是战斗步兵，而属于指挥者的“亲兵”（侍卫）。伴出的兵器数量最多的有铜殳34件，而铜镞只有3支、残剑2段，可见此坑当以礼仪性兵器为主。

从秦俑的兵器配备上可以看出，作为一个步卒来说，他必须按军事训练科目训练，不但要熟练地掌握队列动作，而且也要学会使用当时盛行着的三类兵器。只有如此，才能在布阵中按需要而专司某一种兵器。不言而喻，只有集中使用同一兵器的步卒，才能组成为一个单列的兵种，像射兵队、长铍队、殳仗队等等。

（四）轻装和重装步兵的战斗作用

春秋战国时期是一个社会动荡的大变革时代，随着奴隶制生产关系的解体、新的封建主义生产关系的确立，军队的成分也发生了深刻的变化。《孙子兵法·作战》：“凡用兵之法：驰车千驷，革车千乘，带甲十万，千里馈粮，内外之费，宾客之用，胶漆之材，车甲之奉，日费千金，然后十万之师举矣。”在这里，如果说“带甲”的

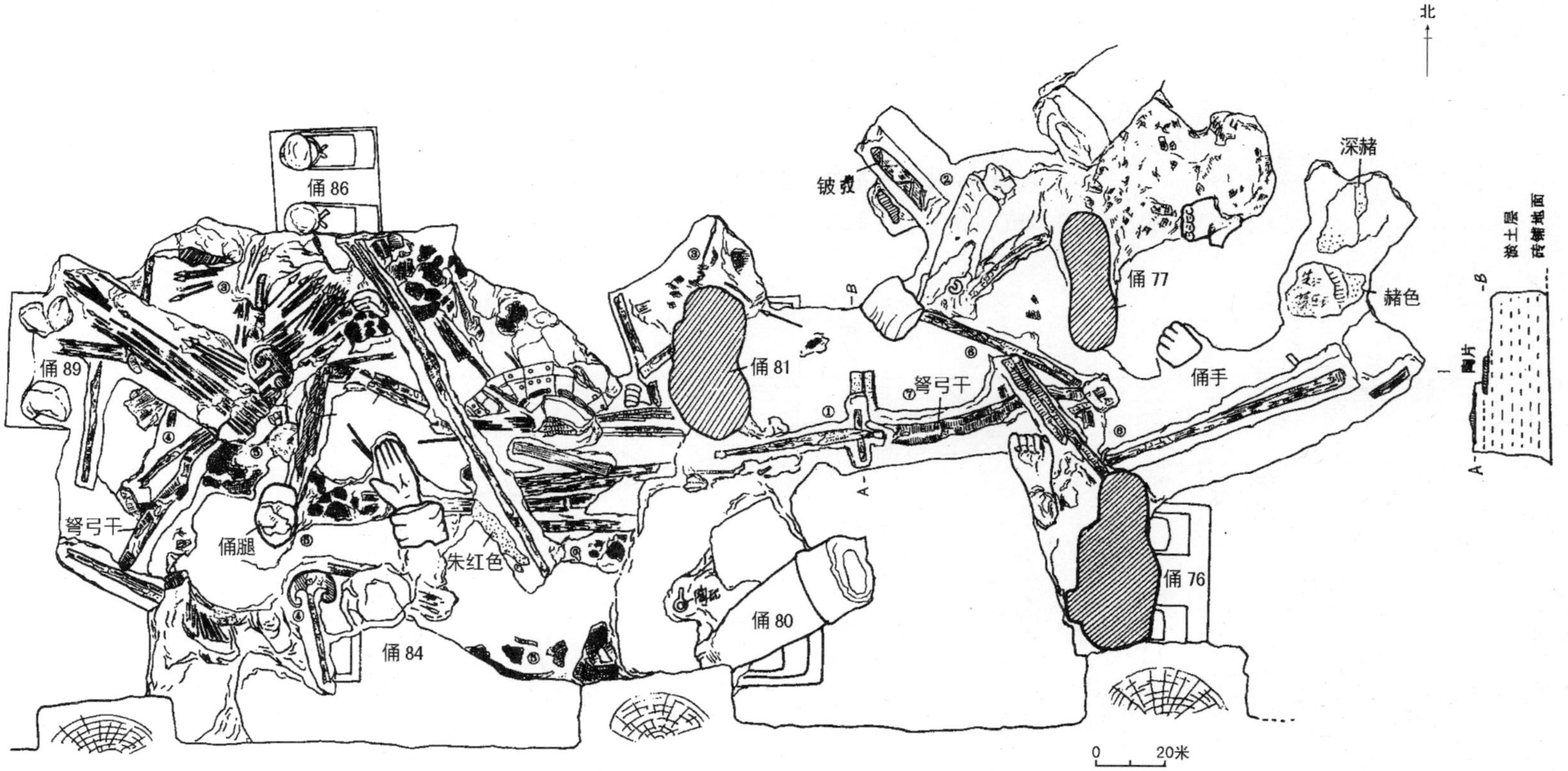

①十字形朽木　②铜铍　③箭　④箭　⑤弩弓韬　⑥长柲　⑦弩弓干

图Ⅰ-6：9　重装步兵俑与兵器配备迹象平面图

（一号坑 G10、车Ⅱ前）

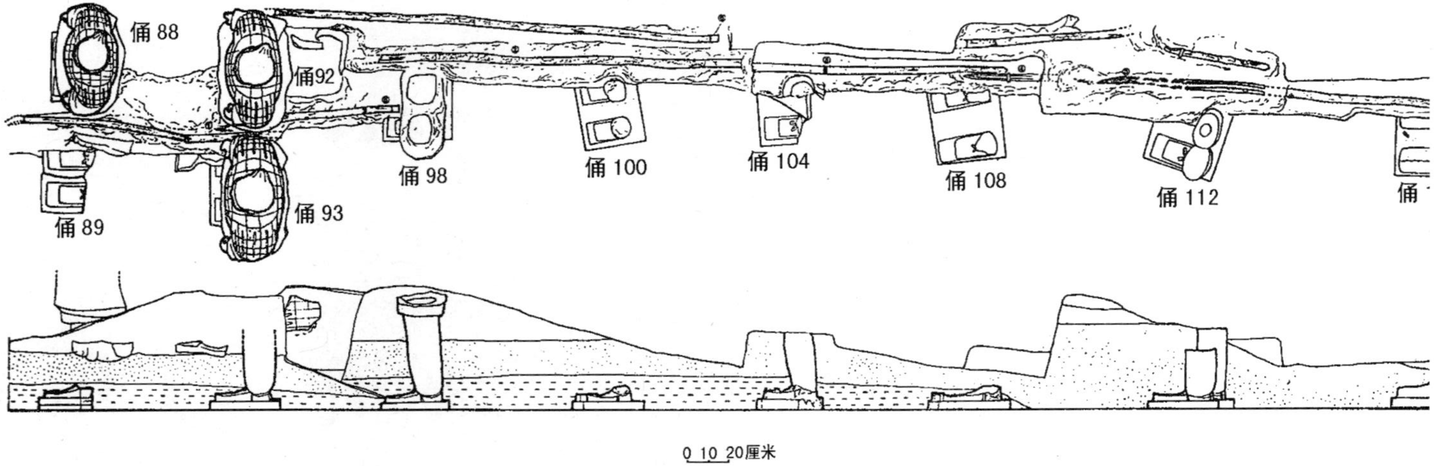

上：平面图　下：剖面图　①箭镞　②褐色漆皮　③朱红带一周　④铍头　⑤炭迹　⑥铜镦

图Ⅰ-6：10　一号坑长铍队铍柲迹象出土平剖面图

步兵地位还只是隶属步兵的话，到了战国时代情况就不同了。随车步兵地位的上升，各国的兵员猛增，少则“带甲数十万”，多可达到“带甲百万”（《战国策》）。显而易见，这时的“带甲”就是重装的步兵。

恩格斯在其军事著作《步兵》一文中说到希腊“亚历山大的步兵由重装步兵的方阵、轻步兵和盾牌手组成”，罗马步兵也由“披戴重盔甲”的重装步兵和轻装步兵组成[11]。那么，西方步兵反映了这么一个事实，即希腊、罗马军队最先由重装步兵组成，后来因贫民的加入才出现了轻装步兵。但重装步兵一直保持着主力的地位，在数量上也占有绝对的优势，像罗马的一个兵团有重装步兵3000人，而轻装步兵还不到它的半数[12]。正因为二者的装备有别，在战场上的作用也就不同，像重装步兵使用长矛、短剑冲击敌人，而轻装步兵最多只用一面轻便的圆盾护身，使用的兵器是投石器、梭镖、刀子、匕首和狼牙棍，而且还没有队形，被配置在重步兵主阵的前面或两翼，有时作为先驱兵使用。《简明不列颠百科全书》指出：“自从有了甲兵之后，在战场上决定胜利的已经不是贵族武士个人的高超武艺，而是插入敌阵的成群结队的甲兵方阵的密度和力量。”由此可见西方步兵的特点之一就是重装步兵是军队的主力，而轻装步兵只起配合作用而已。

但是，中国的步兵和古希腊、罗马的不尽相同。轻装的徒卒是最早出现的步兵雏形，而后才有重装步兵。由于二者社会地位不同，在战场上执行的具体任务也就不同。战国时期，兴起大规模的步骑野战和包围战，其本身就带有异常激烈的进攻性和对抗性，如果没有坚固的防护设施——“铁幕”（铠甲），既难于抵御强弓劲弩发射来的“锥矢”，又不能在白刃格斗中有效地防止矛、戟的啄刺，其惨重的代价是不难预料的。除了重装步兵之外，轻装步兵也有其优长。因为轻装步兵没有更大负重的累赘，其行动迅速，“轻利僄遬（速）”，在战斗中同重装步兵相配合，就能收到更好的效果。秦俑的轻装步兵俑，都属于建制步兵，居于矩阵之锋和两翼的前部，而重装步兵俑无论是建制步兵或是随车的隶属步兵多位于阵体部。所以，在接战时，持强弓劲弩的轻装建制步兵万箭齐发，射杀敌人的有生力量，打乱其阵角，或是迅速展开，形成“角”的阵势，然后才是重装步兵或配合战车，源源接续，同敌人白刃格斗，夺取胜利。由此可见，两者有分工，又相互配合。

秦的重装步兵，只是同其轻装步兵相对而言。如要比起“衣三属之甲的魏氏武卒”那种铁筒似的防护装束来，显然是不完备的，像没戴兜鍪（头盔），只有束发，或有简便的巾帻；不具盆领，只有一条围脖子的曲领；无髀裈，只有简单的战袍和膝缚。虽说是穿着铠甲，还只是长仅及腹的短甲。至于多数步兵不是著胫缴，而是缠一条轻捷便行的“裹腿”。希腊“多立斯方阵”中重装步兵有“头盔、甲胄、铜护胫、大木盾”，罗马的重装步兵的防护装具也是如此，都远远在秦军的重装步兵之上。秦军免胄束发，“跿跔、科头”，“捐甲裼裎”，冒死趋战，全凭的是勇敢和牺牲精神。

二　秦步兵的战斗力蠡测

(一) 步兵诞生的历史回顾

人类社会战争的胚胎，应该说是从步兵的对抗中开始孕育的。商周时期，站在战车上作战的“甲士”是奴隶主贵族，而车下跟随着由“众人”、“多臣”、“庶民”等奴隶组成的步兵只能附属于战车。春秋初期，郑、晋等中原国家在对戎狄的战争中，为战胜这些居于山林谷地、善用步兵进攻的少数族群，就不得不在保持原来隶属步兵的同时，率先建立起能够独立作战的建制步兵。

公元前719年，宋、卫等国联军“败郑徒兵，取其禾而还”(《左传》隐公四年)。“徒兵”，就是徒步之兵。这一条史料，是关于建制步兵的最早记载。

公元前633年，晋文公在作“三军”的同时，又“作三行以御狄”(《春秋经传集解》僖公二十八年，杜预注)。“行”是原来隶属步兵“徒卒”的队形名称，此处当指步兵无疑。“三行”就是晋国最早出现的建制步兵。

尽管建制步兵已经产生，但在相当长的时间内，它并没有形成为军队的主力，而只是用在西方和北方边防上对付戎狄。中原地区依然是战车统治的战场。

公元前541年，“晋中行穆子(荀吴)败无终及群狄于太原，崇卒也(聚集步兵作战)。将战，魏舒曰：‘彼徒我车，所遇又厄，请以什共车(以步卒配合甲士共同作战)必克；困诸厄，又克；请皆卒(请甲士们都下车来作战)，自我始。’乃毁车以为行，五乘为三伍。荀吴之嬖人，不肯即卒，斩以徇。为五阵以相离，两于前，伍于后，专为左角，参为右角，偏为前拒，以诱之。翟人笑之。未陈而薄之，大败之”(《左传》昭公元年)。魏舒“毁车以行”表明：在中华大地上已经产生了第一支作战的建制步兵部队。尽管这个步兵部队还是由战车部队临时改编的，免不了幼稚，连“翟人笑之，未阵而薄之”，但在春秋末期毕竟对开创“步兵时代”是一个创举。

公元前505年，发生吴楚大战，据《吕氏春秋·简选》载：“吴阖庐选多力者五百人，利趾者三千人，以为前阵，与荆战，遂有郢。东征至于庳庐，西伐至于巴蜀，北迫齐晋，令行中国。”吴王夫差的军队编制是以百人为一“彻行”，百“彻行”为一方阵的(《国语·吴语》)。

战国时期，各国的步兵数数十万多至百万，表明步兵达到了成熟的时期。步兵作为一支重要的武装力量，活跃在战争的舞台上，直到秦代灭亡，前后延续了3个世纪之久。

秦人起自陇右，同戎人杂居，其早期的军事活动都是同伐戎有关。据《史记·秦本纪》载：周宣王封秦仲为大夫，“诛西戎”而死于戎。周宣王召秦仲子“庄公昆弟五人，与兵七千，使伐西戎，破之”。显然，秦人开始也是使用步兵的。到秦襄公

"修其车马，备其兵甲"，才算有了战车兵。《韩非子·十过》说：秦穆公"起卒，革车五百乘，畴骑二千，步卒五万，辅重耳入于晋。"虽说是战车、骑兵、步兵三个兵种齐备，其中步兵的数量还占压到的多数，实际上在以后秦国的军事史上也反映出对步兵的重视。《吴子·图国》说"秦穆公置陷阵三万，以服邻敌"，到惠文王时又达到了"奋戟百万"的规模（《战国策·秦策一》）。

中国步兵是古代诸兵种中最早诞生的兵种，但随战斗手段的进步，它却反过来屈尊在车战时代的战车兵之下。由于铁兵器的出现、弩的发明，以及远战能力的增强，战车地位才发生了根本的变化，车兵反过来又成为步兵的辅助兵种。从此，步兵作为一个重要的独立兵种才再次活跃在战争的舞台之上。秦国步兵的产生和发展，同样也遵循着这一规律。不过，只有在统一战争中它才真正成熟了。

（二）秦步兵在编队上的特点

没有组织的乌合之众，不能成之为军队。没有严密组织的军队，同样难于胜敌。吴起说"秦阵散而自斗"（《吴子·料敌》），并非是说秦军组织松散而各自为战。他这句话实际上包含着两重意思：其一，队形配置疏朗，使作战单位的作用得到了最大的发挥；其二，重视人的素质培养，提高其作战的自觉性。而这正是秦军队列和便战措施的长处，也是战斗力的所在。

第一，秦步兵数量大，远战能力强，而军事家又善于处理它同战车、骑兵的配合关系，协同作战。这是编制上首要的标志。

秦俑一号坑的矩阵是以步兵为主、同战车穿插排列的兵力部署。其协调车、步关系的做法，是"鱼丽之阵"变化了的形式。以阵本为例，其战车和步兵无论是在横向上、或纵向上都是间隔编组的，如表四：

表四　秦俑一号坑阵本部战车与步兵俑排列表

（△车，●步兵俑，……未发掘）

车行	车数	双车编组		排列方式								
		对数	对应关系	G2	G3	G4	G5	G6	G7	G8	G9	G10
车前俑	/	/	/	●	●	●	●	●	●	●	●	●
一	6	2	左右	△	△	●	△	●	△	●	△	△
二	2	/	/	●	●	●	△	●	△	●	●	●
三	4	/	/	△	●	●	△	●	△	●	●	△
四	4	/	/	△	●	●	△	●	△	●	●	△
五	6	2	左右	△	△	●	△	●	△	●	△	△
六	3	3	前后	●	●	△	●	△	●	△	●	●

车行	车数	双车编组		排列方式								
		对数	对应关系	G2	G3	G4	G5	G6	G7	G8	G9	G10
七	7	4	左右 2 后前 2	△	△	△	●	△	●	△	△	△
八	2	2	前后	●	△	●	●	●	●	●	△	●
九	?	2	后前	●	△	……	……	……	……	……	△	●
……												
十七 (?)												

秦俑坑每辆战车上有乘员3俑，车行都是横向“一”字排列。作纵队的武士俑插在车行中，是“俑→车→俑→……”的展开；在每个过洞中，战车及其车后随员固然因隶属步兵俑数有多寡（12～152/车），但宁可减少车数，都要使主车于所在的车行中左右对齐，绝无错乱现象。同样，第一行车的“马前卒”自成一个单元，各是3行，行4人，计12尊俑。而轻装的袍俑分别位于第一、三、五过洞的第一辆车前，重装的甲俑则安排在第二、四、六过洞的第一辆车前，彼此形为横向间隔。在这里，尽管战车有左右的或前后的“双车编组”，但总体上是车的前后及两侧都有步兵俑队列。这种编组，既有“鱼丽之阵”车、步协同的宽大界面，又突破了它那二线或三线的兵力配置，从而出现了强大的纵深，也就真正形成了“本甲不断”的雄壮气势。

秦俑二号坑作步、车、骑三个兵种宿营与习战的安排，但同样体现着战时协同的考虑。从总体看，编制步兵同车兵、骑兵是分营的，而且是安排在诸营之前。如果布阵，这部分执弓弩的射兵必然同一号坑矩阵的锋、翼安排一样，能够迅速进入岗位；再由从属关系看，混宿小营所占三过洞中，虽然是三车一行地对齐，但战车两侧和第一行车前无武士俑，只是战车同随员构成前后的间隔排列。8骑殿后和此营两侧分别同战车、骑兵相邻，都不足以说明它合乎兵书上的阵法。因为二号坑属营非阵，已从安排上隐现着布阵时方便于多兵种协同的调遣。

步兵簇拥战车、多兵种的协同，是实战经验的总结。因为各个兵种都具有自己的作战优势，像战车的冲击力、机动力强大，在发动攻击、掩护撤退方面都具有很大的作用，被看做“军之羽翼”，是用来“陷坚阵，要强敌，遮走北”的（《六韬·犬韬·均兵》）。但它欠缺灵活性，易受险厄地形条件的限制。骑兵灵活机动，驰驱往来，行动迅速，具有相当的冲击力，被看做是“军之伺候”，用做“踵败军，绝粮道，击便寇”（同上书），是立奏奇效的。虽然步兵的反应十分灵活，几乎不受地形的影响，也能方便地使用各类兵器，然则冲击力和机动力比不上战车，同骑兵比也存在一定的距离。但是，多兵种的配合，互为补充，相机使用，就能起到加倍的打击力。如果战车两翼有步卒，不但防止了敌人的侧翼截击，相对地还发挥了战车的攻击力。而且步兵作为策应，无疑增加了战车两翼的打击力。正因为如此，车与骑、骑与步的合理配置，都能起到意想不到的威力。所以，军事指挥家都十分忌讳单兵冒进，而一再强调“步不离车，骑不远毂，进退有制，循环反复”（何良臣：《阵纪》）。

多兵种协同作战，具有很强的实际意义。但从战国到秦的这段时间里，正处在步兵时代的盛期，我们看到步兵同战车的关系较之其他兵种来说，似乎要更为密切一些。这是因为步兵在战场上的作用越来越大，就势必引起敌方车士的猛烈攻击。那么，步兵就得愈来愈同战车增强依存的关系。这种关系集中表现在两方面，即：隶属步兵人数的增加、步兵同战车组成“阵”的发展。

《禹鼎》铭有“戎车百乘，斯驭二百，徒千”之句。说明西周时，一辆战车上配备徒兵只有 10 人，后来增加成“五伍共卫一车”的二十五人制[13]，被称之为“乘副”[14]。从春秋初期开始，攻车编制又成了较为稳定的七十二人制[15]。但秦俑一号坑战车后的步兵人数超过百数的，从已知的材料看就有 6 乘（如第二和第十过洞相对的五号车各随 104 俑，相对的一号车竟随 152 俑），这是前所未有而又不见经传的大变化！战车后隶属步兵人数增加的趋势，不是说明战车地位的重要，而恰恰意味着步兵的地位和作用在不断地加强。

步兵人数增加，又有着精良兵器的装备，是战国以来战争规模越来越大的条件。而步兵的壮大，又把作战空间推向一个更大的范围，使广泛的战术机动成为可能。公元前 260 年，秦赵的长平大战，相持三年，双方集结的兵力都在四五十万人以上，秦国连 15 岁以上的男丁也悉数征发上了前线。公元前 223 年，秦派王翦率领 60 万大军，长驱直入，千里奔袭，遇到楚国倾其全军的顽抗，最终灭楚。同样，秦统一六国之后，紧接着分兵五路，进军岭南，也是一次大范围的军事行动。这些都是巧用战术，步、骑、车协同作战的辉煌战绩。

由于车下隶属步兵由原来一“两”增加为三“两”，自然也就导致战斗队形的许多变化。如何根据作战的需要，合理安排战车同步卒“两”，以取得实际效果，同样一直是指挥家所关心的问题。“百人为卒”（《周礼·夏官司马》），“卒”成了基本的作战单位。实际上，它也就是一乘战车同后面卒徒的合称。所以说“卒”也就是“乘”。春秋以前，是“车前卒后”的摆法，故而在战场就出现了“车驰卒奔”的场面。随后出现了二十五人制，于是围绕战车位置“两”上起码有了三种形式（图Ⅰ-6：11），即：

第一种：把三个步卒“两”分别安排在战车的两则和后方，形成为一“卒”（乘）。这是“鱼丽之阵”的战斗队形；

第二种：步卒在前，车在后，成两线横队；

第三种：车在前，步卒在后，成“品”字形的三线横队；

以上第一种形式是出自对付严整的阵形而做的疏散配置，第二、三种是出自不同地形上的安排。《周礼·夏官司马》说：“险野人为主，易野车为主。”郑玄注：

“险野人为主，人居前；易野车为主，车居前。”另外，曹操对春秋时期基本战斗单位“卒”有一种新的见解，可说是第四种摆法。据《曹公新书》：“攻车一乘，前拒一队，左右角二队，共七十五人，攻守二乘，凡一百人。”（《孙子兵法·作战》张预注[16]）以上对于“两”的几种构成，不论是哪一种，都是以“卒”（乘）为单位，在军内横向地一字展开，从纵深上形成车、步二线到三线的配置。而秦俑阵营中，不但随车步兵人数多，而且二者相间不论在横向或纵向上都宏阔深远，远远地突破了原来的局限，真是使人大开眼界。当然，过大的纵深，在冷兵器时期是有缺陷的。这再次说明，秦俑矩阵绝不是战斗队形，也不是行军队形，而是一种临战队形。

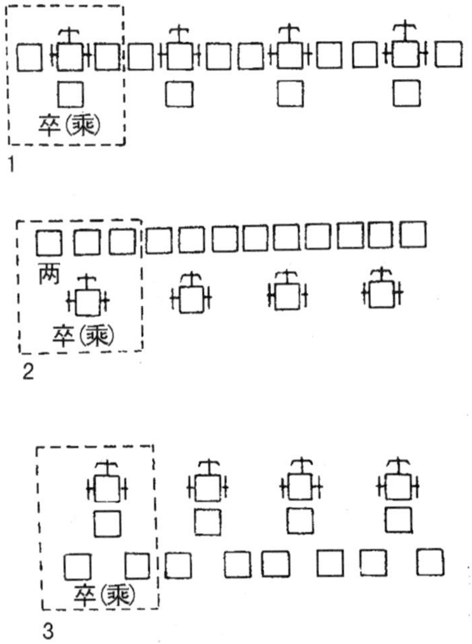

1. 步卒在战车两侧及后方（“鱼丽之阵”）
2. 步卒在战车前的两线横队
3. 战车在前，步卒在后成“品”字形的三线横队

图Ⅰ-6：11　战车同隶属步卒“两”配备的战斗队形三种

第二，由众多的步兵和战车组成阵的形式，或是由多兵种安排的驻营形式，或是拟建的战斗形式，以及军事指挥部等组成一个军事活动体系，足以显示出军事组织的严密性及其军事科学意义。这是编制上的又一个特点。

作矩阵的秦俑一号坑，四周环绕以独立的步兵俑，中心则是战车及隶属步兵俑群，形成有表有里、主次分明的严整阵容。阵表的武士俑一律作横队，外向站立。锋部3行，204尊武士俑中除3个铠甲俑外，余为轻装的独立步兵，执远射程兵器，都应是些经过严格挑选和训练的“趆张”、“引强”之士。接战时，“万弩齐发”，为后续部队创造冲击的有利条件。两翼各有170尊武士俑，其中除东端35尊袍俑外，全是甲俑，其作用是防止敌人截击。后卫204尊俑全是著铠甲的重装步兵，警戒敌人的包抄。两翼和后卫，加上前击的锋部，计有760尊武士俑，都使用强弓劲弩，从而构成一个闭合圈式的防御体系。阵本部以步兵为主，同战车相间，呈36路纵队，估计有战车60余乘，战士俑群5400尊左右。俑对俑、车对车，对称排列，整整齐齐，浩浩荡荡，是对敌的攻击力量。整个军阵组织严密，势若磐石，拔地攻城，挫坚摧锐，若振槁然，显示了秦军攻无不克、战无不胜的风貌。

虚拟营垒的二号坑，编制上所表现出的严密性有两方面。一方面在整体上，“校

场”的射兵在前，其他三个小营并列于后（即车、步、骑混编营居中，骑、车二营分在两侧），从而显示出先与后、主与次、表与里、启与续的关系；另一方面是各营内部安排得合理、完整，形同一体。而这，当是秦人军事部署缜密严实的反映。我们知道：秦军是一支攻击型的劲旅，其行军、布阵、接战，以至于驻营，都是把远射程的弓弩放在最前面，以长兵器作为战斗的接应。“强弩在前，錟戈在后”（《史记·苏秦列传》）是秦军兵器配备的基本形态。弩发于肩膺，取人于百步之外，特别是千弩俱发，敌人应弦而倒，重创彼方之有生力量，败乱其阵角，是当时战场上威力无比的远射程杀伤武器。军事指挥家异常重视弩的布设和使用，军事著作也载之于册。在这里，秦俑阵营中把射兵置于前锋和翼的阵表部位，或是放之于战车之上，都同兵书所记相合。射兵多为轻装步兵，战车和乘骑不只装备讲究，而且攻击力也堪称一流，是阵战中的重点。秦俑二号坑的射兵在前，单独编列，虽则显示的是“习射”的一刹那场景。但别具匠心的这一安排，就透漏出秦军列队的主导思想。显然，这既利于布阵时调用搭配，以便协同作战，又能够根据地形和军情单独伺机出动。应该说，一号坑的临战队形就是二号坑射营作用的注脚。《孙膑兵法·八阵》说“车骑与战者，分以为三，一在于后，一在于左，一在于右。易则多其车，险则多其骑，厄则多其弩”，就具体而灵活地说明了三者的关系和随机应变之策。

（三）战斗力的集中表现

秦军在立国和一统天下的历次战争中，勇往直前，逐北取胜的史实，有典可征，无赘述的必要。这里从考古发现的秦兵马俑群出发，看它为研究秦军事史提供了什么样的例证。

首先，秦军阵营是个多兵种构成的综合型军事编列体系，其气势博大，部署严整，集结力强，因而滴水不入，坚如磐石不可稍拔，巍如泰山不可微撼。按说，秦正处于步兵时代的盛期，步兵单独编列的队形应该是有的。“奇”与“正”的不同组合，本质的反映就是战斗队形的多种变换[17]。战场情况的复杂性，只能概括为一个“变”字，因此队形需随战情之变而变。“奇正相生，如循环之无端，孰能穷之?”（《孙子兵法·势篇》）。公元前 541 年，魏舒“毁车以为行”后，其步兵队是“五阵以相离，两于前，伍于后，专为右角，参为左角，偏为前拒”（《左传》昭公元年），显然是战车行军队形的延续。这是个独立的机动灵活、攻击能力很强的步兵方阵。尽管步兵的战斗队形、防守队形、行军队形有很多种，但我们看到秦俑矩阵是多兵种的编制。二号坑虽有独立的步兵编组，但那只是机动兵力而并非阵形。弩兵、步兵、车骑多兵种的协同或因地势的险易而使用不同兵种，是作战实践经验的科学总结。

其次，兵器配备合理，既充分发挥了各类兵器的战斗效能，又可从总体上构成强大的杀伤力。秦俑坑出土的兵器和种类齐全，已包括了当时战场上普遍使用着的冷兵器，如远射程兵器的弓、弩，长兵器的戈、矛、戟、铍，短兵器的剑等。一号坑把弩置于矩阵之表，正是兵书上“强弩在前”、“材士强弩，翼我左右”的配置。而在阵本中步兵俑所持的兵器则以长兵器为主，并且杂以短兵器，也是兵书上强调的配备原则。杜佑《通典》引孙子语：“强弱长短杂用。”《司马法》说“兵唯杂”，“兵不杂则不利。长兵以卫，短兵以守”（《天子之义》），“弓矢御，殳矛守，戈戟助。凡此五兵五当，长以卫短，短以救长。迭战则久，皆战则强”（《空爵》）。这是因为长兵虽能远距离杀伤敌人，但在近距离就容易形成“击刺死角”。短兵能够补救了这一缺点，但自己又极易遭到长兵的攻击。因为两者只有相互补充和掩护，才能在阵战中取得极佳的战术效果。汉代晁错针对匈奴寇边，上书谈兵事时也说：“临阵合刃之急者三：一曰得地形，二曰卒服习，三曰器用利。兵法曰：丈五之沟，渐车之水，山林积石，经川丘阜，草木所在，此步兵之地，车骑二不当一。土山丘陵，曼衍相属，平原广野，此车骑之地，步兵十不当一。平陵相远，川谷相间，仰高临下，此弓弩之地也，短兵百不当一。两阵相近，平地浅草，可前可后，此长戟之地也，剑楯三不当一。萑苇竹萧，草木蒙茏，枝叶茂接，此矛鋋之地也，长戟二不当一。曲道相伏，险阨相薄，此剑楯之地也，弓弩三不当一……”（《汉书·晁错传》）。地形不一，远近不等，使用不同兵器作战，是临阵合刃对配备兵器的原则。

再次，战服装备简练，利于战斗动作的有效发挥，又有利于战士精神的培养。秦俑坑的步兵俑一律没有戴头盔，这并不等于秦军没有此防护设施，在始皇陵的甲库从葬坑里就有石质“兜鍪”的出土。公元前627年，秦穆公遣师袭郑，路过周王城的北门，不卷甲束兵，而“左右免胄而下，超乘者三百乘”（《左传》僖公三十三年，《史记·秦本纪》）。“胄”，即头盔。秦俑车士戴软“帻”，重装步兵比较集中编制的那一部分也戴此式，骑兵则戴“弁”。严格地讲，这些不能算是护头的设施，因其主要作用是韬敛头发，避免长发扑面，并不能抵御矢雨和砍劈。更多的武士俑只是把头发挽髻上顶，就很能说明这个问题。再则，护体的军服也较为简单，铠甲贴体而短，下体只有膝缚、胫衣，或缠扎行縢、蹬履屦。可见束挽长发、斜幅缠腿、穿着简便，都是为了减轻行装以无重负之累、更便于疾走。秦之军服（特指作战之服）比不上魏氏武卒的“三属之甲”，同古希腊、罗马重装步兵的防护服装比更是悬殊！然而秦军同六国军队的较量，终究是胜利了。其所凭恃的只有一条，就是：勇敢。韩非说秦人“闻战，顿足徒裼，犯白刃，蹈炉炭，断死于前者皆是也”（《韩非子·初见秦》），其动因就在于行赏罚，使“功赏相长”（《荀子·议兵》）。

三　“强中之强”的秦步兵

（一）六国步兵的状况与评价

关东六国，或幅员辽阔，或地理形胜。国力强盛，步兵员额众多。魏国有带甲

30 万（或言 60 万），还有守边疆和辎重部队 10 万人（《战国策・齐策五》、《魏策一》、《魏策三》）。最强的时期，是“武力二十万、苍头二十万、奋戟二十万、厮徒十万”（《魏策一》），共约 70 万众。赵国有带甲数十万（《赵策二》）。韩国包括厮徒在内，有兵卒近 30 万（《韩策一》）。齐国有带甲数十万（《齐策一》）。楚国有持戟百万（《楚策一》、《秦策三》）。燕国也有带甲数十万（《燕策一》）。这些国家的步兵，不但人数多，而且装备精良。

因为各国普遍地实行了郡县征兵制，从而保证了封建国家有着丰富的兵源。据苏秦说，齐临淄有 7 万户，每户按 3 个丁男算，一旦遇到军役，不用征发远县的兵，仅都城就有兵卒 21 万（《齐策一》）。宜阳是韩国的大县，“城方百里”，也有“材士十万”（《东周策》）。服役年龄的扩大，也是充实兵额的办法之一。战国时代男子起役的年龄是 15 岁，至 60 岁才免[18]。长平之役，秦“发年十五以上，悉诣长平”（《史记・白起王翦列传》）。这时，除去以郡县为单位的征兵制之外，各国还建立了经过严格考选而设的常备兵，如齐国的“五都之兵”、魏国的“武卒”。总之，春秋战国之间，农民阶级形成，被编入国家户籍之内的广大农民日益成为军队的主要成分，就使兵额骤增成为可能。

春秋战国时期，随着战争规模扩大，每次投入战争的军队总在数多在 10 万人以上。公元前 293 年，秦将白起在打败韩、魏联军的“伊阙之战”中，就斩首 24 万（《史记・秦本纪》）。公元前 251 年，燕攻赵，起兵多至 60 万（《燕策三》）。公元前 224 年，王翦“空秦国甲士”，率 60 万人取得灭楚之役的胜利。军队备受各国的重视，六国之师的训练不谓不正规，组织不谓不严密，装备不谓不精良，给养也不谓不充分，然而，在同秦军对战中，却免不了最后失败的下场。这是为什么？且看一些历史的评论家是怎么说的：

荀况说齐国“技击”之军是“亡国之兵”：“事小敌毳（即‘脆’），则偷可用矣。事钜敌坚，则涣然离若飞鸟然。倾则反覆无日，是亡国之兵也，兵莫弱是也。”（《荀子・议兵》）

军事家孙膑说：“彼三晋之兵素悍勇而轻齐，齐号为怯。”（《史记・孙子吴起列传》）

班固认为魏氏武卒是“危国之兵”：“中试则复其户，利其田宅。如此，则地虽广，其税必寡，其气力数年而衰，是危国之兵也。”（《汉书・刑法志》）

韩非评六国士气时说：“会天下府库不盈，囷仓空虚，悉其士民，张军数十百万。其顿首戴羽为将军，断死于前，不至千人，皆以言死。白刃在前，斧质在后，而却走不能死也。”各国投入战争的人数达“数十百万”，竭其全力，保障军队的供应。军法固然也严厉，但并不能唤起士兵的拼死精神。他认为原因“非其士民不能死，上不能故也。言贵则不与，言罚则不行。赏罚不信，故士民不死也”（《韩非子・初见秦》）。荀子根据“得一首赐赎锱金”，指出根本原因在于“无本赏”。杨倞注说“其技击之术，斩得一首则官赐金赎之。斩首，虽战败亦赏；不斩首，虽战胜亦不赏，是无本赏也”（《荀子简注》）。

六国“无本赏”，同秦的“上首功”不同，其影响也就大相径庭了。

（二）秦军取胜的因素

秦俑坑的步兵俑，无论是重装的甲俑，或是轻装的袍俑，都是同战车、骑兵按照特有的队列要求而编组，形成一个作战的整体。这实际反映了这么一个事实，即：秦的步兵在统一战争中，并没有也不可能完全取代其他兵种。多兵种协同作战，才取得了辉煌的战绩。

秦军取胜的原因，大致是：

政治上，在商鞅变法之后，实行较为彻底的封建改革，推行耕战政策，使国家富强，从而奠定了军事赖以支撑的经济基础；

外交上，随着形势的变化，从“远交近攻”到“合纵连横”兼施，配合军事进攻，使领土不断扩大，削弱六国抗衡的力量，从而把秦国推上完成统一的历史地位。

军事上的原因由于是直接的，又是非常现实的，对于取胜的关系极大，它应该包括了如下的一些因素：

第一，兵的成分为封建制下的农民，是各郡县征发来服兵役的，区别于过去享有当兵特权的奴隶主贵族，既不是“私属”，也不是“国人”，而是具有人身自由的农民。因此，富有活力，也具备了作战的自觉性。秦俑将卒都是些青壮年男子的形象，其体格健壮，神采飞扬，大概是社会地位的艺术反映。

第二，秦人本有尚武的风气，商鞅变法以来又形成了民“勇于公战，怯于私斗”的社会风尚。其所推行二十等军功爵制“上首功”，对于激励士气、提高战斗力具有极大的作用。按照秦法规定：斩首多，为上功，并因此而享受特权。凡战场上斩获一甲首者，就赐爵一级，赏田一顷、住宅九亩，并给服役的“庶子”一人（《韩非子·定法》）。功赏相长，得“五甲首而隶五家”（《汉书·刑法志》引荀子语）。赐爵得官，也是以其率领部队斩获敌国甲士的多寡而定论。如得一甲首者，给“五十石之官”（《韩非子·定法》）；获五甲首者，就可以隶属“五家”，得五级爵——大夫。大夫晋爵，可以转任县尉，得到6个奴隶的赏赐（《商君书·境内》）。爵位高的，还可以得到300家以上的“税邑”。但无功的宗族，是不能列入公族簿籍的（《史记·商君列传》）。因为爵位等级的关系，因而在占有田宅、臣妾及服饰上都有着严格的限定。秦将卒俑可分为戴冠与不戴冠的两种（除弁、帻），这实际上是爵位有无的一种反映。戴冠者，都属于军吏俑，其中戴切云之冠及戴长冠者，显然有军阶高下的区别。不戴冠的俑，则属于士兵无疑。

第三，军纪严明、军法苛繁，令行禁止。对于违犯军纪的惩罚，在云梦睡虎地的秦律简文中有着很详细的规定，如擅离职守、谎报军情、临阵脱逃、动摇军心、被俘逃归、贪污军饷、私售军粮等，都要按军法给以惩戒、判罪，以至于处斩。军中同样实行连坐法，如“战死事不出（屈），论其后。有（又）后察不死，夺后爵，除伍人。不死者归，以为隶臣”（《睡虎地秦墓竹简·秦律杂抄》）。对死于战争的人，授爵于其子。如后来发现未死而又回来，不但要夺其子之爵位，本人也要罚做奴隶，还要惩治同伍的人。贻误军机，自然是“失期，法：皆斩”《史记·陈涉世家》）。因为动摇军心是帮助敌人，所以先示众后处斩：“誉敌以恐众心者……（戮）之已乃斩之”（《法律答问》）。秦俑队列整齐，个个表情严肃。同兵种、执同类兵器的俑，其动作、表情也是相同的。足见军令不二，军法如山。

第四，训练有素，冒死争胜。参军要审查、兵种要挑选、入伍要训练。这是程序。王翦面对楚军的挑战不动心，令士卒“拔石超距”的故事，人们是熟知的。秦俑二号坑东端的教射场中的射姿，有立有坐，将佐视事，就是一幕活生生的“习战图”。

第五，统帅和指挥秦军的，先后是一批优秀的将领，如白起、张唐、王翦、王贲、蒙骜、蒙武、蒙恬等人。他们攻城略地、杀将灭国，指挥若定，个个战功赫赫。

当然，在奖励军功的同时，又严刑峻法，使战士不敢触犯军纪，人人乐战。再加上严格的军事训练和统帅指挥有方，具有新的军风纪的秦军就成了一支劲旅，面对六国的强将悍兵无所畏忌。正如荀卿说的：“秦人其生民狭陋，其使民也酷烈，劫之以势，隐之以厄，忸之以庆赏，鳅之以刑罚，使天下之民所以要利于上者，非斗无由也。……故四世有胜，非幸也，数也。故齐之技击，不可以遇魏氏之武卒，魏氏之武卒，不可以遇秦之锐士……有遇之者，若以（指）焦熬，（以卵）投石焉。”（《荀子·议兵》）秦始皇就是凭借了这些以“锐士”为主干的强劲之师，通过十年统一战争而次第消灭了六国，建立起中华帝国的。

注 释

[1]《马克思恩格斯全集》第 14 卷。

[2]《六韬·犬韬·战步》：“步兵与车骑战奈何?”

[3]《禹鼎》：“戎车百乘，斯驭百，徒千。”

[4]《左传》宣公十二年：“车驰卒奔。”

[5]《左传》昭公二十年：“以徒兵以攻之。”

[6]《春秋经传集解》成公元年孔颖达疏引《司马法》：“甸六十四井，出长毂一乘，马四匹，牛十二头，甲士三人，步卒七十二人。戈盾具，谓之乘马。”

[7]《左传》襄公十一年：“冉有以武城人三百，为己徒卒。”

[8] 蓝永蔚：《春秋时期的步兵》第二章《春秋时期步兵的组成·步兵词义略考》，中华书局，1979 年。

［9］著“胫衣”的秦俑除袍俑外还有著甲的射俑、车兵俑（御手、车左、车右）和待卫甲俑。参见王学理：《秦俑军服考》，《陕西省考古学会第一届年会论文集》，1983年10月。

［10］陕西省考古研究所：《秦始皇陵兵马俑坑一号坑发掘报告》（1974—1984），文物出版社，1988年。

［11］同［1］。

［12］卢林转引自《战争史和军事学术史》，战士出版社，1980年。

［13］江永：《周礼疑义举要·地官下》：“在军则以五伍共卫一车，因谓二十五人为‘两’。”

［14］杜预：《春秋经传集解》卷十一：“以二十五人为乘副。”

［15］《左传》隐公元年（公元前722年）记载，郑国在发生的一次内争中，郑庄公“命子封帅车二百乘以伐京”。杜预注：“古者兵车一乘，甲士三人，步卒七十二人。”实际上，公元前707年发生周、郑“繻葛之战”，郑国子元采取“鱼丽之阵”，把原来战车同步卒的排列方式改变成“先偏后伍，伍承弥缝”的样子，使战车同步卒相互掩护，终于打败了骄横的周桓王的战车部队，取得了辉煌的胜利。西周以来攻车二十五人制也就逐渐被淘汰了。

［16］转引自郭化若译：《十一家注孙子》，中华出局，1962年。

［17］“奇”和“正”是将一切战争现象分解成两个对立统一的因素。其含义较为广泛，如在军队部署上：担任警戒的部队为正，集中机动的为奇；担任钳制任务的部队为正，担任突袭的为奇。如进攻：前进为正，佯退为奇；正面进攻为正，迂回侧击为奇；明攻为正，暗袭为奇；平均兵力为正，集中兵力为奇；整个进攻正面为正，主要攻击方面为奇。按一般作战原则为正，根据具体情况采取特殊的原则作战为奇。如防御：正面固守为正，机动增援为奇等等。

［18］《后汉书·班超传》载班昭上书：“窃闻古者十五受兵，六十还之。”《周礼·地官乡大夫》：“国中自七尺以及六十，野自六尺以及六十有五，皆征之。”孙贻让：“《周礼正义》说：七尺是二十岁，六尺是十五岁。”《战国策·楚策二》说“五尺之（至）六十”，五尺当是十四五岁的童子。班昭所言的“古者”和《周礼》所指，无疑是战国时代的兵役制度。

柒 无可奈何花落去 似曾相识燕归来

——秦俑战车所见车战方式的转变

当“驷介旁旁”（《诗·清人》）以“兵车趣攻战疾”（《史记·夏侯婴列传》）的方式取得战斗胜利的那个年代，人们往往把它与当时的奴隶制联系一起。而那种动辄千百乘、大排面密集的车阵战，在中华大地上叱咤风云地过了十多个世纪之后，终于因步兵的出现和骑兵跻身于战场并日益显示出优越性的时候，就相形见绌地退出了历史舞台。

车战方式到了战国时代，无可挽回地被以步、骑为主力的野战所代替。那作为车兵所凭藉的运载工具——战车——是否就此销声匿迹而于战场上弃置不用了呢？我们还不能简单地用肯定或否定的语言断然地给予回答。因为人们看到秦俑坑里不但有大量的战车存在，而且车兵作为一个兵种还依然被保留着。即使在以后漫长的历史岁月里，以战车乘敌破阵、建立奇勋的例子还是史不绝书的。至于用于军事上的车子，可说是多种多样。这些乍看起来确有点奇异的现象，真的需要我们给予合理的解释。为此，就不能不研讨这么一些问题：

是何种社会动因促使车战方式变化的？

处于作战方式变化中的战车自身又是如何变化的？

适应战争需要的战车，在新的战争中又起了什么样的作用？

一 秦俑战车属性的考订

秦俑四坑，除去未置任何文物的第四号坑外，其余都有战车的出土。根据探测和出土情况，估计作为矩阵的一号坑里有战车 60 乘左右，二号坑有 89 乘，三号坑里只有 1 乘，共计约 150 多乘。这些车都是木质战车，车形的特点是单辕、双轮、横长舆（图Ⅰ-7：1）。朱骏声说：“大车左右两木直而平者谓之‘辕’，小车居中一木曲而上者谓之‘辀’，故亦曰轩辕，谓其穹隆而高也。”（《说文通训定声》）秦俑坑战车的辕压于舆底，平而且直，前段曲而上扬，确实是“居中一木曲而上”的形态。其辕端有缚着两轭的衡，辀同衡呈十字相交，整形犹如昂首的龙，符合“龙首衔轭”之说（《后汉书·舆服志》）。姑不论朱按车大小命名之说是否妥当，单以辕形而论，秦俑车之辕原名为“辀”或“轩辕”却是无疑的称呼。舆呈横向的长方形，前有轼，

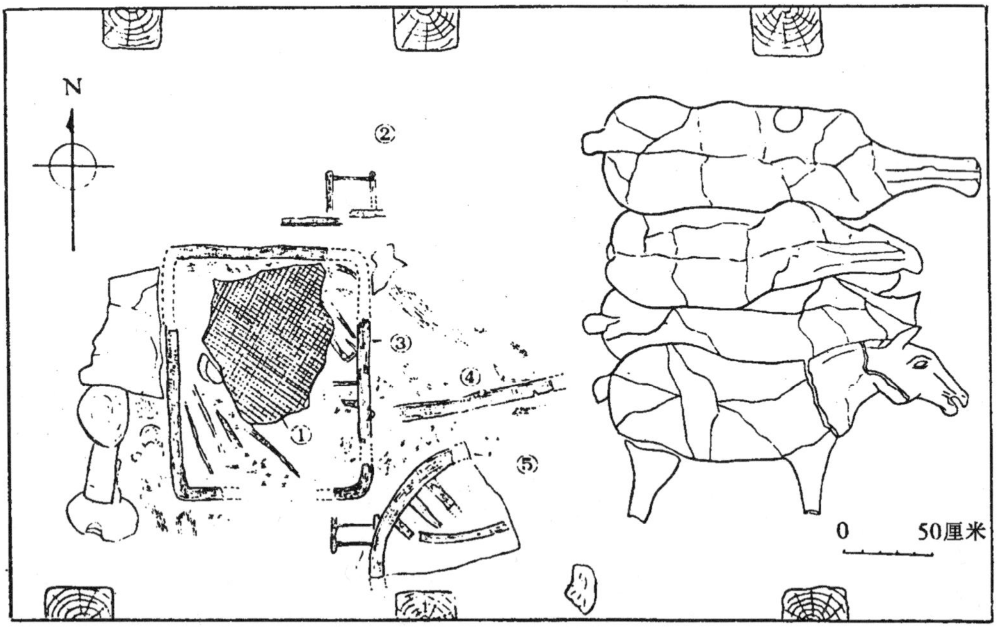

①漆皮花纹　②轫　③轸　④辀　⑤轮牙

图Ⅰ-7：1　秦俑战车遗迹图

（一号坑 T19G10：6）

图Ⅰ-7：2　秦俑二号坑 T2 战车上的花纹

两侧立棂格形的輢，三面相连，后留车门。通体髹褐色漆，有些经彩绘并朱书“寺工”二字（图Ⅰ-7：2）。

由于各坑性质不同，经过战车排比，我发现它们有着大小的区别。今选典型列表如表一：

表一　秦俑坑战车基本数据比较表

坑号		车号	出土位置	舆：舆广	舆：进深	舆：高	轴长	轮径	长	备注
一号坑（矩阵）		Ⅰ	T1·G2	143	108	+15			+206	“+”残迹存留尺码 车号为发掘报告编号
一号坑（矩阵）		Ⅱ	T1·G3	140	110	+18			+117	
一号坑（矩阵）		Ⅳ	T10·G7	+134	110	+15			+350	
一号坑（矩阵）		Ⅵ	T19·G10	145	110				+92	
一号坑（矩阵）		Ⅶ	T2·G2	137	110		250	134	+243	
一号坑（矩阵）		Ⅷ	T20·G1	140	110	+17			350	
二号坑	车营	Ⅵ	T1·G1	130	120			180	+360	
二号坑	车营	Ⅰ	T2·G2		120		250		+240	
二号坑	车营	Ⅰ	T2·G3		120				370	
二号坑	车营	Ⅶ	T11·G7	110	100				396	
二号坑	车步营	Ⅵ	T15·G10	120	100		+38		+300	
二号坑	车步营	Ⅵ	T9·G11	150	120					
二号坑	骑营	Ⅰ	T14·G12	100	90					
三号坑		Ⅰ	前厅	+100	108					

因为秦俑坑是模拟秦的军事生活，人们都习惯地统称这些车乘为“战车”，无疑是对的。其实，从上表中再结合其战术性能、乘员和随员的战斗位置及其配置设施，就不难发现它们是四种两类军车的组合体。

（一）军吏的指挥车

秦俑一号坑矩阵阵体中军吏所乘的“驷车”均属此类。根据是：

第一，车上乘员三人，包括指挥官的军吏俑（将或佐）、御士和车右（即“戎右”），符合作战时指挥车的乘法[1]。三俑在车后一字排列（实战中应是站在车上）[2]，其中车右位置固定，只有军吏和御手二者的位置常常调换。军吏俑或在中、或在左的这种易位现象说明，御者位置视指挥需要而确定，而“将中、御左、戎右”的排法只能是一般的通例。（图Ⅰ-7：3）

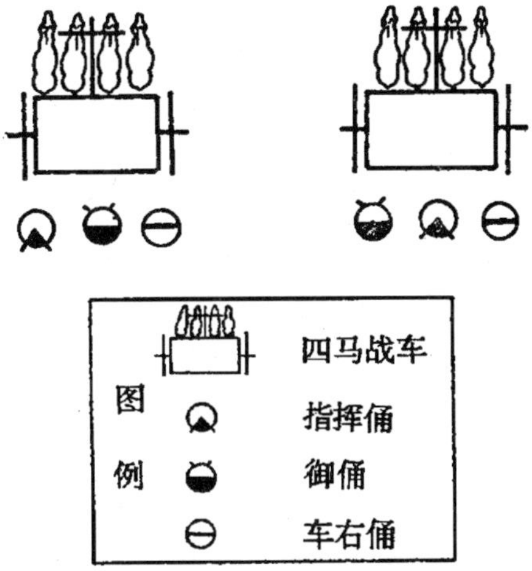

图Ⅰ-7：3　矩阵中指挥车上乘员位置两种

第二，车上配备有金鼓一类指挥物，同整个军阵发生联系，从而形成一套完备的指挥系统。一号坑经过前后两次发掘，在东端共出土战车 16 乘，车上有铜铎者 6 车，革鼓遗迹 5 处，其情况如表二：

表二　秦俑一号坑前十探方出土战车及金、鼓遗迹表

出土位置		战车号	铜　铎	革鼓遗迹	备　　注
过洞	探方				
G2	T2	Ⅱ		有	
G5	T10	Ⅰ	有	有	
G5	T11	Ⅱ	有	有	
G5	T12	Ⅳ	有	有	
G7	T12	Ⅳ	有	有	
G9	T19	Ⅰ	有		
G10	T21	Ⅲ	有		

金、鼓、旗在古代战争中属于实施有效指挥的信号系统。因为官兵通过听觉和视觉而达到行动一致，所以《管子》称其为“三官”[3]。旗在战斗中起指挥方向的作用，各级指挥官均有特定的“应旗”，为旗官或旗手所执。而鼓和金都是配套地掌握在各军吏之手，以定进止。那么，秦俑矩阵中战车是以第六过洞为中轴线作两侧对称排列的，而出土的铜铎和革鼓的情况也有多种情况，如：有二者齐全的，也有二者缺一的，甚或在对称位置上的战车也存在或缺或无的。对此，我们都应视无为有。那么，可见配备金鼓的战车就达到 12 乘之多，占出土车的比例 75%。当然，它的覆盖面却是百分之百。这不是一套完整的指挥车乘又是什么？

第三，车舆面积是秦俑诸车中最大的一种，足以满足三个乘员并列活动的需要。舆作横向的长方形，广与深之比约在 1.25∶1～1.32∶1 之间，而以 1.27∶1 为常数。此种车的比例大于其他车，而且车厢的进深多为 110 厘米，车广也多在 140 厘米以上。车舆距地面的理论高度，应该是轮径之半加上伏兔和轸木的厚度。由测得轮径约为 134～136 厘米知，则舆高约 75 厘米左右。尽管这一高度同过去相比，变化不算大，但车舆却顺从了殷周、春秋到战国以来加大的趋势[4]。说明这种秦车的稳定性能比以前优越，完全能够满足多兵种快速运动的需要。军吏、御者和戎右共车，其体宽之和也小于车厢的宽度[5]，从而给击鼓和发弩留下了回旋的余地。

第四，相近的随车步卒，受区域旗帜与金鼓的节制，构成为一个作战部队的基本单元。在秦俑矩阵中，既有单车同随员编组的，也有双车相连而各自随员的。但是，这些随车的甲卒人数并不相等（对应战车的车后陶俑数却相同），再加之车上备有的金鼓和区域旗帜遭到盗扰而有缺，就容易给人留下无章可寻的印象。实际上，大部队中作为一个基层单位，他们接受同一命令而进止、立坐、趋就的行动，无疑还是一致的。

第五，在秦俑二号坑的车步小营里，有一位握长剑的将军俑，其所乘的车（G11·车Ⅵ）宽150厘米，进深120厘米，是秦俑坑诸车中最大者，只有一号坑的战车才与之相当。因此，从此将俑及其位置看，它是一级指挥车，无疑可作为确定一号坑里具有金鼓之车性质的佐证。

各级军吏乘坐的指挥车，在文献记载中不见有确定的统称。不过，当我们在考定其名称和作用时，也许能从古人对战车的分类中得到一些启示。《周礼》把兵车分成戎路、广车、阙车、革车和轻车五种（《春官·车仆》）。据郑玄说，戎路是“王在军中所乘也”，实际上就是军队主帅的指挥车。只不过是在西周、春秋时期国君多自为将，所以“戎路”就成了国君车的专有称呼罢了。同样的道理，也有称“公路”的（《诗·魏风·汾沮洳》）。还因为在这种战车后插有旄牛尾作为标帜，所以通称作“旄车”（写作“牦车”更符合本意）。

在这里，我们还应清楚地认识到：这些名称各异的所谓“指挥车”，并没有湮没它们的战斗作用。站在车上的“戎右”不仅要压车以防倾侧，遇阻滞时要推挽，保卫“首长”的安全，还得手执长兵器同敌人周旋。随车的步卒不但是卫队也是战斗队。秦俑矩阵中的主、倅两车，无论左右或前后，不论金鼓的有无，在其结构和性能上并无不同。这说明：作为指挥车，同时也是一乘战车。而整个阵营中的所有车乘，则是按照级别，无论是单车还是双车，都得编成战斗单元，依次传达命令，各自发挥着双重的职能作用。所以，我们也就很难找到这些指挥车的专名，并“对号入座”了。

秦俑三号坑前厅停放着一辆彩绘的驷马木车，“进深约为108厘米，广在一米以上”，车上左侧有彩绘的革鼓1面[6]，车后有穿战袍擐铠甲的陶俑4尊。俑有佐、御、车右外，还有一铠甲俑紧贴车后，“双臂自肘部前曲，双手半拳，拳心向上”，似执桴击鼓的姿态。此式俑在一号坑里也有类似的出土，是否为“鼓手”？不过，在古代“中将最尊，自执旗鼓”（《后汉书·岑彭传》注）。那么，三号坑里未出土指挥官，从象征意义考虑，有无以鼓代将的可能？

（二）一种攻击型的战车——轻车

在秦俑二号坑的二线驻营中，有一车兵小营，其行列的车数皆是8，方方正正，共计64乘。这些车后无一步兵，车上只有甲士3人，中为御，两侧分别是戴帻的“车左”和“车右”。最有意思的是两车士靠车的一侧，手做按舆的姿势，头偏向外，而外侧的手又拄长兵器。车舆宽110～130厘米，进深多在120厘米。这种近乎方形的车，比指挥车的宽度缩小了，进深却增大了，二者之比在1.1∶1～1.08∶1之间。显然是一种具有特种用途的战车。

战车上甲士的分工和武器配置，在车战时代是“左持弓，右持矛，中人御”

(《诗·鲁颂·閟宫》郑笺注)。而秦俑二号坑车营的车兵，除御外，其他两名车士不但手持长兵，车上还装载着远射程兵器。可以想见：这种轻捷利速的驷马战车，在驭术娴熟的御士驾驭下，一定具有很高的速度和冲击力。用强弩射杀敌人，打乱其兵力部署，再进而逼近以长刃兵器对付散敌。这种“车”同“兵”结成的依赖关系，足以说明：此类车既非殷周时期的旧制，这种兵也不是当年甲士的孑遗。它，就是春秋晚期出现并很快发展成一个有相对独立性的兵种——轻车兵。

用做攻击的战车，非“轻车”莫属，也当是时代留下的印记。“轻车”一词，在古代文献中是出现频率最多的一个[7]。一个国家拥有其数量的多寡，被视作其军事实力的标志。秦、楚两国都是号称“车千乘，骑万匹”的国家，这里的“乘”指的就是以轻车为计数单位的。顾名思义，“轻车”的“轻”也该是其特点的概括。无疑是它包括了两重含义，一是结构精巧，二是自重较小。最后体现的就是效果。据《考工记》载，兵车是轮径大，车舆作横长形[8]，敞篷，驾四马，乘三人。司马彪《续汉书·舆服志》说：“轻车，古之战车也，不巾不盖。”对照秦俑车营的车，其形制和规格都是符合这些条件的。而且它轮径大于殷周以来的尺码，再加之本身体轻的诸因素，在单位时间里从犯敌挑战的“致师”，往来驰骤的决战，到风驰电掣般的追击，其速度显然优越于笨重的小轮车。战车在多兵种中显示的冲击力和机动力之大，对照轻车是“驰敌致师之车”(《周礼》郑玄注)的定义是多么的确切！

(三) 同步、骑步混编的重型机动战车——“阙车”

在二号坑的二线营地，有战车同步兵合编者。其车体较一号坑矩阵之车略小，除 T9G6 的第六号车系指挥车外，其余车的广深之比约为 1.2∶1，略呈长方形。看来，这些车虽有组织，却不是战斗的编制。当然，无论从总体或者到局部，还不能构成一个作战的单元。原因是：第一，在此营 19 乘战车中，随车步兵最多的一乘(G11·车Ⅳ)是 36 名，后三车(G9·车Ⅵ、G10·车Ⅶ、G11·车Ⅵ)各随 32 名，另有一车(G11·车Ⅳ)随 28 名。其余 14 辆车各随 8 名，竟占了 74%。如此参差不齐的步兵数额，多数又是如此单薄，不但没有形成以步兵为主的车步协同，反倒成了以车为主的情况。这显然是不符合历史和当时战场实际。第二，由于车兵多、步兵少，骑兵更少(只有 8 骑)，彼此力量极不协调，显然也是难有胜算的。

古代战争是面对面的格斗，流血和死亡的残酷程度虽比不上现代战争，但从“首身离兮”，尸横遍野中可以想见其一斑。在多兵种参与、战程长的情况下，为避免一次性“消耗”，处于车战时代的军事家就注意到留有预备队作为机动兵力的战术问题，随后又把这上升到理论的高度。

机动兵力的用途不外乎有两种：一是视战场上千变万化的力量对抗情况，需要加强对敌的攻击力，或是加强己方的薄弱环节；二是对人马、车骑的减员、损坏及时地给予补充。在这里，我们先撇开兵力部署上的战术理论[9]。单以不同兵种为例，从太公的一句话里就可以看到他巧妙的安排："伏我材士强弩，武车骁骑，为之左右，常去前后三里。敌人逐我，发我车骑，冲其左右。"(《六韬·豹韬·敌武》)这里的"材士强弩、武车骁骑"作为埋伏，显然不是对阵的正兵，而是一支随机调动的奇兵，是战争指挥者保持主动、应付意外、争取胜利的有生力量。

现在，再来看二号坑车步骑营地的安排。可以说，它给我们揭示了具有秦军特色的机动兵力——预备队——的生动实例。这表现在以下几点：

1. 具有强力武器和人员配备：战车和士兵都握有长、短和远程三种兵器。长矛作为刺兵无疑是很具威力的，其分布密度也大于一号坑。而奇异的是在第十过洞的第Ⅰ、Ⅵ号战车上都出土了国内外罕见的巨型三棱铜镞。它全长 41 厘米，重达 100 克，其中首长 3.4 厘米者，竟占全镞的一半！如果恢复这种箭的原貌，全长约在 150 厘米以上。像如此硕大无朋的箭，有似一柄投掷的矛。如果没有执强弩的"材官蹶张之士"，是绝对不可能凭臂张射出的。在这里，"车弩"和"步弩"相杂，"武车之士"同长矛手的配合，以重型武器装备，显然又是一支秦军的新兵种。

2. 具有一定军权的独立指挥：第十过洞的第Ⅵ号车上具有强力的重弩、长矛，还有一柄象征权力的铜钺。第十一过洞的第Ⅵ号车则是杖剑的老年将军俑，处于此小营的后左部，正是指挥位置的所在。这些显然是机动兵作为一支独立部队的最好说明。

3. 随车步兵，都是些经过严格挑选的武士：此小营的车后俑数都远远少于一号坑战车的随员，而且人数又多寡不一。结合文献记载，这些人应当是经过严格挑选的猛力过人、捷足绝远的"锐士"。超绝的个人技艺，只有跟着阙车，才更能适应随机应变、负重致远的需要。

4. 骑兵殿后，正是对车兵和步兵性能的调剂：战车的冲击力和机动力固然强大，但欠缺灵活性。而步兵，则与之相反。骑兵兼有二者之长，性能又介于二者之间。虽然在二号坑的车步小营里只有 8 骑殿后，带有一定的象征意义，但毕竟反映了它是一支快速驰援的"游骑"[10]。那么，三兵种同营，也正是为了配合行动的一种良好安排。

处于预备队中的战车轻小、速度快。从作用来讲，属于机动型战车。正因为它在战斗队形中列编，带有游击性和补充作用，就被视之为"游阙"。例如公元前 597 年的晋、楚邲之战中，楚将潘党"率游阙四十乘"去补充唐侯的"左拒"(左翼方阵)，才使得"楚师方壮"，晋军不得不"收而去之"(《左传》宣公十二年)。马端临《文献通考·兵考一》："游阙，盖游兵往来游补阙者。观兵陈何处为薄，则从而补之。所谓奇军以防败失，由正军中逐旋分出，不系步伍之数也。"阙车又名"游车"，其性质正如清人刘文淇说的："盖游车犹今游击之师，临阵有调发，以济正军之不足，故名游阙也。"(《左传旧注疏证》)。秦俑二号坑车、步、骑同营，既是一支机动的预备兵力，可作整体活动，当然对每一兵种而言都具有"补阙"的性质。

（四）同骑兵配合的一种新型高速战车——“骑车”

在二号坑的骑兵小营里，前有 6 乘车，分别列在左侧 3 个过洞里。营中 6 车，从形制到布置完全相同，并具有三大特点：

首先，车体更趋轻小：舆宽 100 厘米，进深 90 厘米，是“不巾不盖”的敞篷车，属秦俑坑诸车中最小的一种。

其次，车无指挥者与指挥物：乘员仅有御士和车右共 2 人，也不见金鼓。

再次，排列上车为前导，骑为扈从：前一行 3 车，后随坐骑 12，次二行车后随 12 列的 8 行计 96 坐骑。

骑兵能“百里为期，千里而赴，出入无间”。其收拢、展开的应变速度是古代诸兵种中无与伦比的，其冲击力和机动力也堪称上乘。被誉之为“离合之兵”（《通典》），是当之无愧的。同骑兵配合的战车，如若不是以速度见长，是断难胜任的，更谈不上什么“指挥乘坐”了。

战国晚期以来，作战力量发生了显著变化。起码是两个兵种以上的配合作战。在这里，车与骑的协同达到了桴鼓相应、形影相随的地步。兵书上往往也是二者连称的，如《孙膑兵法·八阵》有“车骑与战者”的话，《六韬》说“四面见敌，车骑陷之”，“敌人佯走，以车骑反击我后”（《战骑》），“敌之车骑，虽众而至”，“车骑翼我两旁”，“望敌车骑将来”（《战步》）等。所以，参战者不仅有车有骑，而且“车骑”也成了车与骑联合行动的专词。

西汉设有强弩将军、骠骑将军、轻车将军等。元狩四年（公元前 119 年），大将卫青、骠骑将军霍去病“皆领属车骑将万骑、步兵、转者，踵军数十万，而敢力战、深入之士皆属去病”。征匈奴，其中就包括了骑兵、步兵、辎重和敢死队等兵种。卫青面对“兵阵而待”的匈奴军队，“令武刚车自环为营，而纵五千骑往当匈奴”（《汉书·卫青霍去病传》）。武刚车既是作战的轻车[11]，如果没有高速度，是很难同骑兵纵驰于漠北的疆场之上的。那么，车骑相倚的车当是一种便捷的新型战车，必然也能运载其本身和骑兵所需的“军器”以作随时补给。所以，我们姑且称之为“骑车”。数量上以骑为主，安排上以车为前导，也应该是当时历史条件决定的。

秦俑坑战车，我们还只是从其战术性能上给予区别。这里并没有也不可能有现成的车名给以套用。我以为：秦俑坑着重表现的还是指挥车和轻车两类。因为在这里没有见到《周礼》上所谓“对敌自蔽隐”的“革车”、“横阵”的“广车”。孙子说的“驰车”（即“攻车”）和“革车”（又称“守车”）之分，在这里也不那么明显。“驰敌致师”的轻车，其地位固然重要，但“游阙”、“骑车”的战斗作用也并不逊色。即使各级军吏的指挥车，同样也没有减弱它在双车编组或是一个战斗单元中的攻击作用。同样，车形变化不大而具有多种功能，因时、因地、因事而异，正如宋人叶大庆在其《考古质疑》中说的：“古者车兼攻守，合而言之曰革车，分而言之曰轻车、重车”。

二　新车兵种种

车兵作为一支古老的兵种，同其乘坐的那种古老的四马战车一样，从公元前1300年的商代中期开始[12]，曾经在车战的舞台上演出过一幕幕壮烈的历史剧。随着历史的演进、社会经济形态的变革、战争规模的扩大与惨烈的加剧，车兵也一次次地受到冲击，以至于最后彻底地改变了自己原来的命运。这种冲击引起的大变化，主要有两次：

第一次：公元前707年，在周、郑繻葛之战中，郑国子元为“鱼丽之阵”。其法是：“先偏后伍，伍承弥缝”。[13]即把步卒配置在战车的两侧和后方，使车、步协同，发挥各自作用，从而改变了过去那种战车同步卒一线配置的传统队形。这可说是在车战战术上发生的一次革新。随后的战争实践经验，使战争指挥者越来越体会到“卒乘辑睦”（《左传》宣公十二年，晋随武子语）关系的重要。

第二次：公元前541年，晋国魏舒在对狄人作战中“毁车以为行”，干脆把车兵的行军队形改成步兵的战斗队形[14]，这才真正发生了一次步兵对车兵的革命。

春秋晚期，随着轻车的出现并形成一支单独的战车部队，又给多兵种的协同增添了新的生机。秦汉时期，轻车依然处在它光辉灿烂的阶段，谱写出一部别样的“老兵新传”来。在这里，我不拟再作出全面论述，仅就几个交叉点上的问题提出来做些探讨。

（一）车兵的概念

所谓“车兵”，在概念和内容上因时间先后的不同而是有所区别的。当殷周盛行车战的时期，战车是唯一作战的凭借，但兵种单一，据《周礼・地官司徒》郑玄注引《司马法》佚文：“革车一乘，士十人，徒二十人”。这“士十人”的“士”就是“甲士”，其中3人乘车，7人在车下。他们是唯一的战斗员，身份却是贵族。而那20个跟在车后的徒卒呢，只不过是些手执粗劣武器的奴隶而已。因为他们是附属于战车，就被称作“承副”（源于“乘附”）。所以，这时的车兵实际上就是很纯粹的、以战车为主体的“甲士”们。

春秋以来的车兵，实际上是战车上乘员和战斗步兵的结合。《左传》成公元年，服虔引《司马法》另一条佚文是：“长毂一乘……甲士三人，步卒七十二人”。[15]随车者的称谓，不但把“徒卒”改成了“步卒”，而且其作用也发生了变化。他们不再是呐喊助威的从属性的配角，而成了隶属于攻车的战斗步兵了。

随着奴隶制生产关系的解体，军队成分发生了根本的改变，新兴的地主阶级的夺权斗争和封建国家间的战争，促使步兵迅速地成为战斗的主力。这时，车兵只是作为一个兵种而存在着。纯粹的车对车的战斗方式已不复存在，活跃在战场上的是步、骑、车多兵种的群体运动。

秦俑坑的车兵，大概包括了两种：一种是战车和人数不等的随车步兵，如矩阵阵体部分和营壁的车步混编部分；另一种是纯粹的战车兵，如营壁中的轻车兵和特种车兵的“骑车”（图Ⅰ-7：4）。

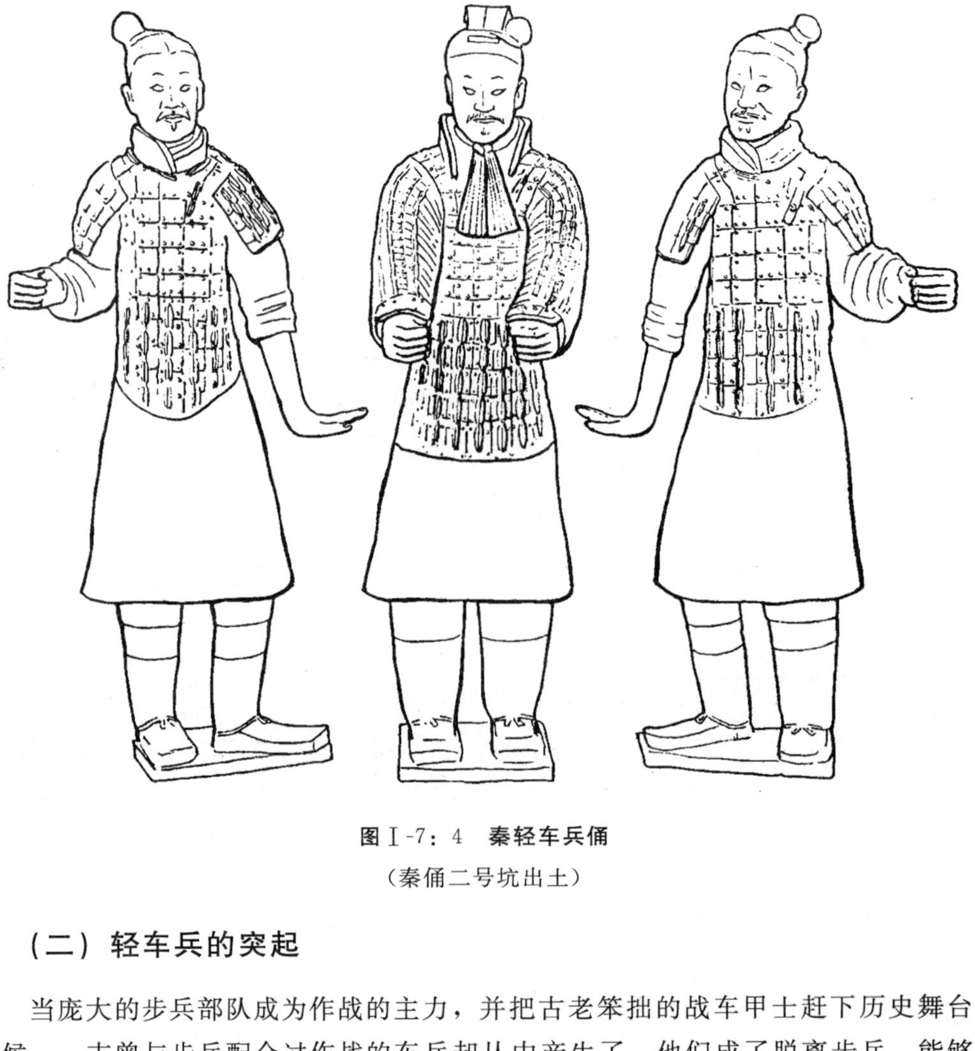

图Ⅰ-7：4　秦轻车兵俑

（秦俑二号坑出土）

（二）轻车兵的突起

当庞大的步兵部队成为作战的主力，并把古老笨拙的战车甲士赶下历史舞台的时候，一支曾与步兵配合过作战的车兵却从中产生了。他们成了脱离步兵，能够单独作战的战车部队。这就是战国后期出现的“轻车兵”。如果说春秋末年，晋国竟能“为轻车千乘以压齐师之门”[16]，已具备了很大规模的话，战国时期秦、楚“车千乘”，魏、燕“车六百乘”，已是把轻车同著甲的建制步兵和骑兵放在了同等重要的位置上来。云梦秦简《秦律杂抄》则把“轻车、趚张、引强、中卒”相提并论。齐、魏桂陵之战，孙膑先派遣“轻车西驰梁郊”（《孙膑兵法·擒庞涓》），快速占据有利地形，从而创造了一个围魏救赵、奇袭设伏的成功战例。

（三）编制

经过很多研究家辨证后确认：一乘攻车的编制，在西周时期为二十五人制，在春秋时期为七十五人制[17]。但是，我们也清楚：任何所谓定制也绝非一成不变的。

随着脱离了战车而具有独立编制的建制步兵的大量使用，使车兵原来的编制受到了猛烈的冲击。战国时期，由于战车地位的下降，其隶属步兵的编制也没有准数，竟在史籍中湮没无闻。同时，定制也只能限于常规。一遇战时，编制只有扩充，而绝不会减少。像《史记·周本纪》记载公元前1027年周武王“率戎车三百乘，虎贲三千人，甲士四万五千人，以东伐纣”。其中的“虎贲”，无疑是车上和车下的贵族兵——“甲士”，而“四万五千人”的“甲士”当是作为“徒卒”的奴隶兵。大概因为他们是庸、蜀、羌、髳、微、卢、彭、濮等少数部族的人，而且对伐纣的战争是支持的，进军犹如赴宴一样的欢快，在途中竟是“歌舞以凌”的昂扬（《说苑》）。所以对这些勇斗的少数民族士兵也称之为“甲士”，倒把真正的“甲士”冠之以“虎贲”的称号。可见武王伐纣时的每辆战车之后随从的步兵不是“二十五人”，也不是“三十人”，却是160人。如果按照《尉缭子》另一种记载的话，也在百人以上[18]。同样的例子，还有公元前575年的鄢陵之战。晋厉公率兵车500余乘，将士5万余人，每车为100人；而楚共王领的楚、郑联军有兵车530乘，将士93000人，平均每车175人。这些例子说明作战双方都没有遵循“七十五人”制。

建制不变，兵额限员。战胜国虽有限制战败国的一些规定，但当战败国国力有所抬头，就往往玩起扩大兵额或改头换面的把戏。当今有“国际法”都尚且如此，何况在“礼崩乐坏”、诸侯抗命的春秋时代！周天子规定的“王六军，大国三军，次国两军，小国一军”（《周礼·夏官司马》），也只是一纸空文。张仪游说时，谈到七国各拥有的兵力往往是“带甲”若干万，“车”若干乘，“骑”若干匹。这里指的是几个并列的兵种。绝不是把“带甲”的步兵拿来同“车”相配，再把“骑”单独提一下。道理很显然，因为这几个兵种用数额匹配是讲不通的。在这里，我们也清楚地看到：不要说秦俑坑战车后的随员数量不定，就连“守车”也区分不开来，更不要说它后面的杂役人数了。即以战车后的甲卒而论，都属于一些战斗步兵。他们在列阵中有自己的“位”，既听命于单元指挥与车协同，又可以单独作战。对我们今天的研究说来，切不要“削足适履”地同战车编制硬套，因为比对的结果仍然是个未定数。

秦俑坑的战车编列及其随同步兵、武器配备等，尽管并没有排除它所具的象征意义，但它毕竟给我们提供了某些思考的线索。如表三：

表三　秦俑坑战车随员数统计表

坑号	对应过洞号	车号及车后俑数								备注
		Ⅰ	Ⅱ	Ⅲ	Ⅳ	Ⅴ	Ⅵ	Ⅶ	Ⅶ	
一号坑（矩阵阵体部）	G2/G10	60	44	12	40	108	12	……	……	①俑数不包括车上乘员 ②对称过洞车的排列及车后俑数相同 ③//为前后无车，前车无俑 ④？俑数不详 ⑤……俑车连续
	G3/G9	152	40	12	108	12	12			
	G4/G8	//	?							
	G5/G7	28	12	40	12	?	……	……		
	G6	//	?							
二号坑（车步营）	G9	8	8	8	8	8	28			
	G10	8	8	8	8	8	28			
	G11	8	8	8	36	28	32			

任何时候的车战都不是单车间的搏杀，有效的车战，必须有战车的合理编队才可进行。《尉缭子·制谈》说“士有什伍，车有编列”就是这个意思。

古代车阵战中，都是一辆主车和一辆副车（即“倅车”）相伴随，今人名曰“双车编组”。这实际是最小的、也是最基本的一级战术编队。由若干乘这样的战车、车士和步卒的再组合，构成一个高一级的编制单位，称作“两”。也就是说一个“两”是由两个“偏”合成的。每偏的车数因有多少而分为几级。作这种战术编队是基于作战实际的考虑，即：进攻时，两偏可伸开夹击敌车；退却防御时，又能互相掩护，从而减少了一个暴露的侧面。而这成双的两车，无论处于何时何种情况下，都不得分离。否则，就成为兵家所忌讳的“偏师”，就可能陷于被动以至于失败的境地。

战车的战术编队，据文献记载有两种，一是“偏法”，另一是“聚法”。

《司马法》（《文献通考》引）：“车十五乘为大偏，九乘为小偏，其尤大者又有二十五乘之偏。”据此，战车编队实际就形成了十八乘、三十乘和五十乘三种。偏分为左右两列战车，西周时分别称为“西偏”和“东偏”。春秋各国称为“左偏”、“右偏”，而楚国则称作“左广”、“右广”[19]。

《六韬·犬韬》：“车五为聚，十而为群。”（《战骑》）又说：“易战之法，五车为列，相去四十步，左右十步，队间六十步。险战之法，车必循道，十车为聚，二十车为屯，前后相去二十步，左右六十步，队间三十六步，纵横相去三里，各返故道。”（《均兵》）在这里，战斗编组据车的多少由小到大地编定为列、聚、屯、队几级，但又重出“聚”和“群”，大概属于称呼上区别而已。“五车为列”指的是直排有五车，前后间距四十步。左右相隔十步，就成了另一列车了。在险阻地带作战时，战车的行列间距相应变小。那么，实际的车数应该是：

列——10 辆车，聚——20 辆车，屯——40 辆车，队——若干屯。

战车的两种编队法，文献记载中通常用的是“偏法”。下面让我们再来看秦俑战车的编列情况：

1. 轻车编队

二号坑车营里有 64 乘轻车，纵向 8 列，每列 8 乘。换言之，横向 8 行，每行 8 乘。纵横各 8 车，方方正正。对照双车编组，8 行车实是横有 4 个“双车”，纵有 16 个“双车”。因为两偏的关系，在实施追击时要形成雁翅，左右张开。那么，中分的结果就有了 4 列计 16 对的“双车”。每偏有车 8 乘，两偏 16 乘就构成了一个战术编队。秦俑轻车队形，显然是属于“小偏”的编法。其数小于“十八乘”，应该说同秦军的进攻性质和本身素质有关。

2. 阙车编队

阙车 19 乘，排在二号坑二线的Ⅲ区的 3 个过洞里。在车行里只有前一行是“双车”，后面的几行都是奇数，而且由于随车人数不等而行也不等。除去将俑乘坐的一辆指挥车外，余 18 乘正是按“小偏”编的 9 对“双车”。至于同行里排成 3 车，因为是同营而宿，会受到条件的限制，但也很可能是前后两车成双的。一旦出击，前后两车就会立即按左右二偏张开。这同一号坑前后两车相随的情况是一样的。

阙车后随着著甲的步兵，以 8 人者居多。至于人数较多的五车，除指挥官的卫队拥有车之外，其余正体现了“补阙”的作用。

3. 骑车编队

在秦俑二号坑Ⅳ区的 3 个过洞里，分布着 6 车，又居于骑营之前部。作两行排列，也是每行由 3 辆车构成的奇数。虽然前后成双，但总的仍不合“偏制”。这也许并非纯战车编队，所以正是“骑车”性能的体现。

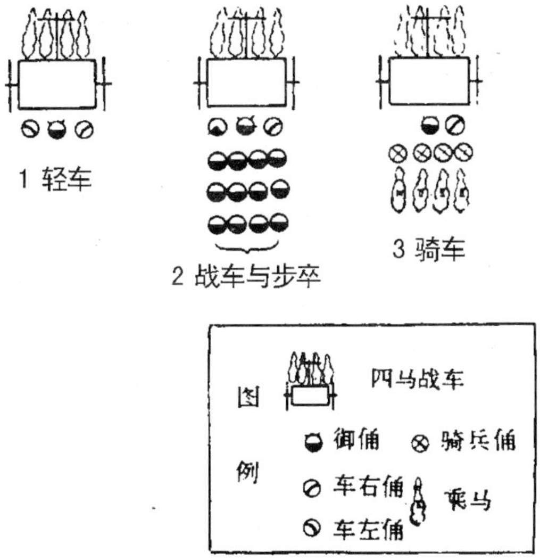

图Ⅰ-7：5　秦俑战车兵单元编组三法示意图

4. 一号坑战车的编队

阵体的战车，是指挥、战斗两种作用兼而有之的，故在编法上较为特殊。表现在：

第一，尽管随车步兵人数不等，但以第六过洞为中轴线，形成两侧对称的战车和俑数则是相等的；

第二，有左右双车并列，也

有前后相随的；

第三，双车间，有步兵“弥缝”。

不论属于那一种，总体上却是行列清楚的，而且具有构图之美。像车一行和五行，各有 6 辆车，其中每行有两对车是双车相并，一对是隔步卒相邻；而车六行有 3 辆车、七行有 7 辆车。虽都是奇数，但无论两车相并拟或是相随，都是成两偏的；八行和九行计 4 辆车，则成前后相随。这种奇怪的现象，也许整个一号坑的战车群就是按“大偏”（50 乘）编的。

纵观整个兵马俑坑，随车步卒的数目均不合战国时“七十五人”的常制；战车的编组，对照《司马法》的“偏法”或是《六韬》的“聚法”，都是有合有不合的。这也许是秦国军事组织特殊性的表现。但是，不论属于或不属于那一种，双车编组却是不变的模式。这些也许正是秦军的进攻性质和“秦阵散而自战”的特点。

（四）轻车的作战方式

轻车以全新的面貌活跃在秦汉时期的中华大地之上，从战术上讲，它一改过去那种车对车的冲刺战法，巧妙用车，这表现在以下几个方面：

1. 驰敌致师

古代双方列阵之后，先以勇力之士到阵前挑战[20]，接着便是开战。今日古装戏中仍可看到的所谓“骂阵”，即是其遗制。春秋战国间，便捷轻锐的轻车则担任了冲击敌阵的这一角色。《吴子・应变》谈到的“谷战之法”就是在两边高山、中为狭地、突然遇到敌人的情况下，隐蔽的车辆在山外挑战，给敌人造成很大的压力。

2. 列阵

《孙子兵法・行军》：“轻车先出居其侧者，陈也。”古代列阵时，先要出轻车在军队的两翼担任警戒，随之按阵法排列队伍。实际上“轻车先出居其侧”，我以为那是“角”的队形正处在形成过程中。一旦布置好队伍，轻车则向敌阵两侧很快斜张，从而形成夹击的态势。所以，军事家为应战对敌，就“轻车先出居其侧”作为判断敌方是否列阵的一个重要征兆。

3. 在地势平坦的旷野上作战

战车的冲击力大，速度快，但受到山地、谷地等狭险地形的限制而不能发挥其战斗作用。但若在平原广野的开阔地带选择最佳的出击时机，战车的威力就能得到有效的显示。当单纯的车阵战被淘汰之后，在多兵种的运用上，作为一种战斗手段，战车仍然保留着它重要的一席之地。所以《孙膑兵法・八阵》中就指出：“因地之利，用八阵之宜。……易则多其车，险则多其骑，厄则多其弩。”据测算，在平坦地形上作战，一辆车就可以抵挡住 80 名步兵或者 10 个骑兵。但在险阻地带，它的威力只能发挥到一半。因此，车用在“陷坚阵，要强敌，遮走北”方面，被视为“军之羽翼”（《六韬・犬韬・均兵》）。

4. 驰援、突袭和掩护军队的主力

轻车驰援，可以千里而赴。突然袭击敌人之不备或出没不定地骚扰敌人，往往能起到转移对方目标、动摇军心的作用。

在“批亢捣虚”、“围魏救赵”的桂陵之战中，田忌、孙膑派轻车奔驰大梁，创造了战车突袭的有名战例。

《六韬·虎韬·略地》说到在“攻城围邑”的战斗中，为防止城内守军和城外援军的夹击，确保自己的军事行动，就得把自己的车骑配置在距城较远的要道上“屯卫警戒”，用以截击敌人的增援部队。

5. 用作防御工具

在开阔地带，面对敌人的进攻，弩射而遏制无效，就得赶快把战车联结起来作为“车宫”，组成一个“当垒”的屏障。再令隐蔽在车后的弓弩手从缝隙中射击来犯之敌，既减少了伤亡，又增加了武器的有效杀伤力。当然，“次车以为藩”[21]的车多系辎重类的“守车”，但为应急，用轻车也是不乏其例的。

三 远非结论的几点看法

（一）春秋战国之间，中国社会正处在一个风雷激荡的年代，车战也达到了它的鼎盛时期。

春秋战国之际，伴随着铁器的使用，农业生产的提高，井田制的破坏，生产关系的改变，也带来阶级关系的变革。从而导致了军事制度和作战方式的根本变化。这时，大量的农民涌上战场，不但改变了军队的成分，增加了新鲜血液，而且也形成了庞大的步兵队伍，平添了勃勃生机。再加之骑兵兴起，作战地域日趋广阔，战争规模变大，战程也具有旷日持久的性质。由原来多乘笨重战车组成整齐的方阵以及站在车上的贵族兵越来越不能适应未来战争的需要，无可奈何地从它繁荣的顶点跌落了下来，而从此一蹶不振。战车与车战变化的这一轨迹及其动因，已被很多研究家所揭示，故于此不再赘述。

当车战方式衰落之际，随步兵和骑兵的兴起，轻车和锐骑作为新兵种应运而生。从春秋末期起，它们踏上自己的发展历程之后，经过战国、西汉 700 年时间，轻车兵差不多走到了自己的尽头，而骑兵却依然意气风发、驰骋疆场。

（二）秦俑坑的战车已非昔日殷周的旧制，它是轻车兵正处于成熟阶段的显示。从中正可以看出它更具战车兵的一些特点。

首先，战车数种，无论是用做指挥、轻锐致师、补阙、随同战骑等等，都在形制上小有区别，仅因用途和装备的不同而定名，但并没有改变作为战斗用车的这一根本性质。始终未见“守车”，也当是这一立论的反证。

其次，车后随同步兵与否、随同数量的多寡、车的编组规模等，都不尽合乎春秋以来的常制，足见秦国有自己的一套编制系统。

（三）无论是轻车，抑或是锐骑，都属于新兴的兵种之一，其作用无论如何，都离不开多兵种的配合。

至于在每场战争中各自发挥得怎样，全赖于指挥家因时、因地使用的水平。

注　释

［1］西周到春秋中期，各国军队的主帅多由国君自任，其乘从的指挥车除御者外，还有车右，计三人。公元前709年春，曲沃武公出兵攻打翼侯，他的指挥车上是“韩万御戎，梁弘为右”（《左传》桓公三年）。公元前684年，鲁、宋“乘丘之役”中，鲁庄公的指挥车是以“县贲父御，卜国为右”（《礼记·檀公上》）。公元前589年，齐、晋鞌之战中，齐侯的指挥车上“邴夏御齐侯，逢丑父为右”；晋国大臣解张为主将，“御郤克，郑丘缓为右”（《左传》成公二年）。

春秋后期，军队的指挥由国君命将，大概以三晋为早，但车上的乘员仍是三人，如公元前493年，赵对郑战，赵简子为帅，“邮无恤（王良）为御，卫太子为右”（《左传》哀公二年）。

［2］秦俑战车上的乘员，有三尊俑。原来应该是站在车上一字排列的，大概因其太重，不得不排放在车后的空地上。经测重，一尊陶俑最重的达到245公斤多，最轻的也在100公斤以上。那么，一乘车上的三俑总重量合约400公斤左右。这是一辆木车绝对难以任载的，后来又由于坑毁而发生了位移现象，出土时成了前后斜行的样子，所以这绝不是车上原来的面貌。

［3］《管子·兵法》：“一曰鼓，鼓所以任也，所以起也，所以进也；二曰金，金所以坐也，所以退也，所以免也；三曰旗，旗所以立兵也，所以制兵也，所以偃兵也。此之谓三官。”

［4］殷周车制变化，借用杨泓先生的统计。取自《中国古兵器论丛》，文物出版社，1980年。

二十一辆殷周时代车子各部分尺寸表　　（单位：厘米）

时代	出土地点、墓号或车号	轮径	辐数	轨宽	箱（舆）			辕（辀）		轴		衡长	驾马数	殉人数	出处
					广	深	高	长	径	长	径				
殷	河南安阳大司空村175号	146	18	215	94	75	?	280	11	300	?	120	2	1	
殷	河南安阳孝民屯第1号车	122	?	240	134	83	49?	268	7—8×5—6	310	5—8	?	2	1	
殷	河南安阳孝民屯第2号车	122	26	?	100	?	41	260+	前7×6 后9×5	190	5—8	?	2		
殷	河南安阳孝民屯南地车马坑	133—144	22	217	129-133	74	45	256	9—15	306	13—15	110	2	1	

时代	出土地点、墓号或车号	轮	辐	轨	箱(舆)			辕(辀)		轴		衡	驾马数	殉人数	出处
		径	数	宽	广	深	高	长	径	长	径	长			
西周	陕西长安县张家坡一号车马坑	129	22		107	86	25	281	6.5	292	?	240	2	1	
西周	陕西长安县张家坡二号车马坑①号车	136	21	225	138	68	45＋	298	?	307	?	137	4	1	
西周	陕西长安县张家坡二号车马坑②号车	135	21		135	70	20	295	7	294	7.8	210	2		
西周	陕西长安县张家坡三号车马坑	140	22		125	80	44	?	?	?	?	?	2	1	
西周	北京市房山琉璃河一号车马坑	140	24	244	150	90	?	66＋	14	308	8	?	4	1	
西周	山东胶县西庵车马坑	140	18	224	164	97	29＋	284	8—10	304		138	4	1	
春秋	河南陕县上村岭1227号车马坑2号车	125	28	180	123	90	33	296＋	5.5—8	236	6.5	140	2		
春秋	河南陕县上村岭1227号车马坑3号车	126	25	184	130	86	30?	250＋	5.5—8.2	222	6.7	?	2		
春秋	河南陕县上村岭1051号车马坑1号车	107—124	25	166	100	100	?	300	6—8	200	6	100	3		
春秋	河南陕县上村岭1051号车马坑7号车	?	?	200	?	?	?	300		248	7	?	2		
春秋	河南陕县上村岭1811号车马坑1号车	117—119	26	164	130	82	?	282	6—8	200＋	8	?	2		
战国	河南洛阳中州路车马坑	169	18?	200?	160	150	?	340＋	12	277	10	141	4		
战国	河南辉县琉璃阁墓1号车(中型)	140	26	190	130	104	26—36	170＋	8	242?	10—12	170			
战国	河南辉县琉璃阁墓5号车(特小)	95	26	140	95	93	22＋—27＋	120＋	4	178	7	140			
战国	河南辉县琉璃阁墓6号车(小型)	105	26	185	120	98	30—42	205	8	242	14?	144?			
战国	河南辉县琉璃阁墓16号车(大型)	130	26＋4	182	140	105	40	210	10	235＋	9—12	140			
战国	河南辉县琉璃阁墓17号车(大型)	140	26＋4	180	150?	110?	(30—40)	215	10	242	14	150			

注：各栏数字有加号的，表示遭破坏后的现存长度。

［5］现取秦俑一号坑三车及其乘员，计算其容量如下表：

（单位：厘米）

内容 / 位置	车舆		车上乘员肩宽				平均宽	备注
	车号	舆广	军吏	御士	车右	肩宽总计		
T2·G2	Ⅶ	137	55	35.7	41.5	132.2	44.06	右—96号 吏—97号 御—98号
T10·G7	Ⅳ	134+	48	43	42.3	133.3	44.3	右—13号 吏—14号 御—15号
T19·G10	Ⅵ	145	44	42	49.9	135.9	45.3	右—13号 御—14号 吏—15号

［6］秦俑考古队：《秦始皇陵东侧第三号兵马俑坑清理简报》，《文物》1979年第12期。此简报把鼓的遗迹误认为“车上的圆形华盖”，文称“在车左侧的地面上发现了一个直径42厘米的木质髹漆圆圈，圆圈的周围等距离地装有3个铜环，其内部空间有一层彩绘的漆皮”。显然这就是一面彩绘的革鼓，这从一号坑的发掘中也得到了印证。

［7］“轻车”一词见载的，如《周礼·春官宗伯·车仆》有“轻车之萃”；《左传》哀公二十七年：“将为轻车千乘”；《孙子兵法·行军》：“轻车先出居于侧者”；《逸周书·大明武解》：“轻车翼翼”；《六韬·虎韬·军用》：“矛戟扶胥轻车百六十乘”；《孙膑兵法·擒庞涓》：“请遣轻车，西驰梁郊”；《战国策·齐策一》：“使轻车锐骑冲雍门，若是则齐君可正成，而侯可走”。

轻车是作战的重要工具之一，其轻捷便驰，用来攻破坚阵、击败敌人步骑兵，称之为“霆击”。因为使用普遍，别名也多。如从作用上讲，统称其为“战车”（《晏子春秋》、《六韬》、《尉缭子》、《战国策·秦策三》）、“兵车”（《考工记》）、“武车”（《礼记·曲礼》、《韩非子》）等；从结构特点上说，称之为“革车”（《左传》闵公二年、《战国策·魏策》、《淮南子·齐俗训》）、“长毂”（《司马法》、《谷梁传》文公十四年、《诗·秦风·小戎》）、“辅车”（《诗·秦风》）等。

［8］《考工记》：“兵车之轮六尺有六寸，田车之轮六尺有三寸。……六尺有六寸之轮，轵崇三尺有三寸也，加轸与轐焉，四尺也。人长八尺，登下以为节。”后句是说舆高四尺，正是人体高的一半，对上下车都很方便。实际上。车高轮大，在同一时间里要比小轮车走的距离长。

同书又说：“参分车广，去一为之隧。”这是说车舆广度同进深之比为3∶2。书注：“兵车之隧四尺四寸。”郑司农云：“隧，谓车舆深也。”

[9]《孙膑兵法·八阵》："用阵三分……皆待令而动。斗一，守二，以一侵敌，以二败。……车骑与战者，分以为三，一在于右，一在于左，一在于后。"

[10]"游骑"是机动骑兵。《唐李问对》："太宗曰：曹公有战骑、陷骑、游骑，今马军何等比乎？靖曰：臣按《新书》云：战骑居前，陷骑居中，游骑居后，如此则是各立名号，分为三类尔……臣孰用此法；回军转阵，则游骑当前，战骑当后，陷骑临战而分，皆曹公之术也。"

[11] 司马彪《续汉书·舆服志》："轻车，古之战车也。洞朱轮舆，不巾不盖，建矛戟幢麾，辒辌弩服……《孙子兵法》云：'有巾有盖，谓之武刚车。'武刚车者，为先驱。又为属车轻车，为后殿焉。"

这里对轻车、武刚车的描述，应该说是卤簿中的礼仪性车乘，同实际中的战车是有距离的。因为对高速车乘来说，巾盖的有无都不是区别车形的关键。

[12] 由安阳殷墟考古证明，殷代的乘车都驾两马，只有战车才驾四马。因此，学者们一般认为武丁时期出现驾四马的战车正标志着它的成熟。而起始的时间还应再推前到夏末殷初。

[13]《左传》桓公五年。

[14]《左传》昭公元年。

[15]《诗·小雅·信南山》孔颖达疏引。

[16]《左传》哀公二十七年。

[17] 在此，我不再繁琐地征引有关文献。《中国军事史》第 69 页注："在先秦时代，'乘'不但是车的量词，而且还是军队的一级编制单位。春秋以前，一乘兵车共 30 人，伴随攻车的战斗步兵只有 25 人，另有 5 人为辎重兵，在守车上。春秋以后，一乘的战斗兵增为 75 人，辎重兵增为 25 人。"

[18]《尉缭子·武仪》："武王伐纣……死士三百，战士三万。"

[19]《左传》宣公十二年记楚王禁卫队的编制是："其军之戎，分为两广"，"楚子为乘广三十乘，分为左右"。可见楚人采用的是"大偏"（即十五乘）的编法。

[20]《周礼·夏官司马》"环人掌致师"。郑玄注："致师者，致其必战之志。古者将战，先以勇力之士犯敌焉。"

[21]《周礼·天官·掌舍》："设车宫辕门。"郑玄注："次车以为藩，则仰车以其辕表门。"

捌　云骑凌历中原　蹑影追风胡域

——由秦骑兵俑群论年轻气盛的秦汉骑兵

骑士同战马的最早结合并进入战斗行列，就标志着骑兵的诞生。而骑战在我国古代冷兵器时代的战争中，又是以攻击力最强、机动性最大而闻名于世的。

正规骑兵作为一支独立的作战兵种，在我国出现于何时？很多人都会追溯到公元前 307 年赵武灵王的“胡服骑射”。不论此说是否最后成立，但在春秋前少见有关骑兵记载的情况下，而这发生在战国中期的“改革”毕竟是骑兵史上的一个重大事件。因为在此之前的 1000 多年时间里，竟是车战统治疆场的时代，况且随后它又陪伴骑兵同步地度过一百多个春秋。

尽管中国骑兵的出现晚于亚述 6 个世纪、晚于埃及 3 个世纪，而其嬗变历程正像恩格斯论断的那样：“起初马匹大概仅用于驾车，至少在军事史上，战车比武装骑手出现早得多”[1]。

无论是战国时期的秦国，或是统一后的秦帝国，都是处在中国古老的车兵与年轻的骑兵结伴的那段时间里。从作战手段而言，纯粹的车阵战已由车、步、骑的多兵种协同作战所代替，并且经历着作战主力由车到步骑的消长过程。在这里，我们还必须清楚地看到：骑兵虽是随步兵登上了战争的前台，但较长的时间里一直扮演的是配角。只有到了西汉的武帝时代，才真正完成由车、步到骑、步的转变。

秦汉时期，是中国早期骑兵走向成熟的重要时期。秦始皇陵兵马俑二号坑里的骑兵营和咸阳杨家湾汉墓的骑兵队列，为我们揭示秦汉骑兵和骑战的丰富内涵提供了极其珍贵的形象资料。

一　秦俑骑兵的形象问题

（一）骑士与乘马

秦俑坑的陶马有两种役使方式，一种是用做拖曳战车的，即“车马”。每车驾 4 匹马，即所谓“车驷”；另一种是披有鞍鞯、用作乘骑的，即“乘马”。车马均出土于一、二、三号坑里，唯骑兵之马集中于二号坑北区的骑营和车步营的后部。

坐骑同骑士配套，组成了骑兵俑群。二号坑总计有骑士俑 116 尊，各牵一匹乘

图Ⅰ-8：1 秦骑兵俑

（秦俑二号坑出土）

马。那么，乘马数也同骑俑相等。

骑士俑，同步兵、车兵及御士俑有着明显的区别，同军吏俑更是大相径庭。其形象特点表现在以下四点：

第一，身高 1.8 米，小有髭须，梳辫髻。左手牵马，右手提弓，直立如柱，约莫 30 岁左右年纪。显现出一种沉着、机智和勇武的神态。

骑兵行动迅速，动作灵活。骑士不但应具备强健的体魄、适应性和耐久力，而且也要有极高的反应能力、娴熟的驭术和骑射的技艺。所以古代挑选骑士时，要求是相当严格的。《六韬·犬韬·武骑士》就明确地提出了这样一些标准："选骑之法，取年四十以下，长七尺五寸（合 1.73 米）以上，壮健捷疾，超绝等伦。能驰骑彀射，前后左右，周旋进退，越沟堑，登丘陵，冒险阻，绝大泽，驰强敌，乱大众者，名曰'武骑之士'，不可不厚也。"秦骑士俑体躯合度，气宇轩昂，显然是经过严格选拔、训练有素的"武骑之士"形象。

第二，头戴犹如覆杯样的"武弁"，帽之两耳结于颌下。穿左衽的短袍，长仅及膝。袍外擐穿坎肩式短甲，仅护腹部。两腿贯穿圆筒似的长绔，足蹬用皮革做成的"合鞮"。

秦俑骑兵装备简练，是秦骑兵快速、勇敢的真实形象。不戴头盔而具"跿跔、科头”，这也正是秦人勇于公战的一种外在表现。其所戴的“武弁”，是一种可头大小的软质小帽，两侧有下垂的“耳”。它紧紧地压住平整的辫髻，用“耳”端的缨带扣结在颔下。秦俑中唯独骑兵俑才头戴这种“武弁”，其作用就在于，当驰骋飞奔时，既无风吹帽落、发生乱发扑面干扰视线之虞，伏鞍冲锋时又可减少阻力、勇往直前。其右衽的短袍紧紧裹住身体，两襟合掩得较浅，袍襟落在体前。同其他俑的长袍绕体、衣角落于后侧的情况比，显得轻便了许多。而双袖的袖筒贴臂，短甲及腹，也便于上下马背，绝无乘骑时的麻烦。长裤合鞮，无疑是减少两腿同马背的磨擦、避免掉鞋赤足的发生。由此可以看出，这种全套的骑兵褶服，无疑是有利于“驰骑彀射”的作战动作的有效发挥的。“裁衣须裁短短衣，短衣上马轻如飞；缝袖须缝窄窄袖，袖窄弯弓不碍肘。”（刘秩：《裁衣行》）这正是制作骑士衣着的形象概括和精到的考虑（图Ⅰ-8：2）。

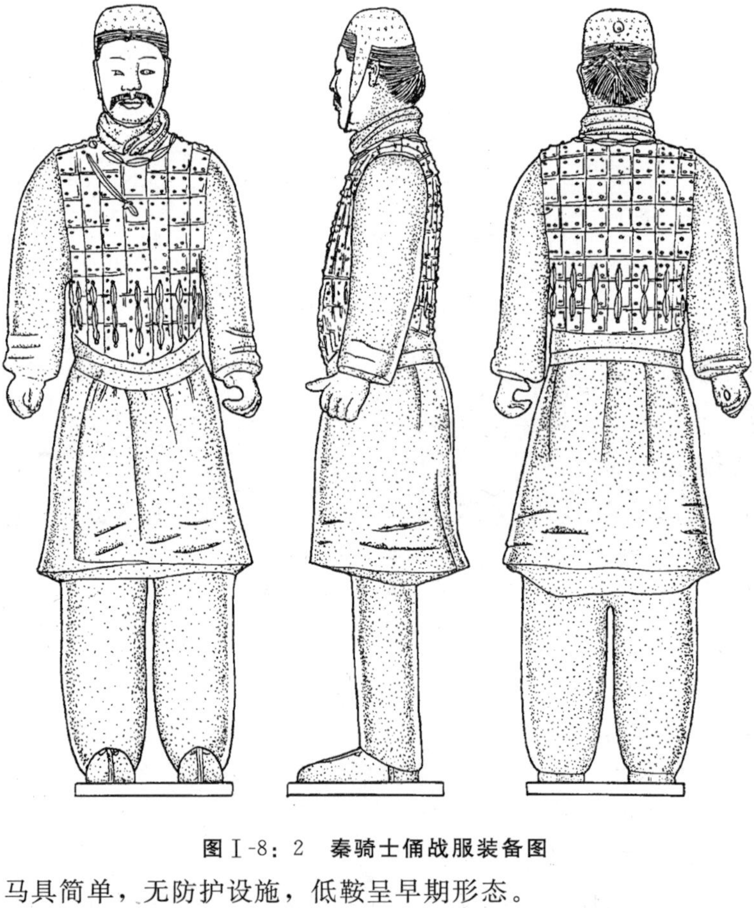

图Ⅰ-8：2　秦骑士俑战服装备图

第三，马具简单，无防护设施，低鞍呈早期形态。

秦俑战骑的形体同驾车的陶马并没有太大的区别。其个头有如真马一般大，通高 1.72 米，其中蹄至鬐甲高 1.33 米，体长 2 米许。云梦睡虎地秦简《秦律杂抄》有一条律文说：“蓦马五尺八寸以上，不胜任，奔挚（絷）不如令，县司马赀二甲，令、丞各一甲。先赋驀马，马备，乃鄰从军者，到军课之，马殿，令、丞二甲；司马贲二甲，法（废）。”《说文解字》：“驀，上马也。”《广韵》又释“驀”为“骑驀”。说明驀马，就是骑兵的乘马。这里我们暂撇开办罪的法律根据及其具体规定，而我们看到的骑兵军马标准是：高五尺八寸（1.34 米）以上，奔驰和羁系时能听从指挥，输入军中考核合乎标准要求。秦骑兵俑的陶马对照秦律的规定，其体高起码符合要求。其他如，昂首欲嘶，削竹般的双耳前倾，眼似铜铃，尾梳成一条长辫，均显现出机警骏逸的神态。它们在队列中的姿势伫立划一，也当是训练如令的结果。

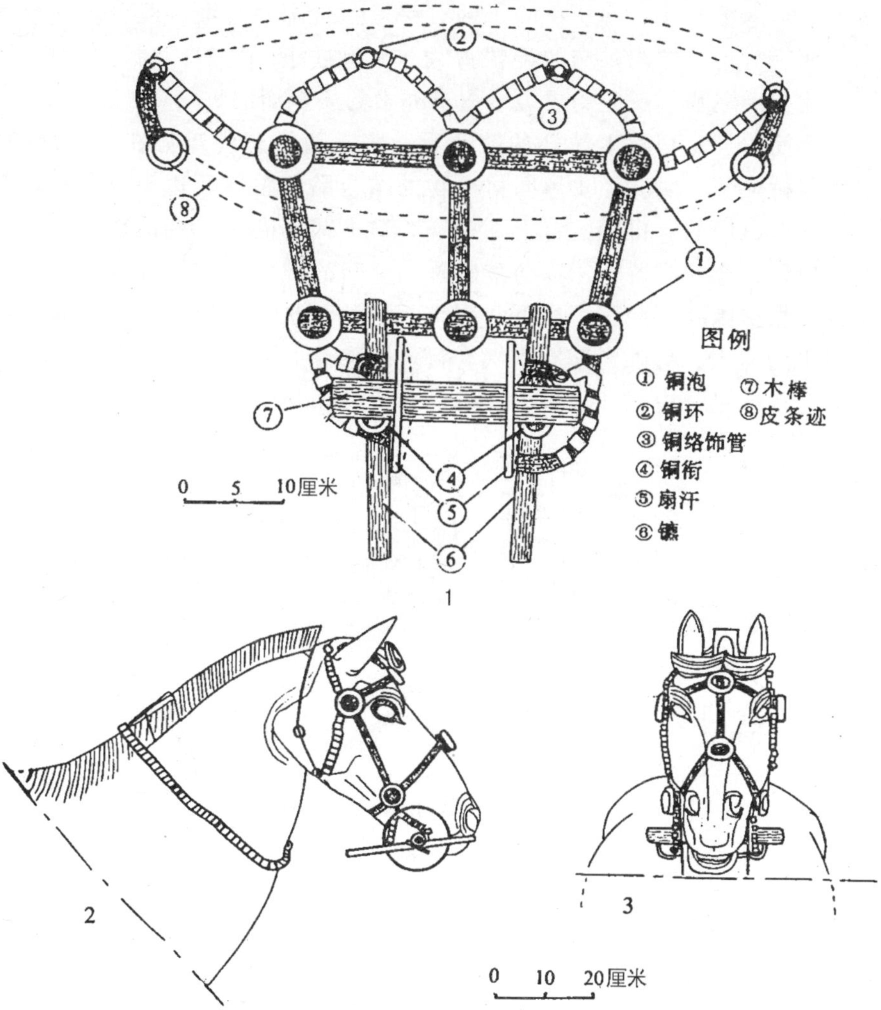

1. 结构 2. 右视 3. 正视

图Ⅰ-8：3 马络头结构图

（一号坑 T2G10 车左骖马）

对马的防护装备和马具完备的程度，往往是衡量骑兵性质的重要根据。秦骑兵马的装具由两部分组成，一是控马的络头、衔镳和缰索；另一种是鞍鞯。络头（即笼头），是由铜丝穿连着扁平的石管而成的几段条带，分别从马头的额、项、咽喉、两颊、鼻等部位纵横相接，在交叉处再穿以铜节约、连接上铜环，从而形成控制马头的软结构（图Ⅰ-8：3）。乘马的嘴中，横向噙着眼镜链似的铜马衔，衔的两端（即马嘴外侧）缀以竖向的“S”形铜镳。再使衔与络头连接起来。马缰则是由两根一节节的石片穿连而成，各长约一米。每根缰绳上的石片，作扁平的长方形。在纵向上，钻通两个平行的圆孔，再穿上铜丝。缰一端同衔环相连，另一端则接着剪刀柄形的铜缰头。两根并连，握持在骑士的右手里。这两根马缰，既可合并牵引，也可以在马上两手分持，控制乘骑的旋转腾跃、徐疾进止。当然，马络头和马缰的石管、石片并非实用之物，只是为了表示皮革绳索的质软而已。

鞍具较为简单。从马背上雕塑的鞍形看，鞍鞯随马背的走势在中间微微凹下。鞍的前后不起桥，似一块方形皮革同衬垫物的结合品。鞍前后边沿及中部，有三条革带横压，再以纵向的八排圆盖钉上下铆合。鞍下铺有略大一些的软鞯。鞍后有鞧（鞦），绕过尾下，攀住马臀，用以防鞍前滑。中间的鞻较长，横经马腹，在左侧有方策扣结。根据腹围的不同，可松可紧鞻带。当然，这主要还是用来使鞍垫贴紧马背使其变得更为牢固。另外，鞍周围缀有柳叶形彩带，革带头呈穗状，只是作为美化和装饰而已。不过，白鞍、红钉、绿鞯，也煞为好看（图Ⅰ-8：4）。

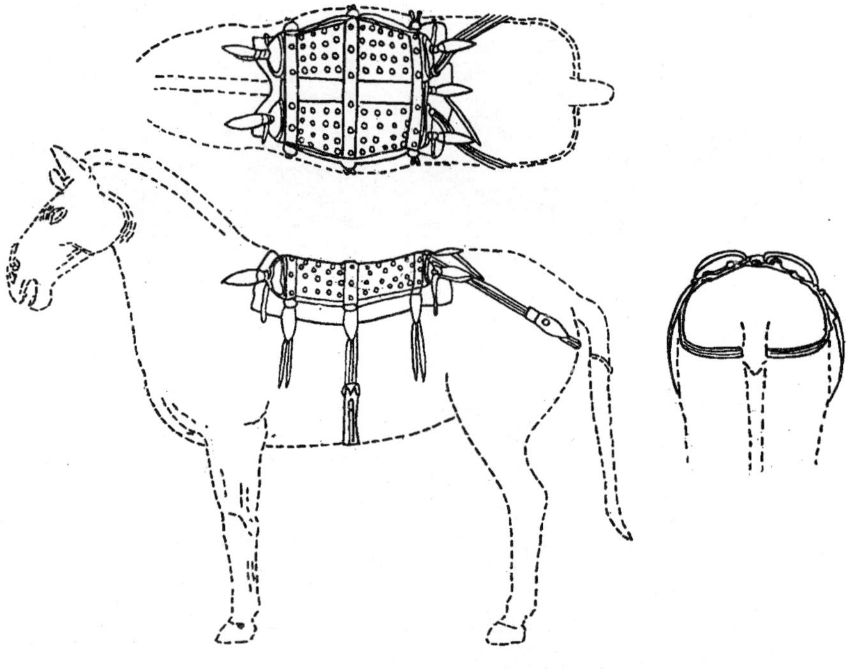

图Ⅰ-8：4　秦俑骑兵马鞍构造图

第四，骑士的武器配备是弓弩和长剑。

（二）骑兵

秦骑兵俑无疑是秦骑兵的影子，它给我们的应当是这样一些认识：

1. 属于一支轻装骑兵

秦俑骑士只穿齐腰的短甲，没有披膊，也没有盆领。遮护的要害部位是胸腹和后背，正如人们笑谑的那样：是为了避免“腹背受敌”。头上没戴兜鍪，只戴轻软的弁。马无具装，鞍鞯简单，不过是块薄的软垫而已。固然这比赵武灵王时马无甲、无鞍的情况是一大进步，但又比不上后来南北朝时期人马都披铠甲的重装骑兵——甲骑具装，故而属于名副其实的轻装骑兵。骑士乘上战马，本身就意味着对敌杀伤力和机动力的结合。而这合力效能发挥得如何，则取决于各自防护装备和战斗手段的状况。像秦骑兵大面积暴露于外，甘冒矢石，正显示了轻型装备的缺陷。也正因为骑兵机动性很强，轻装才使得它行如飘风，动似雷霆，不但单独可以突袭、迂回包抄、断敌粮道、追歼溃敌、破坏咽喉要地、烧毁积聚，出奇制胜，还能同战车结为“轻车锐骑”，同步兵协同去争取胜利。马无防护具装，固然带有很大的危险性，但也只有秦骑兵敢创此先例。

2. 在骑兵史上，秦骑兵尚处于早期阶段

第一，不仅骑士甲衣简单，马无防护装备，而且马鞍低而无镫，因之就限制了杀伤力的有效发挥。

恩格斯在其《骑兵》一文中，分析过古代东方骑兵之后指出：“在较古老的雕塑品上，武士是骑在没有鞍子的马上的；以后，我们发现曾有一种类似褥垫或坐垫的东西，最后才有类似现今东方流行的那种高马鞍。”（《马克思恩格斯全集》第 14 卷）这种看法，应该说是接近于事实的。经我们研究，中国的骑士乘马是经历了“褥垫（或坐垫）→低鞍→高鞍”这样三个阶段。鞍的所谓高低，其区别仅在于桥的大小和前后的有无。赵武灵王的骑兵，看来骑的只能是一种裸马，顶多不过是加了块“褥垫”而已。秦鞍虽然也属于坐垫的性质，但前后稍稍隆起，已显出了“桥”的雏形。尽管已有鞴、鞧，却无防止鞍后滑的鞅（攀胸）。而这，在陕西咸阳杨家湾西汉前期墓出土陶马的鞍上也得到了证实。西汉后期至东汉时，鞍桥逐渐增高。晋以后的鞍桥，不但高而且竖直。唐代的鞍改成了后桥倾斜的样子，是一种定型化的鞍形[2]（图Ⅰ-8：5）。由此可以看出，秦骑兵的马鞍处于鞍形演变的初级阶段，属于一种低鞍。

马镫是解放骑士双手的重要设施。但它的出现比鞍更晚。茂陵霍去病墓前石牛背上有一镫的形象，能否说西汉有骑牛的习惯？诚若此，难道对当时出现马镫不也是一个启示！但说到底，那单只的牛镫毕竟还不是马镫。而且有“好事者为之”的嫌疑。那么，长沙金盆岭 9 号西晋永宁二年（302 年）墓，出土陶骑俑的马鞍前左

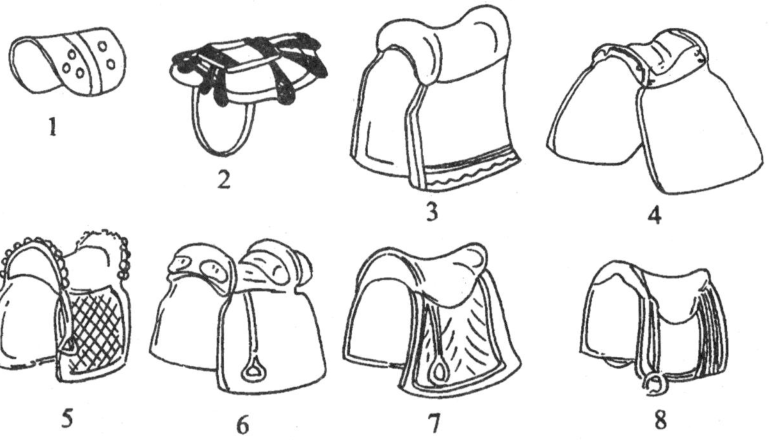

1.战国(据洛阳金村铜镜) 2.西汉初期(据《杨家湾陶马》) 3.西汉后期(据定县铜车饰) 4.东汉(据雷台铜骑俑及铜马) 5.西晋(据长沙永宁二年瓷骑俑的马鞍) 6.东晋(据南京象山7号墓陶马) 7.北齐(据安阳范粹墓陶马) 8.唐(据郑仁泰墓石马)

图Ⅰ-8：5 马鞍具演变示意图

(据杨泓《中国古兵器论丛》)

侧吊有一个三角状镫，这是被认为最早马镫的形象。因为它只有一只，所以有的学者认为很可能是为了上马时方便的踏镫。而两只脚分踩的真正的马镫，出现的时间是十六国时期。北燕冯素弗墓（冯死于415年）出土的马镫实物，是用铜片包着木芯。因为秦俑骑兵既无马镫，连踏镫也没有，所以骑士是在按住马背跳跃上去的。然后再抓紧缰索，贴附马背以防颠落。既然不能踩住镫、靠小腿夹紧马腹以控制坐骑，就更谈不上腾出双手来全力挥斥武器了。由于马上战术动作受到限制，其攻击力和灵活性就大大地打了折扣。

第二，没有配备长柄兵器，而马上使用的远程兵器只能带有突袭的性质。同样，用剑也不能真正地发挥近战的作用。

中国早期的骑兵使用的作战武器是远射程的弓弩和剑，至迟在秦末到西汉时期才增加了戟、矛一类长兵器。再晚一些时间又增添了近身格斗的刀，外加上用做防护的盾牌。秦俑二号坑试掘时，露头的有41骑，其中有完整的骑士33、马36。这些骑士俑都是作左臂下垂、手提弓的姿势，武器唯见铜剑、镞和弓弩。说明秦骑士的作战手段同赵武灵王时教国人穿“胡服”、习“骑射”的情况是前后相承的。剑，此时还只作为卫体而已。解放前洛阳金村出土一面战国铜镜，背面有骑士乘马握剑刺虎的图像[3]即明证（图Ⅰ-8：6）。据《史记·项羽本纪》载：“汉有善骑射者楼烦，楚挑战三合，楼烦辄射杀之。项王大怒，乃自披甲持戟挑战。”陕西咸阳杨家湾墓西汉骑兵俑背负矢箙，也不见使用戟、矛。而山东汶上孙家村汉画像石的激战图像，骑兵有用弓射的，也有用长戟的；甘肃雷台东汉墓的铜骑俑手擎长矛，由此可知只有到了东汉时期骑兵才普遍采用了长兵器的装备。

图Ⅰ-8：6　传洛阳金村铜镜上门骑士像

因为剑仅限于击刺的单纯动作，在驰驱如飞的骑兵手里是发挥不了太大作用的。固然西汉普遍使用了一种直体长身、薄刃厚脊的环首刀，但那只是在百炼钢和灌钢技术用做造刀之后的事。也只有短柄钢刀出现，它才能成为步兵和骑兵手中的一件利器。山东省苍山县发现“卅湅（炼）”钢刀，是东汉永初六年（112 年）的制品，全长 111.5 厘米，刃部经过淬火，无疑是件很锋利的武器。

第三，在战场上，骑兵不是作战的主力，还处于辅助的地位。

从赵武灵王组建中原的第一支骑兵算起，到秦统一，其间不过 88 年的时间。这比起千年的骑兵史来，显得太短了。况且作为新生事物的独立兵种要为当时人们所认识并乐于接受，确实还有一个相当长的过程。因为这不但有习惯上的障碍，而且还存在着物质条件上的诸多困难。即如赵国名将李牧重新编队时，依然是以战车兵 1300 乘为主，骑兵 13000 骑为辅。而在军队的总数中，这时骑兵所占的比例也不过 8%。况且这还是“变服骑射”后七八十年的情况。如果说赵国在对抗北边入侵的少数族中，骑兵是一支不可忽视的作战兵种的话，而在其他诸侯国家中就有点无足轻重了。那些国家的骑兵所占比例更少，不过 1%左右[4]。

秦有兵员一百多万，其中“带甲”（指步卒，或作“奋击”）百万，战车兵千乘，骑兵仅有 1 万匹。秦俑三坑中，约有步兵俑 6000 多，战车 150 余乘，骑兵俑 116 骑。从文献记载到考古资料提供的数字说明：秦惠文王时，骑兵占军队总数的 1%；秦始皇时，骑兵的比例不但已升至 2%，而且还是一支了不起的机动力量。步兵虽已显示出主力的作用，但车兵仍是居有重要的地位。

秦用轻骑兵固然是历史的使然，但同过去比毕竟是一个前所未有的大进步。我们谁也不应该超越历史，去批评过去。如果用后来的进步贬低以前的“落后”，那就不现实、也不客观了。岂知秦骑兵释放出来的能量——战斗力，受到当时军事家的青睐，不正是它比过去进步的最好说明吗？

二　秦骑兵溯源

（一）草原骑兵和中原骑兵的产生

恩格斯在《骑兵》一文中还指出：“马匹用于乘骑和军队编有骑马的部队，自然首先发生在那些自古以来就产马，而且气候和有青草适于马匹生长的国家。”在探求中国骑兵产生的历史时，我们的目光遵循这一正确的提示去探索，无疑是有益的。

中国的北部和西北部，本来就是广阔平坦的草原地带。“冀之北土，马之所生，无兴国焉？”[5]“燕代橐驼良马”（《史记·苏秦列传》）也是早负盛名的。这些地区的少数部族因有乘骑的方便条件，理所当然地早就建立起自己的骑兵进行军事活动。像鬼方一支的狄族，南侵晋国的边境，竟于公元前730年到了晋都的郊外。山戎和北狄，也曾和齐、燕多次发生战争。公元前663年，山戎侵燕，燕向齐告急。于是，齐桓公派军队伐山戎，“擒狄王，败胡貉，破屠河，而骑寇始服”（《史记·齐太公世家》、《管子·小匡》）。可见中国骑兵的出现，似乎在春秋初期就发生在北方的少数民族地区。

不论中国骑兵之源是否在北边，但它引起的反响却是连锁性的。因为出自对付“骑寇”的需要，同北狄相邻的晋国就首先建立起骑兵来。据《吕氏春秋·不苟》载：“晋文公将伐邺，赵衰言所以胜邺之术，文公用之，果胜之。还，将行赏。衰曰：‘君将赏其本乎？赏其末乎？赏其末，则骑乘者厚；赏其本，则臣闻之郤子虎。’”这里说晋文公伐邺[6]时所用的“骑乘”，绝不是一般的骑马，显然是非骑兵莫属的。那么，这条史料实是中原诸侯国家中建立骑兵的最早的记载。看来，“古者马以驾车，六国时始有单骑”（《春秋》昭公25年《正义》）的说法，是不合实情的。

当然，我们还应该看到：中原地区开始建立骑兵“御戎”只是个诱因，其所建骑兵的数量也不可能太多。随之，则是出自诸侯国军争的需要，由习见马驾车、人单乘的风俗中，才产生了骑马作战的骑兵部队。至此，中原骑兵的发端，远在赵武灵王“变服骑射”以前320多年就已经开始，时代相当于春秋时代的中后期[7]。《礼记·曲礼》有“兵车不式，武车绥旌……前有车骑，则载飞鸿”的句子。尽管《孙子兵法》中无骑战的论述，但《通典》援引吴王问：“敌整其车旗，则如之何？”孙武答之以“选骑衔枚先入”的对话，不能说出之无据，同样也为此一时间界说提供了佐证。

及至战国前期，有关骑兵部队驰骋战场的记载可说是俯拾即是。尽管残存的《司马法》五篇记载中有作战的原则和方法，没有涉及骑战，但并非无骑兵与战的事实。因为早于赵武灵王的军事家吴起，在其《吴子》一书中多次提到“车骑”协同的问题。如《料敌》谈到对付燕军的办法是：“触而迫之，凌而远之，驰而后之……谨我车骑，必避之路，其将可虏。”《应变》中说对强敌的办法是“备千乘万骑，兼之徒步，分为五军……”。《励士》载，开战前一日吴起就对三军发出“诸吏士当从受敌车骑与徒”的命令，还给魏武侯举了率兵5万，另兼“车五百乘，骑三千匹，而破秦五十万众”的光辉战例。在《治兵》篇中，吴起总结了“蓄卒骑”（保养战骑）的方法及配备“车骑之具”的鞍、勒、衔、辔等。

到了战国中期，各国都拥有了一支包括骑兵在内的国家武装力量，像燕“带甲数十万，车六百乘，骑六千匹”；赵“带甲数十万，车千乘，骑万匹”；魏武士、苍头、奋击和厮徒七十万，“车六百乘，骑五千匹”（《史记·苏秦列传》）；楚“虎贲者之士百余万，车千乘，骑万匹”。秦国则是“带甲百余万，车千乘，骑万匹”（《史记·张仪列传》）的规模了。

（二）秦骑兵的出现和发展

秦骑兵出现于何时？《韩非子·十过》说秦穆公曾发“革车五百乘，畴骑二千，步卒五万，辅重耳入之于晋，立为晋君”。杨树达先生说：“畴，语首助词，发声，无义。”（《词诠》卷五）可见畴骑，实际上也就是骑兵。《汉书·高帝纪》如淳曰：“律，年二十，傅之畴官，各从其父畴学之。……”《汉旧仪》载：“民年二十三为正，一岁为卫士，一岁为材官、骑士，习射御、骑驰、战阵。”秦穆公兵送重耳入晋，是公元前636年（秦穆公二十四年）的事（《史记·秦本纪》），其所派的畴骑已是同战车、步兵并列的一个完整的兵种。那么，秦骑兵产生的时间应当远远早于秦穆公的那个时代。对此，我持如下的理由：

第一，秦人在入主关中之前，长期生活于偏处西北的陇右一带，那里的沟谷有丰沛的清水茂草，为先期的养马业提供了优良的条件。我们知道，秦人早期的历史是同马相联系的，并以养马、御马而光耀史册。《史记·秦本纪》中就有这样的一些记载：秦人的老祖先造父“以善御幸于周穆王”，西巡时得过良“驷”，还“一日千里”地驱车“归周”；“非子居犬丘，好马及畜，善养息之。犬丘人言之周孝王，孝王召使主马于汧渭之间，马大蕃息”。

第二，原先秦人同戎人长期杂处，都过着逐水草而居的游牧生活。这也成了东方国家瞧不起秦人的根据，甚至把他当做戎狄对待。随内部关系的变化，两族间相互争斗，兵连祸结，西戎灭了居于犬丘（今陕西兴平县）的秦“大骆之族”，还杀了受周宣王支持而讨伐西戎的大夫秦仲。秦人为了对付擅长骑马的戎人，不但养马，善于“御术”，而且也得上马作战。那么，既然秦人有着长期骑马作战的传统，到秦穆公时正式组建畴骑不就是很自然的事吗？确也因为他仰仗着这支骑兵部队，才能取得益国十二、开地千里、遂霸西戎的赫赫业绩。只有在对付东方诸侯国时，才不能不适应社会需要而更倚重于战车兵。

第三，也正因为秦人早就牧养马匹，就能在积累养马术的基础上，涌现出像伯乐这样一些相马专家，出现《相马经》这样一类有关马的“外形学”的专门著作。

从以上阐发的几点理由看，西周中期当中原国家的车士在殷殷战车上称雄时，而僻处西方的秦人已能上马搏斗了。所以说，秦骑兵作为一支能够胜任作战的独立兵种，出现的时间不但早于中原诸国，而且也远在北方少数民族的“骑寇”之前。

概括起来说，秦骑兵的发展，经过了四个阶段：

第一阶段为骑兵的“萌发期”，时间约在公元前9世纪至公元前8世纪中，相当于西周时代（公元前11世纪～前771年）的中晚期。在这初期，生活在陇右一带沟谷中的秦人，从养马、放牧、单骑、拉车一直到了同戎人的驰骑争斗。

第二阶段为“创建期”，时间为公元前8世纪中到公元前5世纪初，相当于春秋时代（公元前770年～前476年）。为扩大关中根据地，秦人在驱逐戎人的战斗中，除去向周人学习车战之外，还正式组建了自己的骑兵队伍——畴骑。

第三阶段为“建设期”，时间为公元前5世纪初到3世纪末，相当于战国时期（公元前475年～前221年）。除继续沿用战车兵之外，随步兵的兴起到成为战斗主力的同时，秦人骑兵不但与之配合作战，而且也成为一支机动力、打击力结合的精锐之师。“秦马之良，戎兵之众，探前趹后，蹄间三寻腾者，不可胜数”（《史记·张仪列传》），就是这一时期秦骑兵的生动写照。而骑兵的作用在统一战争的后期尤其显得重要。

第四阶段为“发展期”，时间从秦王朝建立，终于秦帝国灭亡（公元前221年～前206年）。在北逐匈奴、南征南越的守护边防之战中，骑兵同步兵都升为作战的主力，而对骑兵的建设和战术的运用，也都为汉骑兵创造了经验。

尽管秦骑兵的出现时间，为中国之先，但并没有引起人们的称道。为什么？原因就是它过早地同车、步兵配合，在发展中虽属一贯，但却显得平淡。而赵武灵王“变服骑射”的情况就不同了，它是在车兵同步兵的撞击中发生的事件，朝野里发生了“改”与“保”的论争，确给史家留下书记的材料。同时，向来把秦国看做“虎狼之野”的偏见也阻碍了人们对秦骑兵业绩的审视，这也是一个不可忽视的因素。

三　统一战争中秦骑兵的作用及其地位

（一）骑兵队形与战术的回顾

骑兵在战场上取胜绝不是靠单骑的速度和骑士的搏击，而是凭着有组织的队形作群体运动。否则，有如个人的竞技一样，只能赢得一时的喝彩，而对一场战斗说来却是毫无意义的。《六韬》说到骑兵作战，往往是“车骑”并提的，这显然是早期骑兵还未独立的一大特点。在《均兵》中论及骑兵的作战能力，太公望认为如果对车骑运用不当，就会“一骑不能当步卒一人”。但是，列阵配备合适，又是在平坦地形上作战，就可以收到“一骑当步卒八人”的效果。即使在险阻地形上，也能“一骑当步卒四人”。在这里，他明确地揭示了队形和地形是骑战威力所在的两大因素。车骑作为军中的“武兵”，在“明将”的手里就能收到“十骑服百人，百骑走千人”之效。

作战的骑兵也是列阵的。李广在上郡（治今陕西榆林市东南75里的鱼河堡附近）遇匈奴“射雕者”，“令其骑张左右翼”（《汉书·李广传》）。公元前119军，大将军卫青由定襄（治今内蒙古和林格尔西北土城子）“出塞千余里，见单于兵阵而待。于是青令武刚车自环为营，而纵五千骑往当匈奴，匈奴亦纵万骑。会日且入，而大风起，沙砾击面，两军不相见，汉益纵左右翼绕单于”（《汉书·卫青传》）。“张左右翼”，“纵左右翼绕……”正是骑兵以其快速机动的特点，作左右角用以夹击敌人的战斗队形。

为了明了秦骑兵的队列及其编制，我们就先看一下同那个时代相去不远或接近的军事家们的有关论述。于此，我们以为《六韬》一书较为全面而具体。据《均兵》记，骑兵战斗编制的最小单位是“五骑”（列），依次递进是“队”（又称“屯”，六列计30骑）、“辈”（包括两屯，计60骑）。而设置的各级军吏都是跨单位的，即“五骑一长，十骑一吏，百骑一率，二百骑一将”。

骑兵的战斗队形，根据地形的不同在编组上是有区别的。“易战之法：五骑为列，前后相去二十步，左右四步，队间五十步。险战者前后相去十步，左右二步，队间二十五步。三十骑为一屯，六十骑为辈。纵横相去百步。”（图Ⅰ-8：7）很明显，在平坦地形作战，列内骑兵与骑兵的前后间距、列与列的左右间距、两个战斗编队间的距离，采取的是横向展开的疏散队形，以便更大地发挥单骑的作战威力，而在险阻地形上，则采取密集的战斗队形，以应付地形和敌情于己不利的态势。

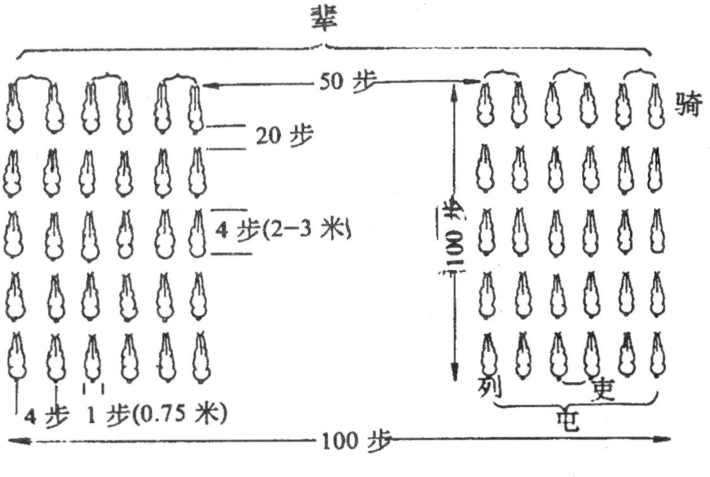

图Ⅰ-8：7 战国时期骑兵战斗队形示意图

(二)秦骑兵的配置与战术地位

秦骑兵俑群位处于模拟营垒的二号坑左部，占有三个过洞，呈有很大的长方形小营。每一骑士牵一匹战马入编定位，行列对齐，纵向 12 列，横向 9 行，计 108 骑。另外，在车步混宿小营的三个过洞里有 8 骑殿后。骑兵总数是 116 骑。仔细分析，它们是按三种情况配置的，即：

第一种：车、骑混编——第 1 行是 3 乘驷马战车，第 2 行有 12 骑，第 3 行又是 3 乘驷马战车。也就是说，车骑编队时，其中有一行骑兵总是处于前后两行的 6 乘战车之间的。

第二种：骑兵队——第 4 行至第 11 行，共有 8 行 12 列，计 96 骑，是纯粹的骑兵队。

第三种：殿骑——1 行 8 骑。

因为坑中俑数具有很大的象征性，只有布局才是真实的。故第一种仅表现“轻车锐骑”与战争的场面，第三种表现的则是骑兵的另一作用——殿骑——保护战车和步卒。

《曹公新书》把骑兵部分分为战骑、陷骑和游骑三部分。当攻击正面之敌时，“战骑居前，陷骑居中，而游骑居后”。如果对付后面来犯之敌时，就需要回军转阵，把次序倒过来，使“游骑当前，战骑当后，陷骑临变而分”(《唐太宗李卫公问对》卷中引)(图Ⅰ-8：8)。这是一种正规骑兵的战斗队形，由前到后，分为三线，灵活多变。能否说处于早期阶段的秦骑兵已经孕育了这三线分骑的胚胎？

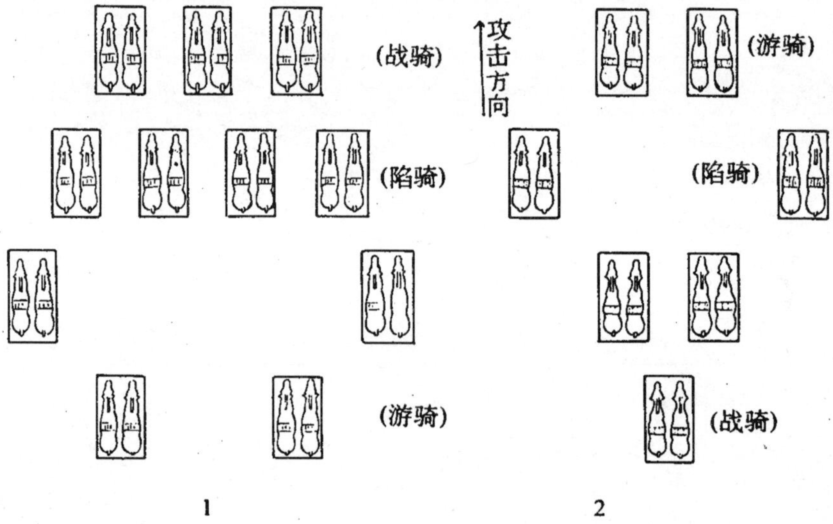

1. 攻击正面敌人时的队形　2. 攻击后面敌人时，需回转正面，队形稍加改变

图Ⅰ-8：8　曹操、李靖的战斗队形

说实在的，秦俑骑营的第二种编组才真实地再现了秦骑兵队形的编法。其特点表现在：

第一，在一个过洞中，8 骑为列，4 列为一纵队，计 32 骑。三个过洞为 3 个纵队。那么，3 纵队就构成为一支骑兵大队，共计 96 骑。显然，这同《六韬》的“五骑为列”，“三十骑为一屯，六十骑为一辈”的编法不同。在队内的一行中只有 4 骑，冲锋时是齐头并进的。可见 4 骑是组成秦骑兵的基层单位。

第二，列内的两骑间距大（1 米），行间两骑间距小（0.5 米），队间距离更大（3 米），符合骑兵战斗队形编列的战术要求。同杨家湾汉墓骑俑密密麻麻的排列（图Ⅰ-8：9），有着很大的不同。

第三，秦骑兵的行、列、队都呈偶数配置，这也为我们提供了发现各级骑吏的

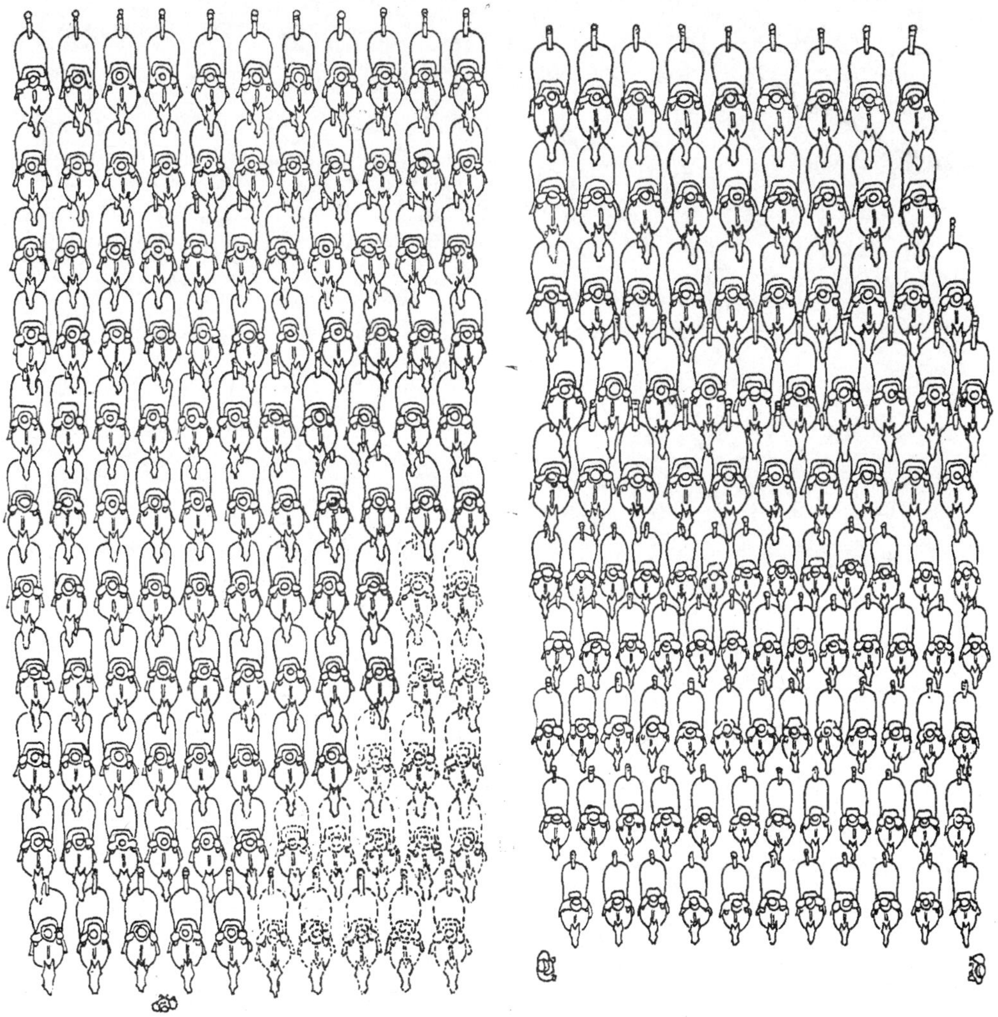

图Ⅰ-8：9　咸阳杨家湾汉墓从葬坑出土汉俑骑兵队列图

一点线索。

机动，是骑兵队战斗队形的实质。舍此是谈不上战斗力的。从自身的优越性出发，为了便于行动，骑兵的队形无论是行军或是战斗，都取纵队的形式。秦俑坑骑队、杨家湾汉墓骑俑群，都作纵长的疏朗排列，就是最好的说明。从中我们也可以看出，秦俑骑兵中 8 行内 4 骑为列的部分，分在 3 个过洞中，即 3 个纵队。而杨家湾汉墓的骑兵队则是分成左右两群的，而且数量也多。显然秦俑骑兵反映的是一种“小纵队”的编法。不过，除去两者的小差异，从总体上还是能够说明“小纵队”毕竟是秦汉骑兵战斗队形的基调。而这小集团性的骑兵队，应该也是构成早期骑兵方阵的基础。

秦俑坑骑兵俑群，提供给我们的是宿营待发、配合车兵和步兵协同的实例。若果从整体观察，还不难发现这么一个事实，即：在兵力配置上，骑兵俑群偏处一隅，其数量也远远地少于车、步俑之数。那么，结合文献记载，同样不是可以说明这么一个道理？即：秦骑兵虽然已经是一支雄壮强盛的独立兵种，但毕竟还没有取代车、步兵而成为作战的主力。在战斗中，还必然要同步兵、车兵配合。所以，协同作战、量机而用，就成了当时军事家掌握的一门指挥艺术。孙膑曾经说“易（平地）则多其车，险（险峻）则多其骑，厄（隘塞）则多其弩”（《孙膑兵法·八阵》）的话，正是根据地形灵活用兵的不易之论。

尽管骑兵还没有成为秦始皇时代的作战主力，但在统一战争的交响乐中，它却是一支最强音。因为骑兵行动轻捷灵活，能离能合，能散能集，远距离可作快速奔驰，百里为期，千里而赴。在短时间内长途奇袭，可使敌人防不胜防，出入无间，还能迅速转换作战方式，所以称之为“离合之兵”。而秦国具有光辉悠久的养马史、传统的驾驭术、早兴的骑兵队，这些因素就使得秦骑兵优胜于关外六国。

在并存的诸兵种中，骑兵之所以备受重视，就在于执远战兵器弓弩的战士速度快，能立即投入战斗，随时可调换攻击方向。战斗队形对复杂地形的适应性强，其高度的机动力和强大的冲击力，也是其他兵种所不能取代的。这种独特的骑兵战术，正如孙膑所认识并概括的那样：“用骑有十利”，即：“一曰迎敌始至；二曰乘敌虚背；三曰追散击乱；四曰迎敌击后，使敌奔走；五曰遮其粮食，绝其军道；六曰败其津关，发其桥梁；七曰掩其不备，卒击其未振旅；八曰攻其懈怠，出其不意；九曰烧其积聚，虚其市里；十曰掠其田野，系累其子弟。此情，骑战利也。夫骑者，能离能合，能散能集，百里为期，千里而赴，出入无闲，故名离合之兵也”（《通典》卷 149、《太平御览》卷 300 引）。随后的兵书由此而把骑兵的战术原则又总结为“十胜”（《六韬》[8]）、“十利”（《武经总要》卷 4）等。总之，骑兵战术的这十种制胜的原则实际都是由“驰骤便捷，利于邀击奔趋”（《阵纪》）的高度概括而具体化来的，那么，速度构成了骑战的核心，即：凌厉的冲锋，诡秘的奇袭，迅速的迂回，闪电式的侧击夹攻，独立的侦察，掩护自己步兵、骚扰敌人。公元前 260 年，秦、赵长平大战中，“（秦军）张二奇兵以劫之……秦骑兵二万五千人绝赵军后，又一军五千骑赵壁间”（《史记·白起列传》）。秦五千骑兵以迅雷不及掩耳之势绕过赵军翼侧，迂回至后方营垒，将它截为两段，断其粮道，使之不能救援，最后致使赵军全军覆没，从而创造了多兵种协同而又用骑以奇的光辉战例。

但骑兵的运用，也有其缺陷，正如兵书上总结的骑战有“九败”（《六韬·犬韬·战骑》[9]）。“八害”（《武经总要》卷4）。其中心内容是骑兵受到地形的限制而招致失败，如陷于“天井”（周围高峻）、“地穴”（低陷）及沼泽难行之地，大涧幽谷、木林茂密之地，深沟坑阜之地……这些地形，均是骑兵的“死地”、“败地”，深为兵家之所忌。其次，也因为骑兵的冲锋速度高而容易脱离本部，如果长驱不止而陷敌又不能破阵，再加之后续部队接应不上，就将受到敌人截击或伏击而陷入进退为难的困境。那么，只有“明将”远避之，才能化险为夷，而且也只有选择平旷的地带给骑兵创造出高速度冲杀的场所，“一骑当步卒八人”的优势才能得到充分的发挥。

四　秦汉骑兵史上辉煌的一页

（一）成长中的秦骑兵

秦汉时代的骑兵固然还处于中国骑兵史上的“童年时期”，但它迈出的步履终究给我们留下了借以观察其成长进步的轨迹。

西周时期，秦人在同戎人的争夺中已能上马作战。到春秋时代中期，秦骑兵作为一支能够独立作战的兵种才崭露头角。不过，因时代条件的局限，还发挥不了太大的作用。直至秦始皇并灭六国的统一战争中，骑兵数量急骤增多，其作用也明显地加强。但在战车仍发挥着主要作用、步兵已承担战斗重要力量的情况下，无论从战略上或指挥上，骑兵还只能作为一种配合性兵种来使用，其性质依然还属于一支机动的力量。因此，在部署兵力时，还是以车为正，以骑为奇的。用骑兵还只能是“用骑以出奇，取其神速”（〔明〕无名氏：《草庐经略》卷5），以便在运动中消灭敌人。

秦王朝建立之后，军事重心转移到国防，接敌对象变为北攻胡貉、南攻杨越。对于强悍的匈奴骑兵，没有一支训练有素、强健精锐的骑兵是难于角逐的。蒙恬率军击败匈奴、使之远退漠北，十余年不敢南下。特别是50万大军进军岭南，长途驰驱，当然是少不了骑兵的。秦骑兵已是一支举足轻重的兵种，汉设置“材官骑士于郡国”也是“踵秦”的结果。像楚汉相争时，“楚骑来众，汉王乃择军中可为车骑将者，皆推故秦骑士重泉人李必、骆甲习骑兵，今为骑兵，可为骑将”（《史记·灌婴列传》）。

(二) 强盛的汉代骑兵及其业绩

匈奴利用秦末汉初中原战争纷乱的机会，就极力扩充自己骑兵，其总数可达到30余万之众。随之，他们便大事南侵，占据了今河套及伊克昭盟地区。汉高祖七年(公元前200年)，匈奴单于冒顿率骑攻下马邑（今山西朔县），并把刘邦亲率的32万兵围困于平城（今山西大同市东）的白登山七天七夜（《汉书·匈奴传》)。平城之战，使西汉统治者认识到：要战胜匈奴骑兵，光靠步兵是无能为力的，必须有强大的骑兵。所以，自汉文帝起，就设立了马政，加强养马事业，而且也初见成效。文帝三年（公元前177年），“匈奴大入北地（今甘肃宁县西北）、上郡。令丞相婴将骑八万五千往击匈奴”(《汉书·灌婴传》)。“孝文十四年（公元前166年)，匈奴单于十四万骑入朝那（今甘肃平凉县西北）、萧关（今甘肃环县长城上）……于是文帝以中尉周舍、郎中令周武为将军，发车千乘、十万骑，军长安旁以备胡寇。”同时还封卢卿为上郡将军、魏遬为北地将军，周灶为陇西将军，张相如为大将军、董赤为将军，“大发车骑往击胡”(《汉书·匈奴传》)。

汉武帝时期（公元前140年～前87年）建设和发展骑兵队伍，可说是西汉骑兵达到了最强盛的时期，表现在：

第一，骑兵数空前庞大，承担起抗击匈奴的主要任务。

汉武帝一开始就重视马政建设，下令繁殖军马，扩建骑兵。经过六七年的努力，已拥有甲马45万匹，从而建立起一支精良的骑兵队伍。自元朔元年（公元前128年）至元狩四年（公元前119年)，汉、匈双方在阴山和祁连山进行了10年的争夺战，汉家每次出兵都在数万骑，最多的一次可达到18万骑[10]。公元前128年，匈奴骑兵入侵雁门，杀死汉军千余人。卫青率汉骑兵3万驰救，匈奴受挫后北归。次年，匈奴攻上谷（治今河北怀来东南，辖今张家口、小五台山以东，赤城、延庆以西，昌平以北)、渔阳郡（治今密云县西南，辖境今河北围场以南，蓟运河以西，天津市以北，北京市怀柔、通县以东地区)，武帝命卫青、李息率精骑三五万，采取大迂回战略，暂置上谷、渔阳于不顾，而是西出云中（今内蒙托克托东北)，迅速沿黄河向西，绕至朔方侧后，对河南地区的匈奴楼烦王和白羊王进行袭击，歼敌5000人，缴获牛羊百万余头，迫使匈奴二王北遁。卫青一直追至高阙（今内蒙杭锦后旗西北)，尽得秦时的河南地，汉于此设立了朔方郡。

“河南之战”，正如有的学者指出的：“拉开了我国骑兵时代的序幕，从此，骑兵便成了决定战争胜负的主要力量”(卢林语)。

匈奴失却阴山之后，痛心疾首，过之者未尝不哭。右贤王曾多次进攻朔方郡，想夺回河南失地，都被汉军骑兵所击败。公元前121年，汉军又发起“河西之战”。年轻的骠骑将军霍去病率数万骑兵，西进河西走廊，奔袭两千余里，共歼匈奴军4万余人，打通了西域通道。公元前119年，汉武帝又派大将军卫青与霍去病分率两个骑兵纵队约 10 万人，分别出定襄、代郡，又发动了“漠北（今蒙古库伦东南地区）大决战”，共歼匈奴主力 9 万余人，使漠南再无匈奴王庭。在汉军对匈奴 44 年的战争中，我们可以看出：骑兵逐渐发展壮大，并逐渐成了作战的主力，在中国骑兵史上写下了光辉的一页。

第二，创造了适合骑兵战斗的作战队形，形成了一套全新的战术理论。骑兵是一种进攻型的兵种，机动而快速，其作战队形既需要开阔的界面，尤要更远的纵深。所以，中国早期骑兵的队形都带有方阵的色彩。秦俑骑兵队是如此，杨家湾骑俑队形也是如此。汉大将军卫青的骑兵集团却取了以中军为核心的前后左右五军编组的队形（图Ⅰ-8：10）。公元前 123 年，卫青奉命率十余万骑兵出定襄东进，寻找伊稺斜单于的主力决战。汉军的公孙敖为中将军，赵信为前将军，公孙贺为左将军，苏建为右将军，李广为后将军。另有李沮为强弩将军。这种队形的特点是前军作为尖兵，可在正面接敌；左右军作为两翼，以防敌侧击；后军担任警戒，以防包抄。五军兵力既适用于行军、宿营，又便于作战。所以是行军队形也是战斗队形，两者的结合更能适应骑兵的高速机动。在漠北大战中，卫青将右翼纵队也是编为五军的。大将军自率精兵追击，以前军李广部和右军赵食其部在东侧作掩护。在同匈奴大军相遇之后，为防突袭，卫青在阵前以武刚车环绕为营，并派 5000 骑进击敌人以探测虚实。汉匈双方激战时，时值黄昏，卫青把主力分为左右两翼，取包围的态势。伊稺斜单于突围出走，卫青派轻骑急追，自率主力承后。

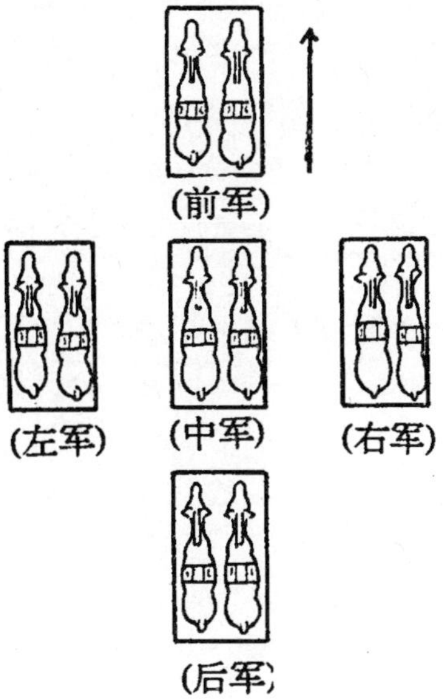

图Ⅰ-8：10　**西汉卫青的骑兵五军编队**

汉军的防御队形，除去卫青“以车为营”外，李广在河西之战中也曾以 4000 骑兵为“圆阵内向”。尽管匈奴“矢下如雨”，却使十倍于己的匈奴骑兵无法突破（《汉书·李广传》）。当然，骑兵的防御不应该是消极的守阵，而应同其他作战手段配合起来，作积极的进攻才是对的。

汉武帝时期对匈奴作战，由战略防御转入战略进攻。为充分发挥骑兵的作用，曾采用了一套灵活的进攻性战术。如公元前 124 年，卫青率主力军队，自朔方渡黄河，出高阙塞，直指右贤王王庭。李息、张次公部则出右北平（今河北平泉县）。前为主攻方向，后为牵制匈奴左翼而选择的又一进攻方向。二者有主有次，相互配合。公元前 121 年，汉军的主要进攻方向是由霍去病出北地，直捣河西，张骞、李广等从右北平出发作策应。而有些大的战役，还会安排两个以上的进攻方向，像公元前

112年出兵南越，则是由四路军出发而会师番禺的。

骑兵快速机动，能适应远程奔袭的需要，因此就可以避实就虚，千里迂回，出其不意地歼灭敌之主力或各个击破。公元前121年的“河西之战”中，霍去病率万骑沿渭河河谷长驱直入，仅用6天时间就穿越五个王国，转战千余里，歼敌8960人，至敦煌而归。同年夏，汉武帝派张骞、李广出右北平，分两路进击实力较强的匈奴左贤王，并牵制伊穉斜单于，使其不能援救西部。另一面令霍去病、公孙敖率精锐骑兵，实行大迂回，出北地渡黄河，向西北，至居延海，再转而南下至小月氏（今甘肃酒泉市）和张掖，在祁连山地区向匈奴展开歼灭战，擒获五王，斩首3万余级，并西逐诸羌。

第三，涌现出一大批骑兵将领。

汉武帝对霍去病“尝欲教之吴孙兵法”（《汉书·霍去病传》），足见其是善于学习并懂得兵法的。曾“置尚武之官，以《司马兵法》选任，秩比博士”（荀悦：《申鉴·时事篇》）。对匈奴、南越和朝鲜作战，也足以显示了他的指挥才能。汉武帝之所以能取得赫赫战功，还同他拥有一大批骑兵将帅是分割不开的。据《汉书·卫青霍去病传》记载，虽说大将军卫青和骠骑将军霍去病是骑将中的佼佼者，实际上在他们手下还有一大批英勇善战的将、校，像卫青的“特将”就有李广、张骞、公孙贺、李蔡、曹襄、韩说、苏建、李息、公孙敖、李沮、张次公、赵信、赵食其、郭昌、荀彘等15人，另有“裨将及校尉侯者九人”。霍去病的“校尉吏，有功侯者六人，为将军者二人（路博德、赵破奴）”。

第四，国家设立有规模很大的养马场，为骑兵提供了源源不断的马源。

《汉书·食货志》载：“天子为伐胡，盛养马，马之往来食长安者数万匹，卒掌者关中不足，乃调旁近郡。”厩苑是牧马的军马场，不但设立于首都长安，而且也设立于内地其他各县，以至于边境地区。汉景帝时，“益造苑马以广用”（《史记·平准书》）。曾设“诸苑三十六所，分布北边、西边，以郎为苑监，官奴婢三万人，养马三十万匹”（《汉书·景帝纪》如淳引《汉仪注》）。武帝时，养马规模更为宏大。钱大昭据《汉书·百官公卿表》说，在陇西、天水、安定、北地、上郡、西河等边境六郡设有六牧师苑令，每令下均有三丞，分管诸苑。《汉旧仪》说：“天子六厩：未央厩、承华厩、騊駼厩、路軨厩、骑马厩、大厩，马皆万匹。”如果再加上各地厩苑的马，国家的军马总数足以达到四十万匹之多。

汉武帝在北军中曾设有屯骑、越骑、长水、胡骑等四个骑兵校尉，各有700余人，专门从事骑射训练。而每次战争派出的骑兵总在三五万到10万左右骑。但出兵时，战马数总是要比这多得多。超员的用意，在于补充，这就是预留的所谓“副马”。元狩五年（公元前118年），“发十万骑，私负从马，凡十四万匹”。马的死伤率之高有时是惊人的，“汉马死者十余万匹”（《汉书·匈奴传》）。卫青、霍去病“两军出塞，塞阅官及私马凡十四万匹，而后入塞者不满三万匹”（《汉书·卫青霍去病传》)。如果没有规模巨大的养马场作为后盾，要支持一支约几十万骑的骑兵队伍，那简直是不可想象的，而如果对战场上马匹的损耗不能及时补充，要取胜也是不可能的。

汉武帝雄才大略，武功多有建树。他把中国轻骑兵推向发展中的第一个高峰，不但在秦汉时期而且在中国骑兵史上也写下了光辉的一章！

注 释

[1] 恩格斯：《骑兵》，载《马克思恩格斯全集》第 14 卷，人民出版社，1964 年 8 月版。

[2] 杨泓：《中国古兵器论丛·骑兵和甲骑具装》，文物出版社，1985 年 10 月版。

[3]（日）梅原末治：《洛阳金村古墓聚英》，1945 年版。

[4] 同 [2]。

[5]《左传》昭公四年（公元前 528 年）司马侯语。

[6] 这里的“邺”，实际就是狄人从卫国手里夺取的地方，即河内殷墟。

[7] 中原骑兵产生的时间，据古文字学家于省吾先生研究，认为早在殷代就流行着骑马和骑射的风气，因为甲骨文里就有大量养马的记载（参见《商代的交通和驲传制度》，《中国人民大学学报》第 2 期）。温少峰、袁庭栋也赞成此说，并认为“也有少量骑兵”（参见《中国古代战争》，四川省社会科学院出版社，1988 年）。

[8]《六韬·犬韬·战骑》用骑兵“十胜”。实际是按照敌情的不同而用骑取胜的方法。为便于释读，今列表如下：

序号	敌情区别（战机）	我方骑兵的战法
一	“敌人始至，行阵未定，前后不属”时	“陷其前骑，击其左右，敌人必走。”
二	“敌人行阵整齐坚固，士卒欲斗”时	“吾骑翼而勿去，或驰而往，或驰而来，其疾如风，其暴如雷，白昼而昏数更旌旗，变易衣服，其军可克。”
三	“敌人行陈不固，士卒不斗”时	“薄其前后，猎其左右，翼而击之，敌人必惧。”
四	“敌人暮欲归舍，三军恐骇”时	“翼其两旁，疾击其后，薄其垒口，无使得入，敌人必败。”
五	“敌人无险阻保固”时	“深入长驱，绝其粮路，敌人必饥。”
六	“地平而易，四面见敌”时	“车骑陷之，敌人必乱。”
七	“敌人奔走，士卒散乱”时	“或翼其两旁，或掩其前后，其将可擒。”
八	“敌人暮返，其兵甚众，其行陈必乱”时	“令我骑十而为队，百而为屯，车五而聚，十而为群，多设旌旗，杂以强弩，或击其两旁，或绝其前后，敌将可虏。”

（原说用骑有“十胜”，而此处仅列“八胜”。疑有脱简）

[9]《六韬·犬韬·战骑》所说的“九败”，指的是用骑兵时有九种敌情和地形的忌讳。今列表如下：

序号	对骑兵不利的形势	“死地”名称
一	“凡以骑陷敌，而不能破阵，敌人佯走，以车骑反击我后”时	“败地”
二	“追北逾险，长驱不止，敌人伏我两旁，又绝我后”时	“围地”
三	“往而无以返，入而无以出，陷于天井、顿于地穴”时	“死地”
四	“所从入者隘，所从出者远，彼弱可以击我强，彼寡可以击我众”时	“没地”（覆没之地）
五	“大涧深谷，翳秽林木”的环境	“竭地”（耗尽气力之地）
六	“左右有水，前有大阜，后有高山，三军战于两水之间，敌居表里”	“艰地”（艰难险恶的地形）
七	“汙下沮泽，进退渐洳”的沼泽泥泞地	“患地”（灾难之地）
八	“敌人绝我粮道，往而无以返”	“困地”
九	“左有深沟，右有坑阜，高下如平地，进退诱敌”的易入难出之地形	“陷地”

[10] 汉武帝对匈奴作战，派出去的军队主要是骑兵，而每次都在万骑以上。仅据《汉书》的《卫青霍去病传》、《匈奴传》和《武帝纪》的记载，就有如下一些史料：

公元前 129 年（元光六年），“拜（卫青）为车骑将军，击匈奴，出上谷；公孙贺为轻车将军，出云中；太中大夫公孙敖为骑将军，出代郡；卫尉李广为骁骑将军，出雁门；军各万骑”。

公元前 128 年（元朔元年），“其秋，青复将三万骑出雁门，李息出代郡”。

公元前 127 年，“匈奴入上谷、渔阳，杀略吏民千余人。遣将军卫青、李息出云中，至高阙，遂西至符离……收河南地，置朔方、五原郡”。此次出骑兵估计也在数万人。

公元前 124 年（元朔五年），“大将军卫青将六将军兵十余万人出朔方、高阙”，“令青将三万骑出高阙……”

公元前 123 年，“大将卫青将六将军兵十余万骑出定襄……”

公元前 121 年（元狩二年），“去病侯三岁……将万骑出陇西，至皋兰，斩首八千余级”。“其夏……博望侯张骞、郎中令李广俱出右北平，异道。广将四千骑先至，骞将万骑后”。

公元前 119 年（元狩四年），“大将军卫青将四将军出定襄。将军去病出代郡，各将五万骑。步兵踵军后数十万人”。

公元前 110 年（元封元年），“武帝巡边。出长城……勒兵十八万骑，旌旗径千余里，威震匈奴”。

公元前103年（太初二年），“遣浚稽将军赵破奴二万骑出朔方击匈奴”。

公元前100年（天汉元年），“贰师将军（李广利）三万骑出酒泉，与右贤王战于天山”。

公元前97年（天汉四年），“遣贰师将军李广利将六万骑、步兵七万人出朔方，因杅将军公孙敖万骑、步兵三万人出雁门……”与匈奴单于、左贤王战。

公元前90年（征和三年），“匈奴入五原、酒泉，杀两都尉。……重合侯马通四万骑出酒泉……通至天山”。

玖　战士风霜老　将军雨露新

——秦军官俑与士兵俑概论

军队作为有生气的战斗力量，是由指挥员和战斗员这两部分人有机的结合而体现的。

先秦时期的指挥官统称为“军吏”[1]，一般称“武官”[2]。以后才出现了“将”、“武将”、“军校”一类具体的称呼。西汉时，又出现了“军官”一名[3]。至于对直接操持武器，执行战斗任务的军人，在春秋以前是由“甲士”和“徒卒”两部分人组成，随后才有“士卒”和“士”的泛称[4]。官同兵的表面性区别，无论从舞台上的戏剧人物到实际生活中见到二者的形象，均“一目了然”。人们往往把他们概括为“将”和“卒”，或“官”同“兵”。但具体到各自的细节，特别是涉及指挥官的组成序列、军吏的衔级和爵秩等问题，那就成了从文献记载中得来的模糊印象了。

秦俑坑出土的兵马俑，确是一批秦军吏和士兵的形象。他们展现的是秦国军事生活中具有代表性的内容，并非是“三军”的模拟或缩影。鉴于此，我们只有通过对军吏俑进行排比、对照文献，从辨析中才能找到它们各自的衔级。同样，此法也可以推断出军爵的秩次来。

战国以来，由于具有自由民身份的农民入伍，给军队注了新的血液，并成为作战的主力。他们进入步兵和骑兵的行列，同样也一改旧时车兵为主的体制。这时，战场上不再是“甲士”拼击、徒卒随车、“车驰卒奔”的战斗力量格局。秦军在商鞅变法之后，实行军功爵制，昔日国君挂帅、六卿兼将的做法也不复存在。

秦士兵俑在阵营中的编制，同样为研究秦的兵制提供了依据。

一、秦俑坑中武官俑军职考辨

（一）秦国武官系统编制索解

《商君书·境内》载：“军爵自一级以下至小夫，命曰校徒、操出（士）。公爵自二级以上至不更，命曰‘卒’。其战也，五人来（束）簿为‘伍’……五（十）人一‘屯长’，百人一‘将’……‘五百主’，短兵五十人。‘二五百主’，将之主，短兵百。‘千石之令’，短兵百人。‘八百之令’，短兵八十人。‘七百之令’，短兵七十人。

'六百之令'，短兵六十人。'国封（?）尉'，短兵千人。'（大）将'，短兵四千人。"[5]我们明白，根据文、武分途的实际，固然千石之令、八百石之令、七百石之令和六百石之令等，是些不同禄位的县令，虽然平时也有训练预备役和地方兵的责任，但实际上指挥作战的却是自成系统的各级军官。

军官序列从高到低的排比是：

大将——→国尉——→主将（两个"五百主"）——→？将（"五百主"）——→将（领有百卒）——→屯长（领五十卒）——→伍长（领五卒）

在这里，有几个军官名称是需要稍作辨正的：

1. 屯长（敦长）

《史记·陈涉世家》载："二世元年七月，发闾左适戍渔阳九百人，屯大泽乡。陈涉、吴广皆次当行，为屯长。……广起，夺而杀尉。陈胜佐之，并杀两尉，召令徒属。"可见这支九百人的"适戍"队伍是分由几个"尉"率领的。而身为"屯长"的陈胜、吴广同样也在被征发的戍役之内，到军中也不过是按地方行政编制队伍的一些小头目而已。既谈不上指挥作战，更算不得什么军官，充其量只相当于现代军队中的排、班长罢了。

2. 国尉

秦昭王三十四年（公元前293年），白起由左更（十二级爵）"迁为国尉"，次年"为大良造"（十六级爵），再经过8年的征战才"迁为武安君"（《史记·白起列传》）。这时国尉的爵位虽比商鞅时要高，但并不常置。像白起免相之后"为士伍"，经过20年，秦始皇以大梁人尉缭"为秦国尉"，"用其计"（《史记·秦始皇本纪》）。尽管尉缭的政治地位很高，但并没有统军作战，其作用大概相当于高级的政治参谋而已。

《汉书·百官公卿表》："太尉，秦官，金印银绶，掌武事。"太尉同丞相、御史大夫并列为中央"三公"。而张守节在《正义》中注尉缭"为秦国尉"时说："若汉太尉，大将军之比也。"似乎"国尉"就是"太尉"、大将军一级的军官。若从《商君书·境内》看，国尉率兵作战，颁赐赏赐，其地位虽在大将之下，还不是最高的军事长官，更不能同汉代"掌武事"的太尉相提并论。由此我们可以说，至少在秦昭王之前的国尉虽属一级军官，却是在大将之下，千石之上。至于秦始皇封尉缭为国尉，只是把他当做谋士对待，并没有令其指挥战争。

3. 将和将军

由《商君书》看，将分有等级，从大将、主将、五百主之将到百人之将，有着大小的区别。但统言军事指挥时，一言以蔽之曰"将"，只有对统兵的高级指挥员才称"将军"。可见这时军官系统的构成，不过是"大将"、"国尉"，以及国尉以下的三级"将"（"主将"、"五百主"之将、百人之将）而已。

那么，独出于《商君书》的秦国军官等级制，是否照样延续到以后的时间里？

首先，在这里让我们据史实考述一下秦武官的称谓问题。

秦的武官有将、校、尉三种。但往往也因兵种的不同而别有称呼。

将官——

正职的"大将军"、"上将军"和一般的"将军"，简称为大将、上将、主将。副职则有"裨将军"、"副将"和"偏将"。

如遇有大的战役，因为带有决战性质或特殊情况，才有大将军或上将军出任统帅。因为他要指挥三军的多兵种来进行军事对抗，其身份就相当于今日之军团司令。秦昭王四十七年（公元前260年）令武安君白起为上将军、王龁为尉裨将，曾出奇兵、轻车、骑兵，大战于长平。长平之战，使赵国损失45万人，秦军之数也大体与之相当。次年，白起又想一举灭赵，分秦军为三，王龁、司马梗和白起本人各将一军分别攻打武安、皮牢，北定太原，趋邯郸（《史记·白起列传》）。正因为这是在大的地域上的军事行动，其最高指挥非大将而不可！又如《史记·项羽本纪》载："章邯都尉董翳劝邯降楚……羽乃立邯为雍王，置楚军中，使长史欣为上将军，将秦军为前行。"

大将军和上将军不常置，在派出的大部队中也可以多设几位将军。而在单独派出的一支部队中只设一位将军就可以了，称之为"别将"。例如：项梁乃使沛公及项羽为别将，与司马尼战于砀东。

骑兵之将称"骑将"。《史记·灌婴列传》："汉王乃择军中可以为骑将者，皆推故重泉人李必、骆甲习骑兵，今为校尉，可为骑将。……所将卒斩右司马、骑将各一人。"骑将也分左右，《汉书·傅宽传》："沛公为汉王，赐宽封号共得军。从入汉中，为右骑将。"另外，还有"骑千人将"的称号，《汉书·靳歙传》："击秦军开封东，斩骑千人将一人。"注：如淳曰："骑将率号为千人。"

有些车兵同骑兵统归一位将军率领者，则命之曰："车骑将军"。

校官——

简称"校"。校尉，分左右，受将军统领。《史记·陈涉世家》："秦左右校复攻陈，下之。吕将军走，收兵复聚。鄱盗当阳君黥布之兵相收，复击秦左右校，破之青波，复以陈为楚。"《黥布列传》也有"击秦左右校，破之青波"的记载。《索隐》释左右校为"左右校尉军也"。

尉官——

具"尉"衔的武官有很多，军中除国尉外，秦中央政府有掌宫门卫屯兵的"卫尉"，"掌徼循京师"的"中尉"。在地方上还有"掌佐守典武职甲卒的郡尉"（《汉书·百官公卿表》）。前两者是中央屯卫兵的高级军吏，同地方军有所不同。郡县兵如被征发，郡尉就得带兵作战，或称"都尉"。《华阳国志》就有"秦大夫张仪、司马错、都尉墨等从石牛道伐蜀"的记载。《资治通鉴》秦始皇二十二年（公元前225年）："楚人因随之，三日三夜不顿舍，大败李信，入两壁，杀七都尉。"胡三省注："此郡都尉将兵从伐楚者也。……然秦汉之制，行军亦自有都尉。"尉带兵打仗，因而有时竟自称“将”。《陈涉世家》：“将尉醉，广故数言欲亡，忿恚尉……”《索隐》引《汉旧仪》：“大县二人，其尉将屯九百人，故云将尉也。”

因为是同郡的兵多编在一起，故而由郡尉统领，或参加大部队或单独作战。《史记·灌婴列传》载：“婴初以中涓从，击破东郡尉于成武及秦军于扛里。”

由于特殊需要，还特设“护军都尉”、“关都尉”（《汉书·百官公卿表》）。秦始皇使“扶苏北监蒙恬于上郡”（《史记·秦始皇本纪》）。二世逼死扶苏、蒙恬之后，又“以李斯舍人为护军”（《史记·蒙恬列传》）。所谓“监军”、“护军”，实际上都是秦的“护军都尉”。

骑兵尉官称“骑都尉”。《汉书·靳歙传》：“沛公为汉王，赐歙爵建武侯，迁骑都尉。”

辅助各级军官的佐吏，见有如下一些：

司马——《史记·曹相国世家》：“参功：……得王二人、相三人、将军六人，大莫敖、郡守、司马、侯、御史各一人。”据《后汉书·百官一》载：“校尉一人，比二千石；军司马一人，比千石。部下有曲，曲有军侯一人，比六百石。”司马因兵种不同而有专称，像“车司马”即是。《史记·靳歙列传》：“战蓝田北，斩车司马二人。”《集解》：“张晏曰：‘主官车。’”主管骑兵之司马分左右，《汉书·灌婴传》：“所将卒斩右司马、骑将各一人”。张晏注曰：“主右方之马，左亦如之。”

军侯——简称“侯”。《史记·项羽本纪》：“梁部署关中豪杰为校尉、侯、司马……章邯狐疑，阴使侯始成使项羽，欲约。”《集解》：“张晏曰‘侯，军侯’。”《索隐》：“侯，军侯，官名。始成，其名。”

仆射——《秦律杂抄》：“徒卒不上宿，署君子、敦（屯）长、仆射不告，赀各一盾。”这里的“署君子”按云梦秦简的注释是“防守岗位的负责人”。看来在军中，它是属于一种专职的军吏。仆射似乎属于管车的一级军吏。《秦律杂抄》：“同车食，敦（屯）长、仆射弗告，戍一岁。”《孙子·作战》曹操注：“陈车之法，五车为队，仆射一人；十车为官，卒长一人。”

骑长——骑兵之长。《汉书·靳歙传》：“……斩车司马二人，骑长一人。”注：张晏曰：“骑之长。”

其次，我们就秦武官同《境内》篇所记做一对比。

因为秦自商鞅变法之后，实行的是军功爵制，其官秩都被纳入爵等的行次之中，也就是说官职同爵位不分。大约是在第十六级大良造以下的爵名就是官名。军官的阶级(等级身份)也从中有着明确的反映。为了以后比较方便,今列表如下(见表一)：

在军队中，地位最低的兵是“小夫”，他同获得一级爵的“公士”都属于尚处于正在接受军事训练的“校徒、操士”阶段。四级爵以下的，还都是兵，叫做“卒”。五级爵的“大夫”以上，才算进入了军官系列之阶，以至于再上达到将帅。将军相当于文官卿的地位，上将军才可以位列“三公”（《史记·白起列传》）。(见表二)

表一　《商君书·境内》篇所记军官与爵秩对照表

<table>
<tr><th colspan="2" rowspan="2">军吏阶级</th><th rowspan="2">政治身份</th><th colspan="2">爵秩</th></tr>
<tr><th>等级</th><th>名称</th></tr>
<tr><td colspan="2" rowspan="2">校徒操士</td><td>庶子</td><td>无</td><td>（小夫）</td></tr>
<tr><td rowspan="4">士</td><td>1</td><td>公士</td></tr>
<tr><td colspan="2" rowspan="3">卒</td><td>2</td><td>上造</td></tr>
<tr><td>3</td><td>簪袅</td></tr>
<tr><td>4</td><td>不更</td></tr>
<tr><td colspan="2">屯长</td><td rowspan="5">大夫</td><td>5</td><td>大夫</td></tr>
<tr><td rowspan="4">吏</td><td>将</td><td>6</td><td>官大夫</td></tr>
<tr><td rowspan="3"></td><td>7</td><td>公大夫</td></tr>
<tr><td>8</td><td>公乘</td></tr>
<tr><td>9</td><td>五大夫</td></tr>
<tr><td colspan="2">左裨将</td><td></td><td>10</td><td>左庶长</td></tr>
<tr><td rowspan="8">军将</td><td>右裨将</td><td rowspan="8">卿</td><td>11</td><td>右庶长</td></tr>
<tr><td rowspan="6">？</td><td>12</td><td>左更</td></tr>
<tr><td>13</td><td>中更</td></tr>
<tr><td>14</td><td>右更</td></tr>
<tr><td>15</td><td>少上造</td></tr>
<tr><td>16</td><td>大上造（大良造）</td></tr>
<tr><td>17</td><td>驷车庶长</td></tr>
<tr><td>大将</td><td>18</td><td>大庶长</td></tr>
<tr><td colspan="2" rowspan="2"></td><td rowspan="2">相当于诸侯</td><td>19</td><td>关内侯</td></tr>
<tr><td>20</td><td>列侯（彻侯、通侯）</td></tr>
</table>

表二　秦军官称谓对照表

<table>
<tr><th>根据
类别</th><th colspan="6">综合诸史书记载</th><th colspan="3">《商君书·境内》</th></tr>
<tr><th>阶级</th><th>称谓</th><th colspan="4">职名</th><th>职掌范围</th><th>阶级</th><th>职名</th><th>爵秩</th></tr>
<tr><td rowspan="13">军官</td><td>帅</td><td colspan="4">大将军（上将军）</td><td>“掌征伐背叛”，位比三公，金印紫绶，不常置</td><td rowspan="13">军官</td><td>大将</td><td>自10级爵以上到18级，皆军将（大将）</td></tr>
<tr><td rowspan="7">将</td><td colspan="4">将军</td><td>统兵的高级将领</td><td></td><td></td></tr>
<tr><td rowspan="2">裨将军</td><td colspan="3">右裨将</td><td rowspan="2">将军之副</td><td>右裨将</td><td>11级爵（右庶长）</td></tr>
<tr><td colspan="3">左裨将</td><td>左裨将</td><td>10级爵（左庶长）</td></tr>
<tr><td rowspan="4">列将军</td><td colspan="3">车骑将军</td><td>车骑联合作战之高级指挥</td><td rowspan="4">国尉
主将</td><td rowspan="4"></td></tr>
<tr><td colspan="2" rowspan="2">骑将</td><td>右</td><td rowspan="2">骑兵高之级指挥</td></tr>
<tr><td>左</td></tr>
<tr><td colspan="3">……</td><td></td></tr>
<tr><td rowspan="2">校尉</td><td colspan="4">右</td><td rowspan="2">校尉是战时一部之长，主管一部军的一部分营垒（壁）</td><td rowspan="5">“五百主”将“百人将”</td><td rowspan="5"></td></tr>
<tr><td colspan="4">左</td></tr>
<tr><td rowspan="3">都尉</td><td colspan="4">都尉（郡尉）</td><td>将兵行军、作战、实施指挥</td></tr>
<tr><td colspan="4">护军都尉</td><td rowspan="2">骑兵的中级指挥</td></tr>
<tr><td colspan="4">骑都尉</td></tr>
</table>

<table>
<tr><th>根据
类别</th><th colspan="3">综合诸史书记载</th><th colspan="3">《商君书·境内》</th></tr>
<tr><td rowspan="12">军
吏</td><td rowspan="3">司 马</td><td>右司马</td><td rowspan="3">参谋，指挥作战</td><td rowspan="12">军
吏</td><td rowspan="12"></td><td rowspan="12">6～9级爵即官大夫到五大夫，皆军吏</td></tr>
<tr><td>左司马</td></tr>
<tr><td>车司马</td></tr>
<tr><td>军 侯</td><td>侯</td><td>主管车</td></tr>
<tr><td>右千人</td><td></td><td></td></tr>
<tr><td>左千人</td><td></td><td></td></tr>
<tr><td>骑千人</td><td></td><td></td></tr>
<tr><td>骑 长</td><td></td><td></td></tr>
<tr><td>署君子</td><td></td><td></td></tr>
<tr><td>屯 长</td><td>五十人之长</td><td></td></tr>
<tr><td>仆 射</td><td>五辆车之长[6]</td><td></td></tr>
</table>

上表所列军吏名称和内容分为两栏，从时间上讲，以右栏的《商君书》为早，左栏所列内容多是秦昭王以后出现的，很难做到照应。但粗略地对比，毕竟为我们提示了以下几种情况：

第一，早出者简略，后出者详尽。固然两者的衔级因记载的缺漏而不能作对等排比，但大体可以看到后者是前者的继承和发展，又较前为具体而周到。如前后都有大将、左右裨将的称谓。“国尉”一职不再入军吏之例。主将、五百主将和百人将的三级将所辖跨度大，以后则为列将军及诸校尉所取代。故而“五百主”、“二五百主”的名称除《商君书》作此表述外，其他地方不见称用，就连“百人将”一词也不再提及。除去高级的军事指挥者称“将军”之外，更多地涌现了校尉一类将领及各自统属的军吏。

第二，刘劭《爵制》说第十级爵左庶长是左裨将，九级以下到六级“皆军吏”。可知这是包括了国尉、主将、五百主将和百人将在内的。而后出的列将军、诸校尉和司马、侯、仆射一类军吏，则与之相当。

第三，秦国严格遵循了商鞅所制订的制度，军爵、公爵、民爵也是一贯到底。但这并未因军吏职掌的不同和战争方式的改变而限定“因事设职”的需要。称谓上前简后繁、前无后增，本属正常。至于以前诸将职名和军吏名称很快消失的原因，可能同当时流行的、更具鼓动作用的爵名有关。如商鞅率兵多以“左庶长”、“大良造”称之，并不提及军职名称。同理，尽管职名、爵名两种称谓同时并行，但秦国还是更多地采用了各国通行的称呼，如大将军（楚、田齐、赵、魏，燕称“上将军”）、将军、都尉等。及秦并诸侯，除沿用原来名称之外，还适应帝国制度的需要，又增添了新的内容。

总之，《商君书》中所言的秦军官等级系统，在以后流行的时间里可说是名变实未改，只是因发展变化而赋予了新的内容和称谓罢了。最后以至于使本来就盛行的爵名竟隐没了诸将的军职名称。那么，反过来说，以后笼统地称用原来的将名也未必就大错，只是“不合时宜”而已。

(二) 秦俑坑的军吏俑辨识

秦俑坑出土的军吏俑大致有六种，其装束显示了以下的一些区别：

第一种：头戴折叠飞卷、正面如羊角的“切云冠”（即“Ⅱ式冠”）。冠压辫髻，冠缨结于颏下，缨梢飞飘胸前。身穿内长外短的重袍（Ⅱ式袍）、擐革、札合缀的小叶铠甲（Ⅰa和Ⅰb式甲）。甲的前摆呈倒垂的弧边三角形，周缘彩绘绚丽多彩的几何纹图案，胸背部革质上各有带头花结二或三朵。披膊或有或无。有者，在肩头缀花结。两腿套穿粗壮厚实的踑注，足蹬勾履（图Ⅰ-9：1）。

图Ⅰ-9：1　高级军吏俑（一）

（二号坑 T4：1）

第二种：戴切云冠，穿战袍，腰束革带，足蹬方口履（图Ⅰ-9：2）。

第三种：戴单梁双版长冠（Ⅰ式冠），穿袍。铠甲（Ⅰa式）仅有胸甲，其四角以带连接并在背部交叉。甲周缘及背带上彩绘。腿著跗注或胫衣（Ⅱ式裤），足蹬勾履（图Ⅰ-9：3）。

第四种：戴单梁双版式长冠。著袍，袍外擐铠。甲（Ⅰa式甲）的前后平直，披膊特长，札叶细密，周边露革，蹬方口勾履（图Ⅰ-9：4）。

第五种：戴长冠，著袍擐铠。铠甲具前后及披膊，札叶较大（Ⅱa式甲）。腿部上有膝缚、下缠行縢（或胫衣、或跗注）。蹬履或合鞮（图Ⅰ-9：5）。

第六种：戴长冠，穿袍勒带，具膝缚，缠行縢，蹬履（图Ⅰ-9：6）。

以上六种军吏俑，实际上可区分为三级，即：

1. 高级军吏俑：包括第一、二两种；

2. 中级军吏俑：包括第三、四两种；

3. 初级军吏俑：包括第五、六两种。

作如是划分的根据，试作如下辨析：

高级军吏俑——衣饰华丽，雍容大方，姿态端庄，按剑伫立。他们不但具有一种将帅的风度与仪容，更主要的是站在阵营中的指挥车上，或处于区队中的指挥位置上。

秦俑坑已出土的高级军吏俑6尊，其中有5尊是站在指挥车上的。车上有乘员3人，有铜铎和革鼓一类指挥物。这种车虽也是驾四马，但不巾不盖，车舆横长（宽约140厘米，进深110～120厘米），是俑坑诸种车中最大者，足够军吏、御手和车右3人立乘的需要，不

图Ⅰ-9：2　高级军吏俑（二）

（一号坑T1G3：15）

图Ⅰ-9：3 中级军吏俑（一）

（二号坑 T4：2）

仅稳定性能良好，也为击鼓和发弩留出了回旋的余地。车体经过彩绘，或朱书“寺工”二字，表明是为中央官府手工作业坊的专有产品。

乘车之法历来说法不一。有说主帅“在中央当鼓，御者居左，勇力之士执戈在右”（《太平御览》引《五经要义》）；有说“尊者居左，御者居中，又有一人处车之右，以备倾侧。是以戎事则称‘车右’，其余则曰‘骖乘’”（《汉书·文帝纪》师古注）。岂知这几种情况在秦俑指挥车上是并存的，军吏按剑，配以金鼓；车右执兵御敌；御者握辔、控制驷马，以适应战车奔驰、左右旋转的需要。

高级军吏俑作为一个大的作战单位的指挥，同其“辖区”内的中下级军吏构成一套指挥体系。也就是说，由他控制的金、鼓、铃、旗发出的“命令”传达给下级，

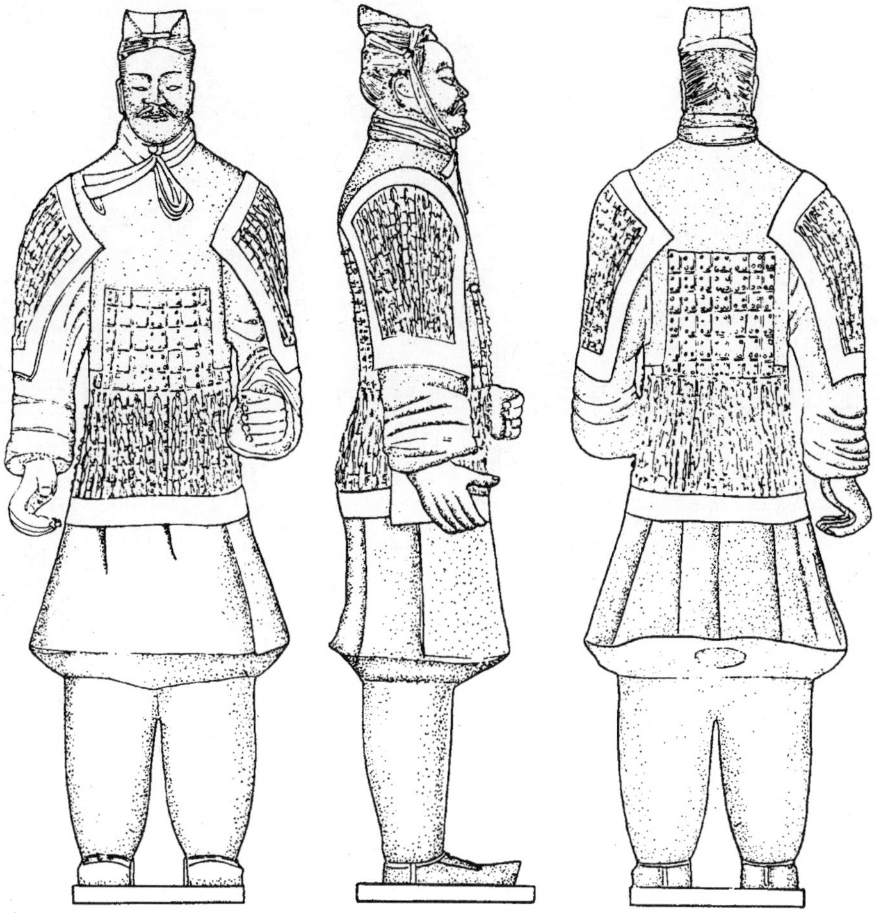

图Ⅰ-9：4　中级军吏俑（二）

（一号坑 T2：27）

再进而变为士兵的行动。在这里，接应比什么都显得重要。一号坑第二和第十两过洞中二号车上的 97 号俑，都是站在车上的高级军吏俑。在车上有铜铎、有革鼓，车前是该过洞的一号车的隶属铠甲步兵俑 80 尊。不但在一号车上及其随俑中有一中级军吏俑，而且在俑群中有几尊下级军吏俑。同样，在第三、第五两过洞的一号车上两个 15 号高级军吏俑，以及二号坑第十一过洞六号车上的老年高级军吏俑，其编制构成无不如此。各级指挥上下一致，“以和军旅”（《周礼·地官司徒·鼓人》），从中不难看出各自的作用和彼此的关系。而二号坑射兵小营后部的高级指挥俑，则是专司训练的一位高级军吏。

中级军吏俑——戴双版长冠、穿背带式铠甲，属第三种军吏俑。有的站在高级

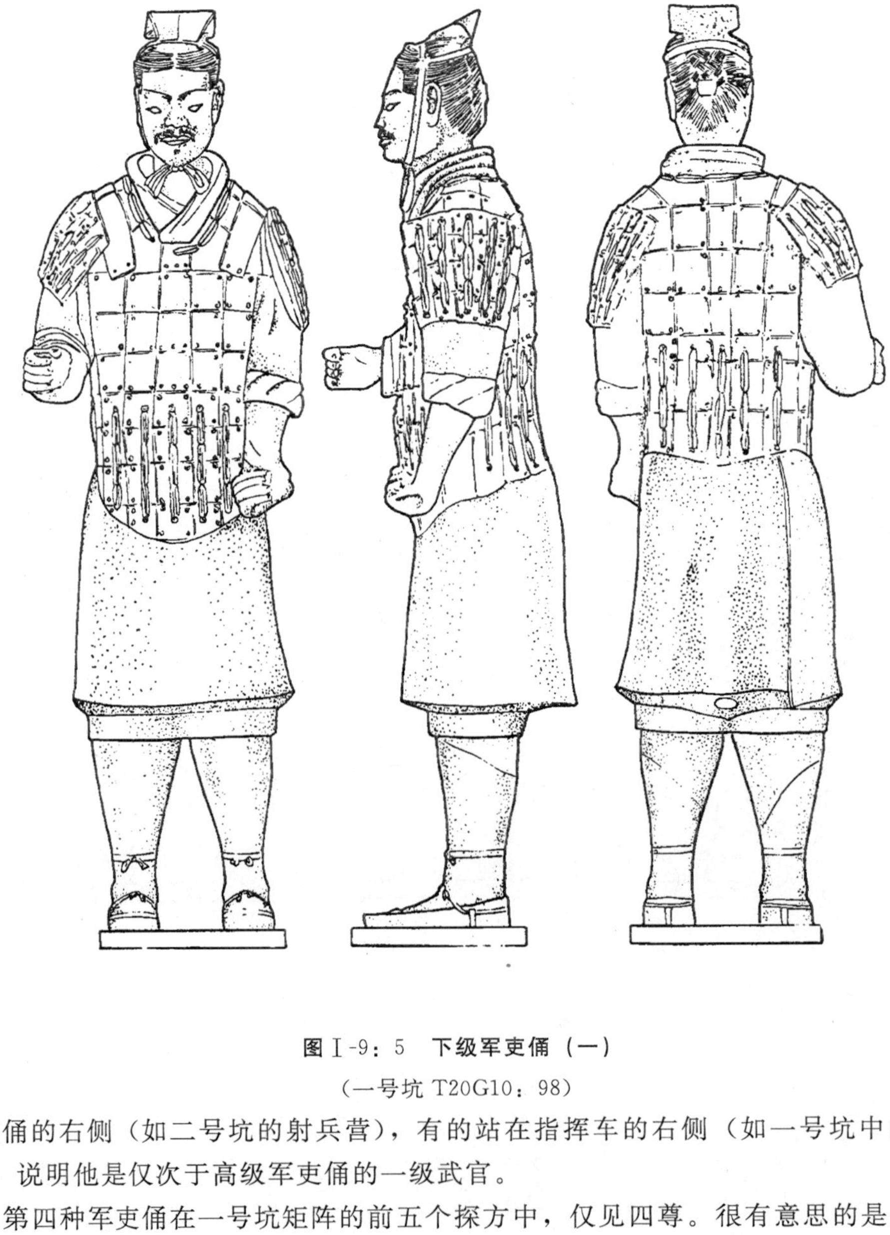

图Ⅰ-9：5　下级军吏俑（一）

（一号坑 T20G10：98）

军吏俑的右侧（如二号坑的射兵营），有的站在指挥车的右侧（如一号坑中的指挥车），说明他是仅次于高级军吏俑的一级武官。

第四种军吏俑在一号坑矩阵的前五个探方中，仅见四尊。很有意思的是分在两种步兵俑（轻装和重装）队形中，又作对称式排列。其中第二过洞中的第 27 号俑和第十过洞中的第 24 号俑，都站在随一号车的长铍队列之中，而第四过洞的 43 号俑和第八过洞的第 41 号俑，则是站在前由袍俑、后有甲俑的独立步兵队列里。

中级军吏俑，从指挥体系看，都有着承上传下的呼应关系。

初级军吏俑——戴长冠的铠甲俑和战袍俑，都是秦俑阵营中最低一级武官。就

图Ⅰ-9：6　下级军吏俑（二）

（一号坑 T1K：72）

目前所见，前者既有在独立的编制步兵之中，也有在战车的隶属步俑之中的，但以隶属的铠甲步兵中最为密集；后者只发现两尊，而无一例外地是在前锋和左翼部队轻装独立步兵俑群中。他们都是右手拄长兵器，别无其他指挥物，昂首挺立，显现出一副恭谨的样子，不但多在队列的前后两端，而且在区队里必有一中级的军吏俑，在更大的范围里则受一高级军吏俑的节制。

戴长冠的铠甲俑，在一号坑里的指挥车上都属于车右，在三号坑的指挥车上位于车左。而诸坑中的车御无一例外地都是戴冠的甲俑。这说明车右同御手虽非军吏，但政治地位都相当于最低的一级军吏。

为了明了各级军吏俑的统属关系，现将一号坑矩阵前部的军吏俑列表于下：

表三　秦俑一号坑各级军吏俑统属关系表

<table>
<tr><th rowspan="3">过洞编号</th><th rowspan="3">军吏所在队列及步兵类别</th><th colspan="6">各　级　军　吏　俑</th></tr>
<tr><th colspan="2">初级军吏俑</th><th colspan="2">中级军吏俑</th><th colspan="2">高级军吏俑</th></tr>
<tr><th>编　号</th><th>位　置</th><th>编号</th><th>位　置</th><th>编　号</th><th>位　置</th></tr>
<tr><td rowspan="2">G2</td><td rowspan="2">车1后，车2前戴帻执铍的隶属步兵</td><td>89</td><td>队　后</td><td rowspan="2">27</td><td rowspan="2">车1后，随队前</td><td rowspan="2">97</td><td rowspan="2">车2上，居中</td></tr>
<tr><td>91、95（前后）</td><td>队　后</td></tr>
<tr><td>G3</td><td>车1前独立步兵</td><td>11、12（左右）</td><td></td><td></td><td></td><td>15</td><td>车1上，居左</td></tr>
<tr><td rowspan="2">G4</td><td rowspan="2">独立步兵</td><td>33</td><td rowspan="2">袍俑后、甲俑前</td><td rowspan="2">43</td><td rowspan="2">袍俑后、甲俑前</td><td rowspan="2"></td><td rowspan="2"></td></tr>
<tr><td>34</td></tr>
<tr><td>G5</td><td>独立步兵</td><td>8、12（前后）</td><td>车1前</td><td></td><td></td><td>15</td><td>车1上，居左</td></tr>
<tr><td>G7</td><td></td><td></td><td></td><td>14</td><td>车1上，居中</td><td></td><td></td></tr>
<tr><td rowspan="2">G8</td><td rowspan="2">独立步兵</td><td>33、37（前后）</td><td rowspan="2">袍俑后、甲俑前</td><td rowspan="2">41</td><td rowspan="2">37号俑后</td><td rowspan="2"></td><td rowspan="2"></td></tr>
<tr><td>34、38（前后）</td></tr>
<tr><td>G9</td><td></td><td></td><td></td><td></td><td>13</td><td>车1上，居车右俑14号前（?）</td><td></td></tr>
<tr><td rowspan="4">G10</td><td rowspan="4">车1后，车2前，戴帻执铍的隶属步兵俑</td><td>88、92（前后）</td><td>队　后</td><td rowspan="2">14</td><td rowspan="2">车1上，中</td><td rowspan="4">97</td><td rowspan="4">车2上，居中</td></tr>
<tr><td>17、21 / 89</td><td>队前/队后</td></tr>
<tr><td>90</td><td rowspan="2">队后 / 队后</td><td rowspan="2">24</td><td rowspan="2">车1后</td></tr>
<tr><td>91、95（前后）</td></tr>
<tr><td rowspan="2">K间</td><td rowspan="2">独立射兵</td><td>72</td><td>二行右1</td><td rowspan="2"></td><td rowspan="2"></td><td rowspan="2"></td><td rowspan="2"></td></tr>
<tr><td>139</td><td>二行左1</td></tr>
<tr><td>G1</td><td>右　翼</td><td>18</td><td>袍俑后、帻俑前</td><td></td><td></td><td></td><td></td></tr>
<tr><td>G11</td><td>左　翼</td><td>16</td><td>袍俑后、帻俑前</td><td></td><td></td><td></td><td></td></tr>
</table>

表中所列仅是根据1978年5月至1981年9月原省文管会的“秦俑考古队”发掘和修复前五个探方（T1、T2、T10、T19、T20）的材料而言。1986年由陕西省考古研究所“秦陵考古队”恢复的第二次发掘，仅8个月就高质量地接续发掘了次五探方（T11、T12、T13、T21、T22）。1987年因队长蒙冤而导致科学发掘停止，时过22年（至2009年），清理不继，无人问津，资料不能为用，殊以为憾！尽管2009年6月13日由秦俑博物馆开始了一号坑的“第三次发掘”，也仅开挖一个探方（面积20米×20米），但出土文物及布局并没有超出原来我们探测的范围，当然不

会影响研究结论。

统观一号坑露出这有限的“部队”，即可看出诸军吏俑是等级区分清楚、领属关系明确。那么，各自的军职身份又是什么？经我研究，答复如下。

戴长冠的袍俑（第三种）和戴长冠的（第五种）的甲俑，是诸武官俑中军职最低的一级。其所属士兵俑数虽有多寡，但很明显地看出，他们是这一基层单位的小头目。矩阵（一号坑）前锋和两翼东端，都是执弓弩的轻装步兵俑群，其中在前廊（即锋部）的第72号俑和北边洞北列的第16号俑，都属于第六种军吏俑，看来系一县属的“发弩啬夫”[7]。据“百人为卒，率长皆上士”（《周礼·夏官司马》）的规定看，因为前廊有射兵俑204尊，其中的第139号甲俑当属于“卒长”。那么，在重装的隶属步兵和独立步兵中的第五种军吏俑，也应当是“卒长”。

秦俑第四种军吏俑，其军职属于“军侯”。理由是：

首先，他们在四个过洞的步兵队列里作对称排列，不但所辖步兵数量多，而且都同“卒长”俑具有呼应的关系。像第二、四两个过洞里第一乘驷马战车后各有80尊隶属步兵，都是些戴武帻的重装部队；第四、六两过洞中，第一乘战车前的独立步兵各是一支由216尊武士俑组成的队伍，其前部是28～32尊轻装袍俑，后部全是甲俑。而第四种军吏俑正是站在临界的甲俑群中，这就表明他们的身份高于“卒长”、“乘长”、“什长”，而且又是直接参与作战的实际指挥者。

其次，从前引《史记》有关史实知，章邯派侯始成作自己的代表，曹参杀三川守李由、虏秦侯，樊哙攻开封，“却敌先尽，斩侯一人”……都说明“军侯”是在作战第一线实施指挥的，具有重要作用。否则，不会书及，其地位之重要意义可想而知。

第三种军吏戴长冠、穿带花边仅有前甲的铠。在二号坑的射兵小营里，这种俑同一高级军官俑并排站在一起，正注视前面习射的队列。在一号坑里，有些战车上站着一高级军官俑，而有些则是第三种军吏俑同御手、车右同车的（如第七、十过洞里第一乘指挥车上的两个14号俑）。可知他是高级武官的辅佐，又可代行指挥。

“司马”一官在春秋战国之际就已设立，《周礼》中就有大司马“掌邦政，以佐王平邦国”的记载，实际上是管军政和军赋的武官。其副职为“小司马”，属官还有“军司马”、“舆司马”、“行司马”等。在汉代，大将军营五部，部各置军司马一人。魏晋以降，司马为官军府，综理府事并参与军事计划。从中可以看出：“司马”参预军机，实为渠帅之襄助。在春秋时期的好些国家，如齐、楚都有司马的设立。《左传》成公十八年（公元前573年），晋悼公始命百官，曾说：“弁纠为御戎，校正属焉，使训诸御知义。荀宾为右，司士属焉，使训勇力之士时使。卿无共御，立军尉以摄之。祁奚为中军尉，羊舌职佐之，魏绛为司马，张老为候奄。铎遏寇为上军尉，籍偃为之司马，使训卒乘，亲以听命。程郑为乘马御，六驺属焉，使训群驺知礼”。“司马”既是将军幕中的高级员吏作为军事顾问，在军中除佐尉“训卒乘”之外，也实际指挥作战。秦俑坑出土的第三种军吏俑及其所处位置，正是“司马”职能的体现。无疑应称之为“司马俑”。

过去，人们通常称作“将军俑”的，计有两种六尊。著重袍擐细甲者只乘指挥车，或有站在教战场地上的。而穿战袍者，只乘指挥车。这说明三者身份相同、分工有别，但都应属于“都尉”（郡尉）一级的高级军吏。

当我们在辨识秦军吏俑的军职身份时，还应该具备这么一些认识和观点，即：

第一，戴长冠擐铠的御手俑，其身份等级相当于“卒长”，但并不是军吏。同样，始皇陵西出土两乘彩绘铜车马上的御者，虽戴切云冠、穿重袍、佩剑，但绝不是“都尉”。道理很简单，今日团级的知识分子，并不等于就是团长。

第二，秦俑坑目前能看到的高级军吏俑只有“都尉”，但因未全面发掘，还不能排除出土“校尉”俑的可能性[8]；说三号坑是统帅三坑的指挥部，此结论远非定论[9]。至于辨识的“都尉”、“司马”、“军侯”、“卒长”几级军吏俑，彼此间的关系，以及各率士卒的多少、指挥系统的构成等，还有待于来日的全面发掘。

第三，已知秦俑有步、弩、车、骑四个兵种，按编制都应各有自己的各级军吏，都因发掘面积有限而不能通过研究给予揭示。

表四　秦军吏俑定名一览表

级　别	高级军吏俑		中级军吏俑		初级军吏俑	
种　类	第一种	第二种	第三种	第四种	第五种	第六种
定　名	都尉（郡尉）	都尉（郡尉）	司马	军侯	卒长	发弩啬夫

二　士兵俑在军中的地位

（一）秦兵制概述

自商鞅变法后，秦国“内务耕稼，外劝战死之赏罚”（《史记·秦本纪》），以郡县为单位，实行普遍征兵制，使适龄的农民平时经受军事训练。他们战时被征入伍，战罢归田。也正因为有了土地的农民成了军队的主要成分，而且又能通过杀敌立功而取得爵位，从而就保证了秦国具有充分的兵源，成为有“车千乘，骑万匹，带甲百万”（《史记·苏秦列传》）的军事大国。

农民固然是秦国军队的主要成分，但实行军功爵的结果，无疑使秦国社会“全民皆兵”。云梦秦简《军爵律》规定：“欲归爵二级以免亲父母为隶臣妾者一人，及隶臣斩首为公士，谒公士而免故妻隶妾一人者，许之，免以为庶人。工隶臣斩首及人为斩首以免者，皆令为工。”立军功应授爵而要求还爵者，可以赎免自己亲生父母“隶臣妾”的徒刑；“隶臣”通过从军斩获敌首而免除“隶妾”的妻为庶人；“工隶臣”也因斩首而成为“工”。这里的“隶臣”和“工隶臣”，都是判刑较轻的社会罪犯。既能从军，足见章邯临时组织队伍，免“郦山徒、人奴产子生”[10]抗击农民起义军固然是应急措施，但以刑徒和私家奴隶入伍却非章邯的“发明”。另外，像“斗食”以下的小官吏[11]、贬谪的官吏、赘婿、商人[12]等，都得服兵役。只有到了四级爵的“不更”，才可免役[13]。凡是没有军功的人，都不能晋爵升级，即使是“宗室非有军功论，不得为属籍……有功者显荣，无功者虽富无所芬华”（《史记·商君列传》）。当然，这些材料从根本上还反映了这么一个基本的事实，即：不论是战国时期秦的士兵，或是统一后的戍卒，毕竟是些无爵的贫苦人民和低爵的“卒”。实际上，这些人才是构成军队的主干。

秦献公十年（公元前 375 年），开始实行“户籍相伍”（《史记·秦本纪》），从而打破了原来奴隶居“野”、平民和奴隶主在“国”的界限，把秦国的人口按五家为一“伍”的军事组织单位重新编制，以便于随时征兵作战。商鞅变法，再次“令民为什伍”，实行连坐法，使“四境之内，丈夫女子皆有名籍于上，生者著，死者削”（《商君书·境内》）。像这样多次地编造户籍的做法，其本身就说明了刚踏进封建主义门坎的秦国统治者，为了征兵和兴徭，把户籍的严格管理纳入了法律的渠道。云梦《秦律杂抄·傅律》规定：“匿敖童，及占瘁（癃）不审，典，老赎耐。百姓不当老，至老时不用请，敢为酢（诈）者，赀二甲；典，老弗告，赀各一甲；伍人，户一盾，皆罨（迁）之。”对匿隐成童、申报废疾不实、不能免老年令而免老等行为的地方官，都要给予惩处。

有了准确的户籍编制，随之就是对适令服役人员的登记，即“傅籍”[14]。《史记·秦始皇本纪》载：秦始皇十六年（公元前 231 年）“初令男子书年”。云梦简《编年记》里，同样也有“自占年”的记载。秦人服役期限的“始傅”和“免老”的问题，长期来是有争议的。《编年》的发现，才知道起役的年龄不像《汉旧仪》说的 23 岁，而是 15 岁。因按该书所记，从秦昭王四十五年（公元前 262 年）“喜产”，到始皇元年（公前 246 年）“喜傅”，虽是 17 个年头，如果他于年底出生，又是在年底著名，就同“十五受命”的说法相契合[15]。《汉旧仪》：“秦制二十爵，男子赐爵一级以上，有罪以减，年五十六免。无爵为士伍，年六十乃免老。”那么，60 当是无爵者服兵役的下限年龄。所以，秦丁男服兵役年龄是从 15 岁起役，60 岁“免老”。当然，15 岁的少年体力有限，是难于胜任作战的。其著藉一定就是当兵的现役年龄，应该看做它具有预备役的性质。但是，当政者往往把当兵的年龄提前。公元前 260 年的秦、赵长平大战中，“年十五以上悉发”（《文献通考·兵考一》）就是例证。

丁男自“傅籍”之后，随时可能被征发入伍。但何时服役、役期长短、一生服几次役，均由当时军事需要而定。《汉书·食货志》引董仲舒的话说：“商鞅之法……又加月为更卒，已复为正，一岁屯戍，一岁力役，三十倍于古。”《汉旧仪》载：

“民年二十三为正，一岁而以为卫士，一岁为材官骑士，习射、御、骑驰，战阵。”熊铁基先生在其《秦汉军事制度史》一书中说：“正卒服役两年：首先一年是在本郡受军事训练……再一年就是为卫士或者戍卒。……笼统地说，两年兵役都可以叫‘正卒’，具体地讲，则有‘正卒’、‘卫士’和‘戍卒’的区别。”由此可见服兵役的法定时间是适龄丁男一生有两年，其中一年是在郡县当兵，一年是在中央当“卫士”，或是戍边。但实际上由于旷日持久的战事或特殊的原因，往往都会超过这一政策性的界限。像“喜”这个人，在秦始皇三年、四年、十三年和十五年曾四次入伍当兵（《编年记》），也足以反映出秦时的兵役形式确实有预备役、现役和后备役的不同。

秦国的军事大权完全掌握在国君之手。遇有战争，由国君任命大将统兵。无论是军队调遣或是征发县卒，均以“虎符”这个信物作为凭证。长安县出土的秦杜虎符有铭曰：“兵甲之符，右在君，左在杜。凡用兵兴士被甲五十人以上，必会符，乃敢行之。燔燧之事，虽毋会符，行殹（也）。”（图Ⅰ-9：7）秦始皇统一中国之后，由于中央集权，军队也同样归中央统管，受到皇帝的节制。战争结束，将释兵，兵归田。

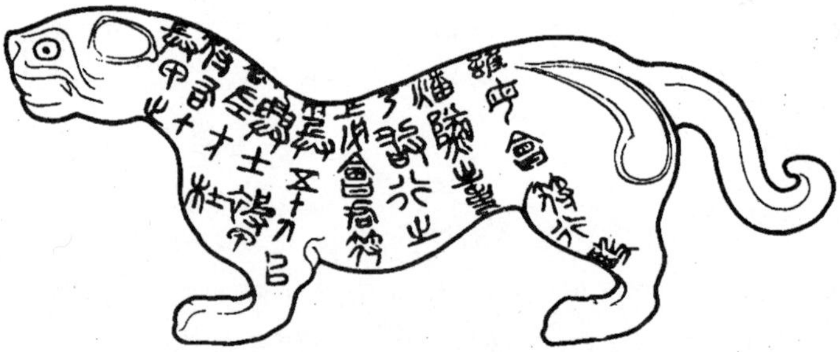

图Ⅰ-9：7 杜虎符

（西安沈家桥出土）

秦代的军队，由京师兵、地方兵和边防兵三部分组成，都是通过兵役的方式征发而来；战时，则由郡县调兵遣将。

京师兵就是中央的卫戍部队。因为担任具体的警卫任务不同，还可分为三部分：一是由郎官充任的皇帝卫队，归郎中令统管，在“殿中侍卫”（《初学记》引《齐职仪》），“宿卫诸殿门”（《后汉书·百官志》注），“出充车骑”（《汉书·百官公卿表》）；二是由卫尉统领卫士的“宫门屯卫兵”（《后汉书·百官志》），在宫内设有卫尉寺；三是由中尉统领的京师屯卫兵，其任务一在负责宫殿之外的京师安全，担任着巡逻、防御、武库的主管、水火报警；二是担任皇帝出巡时的警卫（《汉书·百官公卿表》、《后汉书·百官志》）。由以上三部分部队所组成的京师禁卫军，不但装备精良，而且数量可观。秦二世曾“尽征其材士五万人屯卫咸阳，令教射狗马禽兽，当食者多，度不足，下调郡县，转输菽粟刍藁，皆令自费粮食，咸阳三百里内不得食其谷”（《史记·秦始皇本纪》）。除了通过訾选、荫任和军功特拜等三个途径选出的“郎”之外，“卫士”和“屯兵”这两部分卫兵则是从郡县征调而来。

秦的地方行政区划是郡，郡下辖县。所谓“地方兵”，实际指的就是郡县兵。其士兵来源于该郡县，役期一年。平时，主要是以县为单位，进行军事训练，负责地方安全。《汉旧仪》说：“民年二十三为正，一岁而以为卫士，一岁为材官骑士，习射、御、骑驰、战阵。八月，太守、都尉、令、长、相、丞，尉会都试，课殿最。水处为楼船，亦习战射行船。”具体的训练科目因兵种不同而有不同的规定要求，如弩兵的士吏、发弩啬夫及其领导的“发弩”（弩兵）必须射“如律”，射必中；战车的“驾驺”须能“驾御”；骑兵之乘马要“奔挚（絷）如令”。否则，连教练本人也要受到惩处（云梦秦简《秦律杂抄》）。地方兵由郡尉统领，在县训练。《汉书·百官公卿表》载：“郡尉，秦官，掌佐守典武职守甲卒。”县设县尉，掌管县卒。一旦遇有战事，接到皇帝的御书，经过会符，就按地方的编制组织作整体调动，加入大部队作战。

秦国原来在同魏、韩、楚国为邻的边境上设立关塞，或筑有长城，屯重兵把守。秦简公七年（公元前 408 年）“堑洛”修城以防魏。秦惠文王更元元年（公元前 324 年），沿洛河中游筑长城防赵。秦献公时，东有“郑所塞”（今陕西华县以东），北有“焉氏塞”（今宁夏固原县东南）。秦国随土地的扩大，边境东移，除了利用原来的“殽塞”（今河南省三门峡市东南），还在今河南省灵宝县东北设立了“函谷关”，在今陕西省商南县西北设立“武关”。在这些关塞上有亭、障之类的守望设施和报警的烽燧装备。《韩非子·内储说上》说吴起为河西守时，“秦有小亭临境……于是攻亭，一朝而拔之”。《史记·白起列传》载：秦昭王四十七年（公元前 260 年）六月，“陷赵军，取二鄣四尉”。秦统一中国后，国防线大大地延长，边兵人的数量也相当地大。为了防御北方的匈奴族南侵，曾派蒙恬率领 30 万大军驻守长城一线；为了对付南方的越族，又派尉屠发卒 50 万，分为五军，“一军塞镡城之岭，一军守九疑之塞，一军处番禺之郡，一军守南野之界，一军结余干之水”（《淮南子·人间训》）。

边兵在秦代称作“戍卒”。《汉书·晁错传》：“秦时北攻胡貉，筑塞河上；南攻扬粤，置戍卒焉。”戍边，实是加在劳动人民头上的又一繁重徭役，所以又称“徭戍”。边防军特殊的性质，决定了戍卒的来源也是多渠道的。但主要的可归纳为两类，即：

1. 适龄丁男服兵役：这就是董仲舒说的“屯戍一岁”。

2. 发谪戍：据晁错说：“发先吏有谪及赘婿、贾人，后以尝有市籍者，又后以大父母、父母尝有市籍者，后入闾，取其左。”（《汉书·晁错传》）当权者片言折狱，巧立名目，实际成了后来西汉兴起“七科谪”的发端。

戍卒的任务是为国戍守边疆，没有战事时就修筑城防要塞等工事。发谪连年进行，又尽量扩大范围，用以充实边地的防守力量。秦始皇三十三年（公元前 214

年)，“发诸尝逋亡人、赘婿、贾人，略取陆梁地，为桂林、象郡、南海，以适（谪）戍遣。……又使蒙恬渡河取高阙、阴山、北假中，筑亭障以逐戎人，徙谪实之初县”（《史记·秦始皇本纪》)。三十四年，“适治狱吏不直者，筑长城及南越地”（《史记·六国表》)。三十五年，“益发谪徙边……以谪徙民，与越杂处”（《太平御览》引《史记·南越尉佗列传》)。本来戍卒的役期只有一年，但属于谪发者，就可能是二年或四年。《秦律杂抄》：“不当禀（廪）军中而禀者，皆赀二甲，法（废)。非吏殹（也)，戍二岁。徒食，敦（屯）长、仆射弗告，赀戍一岁；令、尉、士吏弗得，赀一甲。军人买（卖）禀禀所及过县，赀戍二岁；同车食，敦（屯）长、仆射弗告，戍一岁……”不该领军粮而领取，以及出卖军粮，都将惩罚戍边一年或两年。《除吏律》规定：“驾驺除四岁，不能驾御，赀教者一盾，免；赏（偿)，四岁繇戍。”御者学了四年还不善于驾车，除教者受罚外，本人也被罚做“繇戍”四年。

京师的常备兵同郡县的地方兵有区别，这在秦兵马俑上得以证明。从服装装备上可以看出：“中央兵穿战袍、擐铠甲，组成战车兵、骑兵和步兵的主力，而地方兵是些穿战袍的轻装步兵，执弓弩组成射兵，或执长兵器加入格斗步兵。”这是因为：

首先，限于财力关系，在装备（兵器、战车、马匹、运载工具及其配套设施)、军需供给（军服、粮食、草料）等方面，当然是中央优于地方。

其次，战术训练上，也各有侧重。四时讲武，通过搜、苗、猕、狩进行射、御和战阵的训练是地方兵接受军事教育不可缺少的科目内容。因为“傅籍”后的适龄青年在地方上开始初步的军训，当“正卒”后第一年在郡县当兵还要一面接受再训练，一面执行地方上的警戒任务。教战的重点，则是步兵的射术。如秦二世曾征调“材士五万人屯卫咸阳，令教射狗马禽兽”。“材士”据《正义》的解释是“材官蹶张之士”。《汉书·刑法志》也有汉兴“天下既定，踵秦而置材官于郡国”的说法。可见“材官”就是“材士”，实际上也就是步兵[16]。只有由郡县征调、挑选，进入中央当“卫士”或“屯兵”后，就成为更适应战阵的武力之士。正因为训练各有侧重，条件的不同，就使得地方兵同中央兵在素质上显示出一定的距离。

再次，在联合作战的阵列中，战斗任务也自有分工。地方兵进入野战后，要保持原来地方行政的编制，再加之蹶张善射的特长，在布阵时就按这种关系给以合理的安排。像一号坑里的袍俑被置于矩阵之锋、接锋的两翼之端、阵本近锋的“车前卒”以及独立步兵的前部。而穿袍擐铠、武器装备齐全、人数众多的独立步兵和隶属步兵，则同战车群形成配合的关系、凝结为一个浩浩荡荡的军阵主体。在这里，无论从前后左右、轻重大小的兵力部署，或在先射后击的作战程序上，均显现出：重装步兵是决战的主力，轻装步兵则是协同和配合的力量。当然，地方兵也不乏重装的步兵和勇武之士，只不过因为“蛙跃式”的秦俑坑发掘未有尽时，就不好深究了。

（二）士兵在军中的编制、供给及秦俑的例证

古代兵、民的组织，是“对口”编制的。地方行政的各基层单位，实际上也就

是军队中战斗单位编制的基础。《管子·小匡》记管仲整治齐国乡村组织时："五家为轨，五人为伍，轨长率之。十轨为里，故五十人为小戎，里有司率之。四里为连，故二百人为卒，连长率之。十连为乡，故二千人为旅，乡良人率之。五乡一帅，故万人一军，五乡之帅率之。……是故卒伍政定于里，军旅政定于郊。"尽管各国编制的大小和称呼不尽一致，但这一制度延续到汉代也没有太大的变化。晁错同样也有"卒伍成于内，则军正定于外"的话。之所以采用此编法，这完全是基于"幼则同游，长则共事。夜战声相知，则足以相救；昼战目相交，则足以相识；欢爱之心，足以相死。如此而劝以厚赏，威以重刑，则前死不还踵矣"的考虑（《汉书·晁错传》)。秦国的乡村组织也是按什伍整顿而早已适应了征兵的需要。

农村最基层单位是"五家为伍"，军队中也是按此编制而五伍相保、生死与共的。《周礼·地官司徒·小司徒》有"五人为伍，五伍为两，四两为卒，五卒为旅，五旅为师，五师为军"的记载。由上到下分为军、师、旅、卒、两、伍六级。郑注："两二十五人，卒百人，旅五百人，师二千五百人，军万二千五百人。"但秦军的编制序列，我们并没有完全弄清楚它的全貌。据《商君书·境内》有"五人束簿为伍……五（十）人一屯长，百人一将……五百主……二五百主"的记载。云梦秦简《秦律杂抄·敦表律》也有"敦（屯）长、什伍智（知）弗告，赀一甲，伍二甲"的条文。由此可见，秦军也是以"五"及其倍数进行编制的。

"五人为伍，什人为什"的组织是秦军中的基层单位。作为"伍长"，实际上也只能管四个兵，这就是"五人束簿为伍，一人羽（逃）而轻（刭）其四人。能人得一首则复"。伍、什之长是些小头目，相当于今日部队中的班排长之类。可说他们同士兵没有多大的区别，算不得一级军官，自然也在伍、什之中。秦俑一号坑里，伍、什的组织在轻装步兵俑中具有一种特殊的编法。像右翼东端有面南的袍俑 20 尊，第十一过洞的袍俑纵队是 15 尊（其中有甲俑一尊），都是"五"的倍数。另外，在独立编制的轻装步兵俑中还存在着一种稍作增减的情况，如前锋有袍俑 201 尊，第二、七、十过洞中各自的一号车前均有袍俑 12 尊，第四、八过洞各有袍俑 32 尊，第六过洞则有 28 尊等，这些大概都在什伍的正常编法之内。

"大炮一响，黄金万两"，这是形容现代军队战争费用之大的一句口头语。在古代何尝不是如此！早在 2500 年前的大军事家孙武就深刻地认识到战争对于人力、物力和财力的依赖关系，他指出："凡用兵之法，驰车千驷，革车千乘，带甲十万，千里馈粮；则内外之费，宾客之用，胶漆之材，车甲之奉，日费千金，然后十万之师举矣。"(《孙子兵法·作战》）十万之师日费千金，而秦有百万大军又连年征战，其费用又当几何？庞大的军费开支，自然会转嫁到老百姓的头上。但从同官兵直接发生供给关系上看，就不能不涉及到武器、战车、军马、军服、粮秣、刍稿的来源和供给标准问题。

春秋以前，参战的秦人须得自备兵器和服装，《诗·秦风·无衣》就有"王于兴

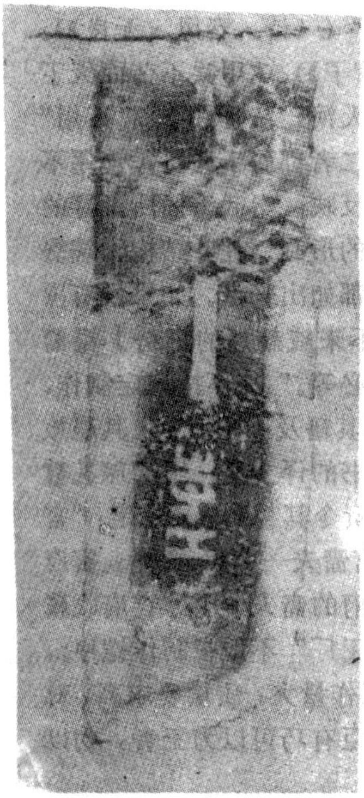

图Ⅰ-9：8 “寺工”造青铜戟铭

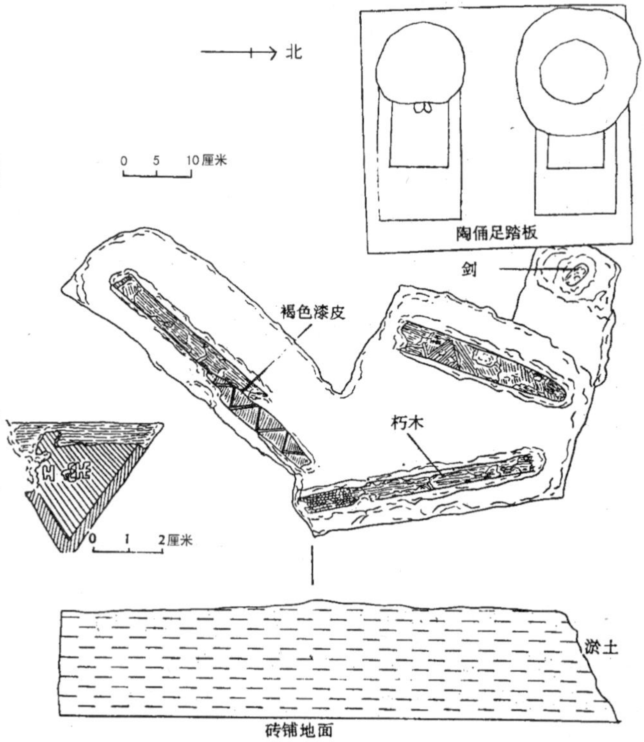

图Ⅰ-9：9 铍韬迹象

（一号坑 T20G9）

师，修我戈矛”、“修我矛戟”、“修我甲兵”的句子。战国以后，兵器则由官府供给。秦俑坑出土的青铜兵器上大都錾凿或铸出“寺工”二字，戟内和铍上多有始皇年号，弩机和铜剑上也多有编码（图Ⅰ-9：8、9）。表明这些是官府手工业作坊的产品，并藏之于国家武库的。其刻铭也完全符合“公甲兵名以其官名刻久（记）之，其不可刻久者，以丹若漆书之”（云梦秦简《秦律十八种·工律》）的法定器识制度。战车上朱书“寺工”两字，就是因为“不可刻久”而“以丹若漆书之”的。由郡为国家制造兵器的，以“上郡”的数量为最多，其他像蜀郡、河东、陇西等郡都有铸造[17]。刻有“左库”、“武库”、“武”、“库”者，都是贮存兵器的专有仓库——“武库”。京师兵所用的武器在中央库领，地方兵在该郡库领，边兵似取之于驻地的郡。如果由中央或是其他郡库调拨的兵器，则需另补调入地的铭记。像内蒙秦汉广衍城上塔墓地出土的“十二年上郡守寿戈”，既刻“上郡”，又刻“洛都”。可知这种始皇时的青铜戈（戟）原系上郡所铸造，后经几次调拨而加刻上使用地。同出的铜矛上，分三处刻“上武”、“广衍”和“□阳”的铭文，显然它原是藏之于上郡武库之物，后辗转到“□阳”和“广衍”[18]。他如二世元年的李斯戈，藏之于中央“武库”（铭），后调给石邑（今河北省石家庄西南），才补刻上“石邑”两字[19]。

士兵领取兵器，必须经过登记。而武库发出的兵器，也必须是完好实用的。云梦秦简就有“稟卒兵，不完善（缮），丞、库啬夫、吏赀二甲，法（废）”（《秦律杂抄》）。因为兵器的优劣对作战的影响很大，所以对武库保养不善的管理人员除严厉惩罚外，还要革职永不叙用。对领发或收缴的兵器，也需查验原来的标记刻识。《秦律十八种·工律》：“其叚（假）百姓甲兵，必书其久（记），受之以久。入叚（假）而毋（无）久及非其官之久也，皆没入公，以赍律责之。”意思是说：凡是发兵器给刚从军的百姓时，必须登记兵器上的标号，收回兵器时得要查验。对没有刻记的兵器，不但要没收归公，还要责令失器者依法赔偿。

先秦时期，往往“甲兵”连用，如“修我甲兵”（《诗·秦风·无衣》），“甲兵之符”（杜虎符铭），“定卒伍，修甲兵”（《管子》），“甲兵不劳而天下服”（《荀子·王制》）。杜甫就有“安得壮士挽天河，洗净甲兵常不用”（《洗兵马》）的诗句。“甲”，铠甲；“兵”，武器。二者都属于武备，连用不仅出自统称的方便，而且也是国家一并发给士兵的反映。秦武士俑所擐穿的铠甲，固然因官兵不同、衔级有别，但同式甲衣的形制、札叶结构、编缀的方法、纵横的行数，以至于一领甲衣的札叶数，都如出一辙。如果没有国家的军服工厂，是绝对做不到如此统一，更显不出来威赫的气势。秦简《工律》规定：“为器同物者，其小大、短长、广亦必等。”如不按规定制作，工匠和管理官吏都要受到惩罚。《效律》：“甲旅札赢其籍及不备者，入其赢旅衣札，而责其不备旅衣札。”《睡虎地秦墓竹简》一书的译文是：甲的旅札数超过或不足簿籍登记数的，多余的应上缴，不足的责令其补赔。又规定：“官府臧（藏）皮革，数杨（炀）风之。有蠹突者，赀官啬夫一甲。”意为：官府收藏皮革，应常曝晒风吹。有被虫咬坏的，罚该官府的啬夫一甲。官府收藏的皮革何用？就在于制造铠甲。我们所说的“军服工厂”不但制作铠甲，而且包括战袍、膝缚、裤褶、鞋靴在内。正因为工作量大，质量要求高，对工匠的控制也就特别地严。《均工》明确规定：“隶臣有巧可以为工者，勿以为人仆养。”

秦俑军服都系战服，因而战袍厚实，似为军人专用的“絮衣”（《汉书·晁错传》）。尽管各俑战服颜色不一、上下有别，红、绿、蓝、紫、褐、白几种原色和间色构成绚丽多彩的服色，但冠、袍、甲、膝缚、胫衣、跗注、褶、屦履的样式固定、规格划一，显然是国家“军服工厂”的标准化产品。

尽管士兵外用的军服是从政府那里“稟”的，但却要自备常服和紧身的内衣。湖北云梦睡虎地第四号秦墓里出土两块木牍，上面写着参加淮阳城的两位秦士兵惊和黑夫写的家信，内容是向家里讨钱和衣服的。

黑夫的家信称：“二月辛巳，黑夫、惊敢再拜问中，母毋恙也？前日黑夫和惊别，今复会矣。黑夫寄益就书曰：遗黑夫钱，母操夏衣来。今书节（即）到，母视安陆丝布贱，可以为禅裙襦者，母必为之，令与钱偕来。其丝布贵，徒（以）钱来，黑夫自以布此。黑夫等直佐淮阳，攻反城久，伤未可智（知）也。愿母遗黑夫用勿少……”

惊的家信称：“惊敢大心问衷，母得恙也？……与从军，与黑夫居，皆毋恙也。……钱衣，愿母幸遗钱五、六百，结布谨善者毋下二丈五尺。……用垣柏钱矣。室（实）勿遗，即死矣。急急急。”[20]

从黑夫和惊两弟兄的信中知，他们是在淮阳（今河南省淮阳市）军中写信给家乡安陆（今湖北省云梦）的。另一个弟兄中（衷），向母亲索要“禅裙襦”、“结布”和钱。襦，《说文解字》：“短衣也。”裙，《说文》作“幕”，解为“下裳也”。“襦裙”本是同深衣异制的一种妇女套装。在这里所言的“禅襦裙”实际指的是夏天穿的短衣而已。“结”，《说文》：“治敝絮也”。“结布”就是我们今日说的“再生布”。秦时的兵役对劳动人民说来本是一种沉重的社会负担，像黑夫必定是“三丁抽二”而来，还得要自备衣服和零用钱，即使是“禅裙襦”和“结布”也接济不上，竟到了“即死”的地步，他哪里还办得起正规军服！

秦人起自西方，本有养马的传统。其先祖非子居犬丘时，就“好马及畜，善息之”（《史记·秦本纪》）。出自战争的需要，秦国大规模发展养马业。从中央到地方，普遍设立厩苑，在河曲（今青海省东南同甘肃、四川交界的黄河第一曲流处）培育良马，于“边郡置六牧师令”（《汉旧仪》），从而保障了“车千乘，骑万匹”的实力。

我们从秦简《秦律杂抄》、《效律》中，还可看到秦政府重视马政、坚持考核养马的标准。《厩苑律》中还规定：“其乘服公马牛亡马者而死县，县诊而杂买（卖）其肉，即入其筋、革角及棗（索）入其贾（价）钱。”养马是为部队提供军马，收回死马的皮革、筋、角同样是为军备提供原材料。如果说秦俑坑将出土驾战车的陶马 560 匹、骑兵的陶乘马 116 匹，都是些不足为奇的模拟物的话，始皇陵东 100 多座马厩坑里埋的却是大量的真马，而陵西重城间两个大型马厩坑里集中地埋真马，合起来约在 700 匹左右。料盆上还刻有“大厩”、“中厩”、“小厩”、“宫厩”、“左厩”等厩名的铭文（图Ⅰ-9：10）。这些，确实从一个侧面反映了秦生机勃勃养马业的

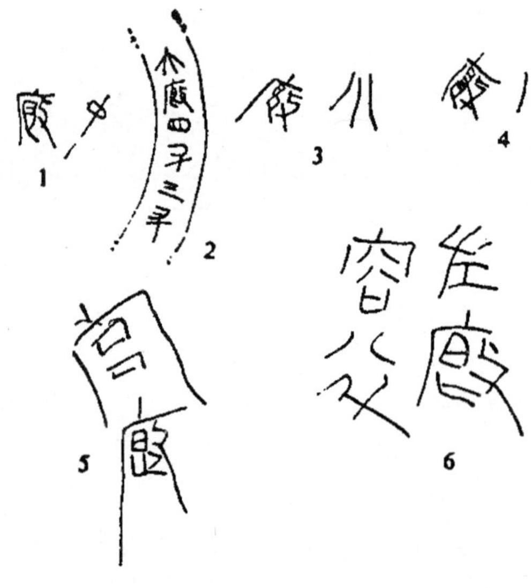

图Ⅰ-9：10　秦始皇陵出土有关厩名摹本

（出土地点：上焦村西马厩坑，

器物：1、3～6 陶罐　2、铜盆）

事实。

军队的粮食给养、战马的草料，均由政府供给。为此，在京师和各郡县都建有很大的粮仓。据《仓律》知，首都咸阳的粮仓是“十万石一积”，栎是“二万石一积”，一般的县仓也在“万石一积”。咸阳的刍稿则是二万石一积，一般的是万石一积。规定“入禾稼、刍稿辄为廥籍，上内史”。对入仓谷物和刍稿登记造册，并上报内史，目的在于加强中央对粮草的管理，便于调剂、保障军队供给。

把粮草送到前线，其漕运转输简直不亚于大型的军事活动。秦昭王二十七年（公元前280年），司马错“发陇西”（《史记·秦本纪》），“率巴蜀众十万，大舶船万艘，米六百万斛，浮江伐楚，取商於之地为黔中郡”（《华阳国志·蜀志》）。秦始皇派蒙恬北伐匈奴，发天下兵守北河，“使天下蜚刍輓粟，起于黄、腄、琅琊负海之郡，转输北河，率三十锺而致一石”（《史记·主父偃列传》）。

给军人供应粮食应该也是有标准的，但可惜的是在文献中没有留下记载。在这里我们姑且借秦简《传食律》关于驿传人员饭食的法律规定，聊以参考。

据《仓律》知：“粟米一石六斗大半斗，舂之为粝（粝）米一石；粝（粝）米一石为凿（糳）米九斗；九斗为毁（毇）米八斗。”“毇米”也称“粺米”。由带皮壳的粟（谷子）加工成毇（精米），中间还经过“粝米”（糙米）、“糳米”（细米）两道工序。整个出粉过程的比率是：粟1.6又2/3石＝粝米1.0石＝糳米0.9石＝毇米（即粺米）0.8石。根据测定的商鞅方升合202.15毫升[21]，折成现在的标准升（1000毫升）约是0.20215升，即2.0215合。那么，我们再来看看每人每餐规定的伙食标准：

爵自“大夫”及“官大夫”（秦爵第五级、第六级）者，按爵级规定标准供给。

“不更”（包括“宦者”），四级爵下至“谋人”（三级爵），供粺米一斗（合今2.0215升＝2021.5毫升），面酱半斗（10102.5毫升），菜羹半石（合今1.01025斗＝10102.5毫升），另有刍稿半石。

御也卒人（监郡御史的部属）粺米半斗，面酱1/4升（合今0.0505375升＝50.5375毫升），并配一些菜羹和葱韭。

“上造”（秦爵二级）下至无爵的佐、史、卜、司御、寺、府，粝米一斗，配菜羹，另供给盐1/11升。

侍者的随从，供粝米半斗。

驾车的仆，粝米1/3斗（合今0.6738升＝673.8毫升）。

从上面规定的膳食标准中，可以看出：爵位的有无、爵秩的大小，决定着精米与糙米的不同、数量的多寡，以至于副食配给与否。伙食标准最低的仆，尽管干的是出力的活，每餐却只能得到粝米三分之一斗。而爵位在五级以上的人，其伙食标准尽管没有说明，我们仍然有理由肯定他们不但食细粮、副食种类多，而且数量也在逐级增大。看来，这一充满等级制的法定标准，必然在军队中也严格地执行着。

三　秦俑爵秩的探讨

商鞅变法之后，人们的政治地位和生活待遇，无不受到爵的有无和爵位高低的影响。爵、官、禄有着内在的联系，必然是相互消长的。而诸利的取得，都源自于军功。这就是《商君书·刑赏》中说的："利禄官爵，抟出于兵"，"富贵之门，必出于兵"。

商鞅颁布了"有军功者，各以率受上爵；为私斗者，各以轻重被刑"的法令，确立了"尊卑爵秩等级，各以差次名田宅、臣妾、衣服以家次"（《史记·商君列传》）的新封建等级制。

秦的军功爵为二十级制。在七级以上的属于高爵（即"上爵"），以下者属低爵。

居有高爵位的高、中级官吏和贵族，享有赐田宅、乞庶子、封食邑的特权。得低爵者，虽不及高爵地位的显赫，但也有当官为吏、乞养庶子（役使无爵者）的资格，还可以赎罪、减免刑罚，也能享受生活上的待遇。

人们为取得爵位，就只有争立军功一途。因功得爵，受爵以"率"，"各以差次"。就这样，不但使得社会生活和军内级别一致起来，而且也使秦国社会卷入到一个急速运转的机器当中去。换言之，秦军吏衔级的高低、士兵地位的上下，既是由军功而来，又是由爵级排定位次的。那么，这种差别在秦俑群列中是否有体现？对此，似乎并没有引起研究者们足够的重视。其实，我以为当年放俑入坑是很有考究的，绝非随意地"堆积"。它也同样为探索秦的军爵制提供了物证。

判断秦俑爵级的根据，应该是一个全面的、综合性因素。它至少包括了以下几项：

第一，在队列中的位置及其身份；

第二，护体服饰的形制；

第三，冠的有无及冠形；

第四，发型。

我选以上诸项的根据是，它们处处都涉及军事学的原则、等级制的法律规定和当时的风尚。像古代"舆服制度"的形成，其本身就是根据人们的阶级地位严格限定的结果。"明尊卑，辨等级"（《东汉会要》），即是统治者追求的社会作用。商鞅变法时，"臣妾、衣服"得"各随其家爵秩之班次"，在军内同样也不得"僭侈逾等"（《史记·商君列传·索隐》）。不言而喻，这里所谓的"衣服"当然地也包括冠制。古人认为"发肤受之于父母"，须当敬护守之。断人发，无异于辱人父母。对于有些罪犯才处以"男髡钳为城旦……女为舂"的刑罚（《汉旧仪》），即男犯人被剃去头发（"髡"），戴上束颈的铁钳，服五年修城的徒刑。秦时，头发是受法律保护的，如秦简《法律答问》中就有"士伍甲斗，拔剑发，斩人发结（髻），可（何）论？当完为城旦”的记载。梳什么样的发型，除去民族习俗而外，也当有礼制上的讲究。秦武士俑蓄留长发，梳理讲究，足见规定的一斑。

根据以上诸因素，对秦俑作综合观察，所得的初步印象是：

第一，凡是军吏俑，均戴冠。其中高一级的“都尉”（郡尉）俑戴切云之冠，中级的“司马”、“军侯”佩戴梁状长冠（又称“双版长冠”），下级的“卒长”、“发弩啬夫”俑戴长冠（又称“单版长冠”）。士兵俑较为特殊，其中多数免胄束发，戴单版长冠者只限于车御和车右俑，戴武帻者是步兵的“长铍队”，戴武弁的必为“骑士”。

第二，战服分为袍服和铠甲两种。著长袍是步兵俑的战服之一种。袍外擐甲者，除步兵俑外，还有御手、骑兵和各级军吏俑。而依兵种与身份的不同，甲制则有明显的区别。

第三，秦俑发型有椎髻（又称“魋髻”[22]）（图Ⅰ-9：11）和辫髻[23]（图Ⅰ-9：

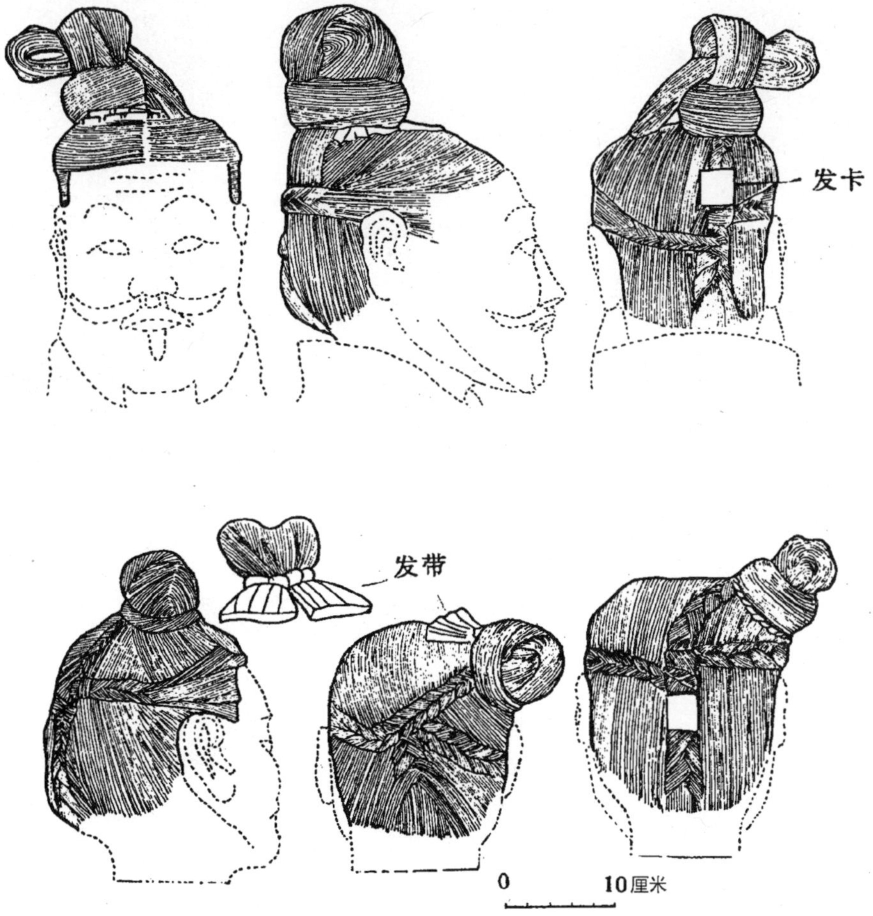

图Ⅰ-9：11 椎髻

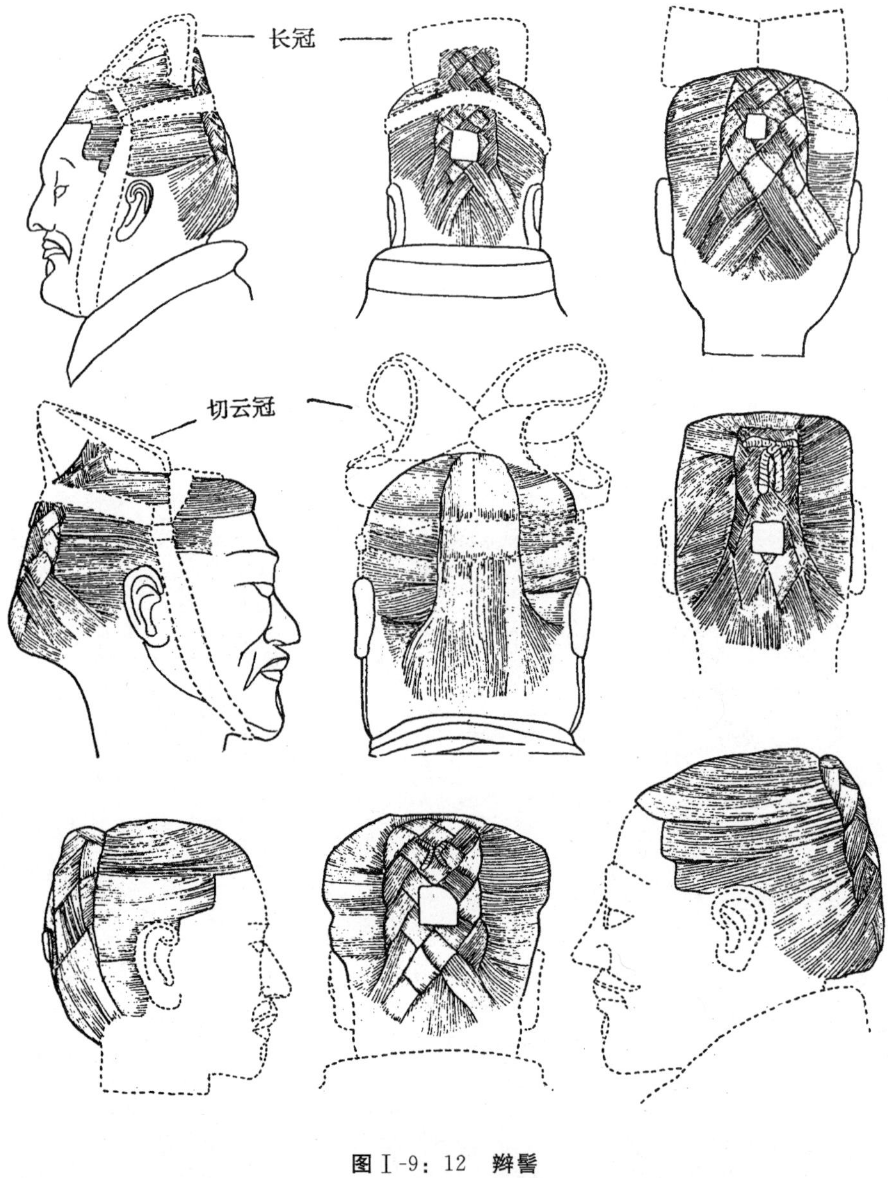

图Ⅰ-9：12　辫髻

12）两种。轻装步兵的“袍俑”，无一例外地梳椎髻，铠甲俑里仅有一部分也采用此髻形。梳辫髻的则是较高身份的各级军吏俑和御手，另有骑士俑和部分的铠甲武士俑也取辫髻。

我现在将分类观测的结果，结合各类官兵俑在队列中的地位，再按爵秩逐级考察如下[24]：

一级爵："公士"

应劭《汉旧仪》："公士，一爵……谓为国君列士也。"刘劭《爵制》："一爵曰公士者，步卒之有爵为公士者。"《汉书》颜师古注："言有爵命，异于士卒，故称公士。"这就是说"公士"是二十等爵中最低的一级，在军队中只能是步卒。

步兵俑是秦俑坑中数量最多的一种。一号坑前五个探方和二号坑内共计有陶俑2060尊，其中梳椎髻的步兵俑837尊，占总数的40%。它们分别为独立编制和隶属战车的两种，或执远射程兵器的弓弩作为战斗队的前锋，或翼卫左右、保障军事行动，或执长兵器作决战的主力。其数量、作用、战斗编列，正符合战国以来车战减少、战车地位下移、兵源增多、步兵地位上升的实际。可见秦步兵俑堪称"国君列士"的群像。

椎髻是秦代自由民男子通见的发型。始皇陵东侧马厩坑中出土的跽坐俑，其椎髻留脑后，著右衽长袍，勒带，是饲养马的"圉人"或管理马厩的"圉师"或"厩啬夫"[25]。由髭须知，均为男性，从而澄清了"女马夫"的误传[26]。而秦步兵俑的椎髻同此稍有区别，一是用双鬓和脑后梳起的三股小辫，把拢于头顶上的长发绾住，压上发卡，再加上长发绕纽作髻。整体兀起，紧凑而有层次，浑圆似乌云翻卷，不同于"圉俑"那种将发拢在脑后有如尖顶螺状的椎髻；二是位置有结于头顶右侧、或左侧，或脑后者，其中以居右为多。从中我们可以看出，梳椎髻者是社会地位比较低下的劳动者阶层。在民为"庶人"，入伍为"士伍"。秦步兵俑的椎髻发型，也当同下层人的身份相符合。

取得"公士"爵的"列士"们，刚刚步入"低爵"之门。同"庶子"比较，政治地位高不了多少，都属于"校徒、操士"之列。不过，初建战功，"能得甲首一者，赏爵一级，益田一顷，益宅九亩，一除庶子一人，乃得入兵官之吏"（《商君书·境内》），从而刺激着他愿意更多地杀敌夺爵的欲望。故而秦军中这一部分一级爵的人也不在少数，但同爵的步兵俑中也当有着高下的差别。戴帻的椎髻甲俑、免胄的椎髻甲俑等重装步兵俑，必然高于椎髻著袍的轻装步兵俑。椎髻偏右的步兵俑，也当高于偏左的步兵俑。

具有"公士"爵位的步兵俑，之所以数量多，大概同俑坑设计者"表彰军功"的指导思想有关。因为秦是"上首功之国"，计功授爵固然属于事实，而得爵多也是取胜的标志物。

二级爵："上造"

《商君书·境内》："能攻城围邑，斩首八千以上，则盈论；野战，斩首两千，则盈论。吏自操及校以上大将尽赏。行间之吏也，故爵公士也，就为上造。故爵上造，就为簪袅。……"在围攻敌国的城邑和野战中，一支秦军如果斩获敌人首级达到朝廷规定的数目（“盈论”），从最低的操士、校徒到高级军官的大将都得到奖赏，爵位则从原来的旧爵（“故爵”）依次递升（“就”）一级。由此可见，上造爵是由立功的“公士”爵而来。刘劭《爵制》说：“二爵曰上造。造，成也。古者成士升于司徒曰造主。虽依次名，皆步卒也。”既然“上造”之名来源于“造士”，按《汉书·百官公卿表》颜师古的解释就是“有成命于上”谓之“造”。那么，具有“上造”爵者多半是战国时的战车兵和大量的步兵。

秦俑坑具有“上造”爵的，大概是步兵、车兵和骑兵等三个兵种中的一部分士兵俑，计962尊，占总数的46.7%。主要分布及其作用是：

1. 一号坑矩阵阵体的前部两侧，如第一至第三、第九至第十一过洞中第一乘战车之后的铠甲俑群。他们作为隶属步兵，配合战车行动；

2. 一号坑阵体中的少数步兵，同其他战斗步兵穿插；

3. 二号坑车兵营中，战车之左右车士；

4. 二号坑车、步、骑混宿小营中车后的隶属重装步兵；

5. 二号坑骑营中的重装骑士。

爵位高于“公士”而又担任战斗主力的这部分战士，其所占比例最大，也是合乎情理的。其中梳辫髻的重装甲士，在矩阵中人数较少，又同其他步兵混编，在二号坑的车、步、骑混宿营中又是随从战车的主力，足见其地位略高于椎髻步兵俑。穿铠甲、梳辫髻、戴武弁的骑士俑，也当具“上造”爵位。

具“上造”爵的士兵，仅高于“公士”爵一级。两者间除去所享特权差一级外，装束上还有两点值得注意。一是都属于袍外擐铠甲的重装步兵、骑兵和车兵；二是椎髻上多了一个极普通的薄型小帽——帻、弁。

《急就篇》颜注：“帻者，韬发之巾，所以整嫧发也。常在冠下，或单著之。”很明显，最早的帻不过是块韬敛头发的包头巾而已。后来可以单著，也可以在帻上加冠。前者的例子是一部分铠甲俑，后者如一部分御手。刘熙《释名》中说：“二十成人，士冠，庶人巾。”蔡邕在《独断》中也说：“帻，古者卑贱执事不冠者之所服。”秦俑坑里，凡是戴帻者必定是士兵俑，戴冠者必是车御、具有“不更”爵的车士和各级军吏俑，其尊卑等级地位还是十分显明的。关于帻的形状和颜色，《后汉书·舆服志》载：“古者有冠无帻，其戴也，加首有頍，所以安物。故《诗》曰‘有頍者弁’，此之谓也。三代之世，法制滋彰，下至战国，文武并用。秦雄诸侯，乃加其武将首饰为绛袙，以表贵贱。其后稍稍作颜题”。因为冠加之于首，没有连接冠而又能套住头发的“頍”是不行的，所以往往“頍弁”连用。“頍”遂后成了冠的组成部分，《仪礼·士冠礼》郑注：“缁布冠无笄者，着頍围发际，结项中，隅为四缀，以固冠也”。秦军吏俑所戴之切云冠和长冠上的交叉形扁带，应该说是由“頍”变化而来的形象。至于在帻下接上绕额、两鬓及脑后一圈的“颜题”，在秦俑的冠形上还未找见实例。还有，秦始皇以大红色的所谓“绛袙”作武将的首饰，在这里也没有看到实物和其他例证，但用色“以表贵贱”却属事实。董仲舒《止雨书》就说：“执事者赤帻。”（《后汉书·舆服志》注引）秦武士俑的帻多是朱红色，足见其为军中的“执事者”，显然要比不戴帻者高一等[27]。

三级爵：“簪裹（袅）”

《商君书·境内》：“故爵上造，就为簪裹。”这说明“簪裹”是从“上造”爵者立功晋升而来。《汉旧仪》：“赐爵三级，为簪裹。”刘劭说：“三爵曰簪裹，驾驷马者。要裹，古之名马。驾驷马者，其形似簪，故曰簪裹。”古代驾车的驷马，固然是“一”字形的并驾，但是两服马偏前，两骖马稍稍偏后，形成一个向前的三角形。《诗·郑风·大叔于田》就有“两服上襄，两骖雁行”，“两服齐首，两骖如首”的句子，故而《爵制》就有“其形似簪”的比喻。借用古之名马——要裹，驾车奔驰、御术精湛，以“裹”名爵，正说明驷马战车的御手必须具备这一级爵称。

秦俑坑估计有战车150余乘，目前出土还不到50乘。车驾驷马，乘员二至三人，其中车御和车右必有。御者之铠既有全蔽式之甲（甲具盆领、臂钎），也有坎肩式。均戴双版长冠。按规定，应具“簪裹”爵。始皇陵出土的彩绘铜车马，其御手虽未著甲，但穿长袍、佩璧、垂流苏、挎剑、戴切云冠，说明地位高于战车的御手。

四级爵：“不更”

《汉旧仪》：“赐爵四级，为不更。不更主一车四马。”既是主管驷马战车，具有四级爵位，其身份诚如刘劭说的：“不更者为车右，不复与凡更卒同也”。颜师古也说：“言不预主更卒之事也。”取得“不更”爵的车右，不再到郡县服役一个月当“更卒”。

秦俑坑出土的战车上都有车右俑。有两种，一种是戴长冠，辫髻，穿铠甲；一种是戴帻，梳右椎髻的甲俑。虽然都“主一车四马”，爵级应是有区别。在秦俑阵营中，凡是戴长冠、梳辫髻者，无一例外地属于中下级军吏俑。同样，车御也戴长冠，其地位显然高于戴帻和不戴帻的车兵和步兵。那么，前一种车右俑无疑取得了“不更”爵，后一种恐怕还只能是“上造”爵的车右。

车御具三级的“簪裹”爵，车右具四级“不更”爵，其人数因兵种的关系，当然与战车数相同。但在秦俑阵营内，还没有发现这两种爵的步、骑兵俑。这是否意味着在步、骑兵中不设这两种爵？答案应该是否定的。因为爵是取得战功的标志，想来，秦军内具有这两种爵位的人数必定也不在少数，只是因为发掘没有进一步进行，情况不明。

刘劭说：“自一爵以上至不更，四等皆士也。”可知其政治地位还只能属于“士”，其军职同无爵的“小夫”一样，都属于“士卒”之列。《白虎通·爵》：“士者，事也，任事之称也。”士，在军内已能作战并掌握着某种技能，但在军内的地位还是比较低的，正如《荀子·王制》杨倞注说的："士，卒伍也。"

五级爵："大夫"

《商君书·境内》："故爵不更，就为大夫。"《汉旧仪》："赐爵五级，为大夫。大夫主一车，属三十六人。"不更爵晋升为大夫，主管着一车及其隶属步兵。刘劭说："古者以车战，兵车一乘，步卒七十二人，分翼左右。车，大夫在左，御者处中，勇士居右，凡七十五人。"

大夫在车上之左，自然是"车左"。车左主管一乘战车及其隶属步兵，自然也是一级军吏了。但在"尊右卑左"的秦汉时期车兵中并非如此，而且秦俑坑也提供了这一例证。像一号坑按作战单位看，并不是以一乘战车为准的。二号坑的车兵营中，根本就没有隶属步兵。况且车左"主一车"的说法同车右"主一车四马"相抵牾。我们看到戴长冠、梳辫髻的甲俑和袍俑，都是分散在步兵队列之中的，无疑是这部分士兵的主管者，属于最基层的军吏，当是"卒长"、"发弩啬夫"之类的人物了。

六级爵："官大夫"

《商君书·境内》："爵大夫而为国治，就为官大夫。"颜师古说："加官，公者，示稍尊也。"《汉旧仪》："赐爵六级，为官大夫。官大夫领车马。"

原来的"大夫"爵晋升一级，在前面加个"官"字，不仅显得尊贵，确实也掌握了国家给予的权力（"国治"）。既然是"领车马"，就说明他能够率领一支独立作战的部队。从秦俑一号坑前五探方看，有四个"军侯俑"分散在战车和一定数量的步兵之中（如G2：27、G4：43、G8：41和G10：24），而且是在车、步之间（G2：27和G10：24），或轻装和重装步兵之间（G4：43和G8：41）。无疑他是这个作战单位的首长。这些俑，戴双版长冠、梳辫髻、著细札长甲的装束，就显示了他高于"大夫"一级的爵位，当是尊贵的"官大夫"爵。

七级爵："公大夫"

《汉旧仪》："赐爵七级，为公大夫。公大夫领行伍兵。"《司马法》说："凡立军，一人曰独，二人曰比，三人曰参，比三曰伍，五人为列。"[28]"列"即是"伍"，是由五个步兵所组成最基本的编制单位。《周礼·地官司徒》说的"五伍为两"，实际也即是杜预说的"行"[29]。按蓝永蔚先生的说法是："两于伍，因为从战术意义上讲，它已经是一个能够独立实施攻击和防御的基本战术分队了。"[30]所以"公大夫"所领的"行伍兵"绝不是25个士兵，而是一支较大的作战部队。在这里，"行伍"只不过是军队的泛称而已。

秦俑出土的"司马俑"只有4尊，其中3尊（G2：14、G7：14、G10：14）都是站在一号坑的几乘指挥车上，另一尊是站在二号坑射兵营后部一高级军吏俑右侧。

他们戴双版长冠、梳辫髻，穿着只有前札叶铠甲。可知其为高于“军侯”的中级指挥官，爵当七级的“公大夫”。

八级爵：“公乘”

《汉旧仪》：“赐爵八级，为公乘。与国君同车。”《汉书》颜师古注：“言其得乘公家之车也。”实际应该是：具有“公乘”爵的人既可坐与国君相同规格的车，作战时又可坐同自己地位相应的指挥车。

秦俑坑出土单辕驷马之车，可分为四种，即：指挥车、轻车、阙车和骑车。后三种都属于战车，仅仅因性能不同而用途各别。

指挥车系各级军吏所乘，车舆面大，乘员 3 人，具金鼓类指挥物，同周围明显地存在着承接的关系。一号坑第二过洞的第 97 号，是位戴切云之冠、穿细叶铠甲的高级指挥俑，乘二号车居后。其左翼的第三过洞是乘车指挥的戴切云冠、穿袍的高级军吏俑，前有乘车指挥的第 14 号“司马俑”及随车的“军侯俑”。在相邻的这三乘指挥车的四周步兵俑中，都有为数相应增加的下级军吏俑。这样就构成了“高—中—初”的三级指挥网格，同步兵群构成为一个大的战斗单元。相对的第十过洞第 97 号高级指挥俑，同第九过洞的第 13 号，第十过洞的 14、24 号俑，都属于这种格局。至于第五过洞第一乘车上的第 15 号高级指挥俑，同第四过洞的 43 号、第七过洞的 14 号中级军吏俑之间，也同样有着一种接承的关系。

从乘车到随步的各级指挥，通过金、鼓、铃、旗，按照指挥战斗的最高武官发出的命令，逐级传达、确定部队的战斗行动。一号坑第二、五、十等三个过洞中乘车的三位高级指挥俑（G2：97、G15：15、G10：97），是这一“区队”的统领，军职应为为“都尉”（郡尉），爵级当属“公乘”。

同属“公乘”爵，也存在着“正比”的关系，像一号坑第三过洞的第 15 号俑、第九过洞的第 13 号俑的级别可能稍低。而二号坑第十一过洞的第六车上一老年高级指挥俑，身居车、步、骑混编队列之后，握长剑，其所乘车也是指挥车中最大的一辆（舆宽 150 厘米、进深 120 厘米），所著细札铠甲上有带头花结八朵（比同级俑多出一朵），显然地位高于同级。

“公乘”以上的爵位是大夫中最尊的“五大夫”。而秦俑三号坑作为军幕，处于指挥位置。短兵（亲兵）及鼓车的存在，也足以说明这里应有九级爵“五大夫”的“官长将率”（《汉旧仪》）。

秦爵本是军中官兵的等级身份。商鞅变法时，就确定奖励军功，“计首授功”的制度。按《韩非子·定法》的说法是：“斩一首者爵一级，欲为官者为五十石之官；斩二首者爵二级，欲为官者为百石之官。官爵之迁与斩首之功相称也。”这个五十石、百石的官，实际算不得当官，只不过是服杂役的小吏而已。即使行政官吏也得从军打仗，爵自一级（“公士”）至四级（“不更”）系低爵，在军内还属于士兵，被称作“卒”。“无爵为士伍”（《汉旧仪》），连佐吏也当不上。爵自九级的“五大夫”以上，才进入高爵，“以上次年德为官长将率”（《汉官旧仪》）。五级至八级属于军吏，从秦官兵俑衔级与爵秩的考订中知，这里的爵有一级至八级身份，即从士兵上到军吏的最高级，而九级以上的“五大夫”正是“缺席以待”！

为了明白秦俑爵秩考订的结果，现列表五于后：

表五　秦俑爵秩对照表

序号	爵秩 级别	爵秩 名称	陶俑名称及冠服特征	兵种	武职 级等	武职 职务	所在位置及编号	数量 分计	数量 总计	备注
1	一	公士	椎髻袍俑	射兵			坑Ⅰ—K间，G1、4、6、8、10、11中的独立步兵	396	837	
				步兵			坑Ⅰ—G2、7、10中第一战车前			
				射兵			坑Ⅱ—射兵营前廊两过洞	126		
2	一	公士	椎髻甲俑	步兵			坑Ⅰ—K间，G2～11 Ⅱ—？ Ⅲ—？	155		
3			蹲射姿椎髻甲俑	射兵			坑Ⅱ—射兵营中部四过洞	160		
4	二	上造	戴帻椎髻甲俑	步兵			坑Ⅰ—G1～3、6、9～11	403	962	帻罩发上
5			戴帻左椎髻车左俑	车兵			坑Ⅱ—车兵营中	64		帻罩发上，外以发带束札
6			戴帻右椎髻车右俑					64		
7			辫髻甲俑	步兵			坑Ⅰ—G2～5、9～10	51		
							坑Ⅱ—车、步、骑混合营	264		
							坑Ⅲ—？			
8			戴弁辫髻甲俑	骑兵			坑Ⅱ—G12～14、9、10	116		G9、10中各有四骑殿后
9	三	簪袅	戴单梁长冠、辫髻、穿坎肩式甲衣御俑	车御			坑Ⅰ—G2：13、98，G5：14，G7：15，G9：15	5	85	铠甲仅有带花边的前胸甲，后部为带图案的背带
							坑Ⅱ—骑营中六车混营后	11		
							坑Ⅲ—车府中	1		
10			单梁长冠、椎髻罩帻、著全蔽式甲衣御俑				坑Ⅱ—车兵营、混编营中，车后随员8人者	78		铠甲有前后甲、臂钎、护手甲、盆领

序号	爵秩 级别	爵秩 名称	陶俑名称及冠服特征	兵种	武职 级等	武职 职务	所在位置及编号	数量 分计	数量 总计	备注
11	四	不更	戴长冠、辫髻、车右甲俑	车士			坑Ⅰ—G2：15、95，G3：13，G5：13，G7：13，G9：14，G10：13、96	8	8	
							坑Ⅱ—？			
12	五	大夫	长冠、辫髻袍俑		下级军吏	发弩啬夫	坑Ⅰ—K：72、G11B：16	2	29	锋及左翼射兵队中
13			长冠、辫髻甲俑			卒长	坑Ⅰ—K、G2～5、8～10步兵俑中	27		
14	六	官大夫	单梁长冠、辫髻、长披膊、齐摆细甲俑		中级军吏	军侯	坑Ⅰ—G2：27，G4：43，G8：41，G10：24	4		位在车后隶属步兵俑中
15	七	公大夫	单梁长冠、辫髻、著坎肩式铠甲俑			司马	坑Ⅰ—G2：14，G7：14，G10：14	3	4	
							Ⅰ—射兵营后廊	1		位于一高级军吏俑右侧
16	八	公乘	戴切云之冠，辫髻重袍俑		高级军吏	都尉（郡尉）	坑Ⅰ—G3：15，G9：13	2	7	
			戴切云之冠，辫髻、重袍细札甲俑				坑Ⅰ—G2：97，G5：15，G10：97	3		甲衣七花：前2、后3、双肩各1
17							坑Ⅱ—射兵营中	1		甲衣七花：前3、后2、双肩各1
							坑Ⅱ—T9：1	1		八花分布：前后（胸、背）各3、双肩各1

注释

[1]“军吏”有二义，广义的系指军中一切武官。《左传》僖公二十五年（公元前635年）：“冬，晋侯围原，命三日之粮。原不降，命去之。谍出，曰：‘原将降矣’。军吏曰：‘请待之。’信，国之宝也……退一舍而原降。”《后汉书·百官志》注：“有功赐爵，则在军吏之例。”《商君书·境内》说吏的范围更广：“吏自操士及校徒以上大将尽赏。”狭义的专指挥军官的辅助人员，《战国策·秦策三》：“秦攻邯郸，十七月不下。庄谓王稽曰：‘君何不赐军吏乎？’王稽曰：‘吾与王也，不与人言。’庄曰‘……今君虽幸于王，不过父子之亲。军吏虽贱，不卑于守闾妪。且君擅主轻下之日久矣……。’王稽不听，军吏穷，果恶王稽、杜挚以反。秦王大怒。”《史记·秦始皇本纪》：“八年，王弟长安君成蟜将军击赵，反，死屯留，军吏皆斩死。”

军吏由通称到专称的变化过程，同行政的官吏是相同的。《国语·周语》韦昭注："百吏，百官也"。后专指官府的差役、胥吏，杜甫《石壕吏》有句："暮投石壕村，有吏夜捉人。"

[2]《汉书·百官公卿表》应劭注："自上安下曰尉，武帝军官悉以为称。"而今之所谓"武官"是专指驻外国的军事代表和使馆的军事助理。

[3]《汉书·百官公卿表》："騪粟都尉。武帝军官，不常置。"騪粟都尉又作"搜粟都尉"(《汉书·霍光传》)。

[4]"士"的原意在军中指"甲士"而言，"兵"则是各种兵器的称谓。《荀子·议兵》有"古之兵，戈、矛、弓、矢而已矣"。以后连执兵器的人也称之为"兵"，段玉裁《说文通训定声》说得很明白："器曰兵，用器之人亦曰兵。"当然"兵"的演变，既包含有军队、战争、军事理论著作《兵法》等多种意思，也指用兵器伤人("兵之")的行为。但无论怎样，"兵"都是同军事和战斗发生着关联。至于"兵"演变成人，就很自然地同"士"连在一起，成了"士兵"。

"徒"是春秋时期随车、步兵的称谓，单独称"徒"或"卒"。战国时期，则称之为"步卒"。随着士兵成分的变化，"甲士"和"徒"、"卒"界限的消失，"徒"的称谓不再使用，从而出现了"甲士"、"卒"、"士卒"的多种称呼。而且各国对步兵还有一些专有的称呼，如"苍头"、"武士"、"奋击"、"技击"、"武卒"、"锐士"等。同样，秦对士兵的称谓也经历了一个由"乱"到"统一"的过程。春秋时期"步卒"，商鞅变法时不确定地称作"农战之民"，或"农战之士"。到秦统一之后，则称之为"士"，或"卒"，或"兵"，或其中二者的连缀，如"士卒"、"卒士"等。

[5]根据高亨《商君书注释》一书，引文中括号及增文为高的校正，"国封尉"的"封"字为衍文。"屯长"即"敦长"。云梦睡虎地秦墓竹简《秦律杂抄》："徒食，敦(屯)长、仆射弗告，赀戍一岁。"屯，敦，古字通。秦简中多有"敦长、仆射"连用的话。可知屯长绝不是一"伍"之长。《秦律杂抄》有"·军新论攻城，城陷，尚有棲未到战所，告曰战围以斩亡，段(假)者耐；敦(屯)长、什伍智(知)弗告，赀一甲，伍二甲。·敦(屯)表律"。从中可见敦长之下有什(十人)、伍(五人)。那么，"五人一屯长"的句中必有脱字。秦杜虎符铭到有"凡用兵兴士被甲五十人以上，必会君符，乃敢行之"的话，新郪虎符也有基本同此的铭文。这说明秦把"五十人"也作为军队的一级编制单位，和其他国家是一致的。所以《商君书·境内》中应以"五十人一屯长"为是。

[6]云梦秦简中多以"屯长、仆射"连称，可知仆射在屯长之下。属于一级军官。据《孙子·作战》曹操注："陈车之法，五车为队，仆射一人；十车为官，卒长一人；车满十乘，将吏二人。"

[7]据云梦《睡虎地秦墓竹简》一书的解释："发弩，专司射弩的兵种，见战国至西汉玺印、封泥。发弩啬夫系这种射手的长官。"秦有"发弩"半通印的传世。参

见陈介祺：《十钟山房印举》2.55。

[8]“校尉”是一部之长，据《汉书·赵充国传》：“步兵九校，吏士万人。”师古注：“一部为一校。”《李广利传》载：伐大宛时六万人，分为“五十余校”。可见“一校”约有1000多人。那么，约有6000左右士兵俑的秦俑一坑中至少该有五个校尉俑。

[9]秦俑三号坑是将军幕的模拟物，当有将军俑的存在。至于将军俑未出现，大概正像很多人指出的：同“临时命将”有关。

[10]《史记·秦始皇本纪》秦二世“二年冬，陈涉所遣周章等将西至戏，兵数十万。二世大惊，与群臣谋曰：‘奈何?’少府章邯曰：‘盗已至，众强。今发近县不及矣。骊山徒多，请赦之，授兵以击之。’乃大赦天下。”《史记·陈涉世家》：“周文……行收兵至关，车千乘，卒数十万，至戏，军焉。秦少府章邯免郦山徒、人奴产子生。悉发以击楚大军，尽败之。”所谓“郦山徒”不尽是有些注家说的“刑徒”，因其成分很复杂，还包括替债者、自由民等。可参考王学理《秦始皇陵研究》一书中的《修陵大军》一节。至于“人奴产子生”，《集解》引服虔曰：“家人之产奴也。”《索隐》按：“《汉书》无‘生’字，小颜云：‘犹今言家产奴也。’”换句话说，就是私家奴隶所生的子女。

[11]《史记·秦始皇本纪》：“十一年……王翦攻阏与、橑阳，皆并为一军。翦将十八日，军归，斗食以下，什推二人从军，取邺安阳。”《集解》引《汉书·百官公卿表》曰：“百石以下有斗食、佐史之秩。”斗食、佐史都是乡以下的“少吏”，云梦秦简《编年记》中的喜是小吏，曾多次应征当兵，即是小吏也服兵役的证明。马非百《秦集史》引王骏观注：“《周礼·春官·太祝》云：国将有事于四望及军归，则前视。是军归乃军中祭礼也。言王翦为将十八日，行军归祭礼，自斗食以下，十中选二从军，为挑选精锐，轻兵起敌也。《索隐》不知军归之礼，以为军中皆归，殊失考耳。”

[12]《史记·秦始皇本纪》：“三十三年，发诸尝逋亡人、赘婿、贾人略取陆梁地。”这实际就是秦代的“七科戍”。《汉书·晁错传》：“秦民见行，如往弃市，因以谪发之，名曰‘谪戍’。先发吏有谪及赘婿、贾人，后以尝有市籍者，又后以大父母、父母尝有市籍者，后入闾。取其左。”

[13]《后汉书·百官志》引刘劭《爵制》说“不更”为“不复与凡更卒同也”。

[14]《汉书·高帝纪》颜师古注：“傅，著也。言著名籍，给公家傜役也。”

[15]《后汉书·班超传》载，班昭对皇帝的上书说：“窃闻古者十五受兵，六十还之”。但是，十五岁尚属未成年的少年（古称“成童”），还难于手执兵器作战。如果征发，只能充当“小役”（一般傜役或军队中的杂役），像《编年记》中的喜在“傅”之后三年才参战的。

[16]先秦时期的“材士”一名较为含混，有指“勇力之士”者，如《尉缭子·

武议》："吴起与秦战，未合。一夫不胜其勇，前获双首而还，吴起立斩之，军吏谏曰：'此材士也，不可斩。'起曰：'材士则是也，非吾令也。'斩之。"有指水兵者，《墨子·备水篇》："必善以船为轒辒，二十船为一队，选材士有力者三十人共船……先养材士，为异舍食其父母、妻子以为质。"

汉代不再用"材士"一名，而以"材官"来统称步兵。《汉书·高帝纪》注引应劭曰："材官，有材力者。"张晏曰："材官、骑士、习射、御、骑驰、战阵……"《汉官仪》："高祖命天下郡国选能引关蹶张、材力武勇者，以为轻车、骑士、材官、楼船，常以立秋后讲肄课试，各有员数。平地用车骑，山地用材官，水泉用楼船。"《汉书·晁错传》："平地通道，则以轻车、材官制之。"

至于"材官蹶张"，正如《汉书·申屠嘉传》颜注引如淳曰："材官之多力，能脚踏强弩张之，故曰蹶张"。开弓有两种方式，靠双手者叫"擘（臂）张"，用脚踏者叫"蹶张"。后者在秦中称"趆张"（《秦律杂抄》）。

[17] 参见本书《兵器篇·秦俑兵器刍论》。

[18] 崔璿：《秦汉广衍故城及其附近的墓葬》，《文物》1977年第5期。

[19] 许玉林、王连春：《辽宁宽甸县发现秦石邑戈》，《考古与文物》1983年第3期。

[20] 湖北孝感地区第二期亦工亦农文物考古训练班：《湖北云梦睡虎地十一座秦墓发掘简报》，《文物》1976年第9期。

[21] 上海博物馆青铜器研究组：《商鞅方升容积实则》，《上海博物馆馆刊》第1期（1981年7月）。

以下《传食律》原文参见《睡虎地秦墓竹简》一书，文物出版社，1978年。

[22] 椎髻，髻形如椎故名。《汉书·李陵传》：李陵、卫律"两人皆胡服椎髻"。颜师古注："椎髻者，一椎之髻。其形如椎。"椎髻，又作"魋髻"。《汉书·陆贾传》："高祖使贾赐佗印为南越王。贾至，尉佗魋髻箕踞见贾。"师古引服虔曰："魋音椎，今士兵椎头髻也。"可见椎髻或魋髻都是秦汉时期少数民族武士的一种发型。从秦俑的战服上看，秦早已吸收了北方草原民族的特长，为己所用，其士兵的髻形从便战出发岂非如此！

[23] 因将发绺结成辫，再上折为髻，故名。

[24] 对秦俑衔级和爵的研究，最早发表论文的是陈梦东先生。可惜英年早逝，尽管他所凭借的资料和观点受到当时条件的局限，还大有可商榷之处。而他迸发的思想火花却被"秦俑人"变形地吸收，成了自己的创见。这无疑是秦俑研究中的一种悲哀！现在，我写此文应说是在陈先生的著文的基础上作些补正并以正风而已！

[25] 参见王学理：《秦始皇陵研究》第二章《丽山园》第四节《从葬坑》，上海人民出版社，1992年。

[26] 雷玉英：《揭开秦跽坐俑性别之谜》，《西安晚报》1984年8月25日。

[27] 帻的颜色在汉代变化较多，既有四时、年龄的不同，也因职业和使用场合而有区别。《后汉书·舆服志》："迎气五郊各如其色，从章服也。皂衣，群吏春服。青帻，立夏乃止。助征顺气，尊其方也。武吏常赤帻，成其威也。未冠童子帻，无屋者，示未成人也。入学小童帻也，句卷屋者，示尚幼少未远冒也。丧帻，却摞反本，礼也，升数如冠，与冠偕也，期表起耳有收。素帻亦如之。礼轻重有制，变除从渐，文也。"《汉旧仪》："凡斋，绀帻；耕，青帻；秋，貙刘，服緗帻。"

[28] 杜佑：《通典》引《司马法》佚文。

[29]《春秋经传集解》卷一引杜预注："二十五人为行。"

[30] 蓝永蔚：《春秋时期的步兵》，中华书局，1979年。

拾　练兵透视

——从兵马俑的队列动作看秦的教战内容

秦国军队兵强马壮，如虎如貔，攻城略地，所向披靡。经过春秋战国五百多年的武力开拓，一统天下。如果这支大军没有经过严格的军事训练，仅凭严刑峻法或个人的勇敢，要取得如此战绩，那是绝对办不到的。

孔子曾说：“不教民战，是谓弃之。”（《论语·子路》）可见未经战术训练的乌合之众，被驱赶到战场上去，实际是白白地送死，于事无补。因此，训练士卒，历来备受重视。一支新军组建之后，第一要务就是训练。吴起在兵书《吴子·治兵》中认为：“用兵之法，教戒为先。”他说：“夫人常死其所不能，败其所不便。”死于没掌握战术技能，败在不熟悉战法——这是从战场的教训中得出的正确结论。经常练兵，对新老士卒都是需要的。他指出：“一人学战，教成十人。十人学战，教成百人。百人学战，教成千人。千人学战，教成万人。万人学战，教成三军。以近待远，以逸待劳，以饱待饥。圆而方之，坐而起之，行而止之，左而右之，前而后之，分而合之，结而解之。”在掌握了这些战法的基本要求和熟悉了阵法的转换，达到“每变皆习”的程度，这才敢于授予武器作战（即“乃授其兵”）。从中我们也可以看到，这种“教”、“练”的所谓“将事”，实际都属于“治兵”的主要内容。其作用正如他说的：“所谓‘治’者，居则有礼，动则有威，进不可当，退不可追，前却有节，左右应麾（挥）。虽绝成阵，虽散成行。与之安，与之危，其众可合而不可离，可用而不可废，投之所往，天下莫当，名之曰‘父子之兵’。”训练之必要，目的在于“战”。“练”的效果，要由“战”来检验。二者的辩证关系，他阐述得就是这么透彻！

秦军是一支训练有素的精锐之师，但秦人没有兵法论著，对其如何训练队伍，就不得详知。秦俑阵营的队列实体，也许能透露出一点它原来教战的实情。

一　训练有素的表面性观察

（一）秦俑队列动作的印象

1. 部伍严整、队列整齐，这是我们对秦俑队列的第一印象

秦俑一号坑东端有横队三排，每排有袍俑 68 尊。不但左右展开是三条平行线的

各自延长，而且前后对齐是68根等距线。矩阵前锋列位如此，其后卫部大致也不会两样。阵体的38路纵队，除去两侧各一路纵队外，有36路分别处在九个过洞中，每个过洞是四路纵队。尽管其间有战车作横向或纵向的同武士俑间隔排列，但每个武士俑都是站在36条纵和165条横线构成网格的交点上，各点的位置相当规矩。这种纵横成行又交点对齐的布置，完全符合阵法上行、列、位的队列要求。

《司马法·严位》有“立卒伍，定行列”，“位欲严”等项的所谓“战道”。秦国军队虽非按五人为“伍”、五伍为“两”、四两为“卒”，又各设“伍长”、“两司马”、“卒正”的编制系统，但自有编法，其横成“行”、纵成“列”的事实是显而易见的。“位”，固然在《司马法》里指上下等级地位而言，但还有另一层意思，就是士卒在行列中的位置。因为战士的位置，实际就是战斗力的所在。从矩阵总体看，锋部的轻装步兵组成持弓弩的射兵队，本部有战车的重装步兵组成长兵器战斗队，是“强弩在前，锬戈在后”（《史记·苏秦列传》苏代语）的兵力配置，完全符合秦军属于进攻型的性质。从阵本的这一局部观察，战车同战斗步兵协同，以戈、矛、戟、铍一类长兵器为主并配以强弩和长剑，当和“长以卫短，短以救长”（《司马法·定爵》）的兵器配置原则相契合。

2. 士卒表情严肃，握持兵器的动作规范，体现了军纪严明，反映了士卒技艺精湛

士卒俑无论是重装或是轻装，都严守岗位。队列尽管有密有疏，但各个却有固定的位置。按照要求，士卒在队列中保持其前后左右的距离，才能做到队列如绳墨、如规矩。秦俑挺直站立，目视前方，表情严肃，既没有“逾列”之举，也没有左顾右盼骚动喧哗之态。整个队形堂堂正正，是秦军风貌的再现。

秦俑凡持同类兵器者，必然都是同一手势。佩剑，无疑都在左胯，平时入鞘中，用时右手从左侧拔出就较为方便。像二号坑第11过洞中的一位老年将俑，左手缩入袖口中，四指半握剑柄，拇指盖在剑首上。

拄长兵器的武士俑，一律右臂前屈握器柄，左臂自然下垂。一旦格斗，左手前握，双手间保持一定距离，或转体，或猫腰，立即作出有力的击刺反应。

因为远射程兵器在使用时，由弓弩和箭两部分搭配合成，故而携带时也分作两处。箭一律插在箙中，秦俑的箭箙一般不是挂在腰际的左侧，而是在身后。持弓弩的姿势有两种，一是提在左手中，手握弣，弦在上，形成夹持的状态。像二号坑的骑兵俑牵马，右手握辔，左手携弩。左手持弓弩的姿势，在射箭时必然是右手从箙中抽箭、搭箭、勾弦，都较为方便又节约时间。同样，立射俑左手斜伸持弓，右手触弦的形象也提供了这一例证。秦射俑还另有一种右持弓法，一号坑前锋的战袍俑都作右臂斜出，手握弓、左臂下垂伸手的姿态。这在张弓放箭时，就要多出一个换手的动作了。

总之，秦俑因各自所持兵器的不同而手势各别。但使用同一兵器者，手势又都

一致。兵器种类、携带部位、姿势表情必定划一，只有训练严格才能达到动作规范、技艺娴熟的地步。

3. 车马服驾、乘马温顺，是调习的必然结果

战车四马，两服掌辕，两骖配曳，六辔握在御者手中。骑兵之乘马，戴络头、披鞍鞯，由骑士执缰。无论是车马或乘马，都被安置在阵营的队列之中，虽无驰骋的动态，尽管安闲，却是昂首挺胸，四腿如柱，双耳前倾，含衔带镳，目圆似铃，显得机警沉稳、神骏欲驰。良好的军马是作战的凭借，真可谓“所向无空阔，真堪托死生。骁腾有如此，万里可横行”[1]。秦马之良，张仪曾形容是“探前趹后，蹄间三寻腾者不可胜数”（《史记·张仪列传》），这话看来是不虚的。

秦人养马、驯马是久负盛名的。《史记·秦本纪》载：“造父以善御幸于周穆王。得骥、温骊、骅駠、騄耳之驷，西巡狩，乐而忘归。徐偃王作乱，造父为穆王御，长驱归周，一日千里以救乱。”“非子居犬丘，好马及畜，善养息之。犬丘人言之周孝王，孝王召使主马于汧渭之间，马大蕃息。”春秋战国时代，秦的养马业服从于战争需要，更有大规模的发展，不但从中央到地方设有养马场——厩苑，还在“边郡置六牧师令”。军马在征用之前，都要受到严格的训练。云梦睡虎地秦简的《秦律杂抄》中就有这么一条律文：“蓦马五尺八以上，不胜任，奔挚（絷）不如令，县司马赀二甲，令、丞各二甲。先赋蓦马，马备，乃粼从军者，到军课之，马殿，令、丞二甲；司马赀二甲，法（废）。”所谓“蓦马”就是骑兵的乘马。到军队后考核，被评为下等的，连厩苑所在的县令、丞、司马都要受到惩罚。对于车马的考核，同样也是严格的。《秦律杂抄》：“肤吏乘马笃，辈（胔），及不会肤期，赀各一盾。马劳课殿，赀厩啬夫一甲，令、丞、佐、史各一盾。马劳课殿，赀皂啬夫一盾。”车马的行动迟缓，体形瘦弱，劳役不佳，评为下等，厩啬夫、皂啬夫和县令、丞、佐、史都要给予惩罚。

马到军中的评比，只是对厩苑劳绩的考核。能否适应战场，则要进一步作驾御乘控的专门训练。从秦俑坑车坚马良、将勇兵强的状态，似已曲折地反映出这一训练过程。

（二）秦重视军事训练的史实

讲武练兵是中国古代的军事活动的一项传统。据《周礼·夏官司马·大司马》记载，一年四季定期地进行所谓“春蒐、夏苗、秋狝、冬狩”的军事演习：

“中春教振旅，司马以旗致民，平列阵，如战之阵，辨鼓铎镯铙之用……以教坐作、进退、疾徐、疏数之节，遂以蒐田。”通过战阵训练，让士卒熟悉各种指挥物（金、鼓、铃、旗）的用法和战斗动作的节度。并用围猎的办法练习、实践。

“中夏教茇舍，如振旅之阵，群吏撰车徒，读书契，辨号备之用……遂以苗田。”夏季利用草木茂盛的有利时节，进行野营训练。先除草平地止宿（也称“拔舍”），

再通过战阵的形式使各级军吏熟悉指挥自己所属的车徒，辨别徽章一类标识的用法、知道按行政系统的地方单位调集而又照军事编制队伍的各种名号，以及夜间守御戒备等“夜事”，然后再用“茇田”的办法畋猎（即所谓“苗田”）。

“中秋教治兵，如振旅之阵，辨旗物之用……遂以狝田。”秋天排列阵势教习战，目的是要军士们通过“狝田”的军事演习来熟谙王、诸侯、军吏、百官和地方兵的各种专有旗帜及自己的所属，以适应战场上纷纭的局面。

“中冬教大阅……遂以狩田。”冬季进行的虽是第四季度军事训练，实则是全年训练的大检阅。

尽管在一年之内有四次军训，但三年还要进行一次大规模的军事大演习、大检阅。《左传》隐公五年：“三年而治兵，入而振旅。”杜注：“受四时讲武，犹复三年而大习。出曰治兵，始治其事；入曰振旅，治兵礼毕，整众而还。”疏：“《公羊传》曰：‘出曰治兵。入曰振旅，其礼一也，皆习战也。’”

治兵也罢，振旅也罢，都是一种通过畋猎的方式而进行的军事训练活动。依照战法，实际操演，有违令者同样处置以军法。部队归来，还要给予慰劳（即所谓“归而饮至”）。由于寓兵于农又定期军训，一旦国家有战事，就能“及师，大合军（集合六军），以行禁令，以救无辜，伐有罪”（《周礼·夏官司马》）。

秦人尚武，尤重军事训练，更带有全民的性质。《后汉书·礼仪志》注引《魏书》：“四时讲武于农隙。汉承秦制，三时不讲，唯十月车驾幸长安水南门，会五营士，为八阵进退，名曰乘之。”这里虽说的是汉制，实际还是由秦改定而形成的讲武制度。《汉旧仪》载：“民年二十三为正一岁，为卫士一岁，为官骑士，习射、御、骑驰、战阵。……水处为楼船，亦习战射行船。”秦代男子一生服兵役两年，其中一年当“正卒”，即在郡县当兵，接受军事训练；一年在中央作“卫士”，或者到国防前线当“戍卒”戍守边关。对于“正卒”的训练是以县为单位进行的，由掌管地方军事的“郡尉”统领，交“县尉”主持。训练的科目，因兵种不同而不同。如对射兵的要求就是要“如律”，战车“能驾御”，骑兵之马要“如令”。否则，主持人、教者、学者都会受到惩罚。云梦睡虎地秦简《秦律杂抄·除吏律》记：“除士吏、发弩啬夫不如律，及发弩射不中，尉赀二甲。发弩啬夫射不中，赀二甲，免，啬夫任之。”又：“驾驺除四岁，不能驾御，赀教者一盾；免，赏（偿）四岁繇（徭）戍”，“奔挚（縶）不如令，县司马赀二甲，令、丞各一甲”。对于军事训练的大事，从县的最高行政长官到军事长官都得参与。县令（万户以上的县长）、丞、尉实施领导，由县尉以下的士吏、发弩啬夫和司马等军吏辅佐掌管训练。至于征发赴战中的练卒也是刻不可忘的，王翦率兵六十万征楚，战前仍教士卒“投石超距”，既开展了军事体育，也在激励士气[2]。秦二世曾“尽征其材士五万人卫咸阳，令教射狗马禽兽”（《史记·秦始皇本纪》）。这当然不属于练兵的性质，纯系由材官蹶张之士围猎取乐的荒唐之举。

军之强在练，兵之精在选。“军不习练，百不当一；习而用之，一可当百”（诸葛亮《心书·习练》）。孙武早就把“士卒熟练”同决定战争胜负的诸因素等量齐观，诚可谓“七计”之一[3]。只有通过刻苦的、一丝不苟的训练，方可收到“四支（指）应心”的实效。《尉缭子·兵教》说：“令守者必固，战者必斗，奸谋不作，奸民不语，令行无变，兵行无猜，轻者若霆，奋敌若惊。”这正是秦军能“威行天下”的真实写照。

二　规范化战术动作解析

（一）先秦时期战术训练追记

《管子·兵法》上有“五教”之法，即：“一曰教其目以行色之旗，二曰教其耳以号金之数，三曰教其足以进退之度，四曰教其手以长短之利，五曰教其心以赏罚之诚。五教各习，而士负以勇矣。”以眼、耳、足、手、心五项作为对士卒作战的内容，如按不同兵种而论，其军事训练科目还是相当的复杂。即以同兵种而言，也往往因分工的不同而各自的训练科目也有别，像步兵中的弓弩手和长矛手的训练科目绝不会是同样的。

先秦时期的军事训练，大概以春秋中期为分水岭，从训练方针、组织机构、训练手段到战斗条令，前后都有着明显的不同。周代“六艺”之教，使“国子”从八岁入小学开始[4]，就在“保氏”的掌管下受到基本的教育。按照《周礼》的说法，小学里开设有礼、乐、射、驭、书、数六门课程[5]。其中的射和驭本是车战训练的科目之一。据有的学者考证，乐还包含着舞，“其中的象舞实际就是进行单兵和队列教列的军事体操”[6]。自公元前 541 年魏舒“毁车以为行”之后，随步卒地位的上升，它日益成为军事训练的重点。不但在一些国家像晋悼公正式设立军队训练的专门机构，使“训练卒乘，亲以听命”，并重视大规模的军事演习，而且还出现了专职的将帅和战斗条令[7]。

先秦时期的军事训练，概括起来大概包括了三方面的内容，即：战术动作、心理素质和增强体质。

对于步兵的战术动作教练，实际相当于现代制式动作的训练。它是从单兵技艺、队形变化和兵器的使用上入手的。

步兵的技艺训练，既包括了立、坐、跪、伏、进五种姿势和曲踊、超距这两种变化动作，也包括了单兵在队列中辨别力和适应性的训练。“立”就是立正的姿势，比较容易理解。“坐”，就是双膝着地，臀部压在脚后跟上，叫“跽坐”。“跪”，则是上身挺直的坐姿，也叫“长跪”。因为作防守的圆阵，其前行的步卒都取坐姿迎敌，一旦坐阵移动，作坐姿的战士就需要变成跪姿跟随，这就是所谓的“膝行”[8]。

“伏”，是卧姿。《汇解·通义》：“跪而坐，坐而伏，坐法也。”可见坐、跪、伏都是坐阵的行动方法。“进”是立姿的变换动作，包括了退和左右旋转。步卒由坐姿变为立姿，中间有一个“起”的变化动作，也叫“作”。起时，只有屈腿跳跃才能完成由“坐”变“立”的过程，所以把“起”也叫“曲踊”[9]。如果步卒由立姿跳跃登上战车，这个跃起的动作就叫“距跃”[10]，或称“超乘”、“超距”。由前面对词的解义上可以看出：步卒的五种姿势和两种变化动作都是基本的战术动作，但其中立、坐、跪、进更是主要动作，只有通过训练达到熟练才能适应队形变化的要求。

战士编入队列，对于标识的辨别和指挥系统的反应，又是一种基本的训练。因为在古代战场上，三军之众非将帅之声所能及。这全凭金、鼓和旌旗的指挥。那么，士卒要熟悉这些指令，就有一个“审金鼓”、“辨旗物”、“别号名”的耳目训练。根据文献记载，各个军事指挥家所规定的标识和信号不尽相同，确实是“将异其旗，卒异其章”的。《尉缭子》说：“左军苍旗，卒戴苍羽；右军白旗，卒戴白羽；中军黄旗，卒戴黄羽。卒有五章：前一行苍章，次二行赤章，次三行黄章，次四行白章，次五行黑章。……前一五行置章于首，次二五行置章于项，次三五行置章于胸，次四五行置章于腹，次五五行置章于腰。”[11]（《经卒令》）“金、鼓、铃、旗四者各有法：鼓之则进，重鼓则击。金之则止，重金则退。铃，传令也。旗麾之左则左，麾之右则右。奇兵则反是。一鼓一击而左，一鼓一击而右。一步一鼓，步鼓也。十步一鼓，趋鼓也。音不绝，鹜鼓也。商，将鼓也。角，帅鼓也。小鼓，伯鼓也。三鼓同，则将帅伯其心一也。”（《勒卒令》）“击鼓而进，低旗则趋，鸣金则退，麾而左之，麾而右之，金鼓俱击而坐。”（《兵教》）《吴子·应变》说：“凡战之法：昼以旌旗旛麾为节，夜以金鼓笳笛为节，麾左而左，麾右而右，鼓之则进，金之则止，一吹而行，再吹而聚。”当然，要使士卒真正地服习“金鼓之节”、“旌旗指挥之变法”（《六韬·犬韬·教战》），还只有放在队列动作的训练中去。

步兵的队列变化主要是进退、左右、离合、散聚。而这由“圆而方之，坐而起之，行而止之，左而右之，前而后之，分而合之，结而解之”（《吴子·治兵》）一类队形变化，又都靠士卒的立、进、坐、跪、曲踊、距跃等单兵动作来完成，从而演化出数以万计的队形变换来。可见队列动作和单兵动作，在理论上固然不难区分，而在事实上又往往紧密相连。因为队列训练是项综合性的训练，自始至终都得保持队形，而又不断整理队形。这就是《司马法·严位》一再强调“士卒伍，定行列，正纵横”的基本要求。只有士卒定位，熟悉标识，并按照各种指令通过不同的单兵动作，进行队列变换的训练，才能造就“正正之旗”、“堂堂之阵”（《孙子兵法·军争》）。

在单兵和队列的技术性训练中，除去徒手训练之外，还有如何使用武器的训练，这就是古代说的“技击”之术。由于其中既包含有使用武器的方法，也有个人的体力和技巧，所以统称之为“技艺”或“武艺”。步、弩、车、骑、水等兵种使用长兵器、远射程兵器和短兵器的方法有区别，在训练的要领上是各不相同的。

战士技击之术是以其体力为基础的。《司马法·严位》认为："凡战，以力久，以气胜。"只有力大而持久者，加之"武艺高强"，在白刃格斗中才有取胜的把握。为了增强体质，除去单兵动作和队列动作训练之外，经常性地开展军中体育锻炼是非常必要的。《礼记·月令》有孟冬之月"天子乃命将帅讲武，习射、御、角力。"练习射箭、驾车和摔跤，都属于普遍的军事体育项目。像拔石、超距、扛鼎[12]、角抵[13]也是秦人经常进行的军事娱乐活动。还由于战场上时常会出现失掉武器后的徒手搏击，这就要求平时得学一套"白打"的拳术。戚继光说："拳也，为武艺之源。"（《纪效新书》）何良臣也说："学艺先学拳，次学棍。拳棍法明，则刀枪诸技特易耳。"（《阵纪》）可见练拳既在强身，更在习武，故而在练兵时就不应忽视。荀子所言的"齐人隆技击"，固然是批评齐军只看重个人徒手的拳击术而忽视战术训练和人的素质培养，但也反映了古代军中早已有练拳术的历史事实。

《司马法》所言"以气胜"的"气"，在古代指的是战士的"胆气"。用今天的话说就是意志、勇气。那么，军中所练的"胆气"即是《管子》上所说的"教心"，也就是战士心理素质的培养。但练胆气的手段，必须是：一要思想教育，二要纪律严明，三要赏罚分明。而这些又必然同战术训练（技艺的、单兵和队列的动作）结合进行。

对士卒"教以礼义，诲之以忠信"（诸葛亮《心书·习练》）的思想教育，采取勉之以典型、威之以赏罚的措施，并通过严格的战术训练，能达到"居则有礼，动则有威，进不可当，退不可追，前却有节，左右应麾，虽绝成阵，虽散成行"（《吴子·兵法》）的程度，可以说练兵达到了成功，那么这支军队大概就可以横行天下了。

（二）秦俑战术动作分解

1. 正立

秦兵马俑绝大多数都采取站立的姿态，挺胸，直腰，昂首，目视前方，双脚平行并稍稍分开，几近肩宽，双臂自然下垂。这是基本的立正姿势，符合"站如松"的要求。只不过因各自所持武器的不同而手势有别罢了。

持戈、矛、戟、铍一类长兵器的立姿俑，其右臂下垂曲肘成90°，手环握，拳眼向上，作拄兵的姿势。左臂自然下垂，略略向前斜伸，四指并拢，拇指上翘（图Ⅰ-10：1）。由于长兵器的木柄腐朽，我们从右手环握的孔径和方向、右脚外侧留有铜鐏（锐底）或镦（平底）看，断定右手在执长兵器。而其左手只是作出一个预备姿势，一旦击刺，右臂就会倾斜，左手立即在右手前隔着一段距离抓住器柄，作出战斗的反应。这同今天立正的步兵"枪上肩"时，始终背枪于右肩的情况一样。

携带弓弩的立姿俑，双臂自然下垂，右手半握，拇指翘起，拳眼同地平行。左臂向前斜伸，四指并拢，拇指分开。可以看出：站在行列中的立姿俑是右手握弓弣，拇指抵住弓干内侧，作提弓状。不过，这时干在下，弦在上，使弓弩平贴在体右侧，作挟弓姿势。一旦进入射击，就需多一道换手的动作（图Ⅰ-10：2、3）。

取立姿带剑的武士俑，其手势有两种：一是佩剑于体之左侧者，手半握，斜按剑柄；一是双手在胸前交叉，左手盖住剑首，而右手叠放在左手背上，显然是一种拄剑的姿势。

2. 转体立射

这是立姿的一种变化形式。

秦俑坑持弓弩、作转体立射的武士俑都是轻装步兵。主要分布在二号坑的习射的校场中，计有126尊。一号坑矩阵的左翼前部仅见1尊。此式俑腰杆儿挺直，头偏向左侧，昂首正视左前方；左臂斜伸，手拳伸张，掌心朝内，四指并拢伸直，拇指叉开；右臂平举曲肘，伸手胸前，拳半握，掌心朝内；两腿分开，下蹲作“丁”字步站立，即：左足向前跨出半步，微拱，足尖向左侧，与头向保持一致，右足向后蹬直，右脚同左脚的方向呈“丁”字形相交的90°。这种转体的立射俑，是搭箭张弓、正在抬弩的一瞬间姿态（图Ⅰ-10：4～6）。

图Ⅰ-10：1 执戟甲士

转体立射属于箭术的动作之一。射箭对手法、足法、身法及弓弩矢都有一套规定动作及标准要求。单以射姿而言，在2500年以前的越国陈音对勾践就讲述过一番“正射之道”的话：“身若戴板，头若激卵，左脚蹉右足横。左手若附枝，右手若抱儿，举弩望敌，翕心咽气，与敌俱发。……右手发机，左手不知”（《吴越春秋》）。秦立射俑的姿势正与此论相同，只是手中无弓弩，做了一个习射的架势罢了。

3. 跪姿控弩

秦俑的所谓“跪姿”，实际是半跪。即：一条腿屈蹲，另一条腿着地。所以也称作“蹲姿”。这种作跪姿的甲俑，集中出土在二号俑坑前端（东）偏北的校场（教场）内，计160尊。其姿态是：身体下蹲，右腿曲折而膝盖的足尖抵地，臀部压在右脚根上；左腿屈蹲，足掌踏平；左臂下垂屈肘，置于胸腹前，掌心朝内，四指并

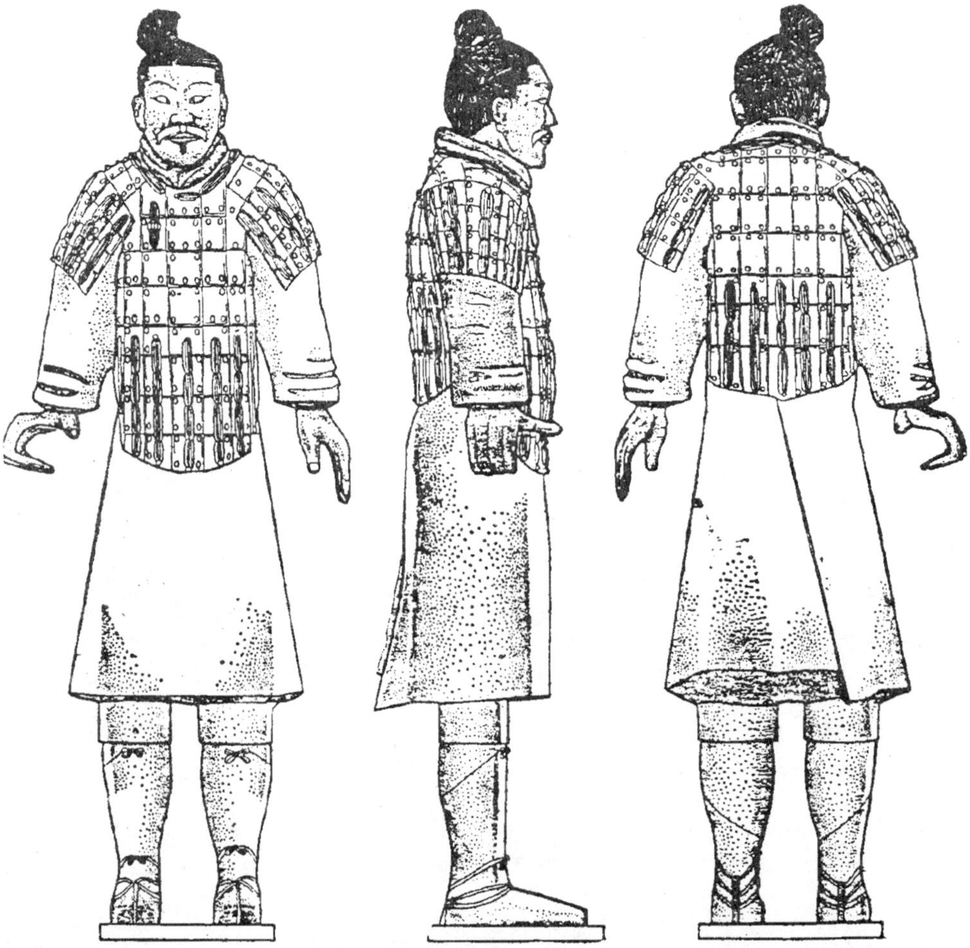

图Ⅰ-10：2 提弩弓的重装步兵俑

（一号坑 T10G6：35）

拢，虎口叉开；右臂下垂斜伸，位在臀侧，拳半握拇指翘起，作握弓弩状；上身向左侧偏转，抬头挺胸，视线同双腿并拢构成的平面方向保持一致。秦蹲姿俑显然是右手握弓弣、左手护渊部、弦在腋下的控弓（弩）的姿态（图Ⅰ-10：7）。

（唐）王琚在《射经》一书中说："凡射，必中席而坐，一膝正当垛，一膝横顺席。执弓必中，再在靶之中，且欲当其弦心也。以弓当左膝，前竖接席，稍吐下弰向前，为令上倾向右。"这里所言的"坐"指的确是臀部着席，使整个身体重心降低，左腿曲折膝隆起，对着靶心，身体向左偏转，另一条腿因同臀等高，确是"中席而坐"的，故而"横顺席"。但秦俑的半跪姿势同王琚所说的坐射法是有所区别，表现在纵顺席，重心高，射击扇面大。况且秦俑跪姿表现的只是跪射前一个预备动作——控弓，还不是瞄准放箭。（晋）顾恺之《女史箴图》卷上有跪射者形象，其跪

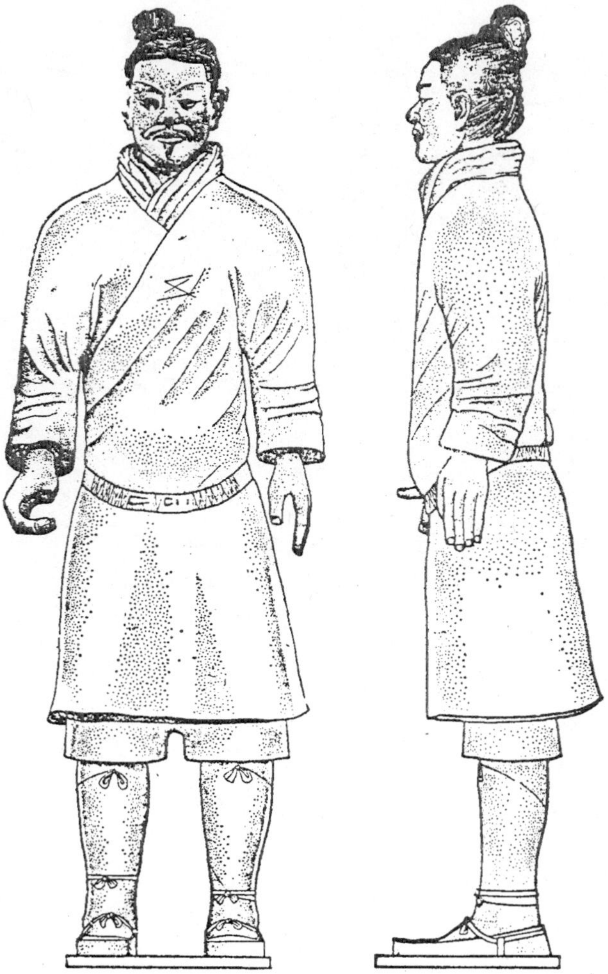

图Ⅰ-10：3　提弩弓的轻装步兵俑

（一号坑 T1K：155）

姿和秦俑跪姿完全相同，但表现的却是持弩瞄准“正射”的顷刻间（图Ⅰ-10：8）。而汉画像砖、石上的弋射，是转身举弓向空的，带有动感的艺术趣味。即使西洋的跪射也脱离不开这一射法的规范（图Ⅰ-10：9）。联系起来，都从不同的角度反映出射术的影子。

4．骑射

秦俑二号坑的骑兵俑，都取了左手提弓、右手牵马的姿态。他们没有乘马，也没有矢射，但在身旁却出土有装入木臂中的弩机，说明秦骑兵配备的武器是弓弩，当然是“秦服骑射”了。我们知道，马上射击时往往会出现一个“回身”的动作。秦骑兵在没有马镫的情况下，要靠双腿夹紧马腹，如果没有严格的骑射训练、没有高超的骑术，还谈什么战斗呢？

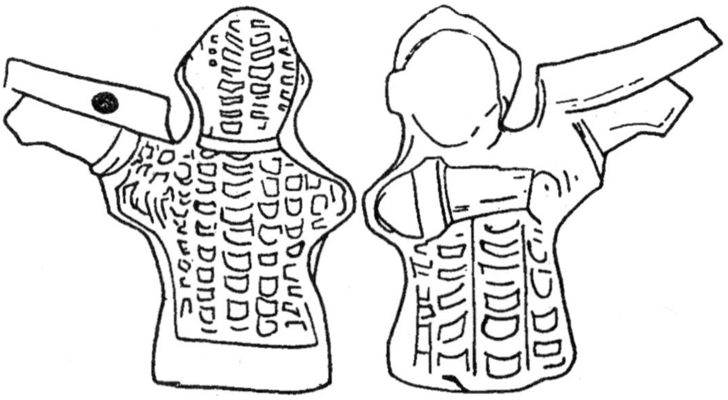

1　　　　　　　2

1. 背面　　2. 正面

图Ⅰ-10：4　立射姿势

（据河南刘家渠东汉墓陶碉楼）

图Ⅰ-10：5　秦立姿射俑

图Ⅰ-10：6　转体立射张弩俑复原

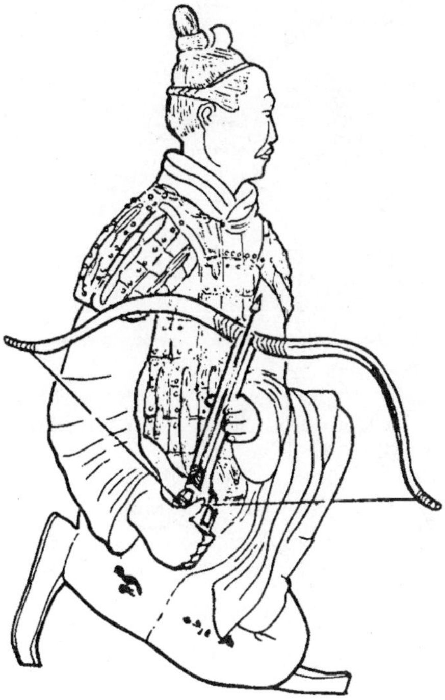

图Ⅰ-10：7　蹲姿控弩俑

（据秦俑二号坑）

由于秦俑都取静态，遗憾的是不能使我们看到马上的战术动作，只好在汉画石的射猎图中寻觅其踪迹。

5. 御车

秦俑战车的御手，无论穿何种专有的护体服装，都取立御的姿势，即：双腿分开站立，同肩等宽。上身稍稍前倾，头略低。双臂向前斜伸，双手半握，拳眼朝上前方斜张，唯食指同中指间留一缝隙，显然是为了辔绳从中穿过，有的御俑拇指内侧有一系辔端的半圆形陶环，即是证明。御者目视车前，神情专一而恭谨，当是精于御术的表现。

御术是古代“六艺”之一，周代的士人小时无不接受此训练。但在车战时代，驾驭战车则属于专人专艺的。因为当时的战车是单辕驾四马，为了方便用长兵器挥斥作战，而御者和车士都得立乘。由于重心高，车的稳定性就很差。弄不好，就会发生倾覆的危险。为避免意外，这就要求御者居中，位于辕与轴交叉点上。只有如此，才既能保持车体的平衡，又可方便地控驭马匹，使车子的进止、徐疾、左右、周旋、前后，尽随人意。由于两服马掌辕，内向力量是抵消的，于是就把两内辔拴结在軓軜上，其余六根辔绳分别交叉地握在御者的手中。这也证实了《诗经》上

图Ⅰ-10：8　跪射图
（据顾恺之《女史箴图卷》）

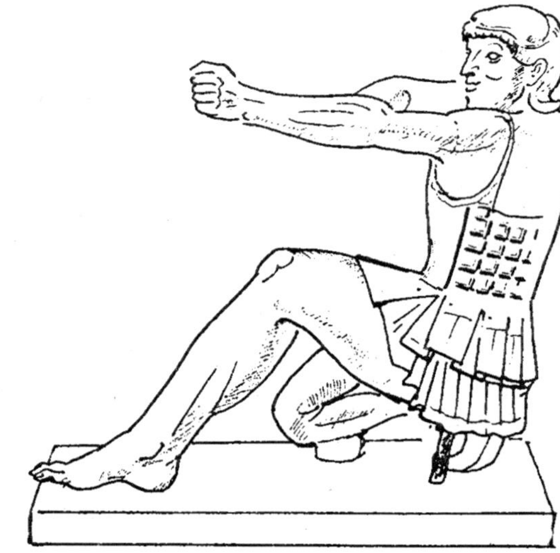

图Ⅰ-10：9　西方跪射姿势
〔据慕尼黑博物馆藏赫拉克期
（约 500B. C. ～480B. C. ）雕刻〕

“四牡孔阜，六辔在手”（《诗·秦风·小戎》），“四牡騑騑，六辔如琴”（《诗·小雅·车牵》），“乘其四骆，六辔沃若”（《诗·小雅·裳裳者华》）等美丽诗句并非虚拟，而是形象地比喻。

那么，御者是如何支配“六辔”呢？从御俑的手指和车马器上，才使我们看清了这种交错的关系：御者的两手，分别握着同一方向马的外辔，而拇指和食指捏的却是另一侧骖马的内辔，即左手握左服、骖二马的外辔和右骖的内辔，右手握右服、骖二马的外辔和左骖马的内辔。双手和手指的这种分工，就使主方向和速度的辔绳从繁复杂乱的一套鞁县（包括辔、缰、羁）和挽具（包括靷、轭等）及其连接、结合中条缕清楚地分离了出来。再加上胁驱、衔、镳、橛、策、錣等一套控马的措施，听凭调遣，从而达到熟练自如的程度。当然，如果没有严格的御术及战术训练，是绝对驾驭不了车的。另外，作为御手，不但主要是善于驾驭车马做到进退有节，而且还要能在失去指挥的情况下代替指挥，去争取胜利。像在鞍之战中，晋国主帅郤克伤于流矢，御者解张就能“左并辔，右援枹而鼓，马逸不能止，师从之，齐师败绩”[14]。

御姿是御术的反映，中外概莫能外（图Ⅰ-10：10～13）。

6. 车士按舆

秦俑二号坑车兵小营里有 64 乘战车，排作 8 列纵队。每乘车的两侧都站立有戴帻执长兵器的年轻甲士。以车为轴线，两甲士对称排列，其姿势正相反，即：靠一

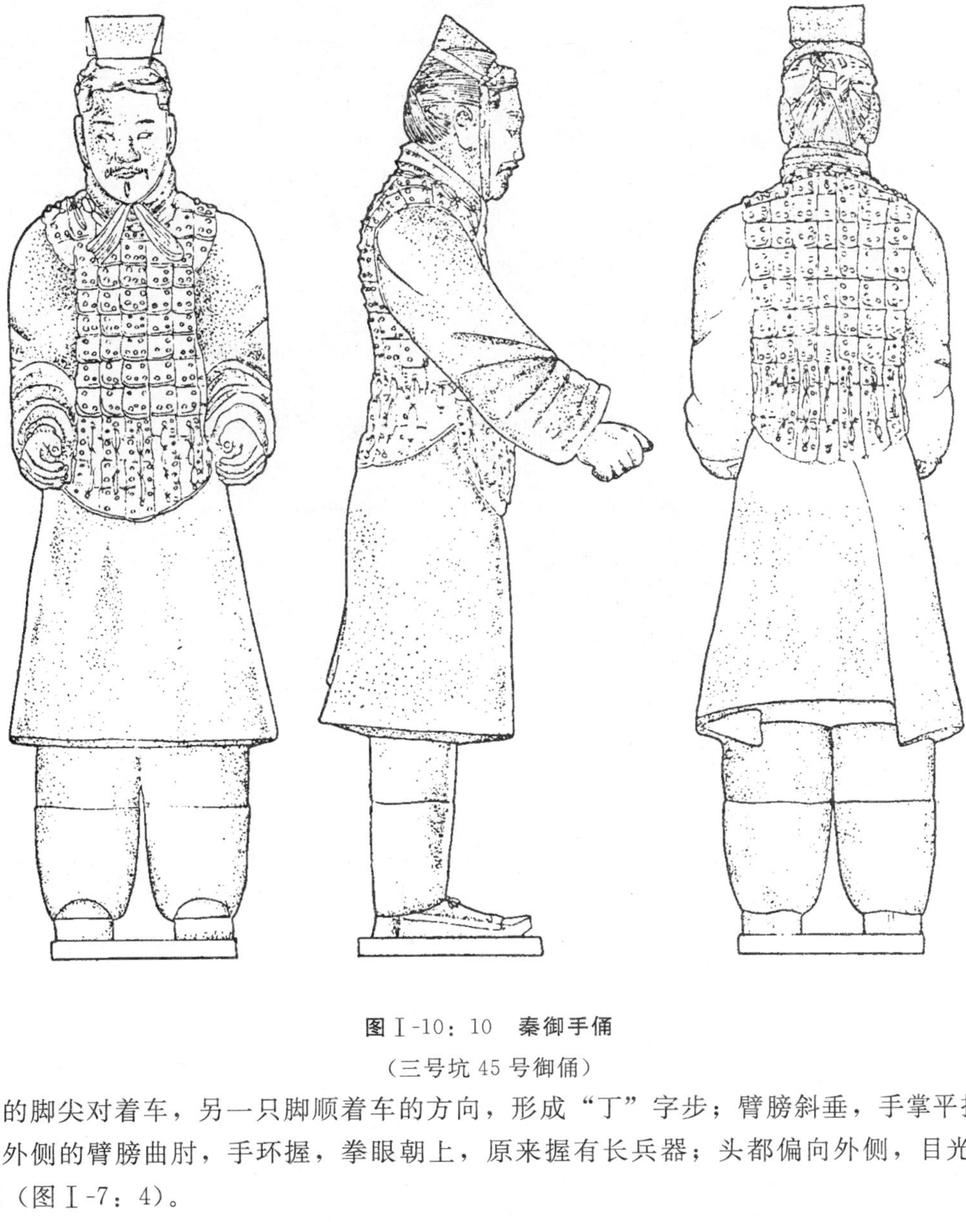

图Ⅰ-10：10 秦御手俑

（三号坑 45 号御俑）

侧的脚尖对着车，另一只脚顺着车的方向，形成“丁”字步；臂膀斜垂，手掌平按，靠外侧的臂膀曲肘，手环握，拳眼朝上，原来握有长兵器；头都偏向外侧，目光正视（图Ⅰ-7：4）。

一般战车的乘员有御手、车左和车右三人。车左和车右由甲士组成，是为战斗员，故称“车士”。车士在车上站于御者两侧，为的是敌对双方战车在错毂时以便于攻击敌车的战士和指挥官。有时，车士还得下车在车的前后或两侧同敌人周旋。车士除去作战之外，还要负责战车的安全和排除障碍[15]。秦俑车士的姿态大概是按舆以防战车倾侧的形象。

图Ⅰ-10：11　立姿铜御俑
（秦始皇陵西侧铜车马坑立车御俑）

图Ⅰ-10：12　坐姿铜御俑
（秦始皇陵西侧铜车马坑安车御俑）

三 教射演习实例的推测

（一）训练场地与射兵演习的部署法

古代练兵没有专设的场地，大都是在野外临时芟除杂草后才进行训练，随后就是围猎的实地演习。春秋时代的秦国也没能脱离这种训练的模式[16]。

在“兵者守固之备”，“不可空设”（《周礼·夏官司马》郑注）的认识基础上，结合野外“习战”的实践，进行“如战之阵”的战术教学，其效果无疑是良好的。但一当军事化教学进入高级阶段时，对正规军就不是除草而操习之所应付得了的。固然专设训练场地的材料并不多见，但从“虞人莱所田之野为表”一语中看出，“教战之处”（唐贾公彦语）毕竟还是有条件而选定的。《吴子》、《六韬》、《尉缭子》、《司马法》等经典性的兵法著作中多谈“治兵”、“教战”（或“兵教”）、“严位”，可见战国时期确实有了专设的训练场地。

图Ⅰ-10：13 欧洲的御手铜俑
〔德尔菲考古博物馆藏
（475B. C. ～470B. C. ）〕

秦俑二号坑教射场地的出现，无疑地为我们提供了校场（也名“教场”及“教射”）的实例。

秦俑校场突出于二号坑东北角，自成一区。南北宽约 38 米，东西进深 26.6 米，其中按俑坑通常的筑法，中部开四个东西向的过洞，西侧有边洞，前后有南北向长廊。在西端的廊内有五个小门，分别同骑兵营、车步骑混宿营相通。常识告诉我们：在练兵的场地内，不应该有隔墙，而是一片开阔地带，面积也不能太小。但秦俑教场的筑法，我们仍然认为它不过是模拟而已，对于实际校场并不存在的什么“隔墙”、“过洞”。对此，我们也只能“视有为无”。当然，为叙述方便起见，还是姑且沿用考古上惯用的术语。

秦俑校场的教射布置是这样的：共有陶俑 332 尊，全部面东。其中心是八列纵队 160 尊跪姿甲俑；两个边洞各有三列纵队，计 96 尊立姿袍俑；前廊有两行横队，各有立姿俑 30 尊，其前行系袍俑（左端仅有一尊是甲俑），后行为甲俑；后廊有 16 尊立姿甲俑，其中每 4 尊一组（前后两行，行 2）同前边过洞的跪姿甲俑对齐。在校场俑群中有两尊军吏俑（其中将俑站左，佐俑站右），位于后廊第一组俑的前行，即处于整个教场后部偏左的位置，当是教射的武官。

教射的部署特点是：有表有里，俑姿有立有跪，而身份则有军吏和士卒的区别。在这里伴出的还有兵器（铜镞、弩机、矛、剑等）、车马器（铜车辖、盖弓帽、胁驱）和铜活铰等。除去因俑坑发生盗扰而造成文物位移和混入的情况外，坑形方正，场地开阔，位于营门之外，俑群排列有序，习射动作标准，武官督练……证明这里确是一处军事训练的专有场地——校场，而其部署正是教射的再现。

（二）引出的思考

持弓弩姿的武士俑在校场内占有大多数，其中作跪姿控弓弩的甲俑作八列居中心位置上，转体立射的袍俑作六列又分在两侧。他们固然都在习射，但应看到在实践上是有着分工的不同。因为弓弩有大小、射程有远近，因而我认为持弓弩的轻装步兵是在远距离上射敌，重装的射兵则在近距离上接战。根据是：前者在一号坑矩阵的锋部得到验证，后者则是由缩小对方攻击目标的考虑。为了对付正面来攻之敌，就以两侧的远射兵器来阻断敌人的截击和包抄，用材士强弩“翼吾左右”（《六韬·豹韬·分险》）。只有这样部署，才能真正加强自己正面的攻击力量。

在阵列中用弓弩射敌时，己方需前无立兵，以避免误伤。加之射击时，临战不过三发，而张弩搭箭间歇容易给敌人造成攻击之机，故而在战术上就要采取轮番射击的办法，矢射如雨，形为“弹幕”，使敌无机可乘。恩格斯在《军队》一文中论述古代亚述的步兵战术时说：“弓箭手或是站在前面作战，这时他们每一个人都由盾牌手来掩护；或是站在后列。这时，第一和第二列的长矛手弯下腰或是跪下来，以便弓箭手射箭。”[17]秦俑校场前廊第一行站袍俑，第二行站甲俑，执兵器则有远射程和长兵的不同。这同亚述步兵的战法，似有接近之处。如果再联系到跪姿的控弓甲俑，岂不更为形象！

尽管秦俑教场表现的是教射场面，但仍配备了矛和剑等兵器。这当然是“长短相杂”互为补充的兵器配备原则的体现。

两位武官俑站在校场后部偏左的位置上，端庄严肃，似在督导教射。

秦俑教场既表现队列动作的训练，又有单兵动作的训练。但总体看，还不是“实弹射击”，更非军事畋猎式的演习，而是习射的战术动作教练。

教场位于二号坑营地之前，正当步、骑诸营的“辕门”之外。可见辟地习射并非习射的专有，而应看做其他兵种的教练也在此。只因为受条件限制，也只能“选景”于一种。“教练习射”作为典型，是具有时代性的典型意义。因为处于冷兵器时代的战国时期，“在步兵取代车兵成为主要兵种，出现了独立的骑兵部队，战斗方式逐渐由步骑兵野战和包围战代替了车阵作战。军事训练主要是教习射法、弋法、剑道、手搏、蹴踘等技能和步骑兵的协同战斗”。[18]

注 释

［1］杜甫《房兵曹胡马》："胡马大宛名，锋棱瘦骨成。竹批双耳峻，风入四蹄轻。所向无空阔，真堪托死生。骁腾有如此，万里可横行。"

［2］《史记·王翦列传·集解》："徐广曰：'超，一作拔。'《汉书》云：'甘延寿投石拔距，绝于等伦。'张晏曰：'《范蠡兵法》：飞石重十二斤，为机发行三百步。延寿有力，能以手投之。拔距，超距也。'"《索隐》："超距犹跳跃也。"

"超距"本是以立姿跳跃登上战车的一种战术动作，又称之为"超乘"，像"秦师过周北门，左右免胄而下，超乘三百乘"（《左传》僖公三十三年）。故而也称"距跃"。

［3］《孙子兵法·始计》："主孰有道？将孰有能？天地孰得？法令孰行？民众孰强？士卒孰练？赏罚孰明？吾以此知胜负矣。"

［4］许慎《说文解字·序》："古者八岁入小学，故周官保氏挚养国子。"

［5］《周礼·地官司徒·保氏》："掌谏王恶，而养国子以道，乃教之六艺：一曰五礼，二曰六乐，三曰五射，四曰五驭，五曰六书，六曰九教。"

［6］蓝永蔚：《春秋时期的步兵》，中华书局，1979年。

［7］同［6］。

［8］《吴越春秋·勾践伐吴外传》："吴使王孙骆肉袒膝行而前。"《史记·微子世家》："微子……左牵羊，右把茅，膝行而前。"《司马法·严位》："振马躁，徒甲畏亦密之，跪坐，坐伏则膝行而宽誓之。"

［9］"曲踊"的又一解释说是"横跳"。《左传》僖公二十八年杜预注："曲踊，跳跃也。"孔颖达疏："曲踊，以曲而言，则谓向上跳而折复下。"顾炎武在《左传杜解补正》卷上引邵氏曰："曲踊，横跳也。横跳必先直而旋，故不曰横而曰曲。"

［10］《左传》僖公二十八年载：晋国的将军魏犨在重伤之后，仍能"距跃三百，曲踊三百"，可见"距跃"和"曲踊"属于两种不同的战术动作。距，是以足抵地，同曲踊的"曲"字相对。杜预注"距跃，超越也"。孔颖达疏："言距地向前跳而越物过也。"而顾炎武在其《左传杜解补正》卷上引邵氏说："跃、踊者，皆绝地而起，所谓跳也。距跃，直足也。"

［11］置"章"的位置在《尉缭子》一书中有所不同，如《兵教上》规定："左军章左肩，右军章右肩，中军章胸前。书其章曰：'某甲某士。前后章如五行，尊章置首上，其次差降之'"。

［12］杠鼎，即举鼎。张衡《西京赋》有"乌获扛鼎"之句。乌获、孟说和任鄙都是秦武王的三个大力士，皆因武王"有力好戏"而当了大官。武王本人好举鼎，一次同孟说比赛，竟"绝膑"而死。

[13] 角抵也作"角觝"、"觳抵"。据《史记·李斯列传》载："是时，二世在甘泉，方作觳抵优俳之观。李斯不得见。"《汉书·刑法志》引《太白阴经》："春秋末年，并为战国，增讲武之礼以为戏乐，共相夸视，而秦更名为角抵。故国虽大，好战必亡。天下虽平，亡战必危。"

[14] 见《左传》成公二年（公元前589年）的鞍之战。

[15]《左传》成公二年，在晋、齐鞍之战中，晋军主帅是郤克，解张为御，郑丘缓为车右。"郤克伤于矢，流血及屦，未绝鼓音。曰：'余病矣！'张侯曰：'自始合，而矢贯余手及肘，余折以御。左轮朱殷，岂敢言病？吾子忍之！'缓曰：'自始合，苟有险，余必下推车，子岂识之？然子病矣！'张侯曰：'师之耳目，在吾旗鼓。进退从之，此本一人殿之，可以集事；若之何其以病败君之大事也？擐甲执兵，固即便也；病未及死，吾子勉之！'左并辔，右援枹而鼓。马逸不能止，师从之，齐师败绩。"

[16] 春秋时期秦国的十件石鼓，均刻记狩猎之事的四言诗一首，故又称之为"猎碣"。在《诗·秦风》中描述狩猎的诗章如"驷驖孔阜，六辔在手。公之媚子，从公于狩。奉时辰牡，辰牡孔阜。公曰左之，舍拔则获。游于北园，四马既闲。輶车鸾镳，载猃歇骄"（《驷驖》）。传曰："驷驖美襄公也，始命有田狩之事"，"俴驷孔群，厹矛鋈錞。蒙伐有苑，虎韔镂膺。交韔二弓，竹闭绲縢"（《小戎》）。描写游猎车马之盛。《史记·秦本纪》载"秦文公三年，以兵七百人东猎"，更是大规模的军事演习了。

[17] 恩格斯：《军队》，载《马克思恩格斯全集》第14卷，人民出版社，1964年。

[18]《中国大百科全书·军事》第582页，中国大百科全书出版社，1989年。

兵 器 篇

壹　秦俑兵器刍论

——秦俑坑兵器涵盖的内容及其历史地位

兵器作为军队的主要装备，是进攻和防卫的凭借，因为被直接用来杀伤敌人的有生力量，破坏乃至摧毁敌方的作战设施，其质量之优劣对战守双方胜负的关系极大。荀况曾说：“械用兵革攻完便利者强，械用兵革窳楛不便利者弱。”（《荀子·议兵》）孙膑还把“器用不利，敌之备固”称之为“挫兵”[1]。所以，对于兵器的研制和使用，历来备受军事家的重视。

但是，在过去的文物研究中，大都偏重于青铜礼器而忽略兵器。具体到有秦一代，则由于有地层关系的科学发掘工作做得甚少，甚或未做，其研究工作更是少见。至于对那些为数有限的传世品，充其量也不过是做了一些收录和鉴定的工作。而这些当然很难使人看清秦兵器的全貌。

始皇陵兵马俑从葬坑的发现，是20世纪80年代考古的重大收获之一。出土了大量的当时流行的实战兵器，既填补了资料上的空白，也为我们勾勒出战国秦兵器的轮廓，弥足珍贵。

一　类别及其配备

（一）典型兵器的类别及形制

据秦俑一号坑已发掘的东五探方（T1、2、10、19、20）、二号坑试掘方和三号坑统计，出土兵器41924件，其中以青铜箭镞占绝对多数。虽然戈、矛、戟、铍、殳和剑、钺、金钩（“秦钩”）一类长柄兵器和护体的短兵器及弩机只有536件，占总数的1.28%，但种类齐全，囊括了当时冷兵器中远射、长兵和短兵三大门类[2]。

1. 远射程兵器

（1）箭镞：秦俑坑出土箭镞近41000件，除铁镞2枚、铁铤铜镞5枚外，余为青铜镞。按照样式和大小可分为五式十三种（图Ⅱ-1：1）。今将我测量过的部分箭镞分式列表，如表一：

表一　箭镞实测统计表　　　　长度单位：厘米

型别		Ⅰ型（三棱镞）						Ⅱ型（三出刃）		Ⅲ型（铁铤铜镞）				Ⅳ型（双翼）		Ⅴ型（长三棱锥）		分坑总计
式别		A	B		C			A	B	A	B	C	D	A	B	A	B	
首铤长度	首长	4.2至4.5	3.5至4	3.2至3.4	2.8	2.8	2.7	3.45	3.3至3.45	3.5	3.5	3.2	2.85	3.8	3.6	8.1	3.35	/
	通长	41.5	38.4至41.9	32.3至32.6	18.2至20	11至16.3	9至10.5	24.65	24.3	14.5	残	16.1	14.35	5.7	4.8	8.4	6.22	/
坑别与数量	坑Ⅰ：T1、2、10、19、20				2787	7406	697		1	1				1	1	1	1	10896
	坑Ⅱ	36	6	655	618	61	84	2			1		1					1464
	坑Ⅲ				1					1		1						3
总计	式计	36	6	655	3405	7468	781	2	1	2	1	1	1	1	1	1	1	12363
	型别比例	12351占总99.9%						3占总0.024%		5占总0.04%				占0.016%		占0.016%		

上表中Ⅰ型镞的特征是镞首最大截面呈等边三角形，基本母体是三棱锥，故称“三棱镞”。其关部为对称的六棱或九棱柱，铤作尖锥或圆柱体，唯翼部有变化，可分为三式：

Ⅰ式A（简写作Ⅰa）：即“平翼镞式”。仅见坑Ⅱ的T3（注：探方号均为试掘时编号，下同）和T15车、步混编队的战车附近。计36支，其中T15车旁出35支。此式是目前所见秦镞中最大者，首长4.2～4.5厘米，翼宽1.67～1.68厘米，关长0.9～0.95厘米，重约50克。圆柱铤。铤径最大处45毫米，通长41.5厘米，全重约100克。铤上缠以交叉状麻丝，甚规整（图Ⅱ-1：1之1）。

Ⅰ式B（Ⅰb）：即“倒刺镞式”。翼作三个小倒刺。铤系一次铸成的二段铤，个别镞在关部有钉孔，以固铤。此式系坑Ⅱ的特有者，计1096支，首、铤长度基本符合《考工记》“刃长寸、围寸、铤十之”规定的正比例（图Ⅱ-1：1之2）。

Ⅰ式C（Ⅰc）：三翼收杀，系“杀翼镞式”。是秦俑坑铜镞中最流行而数量最大的镞式，三个坑共出土39735件，占镞数96%。其首小于他式，长度较固定（2.7～2.8厘米）；而铤的长度变化较大，其幅度在6.3～17.2厘米之间。而坑Ⅲ出土两支，铤作二段，后粗前细（图Ⅱ-1：1之3、4）。

Ⅱ型镞是在三棱锥上突出三个薄刃，故称“三出刃式铜镞”。其刃的后叶或收杀，或呈阶梯状，在两叶间很自然地形成风槽。铤做三棱柱，插于銎中。出土数量较少，仅5件，首长近于Ⅰb，而通长仅在24.3～24.65厘米之间，依首的刃体形状可分为A、B两种（图Ⅱ-1：1之5、6）。

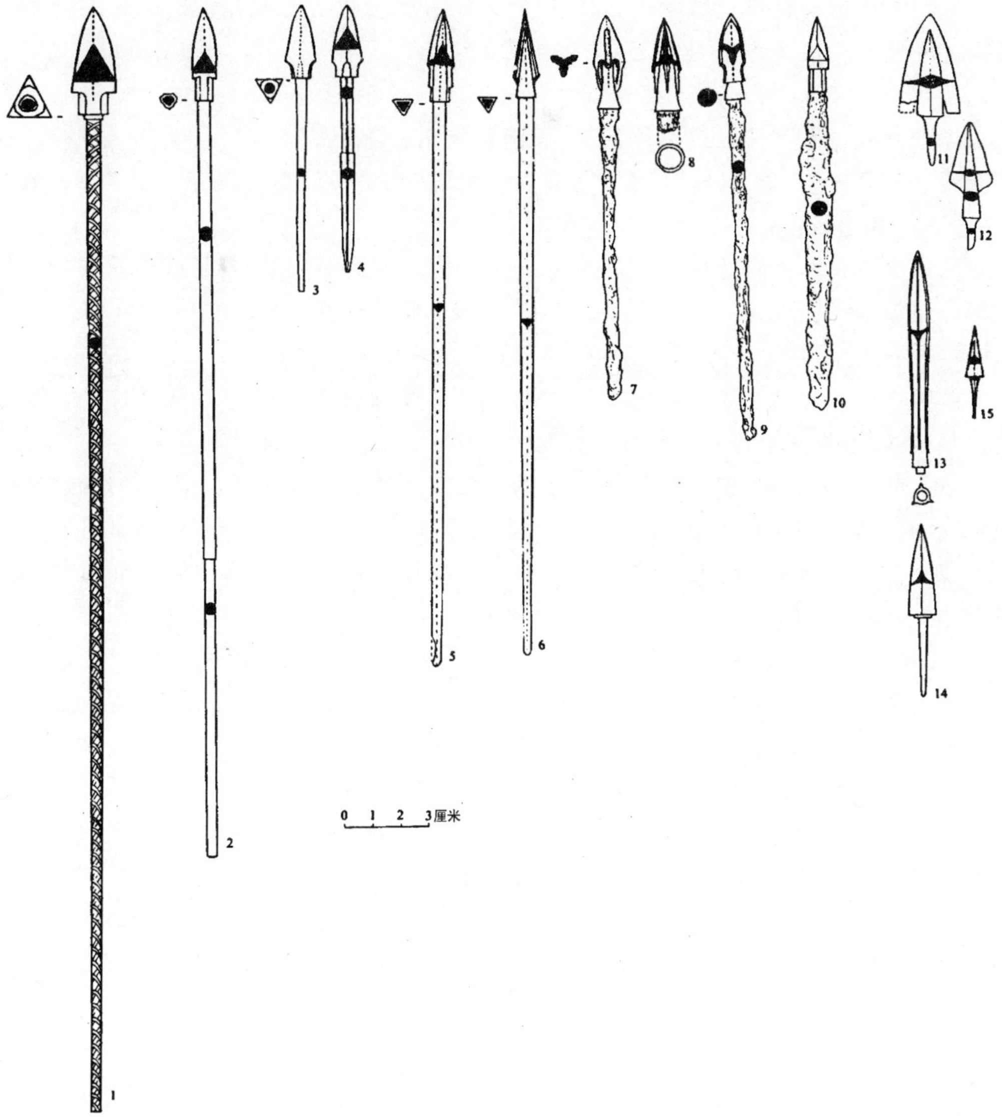

1～4 三棱铜镞：1. 平翼式（Ⅰa式、坑Ⅱ・T3） 2. 倒刺式（Ⅰb式，坑Ⅱ・T10）
3、4. 杀翼式（Ⅰc式，坑Ⅰ、Ⅱ・T3、Ⅲ）
5、6 三出刃铜镞：5. Ⅱa式（坑Ⅱ・T3） 6. Ⅱb式（坑Ⅱ・T10）
7～10 铁铤铜镞：7. Ⅲa式（坑Ⅰ・T2） 8. Ⅲb式（坑Ⅰ・T15） 9. Ⅲc式（坑Ⅲ）
10. Ⅲd式（坑Ⅱ・T3）
11、12 薄匕式双翼铜镞（Ⅳ式、坑Ⅱ）
13、14 Ⅴ式铜镞（坑Ⅱ采集）
15 铁镞

图Ⅱ-1：1 秦俑坑出土箭镞分式图

Ⅲ型镞，铜首铁铤，数量少，出土5支，铜首形状各不相同。除Ⅲd式首系三棱锥、平翼、九棱关。其他镞首都带血槽，突出三刃，筒形骹（图Ⅱ-1：1之7～10）。

Ⅳ型铜镞，系“薄匕式双翼镞”，仅两枚，出自坑Ⅰ扰土中。Ⅳ式A（Ⅳa），一翼微残（图Ⅱ-1：1之11）；Ⅳ式B（Ⅳb）两翼未张，首部为三角形，长4.8、翼宽1.5厘米（图Ⅱ-1：1之12）。

Ⅴ型铜镞是曲槽首、圆柱铤。坑Ⅰ出土2枚。Ⅴ式A（Ⅴa）是前粗后细的三棱条形，三刃的刃面凹下，首长8.1、铤长0.3厘米（图Ⅱ-1：1之13）；Ⅴ式B（Ⅴb）首较Ⅴa短，刃面呈瓦状凹槽（图Ⅱ-1：1之14）。

铁镞1件，出坑Ⅰ中，系三棱锥式镞首，平翼截面为三等边，有圆柱关、圆柱铤，残长3.56厘米（图Ⅱ-1：1之15）。

以上箭镞均系首、铤分作的铸件。铤为合模浇铸。镞首的托底留銎。经过加工，铤留銎中，或以小铜片夹紧（如Ⅱ式），或在銎侧有预留的小孔以插钉（如Ⅱ式B）。

（2）箭杆：镞装笴（稿，即箭杆）中。由麻丝缠绕残迹观察，笴为经过加工后的竹竿或木杆，径约0.7～0.9厘米，通长68～72厘米。面涂漆两色，前部朱红色长50厘米左右，约占箭长的70%；后部褐（或棕）色长18厘米左右，占箭长的25%。羽毛设后端，已朽，个别羽迹长13厘米。箭栝仅见者深1毫米。坑ⅠG9车前一束箭杆经火后已经炭化，杆壁仍然坚硬。前粗后细，外径0.5～0.65厘米，孔径0.3～0.35厘米，全长80厘米。

（3）弩弓：秦弓已朽，似木制，弣径粗于渊、箫两部分，未见带彄之珥。由箫端至弣部缠有皮条，其密度两端大于中部，如弣部为1条/cm，渊以下则3～4/cm。弓干表面涂以褐色漆。弩弓弓干的中心有朱红一圈，正处于弩臂含弓的地方。干长130～144厘米，弣径3～5厘米，箫径2～3厘米，白色粉状的弦长108～124厘米，径迹0.7厘米。

（4）弩机与木臂：出土164件。由钩心、悬刀、望山、键等四个铜质部件组装在木弩臂后部而成。臂前端有横向的凹形缺口（即“含”）以承弓。含后的木臂两侧有两耳（即“关”），用来缚弓干，避免射箭时产生的震动力而使弓和弩臂松动，以至脱开。弩臂下棱浑圆，两侧有顺长凹槽，便于左手握持。臂后端有紧贴木树的竹质“阑”，以容悬刀。臂面有“矢道”。臂长70～76厘米，宽4～5厘米，厚5.5～7厘米，耳、含之间距6～6.5厘米，阑容11×7～12.8×5.8厘米。青铜弩机的机件虽然可以通用互换，但也有统一性的编号刻铭。望山高7.7～8.3厘米，悬刀长9.8～10.6厘米，牛长6厘米、5.3～5.7厘米，枢间距4.2～4.8厘米。

2. 长兵器

秦俑坑出土的长柄兵器有矛、戈、戟、铍、钺、殳等6种。完整者，是在长柄柲的前端帽以金属的兵刃部，末端装鐏。秦俑坑出土的金属兵器中，除一件柳叶形的长骹铁矛头之外，其余都是青铜头。秦戟系矛、戈的联装体，戈头属于长胡四穿的刃内戈。柲为木质，少数是积竹柄，通长在 2.8 米左右。

(1) 铜矛：属于扁条短体型矛头，计出土 12 件，可分为二式：

Ⅰ式矛 3 件，均出自坑Ⅰ，通身宽而扁平，矛体截面呈菱形，中起脊，脊两则各有风槽一道。锋部平面夹角 60°。骹作椭圆形筒，两棱在两侧，同锋刃对直。骹前后有钉孔，銎作圆锥状直通锋端。制作规整，表面光洁，色黑泛青。T19G8：0205 号铜矛，通长 15.4 厘米，其中叶长 10.7 厘米，宽 3.2 厘米，骹长 4.7 厘米，口径 2.3×2.9 厘米，风槽长 8.8 厘米，宽 0.5～0.8 厘米，深 0.1 厘米（图Ⅱ-1：2）。

Ⅱ式矛 9 件，身起脊，不带风槽，刃面明显。前后两面各形为三道纵棱。通体中空，扁圆锥状的銎直通锋端。骹的钉孔上部錾刻“寺工”二字。标本 T10G7：0639 号铜矛，通长 17.6 厘米，叶长 11.6 厘米，宽 3.6 厘米，骹长 6 厘米，口径 3×2.4 厘米，銎深 15.6 厘米，骹部刻“寺工”二字（图Ⅱ-1：3）。

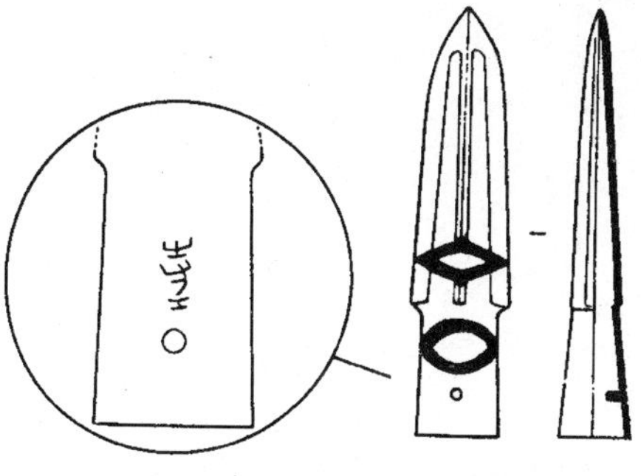

图Ⅱ-1：2 秦俑坑Ⅰ式铜矛头

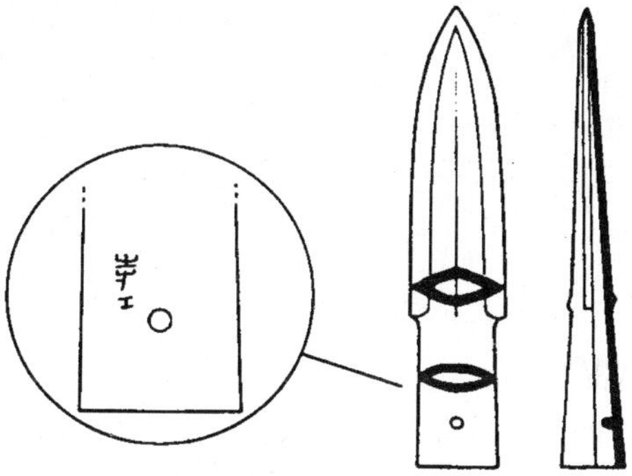

图Ⅱ-1：3 秦俑坑Ⅱ式铜矛头

(2) 铁矛：1 件。出土时锋、骹两端微残，通体锈蚀。刃扁薄，筒形长骹。刃脊稍起，下叶浑圆。骹上细下粗，同刃相接处的截面呈实心长方形。残长 31.2 厘米，其中刃体长 13 厘米，宽 2.8 厘米，中厚 0.8 厘米，骹残长 18.2 厘米，口径 4 厘米（图Ⅱ-1：4）。

图Ⅱ-1：4 铁矛

（一号坑 T2G1：0277）

(3) 铜戈：2 件。分两式。

Ⅰ式 1 件，坑Ⅰ试掘期出土，现存临潼县博物馆。援起脊，内下垂。二者的连线呈弧形。铜质差，素面无文。胡残，仅留一穿，通长 26.3 厘米。此戈不像秦戈，我怀疑出自上扰土之中。

Ⅱ式 1 件，出自坑Ⅰ北边洞外侧上部的红烧土中，未见柲迹，很可能是一柄戟被拆散后的遗留，属“吕不韦戟”的铜戈头。作长胡四穿，援不起脊，刃内，阑有上下齿。月形穿在阑内侧，内穿为横长条状。出土时，胡部断裂，内上多锈蚀。刻铭分在胡穿之两侧，因漫漶不清，仅可辨识“三年相邦吕□□造，寺工”等字，戈内的另一面铸“寺工”二字。通长26.8厘米，其中援长16.4厘米，厚0.5厘米，胡长12厘米，厚0.4～0.6厘米，内长10.2厘米，宽3.3厘米，厚0.4厘米，下齿长1.7厘米（图Ⅱ-1：5）。

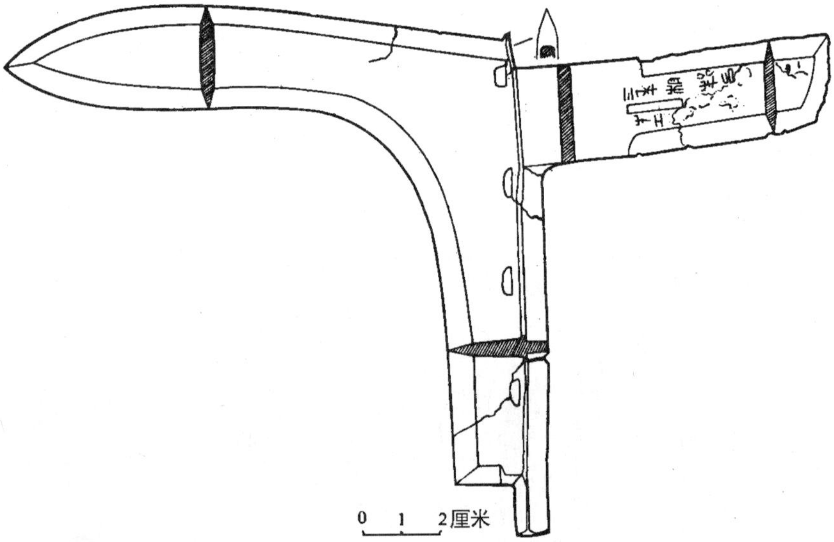

图Ⅱ-1：5　三年相邦吕不韦戈

（一号坑 T19G11：0924）

（4）铜戟：4件，均出自坑Ⅰ。戟头是矛、戈联装的。戈属长胡四穿的刃内戈，援稍上仰。戈内左侧的铭刻见有三年、四年、五年和七年。详情见表二。

表二　秦俑坑出土铜戟表　　　　长度单位：厘米

器号	矛头				戈头					矛戈间距	戟全长
	式别	刃长	骹长	内长	援长	胡		内长	援内通长		
						长	穿数				
T10G6：0577	Ⅱ	11.8	6.3	17.5	16.7	13.1	4	9.8	26.7	21	196（残）
T10G6：0576	Ⅱ	12	6	18	16.25	11.6	4	10	26.6	22	249（残）
T20G10：01392	Ⅰ	10.35	4.85	15.2	16.3	12.5	4	10	26.5	23.5	
T19G8：0710	Ⅰ	10.5	5.3	15.2	16.5	12.55	4	9.9	26.55	25	288

（5）铜铍：一号坑东端五方共出土16柄（图Ⅱ-1：6）。完整者应是铍头装在长柄上，后端安装铜镦，从而组成一杆刺兵。秦俑铍头为青铜质，有似短剑。但身不起脊，呈有正、背两侧计有6个长条面的扁体状，前聚成锋。基扁平，末端有孔。

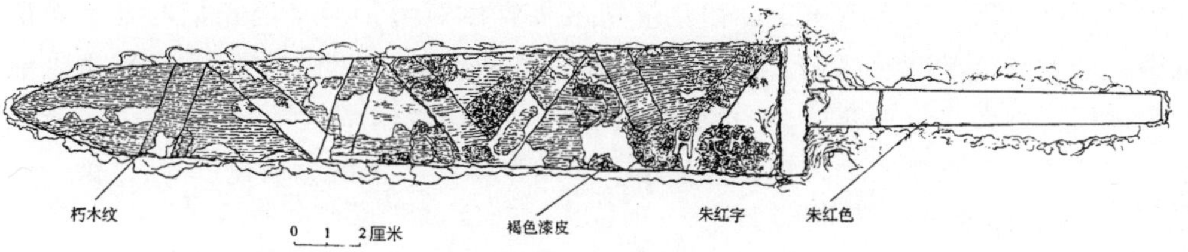

图Ⅱ-1：6　铍弢迹象

铜铍的身、茎一次铸成，身、茎间另套“一”字格。铍茎插入木柲后，以铜钉固定。铍头通常 35.3～35.5 厘米，其中身长 23.1～24.7 厘米，近格的基部宽 3～3.3 厘米。平脊的下部刻始皇十五年至十九年及制作者的铭文（图Ⅱ-10：6）参见表三。

表三　秦俑一号坑出土铜铍登记表　　（单位：厘米）

编号	铍头										鐏		柲径	铍通长	备注
	通长	身			茎			格							
		长	宽	厚	长	宽	厚	长	最宽	厚	高	口径			
T2G2:0400	35.3	24.3	3	0.9	11	0.8/1.2	0.9	3.9	2	0.7	3.5	3.4×2.7	3.5	360	
T2G2:0398	35.5	24.3	3	0.8	11.2	0.8/1.3	0.8	3.9	1.9	0.7	3.5	3.4×2.7	3.5	374	
T2G2:0401	35.4	23.9	3	0.9	11.4	0.9/1.3	0.9	4	1.9	0.7	3.5	3.4×2.8	3.5	382	
T2G2:0397	35.3	23.9	3	0.9	11.4	0.9/1.3	0.9	4	1.9	0.7	3.5	3.4×2.8	3.5	373	
T2G2:0395	35.5	23.7	3	0.9	11.8	1.1/1.3	0.9	3.9	1.8	0.7	3.5	3.4×2.8	3.5	359	
T2G2:0396	35.3	24.2	3	0.9	11.1	0.9/1.2	0.9	3.4	1.9	0.7	3.5	3.4×2.7	3.5	218	残
T20G9:0810	36.5	24.7	3	0.9	11.8	0.9/1.3	0.9	残	残			3.8×3.6	4	372	残
T3G3:0463	35.45	23.85	3.1	0.8	11.6	1/1.25	0.9	4	1.8	0.7			3.5	280	残
T3G3:0450	35.9	23.9	3.2	0.85	12	1/1.35	0.9	4	1.9	0.7					
T3G3:0448	35.1	23.1	3.2	0.8	12	1/1.35	0.9	4	1.9	0.8					
T2G2:0390	35.35	23.6	3.2	0.9	11.75	0.9/1.3	0.9	4	1.9	0.8					
T3G3:0444	35.2	23.2	3.2	0.8	12	0.8/1.3	0.8	4	1.9	0.7					
T2G9:0791	27.5	23.4	3.2	0.8	4.1	1.3	0.8								铍身和茎残
T2G9:0829	35.3	24.1	3.3	0.9	11.2	0.9/1.3	0.9	4	1.8	0.75					
T3G3:0445	35.3	24.4	3.2	0.8	10.9	0.9/1.1	0.9	4	1.8	0.75					
T2G10:0882	35.4	23.5	3.2	0.8	11.9	1.1	0.9	4	1.8	0.7					

此器过去因无完整者出土，往往就把铍头误作短剑，后又因长柄的发现而从文献中考之为“夷矛”。实际上，铍与矛有着明显的区别。当然，这一误解的发生确有一个过程。后文《长铍春秋》，我将予以辨析。铍，又作“锬”。《方言》：“锬谓之铍。”注：“今江东呼大矛为铍。”《史记·秦始皇本纪·集解》引徐广曰：“锬，一作铦。”骃案：如淳曰：“长刃矛也。”

（6）铜殳：31件。一号坑出土1件，其余均出自三号坑。其中有一束20杆装柄的完整殳靠在三号坑北厢的壁下，残柄尚留1米多长。殳头为圆筒状，顶端呈三棱锥体，通长10.7厘米，外径2.5～3厘米，壁厚0.15厘米，銎深8.1～8.8厘米（图Ⅱ-1：7）。

周代曾把戈、戟、殳、酋矛和夷矛列为“五兵”。考古所见殳头多不相同，有齐头圆筒者（长沙出土），有细如长棍、头为方柱体者（河北满城汉墓）。曾侯乙墓出土的殳头是个三棱矛，其下部套两个带尖刺的圆箍。据竹简载，殳可分为有刃和无刃的两种。那么，秦殳有三棱虽不锋利，仍可视为有刃之殳。

（7）铜钺：在二号坑的第十五号试掘方的车前端，出土1柄铜钺。钺呈梯形楔状体，弧刃，两面微鼓，夹柄。背宽11厘米，刃宽12厘米，背至刃中部长7.5厘米，中心部分厚1.1厘米。在钺面近背处残留的柄痕宽4.5厘米，距背下角4.5厘

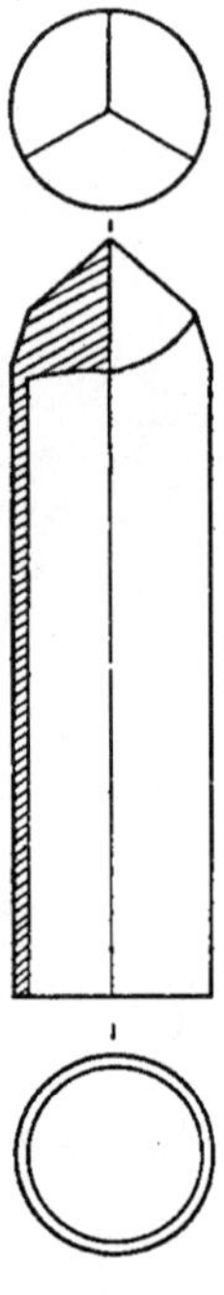

图Ⅱ-1：7 铜殳头

（三号坑）

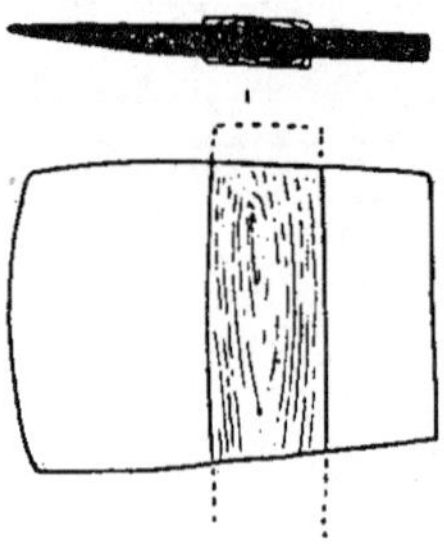

图Ⅱ-1：8 青铜钺头及柄痕

（秦俑二号坑）

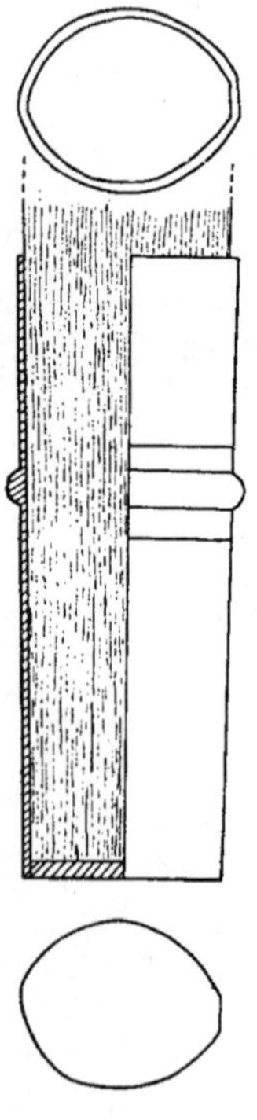

图Ⅱ-1：9 戟鐏

米，距上角 5 厘米，由此可以判断出：竖直秉钺时，其刃微微上仰（图Ⅱ-1：8）。

（8）长兵器之镦与器柄迹象

铍镦：一号坑出土 48 件。呈平底的矮筒形状，对侧似抹角的条棱，表面光素，侧有钉孔。高 3.5 厘米，口径 6×3.8 厘米，壁厚 0.15 厘米。有的镦上刻："寺工"二字。

戟鐏：32 件。作口大底小的椭圆筒状，截面呈桃形，腰部有突起的条棱一周，通体素面色青。通高 11.5 厘米，径约 4 厘米（图Ⅱ-1：9）。另有一种戟无凸棱，但数量少，仅两件。

《礼记·曲礼》注："锐底曰鐏，平底曰镦。"《考工记·庐人》："凡兵，勾兵欲无弹，刺兵欲无蜎。是故勾兵椑（浑圆），刺兵抟。"可见矛、铍之类刺兵的镦可称作"镦"，桃形筒状的镦都属于戈、戟之鐏。

因为俑坑经过历史性的焚扰，有些长兵器的兵刃部已不存在，仅留一些残断的木柲痕迹。从迹象观测知，长戟柄原经过彩绘，柲径在 3～4 厘米之间，而以 3.5 厘米为常。从辨识知，铍柲长于戟柲。铍柲长在 359～382 厘米之间，而戟柲最长只有 288 厘米（图Ⅱ-1：10）。

3. 短兵器

（1）青铜剑：完整的铜剑有 17 柄，均出自一号坑的前端东五方。残断的剑身及格、首、琫、璏等附件，在 3 个坑中多有出土，计 189 件。窄、扁、长，是秦剑的外形特点。身起脊，从侧趋锷处收杀，成为规矩的刃面一周，截面实际上形成四纵四锷。近锋的一段剑身宽度变窄，形成"束腰"。依照剑首与茎的不同，可分为两式：

Ⅰ式剑：首作喇叭状的圆盘，茎分两段，截面作前圆后扁。首、茎相接处，以子母铆套合，横贯铜钉固定。此式剑可称为"圆首剑"（图Ⅱ-1：11 之 2）。

Ⅱ式剑：茎作椭圆柱，首呈菱形的袋状，两侧出耳，有钉孔。茎端插入首后，以铜钉固定。茎部夹以竹片，缠以蒯缑。此式剑称之为"扁首剑"（图Ⅱ-1：11 之 1）。一号坑出土铜剑统计如表四。

（2）秦钩：2 柄。均出自一号坑矩阵前锋部的第一行两端。本名"金钩"、"吴钩"，由刃体和柄两部分组成，形如弧度平缓的长弯刀。一次铸成，身、柄合体。前端齐头，钩身中心较厚，两侧稍薄，截面呈枣核形。内外两侧有刃，但钝厚欠锋利。柄系实心，近乎椭圆柱体，便于握持定向，似用于内钩外格。两柄铜钩的形状和大小完全相同，通长 71.2 厘米，其中身宽 2.2～3.5 厘米，中心厚 0.9 厘米，柄长 11.1 厘米，径 3～4 厘米（图Ⅱ-6：3）。

（二）几种兵器的保护设施与携带方式述要

1. 箙、韬、弢、鞘

（1）箭箙：箭出土时多盛箙中，箭箙遗迹多达 280 处（图Ⅱ-1：12）。箙呈口大

表四　秦俑一号坑东五方出土铜剑登记表

（长度单位：厘米）

出土位置与编号	通长	身				茎			首			格径		琫		璏			角度	备　注
		身长	腊广	脊厚	束腰宽	长	宽	厚	长	宽	厚	长	宽	高	径(口/底)	长	宽	高		
T1G3:0481	83.1	61.8	3.33	0.33/0.91	2.08	16.8	1.2/1.36	0.5/0.85	3.67	3.68	0.24	5.404	2.26	2.5	6/2.5	6.2	1	1.2	55°	束腰长 4，距锋 9，剑完整
T2G1:0291	92.85	71	3.21	0.28/073	2.24	21.85	0.88/1.63	0.65/0.73	2.14	2.98	1.26	4.55	2.3	3.2	2.5/1	3.8	2.1	1.3	55°	束腰长 4，距锋 13.3，剑完整
T2G1:0286	90.8	71.65	2.21	0.28/0.77	2.21	19.15	0.91/1.29	0.42/0.77	2.02	2.92	1.13	4.56	2.32	3.2	2.8/0.9	3.8	1.8	1.5	57°	束腰长 6.2，距锋 12，剑完整
T2G1:0287	90.85	71.65	2.39	0.4/0.78	2.39	19.2	0.98/1.4	0.66/0.79	2	2.9	1.3	4.66	2.34	3.2	2.5/1	3.6	1.8	1.2	56°	束腰长 3.5，距锋 9.5，剑完整
T2G1:0288	90.7	71.7	2.37	0.4/0.79	2.37	19	0.99/1.56	0.62/0.79	2.15	3.05	1.85	4.65	2.36	3.2	2.6/0.9	3.74	1.98	1.6	57°	束腰长 2.8，距锋 10，剑完整
T1K:0176	92.5	71.7	2.25	0.27/0.8	2.25	20.8	0.85/1.49	0.52/0.82	2.14	3.02	1.37	4.62	2.41	3.11	2.33/1	3.83	2.07	1.5	60°	束腰长 3.1，距锋 10，断为三截
T10G1:0272	90.35	71.5	2.31	0.33/0.86	2.25	18.85	0.87/1.65	0.6/0.86	2.24	3.07	1.33	4.61	2.36	3.39	2.4/2.57	3.62	1.97		65°	束腰长 4，距锋 9，剑完整
T10G7:0678	90.2	72.3	3.28	0.35/0.88	2.9	17.9	1.09/1.5	0.52/0.8	/	/	/	4.61	2.29	3.2	2.5/2.6	3.62	2	11	52°	束腰长 5，距锋 10.5.缺首
T10G7:0679	90.5	72.3	3.3	0.25/0.9	2.2	18.2	1/1.36	0.52/0.87	/	/	/	4.7	2.36	3.21	2.5/2.6	3.62	2.01	1.1	53°	束腰长 5，距锋 10，缺首，断三截
T2G6:0624	91	71.8	3.15	0.24/0.79	2.15	19.2	1.15/1.48	0.5/0.73	2.22	2.83	2.98	4.6	2.31	3.24	2.34/2.54	/	/	/	60°	束腰长 7，距锋 10，茎断折
T1G3:011	89	72.3	3.6	0.9		16.7	1/1.4	0.9	2.1	3.1	1.27	4.6	2.3	3.25	2.5/1					
T2G2:0403	94.4	72.3	3.22	0.37/0.91	2.24	22.1	1.34/1.57	0.46/0.88	3.18	3.09	1.34	4.58	2.32	3.15	2.39/2.57	3.7	1.97	1.6	57°	束腰长 2.8，距锋 10，断为四截
T2G8:0929	93.6	71.9	3.18	0.22/0.88	2.17	21.7	1.05/1.59	0.58/0.88	2.08	2.93	1.3	4.5	2.3	3.15	2.32/2.57	/	/	/	62°	束腰长 5.3，距 10.5
T2G8:0706	90.2	72	3.2	0.3/0.78	2.4	18.2	1.03/1.4	0.55/0.76	2.25	3.05	1.43	4.63	2.36	3.2	2.51/2.7	3.67	2.05		48.5°	束腰长 7.6，距锋 9.6，剑完整
T2G8:090	92.95	72	3.15	0.34/0.8	2.14	20.95	0.87/1.51	0.56/0.81	2.08	2.97	1.25	4.54	2.25	3.23	2.35/2.55	3.83	2.01	1.4	55°	束腰长2，距锋 13.5，断为三截
T2G8:0708	90.3	71.1	3.25	0.32/0.89	2.13	18.6	1.08/1.34	0.7/0.85	2.17	2.95	1.22	4.63	2.32	3.21	2.34/2.59	/	/	/	60°	束腰长 2.5，距锋 12.6，剑完整
T2G1:0289	94.2	71.8	3.37	0.24/0.81	2.37	22.4	1.51/1.58	0.53/0.77	2.18	3.1	1.9	4.57	2.41	3.24	2.41/2.5	3.72	2		69°	束腰长 3，距锋 11

图Ⅱ-1：10 彩绘戟柄迹象

（秦俑一号坑 T20G10：车 2）

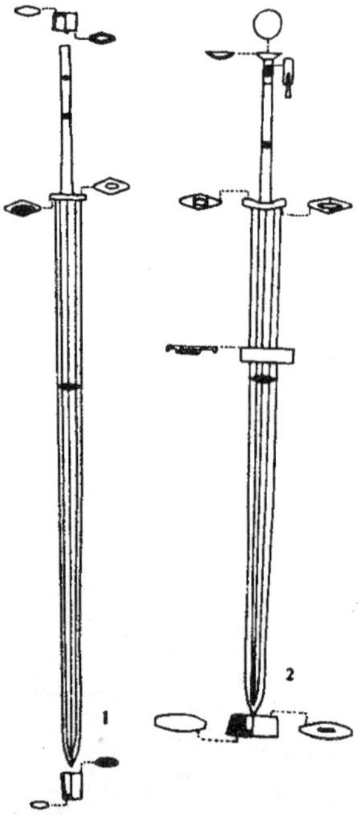

1. Ⅱ式　2. Ⅰ式

图Ⅱ-1：11　秦俑坑出土青铜剑

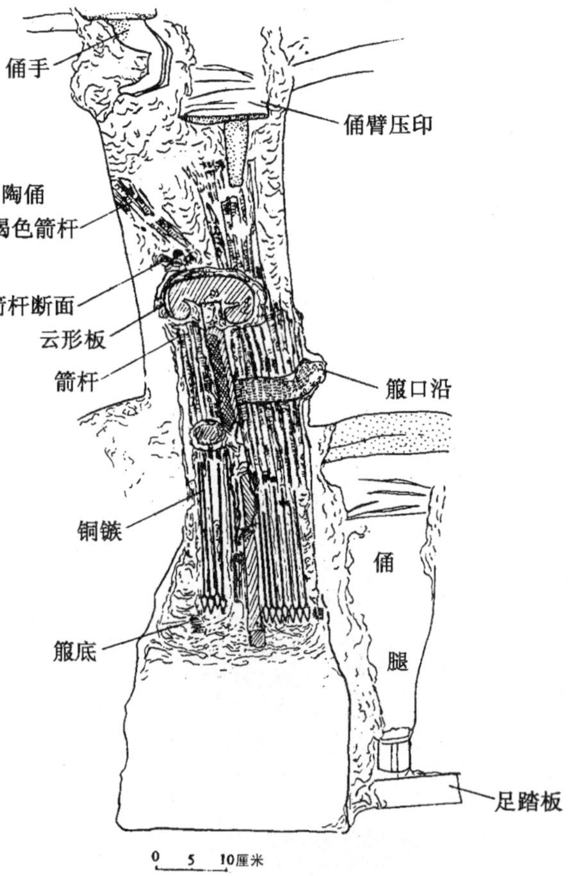

图Ⅱ-1：12　箭箙出土迹象图

（一号坑 T10G11）

底小的长方体袋状，似为外涂褐色漆的麻编织物。其结构是：箙底的内外两侧各有一根圆木捧，以麻绳编织结成长方片状，再在上面铺一块同大的木板。为使麻织的箙袋撑持，便于携带。在箙背竖直一根木条同箙的口、腰、底三处连接，其上端做成弧形的“云”字头。用藤条绕过云头，再连接箙背，两端拴在箙底内侧的木棒上。另外，在箙口两侧有环纽，以便贯索背带。箭箙一般通高 60 厘米（以云头板最高计），其中箙袋有两种规格，尽管深约 32～39 厘米，底经 8×19 厘米，但口径有 5×17 厘米的，也有 3.6×21 厘米的。个别的箭箙有深及 50 厘米的。本来弓箭与弩箭不同，就有箙与阑的区别，而这在秦俑坑中还显示不出（图Ⅱ-1：13）。

箭插入箙中，镞朝下羽露箙口之上。每箙中盛箭支数不定，据一号坑所见有 114 支、100 支、72 支的几种，但以 100 支为最多。《周礼·夏官司马·司弓矢》：“其矢箙皆从其弓”，郑玄注：“每弓者一箙百矢”。俑坑的箙矢与之相合，但始皇陵西侧的铜立车上铜箙中只装 50 支箭，看来另属于“五十矢为束”的一种箙制。

（2）弓弩之韬：韬是由两片麻编织物合成，整形如弓，背脊处为“软连接”。前部开口，通体髹褐色漆。为开合方便，在韬内上侧一片上设两根“八”字形的辅木，由弣部抵住畏部。韬大于弓，长 150 厘米，中心宽 25 厘米（图Ⅱ-1：14）。

弩韬同弓韬相同。

韬，名櫜。《诗·周颂·时迈》：“载戢干戈，载櫜弓矢。”传：“櫜，韬也。”疏：“正义曰：‘櫜者，弓衣，一名韬。故内弓于衣谓之韬弓’。”弓韬还称“韔”，《诗·秦风·小戎》：“虎韔镂膺”。又称“韣”，《仪礼·觐礼》：“乘墨车，载龙旂、弧韣乃朝，以瑞玉，有缫”。也称“鞬”，《左传》僖公二十三年：“晋楚治兵，遇于中原，其辟君三舍。若不获命，其左执鞭弭，右属櫜鞬，以与君周旋”。注：“櫜以受箭，鞬以受弓。”弓袋既名韬、櫜、韔、韣、鞬，弩韬不当再有别名。

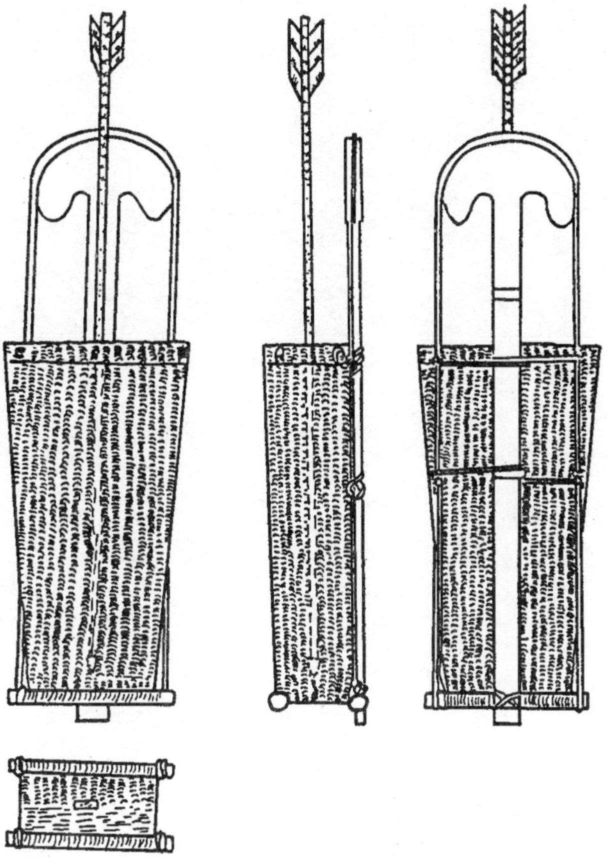

图Ⅱ-1：13　箭箙复原图

（3）长兵器之弢：在戟和铍头上有弢，其形如器而略大。只有戈头的内部和援胡部分两处做套。弢为木胎，外裹麻布，缠之以绦带，再髹褐色漆。铍弢的绦带作“人”字形缠札。

（4）剑鞘：出土无完整者。从残迹上看，以两条薄竹片并合，做出剑室的大样，内衬绢，外缠丝绳，表髹褐色漆。鞘端设铜琕，口无金属琫，距鞘口 19 厘米处附鼻形的铜璏（即常说的“昭文带”），以贯縌（图Ⅱ-1：15）。圆首剑（Ⅰ式）琕厚重，形为矮的扁棱柱，而扁首剑（Ⅰ式）琕轻薄，形为扁袋状。

2. 由散落的位置和武士俑的手势而看到几种兵器的携带方式

秦俑一号坑两侧几个过洞中，在戴帻的甲俑背甲上往往有上下相对的两只内径 4.2～4.7 厘米的陶环，环间距 30～31 厘米，正同矢箙贯索的绳结及底的间距相当。有意思的现象是，成束的箭也多出于这些俑后。由此可以推知，这矢箙原系背负的，并非腰挎。《荀子·议兵》有“负箙矢”的话，《史记·魏公子列传》也有“平原君负韊矢，为公子先引”的例子。

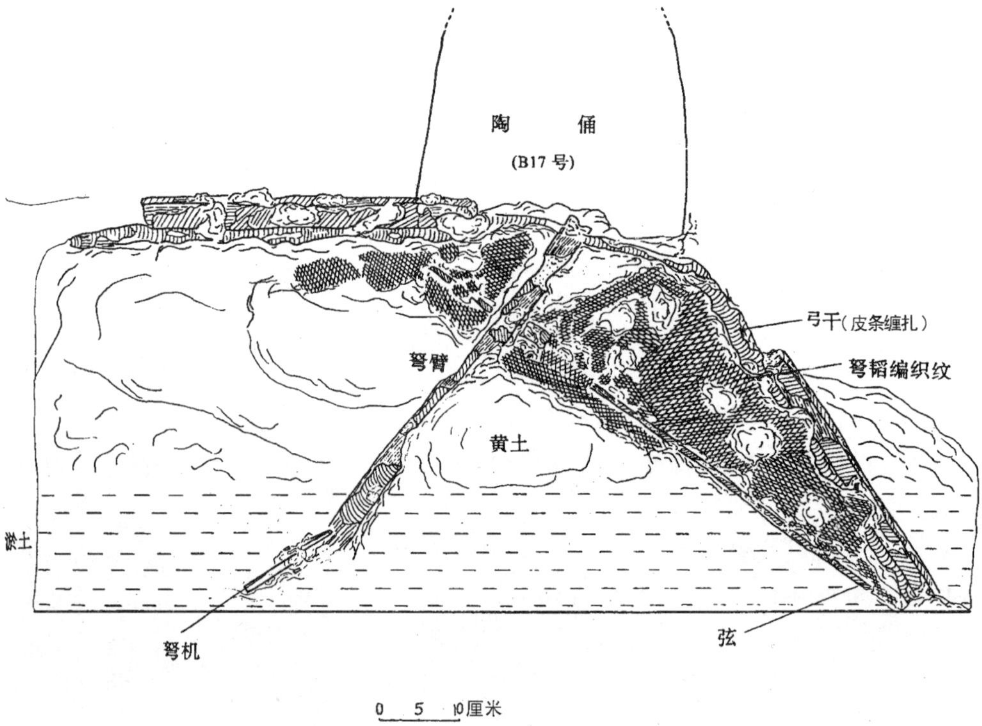

图Ⅱ-1：14　弩弓韬遗迹
（一号坑 T20G11）

图Ⅱ-1：15　铜剑鞘遗迹

袍俑右手垂直半握，拇指翘起而拳眼朝前，显系持弩弓。骑兵则右手牵马，左手握弩弓。而蹲姿的甲俑却是右手竖直持弓，左手控弦（图Ⅰ-6：5）。

在坑Ⅰ前部的横队袍俑和两侧的武士俑、坑Ⅱ的步兵、骑兵行列中，都发现有用弩者。有一种袍俑左侧身，左手斜伸、右臂曲肘又叉手，两脚呈一前一后的丁字步。这种姿势就是《列女传》中说的“右手如拒（矩），左手如附枝，右手发之，左手不知”的所谓“射之道”（射法）。《吴越春秋·勾践阴谋外传》描述弩射的动作更为形象：“身若戴板，头若激卵，左足蹉（纵），右足横，左手若附枝，右手若抱儿，举弩望敌，翕心咽烟，与气俱发……右手发机，左手不知。”看来，秦俑坑中这种持弩的袍俑所表现的似为持弩待举的一瞬间的动作（图Ⅰ-6：4）。

使长兵器的俑多为右拄或垂握的姿态（图Ⅱ-6：2）。而擐甲执兵的车士则分列车之两侧，姿态迥异，如：车左左手握兵，右手按舆，右脚斜出，髻束左顶；车右正与之相反（图Ⅰ-7：4）。此种姿态当是一种艺术的布置，并无实际意义。

（三）秦俑阵营中各兵种配备武器的原则

1. 矩阵之表以远射程的弓弩为主，而阵本则是三类兵器并用的。统计如表五：

表五　秦俑一号坑东端前五探方出土兵器统计表（资料来源：图Ⅰ-2：2）

位置	兵种及数量 \ 兵器数量 \ 兵器种类	远射程兵器					长兵器							短兵器									过洞小计
		弓弩迹象	铜弩机		束矢(箙)	散镞(支)	矛	戈	戟	铍	柲	附件	柲迹	铜剑								铜钩	
			完整	零件										完整	锋	格	首	茎	琕	璏	其他		
K	锋：俑 204	52	40	2	71	4130	1				6			2		1	2	2	10	4	2	2	4327
G1	右翼：俑 79	24	30		52	1116	1				1			6			3		18	3			1254
G2	本：车 2 俑 106	2	3	2	7	250				7	21	3		1	2	2	3		11				314
G3	本：车 1 俑 123	6	1	1	·4	129	1			5	17	2	16	1		2		1	8	1			195
G4	本俑 56		5	1	15	100					1								8				130
G5	本：车 1 俑 51	7	6		21	111					3					1	1		1				151
G6	本：俑 60		1	2	10	1370			2		1			1			1		5	1			1394
G7	本：车 1 俑 47	3	16		20	555	2				1			2			3		8		1		611
G8	本：俑 60	3	5		7	501	1		1		4			4					8	1			635
G9	本：车 1 俑 123	5	4	1	13	375				3	9	1	2			2	1	2	14	1	1		434
G10	本：车 2 俑 99	6	10	2	7	318			1	1	14	2	3			1	2	4	6	6			3719
G11	左翼：俑 79	22	37	1	53	1483		1			2						2	2	9	14	2		1628
总计	同种分计	130	158	12	280	10438	6	1	4	16	80	8	21	17	2	9	18	11	106	27	6	2	11352
	同类分计	11018					136							198									

由各部分出土兵器的种类和数量，结合兵种及其手势，作综合观察矩阵中的兵器配置，我以为可以形成三点看法：

第一，开间的轻装战袍武士俑和第一、第十一两边洞的武士俑，计有 362 尊，占东五方俑总数的 33.3％。而拥有的弓弩镞矢数竟高达 91.8％！其所用的长短兵器还只是同类兵器的 19.16％！虽然一号坑后部未经发掘，但从探测和试掘知，西端廊间仍旧部署着执弓弩的横队战士。可见一号坑的前锋，后卫和左右翼的兵器是以弓弩为主的部署，表现了用远射程兵器装备的战斗队形具有攻、守兼备的战术性能（图Ⅱ-1：16）。对于秦军说来，攻是第一位的。

第二，阵本部分，占有一号坑的第二至第十号等 9 个过洞。其间的战车，同编制的或独立的轻装步兵，或重装步兵作纵向的，或横向的间隔排列，所用兵器则是弓弩同长短兵器齐备的。特别是二、三过洞和相对应的九、十过洞的第一乘战车之后、重装步兵及外侧的一翼独立步兵，构成两个持长铍的战斗单元，而为数不多的弓弩及配发的箙矢则用于指挥车和车前后紧随的步卒。第四、六、八这三个过洞前无战车，其步兵的排列是前轻后重，所用兵器以戟、矛最为突出（图Ⅱ-1：17），配备的弓弩数也大体相当。第五、七两过洞中前有战车，对后随的编制步兵则配备了数量较多的远射程兵器。青铜剑则数量不定地分散在以上诸过洞里。总之，阵本部是决战的主力所在，其战斗步兵同战车冲锋在前，担负着白刃格斗的重任，为适应接敌后的不同作战情况，故而配备兵器时，既要三类齐备，又要交错相间，做到“长以卫短，短以救长”（《司马法》），形成强大的密而不漏的攻击力量，使敌无机可乘。

第三，秦俑矩阵阵表和阵本在配备兵器上的区别，也充分体现了春秋战国以来布阵原则的发展和变化。孙膑曾用剑的锋和柄来比喻。锥行之阵“末必锐，刃必薄，本必鸿”（《孙膑兵法·十阵》）。可见这进攻性的阵的前锋和本二者当是加强配备的重点，也是军事指挥艺术的标志。他认为必须也只有如此，才能“相信（自己）不动，敌人必走”（《孙膑

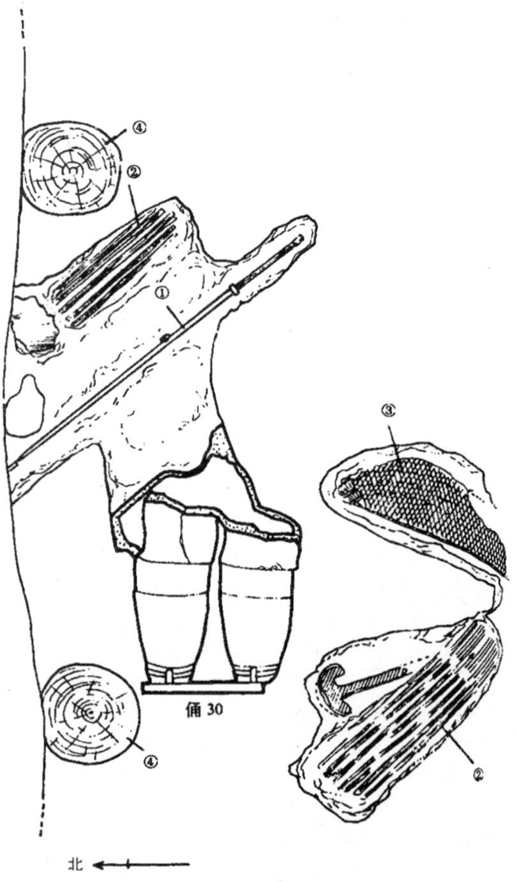

①剑 ②束箭 ③弩韬 ④立柱

图Ⅱ-1：16 青铜长剑、弩韬、束箭出土情况

（一号坑 T2G1）

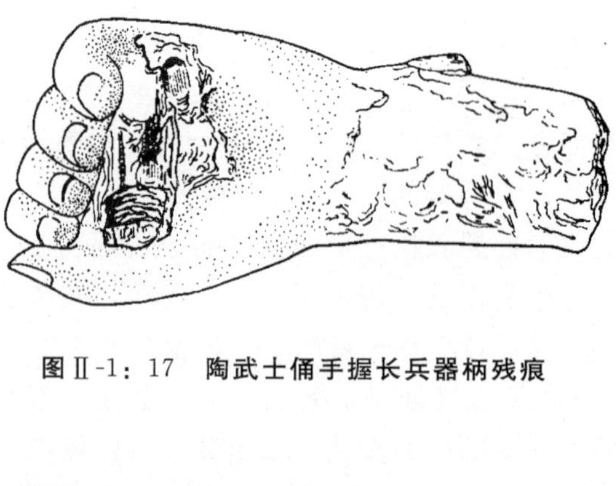

图Ⅱ-1：17 陶武士俑手握长兵器柄残痕

兵法·势备》)。因为己方“末甲劲，本甲不断”的雄厚兵力，才是挫败敌人的有力保证(《孙膑兵法·擒庞涓》)。在这里，一号坑武器配备，正是“强弓在前，锬戈在后”(《史记·苏秦列传》)这一思想的生动而具体的再现。

2. 秦俑二号坑作为军营形式，提供各兵种配备武器的实例。参见表六：

表六 秦俑二号坑试掘期(1976年)出土兵器统计表

探方	过洞	兵种（数量 / 种类）	远射兵器				长兵器						短兵器						分计
													剑						
			矢镞	弓	弩	其他	矛		戈		戟	钺	完整	剑件					
							矛头	镦	戈头	鐏				锋	格	茎	琫	璏	
T1	G1	车	26													1	1		28
T2	G1～4	车	16													1	2		19
T3	ⅠG1、G9、G10	车步(甲)、射(袍)	79																79
T4	ⅠK2、ⅠG6	吏、射(袍)	12														2		14
T5	ⅠK1、ⅠG6	射(甲、袍)	450		4		1	1						1	1		5		463
T6	G9	步(甲)、骑	2														1		3
T7	G14	骑	/																
T8	G11	步(甲)	3														1		4
T9	G11	步(甲)、车、步(甲)	26				2										2		30
T10	ⅠG4、5	弩(甲蹲)	832											2			3		837
T11	G6、7	车	6																6
T12	G12、13	骑	547		2												1		550
T13	G12	车、骑	251																251
T14	G12	车、骑	2											1					3
T15	G10	步、车	53					1				1							56
T16	G8	车	/																
T17	G13	车、骑	192																192
T18	G10	骑	/																
总计			2497		6		3	2				1		4	1	2	19		2535

说明：ⅠG——为第一单元(即Ⅰ区)的过洞，即校场的过洞。

ⅠK1——为第一单元的前开间(前廊)，ⅠK2为后开间(后廊)。

(1)射兵(即“弩兵”)：在二号坑的第一单元(即东端突出的部分)里，由332“蹶张之士”组成射兵，作教射习战的布置。其中心的160尊甲俑做蹲姿的控弩弓姿态，形成方方正正的格局。围绕四周的立姿俑有172尊，也是面向东方，做转体勾弦抬弩的姿势。所见兵器则有弩机、铜镞、矛和剑等。这种情况说明两个问题：

第一，教射场面呈现的轻装或重装弩兵，其姿势，有立射、蹲射之别，部署上有表、有里，这正是轮番射击对敌的反映。唐李筌在其《神机制敌太白阴经》中说道："夫弩不离短兵，当别为队，攒箭注射，则前无立兵，队无横阵。复以阵中张，阵外射。番次轮回，张而复出，射而复入，则弩无绝声，敌无薄我。"经验也告诉人们：临战射敌，乱箭齐发，则容易造成射击间歇、给敌人以可乘之机的弊端。故而就需要有组织地形成"射击——→张弩——→射击"的连接程序，番次轮回，矢飞不绝。在这一过程中，弩兵的战斗动作也处在"立——→坐——→起——→立"的交替状态。因为射箭时只有前无立兵，不但有开阔的视野和射界，而且也避免对己方的误伤，还能矢注如雨，从而增加了战斗威力。恩格斯在谈到亚述这个早期亚洲军队的典型时说："弓箭手或是站在前面作战，这时他们每一个人都由盾牌手来掩护；或是站在后列，这时，第一和第二列的长矛手弯下腰来或是跪下来，以便弓箭手射箭。"[3]看来，亚述军队这种由长矛手和盾牌手掩护弓箭手"更发更止"的攻战方法，同秦俑弩兵队列中弓弩轮番射击的情况有异也有同。而作为战术原理，二者还是很接近的。把射兵暂时放置在二号坑这座军营的前部，其内部又有多道的行列层次，同秦俑一号坑这矩阵之锋又何其相似？这一点就很能说明秦人对用强弓劲弩装备军队是何等的重视，善于使用弩兵又是何等的娴熟！无怪乎汉代对付匈奴的弓矢也仍然是以"劲弩长戟，射疏及远"的（《汉书·袁盎晁错传》）。

第二，给弩兵配备上长短兵器，相互弥补，也可使弓弩的威力得到有效的发挥。因为任何兵器的杀伤效能都是单向的，只有配合，在总体上才可能做到完整和统一。《司马法》说："兵不杂则不利"，"长以卫短，短以救长"就是这个意思。

（2）游阙车同随车的隶属步兵：位于车、步、骑混编营中，占二号坑的九至十一等过洞。出土有远射程和长、短之类兵器。

T15的战车上装有一柄铜钺。并有Ⅰa型特大铜镞35支。人们知道，从商周之际起，斧钺在战场上已经失去了战斗作用。其作用除了执法行刑外，已转向政治意义。《尉缭子·将令》就有"将军受命，君必先谋于庙，行令于庭，君身以斧钺授将"的话。《诗·商颂·长发》："武士载旆，有虔秉钺，如火烈烈，则莫我敢曷。"钺既是军权、军威的象征物，此车又位居二号坑的中心位置，并装备有洞坚穿壁的强弩，而且还同左下侧一老年高级军吏俑立乘的指挥车处于一个混编营里，可知这里是一个战斗区间的指挥中心之所在。

同指挥车编在一个单元的其余17乘战车都属于体量小的机动性"阙车"，各随后的步兵数也多寡不等。随员多的车只有4乘，其跟车步兵最少28名，最多才有36名。其余14乘车后的步兵数，只有8名。在车、步队列之后，有8骑作殿。这种多兵种组成的预备兵力，是为适应战场上的急需（加强攻击力，增强薄弱部分，补充减员等）而准备，不但车体轻、速度高，又有经过严格选练的步兵，掌握着超绝的战斗技能和具有强健的体魄，加之“游骑”有快速灵活的反应能力，而且配备的也是多种类的、性能良好的武器。事实上确也如此，在此一营地出土的兵器有长矛、镞矢、铜钺、长剑等。但值得注意的现象是，此间铜矛的分布密度远远高于他处，车上的巨型三棱铜镞全长 41 厘米，重达百克，经复原的箭长总在 1.5 米以上。显然，强弩与长矛是快速游车的主要武器装备，显示了秦军的攻击力量。

（3）轻车和骑车：二号坑的轻车 64 乘单独宿营，占有一至八过洞。骑车 6 乘，位于骑营前端。两种车均无随从步兵，这完全是出自高速运动的性质所决定。古代战车上的乘员一般为三人。其武器配备和分工是“左执弓，右执矛，中执绥”[4]。秦俑二号坑的轻车兵基本同此，其御者居中，双手平举握辔；左右两个冠帻之甲士分处车舆内外，靠车侧的一只手按舆，另一手半握曲肘作拄长兵状，迈半步站立。结合出土铜镞看，轻车原来配备弓弩，车士则执戈、矛。

骑车由御者和车右二人组成，所用兵器以弓弩为主。它同四骑纵向排列，又处骑营之前。说明骑兵作为一支独立的兵种，在其初级阶段，对车兵还有较多的依赖性。配合，就是对各自缺陷的相互补充和弥合。

（4）骑兵：计 116 骑，在武器配备上所显示的特点是：

第一，马具鞍、鞚（络头）、衔、镳，但鞍无踏镫，仍属于革制的“低鞍型”软垫；

第二，著甲骑士携带的武器，除了近刺卫体的剑之外，更多的是靠弓箭；

第三，马上使用弓箭的方式，除了臂张之外，也出现了“弩弓”（T12）。

以上情况表明，一方面有沿用战国以来“骑射”的时代特征，另一方面也表现了秦骑兵仍属于冲锋突击的性质。秦骑兵并不仰仗长兵器进行恋战格杀，这也正是中原骑兵史上早期作战的特征，同前此七八十年的赵武灵王“变服骑射”的状况完全相适应（《史记·赵世家》）。不过，下及汉代，骑兵武器的配备和兵种则随新的战斗方式的改变而有了新的发展，其所用武器除了弓、弩、戟、矛和刀剑外，还特设了专司射箭的“彀骑”来对付强悍的匈奴骑兵（《史记·张释之冯唐列传》）。《汉书·昭帝纪》有“马弩机关”的记载，而秦骑兵俑所在的坑Ⅱ·T12 中发现两件盛于弓韬中的承弓弩机，应该说是我国最早的“马弩”实物了。

二 在中国兵器发展史上的地位

经过长期的战争实践，中国的冷兵器到战国时代已经形成了以戈、矛、戟、箭、弓、弩等为主的兵器组合，再加上有甲、胄、盾、行縢、跗注、胫衣、鞮靴、履屦等护体设施，也可说是装备齐全了。

秦武士俑除执当时盛行的兵器外，截至目前在俑坑中并无盾、胄的发现。据

《左传》僖公33年载："秦师过周北门，左右免胄而下"，《诗·秦风·小戎》也有"龙盾之合"，"蒙厳（伐）有苑"之句，可见秦军原是有盾和胄的。秦始皇陵园东内、外两重城之间，有甲库坑的发现，其中出土有石质的铠甲和兜鍪。当然，这不是实用品。从象征意义讲，它毕竟是历史真实的反映。奇怪的是秦俑坑里的武士俑多免胄束发，韬发者也不过弁、帻及长冠而已，铠甲长仅及腹，护腿也相当地简易。长柲铍同"句戟长铩"固然同享有"锐器"的盛名，但另一方面，秦军中却保留了殳、钺、金钩这一类落伍的武器。那么，如此矛盾的现象是否同"秦出号令而行赏罚"（《战国策·韩策》）、鼓励"勇武"的精神因素有关？当然，这里面也不排除另一种可能性，即：历史上任何一种新式武器取代旧式武器是需要一个过程的。特别是在古代，这个过程相应要更长一些时间。

武器的发展同任何事物一样，都是以一定的社会需要为前提的。就历史的纵线看，一般的趋向是后胜于前；再从历史的横断面观察，战国时期各国武器的创制也并不平衡，同样呈现着铜、铁兵器并行发展的交错局面。尽管这种新旧并存的现象在历史长河中只占有一段短暂的过渡历程，但我们纵观秦军武器配备，透过秦兵器制造和使用的脉络，就会发现：自战国以来秦人随着战争的需求，在沿用自己固有兵器的基础上，改进它，发展它，走着一条"沿用—改进—创新"的路子。对此，以下的事实将会向人们揭示它的真谛之所在。

（一）弩弓的改进

弓箭本是中石器时代出现的一种远射程武器，是原始先民们在狩猎实践中延长手臂的一种创造。经过长期的使用，到春秋时代（公元前770～公元前476年）随着发射机关——弩的发明，使之登上划时代的巅峰，特别是经过秦的沿用和改进，射程增加，杀伤力变大，推动其向普及化、先进化的方向发展。

秦俑坑出土的铜镞数以万计，三棱铜镞（Ⅰ型）占99.85%；三出刃镞（Ⅱ型）只有五支，还不及万分之九；铁铤铜镞（Ⅲ型）五支，双翼铜镞（Ⅳ型）和铁镞也不过三支。同样，1972年秦都咸阳的窖藏铜器中有铜镞116支，也是以三棱锥式的镞型为主，细部变化较多的双翼铜镞的数量依然是很少的[5]。

双翼镞本是殷周时代通行的镞式，秦俑坑所出二件不在坑内而是扰土之内。三棱锥式铜镞则出现于东周时代，并成为战国（公元前475年～公元前221年）末期以后盛行的主要类型。至于三出刃铜镞只不过是三棱镞的变化形式，而秦俑坑所见5件，固然锋利，但加工难度大，想来作为大量的消耗之物而生产是完全不能满足当时战争需求的。三棱锥式铁铤铜镞是由铜到铁的过渡形态，而三棱锥式铁镞在秦尚不普遍，江西发现秦进军岭南时的矢镞中无一铁镞即可反映出这一历史事实[6]。可见，由殷周以来的多种镞型至秦，则演进为以三棱镞为主的单一形式，这就是《方言》中所谓"有三镰"（棱）的"羊头"镞。经过长期战争实践选择和发展而稳定下来的此种三棱镞，其实战作用在于：第一，瞄准性好。开弓引满，左手食指贴镞，三棱中的一棱则可起到对鹄的准星作用[7]；第二，方向性好。飞矢在空气中运行，由于镞体呈流线型，使阻力减少，再加上羽的定向作用，就保证了箭的稳定性。

《周礼·冬官·考工记》（下引简称《考工记》）载：冶氏制作杀矢，其“刃长寸，围寸，铤十之”；矢人作干，“五分其长而羽其一”。“郑注：“矢稿长三尺”，“羽者六寸”，“（笴）参分其长而杀其一”。郑注：“矢稿长三尺杀其前一尺令趣镞也。”刃是镞首，铤是镞首后面插在箭杆（稿）的细尾部分。全句的意思是：镞首和镞首底边的周长均等于一寸，首和铤的长度（即镞的通长）是首长的十倍；箭杆长三尺，羽毛占其六寸；箭杆长三尺前端的一尺装镞铤。据此，依周尺折算（1 尺＝23.1 厘米），箭杆长 69.3 厘米，其中羽占 13.86 厘米。这种做箭的规定，在长沙楚墓的出土物中也得到了证实[8]。

秦俑坑的平翼三棱铜镞（Ⅰa）和倒刺三棱铜镞（Ⅰb）的镞首同镞长之比基本符合《考工记》的规定，而其他箭镞如Ⅰc、Ⅱ、Ⅲ均不遵循此制。前两种铜镞中的Ⅰa 出于坑Ⅱ的车、步相间队列中的战车附近（如 T3、T15），Ⅰb 无一例外的出于弩兵队列（如 T3、T5、T10、T13），可能是专作弩机发射的远程“利箭”。

杀翼式三棱铜镞（Ⅰc）不但占三棱镞的 89.65％，而且也是所有箭镞中数量最大的一种。尤其值得注意的是不只坑Ⅰ、坑Ⅲ的三棱铜镞纯属此式，而且在坑Ⅱ的各兵种中均有发现，骑兵又多取此式（如 T12、T13、T17），说明它是三棱镞中广泛被使用的一种。经实测，尽管这镞的镞首同铤长之比大于 1∶10（2.7～2.8∶9～20＞1∶10），而秦箭的长度（68～72 厘米）、重心位置（3∶1）、设羽要求（1∶5）等，还基本符合制箭的规范（《周礼·冬官·考工记》）。同时，由弩机伴出的情况看，装有杀翼式三棱镞（Ⅰc）的箭是臂射和弩射并用的。

《考工记》中关于箭镞各部位的长短、轻重的比例，及其对飞行轨道、准度影响（如俯仰、曲折、徐疾等）的论述，为我国古代弹道学的理论奠定了基础。秦镞定型、杆羽随机量制，是长期来战争实践推动的结果，并在《考工记》的基础上又有了进一步的发展。

首先，在这里我们把秦、楚两国的弓制列表比较之（见表七）：

按《考工记》载，周弓可分为上、中、下三制，其弓干之长分别合今 152.5 厘米、145.5 厘米、138.6 厘米。战国中期的楚弓基本遵循此制，但自中期以后则有了加大的趋势。秦弓虽然也处于这一变化之中，而屈原曾有“带长剑兮挟秦弓”的盛赞之句，足见秦弓在诸侯国武器中的优长之处必定是很突出的。人们知道：弓的性能不仅看干长，更重要的是取决于制弓的材料。据《考工记》载，制弓干材七种，柘（属桑科）居首位，那么秦有“南山檀柘”之饶，必有为弓之便的条件。

表七　秦楚弓制比较表　　（单位：厘米）

<table>
<tr><th rowspan="2" colspan="2">时代</th><th rowspan="2">出土地点</th><th colspan="2">弓干</th><th rowspan="2">弦长</th><th rowspan="2">材料出处</th></tr>
<tr><th>长</th><th>径</th></tr>
<tr><td rowspan="5">战国</td><td rowspan="3">中期</td><td>1952年长沙扫把塘M138</td><td>120～130(现长105.5)</td><td>宽2.4,厚1.2</td><td></td><td>《文物》1964.6</td></tr>
<tr><td>1976年湖北鄂城鄂钢M53:19</td><td>竹弓:85</td><td></td><td></td><td>《考古》1978.4</td></tr>
<tr><td>传解放前长沙近郊</td><td>146</td><td></td><td></td><td>《文物》1964.6</td></tr>
<tr><td rowspan="2">晚期</td><td>1958年常德德山M10</td><td>160</td><td>宽2.4,厚1.8</td><td></td><td>(同上)</td></tr>
<tr><td>江陵藤店M1</td><td>169</td><td>2</td><td></td><td>《文物》1973.9</td></tr>
<tr><td rowspan="2" colspan="2">秦</td><td rowspan="2">秦俑一号坑</td><td>130</td><td>3</td><td>108</td><td></td></tr>
<tr><td>144</td><td>5</td><td>124</td><td></td></tr>
</table>

其次，文献见载的战国弓弩的张力有“八石”（《六韬·犬韬》)、“十二石”（《荀子·议兵》)，射程从“百步”（《孙膑兵法·势备》）到“六百步之外”（《史记·苏秦列传》)。依高奴秦石权折算，一石合61.5市斤，秦“六尺为步”，则前述弓弩的张力合今492斤和783斤，射程分别有138.6米和831.6米。由射程的远近看，显然前者是小弩，后者是大弩。西汉边防军常用的“六石”弩合今328斤，可射远260米[9]，从而使我们看到弓的弹力及其射程间的关系。当然，人的目力对于人和车马的有效射程不过200米左右，若超过此数，恐怕只能说是对准人群、营地、城市及巨型建筑物一类大目标了。既然韩国的士卒持的“强弓劲弩”，可以“超足而射，百发不暇止，远者达胸，近者掩心”（《战国策·韩策》)，其机械性能是如此良好，命中率是如此之高，而秦弓弩又是如何呢?

《吴越春秋》有“弩生于弓，弓生于弹”之句，正道出弹、弓、弩相继产生的过程。中国新石器时代晚期已发明了弓弩，机件多用竹骨制成。铜弩机一说是发明于春秋代的楚国[10]，但山东曲阜鲁国故城遗址M3、M5却提供了战国早期铜弩机的实证，到了战国中晚期即为各国普遍所采用。随着时间的推移，机件也发生了增大的变化。我们知道：望山是瞄准的标尺，它的加高受着射程增加的影响，承弓置箭的木臂加长正是箭杆变化的结果。而弓制改进，弹力加大则是促使诸种变化的基因和决定条件，如长沙扫把塘第138号战国墓的箭全长63厘米，而秦箭达到68～72厘米，二者弩臂对比变化则由51.8增长到60厘米，最长的还有76厘米的。那么，楚弩除弩机后部的一段距离，其钩牙距弩含处是57厘米，仍短于秦箭；至于悬刀增长，望山与弦牙距加宽则是受张力而决定的，因此，不论是“力达十二石”，或是射程“六百步”的“劲弩”，都只能是同“强弓”的出现互为因果的。

秦的弓弩居于承上启下的历史地位，胜于战国弩，而比起汉弩来则显示处于弩机发展史上的前期。汉弩经过对秦弩的改进，大都加上了铜廓，望山加高，甚或有了刻度[11]。作为发射机关的弩机因为有了精度标尺，其命中率就无疑地建立在更加科学的基础上，简直可说是近代枪炮的鼻祖了。

（二）秦戟之型，分合两便

殷周以来的矛头多作柳叶形和长三角形，在较长的筒形骹上附以环纽。经过春秋战国时的演进，至战国晚期，秦矛也随之变化：刃体由尖锐单薄趋向宽扁而直，骹由长銎变短。銎孔底部同矛长之比，相应由原来伸在矛身中部而变成伸至矛尖。矛骹上，钻有钉孔，以固柲。通体长度则稳定在 15 厘米左右，矛柄也随之由短增长。

周纬在其《中国兵器史稿》里收录的殷墟铜矛头长 25 厘米，流落国外的三柄战国矛分别长 21 厘米，27.4 厘米和 27.9 厘米。有名的越王矛竟长到 37.1 厘米，上面还有错金的刻铭。后者恐非实战武器，可能是以壮声威的仪仗之物。我们再征之近年出土的铜矛，则可察其演变之迹，如表八：

表八　殷周至秦矛变化表　　（长度单位：厘米）

时代		矛例的出土地点及简况	矛头通长	材料出处
殷		安阳大司空村 1953 年出Ⅰ式 1 件	25	《考古学报》第 9 期(1955 年)
早周		陕西岐山贺家 M1 出土 2 件。柳叶体，筒骹，半圆纽	20	《考古》1976 年第 1 期
西周早期		北京琉璃河西周墓出土矛二件。长骹，其一有二纽	19.2	《考古》1974 年第 5 期
西周晚东周早		河南上村岭虢国墓出土 15 件，其中大型矛 2 件	20(大)、10(小)	《上村岭虢国墓地》，(黄河水库考古报告之三)，科学出版社，1959 年
春秋时期	早	陕西宝鸡姜城堡秦墓出土矛 1 件，系窄体长骹式矛。高脊，截面呈十字形，锋刃均锋利	28.5	《考古》1979 年第 6 期
春秋时期	中	陕西户县宋村秦墓 M3 出土 2 件，形制相同，系窄体长骹式矛。高脊，截面呈十字形，叶下角浑圆。骹饰蟠虺纹、口部重环纹。柲迹长 332.4 厘米	27.6	《文物》1975 年第 10 期
春秋时期	中	陕西凤翔八旗屯 BM27 矛 1 件，BM10 矛 1 件。形制相同，大小有别，均系窄体长骹矛。高脊，截面呈十字形，叶下角浑圆。骹饰蟠虺纹	16.5、19.4	《文物资料丛刊》第 3 期
春秋时期	中	陕西凤翔高庄秦墓 M18 矛 1 件。尖锋，中脊后部有风槽。椭圆形骹，凹口，侧有缨环。表面光洁，分布有氧化处理后的斜格暗纹	34.5	《考古与文物》1981 年第 1 期
春秋时期	中	甘肃灵台景家庄秦墓 M2 矛 1 件，窄叶，长 17.4 厘米，下角浑圆。高脊，剖面呈“升”字形，銎两侧有固柲的钉孔	27.2	《考古》1981 年第 4 期
春秋时期	晚	安徽寿县蔡侯墓矛 8 件。Ⅰ式：筒骹圆叶，Ⅱ式：三棱，骹粗于矛体	13(Ⅰ)、13.5(Ⅱ)	《寿县蔡侯墓出土遗物》，科学出版社，1956 年

续表

时代		矛例的出土地点及简况	矛头通长	材料出处
战国时期	早	山西长治分水岭 M269 出。长筒骹，弧刃，平叶	14	《考古学报》1974 年第 2 期
	中	长沙识字岭战国墓 M1，窄刃起脊，长筒骹，骹端一鼻纽	26	《考古》1977 年第 1 期
	晚	"郑韩故城"窖藏兵器铜矛 80 余件，其中Ⅱ、Ⅵ两式计 3 件，属长筒形骹	16（Ⅲ）、11.1（Ⅳ）	《文物》1972 年第 10 期
		郑韩故城铜矛Ⅴ式仅 1 件，体实心。断面作六角形，喇叭骹，通体如笔形	39.8	《文物》1972 年第 10 期
		郑韩故城铜矛Ⅰ、Ⅱ式，最多，直叶扁体	15.7、14.3（Ⅱ）	《文物》1972 年第 10 期
秦		秦汉广衍故城出土，直叶	13.6	《文物》1975 年第 5 期
		西江遂川出土矛 1，短骹、叶基较宽，有血槽	15.3	《考古》1978 年第 1 期
		秦都咸阳故城窖藏中出土矛 2 件，身宽扁。其中一矛有血槽	15.6	《考古》1974 年第 1 期
		秦俑坑矛：Ⅰ式 2 件	15.3、15.4	《秦俑一号坑发掘报告》，文物出版社，1988 年
		秦俑坑矛：Ⅰ式 6 件	17.6～18	《秦俑一号坑发掘报告》，文物出版社，1988 年

从上表可以看出，铜矛的发展，其长度虽然是波浪式的，但总的趋势是由长渐短，形制是由多样到单一。这种变化以战国时期最为明显，至秦矛则大致稳定，如"郑韩故城"的铜矛除Ⅴ式矛仅有一件外，其他 80 多件矛的形制和长度与秦矛接近，同秦始皇四年（即公元前 243 年）吕不韦矛更无差别。而秦汉广衍故城铜矛、江西遂川秦矛、秦都咸阳窖藏矛，同秦俑坑Ⅰ式矛比较，更可以说是秦矛定型化了的产品。由此，我以为：直叶扁体铜矛是战国到秦之间秦矛的通行形式

戈作为格斗的长兵器是在白刃战时用以勾啄的，而戟是在戈的勾啄之外还加上刺的功能，其柄也有长短之分。但秦俑坑戟长 3 米左右，这大概是苏秦说的"长戟"吧。湖南浏城桥一号春秋墓的短戈长 1.4 米，长戈 3.14 米[12]。河南山彪镇一号战国墓水陆攻战纹铜鉴上有执戈、戟者，短者可一手挥斥，长者可过顶有倍，但绝不见有短矛的存在[13]。因为矛属于刺兵，必须双手握持，才能发挥长柄的威力，如果矛柄短于人体，则甚不便。所以，山彪镇铜鉴与成都百花潭战国嵌错铜壶的图像所示均属于长柄矛[14]。

《考工记》载："庐人为庐器……酋矛常有四尺，夷矛三寻。"郑玄注："八尺曰寻，倍寻曰常。"按齐尺等于 19.7 厘米，则酋矛长 3.94 米，夷矛长 4.73 米。我们见到的春秋矛有长 2.97 米的[15]，有 3.6 米[16]的，战国矛有长 1.97 米的[17]。而秦俑一号坑东端 G10 战车前的步兵队列中竟出土了一柄前有矛头、后有镦的所谓"长柄矛"，通长 6.7 米。这不但大大地超过了《考工记》上关于酋矛和夷矛的长度，而

且也违反了“凡兵无过三其身”的经验总结。因为人体的高度一般以 1.69 米计，“三其身”也不过 5.07 米。如按坑Ⅰ秦俑一般高 1.86 米算，“三其身”才 5.58 米。那么，这一支异乎寻常的“长柄矛”既大于夷矛，也比秦矛长了 1.12 米。其长度，除遗迹变形而加长的这一因素外，但距原长度不会相差太远。作为一柄武器的话，显然不具备实战的价值。不过，根据迹象和位置观察，我以为并非兵器，而是一面旗。截至目前，正因为没有一柄完整的秦矛出土，所以我只好借助同是长柄刺兵的秦铍来推断了。完整的一支秦铍，长 3.82 米。可见这数字，应该是秦刺兵的通用长度。最长者，也不过 5 米左右。

自殷周以来的以车兵为主的战斗方式转向战国时期以步骑为主的这种变化，促使了矛体在实战中趋向统一，矛柄也随之加长。从秦矛的外观上看，不但刃直骹粗，截面作菱形扁体，而且制作坚利精工；从布阵的兵器配备上讲，除弩兵、骑兵，无一例外地挽弓弩、挟长剑，而戈、矛这类长兵器则出于车士和步兵的行列里，如残长 4.3 米者出自坑Ⅱ·T15 战车近旁。此种情况，表明了战争方式的改变引起武器本身的变化及其在阵战中配备的变化。由此可见，武器同战争方式有着桴鼓相应的关系。

（三）长剑型秦剑

秦剑窄而长，突破了春秋战国时期“短剑”的体制，创出中国青铜剑的“长剑”型。

秦俑坑出土完整的青铜剑，长 83～94.4 厘米，身宽 3.14～3.6 厘米，状如兰叶，其脊、从、锷构成对称的扁状八面体，加之冶金成分配比合适，就使得它不但坚硬，而且具有韧性。还由于剑身前端的刃部稍稍内收，再加上薄脊而锐利的剑锋(锋的夹角 48°～65°)，就大大地增加了剑的穿刺力量。

锋利的长型剑的出现，也是长时间演进的结果。从继承到创新，它既有曲折上升的连续性，也带有时代特征的烙印。我们无妨选一些秦以前各时期的铜剑，就其长度比较之，如表九。

从表九中我们清楚地看到：青铜剑随时间的推移而剑身逐渐加大，宽度也跟着变窄。人们很自然地将这些剑分为短剑和长剑两型，而春秋战国之交的铜剑变化之大概是二者的过渡型。要探求青铜剑的这种发展变化，还是要把它放在“一定的历史范围之内”[18]去考察，才有可能认识它。

在奴隶制的西周时期，铜剑的问世也很自然地打上了深深的阶级烙印，成了表示身份和等级高下的指示物之一[19]。那时，只有大大小小的奴隶主贵族才有资格带剑，如陕西宝鸡茹家庄周墓的主人強伯是位诸侯级人物，其葬仪就充分体现了奴隶制的礼乐制和丧葬制。在诸多的随葬品中，就有 2 柄铜剑和 8 件铜戈。但 9 名男女奴隶不但身无长物，连自己青春年少的躯体都成了为奴隶主強伯殉葬的牺牲品[20]。河

表九　先秦时期铜剑变化表　　（长度单位：厘米）

时代		出土地点及剑号（短、长举例）	形制简述	通长	腊广	材料出处
西周	早期	1956年、1957年长安张家坡墓	扁茎无格的柳叶形剑，有茎孔二	27	3.15	《沣西发掘报告》，文物出版社，1963年
		1975年北京琉璃河墓	M53：34剑柳叶形，首孔二；M53：40剑，身圭形	17.5/31		《考古》1974年第5期
		1975年北京昌平白浮墓	剑6柄：Ⅰ式，起脊，扁茎扁球首	45		《考古》1976年第4期
			Ⅱ式，长脊、扁条茎、身茎间出两翼	35.2/37.5		
			Ⅲ式，马首，身茎间出两翼	25、34		
	中期	1975年宝鸡茹家庄強伯墓	出土2柄，茎缠丝织蒯缑。	30/35		《文物》1976年第4期
	晚期	上村岭虢国墓地M1052：154、M1721：28	身茎明显，隆脊，圆首，圆柱茎，无格无首	29.7/39.1		《上村岭虢国墓地》，科学出版社，1959年
春秋	早期	宝鸡西高泉78BYXM1：6秦剑	缺锋，中起脊，截面菱形。近格处下角浑圆，中有阴线兽面纹。茎中空。表面是4个人面纹浅浮雕	22.5（残）	3.6	《文物》1980年第9期
		洛阳中州路M2415：18	圆柱茎，圆棱脊，两刃前聚成锋，叶作钝角，无首及腊	28.5	4.4	《洛阳中州路》，科学出版社，1959年
	中期	凤翔八旗屯秦剑，有二式	Ⅰ式：BM27剑，锋尖圆，柱脊，茎中空作椭圆柱体，镂孔蟠虺纹；Ⅱ式：CM9剑，身起脊，出刃，脊两侧金铭文：“吉为乍元用”，扁茎	25/35.3	2.5～3.5	《文物资料丛刊》第3期
	晚期	辉县出吴王夫差自作剑	筒茎无箍，一字格	59.1	5	《文物》1976年第11期
战国	早期	湖北江陵望山M1出土越王勾践自作剑	刃薄锋利，菱形格，喇叭首，表面有暗纹	55.7	4.6	《文物》1966年第4期
	中期	湖北鄂城M53	起脊，一字格，圆首，空茎	53.8	4.5	《考古》1978年第5期
		河南陕县M3401出土秦铜剑2、M3411出土秦铜剑1	M3410：13剑为筒柄剑，一字格，茎有丝绦缠痕；M3411：12剑，系圆首带箍剑，身有隆脊云形格，茎有三道箍	41.5/39.3	3.2～3.5	《陕县东周秦汉墓》，（黄河水库考古报告之四），科学出版社，1994年
		宝鸡凤阁岭秦墓铁剑1	残圆首	22	?	《文物》1980年第9期
	晚期	四川涪陵地区小田溪M1	扁茎无格，茎孔二，属巴式柳叶形剑	66.5		《文物》1974年第5期
		陕西凤翔高庄秦墓M21出土铁剑5	M21：1剑通体修长，尖锋，两面刃，中起脊，扁平茎	105	3.2	《考古与文物》1981年第1期
秦		秦始皇陵上焦村陪葬墓M18出土铜剑1件	柱茎圆首，剑身、格系一次铸出，身不起脊，截面扁圆	45.5	4	《考古与文物》1980年第2期
		秦俑一号坑出土Ⅰ式剑1件	圆首，茎前端椭圆柱体，后端浑圆，菱形格，从、脊全	83	3.33	《秦俑一号坑发掘报告》，文物出版社，1988年 注：腊广栏前的数字为束腰的宽度
		秦俑一号坑出Ⅱ式剑10件	扁茎无首，格及身同Ⅰ式剑	89/94.4	2～3.33 2～3.22	

南陕县上村岭虢国墓地曾出土铜剑 4 柄，无一例外的是出自虢国贵族墓之中。其中有两柄剑，即是虢太子的专用佩剑[21]。不难想象，身佩光闪闪的利剑，不仅显示出贵族阶级豪华富有，而且对奴隶和下属也表现得威风八面，具有一种威慑的力量。所以，人们从这些例子中也不难意识到：剑的政治作用，早已大大地超过了它自身的实用价值。也难怪宝剑同这些统治阶级人物的关系，有如以影随形，不可须臾脱离。

需求刺激生产，于是人们对铸剑和剑的装饰就刻意追求起来。我们知道，春秋时代的吴越是以铸剑独负盛名的，接踵而至的楚、韩也创出了名冠天下的声誉。从出土和传世之物看，这些国家的遗品确是一些名贵之作，但都长在 30 厘米左右，均属于“短剑”型。随着步、骑兵在战场上地位的上升、近战格杀的展开，更由于冶铸技术的精进，青铜剑的形制也发生了急骤的变化。其长度由原来三四十厘米增加到六七十厘米，战国末期下至秦代，青铜剑竟长近一米了。剑的宽度也跟着变窄，即由五厘米左右减到了三厘米许。剑的穿透力与格刺功效，在这里得到了充分的展现。

（四）陶甲所反映的防护设施

秦俑的陶甲固然为人们提供了战国以来甲衣的具体形象，但也更多地反出秦防护设施的特点。

对于古代存在甲衣与否的问题，已无疑问。甲介虫的硬壳，猬的刺，兽的角、爪均会启迪人们借以自卫的常识，所以刘熙《释名·释兵》说：“甲，似物有孚，以自御也”。但甲是什么样子，人们都因“甲”、“介”、“函”、“铠”的不同称谓而感到茫然。

作为战士的护身装备，由殷周到春秋，乃至下迄战国时代，还是用整块兽皮（如犀兕）裁制。人们把这种皮衣谓之“皮甲”或“革铠”。苏秦说起韩国的士卒，提到装备有甲盾、“鞮鍪”（首铠，即胄）、“铁幕”（护臂胫的铁衣）等。《吕氏春秋》中，也有中山国人“衣铁甲操铁杖”抵抗赵国的话[22]。这说明至迟在战国时代已经出现了铁制铠甲，遗憾的是至今没有一领完整甲衣实物的发现。秦始皇陵园甲库坑出土的石铠甲和兜鍪，提供的是形制材料[23]，而河北县燕下都第 44 号墓出土一顶由 89 个铁札叶片穿缀的兜鍪（胄），却为我探讨春秋战国时代甲胄的质料问题提供了一个重要的线索[24]。

秦俑身上雕塑的铠甲，虽属陶质的模拟品，但从形装和绘彩上显示出它是金属制成札叶的。不过，7 种形式的铠甲全系上甲衣。其构成，综合起来是由前甲（护胸甲）、后甲（护背腰）、披膊（肩甲）、盆领（护颈项）、臂甲和手甲几部分组成。当然，也因兵种及身份的不同而甲衣的形制有所区别，如步、弩兵和车士之甲多由前后甲和披膊三部分编缀；骑兵甲衣长仅及腹，却无披膊；车御多出臂甲、手甲，甚或有盆领；“将佐”的甲衣是革、札结合的“花甲”，即胸、背、肩似为皮革、腹及后腰的中心部分是金属的小札叶，而且前甲呈倒三角形长垂膝间，后甲衣摆平直齐腰，胸、背、肩的皮革上缀以“带头花”；至于仅有前甲者，胸、背为皮革而腰围和披膊嵌附小札叶者则表示着另一种身份。

从秦俑的整个防护设施看，表现了这样一些特点：第一，陶俑著战袍，或袍外套铠，而马无具装；第二，甲俑仅著上甲衣而无下甲衣，下部穿“胫衣”、“跗注”或缠以“行縢”；第三，无胄（盔）及盾的出现。

（五）兵器制造技术

从以上粗略的分析中，也可以看到统一前后秦兵器及其士卒防护设备的一般情况。恩格斯说：“暴力的胜利是以武器的生产为基础的，而武器的生产又是以整个生产为基础的。”（恩格斯：《反杜林论》）战国时代，群雄并立，兵革不休，“争锥刀之利，杀人若刈草”。战乱破坏生产，给人民带之以无穷的灾难。结束这种“兵革乱浮云”的局面，统一天下，就成了社会各阶层的一致要求。频繁的战争现实需要有锐利、坚韧、杀伤力大的先进武器，而各国从实战出发，竞相发展军工生产。秦国在商鞅变法之后，生产关系适应生产力发展的需要，军备生产也必然得到足够的发展。

秦兵器的冶铸、加工和表面处理工艺，都达到了相当高的造诣。287 号秦剑铜占 74.6％，锡占 22.13％，为 3∶1 稍强，符合《考工记》关于“大刃之齐”的配比要求，因此组织细化，洛氏硬度达到 22°～24°，同四川涪陵小田溪战国剑相比，无疑是一个大进步[25]。秦镞首的锡量为 11.44％（281 号）～11.7％（270 号），不及合金的 1/8，大大少于“五分其金而锡含二，谓之削杀矢之齐”的规定。但其含锌量分别是 0.38％和 0.28％，都大于剑的含锌量，这样做的结果同样能够获得加强刃力，调剂各成分间刚柔相济的关系，从而弥补了锡量的不足[26]。

秦剑、矛、镞等兵器，成形规整，而且戈、矛的光洁度都在 9▽～10▽左右。且在选出的标本表面，有一层致密的、厚 10 微米的氧化层。同样的例子，是在汉刘胜墓有经过这一工艺处理的箭镞。可见经过铬盐氧化处理过的秦兵器，绝非偶然出现的孤证。这一做法，目的在于增加其抗腐耐磨的性能[27]。应该说，铬盐氧化处理技术，是我国古人对世界冶金史的独特贡献[28]。

由于秦兵器在制造过程中，组织严密，分工细密，技术纯熟，又在严厉的考核和惩罚制度下[29]，不断改进工艺，使技术水平和生产水平在春秋战国以来的基础上又有了新的提高，使秦兵器的制造达到青铜兵器铸造史上的顶峰。

历史上往往有很多矛盾的现象，形成一种错综复杂的关系。统一六国前后，秦的青铜兵器确属精工之作，但关东六国在生产铜兵器的同时，其铁兵器生产则呈现出一种更为壮观的局面。春秋战国以来铁器已经登上了历史舞台，各国竞相以铁兵器装备自己的部队，楚的“宛钜铁铯，惨如蜂虿”，出土的铁剑竟长达 1.4 米，比当时最长的青铜剑还要长出一倍！实际上，楚国在春秋时期已能制造经过反复锻打、含碳量只有 0.59%左右的钢剑来[30]。韩国的冥山（今信阳东南）、棠溪（河南西平县西）、邓师（河南孟县东南）、宛冯（河南荥阳）等地生产的钢铁剑戟，可以“陆断马牛，水击鹄雁，当敌即斩”，士卒都穿着铁制甲胄（《史记·苏秦列传》、《战国策·韩策》）。燕下都第 44 号墓出土包括剑、矛、戟、刀、匕等及兜鍪在内的铁兵器 62 件，其中完整的铁剑 8 件，多数长及 104 厘米[31]。经金相鉴定的三柄燕剑中有两件即属钢质，而且刃部是经过淬火处理的高碳钢[32]。当时，即如中山国这样的小国也能使用铁甲、铁仗在作战，足见至少在关东各国已很普遍地使用了铁制兵器。

战国时代，用块炼法得到海绵铁，再用增碳的办法制造高碳钢，并且掌握了淬火技术。关东诸国用当时这种最先进的冶铸技术制造钢铁兵器，并用来装备自己的队伍，可说是历史性的一大进步。相比之下，秦国确实略逊一筹。虽然秦也曾把铁用来制造生产工具，也有极少的铁镞和铁铤铜镞，但我们只能认为它是铜铁交替进程中的并存现象罢了。秦兵器发展所达到的高度也只能就青铜兵器而言，不论它的形制和冶铸术是如何的进步，但绝不意味着它优胜于关东诸国的铁兵。像秦剑之长是铜剑之冠，但较之楚、燕之钢铁长剑却是小巫见大巫。只能说它受到自己条件的限制，只有吸收别国之长，为己所用，从而才创制出适应那个时代的产品，至于秦以铜兵战胜六国的铁兵，统一天下，那却是另一个需要讨论的问题了。

三　几个相关问题的探讨

（一）秦兵器主要用铜非铁的原因

秦俑从葬坑出土的兵器，除长骹扁体铁矛 1 件、铁镞 1 件、铜镞铁铤 4 件之外，其余的绝大多数都属于青铜制品。这一情况，同春秋战国以来铁器的广泛应用，关东诸国已用铁兵器武装自己队伍的情况很不协调。究竟这是什么缘故呢？

在探求秦国用铁器历史时，我发现其农工工具多用铁铸造，而兵器多用青铜制作。究其原因，以为有如下诸种因素不能不加以考虑：

第一，秦国地处西北，产铁地较少，矿床的地表部分贫瘠，而又多呈鸡窝状分布。现在已知的陕西几处铁矿，如略阳、汉中、韩城等地，从开采到冶炼，在当时的秦国确实还存在着不少的困难。据《三秦记》载，兰田川产铁，《山海经》记岐山下多铁[33]。但是，汉代才在郑（今华县）、夏阳（今韩城）、雍（今凤翔）、漆（今邠县）、沔阳（今勉县）等五处设立铁官（《汉书·地理志》）。《后汉书·郡国志》所记雍、漆、沔阳三地，显系前汉产铁地的延续。至于《通志》引《西山经》说小华山西八十里符禺之山其阴多铁，西英山、西竹山、乌山之阴也多铁，是否已经开采并冶炼，现尚难骤断。

相反，华北、华中、华南一带在古代却是以产铁丰富而闻名。据统计，《山海经》中有明确地点的产铁之山有34处（其中西山8、北山6、中山20），分布于今之陕西、山西、河南、湖北和湖南五省，其中以韩、楚等诸侯国为多，而有明确地点的也多于他处。魏在今山西一带冶铁，一直延续到汉代，故汉在安邑（今山西夏邑西北）、皮氏（今河津县西）、绛（今曲沃县）等处均有铁官之设。赵之邯郸、楚之宛（今河南南阳）早以冶炼而著称，楚有“宛之钜铁，施钻如蜂虿，轻利剽遬，卒如熛风”（《史记·礼书》）。特别是韩之冶铸地点就更多了，光生产剑戟的8个地方就博得“天下宝剑韩为众”的赞语。河南省的西平县酒店、新郑县“郑韩故城”内仓城、登封县告城镇（韩国古阳城）均发现战国时期的铸铁遗址[34]。在燕、齐等国故都也都有生产铁器遗址的发现。这些国家早已把铁兵器用于战争，而秦国的铁兵器生产却大大地落后。不但铜、锡要来自江南，而且到秦始皇时代也仍然要佩带楚地所产的“太阿之剑”[35]。正因为秦国铁兵之缺乏，秦昭王临朝才有“吾闻楚之铁剑利而倡优拙。铁剑利则士勇；倡优拙则远虑。以远虑御勇士，恐楚之图秦也”之叹（《史记·范雎蔡泽列传》）。从考古发掘材料看，秦国在铁器的生产和使用上，远远不如楚、燕和中原各诸侯国。

第二，秦国受到地理条件的限制，未能广泛地使用钢铁兵器。固然在凤翔县高庄秦墓中曾出土铁剑5把，有长达105厘米的，但这是“秦统一前后的遗物”。作为孤证，这很难说明它即是秦物。因为在发掘朝邑北寨子、咸阳黄家沟的几十座战国秦墓中，并未发现铁的兵器。西安南郊，在1989年至2003年发掘的500多座秦墓中，出土铁器只有87件。其中竟无一件铁兵器。除了8件农工工具外，铁带钩竟有25件，占了28.7%。可见秦国铁之缺少，在时人眼里把它作为显示富有的装饰品。即使是临潼上焦村和凤翔高庄这些秦贵族墓中的随葬品也是以陶器、铜器为主的。秦俑坑是以军事题材为内容的模拟物，无疑是一座武库，按理说铁兵器应当为数不少。但遗憾的是在4万多件兵器中，发现的铁矛只有1柄，而铁铤铜镞也还只有五支。由此可见凤翔长铁剑和秦俑坑铁矛产自秦国的说法，使人生疑。如果把它看作六国的“上品”或俘获之物，也不是不可以。那么，由事实引出的结论只能是这样的：秦在“耕战政策”推动下把铁多用于制造生产工具和部分生活用品；而在兵器制造上，则沿用已有的基础，发展青铜兵器，从而创出新水平。所以，我说关东六国的铁兵以其优胜见长的时候，秦国的铜兵却正处于自己的盛期。

第三，秦统一天下之后，曾“收天下兵，聚之咸阳，销以为钟鐻，金人十二，重各千石，置廷宫中”（《史记·秦始皇本纪》）。销毁兵器铸造成铜人，标记战功，粉饰升平，是诸侯国还多用铜兵的又一注脚。而对缴获的铁兵器是否改作生产工具，因史无明载，只能说是“有此可能”。但在当时，停息了战争，自然无须讲求武器的研制和大量生产，这大概也属于事实。虽然秦始皇曾经五次出巡，七次刻石，修筑驰道，对被推翻政权的割据势力保持着高度警惕；也曾派大军北逐匈奴，南击百越，但仍沿用着原有兵器[36]。此时此刻，秦统治者把自己的注意力和更多的人力、物力投入到修建阿房宫和骊山陵墓的浩大工程上去。所以，作为从葬的秦俑坑使用的兵器也只能是当时现成生产的，无须弃铜而用铁。

据此，我们能否得出这样的一个结论，即：秦国在自己的发展历程中，直至统一天下后，其所用兵器仍然是以青铜兵器为主，而铁兵器尚不普遍，即已灭亡。只有继起的西汉时期才最后排除了铜兵器，采用了先进的钢铁兵器。

（二）驷马战车反映着车战历史的影子

秦俑从葬坑中有为数可观的驷马单辕战车，同武士俑群结合，或自成单元，或同其他兵种混编，极有章法。因为战车这个运载工具，作为当时军队战斗的凭借，同兵器结合在一起，成为彼此有联系的统一体。那么，在此就有必要讨论一下车战的历史地位及战车同其他战斗方式的更替与配合问题。

殷周以迄春秋时代，都用战车排列成较为整齐的、大排面密集的车阵进行车战。到战国时期，随着封建主义生产关系的确立，军队的组成成分也起了质的变化；同时，生产力的发展也给军队提供了新的更为精锐的武器装备，特别是钢铁武器的采用和远射程武器——弩的普遍推广，战场上除车兵之外，还有了步兵、骑兵和弩兵。在战争实践中，古老的车兵越来越显示了它不可克服的劣点：行动滞缓，不便实行快速突袭的军事行动；也不宜在复杂地形上的遭遇战，因为它要求战场平阔；单纯的车对车交战，如果在冲击中，某一方的车阵被冲乱，车毁马伤，就再难以重整队伍。所以，这种车战的结局是胜负立现的，如春秋时期的楚、晋城濮大战（公元前632年）、邲之战（公元前597年）都是当日立见分晓的。即使吴、楚的伯举之战（公元前506年），吴军长驱直入楚都——郢，前后也不过十天。可是到了战国时代，情况就大不相同了，战争方式由步兵、骑兵的野战和包围战代替了整齐的车阵的冲击战，双方投入的兵力可以多达五六十万人，进行着残酷的争夺战和旷日持久的攻坚战，如公元前307年，赵武灵王“以二十万之众攻中山，五年乃归”（《战国策·赵策》）。公元前260年，秦、赵的长平之役，光坑杀的赵卒就有四十万，“秦虽大胜于长平，三年然后决，士民倦”（《吕氏春秋·应言》）。像这种用兵多、战场地形复杂、费时而激烈的战争，是单纯的车战难以适应的。战车不能胜骑，也难于抵御穿透力强、密如雨丝的弩射，不可避免要退出历史舞台。

事物发展的规律总是新胜于旧，优胜劣败。奴隶社会那种以车战为主的战争方式逐渐在让位于步、骑兵的野战。而秦俑坑还可看到车兵队列，这能否说它依然是秦兵装备的历史影子呢？在这里，我们必须弄清这样几种情况：第一，秦俑军事序列已不再是单纯整齐的车阵，而是包括了步、弩、骑、车几个兵种组成的阵容；第二，布防中用车已异于此前的定制，如前后步卒数目不定，车单独编列，步兵随军，却又有骑兵殿后；第三，秦俑三坑中都杂有战车，正反映了把战车当作战斗手段之一而非唯一手段的历史事实。那么，战车在步、骑阵战中保留着自己的位置，随时间的推移和战斗方式的变化，其作用大致不外乎两种：

1. 因地制宜，量机配合。战国以来军事家根据车、骑、步（特别是弩）的作用，总结出车能以"陷坚阵，要强敌，遮走北"，骑可"踵败军，绝粮道，击便寇"，步兵则用于"坚阵疾战"（《六韬·均兵》）。所以，孙膑指出："车骑与战者，分以为三，一在于右，一在于左，一在于后。易则多其车，险则多其骑，厄则多其弩"（《孙膑兵法·八阵》）。车兵成了多兵种之一兵种，车战成为总战法之一种战法，而这些又服从于总体战争，是配合性的军事行动，显非单纯的车阵战可以比拟。

2. 由车战到步、骑野战的转变过程中，车的战斗作用逐渐转向行则辎重、驻则为营的性质。这一点虽然在秦俑阵营中，表现得还不那么明显，仅见64乘战车单独编列，这正说明它是战斗手段转变和发展中的一种并存现象。我们只有从总体战争着眼看它的作用，才不致将前后二者截然分开。

最后，应当指出的是：秦俑坑的单辕驷马战车的存在，正是旧时代遗留下的尾巴。只有汉代双辕车出现后，这种单辕车才真正为历史所淘汰。

（三）兵器"刻久"与"寺工"

云梦秦简有文："公甲兵各以其官名刻久（记）之，其不可刻久者，以丹若漆书之。"（秦简《工律》）。秦俑从葬坑出土的戟内、剑身基部、矛骹和铍身上，都铸或刻着"寺工"二字，另见铍鞘和坑Ⅰ车马器上还朱书"寺工"二字两处。

"寺工"只铭及兵器和军械，为他物所少见。看来，这是关涉到铸造兵器的权限问题。

经查阅，此前见载"寺工"的有11处：一、咸阳塔儿坡寺工师初壶[37]；二、"二年寺工聋金角"残戈[38]；三、"二年寺工聋金角"钩戟[39]；四、长沙出土四年吕不韦戈[40]；五、西安三桥出土"寺工献"羊头车軎[41]；六、敦煌汉简文"盾一完，神爵元年寺工造"[42]；七、"寺工"印[43]；八、汉池阳"上林寺工"宫镫[44]；九、汉"永光四年（公元前40年）寺工弘"行镫[45]；十、《窓斋集古录》收有汉竟宁元年（公元前33年）的雁足镫；十一、《文物》1982年第9期刊登茂陵从葬坑出土未央宫之竹节铜熏炉，系建元四年（公元前137年）"寺工造"[46]。在这些有"寺工"铭记的器物中，属于兵器4件、车马器1件、量器1件。而秦器又占5/6。

有说"寺"是地名。但古籍中无"寺"地的记载。实际上刻铭中的"寺工"都同兵器、军用车马器发生关联。在始皇陵园多有冠"寺"的陶文发现。如果以"寺"地"工"某来解答的话，则有不能通释之嫌。

《说文解字》："寺，廷也。"《说文通训定声》引《三仓》："寺，官舍也。"《汉书·元帝纪》师古注："凡府廷所有皆谓之寺。"所以，以"寺"命名的官署就像太仆寺、大理寺、鸿胪寺等即是。在此，我以为单书"寺工"者，指的是设立于京师专门从事军工生产的官署，也可作为中央官营作坊“百工”（官工）的统称。“寺工□”中的“寺工”，即官营作坊的工匠某人。《汉书·百官公卿表》：“少府，秦官”，属于管手工业生产和“掌山海池泽之税”的政府机构。“寺工”在秦自然属于少府，在汉代则是少府的属官上林的官工之寺，故汉器多为“上林寺工”所造。可见“寺工”在秦汉两代是通有的。

武器的制造权严格地掌握在国家之手，民间是不得私铸的。“寺工”专事军工生产，而代表秦政府进行督造的则是相邦（丞相），铸制地点多在雍、栎阳、咸阳等秦的首都，藏之于诸武库[47]。而由郡守替国家督造的，其数量以上郡为最多，其他地点见有漆（今陕西葭县）、高奴（今陕西延川）、图等，他如蜀郡[48]、河东郡的临汾[49]、陇西郡的西县[50]都有制造。藏之于武库，如蜀郡“武”、临汾库、陇西郡“武库”等。这里的“武”与“库”都应是“武库之”之省。当然，武库不仅藏器，而且造器（设有库冶作坊）。那么，秦俑坑的实用武器实际也是产之于首都咸阳王廷之作坊而藏之于武库的，俟装备秦俑时才运来入于地下的。

（四）秦制造兵器的下限年代问题

根据铭年兵器的发现，在这里姑先推论秦制造兵器的下限年代问题。

秦俑坑出土16柄铜铍，其铭年自十五至十九年连续，书体也草率急就（图Ⅱ-10：6～9）。伴出兵器还有三、四、五、七年吕不韦戟（图Ⅱ-10：2～5）。那么，这些年号是秦始皇作为秦王时的制造年号，应是毋庸置疑的。

解放后出土和发现的秦戟（戈）计有20件之多，其中除了秦俑坑试掘初出土过一柄素面无文铜戈[51]、宁夏固原出的一柄素戈[52]、内蒙秦汉广衍故城秦昭王十二年“上郡守寿”戈[53]、宝鸡凤阁岭之昭王廿六年“陇栖（西）守□”戈[54]等外，属秦始皇时代是秦俑坑的三年、四年、五年、七年“寺工”的吕不韦戟，长沙左家塘的四年“寺工”吕不韦戟[55]，山西检选之五年“少府”戈[56]，宝鸡检选之八年“诏事”戈[57]，广州罗岗之十四年“属邦”戈[58]，江西遂川之廿二年“临汾守曋”戈[59]，四川涪陵之廿六年“蜀守武”戈[60]等。前列举之“寺工”、“诏事”诸戈的刻铭已清楚地表明：代表中央政府督造兵器的是“相邦吕不韦”，故也可统称“相邦戈”或“吕不韦”戈。至于各郡的兵器督造者，则是各郡的最高行政长官——郡守。

邹安在《周金文存》卷六里收有“二年寺工訾金角”戈的内部，在其右侧有铸铭“寺工”二字，这同秦俑坑“寺工”戈的字体完全相同。长沙左家塘的四年戈也刻有“寺工訾”字样，也应属吕不韦督造。按照秦戈的文例——刻铭在内之内侧，仅在外侧刻或铸一两个字。那么，“寺工訾金角”残戈和钩戟都应是秦始皇二年（公元前245年）所铸。

在过去的著录中，有把戈称作戟的。于是便产生了孰戈孰戟之争，弄得戈、戟不分。歧异之由，概因戈、矛同装一柄，后来木质的或“积竹柄”腐朽，使二者分离，已不如戈、矛同体的戟那么好认了。瞎子摸象，各执一说。秦俑坑出土的几柄吕不韦戟，若不是有铭迹的存在，也会有争论的。至于分称，也未必错，因为这种戟本来就是戈和矛的结合物，它既是单体的一柄长柄兵器，又可组成复合兵器。

现在，我们可把秦始皇时铸造的铜戈按照年代排出它的序列如表十：

表十　秦始皇时期（含二世）铜戈一览表

时间		名称	出处	数量
始皇纪年	公元前			
二	245	寺工謷金（?）角残戈	著录	1
三	244	相邦吕不韦戈（戟）	秦俑坑	2
四	243	相邦吕不韦戈（戟）	秦俑坑	1
		相邦吕不韦戈（戟）	长沙左家塘	1
五	242	相邦吕不韦戈（戟）	秦俑坑	1
		相邦吕不韦戈（戟）	著录	1
		少府戈（戟）	山西检选	1
七	240	相邦吕不韦戈（戟）	秦俑坑	1
八	239	相邦吕不韦戈	宝鸡检选	1
九	238	相邦吕不韦戟[61]	四川青川	1
十四	233	属邦戈	广州罗岗	1
十七	230	丞相启状戈[62]	天津检选	1
廿二	225	临汾守曋戈（戟）	江西遂川	1
廿六	221	蜀守武戈（戟）	四川涪陵	1
卅三	214	诏事戈[63]	流传英国	1
二世元年	209	丞相李斯戈[64]	辽宁宽甸	1

从上表结合铭年的秦铍、矛等可以看出：第一，铸造地点除秦中央政府所在的首都之外，郡铸的仅涉及蜀郡、河东两郡，而此前则以上郡为最多[65]，漆垣（陕西葭县境内）当是一处延续时间较久的兵器制造中心。第二，从秦始皇执政期间到秦二世元年，几乎是连年铸造兵器的，铸地不是在中央，就是在地方。至于中间有缺年，究竟原来如此，还是尚未发现，拟或是中央与地方轮番更铸……这就有赖于今后地下文物的出土来说明了。第三，秦统一后仍然制造兵器。虽然至秦亡的近十四五年间的铭文兵器仅发现有3例，但同秦始皇销兵铸鐻、夷毁川防、五次出巡安抚天下的行动联系起来看，就很能说明这样一个问题：因没有大的战争存在，社会处于一个相对稳定的时期，故而不需要大量的武器生产（作为长兵器是如此，而远射

与短兵器也当与之相当）。但毕竟不能忘战，所以还不能停止武器的制造。

注　释

[1] 银雀山汉墓竹简《孙膑兵法·兵势》，文物出版社，1975 年。

[2] 陕西省考古研究所等：《秦始皇陵兵马俑坑一号坑发掘报告》（1974—1984），文物出版社，1988 年 10 月。又：《秦始皇陵东侧第二号兵马俑坑钻探试掘简报》，《文物》1978 年第 5 期；《秦始皇陵东侧第三号兵马俑坑清理简报》，《文物》1979 年第 12 期。

[3] 恩格斯：《军队》，载《马克思恩格斯全集》第 14 卷。

[4]（清）张泰交：《历代车战叙略》，收入《学海类编》，上海涵芬楼影印本。

[5] 陕西省文管会勘查小组（王学理）：《秦都咸阳故城遗址发现的窑址和铜器》，《考古》1974 年第 1 期。

[6] 江西省遂川出土秦代的铁铤铜镞 80 支，但无一铁镞。参见江西省博物馆等：《记江西遂川出土的几件秦代铜兵器》，《考古》1978 年第 1 期。

[7]（明）何良臣《阵法·技用》："凡射之理……镞不上指，必无中理。指不知镞，同于无目。"

[8] 1954 年，长沙左家公山第 15 号墓出土的一支战国箭，其首、铤共长 19 厘米，正是刃长 1.9 厘米的 10 倍。箭全长 70 厘米，按周尺合今 23.1 厘米计，此数也同"槁长三尺"接近。引自高至喜《记长沙、常德出土弩机的战国墓——兼谈有关弩机、弓矢的几个问题》，《文物》1964 年第 6 期。

[9] 徐苹芳：《关于居延汉简的发现和研究》，《考古》1960 年第 1 期。

[10] 周庆基：《关于弩的起源》，《考古》1961 年第 11 期。

[11] 望山有刻度的汉弩如：刘胜墓的弩机（中国社会科学院考古研究所：《满城汉墓发掘报告》，文物出版社 1980 年）、东汉永元六年（公元 89 年）考工令所造弩机（河南省博物馆《灵宝张湾汉墓》，《文物》1975 年第 11 期）。

[12] 转引自杨泓《战车与车战》，《文物》1977 年第 5 期。

[13] 郭宝钧：《山彪镇与琉璃阁》，科学出版社，1959 年。

[14] 四川省博物馆：《成都百花潭中学十号墓发掘记》，《文物》1976 年第 3 期。

[15] 同 [12]。

[16] 陕西户县宋村春秋早期秦墓出土的矛柲长 332.4 厘米，径 2.5 厘米。如果加上矛头，长可 3.6 米。见《文物》1975 年第 10 期。

[17] 同 [12]。

[18] 列宁：《论民族自决权》，载《列宁选集》第 2 卷。

[19] 1956～1957 年长安张家坡周墓出土铜剑 1 柄，1974 年北京琉璃河周墓出土 3 柄，1975 年北京昌平白浮木椁墓又出土 6 柄。这些都是我国发现最早的铜剑，材料分别见《沣西发掘报告》，文物出版社，1963 年；《考古》1974 年第 5 期、1976 年第 4 期。

[20] 宝鸡茹家庄周墓发掘队：《陕西省宝鸡市茹家庄西周墓发掘简报》，《文物》1974 年第 4 期。

[21] 中国科学院考古研究所：《上村岭虢国墓地》，科学出版社，1959 年。

[22] 语出《吕氏春秋·贵卒》。河北平山中山国 M1 出土方形铁盘和铁足大鼎，即反映出中山国冶铁手工业的发展。其铜方壶铭刻“氏（是）吕（以）身蒙幸（皋）胄，柭（诛）不忩（顺）”，足见《贵卒篇》所言非虚。简报见河北省文物管理处：《河北省平山县战国时期中山国周墓发掘简报》，《文物》1979 年第 1 期。

[23] 陕西省考古研究所：《秦始皇陵园考古报告》（1999、2000、2001～2003），科学出版社（2000 年）、文物出版社（2006 年、2007 年）。

[24] 河北省文管会：《河北易县燕下都第 44 号墓发掘简报》，《考古》1975 年第 4 期。

[25] 小田溪战国剑经化验，铜占 82.21%，锡占 14.67%，其中锡只及合金的六分之一。显然，质软于秦剑。见四川省博物馆等：《四川涪陵地区小田溪战国土坑墓清理简报》，载《文物》1974 年第 5 期。

[26] 王学理：《秦俑坑青铜兵器的科技成就管窥》，《考古与文物》1980 年第 3 期。

[27] 河北满城县的西汉中山靖王刘胜墓出土的铜三棱箭镞，经过 x 光荧光分析及电子探针检查表明，在表面进行过含铬化合物处理。见中国社会科学院考古研究所等：《满城汉发掘报告》，文物出版社，1980 年。

[28] 德国于 1937 年，美国于 1950 年、1954 年和 1958 年分别在联合国列为专利。其专利号依次为 691903、2507956、2851385。引自北京钢铁学院：《中国冶金简史》。但中国在两千多年前的秦代，就掌握了铬盐氧化处理技术。

[29] 秦兵器的制造权掌握在国家之手，中央由相国（相邦），地方由郡守督造，分别在首都或郡治的官府手工业作坊里进行。如相邦义戈铭：“十三年，相邦义之造，咸阳工师田，工大人耆，工穨。”秦对工匠则实行着循名责实的考核和惩罚制度，《吕氏春秋·孟冬季》载“物勒工名，以考其诚。工有不当，必行其罪，以穷其情”。《睡虎地秦墓竹简》秦律中亦有此一残酷的律条。

[30] 湖南省文物工作队：《长沙、衡阳出土战国时代的铁器》，《考古通讯》1956 年第 1 期。又：郴州市马家坪 M2 也出铁剑 1 件，长 1.4 米，见《考古》1961 年第 9 期。钢剑见长沙车站建设工程文物队：《长沙新发现春秋晚期的钢剑和铁器》，《文物》1978 年第 10 期。

[31] 河北省文物管理处：《河北易县燕下都44号墓发掘报告》，《考古》1975年第4期。

[32] 北京钢铁学院：《易县燕下都44号墓葬铁器金相考察初步报告》，《考古》1975年第4期。

[33] 均由《后汉书·郡国志》转引。

[34] 中国历史博物馆等：《河南登封阳城遗址的调查与铸铁遗址的试掘》，《文物》1977年第11期。

[35]《史记·李斯列传》。太阿是春秋时吴越的铸剑名匠干将欧治子所铸的剑，亦名“泰阿”。见《越绝书·外传记宝剑》。

[36] 同[6]。

[37] 咸阳市博物馆：《陕西咸阳塔儿坡出土的铜器》，《文物》1975年第6期。

[38] 端方：《陶斋吉金录》；邹安：《周金文存》。

[39] 同[38]。

[40] 作铭：《最近长沙出土吕不韦戈铭文》，《考古》1959年第9期。

[41] 朱捷元：《介绍陕西省博物馆收藏的几件战国时期的秦器》，《文物》1966年第1期。

[42] 劳干：《敦煌汉简校文》，商务印书馆，1947年。

[43] 陈介祺：《十钟山房印举》。

[44] 刘体智：《小校经阁金文拓本》。

[45] 端方：《陶斋吉金录》。

[46] 咸阳地区文管会等：《陕西茂陵一号无名冢一号从葬坑的发掘》，《文物》1982年第9期。

[47] 秦都咸阳出土铜器铭刻“北库”二字，见陕西省博物馆、文管会勘查小组(王学理)：《秦都咸阳故城遗址发现的窑址和铜器》，《考古》1974年第1期。山西省又检选出“五年相邦吕不韦”戈，铭刻“武库”、“少府”，见张颔：《检选古文物秦汉二器考释》，《山西大学学报》1979年第1期。

[48] 于豪亮：《四川涪陵的秦始皇二十六年戈》，《考古》1976年第1期。

[49] 江西省博物馆等：《记江西遂川出土的几件秦代铜兵器》，《考古》1978年第1期。

[50] 王红武等：《陕西宝鸡凤阁岭公社出土一批秦代文物》，《文物》1980年第9期。

[51] 1974年，临潼县晏寨公社西杨村农民打井时出土了秦俑残片。县博物馆赵康民根据水保员房村民的报告，立即赶赴现场进行清理。此铜戈原物即存临潼县博物馆。

[52] 宁夏博物馆钟侃：《宁夏固原出土文物》，《文物》1978年第12期。

[53] 崔璿：《秦汉广衍城及其附近的墓葬》，《文物》1977 年第 5 期

[54] 同 [50]。

[55] 同 [40]。

[56] 张颔：《检选古文物秦汉二器考释》，《山西大学学报》1979 年第 1 期。

[57] 李光军等：《咸阳博物馆藏的两件带铭铜器》，《考古与文物》1983 年第 6 期。

[58] 广州市文管会：《广州东郊罗岗秦墓发掘简报》，《考古》1962 年第 8 期。

[59] 江西省博物馆等：《记江西遂川出土的几件秦代铜兵器》，《考古》1978 年第 1 期。

[60] 于豪亮：《四川涪陵的秦始皇二十六年戈》，《考古》1976 年第 1 期。

[61] 尹显德：《四川青川出土九年吕不韦戟》，《考古》1991 年第 1 期。

[62] 田凤岭等：《新发现的"十七年丞相启状"戈》，《文物》1986 年第 3 期。

[63] 三十三年"诏事"戈现藏英国牛津大学亚士摩兰博物馆，为李学勤先生 1981 年访得。

[64] 许玉林等：《辽宁宽甸县发现秦石邑戈》，《考古与文物》1983 年第 3 期。

[65] 上郡制造的兵器已发现数十件，其中秦昭王时的上郡戈有十二年和十五年的"上郡守寿戈"及四十年的"上郡戈"。秦始皇时期的矛、戈、戟铭年有二年、三年、五年、六年、七年、十年、十二年、十五年、二十五年、二十七年、四十年等。

贰 秦代长兵矛、戈、戟

——白刃格斗中的利器

战国末期，随着步兵和骑兵采用新战术的需要，长柄兵器的矛、戈、戟也就成了战士手中进行格斗的有力武器。而这些兵器的本身也在历史长河的演进中改变着自己，使得更适合近距离格斗的需要。

秦的长兵器既遵循冷兵器发展的一般规律，但也受到政治、经济、技术等条件的制约，从而在利战的前提下创造出自己的特色来。

一 矛史追踪

（一）一种长寿兵器

旧石器时代的先民采摘野果时，使用的工具或方式有两种，一是用石块投掷，二是用木棍击打；而猎取野兽时，则用尖状的木棍投刺。后来，人们在木棍的前端装缚上带尖的石头和兽骨，其杀伤效能无疑地比前大大地增加了。新石器时代遗址中常见用石矛头或动物骨角制作的矛头，这显然是原始人群所用长矛的遗留物。

至于使用铜矛头，那是历史进入文明时代，人们掌握了冶铜技术之后的事。古埃及和两河流域的绘画和碑刻，给我们提供了最早使用长矛的证据，距今大约有5000多年的历史。拉美西斯二世的步兵中建有长矛队，亚述军队也把长矛作为自己主要的武器之一。在乌尔王朝（约公元前27～前26世纪）的王陵中，殉葬的战士就装备有斧、匕首和长矛。波斯帝国虽然用弓、梭镖、长矛、剑、狼牙棒、匕首和投石器装备自己的士兵，但却败于希腊的军队。因为希腊的重步兵训练有素、进攻性的方阵由“有纵深的长矛手横队”所组成。前面几排士兵举矛向敌，后几排士兵把长达1.8～2.7米的矛架在前排士兵的肩上，这就使得敌人无隙可乘。公元前4世纪时，国王腓力二世把使用长矛的战斗队形发展到了极峰，这才产生了历史上有名的“马其顿方阵”[1]。

中国古代历史同样经过了使用石矛的阶段。夏代用何种矛，还没有出土实物的确证。而青铜矛登上战争舞台的历史，至少可以追溯到公元前16～前11世纪的商朝（图Ⅱ-2：1）。甲骨文中的“朿”字，实际上就是一杆矛的形象。在河南安阳侯家庄的商王墓墓道中，曾出土有大量的铜矛，每捆有 10 枝，这些应当是商王亲兵的武器。殷墟西区，在 1969～1977 年发掘的中、小型墓群中，出土阔叶铜矛 70 件。这些铜矛，都是些实战兵器。可分成 7 式，其中有 60％的矛叶呈亚腰形，也有骹上附双纽，身作前锐后宽的等腰三角形[2]。江西吴城的商代遗址中出土一件铜矛头，竟长达 37 厘米[3]。

周矛，则有着骹变短、刃加长的趋势。而且矛从当时有酋矛和夷矛的区分上看，显然已有了车兵和步兵用矛的不同。湖北随县曾侯乙墓出土的战国早期铜矛，用积竹柄，一般长 3.2～3.8 米，最长的有 4.36 米[4]。

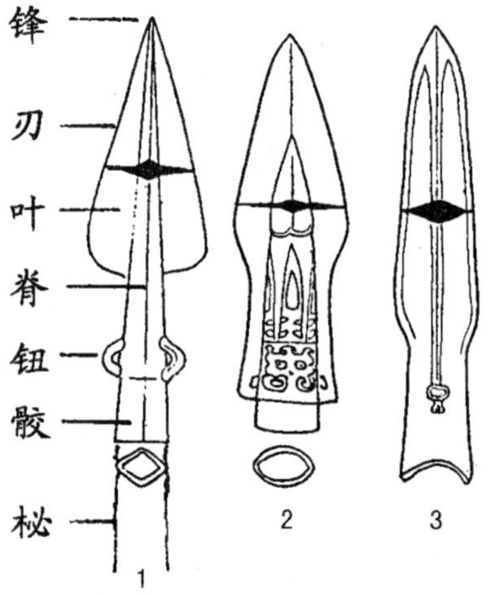

1. 商矛各部名称　2. 商代阔叶矛
3. 战国窄叶矛

图Ⅱ-2：1　铜矛头

从战国时期开始，就较多地使用了钢铁矛，而且从名称到形式也有了多样的变化。南阳的“宛钜铁釶，惨如蜂虿”（《荀子・议兵》），在战国享有盛名。西汉时，因为骑兵成了军队的主力，于是就出现了一种称为“矟”（“槊”）的长矛。晋代以后，矛变为枪。唐代有漆枪、木枪、白头枪和朴头枪四种（《唐六典》）。宋代的枪更是种类繁多，竟多达 18 种[5]。

尽管自宋之后，已进入了火器时代，明军的装备也曾以火器为主，但称矛为枪的这一长杆兵器仍居“百刃之首”。这种情况，一直持续到清代后期。

在人类战争史上，矛是诞生最早的兵器之一，而使用的时间又特别地长。如果从原始人类用石矛算起，直到近世的红缨枪，前后恐怕也经过了四千多年的漫长历程吧！矛，真算得上是一种“长寿兵器”。长矛之所以受到历代兵家的青睐，揆其原因，大致不外乎三方面的原因：

首先，攻击性能良好，适应于车、步、骑等多兵种前刺的需要。商周的铜矛头圆钝厚重，在车上击刺时主要靠车的冲力向前，以便洞穿敌人的甲盾。而在随后的时间里，由于用钢铁制造，矛头则变得锋利轻小，更方便步兵和骑兵的握持。

其次，方向性好，便于操持。它不像戈、戟那样需要通过挥斥动作来选择勾、啄的方向，自然也就避免了多种动作的变换而引起不必要的精力消耗。

再次，唐代以后，矛头尺寸变小，却种类增多，既有轻巧便携者，也有分量特重的，这更能适应多人、多种情况的战斗需要。宋代把枪当做作战的主要武器，骁将武卒无不善枪。

后世所传的“杨家枪”，就是名将杨业父子创造的枪法。中世纪的意大利，还制造出可以折叠的矛，便于携带。足见用矛的广泛性，它是世界范围内共有的一种长兵器。

(二) 中国矛的家族成员

汉代以后，用矛普遍，形制上略有差异，随着地域的扩大，再加之方言的关系，遂产生了不少异名，如鏦、铊、铤、矟、槊等。

矛是一种直刺和扎挑的长柄兵器，用于短距离内的白刃格斗。其基本形状是金属质的矛头安装在截面呈浑圆的长杆“矜”(柄)上，杆后端再装配带尖或作小平底的金属鐏。古代士兵入列，往往插矛于地，像《尚书·牧誓》说周武王对士兵说：“称尔戈，比尔干，立尔矛”。翻译成白话就是：举起你的戈，排列你的干(盾)，树起你的矛。至于在矛骹同矛柄相接处系一圈红缨或加些飘带，那是在宋人画枪和舞

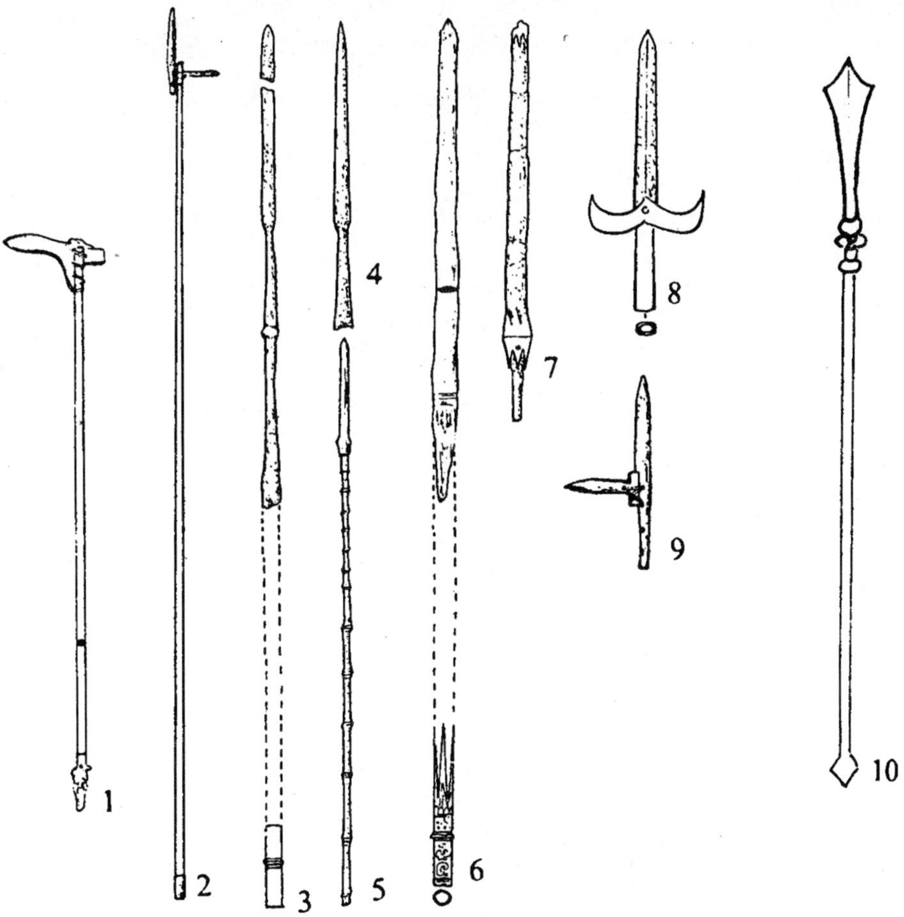

1. 戈　2.“卜”字形戟　3. 矟和镦　4. 夷矛

5. 鋋　6. 铍和鐏　7. 铍头　8. 铩　9.“卜”字戟头　10. 梭枪

图Ⅱ-2：2　各种长刺兵器

台上看到具有装饰美的一种形象。

同矛相近的兵器还有这么一些（图Ⅱ-2：2）：

1. 梭枪

宋代曾公亮在《武经总要》一书中说："梭枪长数尺，本出南方蛮獠用之。一手持旁牌，一手摽，以掷人，数十步内中者皆踣。以其如梭之掷，故云梭枪，亦曰飞梭枪。"

梭枪又称"投枪"或"镖枪"，实际上是一种用于投掷的矛。在旧石器时代的先民用以投击野兽。此物在古代的希腊、罗马曾用以装备军队，一直沿用到中世纪，而在中国却鲜有记载。秦俑一、三号坑战车附近也曾出土过十枝像毛笔状的铜器物，有首有铤，一次性连铸，长 26 厘米。过去曾有人推测此物为"镖"，但遗憾的是没有竹木柄的发现，也显得轻飘，是很难投掷伤人的。

明代茅元仪在《武备志》中载：水战时用"小镖"和"犁头镖"，长可七尺（约合 2.2 米）。前者系一般的镖枪，遇战"掷之如雨"；后者往往是从桅斗上掷向敌船，"中舟必洞，中人必碎"。

2. 铍

《方言》郭璞注："今江东呼大矛为铍。"《汉书・高惠高后文功臣表》颜注："长铤，长刃兵也，为刀而剑形。《史记》作'长铍'，铍亦刀耳。"铍头确实大于一般的矛头，因为装在长柄上作为刺兵，同矛的作用相同，故而称之为"大矛"。长刃如刀，又是对开，因而才有"剑形"的比喻。在秦俑一号坑、临淄齐王墓从葬坑、钜野西汉墓中，都有铜铍或铁铍的出土。一杆完整的铍通常都在 3 米以上，这正是称其为"长铍"一名的根据。

铍是战国、秦汉间流行的一种具有相当威力的长柄刺兵。

3. 铩

《说文解字》："铩，铍有镡者。"镡，就是我们经常说的格。

铩同铍并非一物，有镡也只能是相似而已。铩镡比剑格宽大而厚重，而且是铩以骹装柲，不同于铍以茎插柲。我们看到画像石上的铩镡，还是两端翘起的"山"字形象，显然有着推刺的作用在内。铁铩铜镡，大概是汉代通用的形式。河北定县中山简王刘焉墓中，一次就出土了 9 件铩的实物[6]。

铩有长短的区别，实战则注重长铩。湖南长沙马王堆三号汉墓遣册中，有"执短铩"、"操长铩"的记述。贾谊《过秦论》有"勾戟长铩"之句，刘安《淮南子・兵训略》还有"修铩短鏦"的说法。

4. 矟

矟，又作"槊"。《释名・释兵》："矛长丈八尺曰矟。马上所持，言其矟矟便杀也。"看来，矟是定制长矛的专称，故而《通俗文》说"矛长丈八尺者，谓之矟"（《艺文类聚》卷 60 引）。汉代"丈八"约合 4 米多。秦俑一号坑 T19 出土一柄长矛有6.7米，不但超过《考工记》“无过三其身”的规范要求，而且矛头已同柲端脱离而折回，再加之发掘的原因，此物是否为矛很值得怀疑。

铍作为刺兵，长度多在3米以上，最长者可达到3.82米。由此可见，矟作为刺兵，长有“丈八”的记载是可信的。考古中见到矟的实物，当数河北满城中山靖王刘胜墓中那杆“铁矟”了：身如矛而细长，扁平，两侧有刃；长骹，中带箍，截面做上方下圆，有銎以纳柲；铜镦鎏金，中腰有凸弦纹一周。通长2.9米[7]。

矟有“马槊”和“步矟”的区别。前者就是人们经常误称的“丈八”大矛，曹操与曹丕“上马横槊”即此（《南齐书·垣荣祖传》）。

5. 铤

《史记·匈奴列传·索隐》引《埤苍》：“鋋，小矛也，铁矜。”颜师古在《汉书·司马相如传》里也作同样的注释。可见鋋是一种铁柄的短矛。其实物在湖南资兴曾出土过一柄，头做矛形，柄如竹节，二者连体，铁制，通常只有1.57米[8]。

鋋，用于草木丛生的林莽地带。《汉书·晁错传》：“萑苇竹萧，草木蒙茏，枝叶茂接，此矛、鋋之地也，长戟二不当一。”

6. 厹矛

厹矛，据《诗·秦风·小戎》毛传：“三隅矛也”。隅即角，在此可作“棱”解。“厹”通“仇”。正如汉刘熙《释名·释兵》说的：“头有三叉，言可以讨仇敌之矛也。”“厹矛”也即是考古上通常说的“三叶矛”、“三棱矛”。

厹矛的形制，可能因时代或地域关系而有差异。在《寿县蔡侯墓出土遗物》一书中，收有三棱矛的材料。安徽淮南市蔡家岗的蔡声侯产的墓中，也有同样式三棱矛的出土（图Ⅱ-2：3）。而广东罗定背夫山战国早期墓中出土的越人厹矛，骹窄细，残长12.5厘米[9]。魏安釐王厹矛有“元年”（公元前276年）的刻铭[10]。但山西平朔煤矿第八生活区89号墓出土的西汉早期铜厹矛头，长36.9厘米，不但身做三棱柱形，而且也取以茎插柲的安装法[11]。

图Ⅱ-2：3　安徽寿县蔡侯墓厹矛

7. 酋矛和夷矛

《周礼·考工记·庐人》：“酋矛常有四尺，夷矛三寻。”古人所谓“八尺曰寻，倍寻曰常”（《左传》杜预注）。据春秋战国之际的齐尺（合今19.7厘米[12]）计算，酋矛长3.94米，夷矛长4.73米。但《释名》说夷矛“矜长丈六尺”，即合3.15米。这能否说，同样属于夷矛而又有着长短之分？

《周礼·夏官司马》说司兵“掌五兵五盾”。郑司农说“五兵者，戈、殳、戟、酋矛、夷矛”。这是所谓“建车之五兵”。郑司农还说“步兵之五兵则无夷矛而有弓矢”。酋通“遒”，意为“迫近”。酋矛，也就是短矛。夷，“平”意，引申为“长”。夷矛，即是长矛。这从《考工记》所述二者之长度，也得到了说明。如果是车战，长短两种矛都需具备，而步战只能用短一些的“酋矛”。因此，还不能完全套用“攻国之兵欲短，守国之兵欲长”的话。况且“酋矛”和“夷矛”还只是从长短来说的，并不能表现出矛头有何异样，难怪我们找不到考古的实证。

由矛演化的刺兵还远远不限于以上几种，但从中我们可以得出这么一些认识：

第一，虽属刺兵，使用方式可以是双手一前一后地握持直刺扎挑，也可以投掷中的；

第二，矛柄（矜）有长有短，适用于车兵、步兵和骑兵等多兵种、多场合的使用，当然也是战斗方式更迭和多样化的反映；

第三，随战争方式的改变，各自产生和消亡的时间也不尽一致，而矛的基本形态未变，其流行的时间也相对要长。

二　戈、戟的产生与嬗变

（一）戈、戟分途与戈、矛联装的进程

戈作为一种勾兵，大概是最早是受到石、骨、陶镰的启示而产生的。新石器时代晚期遗址里就出土有石戈，其状如横长形的镰刀，就没有明显的援与内的分界线。

最早的铜戈头，出土于距今3500年的河南偃师二里头早商遗址中。长条形的援稍稍弯曲，虽然形似镰刀，但两面起脊，尖锐，内作直内或曲内。

商代，戈是装备军队的主要格斗兵器。1967～1977年，河南安阳殷墟出土的铜戈230件，竟是伴出铜矛的三倍多！可见作战时，“勾”的动作多于“刺”，显然是车战方式的特点。不过，商代戈的基本形态，还是做横长带内的刀形。柲顶端就垂直地在阑处同戈头绑缚在一起。为了使二者结合牢固，避免格斗中勾掉戈头的弊病，这时出现了銎内、曲内和直内三种戈头（图Ⅱ-2：4)。但在实际使用中，因为直内戈的援和内之间设置了突起的阑，上下延长有齿，同柲紧靠，再加之援下刃向下弧曲变为带穿的胡，就大大地增加了戈与柲结合的牢固性。因而，直内戈在随后的时间里得到了进一步的发展，并逐渐改变着自己原来的样子，使之更适合于格斗的需要。比如在殷墟西区出土的21件直内戈中，有胡戈超过半数，而且从短胡一穿到长胡四穿的都有。这种带胡戈的优越性是显而易见的，所以在商代以后，銎内戈和曲内戈经过战斗实践被淘汰。

西周到春秋时期，在商戈的基础上，延长胡，增加穿数，发展成完备的戈式（图Ⅱ-2：5)。这表现在：首先，作为一柄长兵器，在柲的前端装上戈头，后端装

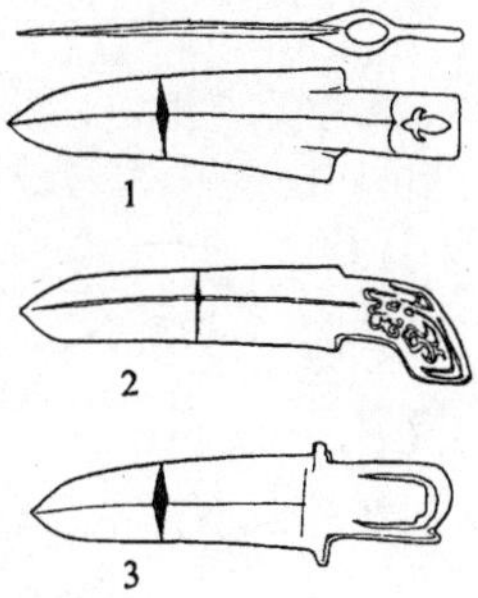

1. 銎内戈　2. 曲内戈　3. 直内戈

图Ⅱ-2：4　商代三种戈头

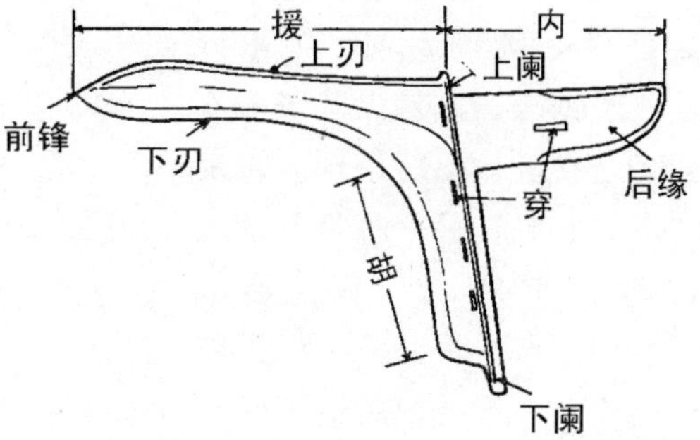

图Ⅱ-2：5　青铜戈头各部名称示意

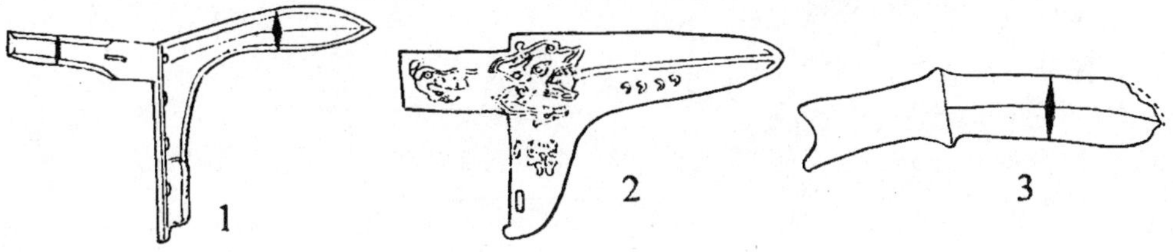

1. 战国时期的长胡多穿戈　2. 巴蜀文化晚期的中胡二穿戈　3. 福建南安出土闽越青铜文化中的铜戈

图Ⅱ-2：6　周代铜戈头

鐏；其次，戈与柲由垂直相交，变得大于90°的钝角，使戈援上翘，从而加强了钩削的效能（图Ⅱ-2：6）。

战国时期戈头的内，不但增加了刃，使刺上翘，还有的在胡上设置了孑刺。尽管车兵的地位下降，但戈仍是新兴步兵手中的重要武器。《荀子·议兵》中说到“魏氏武卒”（步兵）的武器装备标准是弩、戈、剑，其中戈是兵器的代表。河北易县战国墓出土大量的燕王铜戈，都是长胡多穿的，可以视做这一时期铜戈的典型。

戈是中国独有的兵器，很具有民族特色。在文明古国的埃及、巴比伦、希腊和罗马等国都没有戈的发现。在欧洲和亚洲西北部的古老民族中也没有类似的兵器。而在中国的亚洲邻邦如朝鲜、日本和印度等国的古代遗存中虽有铜戈的发现，但那明显是受了中国古代文化的影响而在自己的青铜文化中才产生的勾兵[13]。

青铜戈在车战时代曾扮演过重要的角色。车士站在车上，利用错毂之机，从车侧伸出戈，钩杀对方的车士。春秋后期，随步兵和骑兵的出现，并在随后的战场上拼杀时，多作正面交锋，横勾式的戈就很难派上用场。于是，一种在钩、啄之外又能刺的多功能武器——由戈和矛联装的戟就应运而生。战国时期，刺、援合体的铁质“卜”字形戟出现了，它不但逐渐取代了青铜戟，而且也彻底地淘汰了青铜戈。

其实，戟早在商代已经孕育了自己的胚胎。河北藁城县台西第17号墓人骨架右侧，除一柄安长柲的铜戈外，右侧则有一柄直内铜戈，在戈柲顶端安着一支矛头，通长 85 厘米，看来还不是车兵的武器[14]。西周时期，则出现了戈、矛结合的实例，其形式有二，一是在矛侧出援，形成带銎的“卜”字戟；另一种是戈的上齿部延长并加宽出锋，形成“十”字形戟（图Ⅱ-2：7）。但这些连体戟，当时因铸造工艺复杂、质地又轻薄，在车战中并不比单体的戈或矛强多少，故而在西周末即被废除不用。

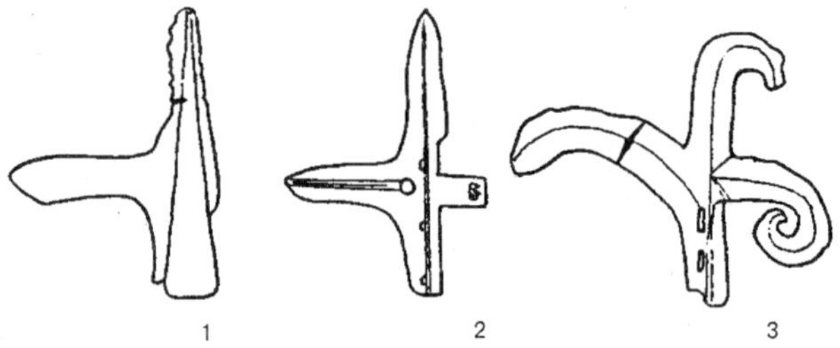

1. “卜”字形銎戟　2. “十”字形戟　3. 鸡鸣戟

图Ⅱ-2：7　西周铜戟

春秋时期出现了把青铜戈头和矛头联装在一起的长柄戟（图Ⅱ-2：8）。因为这种灵活的合成兵器成了颇受车兵欢迎的利器，直至战国时期还把它列为“车之五兵”。在实战中，援、胡的夹角在逐渐增大，直至稳定在 90°左右，这就大大增强了戟刃的钩杀作用。

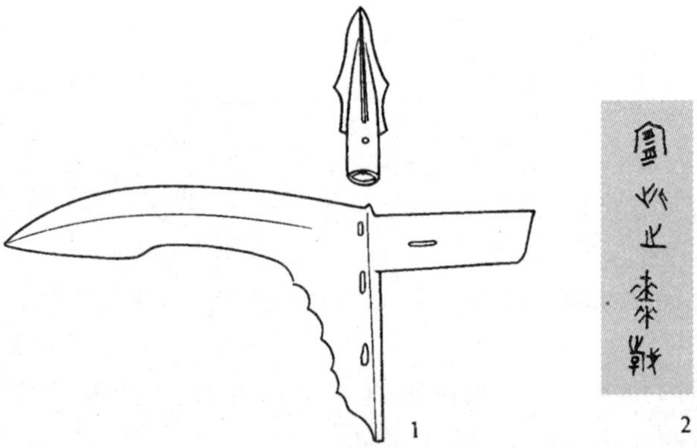

1. 戟形　2. 胡上铭文：“宜此之𫓧”

图Ⅱ-2：8　戈、矛联装戟——𫓧戟

（山西长治分水岭 M14）

战国时期，戈、矛联装戟的优越性为军事家所认识，被普遍地用来武装已经成为作战主力的步兵和骑兵。在河南、河北、山西、陕西、安徽、江苏、湖南、湖北、四川等省都有戈矛联装戟的发现，足见其分布之广、数量之大（图Ⅱ-2：9）。

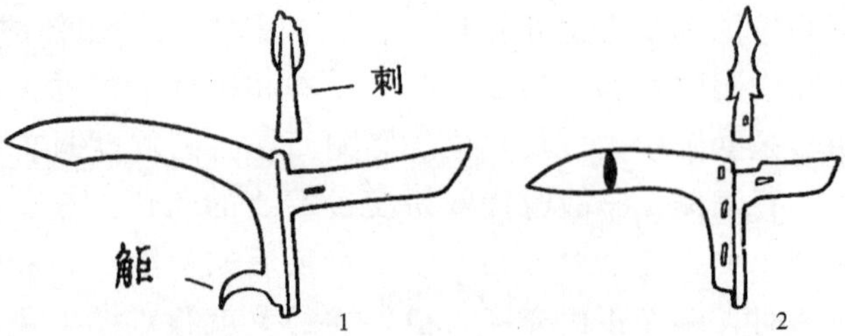

1. 湖北江陵藤店 M1　2. 河北邯郸百家村赵国墓

图Ⅱ-2：9　战国时期出现戈、矛组合的联装戟

战国晚期，因有冶铁技术的精进，当“卜”字形铁戟一出现就显示出自己的优越性来。燕下都出土的铁戟经化验，有的竟是块炼铁固体渗碳后又经淬火的钢戟，其韧性和强度都大大地超过了青铜戟。

西汉末期以后，戟形发生了新的变化，这就是戟援渐次向上弯曲。西晋至南北朝时期，戟援作90°曲折前伸，几乎同刺平行。不过，随重甲骑兵的发展，用戟对人马铠甲的穿刺能力远远不如矟。步兵所用的戟和盾，也让位于刀和盾的配合。

及至隋、唐，长兵器除矛、矟和长刀之外，戟终于被排挤出实战的行列。

(二) 戟的种类

战国、秦汉之间，因为用戟的普遍，其名称也由于各地方言的关系而显得繁杂不一。扬雄《方言》说："戟，楚谓之孑。凡戟而无刃，秦晋之间谓之釨，或谓之鏔。吴扬之间谓之戈。东齐、秦之间，谓其大者曰镘胡，其曲者谓之钩釨曼胡"，"三刃枝，南楚宛郢谓之匽戟"。

戟是一种把戈的钩、推、啄和矛的直刺功能，结合在一起的长柄格斗兵器。完整的一柄戟是由金属的戟头、长柲、鐏三部分组成。

戟同戈一样，在使用上是方向性很强的武器。其柄的截面呈杏仁状。春秋时期，南方国家的戟柄多以木为芯作成多棱柱，外裹16片竹篾同棱芯平行，再用丝线从外皮上缠紧，表面涂之以黑色或红色的漆，光亮平滑，称之为"积竹柄"。这种戟柄坚固而富有弹性，可说是刚柔相济。陕西秦俑坑出土的戟全长2.88米，河北满城刘胜墓出土的两柄戟分别长1.93米和2.26米。

按照戟的长度和使用情况，战车上用的戟名"车戟"。《考工记》说它的长度是"一丈六尺"(约合今3.2米)，长沙浏城桥一号墓出土完整的木柄铜戟长达3.1米。两相印证，恰好契合。至于步兵所用的短戟，只有几十厘米。而骑兵使用的"马戟"大概介于二者之间。

还有单手握持的一种超短型戟，称作"手戟"。《释名·释兵》："手戟，手所持擿戟也。"可刺可击，是一种防身护体的兵器。因为有双手各执一支戟，同时并用，故而又称之"双戟"。从画像石上看，手戟约出现于汉代，不安装木柄，直接握住"卜"字戟头掷击。《三国志·魏书·吕布传》记载，董卓发怒，曾"拔手戟掷布，布拳捷避之"。从明代的"铁手戟"(又名"双手带")、清代的"月牙短戟"看，很少用手戟来装备军队的。所以，它只能是一种随身使用的特殊兵器。

从春秋时期开始，在中国南方的吴、楚、越等地，流行着一种类型别样的戈、矛联装戟——多果戟。它是在一柄戈、矛联装的长柄前端，隔一定距离再装一个或两个同向而无内的戈头(果)。湖北随县曾侯乙墓简文把这种戟称之为"二果"或"三果"戟(图Ⅱ-2：10)。在江苏六合郑桥、安徽贵池里山等地，都有铜果头的发现[15]。此外，"越王者旨於睗戈"和"楚王孙鱼戈"实际也是无内的"果"头[16]。曾侯乙墓出土完整的多果戟长达3.4米。由流行此式戟的地区看，多果戟同南方水乡早已发展步兵的历史背景有关，同样在车士手中也是对付接近战车之步兵的武器。

在原汉乐浪郡的范围之内，出土过一种把短剑和斧钺结合在一起的兵器，被称

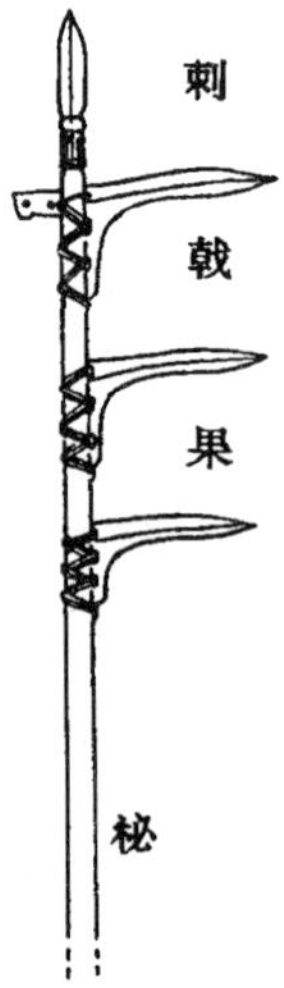

图Ⅱ-2：10　曾侯乙多果戟

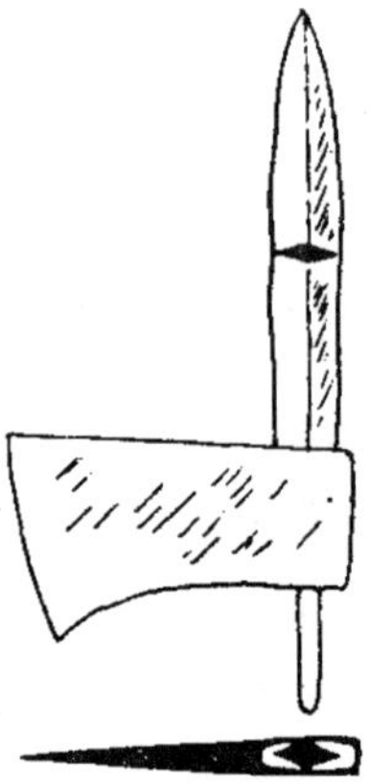

图Ⅱ-2：11　汉代铁钺戟
（河南鹤壁市出土）

为“戚鉾”。河南鹤壁市也曾多有发现，其钺呈扁薄的斧状，弧刃，长方銎，横长13厘米；刺部状如短剑，有尖锋，双刃，两面起脊，长30.5厘米。其刺部之茎是垂直地插入钺之銎中的，成为一种能刺能砍的长兵器，被称之为“钺戟”[17]（图Ⅱ-2：11）。不过，在步、骑兵战斗中，往往冲刺多于挥砍的情况下，铁的“卜”字戟显然优越于这种钺戟的实战效能，因而钺戟在出现之后不久就自行消失了。

戟在中世纪的欧洲战场上，也曾广泛地流行过。但是，欧式戟同中国的戟在形状上迥异，很富于艺术趣味。其刺部往往是很长的尖圆锥或条棱状，而在类似于中国戈的部位，一侧做成月牙儿刃或斧钺、或企口，另一侧则是各种形状的尖嘴。这种长柄戟显然是将刺、砍、啄的功能巧妙地结合在一起，成为步、骑兵手中的一把利器。15世纪以来，瑞士的戟使斜刃的战斧，锐三角形的长刺和尖嘴浑然一体。16世纪的西班牙，流行月牙儿刃戟。而同期的瑞典，则用特长刺的长柄戟。神圣罗马帝国皇帝斐迪南一世的侍从和德国萨克森公国选侯的卫士所用之戟，外形美观，装饰华丽，既是一柄锐利的长兵器，也是显示主人高贵身份的艺术品。到18世纪晚期，英国把戟作为指挥武器来用，在军队中成了权力的象征物（图Ⅱ-2：12）。

（三）矛、戈、戟历史性演化引出的结论

1. 矛、戈、戟是三种各自独立的长柄格斗兵器。从诞生到消亡的进程中，为适应战斗、为发挥实效而在改变着自己的形态，也都有过一段相互作用而又辉煌的时期。

矛从原始人类的梭镖，到殷周、秦汉时期的长矛，可以说是经过了从徒手刺兽到进入车战和步、骑战斗的全过程。唐代之后，形态用途各不相同的枪，竟成了骑兵和步兵手中不可或缺的主要武器。

戈诞生的时间固然并不比矛迟多少，也曾在殷周时期度过了自己的黄金岁月，而战国晚期之后，由于钢铁戟登上战争舞台，竟迫使青铜戈寿终正寝，不曾完成由铜到铁的转变。

铜戟在商代，还只是处于萌芽时期。西周的散体“卜”字戟和片状“十”字戟，还只能算作人们企图把矛的刺和戈的钩这两种杀伤效能进行合体的实验。矛和戈，既是单体的长兵器，又可联装，就成了春秋时期普遍的一种做法。随后，则有钢铁质“卜”字戟的正式出场。固然戟的作用在隋唐时期已被矛、稍和长刀所取代，而作为礼仪兵器则沿用汉以来的习惯，进入了门列“棨戟”的行列。

矛“长寿”，戈“短命”，戟“威武”，各领风骚。

1.瑞典制(16世纪后半叶) 2.英国制(18世纪末)
3.法国制(1400～1450年) 4.西班牙制(16世纪)
图Ⅱ-2：12 欧洲中世纪的戟类长兵器

2. 矛、戈、戟的关系，是既单行又并轨的关系。

矛和戈都经历过由石制到铜制的诞生和转变，而戟则直接是由铜制开始的。

戟是受矛和戈的杀伤效能的启示而合成之物，同矛和戈并行使用而进入“五兵”之列，并随后同矛完成了由铜质到铁质的转变。

3. 在西洋兵器之林中，固然无戈一物，却有矛和戟。但这同中国的长兵器形是两个不同的系统。而亚洲的中国邻邦，如朝鲜、日本、印度，因历史性的往还、文化的交流，明显地受到中国的影响，但各自创造出一些新型的同类兵器来。

三　秦矛、秦戈和秦戟

（一）矛、戈形制演进的轨迹

春秋时期的青铜秦矛，就目前所见，有9件。其中属于发掘品的8件，计有陕西宝鸡姜城堡墓出土1件[18]、陇县边家庄M1有2件[19]、凤翔八旗屯秦墓2件[20]、户县宋村M2有2件[21]、甘肃灵台景家庄M2有1件[22]，著录的传世品经考定为春秋秦矛的还有“秦子矛”[23]。

关于战国到统一时期的秦矛，据我搜集所见，要比春秋时期秦矛的材料相对地多，约有 26 件。其中的发掘品，计有凤翔县高庄 M18 的 1 件[24]、临潼秦始皇陵兵马俑坑 8 件（其中一号坑 5 件[25]、二号坑 3 件[26]）、始皇陵园的郑庄遗址出土 1 件[27]、咸阳车站南沙坑铜器窖藏中 2 件[28]、江西遂川左溪河岸与“临汾守戈”同出的矛 1 件[29]、湖北宜昌前坪 M23、14、35 及葛 M4 各出 1 件[30]、广西平乐银山岭战国墓出土“孱陵”矛 1 件[31]、湖南出土“上郡武库”矛 1 件[32]、河北易县燕下都“少府”矛 1 件[33]、内蒙古准格尔旗勿尔图遗址出土“广衍”矛 1 件[34]。著录的秦矛属于传世品的见有 5 件，计“大良造鞅矛镦”1 件[35]、高奴矛 1 件[36]、“诏事”矛 1 件[37]、“栒”矛 1 件[38]、吕不韦矛骹 1 件[39]。另外，在秦一号坑的陶俑体腔中还出土过一件铁矛，做圆形细长骹，浑圆叶，扁体。因异于秦矛形制，很可能是外来品，故于此不作讨论。

秦矛的形制演变如表一：

表一　秦矛头分期与特征表

时代	型式	形制特征	标本情况（长度单位：厘米）					铭文内容		其他
			来源	编号	体长	骹长	通长	正面	背面	
春秋时期	Ⅰ式	1. 刃体叶端宽、锋端窄，中间“坡降”度大。叶角浑圆； 2. 高脊，截面呈“十”字状； 3. 筒形，呈喇叭形。銎口有凸棱两周，有钉孔	边家庄		8.4	6.1	14.5			
	Ⅱ式	1. 矛刃呈外凸的圆弧； 2. 通体高脊，后厚前薄； 3. 喇叭骹，穿至刃体中部。骹表面分段饰蟠虺纹。钉孔对穿	八旗屯	BM10:7			19.4			
				BM27:9			16.5			
	Ⅲ式	1. 刃体前后宽度变化小，锋呈三角形，叶明显地有了转角； 2.“十”字骹：趋锋端变薄； 3. 圆筒直骹	宋村				27.6			
战国至秦统一后	Ⅰ式	1. 通体修长，体、骹分界不明显； 2. 中脊由骹中部直通锋端，系两纵交接的转折线。中后部两侧凹下呈纵条形的风槽； 3. 骹孔通刃体中部，两侧内凹呈中窄后宽的鱼尾状，有穿	高庄	M18:19			34.5			1. 表面有经人工硫化处理的斜格暗纹； 2. 有镦
	Ⅱ式	1. 通体扁宽，刃长骹短，刃叶下角同骹相连，是矛体最宽处； 2. 脊两侧有条状风槽； 3. 骹呈细腰，銎孔呈椭圆形。刃基以上至锋后，刃体中空，呈菱形锥体	遂川				15.3			
	Ⅲ式	1. 形状基本同Ⅱ式，唯通体中空无风槽。截面作扁状八边形； 2. 銎孔椭圆，直通锋端	秦俑坑	G7:0639	11.6	6	17	寺工		

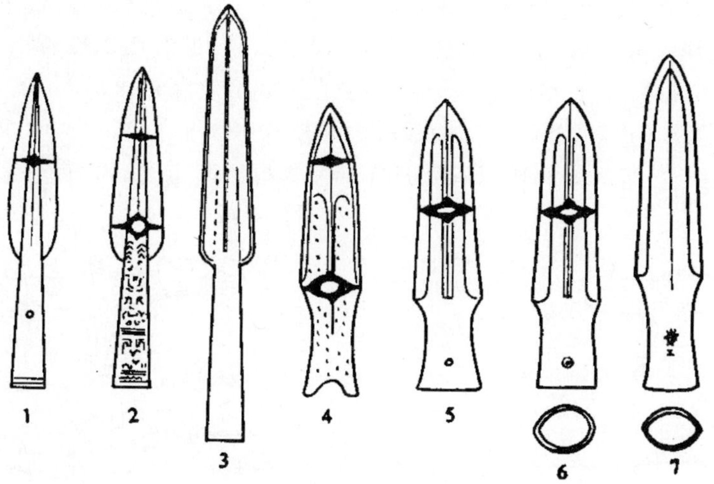

1. 春秋Ⅰ式（陇县边家庄 M1）　2. 春秋Ⅱ式（凤翔八旗屯）
3. 春秋Ⅲ式（户县宋村 M2）　4. 战国Ⅰ式（凤翔高庄 M18）
5. 战国Ⅱ式（江西遂川）　6. 战国Ⅲ式 a（秦俑坑）　7. 战国Ⅲ式 b（秦俑坑）

图Ⅱ-2：13　秦矛演化图

秦矛的形制，从春秋到战国就有着明显的变化，即使是同式在前后两期中也未必同形。我们对它型式的排列，也就是按不同阶段的顺序进行的（图Ⅱ-2：13）。边家庄秦墓的年代为春秋早期，铜器也多保持着西周的遗风。出土的 4 件铜戈头都做短胡二穿、三角锋，显然，这是春秋前期戈的标准形式。矛体长，篇形长骹，起脊，是秦人越过陇东高原、进入关中后采取通用的形式。随后，迁居雍地，在器用上既保持旧制，又有新创。及至宋村秦矛的加长，完全就成了秦人占有关中之后的新作风了。

在整个战国时期，秦矛的形制从春秋时期的窄长型脱胎出来，完全变成宽短型。从高庄大矛头起，遂后则变短，长度多在 15 厘米左右。更重要的是形制从此基本稳定下来。从统一战争前，到统一后可说是没有多大的变化。尽管其间风槽的有无、铭文的多寡，有所不同，但那只是同中有“异”罢了。秦俑坑、遂川、广衍、孱陵等地出土和著录的“栒”矛、“吕不韦矛”骹，都如出一辙，必定是同矛由原来的单兵变成可与戈组合为戟的这一原因有关。

春秋时期的秦戈，早期的以宝鸡西高泉一号墓出土的 6 件最为典型：援略窄而长，锋作等腰三角形，上刃微内曲而呈弧线，援胡相接缓和；直内，援、内的中心线相连，直通锋端；中胡，有两个长条穿；援上角有一横穿，内上有一尖状穿。此种中胡二穿戈是春秋前期的标准样式[40]。同制同期的戈，还有宝鸡姜城堡的 2 件戈[41]、陇县边家庄一号墓出土的 4 件戈[42]，同制而属于春秋早、中期之交的还有甘肃灵台景家庄 M1 和 M2 各 1 件戈[43]。

春秋战国之交，正处于戈制发生根本变化前的一个交替时期。像凤翔高庄的第10号墓，时代属于春秋时期，其第33号戈头的胡、内虽然还保持着旧时的老样子，而援部则变得窄而长，锋尖利。与众不同的是三个长条穿移至阑后，似乎这是为适应战斗的需要而作的一种尝试。因为在战国早期墓中出土的M18：17戈，仍然是春秋前的模式（图Ⅱ-2：14）。所以春秋早期秦戈的形制固定之后，就一直延续到了战国早期。

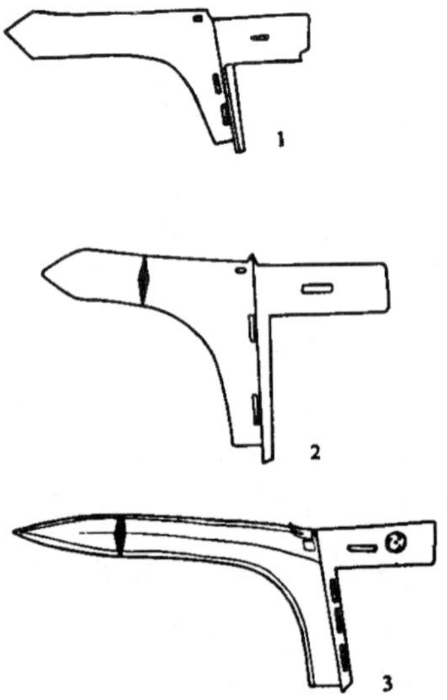

1. 宝鸡西高泉M1
2. 凤翔高庄M18：17
3. 凤翔高庄M10：33

图Ⅱ-2：14　春秋时期的秦戈头

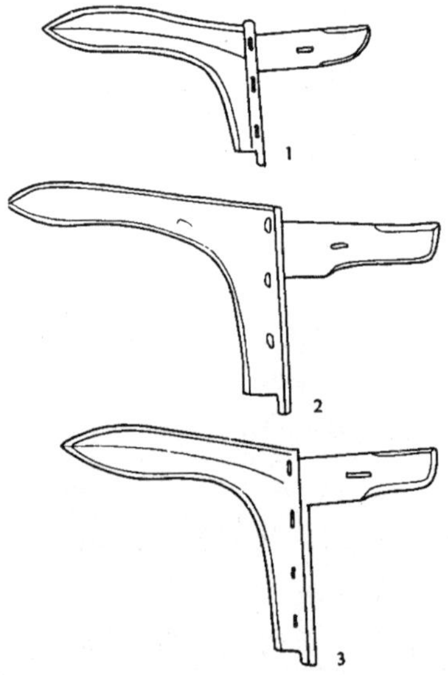

1. 商鞅戟
2. 内蒙广衍故城出土的“十二年上郡守寿”戈
3. 十四年属邦戈

图Ⅱ-2：15　战国秦戈头演化三式

战国时期的秦戈，同春秋戈完全是大相径庭的全新型式（图Ⅱ-2：15）。从商鞅戟（戈斗）开始，戈形稳定下来，只是细部随时间有所变化。其特征，主要表现在：

第一，窄援瘦长，下刃呈内凹的弧曲；锋作外凸的等腰弧状三角形。

第二，内端变成具有上下刃的斜角状。

第三，胡加长，多有三个以上的穿。原来上齿前的横穿或圆孔穿，位置和方向也发生变化，即：一律同胡穿摆正，呈长条形地上下一条线排在阑前的胡基部。内穿多是横长形的“瓜子穿”。

第四，内上多有长段铭文。

当然，在整个战国时期到秦统一的260多年间，秦戈随时间的进程还有着由多样性到相对稳定的变化。目前我们掌握战国到秦的青铜戈材料约有50件之多，其时限囊括了从秦孝公十三年（公元前349年）至秦二世元年（公元前209年），计150年。其分式和所属王世，在学术界也大体趋向一致。按照最新的研究成果[44]，现列表如表二：

表二　秦戈分期与特征表

<table>
<tr><th rowspan="2">序号</th><th colspan="3">分式特征</th><th rowspan="2">器物名称</th><th rowspan="2">材料来源</th><th colspan="3">时 代</th></tr>
<tr><th>型式</th><th>特 征</th><th>分式序号</th><th>王世</th><th>年代</th><th>公元前</th></tr>
<tr><td>1</td><td rowspan="2">Ⅰ式</td><td rowspan="2">1. 长条窄援、锐弧锋；
2. 中胡二穿；
3. 宽条阑，上有穿；
4. 内端浑圆，出刃</td><td>1</td><td>大良造鞅戟戈部</td><td>三代 30.21. 贞松 12.6，秦金文录 41</td><td>秦孝公</td><td>十三年</td><td>349</td></tr>
<tr><td>2</td><td>2</td><td>四年相邦樛斿戈</td><td>三代 20.26.2～27.1，贞松 129，剑吉下 31</td><td>惠文王</td><td>前元四年</td><td>334</td></tr>
<tr><td>3</td><td rowspan="14">Ⅱ式</td><td rowspan="14">戈形基本同Ⅰ式，属中长胡三穿戈，援内连线在一水平上，但区别在于：
1. 三穿至阑前侧
2. 内为单面刀形，上角突出如楔</td><td>1</td><td>十三年相邦义戈（残内）</td><td>录遗 584，《文物》1964.2</td><td>惠文王</td><td>前元十三年</td><td>325</td></tr>
<tr><td>4</td><td>2</td><td>王四年相邦张仪戈</td><td>集证</td><td>惠文王</td><td>后元四年</td><td>321</td></tr>
<tr><td>5</td><td>3</td><td>王五年上郡守疾戈</td><td>《人文杂志》1960.3</td><td>惠文王</td><td>后元五年</td><td>320</td></tr>
<tr><td>6</td><td>4</td><td>王六年上郡守疾戈</td><td>痴庵 61，岩窟下 58</td><td>惠文王</td><td>后元六年</td><td>219</td></tr>
<tr><td>7</td><td>5</td><td>王十年上郡守疾（?）戈</td><td>贞松中 66</td><td>惠文王</td><td>后元十年</td><td>318</td></tr>
<tr><td>8</td><td>6</td><td>六年汉中守戈</td><td>藏荆州博物馆，集证</td><td>昭王</td><td>六年</td><td>301</td></tr>
<tr><td>9</td><td>7</td><td>七年上郡守闲戈</td><td>山西屯留出土，《文物》1987.8</td><td>昭王</td><td>七年</td><td>300</td></tr>
<tr><td>10</td><td>8</td><td>十二年上郡守寿戈</td><td>内蒙秦汉广衍故城，《文物》1977.5</td><td>昭王</td><td>十二年</td><td>295</td></tr>
<tr><td>11</td><td>9</td><td>□□年上郡戈</td><td>《文物》1974.6，《考古学报》1974.1</td><td>昭王</td><td>?</td><td></td></tr>
<tr><td>12</td><td>10</td><td>十四年相邦冉戈</td><td>剑吉上 48</td><td>昭王</td><td>十四年</td><td>293</td></tr>
<tr><td>13</td><td>11</td><td>十五年上郡守寿戈</td><td>《考古》1960.6</td><td>昭王</td><td>十五年</td><td>292</td></tr>
<tr><td>14</td><td>12</td><td>□□年丞相触戈</td><td>贞松续下 22.2</td><td>昭王</td><td>十五或十六年</td><td>292 或 291</td></tr>
<tr><td>15</td><td>13</td><td>十八年上郡桼工币戈</td><td>河北博物馆藏，《文物》1959.9</td><td>昭王</td><td>十八年</td><td>289</td></tr>
<tr><td>16</td><td>14</td><td>十九年上郡守逪戈</td><td>安徽桐城市出土，《考古与文物》2009.3</td><td>昭王</td><td>十九年</td><td>288</td></tr>
</table>

续表

序号	分式特征 型式	特征	分式序号	器物名称	材料来源	时代 王世	年代	公元前
17	Ⅱ式	戈形基本同Ⅰ式，属中长胡三穿戈，援内连线在一水平上，但区别在于： 1. 三穿至阑前侧 2. 内为单面刀形上角突出如楔	15	廿年相邦冉戈	《湖南考古辑刊》(1)，周世荣文	昭王	廿年	287
18			16	廿一年相邦冉戈	三代 20.23.2、20.27.1，剑吉下 32，小校 10.57	昭王	廿一年	286
19			17	廿五年上郡守厝戈	周汉 55.1，丛考 518	昭王	廿五年	282
20			18	廿六年□栖守戈	宝鸡凤阁岭出，《文物》1980.9	昭王	廿六年	281
21			19	廿七年上郡守趞戈	文参 1957.8，北大学报 1958.3	昭王	廿七年	280
22			20	三十三年诏事戈	英国牛津大学藏，《文物》1982.9	昭王	三十三年	274
23			21	三十四年蜀守戈	陕西省历史博物馆藏，集证图版 29 页	昭王	三十四年	273
24			22	四十年上郡守起戈	国家博物馆藏，文参 1957.8，北大学报 1958.3	昭王	四十年	267
25			23	四十年上郡守起戈	辽宁博物馆藏，《考古》1962.8	昭王	四十年	267
26			24	五十年诏事宕戈	集证图 31 页	昭王	五十年	257
27			25	廪丘戈(上郡武库戈)	内蒙乌兰察布盟文物工作站藏，《文物》1987.8	昭王	在位时期	306～251
28			26	广衍、中阳戈	内蒙乌兰察布盟文物工作站藏，《文物》1987.8	昭王	在位时期	306～251
29			27	二年上郡守冰戈	内蒙准格尔旗，《文物》1982.11	庄襄王	二年	248
30			28	二年上郡守冰(?)戈	仅见拓片，集成 11362	庄襄王	二年	248
31			29	二年少府戈	河北省博物馆藏，《古文字研究》(7)	庄襄王	二年	248
32			30	三年上郡守冰戈	录遗 583	庄襄王	三年	247

续表

序号	分式特征			器物名称	材料来源	时代		
	型式	特征	分式序号			王世	年代	公元前
33	Ⅲ式	形状基本同Ⅱ式但细部变化的特点是：1. 胡部加长；2. 穿有四个；3. 援内连线翘起，以上齿为中心形成钝角。	1	二年寺工詟戈内	录遗5.37，周金6.11	秦始皇	二年	245
34			2	□年寺工詟工喜戈	故宫博物院藏，集成11197	秦始皇	二至五年	245～242
35			3	三年上郡守戈	辽宁博物馆藏，《文博》1988.6	秦始皇	三年	244
36			4	三年相邦吕不韦寺工戈	秦俑坑出土，《考古与文物》1980.3	秦始皇	三年	244
37			5	三年相邦吕不韦寺工詟戈	秦俑坑出土，秦俑考古报告	秦始皇	三年	244
38			6	四年相邦吕不韦寺工詟戈	秦俑坑出土，秦俑考古报告	秦始皇	四年	243
39			7	四年相邦吕不韦寺工戈	长沙左家塘出土，《考古》1959.9	秦始皇	四年	243
40			8	五年相邦吕不韦寺工詟戈	秦俑坑出土，《考古与文物》1983.4	秦始皇	五年	242
41			9	五年相邦吕不韦少府戈	山西太原检选，《山西大学学报》1979.1	秦始皇	五年	242
42			10	五年相邦吕不韦诏事戈	奇觚10.29，三代20.28.2，小校10.58.1	秦始皇	五年	242
43			11	七年相邦吕不韦寺工周戈	秦俑坑出土，秦俑考古报告	秦始皇	七年	240
44			12	八年相邦吕不韦诏事戈	宝鸡检选，《文物》1979.12	秦始皇	八年	239
45			13	九年相邦吕不韦蜀守戈	四川青川出土，《考古》1991.1	秦始皇	九年	238
46			14	十四年蜀邦戈	广州罗岗出土，《考古》1962.8	秦始皇	十四年	233
47			15	十七年丞相启状戈	天津检选，《文物》1986.3	秦始皇	十七年	230
48			16	廿二年临汾守曋戈	江西遂川出土，《考古》1978.1	秦始皇	廿二年	225
49			17	廿六年蜀守武戈	四川涪陵小田溪出土，《文物》1974.5	秦始皇	廿六年	221
50			18	元年丞相李斯石邑戈	辽宁宽甸出土，《考古与文物》1983.3	秦二世	元年	209

※征引论著说明：

三代——罗振玉《三代吉金文存》

贞松——罗振玉《贞松堂集古遗文》

贞松续——罗振玉《贞松堂集古遗文续编》

秦金文录——容庚《秦金文录》

剑吉——于省吾《双剑誃吉金图录》

录遗——于省吾《商周金文录遗》

痴庵——李泰棻《痴庵藏金》

岩窟——梁上椿《岩窟吉金录》

周汉——（日）原田淑人《周汉遗宝》

丛考——郭沫若《金文丛考》

周金——邹安《周金文存》

奇觚——刘心源《奇觚室吉金文选》

小校——刘体智《小校经阁金文拓片》

文参——《文物参考资料》

集成——中国社会科学院考古研究所《殷周金文集成》

集证——王辉《秦文字集证》，台北艺文印书馆，1999 年

（二）秦俑坑的吕不韦戟引起戈、戟属性的考辨

秦俑一号坑前五探方（T1、2、10、19、20）出土铜戈 1 件（T19G11：0924）、戈、矛联装的戟 4 柄（T10G6：0576、T10G6：0577、T19G8：0710、T20G10：01392）。所用戈头都是相邦吕不韦监造、内有“寺工”的铸铭。在这里，戈、戟分称的根据是：戈头出于第 11 过洞的红烧土中，并无矛头的相连或伴出。而其他的 4 戟不但戈、矛俱全，而且都是有木柲的存在，其中的 0710 号戟全长 288 厘米（图Ⅱ-2：16～17）。1986 年，陕西省考古研究所秦陵考古队第二次发掘一号坑的次五探方（T11～13、21、22）时，又清理出一杆完整的秦戟。戈、矛联装，柲尾装镦，全长 287 厘米。现已加固保护，收藏于秦俑馆精品库中（《西安晚报》2009 年 3 月 25 日）。

长期以来，人们固然把矛与戈头的分与合，作为判断是“戈”还是“戟”的根据，但又把传世品和著录中单见的戈头，时而称“戈”，又时而称“戟”。造成这种混乱而又有失偏颇的的原因，我这里以秦俑坑为例，就可以看到有这么几种情况：

第一，戈和戟上之戈头，有形制完全相同的，其实都属于长胡四穿的刃内戈（Ⅲ式）。

第二，二者的制作时间完全相同，都属于“寺工”的产品。有两件均铭刻“三

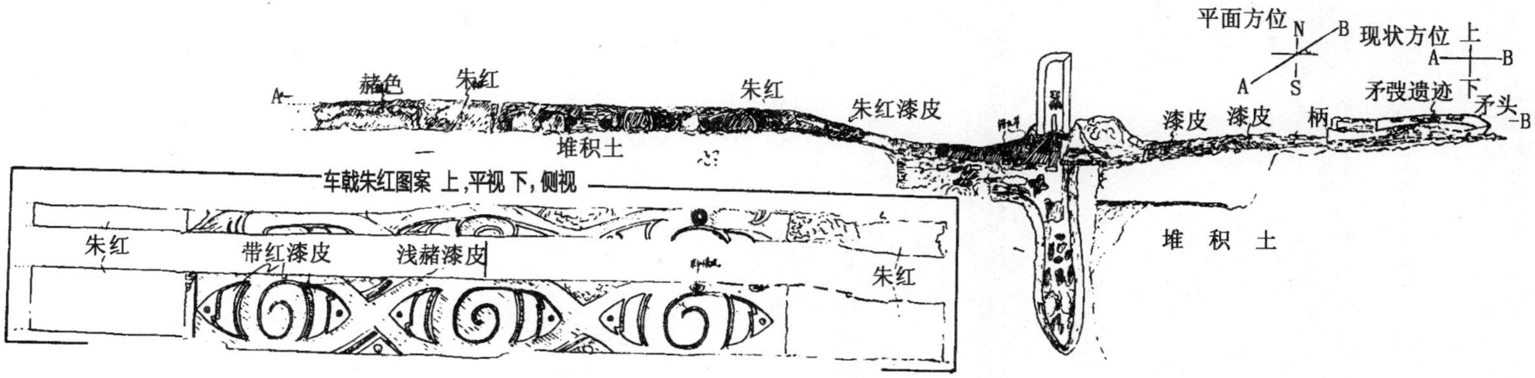

图Ⅱ-2：16　秦俑坑铜戟出土迹象图

（一号坑 T20G10：01392）

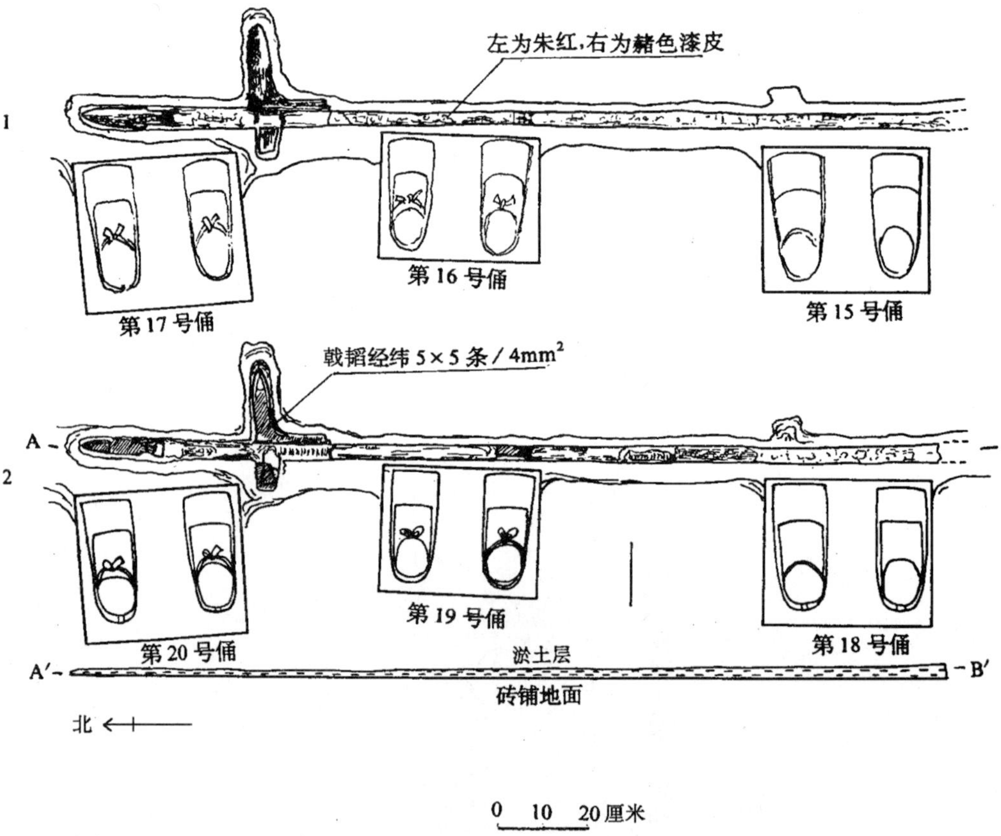

1. T10G6：0576 2. T10G6：0577）

图Ⅱ-2：17 戟迹

（一号坑留在土上的长戟印痕）

年相邦吕不韦”者（0577、0924），如果是分别见其他地方，在称呼上就可能不同。

第三，0924 号戈头出于第 11 过洞北侧上层的红烧土中，也无木柲的迹象，很可能是戟的戈头移位之物。

第四，无矛头共存之戈头，未必不是戟。如“大良造鞅戟”，就是一件被著录的戈头拓片。若不是内部“造戟”的自铭，恐怕也不作如是称呼了。

那么，对同形、同时之物而有不同称谓，在很大程度上是由于人的认识还没有一个统一的标准，因而也就把问题片面化、复杂化了。实际上，秦戟作戈和矛联合的组装品，单独安柲即为戈，同矛联装则为戟。但它们各自都可以独立而成为一支长兵器，所以对“游离”性质的戈头在定名上，各执一词的争论，就没有太大的必要。

战国晚期，刺援合体而锋利异常的铁“卜”字戟登上了战争的舞台，就大大地显示出来它的威力。河北易县燕下都出土的 12 件铁戟中，有一件竟是块炼铁固铁渗碳后又经淬火的钢戟[45]。那么，青铜戟有没有受此启示也做成“卜”字形呢？

终秦之世，没有见过戈、矛连体的青铜戟。而戈、矛联装戟则是各国共有的普遍现象。不但出土数量多，而且分布范围也广。在中国大部分省区，由河南、河北、山西、陕西、安徽、江苏、湖南、湖北、四川等省出土所见，都是矛、戈联装的青铜戟。在中国南方的蔡、吴、越、楚等地流行的多果戟，同样也是联装的异形物。所以，当人们一提到“青铜戟”时，它必定是戈、矛的结合物，绝非其他。若果仅就一支戈头称戟者，未必全错。只有把它同矛头联装后，称呼才更为恰当。

戈、矛联装的青铜戟，出现于春秋时期，是适应车战而产生的一柄长兵器。曾同戈、殳、夷矛和酋矛合称为“车之五兵”（《考工记》）。但在南方水乡本有步兵传统的战场上，人们曾做过戈、矛连体的实验。如长沙浏城桥一号墓出土一柄春秋晚期的铜戟，刺作矛形（长 28 厘米），在弧形的长援基部作 90°相接，胡虽残而内则向下弯曲如钩（图Ⅱ-2：18）[46]。另外，山东临淄西汉齐王墓从葬坑出土过一柄连体的长胡四穿大铜戟，不但援、内向上扬起，而且援、内的下刃和胡部都有胣（图Ⅱ-2：19）[47]。从这两个特例中，我再重复地表明一下自己的认识：连体铜戟同联装铜戟绝非并行发展和使用的两种兵器。因为前例是步战出现后，是兵器改革中的“尝试品”；后例复原后也不过长 1.86 米，只能认为是仪仗兵器中的一只“雄戟”[48]。

我们再从戟的本源看，它的基本形制原来就应是戈、矛联装的。《考工记·冶氏》制造戟的规范中，对内、胡、援三部分用长度单位（寸），而对刺则用重量单位（锊）。其文曰：“戟广寸有半寸，内三之，胡四之，援五之。倨句中矩。与刺重三锊。”由此可见，“刺”同戟的本体原来就是脱开的。因为长度要求，是对连体各部

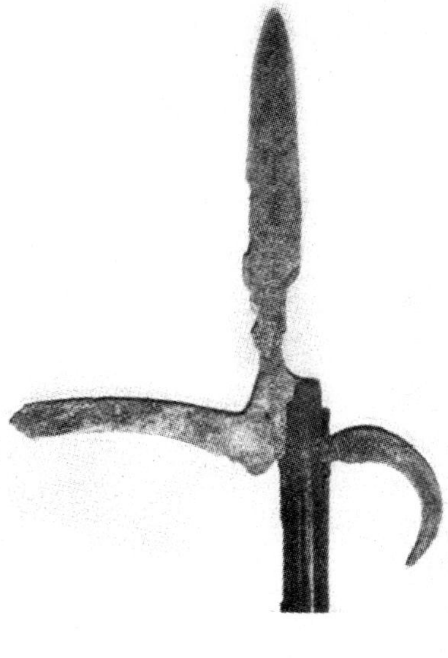

图Ⅱ-2：18　铜戟

（湖南浏城桥 M1，春秋晚期）

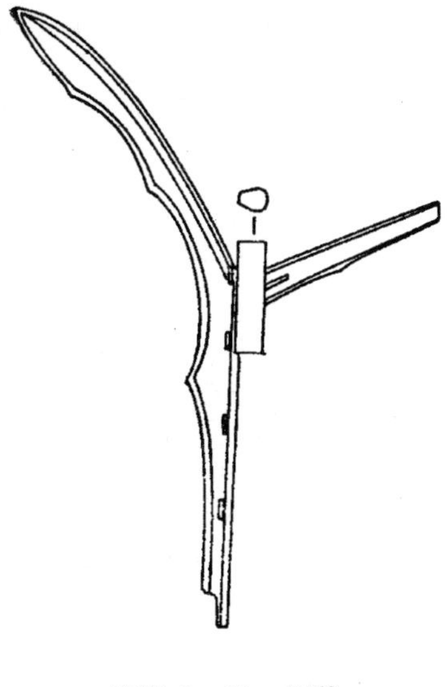

图Ⅱ-2：19　铜戟

（山东临淄齐王墓从葬坑，西汉初年）

的制约。而重量要求，则是对单体或合体两便的基本额定。郑玄说："刺者，著柲直前，如鐏者也。"这话是对的。当然，这种单独的"刺"有如矛头。韩国早期的刺在山西长治分水岭14号墓中有出土，铭作"棘戟"。棘，即刹。戈文也有自名"宜无之乘戟"、"寅之戟"的[49]。同样，刺在河南"郑韩故城"兵器窖藏中也有出土，自铭作"旐束"（即"戟刺"（图Ⅱ-2：20）[50]）。刺原来作"鐏形"物，是专门的，后来干脆用矛代替，就像我们看到秦戟的那样。

图Ⅱ-2：20　铜戟

（山西长治分水岭M14，韩墓）

注　释

[1]《马克思恩格斯全集》第14卷《军队》。

[2] 中国社会科学院考古研究所：《1969～1977年殷墟西区墓葬发掘报告》，《考古学报》1979年第1期。

[3] 江西博物馆等：《吴城商代遗址新发现的青铜兵器》，《文物》1980年第1期。

[4] 湖北省博物馆：《曾侯乙墓》，文物出版社，1989年。

[5] 据《武经总要》一书记载，宋代的枪有18种之多，如捣马突枪、双钩枪、单钩枪、环子枪、素木枪、鵶项枪、锥枪、梭枪、槌枪、太宁笔枪、短刃枪、短锥枪、抓枪（两种）、蒺藜枪、拐枪、拐突枪、拐刃枪等。

[6] 河北省文化局文物工作队：《河北定县北庄汉墓发掘报告》，《考古学报》1964年第2期。

［7］中国社会科学院考古研究所等：《满城汉墓发掘报告》，文物出版社，1980年。

［8］湖南省博物馆：《湖南资兴旧市战国墓》，《考古学报》1983年第1期。

［9］安徽省文物工作队：《安徽淮南市蔡家岗赵家孤堆战国墓》，《考古》1963年第4期；广东省博物馆：《广东罗定背夫山战国墓》，《考古》1986年第3期。

［10］于中航：《“元年闰”矛》，《文物》1987年第11期。

［11］平朔考古队：《山西朔县秦汉墓发掘简报》，《文物》1987年第6期。

［12］闻人军：《考工记导读》，巴蜀书社，1987年。

［13］《中国军事百科全书》，军事科学出版社，1991年。

［14］河北省文物研究所：《藁城台西商代遗址》，文物出版社，1985年。

［15］程桥的果戟参见江苏省文管会等：《江苏六合程桥东周墓》，《考古》1965年第3期；里山的果戟参见安徽省博物馆：《安徽贵池发现东周青铜器》，《文物》1980年第8期。

［16］“越王者旨於睗”戈见［9］安徽文；“楚王孙鱼”戈在1958年出土于江陵，藏湖北省博物馆。

［17］李京华：《汉代的铁钩镶与铁钺戟》，《文物》1965年第2期。

［18］王光永：《宝鸡市渭滨区姜城堡东周墓》，《考古》1979年第6期。

［19］尹盛平、张天恩：《陕西陇县边家庄一号春秋秦墓》，《考古与文物》1986年第6期。

［20］吴镇烽、尚志儒：《陕西凤翔八旗屯秦国墓葬发掘简报》，《文物资料丛刊》3。

［21］陕西省文管会秦墓发掘组：《陕西户县宋村春秋秦墓发掘简报》，《文物》1975年第10期。

［22］刘得桢、朱建唐：《甘肃灵台景家庄春秋墓》，《考古》1981年第4期。

［23］《三代吉金文存》19·53·2。

［24］吴镇烽等：《陕西凤翔高庄秦墓地发掘简报》，《考古与文物》1981年第1期。

［25］陕西省考古研究所：《秦始皇陵兵马俑坑一号坑发掘报告》(1974～1984)，文物出版社，1988年。

［26］秦俑坑考古队：《秦始皇陵东侧第二号兵马俑坑钻探试掘简报》，《文物》1978年第5期。

［27］秦俑坑考古队：《临潼郑庄石料加工场遗址调查简报》，《考古与文物》1981年第1期。

［28］陕西省博物馆、文管会勘查小组（王学理）：《秦都咸阳故城遗址发现的窑址和铜器》，《考古》1974年第1期。

［29］江西省博物馆：《记江西遂川出土的几件秦代铜兵器》，《考古》1978 年第 1 期。

［30］管维良：《宜昌前坪战国西汉墓》，《考古学报》1976 年第 2 期。

［31］广西壮族自治区文物工作队：《平乐银山岭战国墓》，《考古学报》1978 年第 2 期。

［32］周世荣：《湖南楚墓出土古文字丛考》，载《湖南考古辑刊》第 1 期。

［33］河北省博物馆、文管会：《河北省出土文物选集》，文物出版社，1980 年，

［34］崔璿：《秦汉广衍故城及其附近的墓葬》，《文物》1977 年第 5 期。

［35］《双剑誃吉金图录》下・50。

［36］《三代吉金文存》20・33・5。

［37］《小校经阁金文拓本》10・70・4。

［38］《贞松堂吉金图》卷中 71。

［39］《小校经阁金文拓本》10・74・5。

［40］宝鸡市博物馆等：《宝鸡县西高泉村春秋秦墓发掘记》，《文物》1980 年第 9 期。

［41］同［18］。

［42］同［19］。

［43］同［22］。

［44］陈平先生在《试论战国型秦兵的年代及有关问题》一文中，对战国时期的有铭秦戈考证颇详，见《中国考古学研究论集——纪念夏鼐先生考古 50 周年》，三秦出版社，1987 年。该文后又收入《燕秦文化研究——陈平学术文集》，北京燕山出版社，2003 年。本文秦戈的材料在陈文的基础上有所增加。

［45］河北省文管处：《河北易县燕下都 44 号墓发掘报告》，《考古》1975 年第 4 期。同期又有北京钢铁学院：《易县燕下都 44 号墓铁器金器考察初步报告》。

［46］湖南省博物馆：《长沙浏城桥一号墓》，《考古学报》1972 年第 1 期。

［47］山东省淄博市博物馆：《西汉齐王墓随葬器物坑》，《考古学报》1985 年第 2 期。

［48］《方言》："三刃枝，南楚、宛、郢谓之匽戟。"郭注："所谓雄戟也。"

［49］山西省文管会：《山西长治市分水岭古墓的清理》，《考古学报》1957 年第 1 期。

［50］郝本性：《新郑"郑韩故城"发现的一批战国铜兵器》，《文物》1972 年第 10 期。

叁 长铍春秋

——从剑到铍的历程

铍，同古代好多冷兵器一样，曾经在战争舞台上煊赫过一个时期，随后便淹没在历史的底层。对于铍，古人也往往不明其形状，以致留给我们的是辞书上一大堆形名不明的称号。本来，铍是步兵手里握持着前刺的一杆长兵器，前端装着同短剑似的金属刃器，后有长杆木柲（柄）。因为积竹柲早已腐朽，剩下的只有一只铍头，于是就被金石学家往往归到“古剑”之属。

日本学者林巳奈夫，曾据传世的燕王喜和相邦建信君“剑”拓片，首先恢复了铍的原名。

近年，因为在秦始皇陵侧的从葬武士俑群里发现了几杆完整的长铍，这才第一次为我们研究这一古代兵器提供了实物凭据。

文献上记载着一些零碎的用铍的史实，考古中又发现了不少似剑非剑的锋刃器。现在经过初步的梳理，不但使人们明晰地追忆它那段兴衰的历程，恢复它在古代兵器宝库中应占有的地位，而且还会发现在它存在的那段峥嵘的岁月里，对于当时战争的影响和意义。

一 战国时期铍的形制

铍在战国中晚期已经定型。实际上它是一柄有如短剑样的锋刃器，套接在一杆带镦的长柲（柄）上，从而构成为一件直锋的刺兵。

铍头同东周时期一种带折肩的扁茎短剑颇为相似。所谓“相似”，仅仅指的是同属于一次铸成的有对刃的条形直锋兵器。但实际上，二者在结构上还存在着明显的区别。因为它们容易相混，故现在把各自结构上的要点列出，见表一：

表一 铍与剑的区别表

要点 类别	身				茎(铤)		格	首
	脊形	刃线变化	身茎相连形状	截面形状	形状	孔数		
铍头	平脊	锋部呈曲线，随后至近格的基部为直线	平齐、斜收或呈向格的喇叭形	两侧由6个条形面构成扁六角形	窄扁条呈四棱台体	1至2个	“一”字格	无
剑	起脊	有起伏，锋后多束腰，近格处张大	基本平齐	两侧少者4面，多可8面，截面呈扁多角形	宽扁条或圆柱体	1个或无	或无	或无

早期剑与铍，很容易被人混淆。往往误铍为剑。实际上，判断首先应该从茎部的结构上着眼。

折肩扁茎剑，宽厚而直，茎部两边以半圆木片夹住，以销钉穿孔铆合，再缠之以丝缑，外表髹漆。不唯中原地区的此式剑柄作如此装置，大概除了有首带箍的柱茎剑、筒柄剑、柱脊剑，概莫能外。即如柳叶形的“巴蜀式”剑柄，也是作这样的办法处理。像四川新都的剑柄，不但用木板夹，还插在铜套里，再在外面缠缑漆表[1]。北方的曲刃剑，还加有枕状首或“T”形首的。西瓯短剑，是另接钉盖状的首。这些都是从握持得力的需要而采取的一种措施。因此，扁茎剑的宽度可大到同握径相等。

而铍茎则不同，因为要把铍茎（铤）直插进柲中去，茎的宽度，至少在末端要小于柲而呈楔形。

据传世品及考古发掘，能够确定为铍头的，以战国中晚期为最多，几乎遍及于当时的诸侯各国：

赵铍

（1）相邦建信君监制的有：四年铍1件，八年铍8件，计9件（《善斋》、《小

图Ⅱ-3：1　**赵春平侯铍**

〔“元年相邦春平侯邦右库工币肖（赵）瘁冶韩开执齐”〕

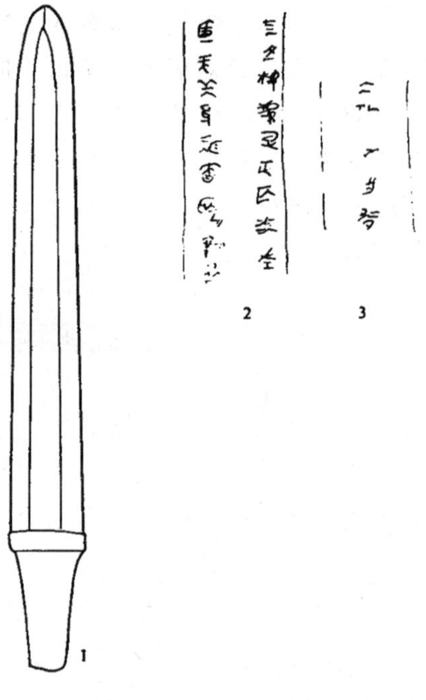

1. 铍形　2. 铭文（正面）　3. 铭文（背）

（出土地：旅大）

释文：“四年相邦春平侯，邦左军工师岳身，冶沥执齐”（正）大攻（工）肴（尹）肖（赵）閒（背）

图Ⅱ-3：2　**赵铍及铭文摹本**

校》、《周金》、《三代》。重一除外)。

(2) 相邦春平侯监造的有:元年铍1件(图Ⅱ-3:1)、二年铍1件、三年铍2件、四年铍2件(图Ⅱ-3:2)、十五年铍4件、十七年铍7件,计18件(《小校》、《周金》、《录遗》、《贞松》、《三代》、上海博物馆藏品、《考古》[2])。

(3) 其他相邦监造和地方冶铸的,传世品见有元年右库铍1件、三年右库铍1件、三年武平铍1件、三年緐令铍1件、三年武坙铍1件、四年皀平相邦铍1件、七年相邦铍1件、八年相邦铍1件、十三年守相申勿官铍1件、十五年相邦□铍1件、十五年守相杢波铍2件、十六年守相铍1件、十八年相邦铍1件、王立事铍1件、亩伺铍1件、相邦铍1件。考古新见有:河北省在20世纪60年代出土的铍,如磁县白阳城的“王立事”铍、易县东古城的相邦铍和承德市“十五年守相杢波铍各一件[3]。计20件(说明:上列各铍的时间排列是以铭刻数字为便,并非赵国王世的次序)。

韩铍

郑韩故城窖藏里出土铜铍2件[4]。

魏铍

“十二年邦司寇赵新铍”1件(北京大学藏品[5])。

燕铍

燕王喜铍4件(《小校》3,(图Ⅱ-3:3)[6])。

燕下都第44号墓出土1件[7]。

燕下都遗址调查中也有铜铍的出土[8]。

楚铍

长沙紫檀铺战国墓出土1件[9](图Ⅱ-3:4)。

越铍

浙江博物馆藏1件,刻鸟篆书“戉王”二字。

秦始皇陵东侧第一号兵马俑从葬坑出土青铜铍16件(图Ⅱ-3:5、6)。

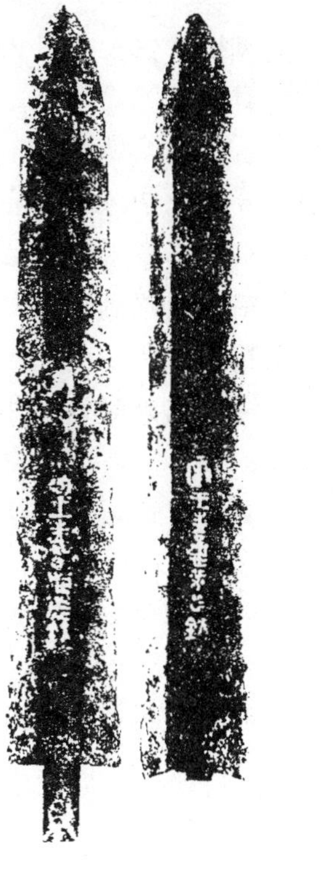

图Ⅱ-3:3　燕王喜铍

截至目前,除了齐铍未被发现外,据以上六国的统计已见铍62件之多。其中可以考定年代的,以梁惠王十二年(公元前307年)的一件魏铍为早。接后到秦统一前的80多年间均有制造。这些铍的形制,大样虽定,但其细部因国别及地区的不同而略有差别。

赵铍除尖舌形锋部外,身的前后宽度相差不大。换句话,也就是作平脊的两棱和两腊形成四条平行线。铤宽而扁,平面多数形为喇叭形,甚或同茎基(即茎接近格处)宽度相等(《梦郼》续编35.2)。茎孔一至两个,或者全无。基部连线平行,或内收。铭文款式一定,作两行刻在平脊上，或两面刻。起单脊者仅见“元年相邦春平侯”铭一例（《小校》10.102.4）。铍身的宽度虽然在 3.3～3.5 厘米之间，但其长度却有前短后长的变化，如坓波铍长只有 26.1 厘米，而建信君、春平侯铍都在 33 厘米以上。

韩铍之身，前窄后宽，断面呈扁六边形，刃平直，无格，铤作扁条，基部平直。通长 31.8 厘米[10]。

魏铍形制基本同赵铍，但平脊两线收杀而使基线不显，自然是很难穿格的。

燕铍基部平齐或斜收，无格。铭刻简单，位于中部。通长 27～31.5 厘米，铤长 3.8～8 厘米，基宽 3.3 厘米，表现出身长茎短的特点。

图Ⅱ-3：4　楚铍及装柄法
（长沙紫檀铺战国墓）

楚铍宽而长，起矮脊，具有南方国家如楚、吴、越剑的风格。铍头长可 33 厘米。

秦铍

已有的几件秦铍，其铭刻表明这些兵器系秦始皇十五至十九年（公元前 232～前 228 年）制造的。完整的铍安柲带镦者，最长达 3.82 米，最短的也有 3.59 米，一般都在 3.7 米以上。而铜铍头更是标准化了的产品，不但格、镦俱全，大小一致，而且铭刻位置也固定。基部连线平齐，身基宽 3.1 厘米，长 35.2～35.55 厘米。身与铤长度之比为 2∶1。

综览战国铜铍，尽管有某些差异，但总的方面却是一致的。可以看出有四大特点：

第一，铍头呈兰叶状，根据身茎连接的形状知，铍可分为有格铍和无格铍两种（图Ⅱ-3：7）。

第二，锋后的刃线无起伏变化。铍身的宽度虽然前窄后宽，但差别不大，同此时剑的变化过程相当。

第三，多刻纪年铭文。

第四，完整的铍是首、格、柲、镦齐全的。

二　起源问题上的考辨

战国时期的中华大地，战争迭起。各国竞相发展武器生产，铍这种兵器也被广泛地引用到军队装备上去。如果没有战争实践促使其趋于统一化的演进过程，而要使广袤万里间铍头定型化，那简直是不可思议的。不过，有一点可以肯定的是，无论如何这种武器的出现会远远地较战国时期为早。

上：平面　下：立面

①红烧土层　②黄土层　③淤土层　④铺地砖

图Ⅱ-3：5　秦鈹头出土平剖面图

（一号坑 T2G3：50）

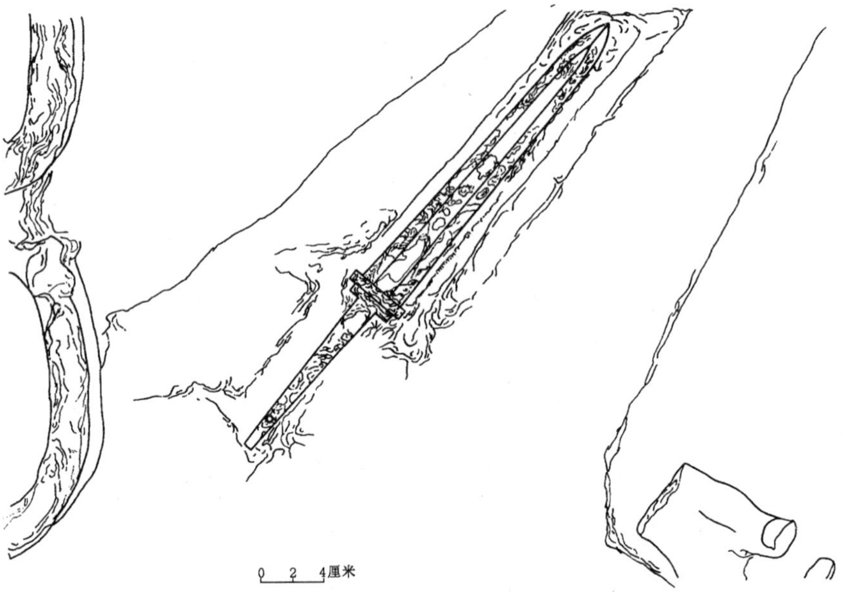

图Ⅱ-3：6　秦俑铍头出土图

（一号坑 T20G10：0882）

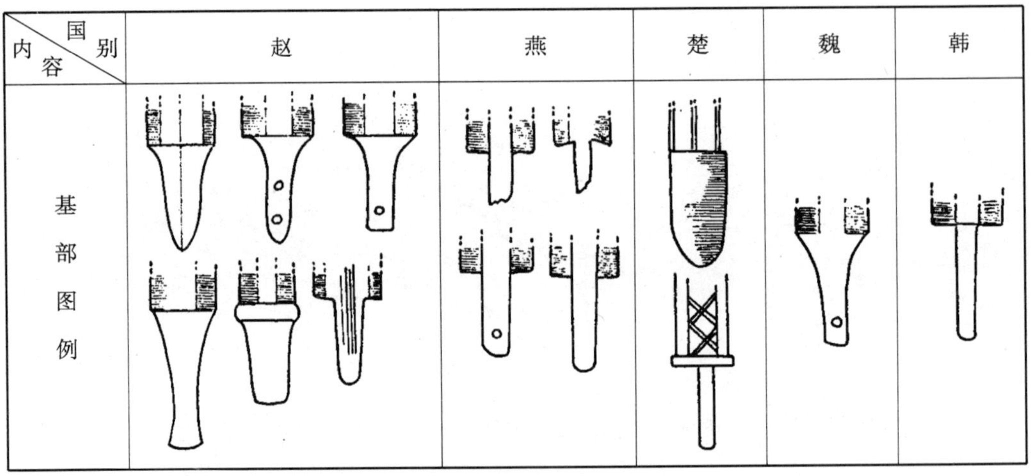

图Ⅱ-3：7　战国时期各国铍头基线的变化

殷代没有铍的记载，更无实物的出土。而西周早期在北方出现的一种柳叶形短剑，往往就被研究家视为最早的铍。

其实要认定铍的话，需要具备两个条件，一是金属的锋刃器，其形制有如前述；二是以铤插入木柲中，使之成为一支前刺的长兵（图Ⅱ-3：8）。当然，这也应该是判断“是否为铍”的完整含义。对于后一条，遗憾的是在考古发掘中往往不能获得令人满意的证据来。在这里，运用排比的方法，并把它放在一定的历史环境中去，探究其渊源关系就显得很有必要了。

由迄今为止的材料知，扁茎无格无首的柳叶形短剑，均出土自早期的西周墓葬里。它们是：陕西长安张家坡 M206 的 1 件[11]，宝鸡竹园沟 M1 的 1 件[12]，岐山贺家村 M5 的 2 件[13]，甘肃灵台白草坡 M1、M2 共出土 4 件[14]，北京房山琉璃河 M53 出 2 件[15]。这些短剑都有一个共同的特征，就是：起脊，溜肩，身茎分界不明显，基的宽度较大。那么，我们试从三个方面来分析这种短剑能否发展成早期铍的可能性：

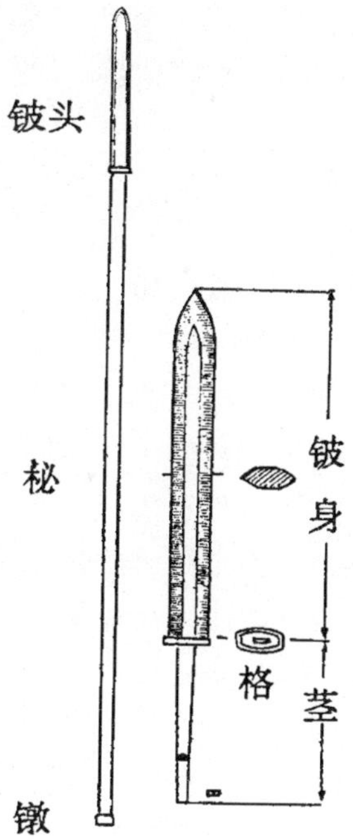

图Ⅱ-3：8　秦铍全形

第一，这些短剑，茎粗几如环指，而长度只有 5.5～6.3 厘米（以竹园沟和白草坡的为例）。那么，剑茎宽度同铍柲的直径相当，再加之入木不深，即使硬插入柲中，其结合部就相当脆弱。作为一支长兵器，它是难以胜任格斗中前刺和横劈的两种动作的。因此，它不可能向铍的方向改变。

第二，柳叶剑的短茎难于握持，又不利于战，这就决定了它自身不能长存，必然要发生新的变化。怎么变？在这里，空茎剑的喇叭唇和带箍剑的箍（镡），也许能帮助我们对短茎“势必变”的理解。浙江长兴出土一柄西周前期的铜剑，全长 21.6 厘米，包括格在内，空茎长只有 8.1 厘米。如果除去格占的厚度，手握部分就很有限了。于是，采取了凸箍、起唇、喇叭茎这三大防滑措施[16]。实际上，这柄剑已经具有东周时期“空茎剑”和“带箍剑”的两种特征。但能否说，它就是这二者的母型呢？另外，在安徽屯溪两座西周时期墓（M3、M7）里出现了两柄首、格、箍齐全的“柱脊剑”[17]，这才是柳叶形短剑的分化型之一种。由此可见，西周时期已感到柳叶形短剑使用之不便，形势逼使它向更适宜佩带的方向改变。

第三，白草坡短剑之锋呈夹角只有 20°的锐角等腰三角形，显得异常锋利，而其身铸“夔纹和斜角雷纹状血槽”，折肩明显，还装在镂孔华丽的剑鞘中。如果我们结合伴出的兵器和车马器看，显然它是一柄佩剑。其形制也表明了，它属于从溜肩的西周柳叶形剑向折肩的东周“扁茎剑”发展的过渡型。可见西周柳叶形剑的改变，是沿着剑的方向，而不是铍的方向。

西周短剑改进型，能否直接安装长柲作铍呢？看来，可能性还是比较小的。因此，有人把它作为“夷矛”的推断也是值得商榷的。《诗・郑风・清人》有“二矛重英”的句子，朱注：“二矛，酋矛夷矛也”。《周礼・冬官・考工记》又载：“酋矛常有四尺，夷矛三寻。”按 1 齐尺＝19.7 厘米折算[18]，则酋矛合今 3.94 米，夷矛合今

4.73 米。我们见到秦俑长铍是 3.49～3.82 米，显然与其说它是“夷矛”，毋宁说它像“酋矛”。不过，问题不应当到此为止，还有两个概念性问题需要用事实来说明铍非矛。

首先，酋矛和夷矛大约是战国时期齐人作“庐器”（对长兵器之柄的统称）的一种分类和称呼。最早由汉人郑玄注《周礼》时提出来（《周礼·夏官司马》），此前的著作中不见记载。相反，《诗·秦风·小戎》却有“厹矛鋈錞”的句子。朱熹说：“厹矛，三隅矛也。”固然这种先秦时期的三棱矛有待考古的验证。但“厹”和“酋”同属尤韵，“酋”当是“厹”的通假字。酋矛之长正同战国时期的矛长，至于矛头演变为三隅者称“仇矛”，却是音同形异的另一码事了。至于把酋矛和夷矛并列，同戈、殳、车戟配套使用，列入战车的“五兵”也是很难令人置信的。因为战车上全用长兵器，而把历史悠久的弓箭排除在外，不但违犯车阵战的常规（在接战前，双方先隔着一段距离用弓箭对射，从正面阻止和创伤敌人），而且也有违于为考古所证实了的武器配备（如殷墟、胶县西庵、户县宋村等地的商、周、春秋车马坑都有镞矢的发现）。况且“五兵”之说来自不一，当然，郑玄说除了“车之五兵”外，“步卒之五兵”是有弓矢而无夷矛的。此说确否，姑置不论，而在步战兴起之后，这种长柄的所谓夷矛即被废弃，却近于事实。再则，我们见到的真正称得上是铍的，也正是战车衰落、步骑崛起之后方兴未艾的武器，显然与早已被淘汰了的夷矛不可混同。

其次，矛同铍固然同属刺兵一类，而在装配上最大的区别却在于：矛是“以銎受柲”，铍是“以铤插柲”。说铍是矛，并没有考古实物作旁证。《方言注》戴震疏证：“今江东呼大矛为铍。”锬即铍，《说文解字》解锬为“长矛”。所谓“大矛”、“长矛”，也确有其物。其“大”、其“长”体现在一是安长柲，二是具有大矛头。前者的例子，如长沙浏城桥一号楚墓的矛全长有 2.8 米和 2.97 米的[19]，宋村秦墓矛长 3.6 米[20]。山彪镇铜鉴和小田溪嵌错铜壶攻战图像上，有隔人前刺的长矛，更是为我们提供了形象的说明。至于大矛头，在考古中也是不乏其例的。如江西吴城遗址里的一支商代矛头长至 37 厘米[21]，传世的越王矛也长至 37.1 厘米，最长者竟达到 66 厘米[22]。从表象看，时代愈晚而矛头越大。显然，这是些名副其实的“大矛”，但是，它们都无一例外地具备着矛头所具有的基本特征：一锋两刃，具有宽叶的矛体和筒骹。很清楚，铍和矛是不可同日语的两物，“呼大矛为铍”者实是后代的一种误称。

“巴蜀式”的柳叶形短剑是否也可作为安长柲的铍呢？结论同样也应该是否定的。道理在于它和西周溜肩的柳叶形剑相同，不便于战斗。固然在四川船棺葬里也有“用木条接成很长的柄部”，但宝轮院 M13 出土的一柄剑实际才接长了 16.5 厘米[23]，报告据史实推定“巴蜀式”剑有“遥掷击刺”的作用，所见极是。即使有“少数被锉去茎与身相接处的圆曲交界，使成直交角而加铜格”者，都是出在秦举巴蜀（公元前329年）之后的船棺葬中，显然是些受中原文化影响的改制品。诚然，我们不能排除其作“铍”的可能性，但毕竟柳叶形“巴蜀式”剑从总源上说不等于铍。因为这种形式的剑，是在春秋后期到秦举巴蜀前的这一段时间里，广泛地留行于巴蜀地区的一种少数民族短兵器。一些研究家已经指出，它还是源自西周柳叶形剑而形成风格迥异的地方产品呢！既是接受西周时期中原文化的影响，当然在时间上就远远地落在影响者之后。那么，再加上受地理环境限制的这一因素需要考虑，就可以看出，把“巴蜀式”短剑装在长柲上用作为直刺的长兵器，在巴蜀地区的春秋到战中期这段时间里似乎还不成熟。

我在前面已经讲过，铍同东周时期的一种折肩扁茎剑极其相似。它，就很有可能是长铍产生的诱因。我们知道：柳叶形短剑兴起于西周早期的渭水中上游，而流传于以中原地区为中心的北方。但它在西周中期以后即行消失。而折肩的扁茎剑，却在柳叶剑使用时期即已萌发，白草坡带鞘的斜肩短剑即是其例。折肩的扁茎剑一旦脱胎，在中原地区的春秋时期，竟同广泛流布的空茎剑、有箍剑并驾齐驱。[24]尽管它的数量敌不过其他两种，只占居第三位[25]，但相较之下，其分布范围并不逊色。周代诸侯国所在的河北、山西、河南、安徽、湖南、湖北，以及浙江一带，都有折肩扁茎剑的出土。连西瓯地区也曾接受它的影响而铸出具有自己独特形式的扁茎剑。[26]最有意思的是连辽宁清原的石棺墓里也有长可27.8厘米的折肩石剑的出土。[27]在材料整理过程中，我们可以看到此式短剑在旧属楚地的湖南湖北地区似乎更为集中，像湖南宁乡黄材一次出土就发现29件，其中除一柄空茎剑外，剩下的全是折肩的扁茎剑，时代相当春秋时期。肩作斜折，有如白草坡周剑那样，这表明它确实带有早期扁茎剑的特征。[28]在湖南资兴旧市、湘乡，湖北江陵雨台山战国楚墓里，也有不少发现。而洛阳出土嵌错“繁阳之金”剑，属于战国晚期，以象牙为鞘，剑首垂有珍珠。[29]此剑反映出扁茎剑和空茎剑、带箍剑同样受到重视。

那么，这种折肩的扁茎铜剑是否可以接上长柄呢？长沙紫檀铺M30出土的所谓“铜矛”解答了这个问题。这件楚铍头长33厘米，加上装有铜镦的积竹柲，全长是1.62米。为了防止掉头，在柲与茎套接处还用两块木板夹住，外面缠绕丝织物，最后髹之以漆。[30]起脊的这件楚铍头宽扁而长，虽属于南方扁茎剑的“改制品”，但它毕竟把二者接连起来的关系呈现在人们的面前。

既然扁茎剑在东周时期遍布于大江南北而偏重楚越，那么，最早地把宽扁的茎稍加收缩，插进长柲者，很有可能是发生在春秋时期的吴、越地区（包括大江南岸的楚地）。因为这里铸造铜剑，久负盛名。据统计，传世和发掘的十七柄吴王和越王剑，铸造精工、刻铭秀丽，闪耀着两千多年前工匠们的智慧。而吴越地处水乡，江河纵横，不宜战车，更不具备北方草原骑兵驰骋的条件，因而当中原地区处在车战的阶段时，春秋时代的吴、越则把步兵作为自己的主力。轻快的利剑和锋锐的长兵，就自然地成为步战对武器装备的要求。春秋时期扁茎剑在这一带大量出土，我们应当看到它们才是早期铍与剑交替期的产物。

铍见于文献记载者，数《左传》襄公十七年（公元前635年）的一条记载为最早：宋国华臣派了六个凶手把侄儿皋比的家臣总管华吴“以铍杀诸卢门合左师（即向戌）之后”。又昭公二十七年（公元前515年）记专诸刺杀吴王僚的故事，吴王的亲兵从大门口直到公子光家里的坐席前，都“夹之以铍”，可说是戒备森严了。对端食的人，“执铍者夹之”。待专诸从鱼肚子里迅速抽出早已藏好的剑刺杀了吴王的一瞬间，自己也被“铍交于胸”而死。宋国有铍，因它虽地处中原，却同吴早有交往。这些史实表明：至少在春秋早期的吴、越一带（包括楚地），铍确实已从短剑中分离出来，传播开来，不再为一国所独有了。

尽管春秋时期已有铍的使用和流行，所见实物唯有宁乡黄材的楚铍而已。是否已为北方诸国所采用，还有待于今后实物的出土来证明。但在折肩的扁茎剑主要流行地区的中原一带，必有春秋铍的使用。于此，我们可以得出铍的发展序列来（图Ⅱ-3：9）：

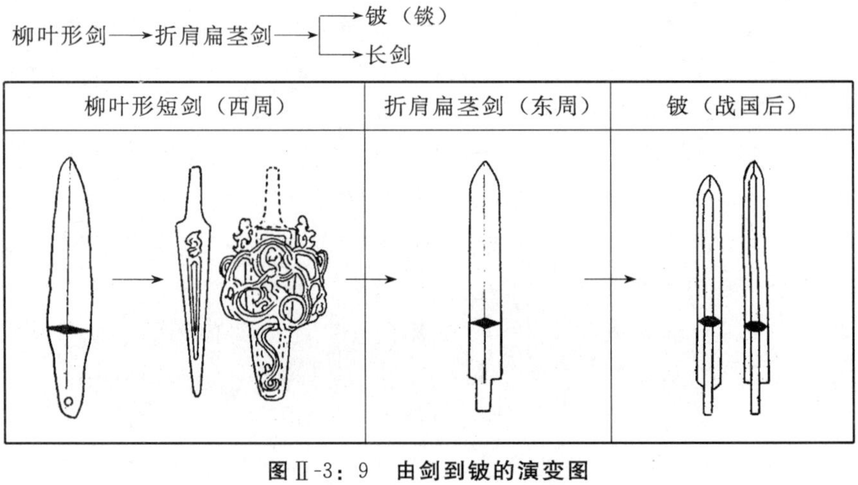

图Ⅱ-3：9　由剑到铍的演变图

三　用铍的盛期

扁茎剑一旦插入长柲之后，这种作为直刺的新型长兵器就不胫而走，各国竞相制造。其称呼也随地域的不同而不同。如关东称“铍”，关西叫“锬”，燕地名“钛”，汉时又以“铤”通“铍”了。

车战时代，车士配有远射程兵器、长兵器和短兵器。戈作用勾、啄，矛用作前刺，而戟对这几种战斗动作是兼而有之。但由于车阵是排列整齐的密集的战车，车士是站在战车上作战，只有在双方疾驰的战车错毂时，才能进行格刺。[31]而攻击的直接对象，不只是对方的车士，似乎杀伤车御是更有效的战斗。因为车御死伤，会

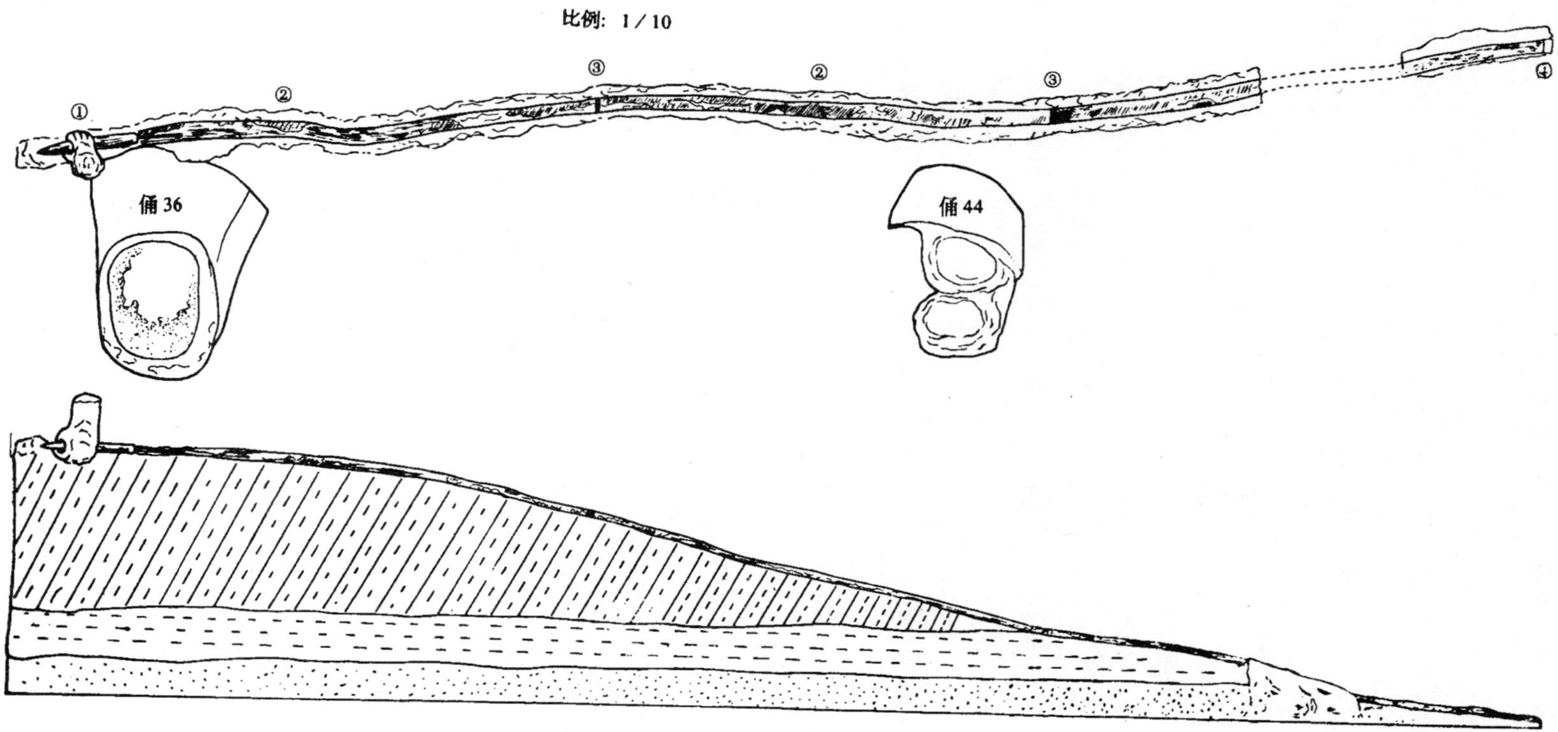

上：平面　下：剖面

①铍头　②褐色漆皮　③朱红带一周　④铍镦

图Ⅱ-3：10　秦俑坑长铍队列里所执铍迹象图

（一号坑 T19－20G9）

使失去控制的战车不能驱驰，往往会导致阵脚大乱。但是，到了战国时代，战争的方式已由车阵战转入步、骑战，步卒的武器配备固然不再是弓弩、戈、剑，但在白刃格斗中，长矛的作用却似乎更胜一筹。从水陆攻战纹图像上就可以看出长杆矛在相当距离内即可发挥其对刺的威力。由此看来，在这个时候各国普遍用铍来参与战斗就是完全合乎情理的了。

《方言·杂释》："锬，谓之铍。"郭璞注："今江东呼大矛为铍。"秦处关西，自是称锬。《史记·秦始皇本纪·集解》引徐广说，又作"铦"。因为秦军是一支进攻型的劲旅，长锬同强弓、劲弩、勾戟、长铩在勇武的"锐士"之手，所向披靡，使敌丧胆，因而从词意上也就赋予这个"铦"（锬）字以"锋利"的意思。秦的兵力部署往往采取"彊弓在前，锬戈在后"（《史记·苏秦列传》）的配置。这里"锬戈"同"彊弓"对举，此"锬戈"应看做是对戈、矛、戟、铍等长兵器的概括。秦俑二号坑把弩兵置于最前，成为众兵之首。一号坑作矩阵布局，不仅采取"强弩在前，锬戈在后"的布阵法，还把头戴武帻、身披"重甲"、手执长铍的武士单独编列（图Ⅱ-3：10），形成两个左右对称的作战单位长铍队，这些足以说明铍和强弩在战场上的重要作用。

巴蜀剑改铍的例子，反映了秦人对现成兵器的一种利用意识。在这方面，有穿孔的巴蜀剑比折肩扁茎剑的加工，似乎更为方便一些。四川的"巴蜀式"剑，有的锉去茎与身相接的圆曲交界，使之成为直角，突出折肩，修整扁茎，再加上格或首（有铜，有玉），就成为"改装式"剑。还有把剑改作铍的，像宝轮院 M15 出土的一柄长铍，显然是对折肩扁茎剑的改制。那么，这些受中原文化影响的"改装剑"产生于何时呢？据《四川船棺葬发掘报告》称："入葬的时期，应在秦举巴蜀（秦惠文王初元二年，即公元前 329 年）以后，其中最晚的可到西汉初年。"应该说，这一推断是有道理的。同样的例子还有湖北宜城前坪第 23 号墓出土一件穿格的巴式剑，它安装在带鐏的柲上，全长 2.13 米。据伴出的铜印，可断定为这是一座战国时期的秦墓[32]（图Ⅱ-3：11）。还有一个例子是陕西凤翔高庄秦墓出土一柄"巴蜀式"

图Ⅱ-3：11　"巴蜀剑"改制的长铍、鐏
（湖北宜昌前坪战国墓 M23：3）

剑[33]，虽无长柲的出土，当然并不排除秦人把它改装作铍的可能性。

四 悄然“谢幕”

铍作为步兵手中的长杆兵器，西汉初期仍然活跃在战争舞台上。据《史记·高祖功臣诸侯年表》记载，周灶带兵在砀起事，加入了刘邦的队伍。曾以“长铍都尉”的军职身份对项羽作战，有功，封隆虑克侯。统帅长铍队，这应是秦代以铍装备军队并单独编制作法的延续。

汉铍的实物，截至目前我们只发现两例，一是河北满城汉墓的二号墓里有一柄Ⅲ型剑（编号2：4030）：“剑身平脊，断面作扁六角形，无格，茎扁平，上有两孔”（但原报告未见柲的报导）[34]；另一例是重庆市江南岸马鞍山汉墓出土，属于“一”字格的巴式剑改制品。以上两墓均系西汉中期。所出的两件汉铍均属铜制，通长40厘米，较战国时期的铍略长。以后再未见有关铍的文字记载与实物出土，这必定同汉代的武器装备发生了历史性的变化有关。

西汉初年军队使用的主要武器，据晁错向文帝上疏中说，依然是长戟、矛、鋋、弓弩、剑楯之属。但这时，汉王朝的作战对象是善于骑射的匈奴民族。这些生活在北方草原上的强悍民族，入寇内地“攻城屠邑，驱略畜产”，都带有突袭的性质，很少在平原易地展开两阵对垒。因而长戟、矛、铍等这一类长兵器虽不可或缺，但却很少派上用场。由于作战对象和地理环境的改变，自然也引起作战手段的改变，弓弩、长剑及随后的环首刀便成为边郡良骑和轻车材官手中的利器（《汉书·晁错传》）。

除去环境改变的影响，铍本身也有一些弱点。归结起来有二：第一，铍的长度，多大于春秋早期以前的剑长。身长铤短，以这短小的铤插入柲中，尽管有销钉的横插，也因为头重而使柲前部结合不牢固。在战斗中前刺尤可，而挥斥的动作则会使其发生折裂的危险。第二，铍的格与剑的格作用不同，它不是用以格手，而在在护柲头，还可起到固定结合部的作用，像秦铍那样。但这种作用毕竟是很脆弱的，因为椭圆格和窄銎的内容量甚小，反而减低了嵌制木柲的力量。即如长沙紫檀铺楚铍，虽然在柲装进銎口的结合部再用两块木板夹紧，外缠丝织物，但也并非万全之策。所以，前面所说的这两大弱点就使它同汉代的铁矛、铁鋋、铁鉌[35]、铁戟比较起来，可说是相形见绌的了。

长铍在东周到有秦一代，历经五六百年，可说是伴随着初期的步兵而驰骋疆场的。但是，汉代的战争环境却改变了铍的地位，逼迫它从战争舞台上退了下来。不过，铍销声匿迹之迅速，在冷兵器家族中可算是最快的一员了，以致后人不但不识其庐山真面目，甚而连名称也混淆到张冠李戴的地步！

注　释

［1］四川省博物馆等：《四川新都战国木椁墓》，《文物》1981年第6期。

［2］旅顺博物馆：《旅大地区发现赵国铜剑》，《考古》1973年第6期。

［3］河北省博物馆：《河北省出土文物选集》，文物出版社，1980年。

［4］郝本性：《新郑“郑韩故城”发现一批战国铜兵器》，《文物》1972年第10期。

［5］北京大学李伯谦教授示告。

［6］同［3］。

［7］河北省文物管理处：《河北易燕下都44号墓发掘报告》，《考古》1975年第4期。

［8］中国历史博物馆：《燕下都城址调查报告》，《考古》1962年第1期。文中未报告铍的数量。

［9］湖南省文物管理委员会：《湖南长沙紫檀铺战国墓清理简报》，《考古通讯》1957年第1期。

［10］同［4］

［11］《沣西发掘报告》，文物出版社，1962年，第119页，图版柒拾。

［12］宝鸡市博物馆：《宝鸡竹园沟等地西周墓》，《考古》1978年第5期。

［13］陕西省博物馆、文管会：《陕西岐山贺家村西周墓葬》，《考古》1976年第1期。

［14］甘肃省博物馆：《甘肃灵台白草坡西周墓》，《考古学报》1977年第2期。

［15］北京文物管理处：《北京附近发现的西周奴隶殉葬墓》，《考古》1974年第5期。

［16］夏南星：《浙江长兴出土五件商周铜器》，《文物》1979年第11期。

［17］胡文：《安徽屯溪弈棋又出土大批西周珍贵文物》，《文物》1965年第6期。

［18］经研究，《考工记》一书是战国初年形成的齐国官书，其尺度也当是小尺系统的齐尺而非周制。参见闻人军：《〈考工记〉齐尺考辨》，《考古》1983年第1期。

［19］湖南省博物馆：《长沙浏城桥一号墓》，《考古学报》1972年第1期。

［20］陕西省文管会秦墓发掘组：《陕西户县宋村春秋秦墓发掘简报》，《文物》1975年第10期。

［21］江西省博物馆：《吴城商代遗址新发现的青铜兵器》，《文物》1966年第4期。

[22] 周纬：《中国兵器史稿》，百花文艺出版社，2006年，第21图。

[23] 四川省博物馆：《四川船棺葬发掘报告》，文物出版社，1960年。

[24] 中国科学院考古研究所：《洛阳中州路》，科学出版社，1959年。林寿晋：《东周式铜剑初论》，《考古学报》1962年第2期。

[25] 李伯谦：《中原地区东周铜剑渊源试探》，《文物》1982年第1期。

[26] 广西文物工作队：《平乐银山岭战国墓》，《考古学报》1978年第2期。蒋廷瑜：《从银山岭战国墓看西瓯》，《考古》1980年第2期。

[27] 清原县文化局等：《辽宁清原县近年新发现一批石棺墓》，《考古》1982年第2期。

[28] 湖南省博物馆：《湖南省博物馆新发现的几件铜器》，《文物》1980年第8期。

[29] 洛阳博物馆：《河南洛阳出土“繁阳之金”剑》，《考古》1980年第6期。

[30] 同[9]。

[31] 杨泓：《中国古兵器论丛·战车和车战》，文物出版社，1980年。

[32] 湖北省博物馆：《宜昌前坪战国西汉墓》，《考古学报》1976年第2期。

[33] 吴镇烽、尚志儒：《陕西凤翔高庄秦墓地发掘简报》，《考古与文物》1981年第1期。

[34] 中国社会科学院考古研究所等：《满城汉墓发掘报告》，文物出版社，1980年。(图一八一，图版一八四，2)

[35] 河北省文化局文物工作队：《河北定县北庄汉墓发掘报告》，《考古学报》1964年第2期；定县博物馆：《河北定县43号汉墓发掘简报》，《文物》1973年第11期。

肆　配套的远射程兵器弩弓矢

——对秦俑坑弩弓矢研究的思考

屈原在《国殇》中有“带长剑兮挟秦弓”之句，足见秦弓之良。楚国仙人御龙帛画中，男子腰间佩带的就是一柄长剑。秦昭王临朝也曾发出“楚铁剑利而倡优拙”(《史记·范雎列传》) 的喟然长叹。考古中见到楚的钢铁剑，确有长到 1.4 米的。而南方的吴、越、楚等国，具有生产青铜名剑的传统。事实证明，楚有“长剑”名不虚传。

而“秦弓”又是如何呢？文献中记载不多。《诗·秦风》中仅见有这样的诗句：“虎韔镂膺，交韔二弓，竹闭绲縢。”(《小戎》) 两弓备用，放入虎皮弓韬之中，而轻车快马“载獫歇骄”游猎于北园，“公曰左之，舍拔则获”(《驷驖》)，描写的是游猎的情景。历年来发掘东周时期的关中秦墓约上千座，但所获的兵器实物并不多。虽有铜镞、弩机的出土，却无弓弩的发现。当然，由于弓易腐朽而痕迹不易觉察，未发现，并不等于本无。

秦俑坑有弩迹和铜弩机的大量出土，仅以一号坑东端 1978 年第一次发掘的 5 个探方为例，共计出土武士俑 1087 尊，而铜弩机就有 158 件，其中个别的弩机还装在弩的残臂上，多数则脱臂而呈分散的状态。至于发现的弩迹有 130 余处，其臂中还嵌制有铜弩机件。那么，前两项之和为 288 件，约占五个探方出土长短兵器（不含铜镞）总数 487 件的 59%。1986 年，第二次发掘一号坑次五探方，出土武士俑 706 尊，弩机与弩迹竟占兵器的 71.56%!

这里有一个不可忽视的现象值得我们注意：偌大的秦俑坑中却没有一张弓的发现，连秦陵铜车马上的远射兵器也是弩而非弓。这大概是因为弓体连于弩臂成为一件不可分离的弹射兵器，而进攻型的秦军又是重弩轻弓，故而我们把秦俑坑的这种远射程兵器只能称作“弩弓”。同样，坑中出土束矢 279 箙，散镞万余支，也只能属于同秦弩相配的“弩矢”了。

一　由镞到矢

(一) 镞型

一支完整的箭，需要由镞、笴（稿，即箭杆)、羽三部分构成。

镞相当于现在的子弹头，须坚而锐。约在3万年前的山西朔县峙峪旧石器时代晚期遗址中曾发现有石镞，新石器时代还发现了骨镞和蚌镞。早商时期的河南偃师二里头遗址中，出现了我国最早的青铜镞。

箭杆（笴）前装镞，后抵弦，多用竹制或木质。木杆见载的有东北地区肃慎族的楛[1]、华北地区的萑柳[2]、西北地区的桦木。

羽设在箭杆的尾端，对箭在空气中飞行起着定向的作用。

镞型及其制作材质前后有变化。商周时期的镞型，主要是圆柱铤同起脊的双翼首合铸的青铜镞。春秋前期，如河南三门峡市上村岭虢国墓地，已出现了三翼式铜镞。而北方草原地带在春秋晚期，不但出现了带銎的三翼铜镞（如沈阳郑家洼子M6512号墓葬和河北怀来北辛堡墓即有其例[3]），而且也有了三棱铜镞。战国时期，除了三翼铜镞之外，铁铤三棱铜镞也流行起来。直至汉代，三棱铜镞还依然是最普遍的型式。

秦俑坑出土的铜镞41000件，除了1枚铁镞外，主要是青铜镞。另外，还有5枚铁铤铜镞。其镞型可分为三棱（Ⅰ式）、三翼（三出叉，即Ⅱ式）、双翼（Ⅳ式）三大类。他如铁铤铜镞（Ⅲ式），首多作三翼式，也有作三棱式。至于Ⅴ式镞的镞首有作前粗后细的三棱条状或短三棱体，但截面均呈凹曲边三角形，无疑是突出了三个刃，故而也应归入变化了三翼类中。铁镞虽小，也仅此1件，却是极其规矩的三棱锥式。（图Ⅱ-1：1）这些秦镞以三棱式的数量为最多，可占到99.76％。而它们体量有大小，铤长有等差。为便于识别起见，我在这里将镞型归为三类：

三棱镞：包括平翼（Ⅰa）、倒刺（Ⅰb）、杀翼（Ⅰc）三式铜镞，铁铤铜镞中的Ⅲd式和铁镞。

三翼镞：包括三出刃首、三棱柱铤的三翼铜镞（Ⅱ式）、铁铤铜镞（Ⅲa、Ⅲb、Ⅲc）和Ⅴ式铜镞。

双翼镞：即圆柱脊的薄匕式双翼铜镞（Ⅳ式）。

自战国以降至秦汉，箭镞的形制基本上稳定了下来。但也因局部的变化及作用的不同另给予名称的。扬雄在其《方言》（旧名《輶轩使者绝代语释别国方言》）将汉镞分为四镰（或四拘肠）、羊头、錍（钯箭）、钾炉、飞虻和平题六种。日本学者林巳奈夫曾据此作过复原。（图Ⅱ-4：1）

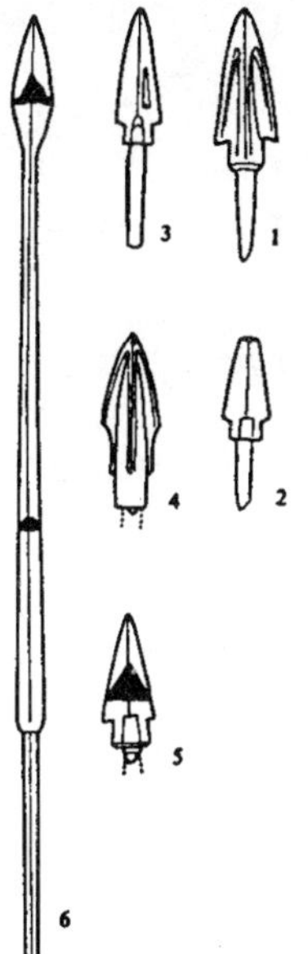

1. 四镰　2. 平题　3. 钾炉
4. 錍　5. 羊头　6. 飞虻

图Ⅱ-4：1　林巳奈夫根据《方言》复原的六种汉镞

所谓："四镰"者，即是四条边棱。《广雅·释言》："廉，棱也。"四棱镞在考古中虽有所发现，但为数不多。而四翼镞也是绝无仅见的。实际上，四镰镞就是起脊的双翼镞。像秦俑坑出土的双翼镞，中脊虽然不高起，却呈圆柱，但翼端有“胡”，而且同“关”之间形成了有空隙的“喉”，可以确认它是处于初变时期的四镰镞。当然，也因出土数量极少，我们也只能认为它是一种古老的被淘汰了的镞式。

按照《广雅》把“拘肠”作“钩肠”，显然是说翼端呈倒刺。秦俑三棱镞中的Ⅰb式镞，本有小逆刺，但这并非翼下的棘刺，应是棱镞吸收翼镞之长而产生的一种变化型。我们是否把它也可看做是“钩肠”镞？

《方言》：“其三镰长尺六者，谓之飞虻。”三棱铜镞长1.6汉尺者，即合今39.96厘米。秦俑坑的平翼镞（Ⅰa）和一种带倒刺的三棱铜镞（Ⅰb）通长都在38.4～41.9厘米以上，大于“长尺六”之数。再从巨型的镞首和粗而长的铤上看，此类镞矢非强弩是难于射远攻坚的。妄即虻，是吮吸牛等牲畜和人血液、极为厉害的一种飞虫（叫做“牛虻”，常见的有华虻和斑虻），以此取名曰“飞虻箭”，可知其穿透力是很强的。史载，汉光武帝曾用飞箭攻赤眉军[4]。那么，秦俑坑提供了“飞虻箭”的实例。

称作“羊头”镞的，实际是一种三棱镞。《方言》：“三镰者谓之羊头。”秦俑坑中的Ⅰc式三棱镞和铁铤铜镞（Ⅲ式）即是。

《方言》：“（镞）其广长而薄镰谓之錍，或谓之钯。”《广韵·九麻》“钯”字注引《方言》：“江东呼鎞箭。”也许秦俑坑那支柳叶状的三棱铜镞（Ⅴa）就是“錍”镞。

《方言》所说“中穿二孔”的“钾炉”镞是敷设药物的毒箭，而无尖锋的“平题”镞属于“习射”的“志矢”。这些都在考古中有所发现[5]，而唯独秦俑坑目前没有见到。

今按《方言》对照秦俑坑镞，列表一如下：

表一　秦镞汉名对照表

秦俑坑镞型			《方言》对汉镞的分类	
型别	式别	数量与状态	名称	特点
双翼镞	Ⅳ式铜镞	少量	四镰	起脊双翼
三翼镞	Ⅱ、Ⅲ、Ⅴa、Ⅴb	少量。Ⅰ：长铤；Ⅲ：长铤；Ⅴ：长首	錍（钯）	三镰，长而薄
三棱镞	Ⅰa、Ⅰb	Ⅰa：大型镞、少量；Ⅰb：长铤、少量	飞虻	三镰，长尺六
三棱镞	Ⅰb	少量，有逆刺者	（拘肠）	钩肠（倒刺）
三棱镞	Ⅰc	大量	羊头	三镰如羊头
?	?		钾炉	中穿：孔
?	?		平题	齐头无锋

秦镞是战国以来三棱铜镞为主体的流行样式，同时也为汉镞确立了基本形制。只有镞同杆（笴）、羽结合为一体，我们才能从中觉察到制作者如何根据需求制作从而体现设计者的缜密考虑。

（二）秦箭定位

《周礼·夏官司马》说司弓矢的任务是“掌六弓、四弩、八矢之法”。对此八种箭的功能要求及其制作要点，试解如下：

第一，用途各有侧重，即：“枉矢、絜矢利火射，用诸守城、车战；杀矢、鍭矢，用诸近射、畋猎；矰矢、茀矢，用诸弋射；恒矢、庳矢，用诸散射”。

据郑玄的注说，有些已经得到了验证：

枉矢、絜矢——“皆可结火以射敌”，用以守城和车战。

杀矢、鍭矢——“中深不可远”，但“中则死”，所以“射敌之近者及禽兽”。

矰矢、茀矢——是弋射飞鸟的两种短箭。缴（系箭的丝绳）系于矰（系绳的箭），射中飞鸟后即回收，故也便于反复弋射。在画像砖、画像石上此类图像是很多的。

恒矢、庳矢——是用以“礼射及习射”的两种箭。由于礼仪和练靶都是无杀伤性的射箭活动，因而箭头作平顶的或圆钝头，发射时也无需强力。射猎纹铜壶上的刻纹也多显示着这种活动的内容。

由以上可以看出：八矢可分为四类，而实际用于战争者仅有前四种。其中枉、絜二矢尤为重要，故统称之为“兵矢”是很恰当的。

第二，按照弓射和弩射的不同，“八矢”可分为两大类，即：

弓射用箭——包括有枉矢、杀矢、矰矢和恒矢四种；

弩射用箭——包括有絜矢、鍭矢、茀矢和庳矢四种[6]。

弩射力强，可以获得最大的初速，命中率也高，都较弓射为优越。因本身的这一原因，所以使用的箭也有区别。

第三，因用途关系，箭的重心位置各自不同，从而形成一套“矢之制”的规范要求。

《周礼·考工记》说：“矢人为矢，鍭矢参（三）分，茀矢三分，一在前，二在后；兵矢、田矢五分，二在前，三在后；杀矢七分，三在前，四在后。”在这里，“八矢”中除了恒矢和庳矢外，可分作三个档次，由低到高依次是鍭矢、茀矢为一级，兵矢（枉矢、絜矢）、田矢（指矰矢，另外兵矢也可作田矢）为二级，杀矢为三级。对于箭杆之所以划分成三、五、七几个等分段的原因，就在于它前端安装着大小不等、轻重不一、长短有差的铜或铁镞。因此，郑玄就作了“参订之而平者，前有铁，重也”的解释。郑司农还举例加以说明：“一在前，谓箭稿中铁茎居三分杀一以前。”镞首的轻重，就决定了铤的短长与之同步变化，既可以是正比，又可以作反比[7]。同样，镞入笴之后，为使重心落在箭的中心位置，使之在空气中运行时保持平稳状态，人们在长期的射击实践中总结出铤与箭长之比为：1∶3、2∶5、3∶7。换言之，镞铤之长分别占箭杆长的33.33％（鍭矢、茀矢）、40％（枉矢、絜矢、矰矢）和42.85％（杀矢）。

当我们给秦俑坑出土的箭及镞定性时，我们还得揭示如下一些制约因素，以便界定所要讨论问题的范围。

首先，因为无弓的发现，发掘所见是箭与弩的同在，所以，此箭当属弩箭无疑。又因俑坑纯属于军事部署，既有步、骑、车编列的模拟，有远射的武器配备，也当有“射敌之近者”的安排。可见此类箭只有从絜矢、鍭矢上去考虑。

其次，秦俑坑镞型多，计有5式16种。分布上除了杀翼三棱铜镞（即“羊头”镞）为各坑均有而数量又大，并且有完整束矢的出土，而铁铤铜镞，在各坑中只有零星的发现。但大型三棱铜镞（Ⅰa）和长铤三刃铜镞（Ⅱ式），则独出于二号坑。

再次，箭杆材料有竹和木两种，全长68～72厘米，个别的可达到73厘米。箭表面分段涂朱红和褐色漆：分两段涂色的，是前段朱红，占箭长的三分之二，后段褐色，占三分之一；分三段涂色的，前段褐色长占12～14厘米，中段红色占38厘米，后段褐色长17厘米（图Ⅱ-4：2）。

秦俑箭镞长短不一，大体可分为五级。其铤由短到长的次序是：

一级：1.2～2.8厘米（Ⅰa、Ⅳb、Ⅴb）；

二级：6.3～13.5厘米（Ⅰc-2、Ⅰc-3、Ⅱ）；

三级：15.4～21.2厘米（Ⅰc-1、Ⅱa、Ⅱb）；

四级：29.1～29.2厘米（Ⅰb-2）；

五级：34.9～37厘米（Ⅰa、Ⅰb-1）。

秦箭之笴平均按70厘米计算，则镞铤入箭杆中所占的百分比，排级如次：

一级：1.71％～4％；

二级：9％～19.2％；

三级：22％～30.29％；

四级：41.57％～41.71％；

五级：49.86％～52.86％。

由以上比较看，秦箭不但比战国时期《考工记·矢人》规定的三级多出了两个级数，而且还使弩射的絜矢和鍭矢的铤长加大了很多。这些情况表明：秦军中弩用箭作为“兵矢”的种类是相当多的，更能适应车、步、骑等兵种远战和近战、攻击和守备等多方面的需求。

射速高、飞行稳定、穿透力强，是用箭和制箭的基本要求。而这除了弓弩的性能、射术的高低之外，就箭本身的材质、镞型、羽的丰杀、各部分的比例、重心位置等等，都有着很复杂的关系。因为关系失调，箭在空中飞行不正，将会发生种种

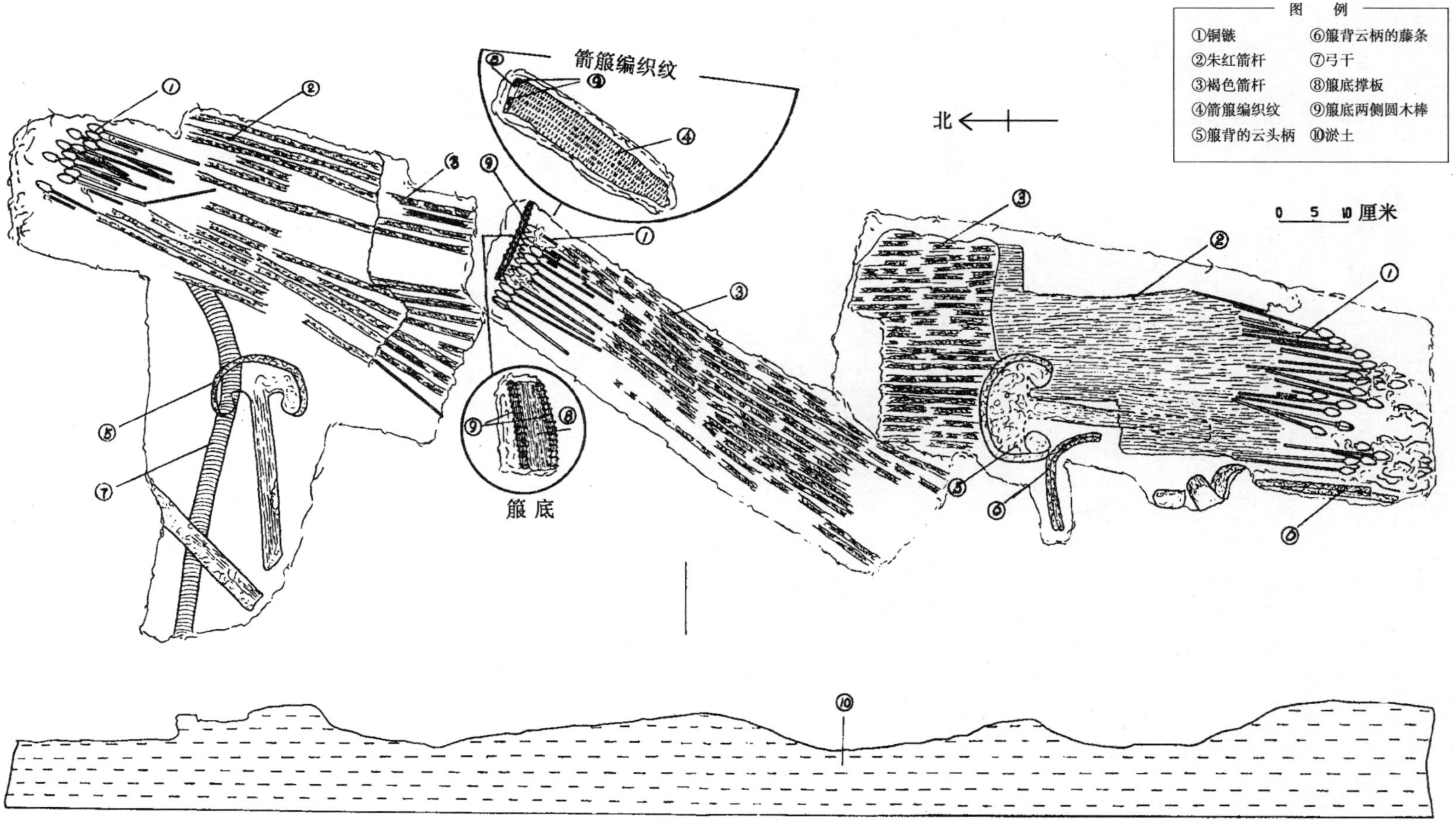

上：平面　下：剖面

图Ⅱ-4：2　秦箭迹象图

（一号坑 T10G6）

弊病。正如《考工记》指出飞行轨道由于箭矢的“前弱（柔弱而桡曲）则俛（低），后弱则翔（摇摆）；中弱则纡（曲），中强（刚强而不易桡曲）则扬（仰）；羽丰则迟（滞缓），羽杀则躁（即躁，指旁窜）”，就很难命中目标了。当然，这里讲的还只是箭笴的刚性和羽的丰杀两项，远远并非制箭的所有内容和要求。那么，对这样一个复杂的技术问题及其所包含的有关空气动力学知识，正同今日之弹道学一样，属于诸因素综合的科学，偏差不得。比如前列举的镞铤占笴长的比级，多与《考工记》的规范不合，这就需要联系其他因素来做全面考察。从中我们也不难发现彼此间具有一种调节的作用。于此，撷其要而考述如下：

1. 关于铜镞各部的比例问题：

《考工记》说“冶氏为杀矢，刃长寸，围寸，铤十之，重三垸”。这里的“刃长”即镞首之高，“围”指镞首底边之和，铤长是刃长的10倍。很明显，这是冶氏用铜烧铸“杀矢”的标准长度和重量。而矢人在制矢时，是否也把它作为其他镞的比例来对待呢？秦的平翼三棱铜镞（Ⅰa）的刃长：围＝1∶1，刃长：铤长＝1∶10，基本合乎这一比率。但其他铜镞就不尽一致了。如倒刺三棱镞（Ⅰb）的镞高固然同铤长是1：10的关系，但镞围却小于镞高了。而杀翼三棱镞（Ⅰc）、三出刃镞（Ⅱ）、铁铤铜镞（Ⅲ），都是刃长：铤长＞1∶10[8]。如Ⅰc式铜镞制作最为规整，其首长28毫米、三底边之和是9.9＋9.66＋9.42＝28.98毫米，两者基本接近，但铤长只有160毫米。

2. 关于箭笴的分段：

《考工记》说杀矢的箭笴“参分其长，而杀其一”。郑玄注：“矢稿长三尺，杀其前一尺，合趣镞也。”这是说在箭杆前部的三分之一处，就要逐渐地削细，以至于同镞径相齐。

已经炭化和灰化了的秦俑箭杆，虽然看不出前后有什么明显的变化，但镞铤缠绕麻丝入箭杆后，外部又以丝绳束札，并以红漆标帜一周，大概也是一种替代的手法。

3. 关于设羽比例：

《考工记》说杀矢的箭笴“五分其长，而羽其一”。意思是：贴附羽毛的部分占箭杆长的五分之一，而不是羽毛本身的长度。再换句话说，因羽设箭之后端，故同空杆之长的比是1∶4。秦俑坑箭长68～73厘米，一般设羽占13～15厘米。基本上是五分之一，合乎规定。至于“以其笴厚为之羽深”之说，也因羽毁、笴朽而不明箭厚（半径）是否等于羽深（入笴的深度)?

秦镞的型式、大小、长短、轻重不一，而装入长度大体一致（68～73厘米）的箭笴（矢稿）之中，又因“八矢”用途的各别而制作成“轻重得”、“矢道正”的一支利箭，其复杂的程度集中到一点上，就是：如何处理箭的重心所在。对此进一步的探索，也许对研究射箭术有所帮助。

由前考释，我们可以确认：由大型的“飞虻”镞（Ⅰa、Ⅰb、Ⅱ）所制作的“絜矢”是车战、野战中弩射攻击的专用箭。而由“羊头”镞（Ⅰc 和Ⅲ）制作的“鍭矢”数量大、使用率高，则是一般近战、中深的弩箭。

二　对秦俑坑弩弓属性的探讨

（一）弩——“横弓着臂，施机设枢”

秦俑坑出土的弩弓遗迹 140 余处，也多藏之于韬中（图Ⅱ-4：3），这就使我们能够清晰地了解到它完整的结构和保护设施。

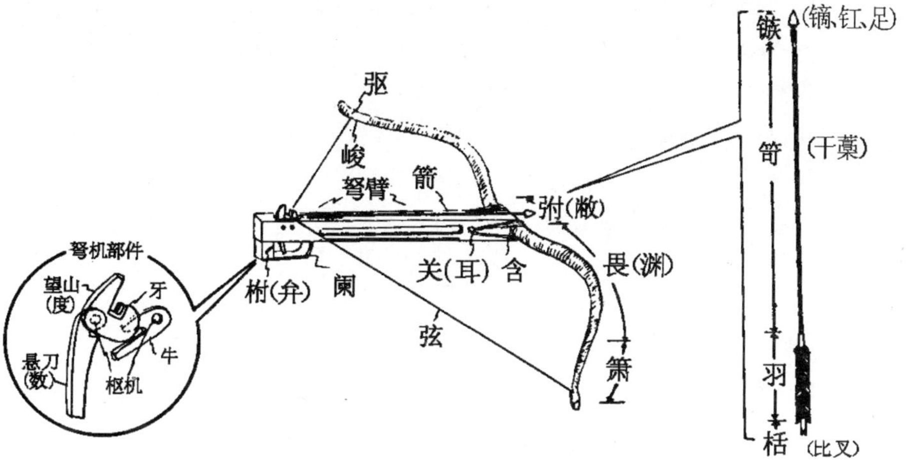

图Ⅱ-4：3　秦俑坑弩与箭结构复原图

（作者设计示意）

1. 木弓：弣部被嵌制在弩臂的含内，并以绳缚之于“关”上。弓干长 130～144 厘米、弣径 3～5 厘米、箫径 2～3 厘米、弦长 108～124 厘米、径 0.6～0.8 厘米。

弓干腐朽，因土置换而成迹象。截面作圆形，弓干由箫至弣部以皮条缠札，显非单体弓，但也不明其合成材料。弓表涂褐色漆。弦已成白色粉末状。箫端无弭的发现，但在外侧有挂弦的凹口——弨。

2. 弩臂结构与各部件：弩臂木质，长 70～76 厘米。截面基本呈方形，宽 4～5 厘米、厚 5.5～7 厘米。执持时横向托于左手中，其正面平直，中刻宽 1 厘米、深 0.5 厘米的“矢道”。下面可手握的弧度呈抹角的浑圆状，两侧中部内凹以便指抠。表面髹褐色漆。

臂前端有一承弓的横向含口，与弣同径。其上唇短而下唇长，上 3.5 厘米，下 4.5 厘米。在含后 6～6.5 厘米处的臂上横贯一木“关”，有如臂之两耳，外露 2 厘米。弩臂后端的下面有一斜向的长方形短柱插入臂中，长约 8 厘米。此物有如今之枪托，名曰“柎”。紧贴柎前的是用宽约 3.2 厘米的竹片，使之弯曲围住弩机的悬刀，再插入臂中。这种防护悬刀以免误触的设施所形成的“阑”其内径横长 11～12.8 厘米，高 5.8～7 厘米。

青铜弩机由钩牙（钩弦）和望山（瞄准的标尺）连体，前端横向有“牛”（钩心），下面竖向装悬刀（扳机），再以两个键横穿木臂和机件的枢孔，使之结合在一起，就成为一个连动开合的发射机关，再整体装入木臂的后面。臂面露出望山和钩牙，下面的阑内露出悬刀。

秦陵考古队于 1976 年，在一号坑发掘出两件带铜廓的弩机和承弓器，说明秦弩已经在使用铜廓弩机了。

3. 弓和弩的结合：当释弦放矢后，弓干所产生的反弹力是相当大的，往往因强烈的震动而使弓同臂脱开。如果单凭弩臂的含口和上下唇是夹不紧弓干的，因而就用绳索紧贴弩臂两侧把弣部同弓耳牢牢地缚住，形为一体就异常牢固了。

4. 弩韬：弩韬略大于装弦后的弓体。它是由两片麻织物合成，在背侧缝合，在绷弦的一侧开口，整体有如蚌状。韬，内侧有两根“八”字形的木条分开撑住韬顶及两角，使开合较为方便。韬迹长 150 厘米，中心宽 25 厘米。出土时，都是弩的弓部藏于韬内的（图Ⅱ-4：4）。

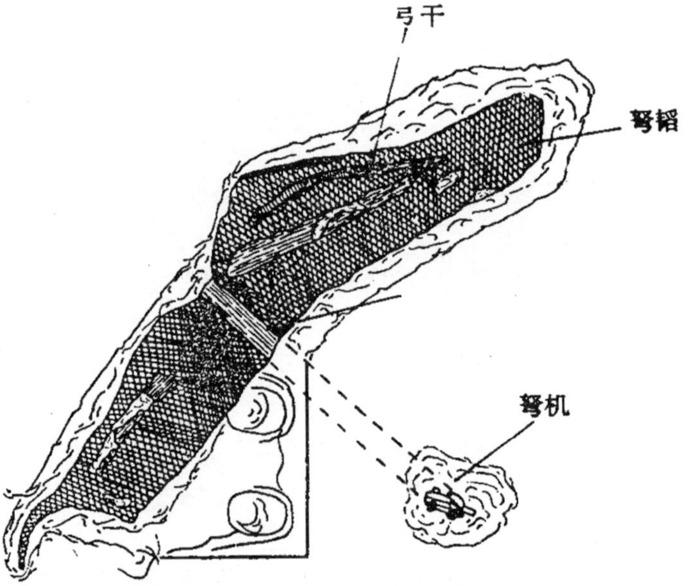

图Ⅱ-4：4　秦弩弓迹象图

(二) 对弩弓同箭配合的提示

首先，我们先看一下弩的发射过程同弓射有何区别？弓射时，先要左手持弓弣，竖直，装箭──→钩弦，持满──→瞄准──→松弦放箭。而弩射则把装箭张弦和释弦放箭分解开，作为两个单独的动作来完成。也就说前后两个动作无须像弓射那样地连贯进行，而可以隔开来在捕捉到目标之后，或是射击对象进入有效射程内，再扣动扳机放箭。由此可以看出，弩弓作为延时的远射程武器，不但强度比弓大，能够达到更远的射程，而且不存在持弓钩弦、捕捉目标时产生的疲劳感，因此命中率无疑地比弓要高得多。

弩射瞄准的科学性，还表现在它已经摆脱了弓射时的感观因素。因为弓射时，射手凭借着臂力开弓、搭箭钩弦、瞄准、屏息放箭，经受着时间和力的对抗，由于体力的消耗，是难于持久的。弓射手在短时间内必须完成前述的一系列连续动作，因强度大、频率高，随时间的延长，其效能必在逐步下降。

弩射则避免了弓射的一些缺陷。将弦扣在弩机处于闭锁状态的钩牙上，箭压入臂面的矢道中以栝抵弦。射击时，左手平托弩弓，右手握弩弣，食指钩住悬刀。这时，射手有着充分可以被利用的时间。其视线通过钩牙与望山间的缺口（机间，又名“分”）搜索目标，使矢镞同被射物处于一线，再根据距离的远近，通过望山的高低调整矢镞的俯仰，由经验运用抛物线的原理，扳机放箭，以期中的。

当钩弦上牙时，弩弓随之发生了一系列形变的过程。以此而蓄备弹力，形成“势如旷弩，节如发机”（《孙子兵法·作战》）的状态。这时，弦呈“V”字形，弓干内收，自渊部以下至畏部的位移距离逐渐增大。为明了弩射产生的弓形变，今以最长的秦箭（72 厘米）和弩弓（干长 144 厘米，臂长 76 厘米）为例，并图解之：当弓持满时，箭在弓弣外露约 5 厘米。于是，发箭时弦复位的反弹距离是 45 厘米，箫部的振幅大约是 10 厘米×2，其所产生的初速和射程，正如本书《秦俑兵器刍论》一文中提供的参考数据，约在数百米之外（图Ⅱ-4：5）。

秦陵西侧铜车马的高车（一号车）上，有一张铜弩弓。在臂前端的双耳后有一穿孔，檠经孔后，两端缚住弓干。檠同弓弦平行，其作用就是防止射箭时反弹造成弓干的损坏。但秦俑坑的弩弓没有发现檠的遗迹，可见在使用上并不普遍。

(三) 秦弩弓属性的探索

周弓之制有三等，即《考工记》说的，“弓长六尺有六寸，谓之上制，上士服之。弓长六尺有三寸，谓之中制，中士服之。弓长六尺，谓之下制，下士服之”。其弓长折合今之长度分别是 152.5 厘米，145.5 厘米，138.6 厘米。这里的“弓制”虽不同于“弩制”，但毕竟有接近的一面。秦弩的弓长符合周弓中、下制的标准，但能否说就是“弱弩”？

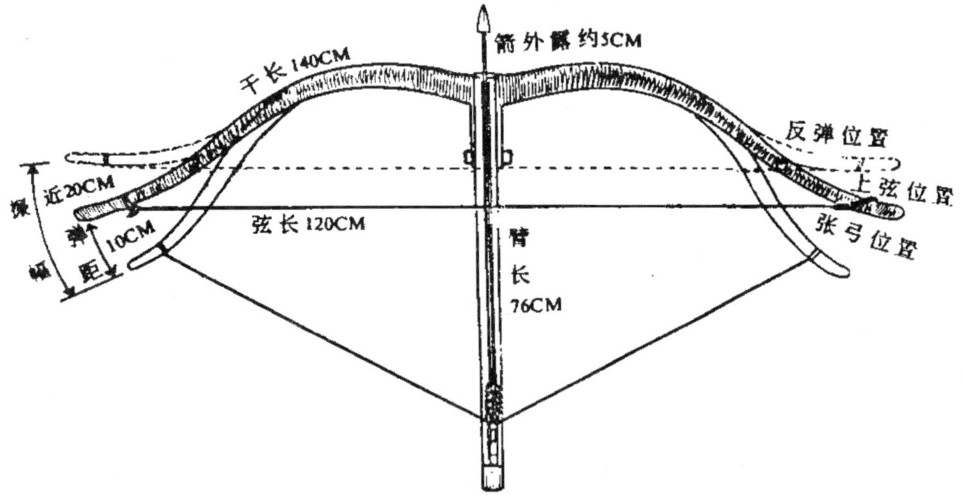

图Ⅱ-4：5　秦弩的弓形变

（作者设计）

一般说来，张力的大小同射程成正比例。而实际上张力的获得，并不完全在于弓干的长短，而在于粗细、厚薄与材质的状态。战国中期以后，从楚弓的实物看，是在遵循周制的基础上有所增大。而秦俑坑的弩弓虽小于楚弓，干径却增大了近一倍[9]，所以它所产生的弹射力也未必小于前者。其次，为了用强力把已经加长了的箭推出去，弩臂不得不随之加长，弩机也相应增大——望山加高、机间（分）增宽。这就是说秦弩也仍属于“强弓劲弩”的理由之一。

秦弩的开弓方式可能因弓的大小而有擘张和蹶张两种[10]。《孙膑兵法·势备》：“发于肩膺之间，杀人百步之外。”显然是射程仅有80米左右的臂张弩。而战国时期的韩国步卒已能“蹠劲弩”（《战国策·韩策》）。蹠，即跖，足踏。韩卒用的是蹶张弩。但《史记·苏秦列传》说韩卒能够“超足而射”。正义：“超足，齐足也。”似乎用的又是以腰引弩。云梦秦简《秦律杂抄》中把“蹶张”和“引强”两个兵种并举，秦俑坑中也是把弩兵单列，可见若不用蹶张是很难开此硬弓的。

《周礼》中说到的“四弩”，指的是夹、庾、唐、大这四种战国时期流行的异体弩。其作用各不相同，如“夹、庾利攻，唐、大利车战、野战”。前两种是弱弩，后两者属于强弩。从秦俑坑的兵力构成看，多兵种的阵战和野战都带有进攻性。出土的弩弓有大小，不正说明四弩并存吗？

固然秦俑弩弓在战国弩的基础上有了很大的进步，但是无铜廓的弩机，不能承受更大的张力；望山上也是没有刻度，还不具备调整发射角的科学模式，命中率就差得远了。所以，虽然有廓的铜弩机已经出现，但数量极少，从整体上比起汉弩来，秦弩弓还是处在弩发展的初级阶段。不过，铜廓弩机和承弓器（弩辄）的出现，大大提高了机械的稳定性和延时装置，也使命中率有了前所未有的保证。

注 释

[1] 楛（hù），可作中矢之干。《书·禹贡》孔传："楛，中矢之干。"《诗·大雅·旱麓》孔颖达疏引陆玑云："楛，其形似荆而赤，似蓍。"《国语》载孔子说："肃慎氏贡楛矢石砮等。其长尺有咫。"在《三国志·魏志》的《挹娄传》、《陈留王传》、《晋书·肃慎氏传》中多提到肃慎氏之"楛矢"。

[2] 萑是芦类植物，中空，同苇连用。《诗·豳风·七月》："七月流火，八月萑苇。"萑与苇二者都是编织席垫的原料，但不能作箭杆。而萑柳已不是"萑"，属于柳的一种。其枝条细而长，才可做矢干。

[3] 三翼铜镞，在内地出现的时间较北方草原要稍晚。长安沣西客省庄战国早期的地层中才见到三翼铜镞。

[4]《文选·闲居赋》李贤注引《东观汉纪》："光武作飞虻箭以攻赤眉。"

[5] 毒箭见于河北满城中山靖王刘胜墓中出土Ⅰ、Ⅱ式三棱镞的面上刻有小槽，即是敷毒药的地方。参见中国社会科学院考古研究所等：《满城汉墓发掘报告》，文物出版社，1980年。

此式箭在福建崇安汉城出土的三翼铜镞上则刻有两个小孔。

"志矢"，据《仪礼·既夕礼》注："习射之矢"。山彪镇一号墓的第56号铜镞，首作平头的圆锥状。参见郭宝钧：《山彪镇与琉璃阁》，科学出版社。而满城一号汉墓出土的Ⅱ型铜镞首后作圆柱体，尖锋作钝三棱柱状。

[6]《周礼·夏官司马·司弓矢》郑玄注："此八矢者，弓弩各有四焉。枉矢、杀矢、矰矢、恒矢，弓所用也；絜矢、鍭矢、茀矢、庳矢，弩所用也。"

[7] 据我测知，Ⅰa式是二号坑出土的特大型三棱铜镞，通长41.5厘米，重100克。其中首长4.2～4.5厘米，底边宽1.67～1.68厘米，重50克；铤长37.3厘米，也重50克。这种镞首之长短、轻重同铤长成正比的还有Ⅰc式铜镞、Ⅲ式铁铤铜镞等。成反比的如Ⅰb式铜镞，其首长3.2～4厘米，底边宽1.066～1.333厘米，铤长29.1～37.9厘米，尽管不是正增长，但基本上还符合《考工记》"刃长寸、围寸，铤十之"的规范要求。呈负增长，或不合比例的还有Ⅱ式三翼铜镞，Ⅳ式双翼铜镞和Ⅴ式三翼镞。

[8] 参见本书《秦代军工生产标准化的初步考察》一文。

[9] 参见本书《秦俑兵器刍论》。

[10]《汉书·申屠嘉传》注："弩以手张者曰擘张，以足蹋者曰蹶张。"

伍　古剑谈略

——由秦王剑说起

“秦王骑虎游八极，剑光照空天自碧！”

这是多么威武雄奇的一个场面！

固然唐代诗人李贺在《秦王饮酒》一诗中，歌颂的秦王是唐太宗李世民，但秦始皇不同样有“骑虎游八极”之志、“剑光照空”的武功吗？嬴政身为秦王，在“加冕”之后励精图治，先后骑过追风、蹑影、奔毛等七匹骏马，如虎如貔驰骋疆场，指挥百万大军，以摧枯拉朽之势，涤荡六国的封建割据势力，统一了中国，建立起历史上第一个封建王朝——秦帝国。

对秦王杖剑而游、挥剑决浮云的壮美赞叹，就很自然地使我们想到了“宝剑”，也很自然地勾起对这个具有神秘色彩的兵器的联想来。

一　秦剑的发现及其直观

在秦始皇陵东侧之军阵俑坑里，发掘中多伴出有青铜剑及其剑属的附件。即以完整的17柄为例，长度在83～94.1厘米之间，而其中以90厘米者为常。它们的形状大体一致，呈一窄而薄长的兰叶状。身起脊，从横截面上看，是由脊、纵、锷（刃）构成对称的扁状八面体。锋部平面是呈弧边的锐角等腰三角形，近格处最宽也不过3.6厘米。茎上无后，呈椭圆柱体或扁柱体，是同剑身一次铸成的，上面缠以丝绳类的蒯缑。茎短的剑蒯缑宽16.7厘米，最长的达到19厘米。

形制相同的秦俑铜剑，固然剑身有长短的差别，但最大的区别不在剑身而在于剑首。正

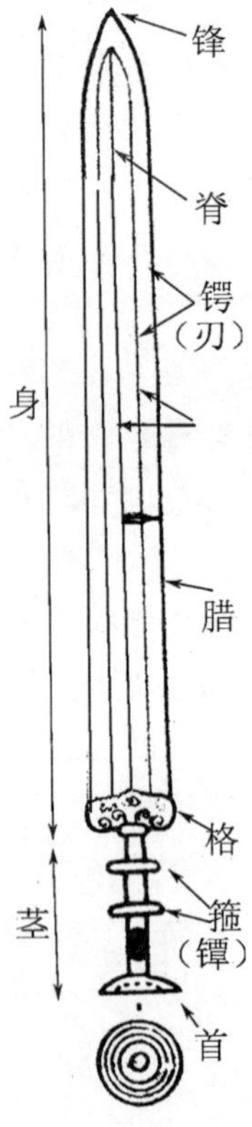

图Ⅱ-5：1（1）　剑的各部位名称

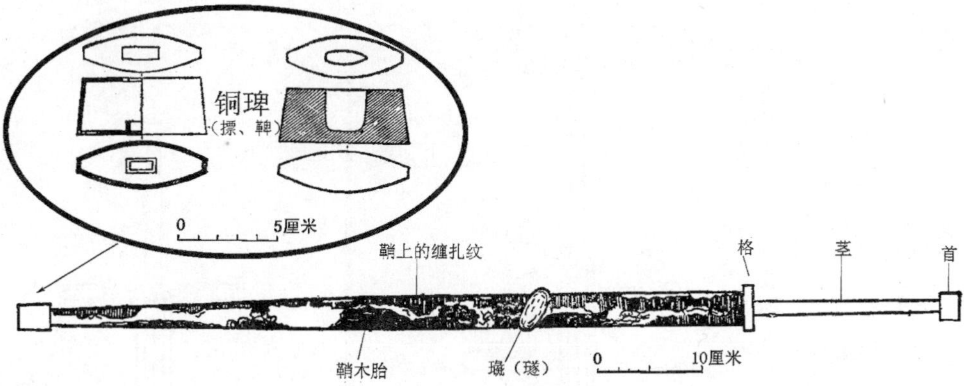

图Ⅱ-5：1（2） 剑鞘各部位名称

因为这样，就可把秦俑铜剑分成“圆首剑”和“扁首剑”。圆首者（Ⅰ式）形如喇叭状，扁首者（Ⅱ式）则呈帽状。剑格正面，都是中空的菱形。如果套在圆首剑的茎上，向首的一面做成“凹”字状；套在扁首剑的茎上，向首的一面做成平直的，这就是通常说的“一”字格。

这些秦剑，原来都是些实用的战剑。用来装配陶武士俑时，同样也保持了真实佩带的风貌。原来剑盛于鞘中，可惜出土时，鞘已腐朽，仅留下了一些铜琕、骨坠之类的附件。

人们形容剑之锋利，常常说“切玉如泥”，“吹发立断”。据唐人苏鹗在其笔记小说《杜阳杂编》中说德宗“将幸奉天，自携火精剑，出内殿斫栏上铁狻猊，应手而碎”。宋沈括说到蟠钢剑，可以“挥剑一削，十钉皆截”。事实怎么样呢？出土的秦剑虽然是青铜制品，经检测的3把，铜含量是71％～76.32％，锡含量是18.02％～22.13％。其硬度可达到HRC22～24度，大约相当于中碳钢调质后之硬度。由于内部铜、锡配比合于铸剑的要求[1]，就使得这种窄长而薄的兰叶长剑，不但坚硬，而且颇具韧性。再加之它具有扁而锐的锋尖，同两侧向内收缩可起风槽作用的“束腰”，就大大地增加了穿刺的力量。韩非子说秦的士卒“闻战，顿足徒裼，犯白刃，蹈炉炭，断死于前”，具有以一当十的勇敢（《韩非子·初见秦》）。目睹此剑则可以想见：强盛的秦军，在近战拼刺中手执戈、矛、戟、铍一类长兵器，又配备上这样的利剑，能不勇往直前！

屈原在《九歌·国殇》描述过一个雄壮的车战场面。“操吴戈兮被犀甲”，“带长剑兮挟秦弓”的句子，给我们留下了当时战士全副武装的一个轮廓。长剑与秦弓入诗，绝不是没有来由的。古代文献中关于秦人用剑的例子固然很多，但所载的什么“太阿”、“工布”、“鹿卢”、“水心”、“诚剑”等名剑，人们是很难从这些笼统的名词上想象出它的出众之处。陶宏景在《古今刀剑录》中记载的有两把“定秦”剑，上面刻小篆铭文，长可三尺六寸，被埋在阿房宫之下。此剑的长度约合今80厘米，同今秦俑坑出土之青铜剑大体相当[2]。这显然比前人的夸剑进了一步，大有考古纪实的味道。我以为，应该剔除其中后人强加的神秘不实的成分。此剑出自阿房宫遗址，可能同亡秦战争发生、工程废弃有关。显然属于秦之遗留物，绝非铸造后有意埋在阿房宫之下的。所谓“定秦”二字的名称，也可能是后人附会的。可惜这两把秦剑还是没有留传下来，不能使人一睹秦剑的风采。

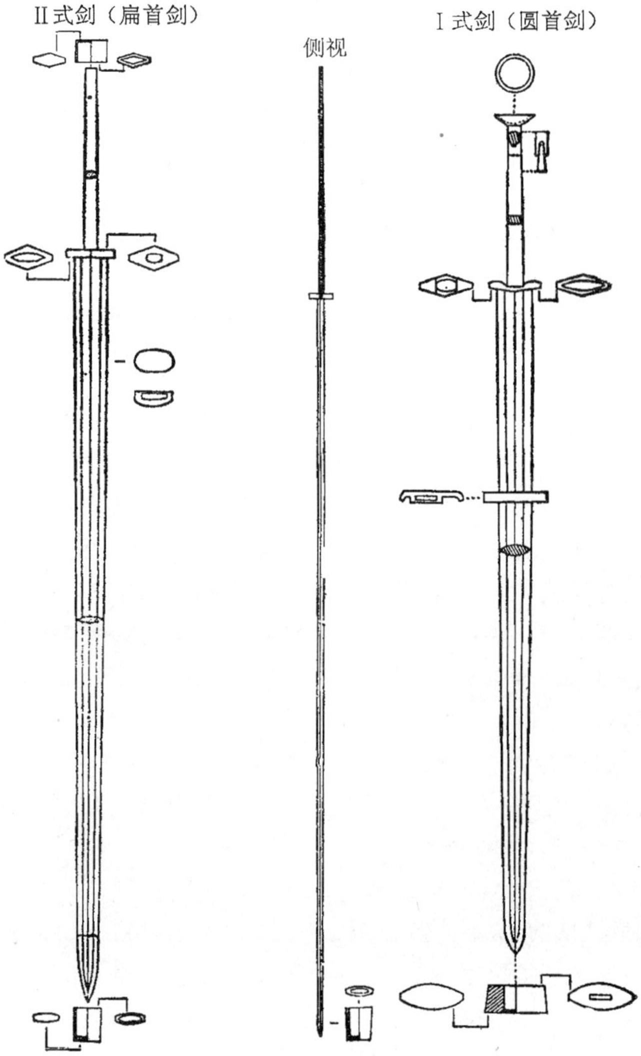

图Ⅱ-5：2　秦俑坑的青铜剑

秦俑坑青铜剑在潮湿的地下度过了2200余年的漫长岁月，今朝重见天日，依然锋芒毕露，色不胜寒（青）。它出自步、骑、车、弩的陶俑行列，不但是我们研究剑制及其发展的珍贵资料，也是揭示秦军军容及古代战争中武器配备的实物依据。

二　宝剑在古代社会生活中的作用

（一）“宝剑”所以为“宝”

剑一经问世，立即受到人们的重视和爱好。在世界很多国家的诸种民族中差不多都有与剑长期同处的经历。不过，由于时间推移，剑的作用和形制也随之变化多端。近代将军们的指挥刀应该是剑的代用形式，即使是武术中的击剑、歌舞中的舞剑也该是古代用剑风尚的亚流。

“宝剑”这一称呼由来已久，用“千金买宝剑”以言其珍贵。《吴越春秋》载：阖闾三年（元前 512 年），风胡子对楚昭王谈到“湛卢”剑不是倾城量金，珠玉盈河”所能买，更不是“有市之乡，骏马千匹，万户之都”所能换得的。以后吴国为了取得这把“宝剑”竟派了孙武、伍子胥和伯嚭率领大军向楚国开战（《吴越春秋·阖闾内传》）。

而“宝剑”的作用，往往还被人为地夸大到神奇莫测的地步。比如说楚国请来吴、越两国的铸剑名匠干将和欧冶子，“凿茨山，泄其溪，取铁英”。曾造出龙渊、泰阿、工布三柄铁剑。“晋郑王闻而求之，不得。兴师围楚之城，三年不解。仓谷粟索，库无兵革，左右群臣贤士莫能禁止。于是楚王闻之，引泰阿之剑，登城而麾之。三军破败，士卒迷惑。流血千里，猛兽欧瞻。江水折扬，晋、郑之头皆白”（《越绝书·越绝外传记宝剑》）。楚城解围的原因，当依据实际情况分析。若说是“剑威”使晋郑三军大败，无疑是离奇的夸张。

（二）佩剑

剑作为兵器登上历史舞台，并不是立即用于战争的。据考古发现，我国西周早期已经出现了铜剑[3]，并在此后很长的时间里却为大大小小的奴隶主阶级、封建统治者所占有，而广大的劳动人民则是同它无缘的。社会上除了继承商代贵族佩玉的传统之外，还兴起了佩剑的风气。虽然二者往往也兼而有之，但佩剑比佩玉似乎更受重视。因为佩剑除了装饰意义之外，还有政治上的妙用。说明白，奴隶制度的等级制在用剑方面，就有着充分而具体的反映。宝鸡市茹家庄西周墓出土铜剑 2 柄、铜戈 8 柄。墓主強伯位当诸侯，其丰富的随葬品均是按《周礼》规定的丧葬制度安排的。其中 9 名奴隶，不但身无长物，而自己也成了这強伯杀殉的牺牲品[4]。

春秋时代的一些统治者，往往还要在剑上镌刻“自作用剑”的题铭以示专有。即使到了战国时代，原属于统治者阶层的士，虽然他们的地位已经下降，但作为政治标签的剑却是万万不可缺少的，像冯驩尽管穷愁潦倒，食不果腹，还是剑不离身。当他投身到养士三千的齐相孟尝君门下作食客后，还多次弹铗（剑）而歌，发泄牢骚，藉以表示自己身份不俗，理应受到食有鱼、出乘车、立家室的特殊待遇（《史记·孟尝君列传》）。

秦简公六年（公元前 409 年），“令吏初带剑”（《史记·秦本纪》、《六国表》），接着是“七年，百姓初带剑”（《秦始皇本纪》后引《秦纪》）。这说明：一方面秦国政府下令属于新兴地主阶级的大小官吏人等可以享受佩剑的政治待遇，从而冲破了过去只有奴隶主贵族才配剑的规定；另一方面，接连两次下令使佩剑合法化，表现出发展较关东六国后进的秦国在礼制习惯上，发生了一次变革。正因如此，才博得史学家的关注而大书特书。

（三）战剑

剑属于刺击型的武器，当然就成为人们在近距离内用于格斗防御的工具。《史记·刺客列传》里记下了许多春秋战国期间名刺客的故事，早已为人们所熟悉。像曹沫劫齐桓公，专诸刺王僚，豫让击袍，聂政刺侠累，荆轲刺秦王等等。至于用剑猎兽的情况，也作为绘画题材反映在一些铜器的纹饰上[5]。而这时的剑正如考古发现的一样，一般只有三四十厘米长，最长者也不过六十厘米左右。所以，古书上就径称这种剑为“匕首”。因其短，既可以手持以刺，也可以投掷中的。荆轲刺秦王嬴政故事中，引为历史名句的就是“图穷匕见（现）”。我以为，荆轲手里拿的短兵器是剑，而不是匕首。因为在当时，短剑的实用性和使用的普遍性都远远在匕首之上。

在春秋战国的交替时代，剑被用于战争，实为近距离内格刺的主要短兵器。这可以说是用剑史上的重大变化。解放前，在河南汲县山彪镇 M1 里出土有“水陆攻战纹铜鉴”一对，1965 年还在四川成都百花潭中学 M10 出嵌错图像铜壶一个，上面均刻有许多佩剑和握剑格斗的武士，具体而形象地反映了当时白刃战中用剑的实况[6]。这在秦俑阵营坑里，也能清楚地看到剑作为短兵器配备在阵战中的情形。所以，我们可以说，自战国以降，剑除佩饰的意义之外，在战争中它已成为不可或缺的武器。

（四）舞剑

最有趣的还是舞剑。

在鸿门宴上，项庄舞剑是一个令人屏息的惊险场面。

就是人称为“草圣”的唐人张旭，据说也是看了公孙大娘舞西河剑器（古代武舞的曲名）之后，受到启发，“草书长进”，竟成了一代名家。

唐文宗时，人就把张旭的草书、李白的诗、斐旻的剑舞称之为“三绝”。据《独异志》载，斐旻在东都天宫寺舞剑，“走马如飞，左旋右抽，掷剑入云，高数十丈，若电光下射。引手执鞘承之，剑透空而入，观者千百人，无不悚栗”。斐任北平守时，在多虎的此地，竟能一日射虎 31 头！

在斐旻舞剑的启示下，吴道子“灵感”骤至。于是，援笔作画，顷刻间，粉墙图就，“飒然风起，为天下之壮观”，成为平生的得意之作（《图画见闻志》）。

（五）上流社会的宠儿

剑在社会生活中除了它的实战价值之外，还可以作为君主对臣下的赏赐、朋友之间馈赠的礼品。同时，它还是象征财富、标明身份、炫耀威武的指示物。所以，贵族就同剑结下了不解之缘，简直可说是一种如影随形的关系。正因为这样，他们对剑，以至对剑鞘及其装饰也特别的讲究，像洛阳中州路的春秋初期 M2415 出土一柄时代早于该墓的柱脊形铜剑，鞘是用一整块象牙雕刻的，表面饰以纠集盘结的蟠螭纹，可以说它是一件精美华贵的牙雕工艺品[7]。河北满城的西汉中山靖王刘胜及其妻窦绾墓出土的钢剑，首、鞘玉刻，鞘的玉饰上刻以夔龙和兽形高浮雕，形象极其生动；而另一把短剑，身错金，首鎏金，显示了自身的珍贵和主人的不凡[8]。像如此精致的剑，都是些价值连城的希世之珍，除了贵族可以使用还有谁呢？

三　剑的起源与发展

（一）剑制溯源

任何事物的发生与发展都有一个由低级到高级、由粗糙到完善的过程。一种用具的出现和改进，首先是以人们的社会实践和需要为前提，而多由一种诱因引起而创造出新的形态来。

迄今发现时代最早的铜剑在中原地区当推西周早期[9]。但是，这些早期的铜剑也绝非剑的雏形，其起源应该说要更早一些。

《孙膑兵法·势备》中有“黄帝作剑”的说法。当然，这不一定可靠。因为孙膑在这里不过是为了说明布阵的道理，而作的一种比喻而已。至于周代以前的剑，在中原地区的考古工作中不曾发现其踪迹。有意思的倒是商代晚期，流行于北方的一种曲柄短剑却有出土[10]。那么，蛛丝马迹的线索将引导我们追溯前进，以便在发达的中原文化里找到早期的铜剑来。

而过去一些外国学者仅仅根据春秋战国时期的一些铜剑，就武断地说我国的剑是来自国外的其他民族，或说是来自日本的青铜文化，或说是来自印度的东山文化，甚至说是来自西伯利亚的卡拉索克文化和安得罗沃夫文化，等等。实际上，我国剑的出现远在他们据以为例之前，而且自成体系，所以，他说之荒唐，是不可为据的[11]。

我国早期的剑都属于短剑型，类同匕首。由于它们都具有直而对开的双刃，可刺、可挥、可礤，于是二者就往往混称。应该说，匕首的加长也就是剑。实际上，中原的所谓“汉式剑”有着它自身发展的序列，归结起来大概是这样的：柳叶形铜剑⟶柱脊形铜剑⟶东周式铜剑⟶以铁代铜的长剑。

由剑的发展史则表现出三种趋向，即：一是质料由铜到铁；二是由短趋长；三是形制由多式到单一。

我国国土辽阔，兄弟民族众多。剑的外形，就有了地域性和民族化的特点。实际上，地域性的形成往往又是以民族化为基础的。各自发展，自成序列，又彼此影响。

（二）先秦剑制的形成

下面我想粗略地介绍一下剑制改进的梗概（图Ⅱ-5：3）：

“柳叶形剑”是我国中原地区剑的早期形式，出于西周前期。其截面扁平，通体形为前狭后丰的柳叶状。剑身的基部（身与茎相接处）斜收，与茎相接，因此，身与茎的分界不明显。扁茎无格是这种剑的基本形式，往往茎部有两穿，用以固定木夹柄。剑身一般不起脊。

西周前期出现的“柳叶形剑”，在以后的时间里本身也在发生着变化。一是沿着短兵器的路子走，成为东周时期空茎剑和带箍剑的母体；二是分化出来，成为长铍的锋刃部分。“柳叶形剑”在西周中期，即为折肩扁茎剑所代替。春秋早期，铍就从短剑中分离了出来。

西周晚期到春秋早期流行着一种所谓“柱脊剑”，其特点是脊呈一根连茎的圆

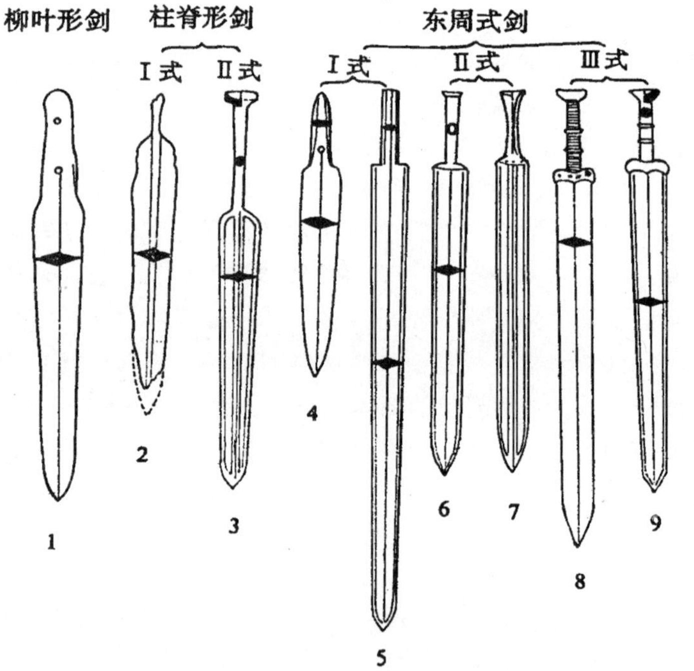

1. 长安张家坡 M306　2. 洛阳中州路 M2415　3. 三门峡上村岭 M1052
4. 洛阳中州路 M2753　5. 长沙东郊 M306　6. 洛阳中州路 M2717
7. 长沙东郊 M329　8. 洛阳中州路 M2729　9. 长沙东郊 M340

图Ⅱ-5：3　中国古代早期的各式青铜“汉剑”

柱，茎与身分界清楚，叶后端呈弧形的转折。这一圆柱状的脊，使剑身与茎连为一体，不但增加了剑的强度，而且也便于握持。显然是由扁茎无格的柳叶形剑的改进而来，构成为一个全新的形式——柱脊形剑。而柱脊剑，还可根据首的有无分为两种形式。

在春秋时期，剑的形式逐渐多样化，身、茎明显，叶的后端一般作直角转折。剑身起脊。但根据茎部的结构，可分为三式：

Ⅰ式——“扁茎无格”剑：扁茎无格，无首，茎部或留穿；

Ⅱ式——“筒柄剑”（一般称为“一字格式”剑）：圆首，茎作细腰状的空筒，格薄而窄；

Ⅲ式——“实心有后”剑：茎作实心的圆柱体，中附两、三个箍（后）以隔握柄的手指，末端或用铜、骨、角、玉等作成圆盘首，格宽大而形美。

以上三式铜剑从春秋晚期出现，直至战国末期，广泛地流行于我国的华北、中原、江淮的中下游地区及渭水流域。它是继承了柱脊形铜剑而发展的所谓“东周式铜剑”，如Ⅰ式柱脊剑发展成Ⅰ式东周剑，Ⅱ式柱脊剑演变成Ⅱ、Ⅲ式东周剑。

从扁茎无格的柳叶形剑起，经过柱脊形剑，到东周式铜剑，中间经过了西周到战国末期八九百年的发展时期，尽管剑的长度一直在变化，但长度充其量也不过60多厘米[12]，统统属于短剑型。而真正引起剑形变化的，却是社会大变革的那个时代。由于春秋战国时期的战争频繁、地域扩大、旷日持久，车战退居于次要地位，而步、骑兵已经兴起并成为战斗的主力。短剑，就不能满足实战的需要。于是，长剑特别是铁剑就应运而生。当时的楚国已能制造出锋利的铁兵器。《荀子·议兵》就有“宛钜铁釶，惨如蜂虿”的话，连秦昭王也因“楚之铁剑利”，恐有“楚之图秦”的担心（《史记·范睢列传》）。解放后，在楚国地域内也曾有不少铁兵器的出土。长沙、衡阳、郴州发现的铁剑，最短者58厘米，同当时的铜剑的长度相当，而最长的铁剑竟达到1.4米[13]。韩国的铁剑也曾名驰一时，可以“陆断马牛，水击鹄雁，当敌即斩”，所以就能博得“天下宝剑韩为众”的赞语（《战国策·韩策》）。而秦俑坑发掘的秦剑，完整者最长的在94.4厘米以上，尽管它不是铁剑，而是铜剑，但一改青铜短剑的历史，竟发展到了铜剑的极致。可见这些长型的铁剑或青铜剑的出现，都是“东周式”铜剑在实战舞台上衰退的使然，也是此后长剑的祖型。

尽管Ⅱ、Ⅲ式东周铜剑，在汉代前期仍然沿用，但铁剑已居有压倒的优势。随后，在实战中铜剑的历史地位即被长的铁剑所代替。古今嬗变，新陈代谢，考古发现为其演进提供了充分的证据[14]。

（三）汉式剑的历史演进

唐代对于短兵器的使用偏重于刀，剑只作贵族和武将的佩饰，甚或道家也用之于镇邪。

唐剑的使用在唐陵石刻和壁画中多有具体反映，像礼泉县李勣墓出土的剑，长98厘米。插入鞘中，其格张大如翼，茎截面是椭圆状，首呈扁状三角形。这种窄而长的剑型似乎成了此后各代遵循的定制。如宋代就承袭了汉魏六朝以来各兄弟民族的蒺藜、蒜头、鞭、简、斧、棒、枪等兵器的传统，从而形成了一种错综复杂的局面。这时，不但对剑，而且对刀也不怎么重视。因此，也谈不上剑形与剑制有多大的改进[15]。

元代则带来蒙古族特有的利剑和受汉剑及印度剑影响的改制品。

明代的佩剑之风依然存在，而佩刀则更加盛行，所以刀剑统称之为“佩兵”。将帅的佩刀多于佩剑，而封建帝王则专重佩剑。明剑的形制也是长条形，锐锋，直刃，蝴蝶形格；三角堆云首是其固有的特点。

清代的剑除了外国的贡品之外，自制的剑仍然是仿效唐宋以来的剑制，无所变更。只是因制作技术的提高，钢质好，外形精美而已。其他也多有仿古之作[16]。

上面谈的多是秦汉以来形成的定型化了的汉式剑，尽管其间元、清两代的剑是以蒙、满族为主体的纷杂剑型，但随后都融合在汉剑的定制中来。

（四）秦汉以前的民族剑

洋洋的中华大国，除汉式剑之外，最使人赏心悦目的还有秦汉以前历史民族的各式剑。这些自成体系、别具风格的“民族剑”和富有地方特色的“邦国剑”，同形为主体的“汉式剑”并存相长，在中国的大地之上出现了异彩纷呈、光华四射的局面，大大地丰富了中华民族的文化宝库。

我们在中原地区发现最早的剑，要算是西周早期的柳叶形剑。而我国北方自商代晚期到西周早期，就流行着一种曲柄铜剑。它身起脊，曲柄，首作兽头或铃形，在剑的身和茎分界处有两个突出的小齿。山西保德林遮峪和河北青龙抄道沟出土的两件曲柄剑，是我国最早的剑[17]，为进一步探索它同先进的中原文化的关系及其渊源提供了实物依据（图Ⅱ-5：4之1、2）。

自西周时期起，经过春秋战国时代，在我国北方的草原地带、东北地区和河北省北部，流行着一种具有游牧民族文化特征的曲刃剑。这种剑的特点是两刃分别有两处内曲，在刃中形成突出的一处波折。它除了曲刃之外，几乎和中原的柱脊剑相同。典型的曲刃剑，其整体呈琵琶形，通长在30厘米左右[18]（图Ⅱ-5：4之6～8）。

在内蒙、辽宁、河北省还发现一种扁茎带翼的柳叶形青铜剑。首作半球或鹰头、马头的装饰。显然是在西周早期就吸收了中原文化和北方文化而具有地方特色的燕国作品[19]。

以今成都平原为主，包括了川东地区在内的区域，出土有战国时期的一种扁茎无格、中起圆脊的铜剑。当属于巴、蜀两个民族的文化遗物[20]（图Ⅱ-5：5）。

战国到西汉时期，在今云南、贵州和四川西部一带居住的少数民族统称之为

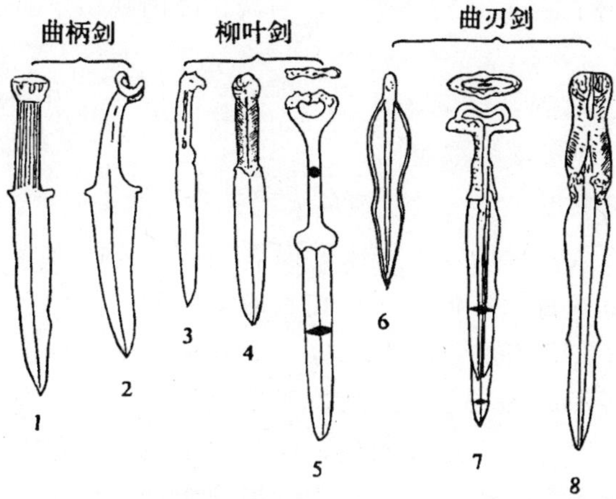

1. 山西保德林遮峪　2. 河北青龙抄道沟
3. 北京昌平白浮村　4、8. 辽宁宁城南山根
5. 内蒙古伊盟杭锦旗桃红巴拉
6. 辽宁旅顺后牧城驿　7. 辽宁喀左南洞沟

图Ⅱ-5：4　秦汉时期北方的青铜短剑

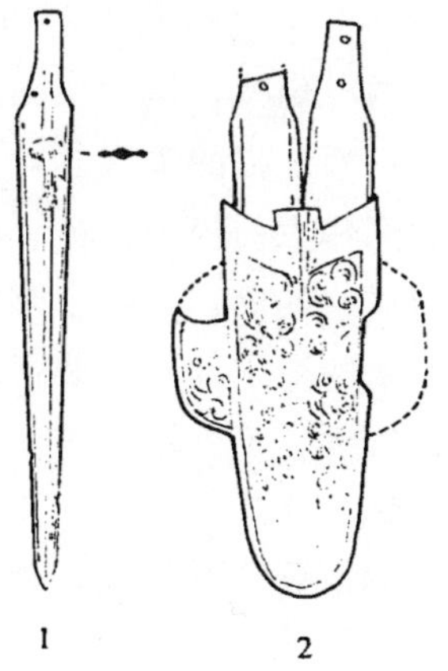

1. 四川巴县冬笋坝　2. 双剑铜鞘

图Ⅱ-5：5　巴蜀系统的青铜剑

“西南夷”。在这里出土一种形制特异、花纹别致的青铜剑和铜柄铁剑，当是他们的文化遗留。以滇池地区为中心，直到贵州中部，北达川西高原的西昌、凉山境内，发现滇池、夜郎和邛都等濮族系统的青铜短剑（B 型）；以洱海地区为中心，则有嶲（巂）、昆明等族的铜剑（C 型）的发现（图Ⅱ-5：6）。

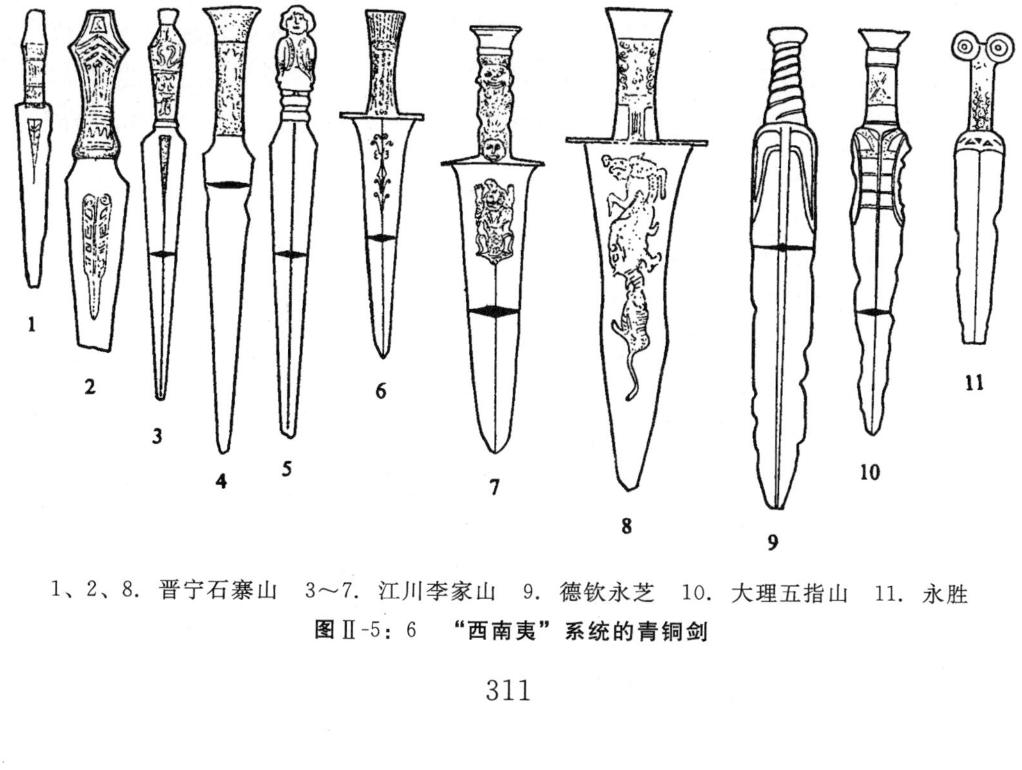

1、2、8. 晋宁石寨山　3～7. 江川李家山　9. 德钦永芝　10. 大理五指山　11. 永胜

图Ⅱ-5：6　“西南夷”系统的青铜剑

吉林怀德还发现一种通长 37.2 厘米的柳叶形青铜短剑，当属于战国晚期东胡族的遗物[21]。

1965 年，在广州市暹冈发现一柄青铜剑，身呈宽叶，有窄而直的格，茎作前宽后窄的两段扁茎，似为战国到秦汉间当地粤族的东西[22]。

四川西北部的宝兴县，在西汉土坑墓里，还常常发现羌人的长格空茎铜剑[23]。

我们伟大的祖国幅员辽阔，历史悠久。长期以来形成的以汉族为主体的汉式剑和少数民族的剑，在一个时期内既具有各自的特色，又有相互的影响和交流。它们还在社会实践中改变着原来的面貌，又在各自的基础上创出一个服从原来母体又形态各异的剑形来。这就足以说明我国各民族的联系，从远古时期已经开始，并表现出中华民族文化的一致性和连续性。同时，我们还应看到，作为中华民族文化因素之一的剑制曾经对朝鲜、越南、日本等国都产生过影响，这也说明中外文化交流的历史是源远流长的。

四　铸剑与相剑

（一）剑族弟兄

战国时期出现青铜短剑变窄加长、钢铁剑取代铜剑的趋势，这除了实战需要、铁工具广泛应用而外，冶铸制造技术的精进，也是一个很重要的因素。在社会实践中，适应人们的需要，剑除了有长剑、短剑之分，还有单剑和双剑的区别。制作上更有刻镂、镶嵌等多种技术的运用。富有高度智慧和创造才能的我国劳动人民铸造的剑，不只是一柄柄武器，而且也是一件件艺术佳作。这些凝结着心血的名品，不但表现了当时手工业技术的造诣，而且也是后人藉以研究我国科学技术史的重要资料。

用玉作剑的首、格（镡）、璏（瑧）和琕（珌）等四件者，称之为“玉具剑”。其所用玉有白玉、碧玉，也有用水晶的。玉具剑出现于春秋末期[24]，汉代则达到了鼎盛时期。琕装在鞘的末端，多呈梯形。满城中山靖王刘胜墓、永城芒砀山中的僖山汉墓、徐州楚王墓、广州南越王墓都出土过玉剑琕。其中南越王墓的玉剑琕，刻成熊虎嬉戏的圆雕，僖山墓玉剑琕，形似三角形，表面布满勾连云纹，都是些富有艺术趣味的工艺精品。因为剑柄用玉作茎、首、格，显然没有多大的实战价值可言，但其本身却有更高的政治价值。皇帝往往就是以这种华贵的剑赐予臣下，以示恩荣。

自晋代以后，用金、银、玳瑁、蚌珠代玉，由此，玉具剑的制作及其声价也就相对地被冲淡了。

“格纹剑”，指剑的表面有多种几何形的暗纹所组成的格状图案。发现具有这种漂亮纹饰的剑以春秋末期的吴、越两国为多，像吴王光、吴王夫差、越王勾践的

“自作”铜剑即是代表之作[25]。

据《吴越春秋》载，吴王阖闾曾使造剑名匠干将作剑。干将一次铸出两把，“阳曰干将，阴曰莫耶。阳作龟纹，阴作漫理”。可能因为是同炉产品，在质量、性能、规格上统一，人们也就称这种剑为“雌雄剑”。

长期以来，用剑一直是单个的，而清代则出现了两剑合鞘的“双剑”。因为双剑是成对的，乍看起来，有点像雌雄剑。实际上则是有区别的：双剑有如一剑从中分为全等的两个几何体，每半个剑的柄是外鼓内平，剑身外面有脊，内面平整。用时，双手各执一剑，不用时则合体入鞘。人们把这种不可分离的双剑又名之“鸳鸯剑”。古典戏曲中也把所谓“双背剑”的人物描写成本领高强、威武善战的英雄。实际上却有点认识上的片面性，因为这种剑的柄是半圆柱体，不但握持时有割手的感觉，而且两剑临敌正如用两只拳头打人一样的不得力。所以，并没有广泛地被采用，只能看做是剑的异体罢了。

还有一种带花纹的剑称作“班剑”。或说“以虎皮饰之”。因“班”与“斑”通假，就有此称呼。按汉代规定，朝服带剑。晋代就完全用木剑代替了金属剑，武器功能全然丧失，班剑成了真正意义上的礼仪性兵器。

因为制作和装饰的不同，显出自有特点的剑就名目繁多，简直不胜枚举。除了各时期传说的神奇利剑而外，像七星剑、干将莫耶剑、鱼肠剑、盘郢剑、湛卢剑、豪曹剑、巨阙剑、纯钧剑、龙渊剑、太阿剑、工布剑等春秋时期吴、越、楚的名剑，早为人们所熟识（《吴王春秋》、《越绝书》、《梦溪笔谈》）。战国时期韩国的棠溪（今河南西平县西南）、墨阳（今河南舞阳县，有铁山庙冶铁遗址）、合膊（伯）（今河南舞阳县南）等都是以地名剑的，邓师、宛冯、龙泉、太阿、干将、莫耶也是闻名天下名剑中的佳品（《史记·苏秦列传》）。汉代除玉具剑外，还造出樏具（木首）、犀具（角首）、金把（金首）、银首、珠首、蚌首、玳瑁首粟纹等特种剑。

（二）铸剑

我国古代劳动人民在长期的生产实践中，把冶金制造业推上了一个又一个高峰，铸剑也随着社会的需要而成为兵器制造中一个专门的行业。春秋末年形成的《考工记》一书，既是齐国手工业技术的记录，也是先秦科技的总结。在这部重要的文献中有关于铜、锡、铅配比冶炼青铜的“六齐”要求，其中有四项就是关于铸造兵器的，如：“五分其金而锡居一，谓之斧斤之齐；四分其金而锡居一，谓之戈戟之齐；三分其金而锡居一，谓之大刃之齐；五分其金而锡居二，谓之削、杀矢之齐”。在这里，“大刃”的铜与锡之比是3∶1，也就是说，刀剑的铜占75％，锡约占25％才适应砍、刺的硬度要求。经测定，一些古代刀剑多符合这一规定。模拟实验也表明，含锡量高于此者，硬度增加而性质变脆；含锡量低于此者，同前正相反，固然具有韧性，但质软易卷曲。只有铜锡配比大体符合于三比一时，才刚柔相济、坚韧合度。

科学工作者，曾在越剑产地的龙泉，按古法要求制作出的青铜剑仍然可以把平叠的十三个铜板（钱）从中劈开[26]。

要铸出好剑，首先要选好矿。据说，干将为吴王造干将、莫耶剑时，曾“采五山之铁精，六合之金英”（《吴越春秋·阖闾内传》）。“铁精”和“金英”当是经过测定品位而选拣出的矿石，为的是便于冶炼时的配比与火候的掌握。在湖北铜绿山发现的春秋战国时期的矿冶遗址，长2公里、宽1公里，至今在那里还留有40万吨左右的炉渣[27]，当年冶炼规模之大，时间之久，可见一斑。

在剑的冶铸和加工过程中，热处理往往是一个很重要的环节。三国时，蒲元在斜谷为诸葛亮铸刀三千口。他一定要取成都的蜀江水淬火，理由是“蜀江爽烈，是谓大金之元精”[28]。在今日浙江龙泉市造的“龙泉剑”深受国内外剑术爱好者的称赞，就是因为龙泉溪的水是最宜淬剑的冷却介质的缘故。同样，河南西平棠溪宝剑厂用棠溪水淬火，于1986年也研制成“削铁不卷刃，弯曲90°不折身”的“棠溪剑”。1997年和1999年，分别铸出大型“回归剑”赠送香港和澳门。

战国中期以后，铁器广泛使用，铁的和钢的剑、戟、矛、匕首、镞、甲等兵器和护体设施也相继在战场上出现。河北易县燕下都遗址的第44号墓曾出土铁器62件，其中完整的铁剑8件，又多是长达一米以上的“长剑”。经金相鉴定的3柄剑，属于块炼钢锻制，而且在两件剑的刃部还是经过淬水处理的高碳钢[29]，这说明在战国时期，包括燕国在内的好多国家已能反复加热锻打块炼铁，以挤出其夹杂物而增碳变硬。而块炼渗碳钢（简称“块炼钢”）和淬火技术的掌握，使锻件的坚硬性更能适应人们的需要，从而也把兵器的生产推到一个新的阶段。

（三）复合剑与五十炼

在钢铁兵器使用的初期，青铜兵器的制造曾与之并行发展过一个时期，而且还有过某些独创之处。青铜冶铸术和新的加工工艺产生了，“复合剑”的制造就是一个较突出的例子。人们都知道，随着锡量的增加，青铜的硬度也随之增加。但相反的结果是，脆而易断的缺陷也伴随而来。为了使剑具有坚而且韧的两种特性，我们的能工巧匠就采用了剑脊和剑刃分别进行的“二次铸法”，即：按铜、锡比例，先铸出含锡少的剑心。待冷却后，再把含锡量大的铜液倒入放剑心的模中。使后者包裹前者，最后再进行切削、抛光等工序。这样铸出的剑，中心具有韧性，刃部又坚硬锋利。软硬相互补充、恰到好处。

“何意百炼钢，化为绕指柔”。西汉时期的炼钢技术在战国块炼铁的基础上又有了新的发展。反复热锻块炼铁，或用生铁炒成熟铁，再反复渗碳锻打成钢（即所谓“炒钢”），被称之为“百炼钢”。用这种碳分子分布均匀、质地柔韧的百炼钢所做的剑，当然是高质量的兵器。据李承勋《名剑记》载：“扬州兴化平望湖中一剑，屈之首尾相就”。再从出土实物看，河北满城汉刘胜墓出土佩剑和错金书刀所用的钢，原是由块炼钢渗碳而成的作品，其中心部分（含碳0.1%～0.2%左右）属于低碳钢，具有韧性好不易断折的优点，容易接受各种加工（锻造、焊接、切削等）；而表面则是性能坚硬的高碳层（含碳0.6%～0.8%左右）范围。刘胜剑的魏氏硬度在刃部可达900～1170kg/mm²，而内部只有220～300kg/mm²。这说明其表面是经过多次热锻渗碳后又加以淬火处理，才获得了如此良好的性能。江苏徐州铜山出土一柄东汉建初二年（公元77年）钢剑，全长109厘米，柄铭“五十湅”，这为我们提供了用炒钢反复热锻获得利刃的又一实例[30]。

南北朝时期灌钢（即“团钢”）技术的兴起，也自然地用来制造刀剑。这在陶宏景《古今刀剑录》和《太清经》等书中均有反映。这种按比例熔铸生、熟铁的工艺，历经唐、宋、元，又得到进一步发展和推广，而费时费工、生产效率低的“百炼钢”已不复存在。在锻造技术精进的基础上，所生产的剑在质量上又跃入一个新的台阶，像宋代的“蟠钢剑”不但坚硬锋利，能斩钉截铁，而且具有良好的弹性。若“用力屈之如钩，纵之铿然有声，复直如弦”。种谔的藏剑，也能“屈置盒中，纵之复直”[31]。这种性能正是反复锻打、剔除杂质，使组织致密的结果。

（四）表面处理

古代的剑，无论是钢质的还是铁质的，往往在表面上分布着多种奇异的花纹，真像纪实文献中描述的那样：“华捽芙蓉”、“錵烂列星”、“光辉溢水”、“断岩琐石”、“才焕冰释”，拭之不去，磨之依然。这种花纹大致可分两类，一类是冶铸中形成的天然花纹，一类是人为的表面处理的结果（图Ⅱ-5：7）。

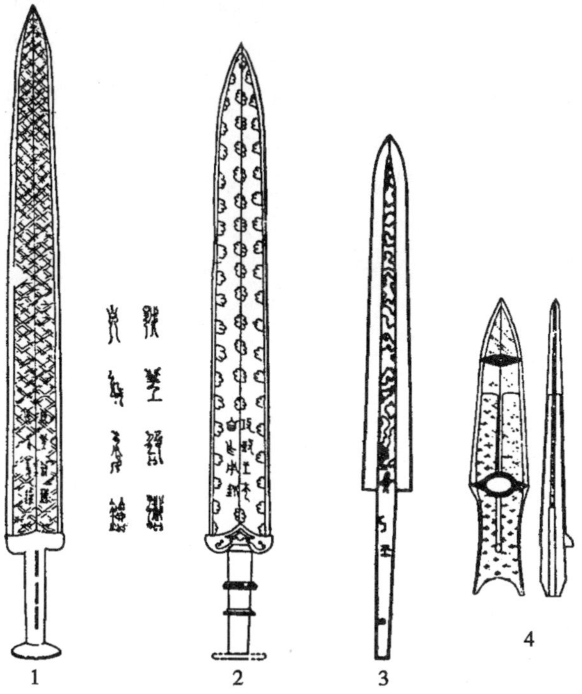

1. 越王勾践剑　2. 吴王剑
3. 秦铍头　4. 凤翔高庄M19矛头
图Ⅱ-5：7　青铜器表面的花纹

冶铸花纹铜剑，在现代还是个未解之谜，有待人们进一步去研究。而花纹钢剑的作法，已经揭晓。其法是：以含杂质较少的熟铁，通过强烈的碳化作用而形成一种生、熟铁集合体的中碳钢或高碳钢，在抛光后再用“金丝矾”（黄矾）作化学处理，就显出纠结繁缛的花纹[32]。而我们看到格纹剑表面上那种规矩的暗纹则是属于硫化处理的一种，与此不同。两类花纹显著的区别在于：一是由内部透出，一是在留在表层。前者盘曲杂错、漫无定型，而后者则顺理自然，变化有致。

谈到剑的表面处理时，我们就不能不再次想到出土的秦剑来。秦俑坑出土的青铜剑、矛、镞、镈等兵器的表面，呈光亮的深灰色。经金相、电子探针及 X 光衍射照相，对秦箭镞检查表明：在个别青铜镞表面有一层含铬约 2%的氧化层。正是这个经过铬盐氧化处理而形成致密的表层，才使铜镞获得了抗腐蚀的能力。经这种工艺处理的铜镞，在河北满城汉刘胜墓中也有发现。

至于在剑及剑鞘上嵌金、银、玉、琉璃、水晶和金银错、刻镂等手法，同样也都反映了当时的工艺水平和劳动人民的智慧。

当然，剑的好坏，同其他物品一样，不在装饰的华美与否，而首先是它的性能和效用。识别和评品剑的优劣，伴随剑的产生而产生了“相剑术”。《左传》昭公二十三年载：“莒子庚舆虐而好剑，苟铸剑，必试诸人。”用奴隶试剑，多残忍！只能说明奴隶主统治者的愚昧与残暴。在科学检验手段尚不具备的古代，人们只能借助经验，由表面的观察，了解内部结构，从而推断其质量。薛烛看了越王勾践的 5 柄剑之后说，所谓“宝剑”必然是“金锡和铜而不离”，“五色并是，莫能相胜”。风胡子对楚王介绍新铸的三把剑时，说：“欲知龙渊，观其状，如登高山，临深渊；欲知泰阿，观其釽，巍巍翼翼，如流水之波；欲知工布，釽从文起，至脊而止，如珠不可衽，文若流水不绝”，这种锋利的剑是可以“穿铜釜，绝铁鬲，胥中决如粢米”的（《越绝书·越绝外传记宝剑》）。在这里，我们透过古人的相剑术，不是看到了现代“断裂力学”的影子吗？

五　余　论

剑的作用，虽然已经成为历史的过去，但在过去的日子里，它却伴随着人们生活过一个不短的时间。当我们目接这一柄柄曾显赫一时的利器时，就会感到它本身所具有的不可忽视的科学意义。

作为一种武器，剑在其产生初期仅是用以防身近卫的。但是，一当它为统治阶级所据有，本身就打上了深刻的阶级烙印。“汉制：自天子至于百官，无不佩剑，其后唯朝带剑。晋世始代之以木”（《晋书·舆服志》）。可见在等级森严的社会里，佩剑不唯是为了实用和装饰，而且还是政治身份的象征物。

从兵器发展史的角度进行通盘考察，剑在特定的历史环境中用于军事，就显示出武器配备的组合关系。秦俑阵营坑的发现，即为我们提供了这方面的物证。

剑的制造，也不能看做是孤立的现象。正如恩格斯指出的，武器的生产“是以整个生产为基础的”（《反杜林论》）。古代的各族劳动人民曾以自己的辛勤劳动使得从采矿到冶炼，又从造型到外加工，形成一整套完备的生产体系，从而把冶金、机械、化学等手工业门类及加工、处理的工艺推向前进。劳动人民在这些产品中贯注了自己的血汗和智慧，使我国的发明创造在世界科学技术史上留下了光辉的篇章。

注 释

[1]《周礼·考工记》有“金有六齐”的记载。这个“金”是指合金，即青铜。而后面的“几分其”的“金”指的是赤铜。“齐”即剂量。经检测的3把，铜含量是71%～76.32%，锡含量是18.02%～22.13%，那么，根据“三分其金而锡居一，谓之大刃之齐”的规定，二者含量虽为三比一稍弱，但仍在“戈戟”与“大刃”之齐的范围之内。

[2] 陶宏景（456～536年）南朝齐梁时人，所引长度当为时尺。据短斋《古尺考》：梁尺合今0.236～0.251米（见《文物参考资料》1957年第3期）。

[3] 1956～1957年，长安张家坡周墓出土铜剑1柄，见《沣西发掘报告》。1974年，北京琉璃河周墓出土3柄铜剑，见《考古》1974年第5期。1957年，北京昌平周墓出土6柄，见《考古》1976年第4期。

[4] 卢连成、胡智生：《宝鸡弪国墓地》，文物出版社，1988年。

[5] 琉璃阁M59出土铜钫，传洛阳金村解放前出土错金银铜镜，见《山彪镇与琉璃阁》。云梦睡虎地9号秦墓出武士斗兽纹铜镜，见《湖北云梦睡虎地十一座秦墓发掘简报》，《文物》1976年第9期。

[6] 郭宝钧：《山彪镇与琉璃阁》；四川省博物馆《成都百花潭中学第十号墓发掘记》，《文物》1976年第3期。

[7] 中国科院考古研究所：《洛阳中州路》，科学出版社，1959年。

[8] 中国社科院考古研究所等：《满城汉墓发掘报告》，文物出版社，1980年。

[9] 同[3]。

[10] 吴振华：《保德县新发现的殷代青铜器》，《文物》1972年第4期；河北省文化局文化工作队：《河北省青龙抄道沟发现一批青铜器》，《考古》1962年第12期。

[11] 林寿晋：《东周式铜剑初论》，《考古学报》1962年第2期。

[12] 四川省博物馆等：《四川涪陵地区小田溪战国土坑墓清理简报》，《文物》1974年第5期。

[13] 湖南省文物队：《长沙、衡阳出土战国时代的铁器》，《考古通讯》1957年第1期。

[14] 据《洛阳烧沟汉墓》载，1953年于此发掘了两汉六朝时期的墓葬225座，除了用作明器的小铜弩机17件外，实战的兵器只有铜矛1柄，而铁剑就有35件。

其中属于实用的圆首长剑，在 51.5～117.8 厘米。

［15］ 参考（宋）曾公亮、丁度：《武经总要》及唐、宋墓葬的清理资料。

［16］ 参考周纬：《中国兵器史稿》图版 76—77。

［17］ 同［10］。

［18］ 朱贵：《辽宁朝阳十二台营子青铜短剑墓》，《考古学报》1960 年第 1 期；锦州市博物馆：《辽宁锦西乌金塘东周墓调查记》，《考古》1960 年第 5 期；旅顺博物馆：《旅顺口区后牧城驿战国墓清理》，《考古》1960 年第 8 期；沈阳市文物工作组：《沈阳地区出土的青铜短剑资料》，《考古》1964 年第 1 期；孙守道、徐秉琨：《辽宁寺儿堡等地青铜短剑与大伙房石棺墓》，《考古》1964 年第 6 期；辽宁市昭乌达盟文物工作站等：《宁城县南山根的石棺墓》，《考古学报》1973 年第 2 期；郑绍宗：《河北省发现的青铜短剑》，《考古》1975 年第 4 期。

［19］ 北京市文物管理处：《北京地区的又一重要考古收获》，《考古》1976 年第 4 期。

［20］ 童恩正：《我国西南地区青铜剑的研究》，《考古学报》1977 年第 2 期。

［21］ 吉林省文管会：《吉林怀德大青山发现青铜短剑》，《考古》1974 年第 4 期。

［22］ 广州市文管处：《广东郊区暹冈古遗址调查》，《文物资料丛书》1978 年第 1 期。

［23］ 宝兴县文化馆：《四川宝兴出土的西汉铜器》，《考古》1978 年第 2 期。

［24］ 南京博物馆：《江苏六合程桥二号东周墓》，《考古》1974 年第 2 期。

［25］ 吴王光剑见《文物》1972 年第 4 期，吴王夫差剑见《文物》1976 年第 11 期；越王勾践剑见《文物》1966 年第 5 期；格纹剑见江苏六合程桥出土的 1 柄，见《考古》1965 年第 3 期。

［26］ 模拟剑，曾于北京钢铁学院铸出。北京新闻电影制片厂也将劈铜板的场面，摄入镜头。

［27］ 铜绿山考古发掘队：《湖北铜绿山春秋战国古矿井遗址发掘简报》，《文物》1975 年第 2 期。

［28］《太平御览》卷 350《蒲元传》。

［29］ 北京钢铁学院：《易县燕下都 44 号墓葬铁器金相考察的初步报告》，《考古》1975 年第 4 期。

［30］ 徐州博物馆：《徐州发现东汉建初二年五十湅钢剑》，《文物》1979 年第 7 期。

［31］ 沈括：《梦溪笔谈》之《铜剑》及《异事》。

［32］ 张子高、杨振：《镔铁考》，《科学史集刊》1964 年第 7 期。

陆 吴钩·金钩·秦钩

男儿生世间，及壮当封侯。
战伐有功业，焉能守旧丘？
召募赴蓟门，军动不可留。
千金装马鞭，百金装刀头。
闾里送我行，亲朋拥道周。
斑白居上列，酒酣进庶羞。
少年别有赠，含笑看吴钩。

杜甫在《后出塞》的第一首诗里给我们描写了一个应募从军、亲朋壮别的场景。真是豪壮激烈，催人奋进。诗圣笔下，马鞭、腰刀装饰华贵，却也寻常，而笑看的那把“吴钩”竟是何等武器呢？

左思《吴都赋》有“吴钩、越棘、纯钧、湛卢”之句。吴钩同长戟、名剑并列，可见其贵。汉代仍有钩的使用，《汉书·韩延寿传》载：“延寿又取官铜物，候月蚀，铸作刀、剑、钩、镡，放（仿）效尚方事。”那么，这个“吴钩”是什么样子？很多注释家都说形如弯头的刀。

镰刀是弯头的，有刃也可以内钩，但那属于农具而非武器。

那么，武器中同“钩”相近者，还见有“钩镶”一物。据《释名》说：“两头曰钩，中间曰镶，或推镶，或钩引。”此物在河南洛阳、鹤壁，河北定县等地的汉墓中都有出土（图Ⅱ-6：1）。其形状是上钩长，下钩短，中部有一护手的铁板，能钩、能挡。钩镶是一柄短兵器，往往同环首刀配合使用。画像石中就有左手执钩镶、右手执刀者同持长戟者搏斗的画面。显然，钩镶同吴钩不类。

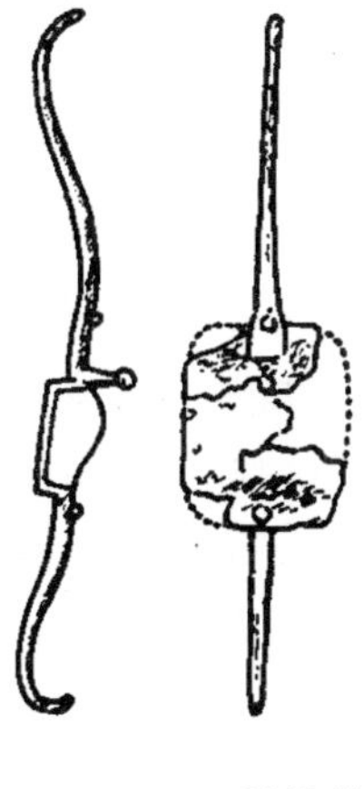

图Ⅱ-6：1 铁钩镶
（河南鹤壁市）

其实，吴钩的消失，汉以后长时间使人不可名状。所以，宋人时而把它归之于“剑属”（如《大宋重修广韵》、元《古今韵会举要》），时而又说“刀属”（沈括《梦溪笔谈》）。由于剑虽是两面刃，却是直身；而刀身固然有直有曲，却是一面刃，可知刀、剑同吴钩也是对不上号。

秦俑一号坑出土两柄形似长条弯刀的青铜兵器。身柄一次铸成实心，身长稍曲，头部弯度较大，顶端平齐。截面呈枣核形，中心厚于内外两侧。虽有对开的双“刃”，但不锋利，显系象征而已；柄作前扁后圆的柱体。通长65.2厘米，其中身长54厘米，宽2.2～3.5厘米，中心厚0.9厘米，重1.045公斤（图Ⅱ-6：2）。因为此弯刀两面具“刃”，确实显示出原有外格内钩的功能，因此它无疑地就属于古人一再盛赞过的“吴钩”了。虽然此铜钩刀的两刃很钝，似乎难于应用，但毕竟属于模拟吴钩的实体，也可名之曰“金钩”。考虑其出自秦地、秦军使用，定名为“秦钩”似乎更恰当一些。

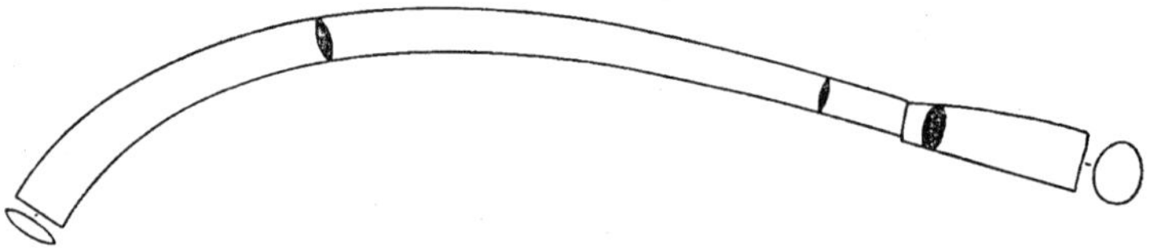

图Ⅱ-6：2　秦钩
（一号坑 T19K：0235）

秦钩出自矩阵的前锋部，第一行横队左右两端的袍俑各执一柄（图Ⅱ-6：3）。锋部的士兵俑群，都属于轻装步兵组成的弩兵队列，所用兵器以远射程的弓弩为主，并配备有青铜长剑。而秦钩则配备在弩兵两端，这除了列阵或仪礼的需要而设之外，还应看做它同剑一样，都是近身格斗的短兵器。在战斗中，只有同其他兵器共同组成远近、长短相杂的情况，才具有整体的杀伤威力。至于这两柄秦钩里外的刃很钝，则同俑坑中很多象征性的东西一样，只是为表现“形”而不在于“用”。

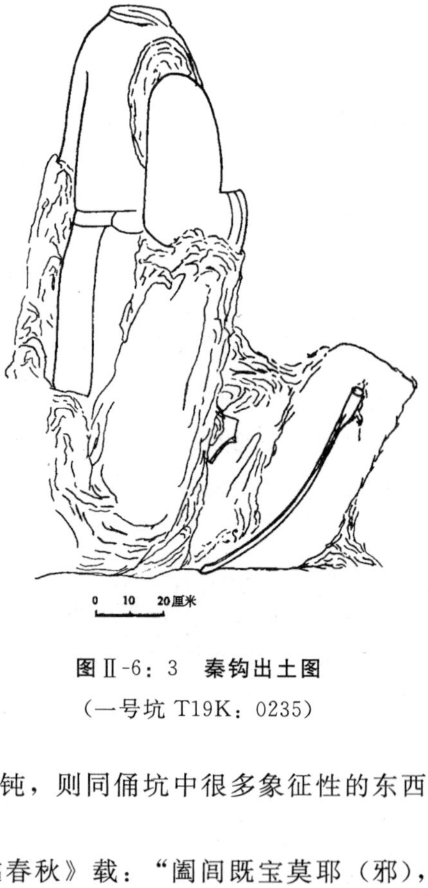

图Ⅱ-6：3　秦钩出土图
（一号坑 T19K：0235）

“吴钩”的得名，同它的发源地有关。《吴越春秋》载：“阖闾既宝莫耶（邪），复命国中作金钩。令曰：‘能为善钩者，赏之百金。’吴作钩者甚众。”有人献二钩，王“服而不离身”。这吴钩在吴国由此而身价倍增，竟同宝剑一样，成了身份等级的指示物。既然吴王“服而不离身”，也当产生了社会效应。尽管是出在一国一时，而战场上未见广泛使用，竟从一种护体的短兵器一跃而荣膺了古代兵器的代称。其物虽则早已退出历史舞台，其名却在诗人那里习用不衰。“骢马金络头，锦带佩吴钩”（南朝鲍照：《代结客少年场行》），“男儿何不带吴钩，收取关山五十州”（唐李贺：

《南园》第五首），“把吴钩看了，栏杆拍遍，无人会，登临意”（宋辛弃疾：《水龙吟·登建康赏心亭》）等名句，早已脍炙人口。吴钩简直成了人们艳羡的英俊威武的象征物。

“吴钩”源自于吴国，但要说是“金钩”，实难令人相信。所谓“金钩”，只能是“铜钩”，因为吴越国的铜兵器就是最好的回答。

春秋战国时代（公元前770～公元前212年），我国长江流域的一些国家冶铸兵器是颇负盛名的，好多名剑都是出自当时的吴、越和楚国。据说越王勾践的纯钩剑“手振拂扬，其华捽如芙蓉始出。观其釽，烂如列星之行。观其光，浑浑如水之溢于塘。观其断，岩岩如琐石。观具材，焕焕如冰释”（《越绝书》）。出土的吴王“自作用剑”有12把，如“吴太子姑发孚反（诸奕做太子时）剑”（安徽淮南出土）、“吴王光（阖闾）剑”（安徽南陵县和庐江县、山西原平县均有出土，上海博物馆从香港购回外流1把）。“吴王夫差剑”有6把（湖北襄阳、河南辉县和洛阳均有出土，国家博物馆、山东省博物馆和台湾古越阁各收藏1把）。出土的越王剑有9把，如“越王勾践（鸠践）剑”1把（湖北江陵出）、越王鹿郢（者旨於睗）剑3把（北京故宫博物院、浙江省博物馆、上海博物馆收藏）、“越王盲姑（不寿）剑”1把（上海博物馆藏）、“越王句州（王翁）剑”1把（江陵出土）、越王诸咎剑1把（河南淮阳平凉台），另外在淮阳还征集到两把越王剑，等等，都是精美绝伦之品（图Ⅱ-6：4）。因此，我们确信吴国是能够铸造出像吴钩这样的青铜武器的。特别是像吴王阖闾这位不可一世的君主，不但自铸，剑铭还作“攻吾王光自作用剑，以战戉（越）人”的话，气势逼人。当然，他在铸出“莫邪”这样的利剑之后，就必然产生出另作一种改制品吴钩的想法。上有好，下必甚焉。既有吴王的倡导，应者趋之若鹜，以致出现了“作钩者甚众”的热闹场面。竟有“贪王重赏”的丧天良之徒，杀子衅钩，哗众取宠，换来个赏赐“百金”的荣耀，真是技术的不幸！

吴钩的使用价值早已成为历史的过去，吴钩的面目也过早地蒙上了历史的尘埃。那么，秦钩的出土，留给人们的大概不只是“折戟沉沙铁未销，自将磨洗认前朝”（杜牧：《赤壁》）罢？

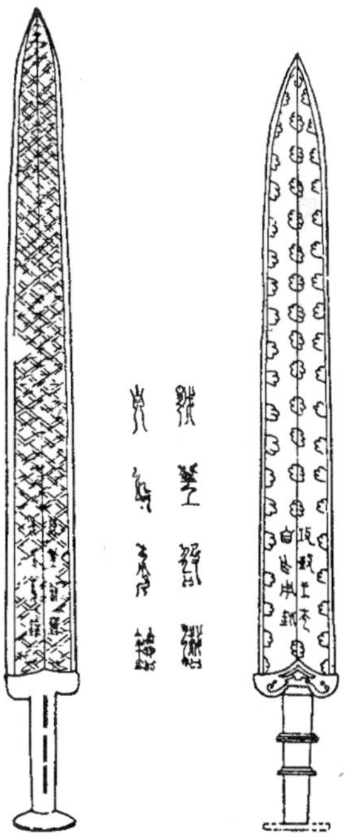

1. 越王勾践剑（湖北江陵望山M1）
2. 吴王光剑（山西平原县）

图Ⅱ-6：4　吴越剑表面的花纹

柒　粗劣的秦军礼兵

——钺、殳、钩价值的评估

秦俑坑出土的青铜兵器以其锋利、实战、数量大、制作精而受到兵器科学技术史家的重视。但又有几件使入迷惘的礼仪性兵器，似乎又受到冷落。在这里再提铜钺、秦殳和吴钩，也许还能引起研究者的兴味来。

一　在疑惑中被认识

（一）铜钺

1977年出土于秦俑二号坑里。乍看是一块长方形的青铜铸板，四边平齐，也没有什么锋利的刃，重达2150克。通过外形观察，可以概括这么几个要点：第一，整体呈长方形的楔状，面积约是17.5×11厘米，两端薄厚不等，中心偏后处微鼓，厚1.1厘米；第二，小端边厚而窄又平齐，相反的是大端边薄而宽呈外鼓的弧曲，显然有着背和刃的区别；第三，在近背的两面留有一夹柄的痕迹，约宽4.5厘米，同陶俑右手握物时的环径相等。柄痕距背上角5厘米，距下角4.5厘米。如果竖直柄痕的延长线，它同铜板物中心线的夹角形成钝角，那么，一个刃口上仰之铜“斧钺”形象就赫然在目了！2000年在秦始皇陵园内城西南角的K0006号从葬坑里出土有柄“铜钺”4件。

斧和钺都属于古代的劈砍性兵器，故而往往连称“斧钺”。《国语·鲁语上》：“大刑用甲兵，其次用斧钺。”《汉书·苏武传》：“斧钺汤镬。”又《天文志》：“（梁王）伏斧钺谢罪。”二者也互为训释，《广韵》：“钺，斧也”。《六韬·军用》：“大柯斧，又名天钺。刃长八寸，重八斤，柄长五尺以上……”。但是，斧钺毕竟不是一物，最大的区别就在于二者装柄方式的不同。斧是“以銎受柲”，而钺则同直内戈“以内缚柲”相似。

从周口店北京猿人开始，在原始人类遗存中，多有石斧发现。但那是手握以敲砸劈砍的多功用生产工具。石斧同样是新石器时代人类的重要工具。山西柳林县高红出土商代时期的铜斧，作长条形，弧刃，在斧身中部偏后处有一个上下呈筒状的銎。而在石楼县曹家垣发现的却是没有背的长銎斧，身长9.5厘米，刃宽5.5厘米，銎长 8.7 厘米[1]。西周斧形基本是前举商斧的后一种形式[2]。广西田东县发现战国晚期的铜斧虽呈大弧刃，但横向有銎，必定是先插入木橛的斧背之后，再上下贯柄的[3]。

石斧用于石器时代，铜钺则盛行于商、周。战国以后用钺逐渐稀少，所以在秦汉以后文献中说到的钺往往是与斧混同的。

先秦时期的中原地区的铜钺以大弧刃为特征，刃的两尖角翘起，直内也显窄，基本成为定制。湖北黄陂盘龙城出土商代二里冈期的青铜钺作弧刃、直内，肩有两个条形穿，而身穿则是一个大圆孔[4]。商代中期弧刃的条形铜钺，有的已经起“阑”，或出上下“齿”[5]。商周的铜钺，一般形体较大，多有纹饰。如妇好墓的铜钺长 39.5 厘米，重达 9000 克，面饰双虎噬人头纹[6]（图Ⅱ-7：1）。山东益都苏埠屯第一号商墓中出土两件铜钺，铸有人面纹，龇牙咧嘴，两耳均镂空，周边突起，两侧扉棱外张，显得狰狞可怖[7]（图Ⅱ-7：2)。另有一种传世的“方钺”，则取直刃的形式。

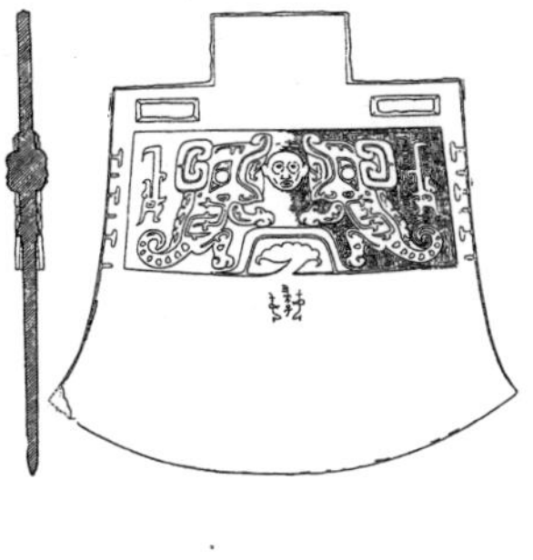

图Ⅱ-7：1 大铜钺

（商妇好墓）

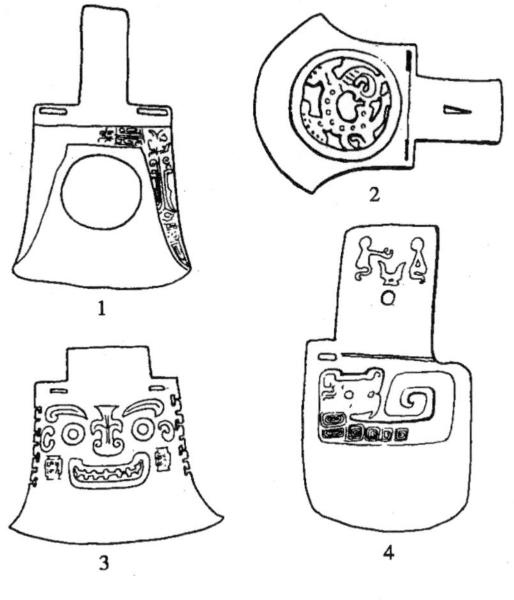

1\. 湖北盘龙城 2. 陕西城固 3. 山东益都 4. 陕西绥德

图Ⅱ-7：2 中原地区的商钺

商周时期的少数民族制造的铜钺，却是与中原迥异的一种特殊形式。从著录和拣选到的一种长銎弧刃铜钺看，銎侧的长弧刃两角内卷如云，中有三孔，銎另一侧附立双兽，中置瓜形铜铃，通长 18 厘米，当是北方草原民族的文化遗物[8]。横向銎式铜钺，流行在南方边远一带的民族中，如在四川地区的巴蜀文化中，其铜钺不论是铲形或是圆头形的，表呈素面或铸作牛头纹，均系空腔、横銎，装柄方式显然同中原钺有别。一般长十几厘米，也有通长 34 厘米[9]。在今两广、湖南、四川、贵州和东南沿海一带，曾是越族聚居的地区，这里出土的“靴形铜钺”，横銎作椭圆形，侧有半环纽。钺表有素面的，也有花纹奇谲的图案或符号。而云南出土春秋到战国时期的铜钺，与越族的又有区别。其弧刃两侧对称，整形如铲，当是西南夷文化的风格[10]（图Ⅱ-7：3）。

先秦时期斧钺的区别固然很明显，各自的特征也较为突出，但这毕竟是定制后的情况。而在其早先的形成期和后来的演化期，也往往出现一些过渡性的形式。像山西灵石县旌介的商代晚期墓中出土铜钺3件，其中既有“直内夹柄”的形式，也有“直内贯銎”的形式。特别是后者，既是钺形，而装柄却采用斧式（图Ⅱ-7：4）[11]。

到了汉代，具有大弧刃的斧确是“钺式”，但柄是直接纵插在靠背的长方銎中。

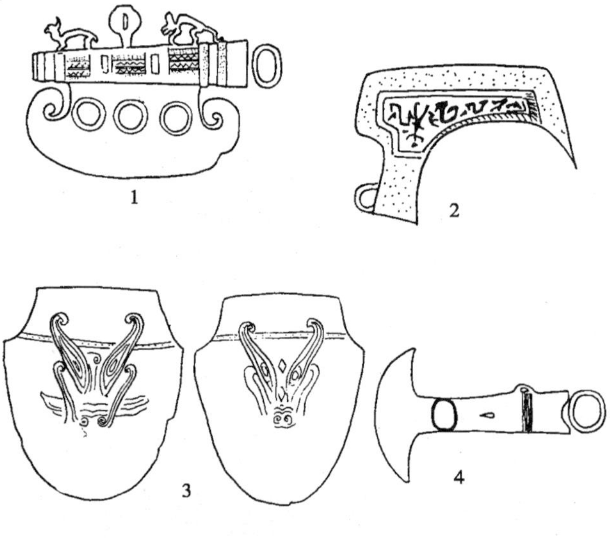

1. 北京拣选之草原民族双兽钺　2. 湖南出土之越族靴形钺
3. 四川彭县出土之蜀国钺　4. 云南楚雄出土之西南夷铜钺

图Ⅱ-7：3　商周时期的少数民族铜钺

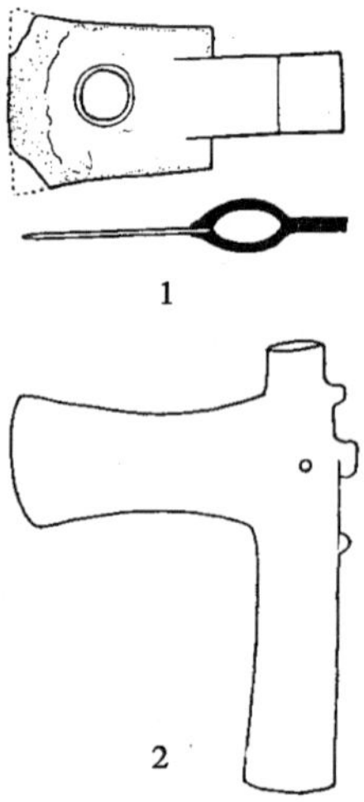

1. 山西灵石　2. 山西石楼

图Ⅱ-7：4　商代的銎钺和斧

汉代的“关头斧”是柄直插入长方銎中的。用作战斧的称作“长斧”，其刃外鼓而弧曲。而作为农工工具的生产用斧，刃多平直。至此，“以内缚柲”的钺形再也见不到了。斧、钺也因各自的形变而名称混同为一。如甘肃雷台东汉墓出土的秉钺铜骑俑，左手里握持的实际是一柄大板斧[12]（图Ⅱ-7：5）。被称作“铁钺戟”的一件异形兵器，只不过是短剑同柄相连与斧的结合物，徒取有援有刺的戟像而已[13]（图Ⅱ-2：11）。所以清人王晫在《兵仗记》中得出“有名殊而形似者，斧钺是也”的结论固然可以理解，但是“实有斧小钺大之名异”却有些勉强了。

回过头来我们再审视一下秦俑坑这柄似斧非斧、似钺非钺的铜兵器：它虽有似斧的楔形体，有着背与刃的区别，但却没有上下贯柄的长方銎，不便于砍斫，显然不是斧。它没有钺那种窄长的直内或薄的短内与阑齿，也不具锋利的大弧刃和翘起的两角，不具大钺昂扬的神气，更没有美的韵味，但它毕竟有着略显弧曲的钝刃和事实上的夹柄缚痕，再加之出于战车上，不正是以后汉代那种带权威意义的“斧车”或“黄钺车”例证吗[14]？因此，对它定名为“铜钺”还是妥当的。

图Ⅱ-7：5　**汉秉钺铜骑俑**

（据甘肃雷台汉墓）

（二）铜殳

秦俑一号坑于1974年试掘时，出土了第一件铜殳头。1977年试掘三号坑时，发现在左厢的坑壁下立有一捆带柄殳，整整有20枝。从殳头到完整束殳的出土，不但丰富了人们对殳的认识，也为研究中国古代兵器提供了实物凭证。

结合文献记载和实物出土，单就殳的外形特征讲，我们可以理出如下一些认识：

其一，殳是杖类兵器，有整体作棍形和木棍端装金属首的两种。《周礼·夏官司马·司戈盾》郑注：“殳如仗，长寻有四尺（合今277.2厘米）。”《广雅·释器》：“殳，杖也。”这些所言的殳，均指的是棍。像山东沂南东汉墓画像石和河南偃师东汉墓壁画中的伍伯，右手执便面（扇），左手提的就是一根同棍一样的殳[15]（图Ⅱ-7：6）。

湖北云梦睡虎地秦简《法律答问》中两次说到“殳梃”：“邦客与主人斗，以兵刃、殳梃、拳指伤人，以布”；“小牲畜入人室，室人以殳梃伐杀之”。又说“何为

图Ⅱ-7：6　**汉伍伯执殳画像**

（沂南汉画像石）

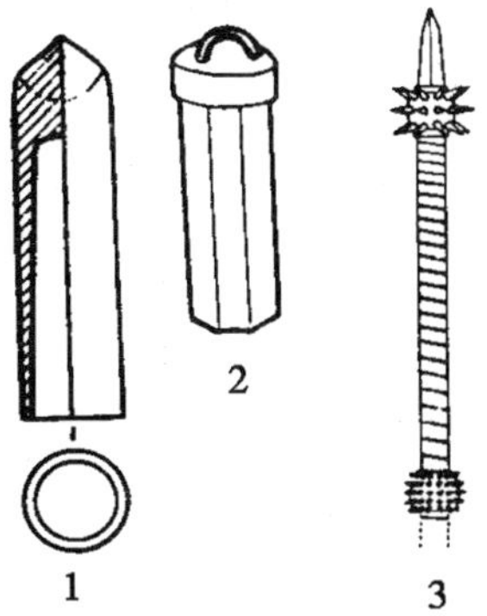

1. 秦俑坑　2. 江陵天星观　3. 曾侯乙墓

图Ⅱ-7：7　**铜殳头**

梃？木可以伐者为梃”。既然木棍（梃）可以击，那么，“殳梃”显然是梃装金属首的殳。考古中出土金属首的，原来都应该是装在柄上的殳头。

其二，殳柄的质料有木，有竹。《文选·西京赋》薛注：殳“或以木为之”。《说文·殳部》：“殳以积竹。”王晫《兵仗记》说：“殳即梲也。礼书作八觚形。或曰如杖，长丈二尺而无刃，主于击。”出土的殳，确有安积竹柄或木质柄的两种，呈八棱形，外缠丝绦，髹之以漆，一般长在3.3～3.5米左右，前端有铜殳首，末端装鐏。

其三，青铜殳首有尖锋和无锋刃的两种（图Ⅱ-7：7）。这种不同形制的铜殳因在湖北随县的战国初期曾侯乙墓中都有出土而得以确证。其7件铜殳首均呈尖状三棱锥体，长12～17.9厘米，后面接的是带尖刺的球形铜箍一个，再后面隔49～50厘米的一段则有套在柄上的第二个刺球铜箍[16]。同类的殳，还在安徽寿县、淮南市、舒城县蔡侯墓中等都有出土[17]。曾侯乙墓竹简还把无锋刃的殳称作“晋杸”。这种殳头形制多样，如湖北江陵天星观的战国中期一号楚墓出土完整的铜殳有6件，其首或作平顶圆筒形，或作平顶带纽八棱筒形，鐏也呈八棱形[18]。相同的实物在长沙识字岭战国墓里也有发现[19]。

秦殳，同春秋战国时期南方地区的铜殳有同也有别。它属于装铜首的木柄殳，无鐏的发现，柄也不是“八觚形”，没缠丝革，表面仅留一些褐色漆皮。圆筒状的铜殳首长10.5厘米，径2.3厘米。其三棱锥体在顶，介于尖锋和无锋之间，因为三面的夹角在87°～89°之间，似应归之于尖锋殳类。

（三）铜钩

此物出土于一号坑试掘期，位于前锋部的南北两端，计两件。其形弯曲，实心的钩体与柄相连，属于一次性的青铜铸件，通长71.2厘米。但因钩端既无尖锋，体内外两侧又无薄刃，唯断面呈扁圆形，似乎在表明它原来具有钩和格的作用。

文献中关于钩形的记载绝少，长时期又无实物可证，这就对判断带来不少的困难。原先对钩形的一些说法，充其量也只能给人一些笼统的印象而已。《汉书·韩延寿传》说韩“铸作刀、剑、钩、镡，放（仿）效尚方事”。师古注：“钩，亦兵器也，似剑而曲，所以钩杀人也。”剑具有两刃，若曲而为钩，用以钩杀，另命名曰“弯刀”，虽然勉强但也合情。在此，它同战国时期由盾和钩复合而成的“钩拒”（《墨子·鲁问》）及汉代之“钩镶”，显然不类。最早说到钩的，是《吴越春秋》一书。该书说吴王阖闾悬赏国中，求作金钩，进献者甚众。由于吴王是在获得“莫邪”这样的宝剑之后才萌生了铸钩的想法的，我们从中就不难发现二者间蛛丝马迹的一些联系。应该说“似剑而曲”，这话是解开这“弯刀”之谜的契机。

所谓“金钩”，也就是铜钩。也正因为最早由吴国生产，加之吴王重赏百金，有贪者杀子衅钩的广告效应，王又“服不离身”，遂产生了“吴钩”的专有称呼。秦俑坑出土之铜钩虽无剑那样的锋利，但确具“似剑而曲”的外形特征，故也可称之为

“秦钩”。

二　对“属性”的再议

在这里，我们似乎不应回避这么几个问题，即：钺、殳、钩是不是兵器？是何种性质的兵器？有无实战的作用？

（一）钺——权力的象征物

钺具有劈砍的功能，但因其笨重而用之于战则挥斥不便，所以，一直没有担任格斗的主要角色。即使是比钺为小的战斧，在中国古代战场上也始终没有成为主要的兵器。

钺虽然不参与战斗，却同出征、战争有关。公元前11世纪，周武王“率戎车三百乘，虎贲三千人，士四万五千人，以东伐纣”，在孟津渡过黄河，陈师“商郊牧野”，“诸侯兵会者四千乘”。武王“左杖黄钺，右秉白旄”誓师。在两军对战中，“纣师皆倒兵”。纣王反走鹿台，自焚而死。武王“以黄钺斩纣头，悬大白之旗”，对已自杀的“纣之嬖妾二女”又“射三发，击以剑，斩以玄钺，悬其头小白之旗”示众。次日“除道，修社及商纣宫。及期，百夫荷罕旗以先驱。武王弟叔振铎奉陈常车，周公旦把大钺，毕公把小钺，以夹武王，散宜生、太颠、闳夭皆执剑以卫武王”，举行祭天仪式，宣告完成接管商王朝政权的“大命”（《史记·周本纪》）。从这段绘声绘色的文字叙述中，不难看出周王之钺，不论是“黄钺”、“玄钺”，还是“大钺”、“小钺”，其作用在于：第一，是权力威严的象征物，具有政治意义；第二，在郑重场合作为行刑的工具。

《左传》隐公十一年（公元前712年）：“郑伯将伐许。五月甲辰，授兵于太宫。”在太庙举行的授兵仪式，实际也就是以后命将授予军权的活动。《孙子兵法·九地》：“是故政举之日，夷关折符，无通其使。厉于廊庙之上，以诛其事。”《尉缭子·将令》：“将军受命，君必先谋于庙，行令于廷，君身以斧钺授将，曰：‘左、右、中军皆有分职，若逾分而上请者死。军无二令，二令者诛，留令者诛，失令者诛’。”古代遇到非常时期，才临战命将。因此，在祖庙立将授斧钺的活动由于关系到“社稷安危”，就显得特别隆重而严肃。《六韬》、《心书》等兵书都提到授钺时，君致词和将答词的这种仪式。于此，将军接钺本身就意味着他掌握了军队的指挥大权。

钺代表着权力，并不用于作战，故而形体大而装饰华美。为显示威仪，就在“大驾卤簿”中设有“黄钺车”，将侯出行设有“斧车”。用来行刑，可断头，可腰斩，使“见者皆感然”（《释名·释兵》），具有一种威慑作用。偶尔也见钺同盾配合参与战斗，作为格斗兵器使用，但那毕竟是特殊情况下的个例。总之，钺的作用更多的是具有礼兵的性质。

秦俑之铜钺采用的是夹柄缚柲的形式，因无刃，显然提供了不具实战作用的例证。再从出土于二号坑 T15 的战车情况看，此车可能属于“斧车”，其钺也不过是独铸的象征物罢了。

（二）钩的作用

秦俑铜钩无刃，更谈不上锋利或滞钝可言。它压根就不是一柄武器。

至于吴钩用于战斗者，史乘无载。但由秦阵配置有钩和历代诗人诵颂的背后，给我们这样一些启示：

第一，“吴钩”同剑一样，作为一种短兵器，毕竟在战场上还能够派上用场。剑主刺，可劈、挑、挥，在近战中可作卫体格斗之用。而佩剑则标志着拥有者的社会等级和政治身份。同样，“吴钩”一经诞生，吴王就肯舍百金又服不离身，这本身就起了抬高身价的示范作用。加之“吴钩”本具对开的双刃，既可内钩，又能外格，在短距离中格杀可称方便。因此，吴钩在其本身具有杀伤效能的前提下，佩带在身，在当时说来，恐怕时髦、新潮得让人青睐，而且在时人眼里认定并非等闲之辈！

第二，吴钩大概同“指挥剑”、“指挥刀”一样，具有一种指令号召的作用。铜钩出现在秦俑军阵的前锋部，当是它进入矩阵的指挥系统，在特定的范围之内，发挥着一定指挥的作用。

第三，作为短兵器，用之于战阵中，本来就合乎长短兵器相杂的配备原则。

（三）礼殳

殳在周代曾经同戈、车戟、酋矛和夷矛一起被列为“车之五兵”（《考工记·庐人》），是车战时的重要兵器之一。据《周礼·夏官司马·司右》郑玄注引《司马法》佚文，殳还和弓矢、矛、戈、戟组成“步兵五兵”。在这里，殳和矛较长，戈和戟稍短，弓矢又属于远射程兵器。这实际是步兵的基本编制单位——“伍”的兵器装备，由之构成梯次配置的组合体，就更能发挥多种兵器协同的威力。由此我们也清楚地看到：从春秋到战国，战争方式经历了由车战为主，到以步、骑为主的转变。殳也从实战兵器走向守备兵器。

殳“主于击”。有名的句子就是公元前 645 年，秦、晋两国大战于韩原（今山西万荣、河津两县间），“晋惠公之右路石奋投而击缪公之甲，中之者已六札”（《吕氏春秋·爱士篇》）。我们知道，在殷商时期的车战中，由于青铜兵器有限，只能供给车上具有贵族身份的甲士使用，而广大随车的徒卒只能执殳击敌。武王伐纣的牧野大战中，殷军死伤遍野，“血流漂杵”（《尚书·武成》）。这些漂在血流中的“杵”就是殷纣奴隶兵手中作为兵器的木殳。

《释名·释兵》：“殳，殊也。……有所撞柽于车上，使殊离也。”《说文·殳部》：“殳，以杖殊人也。”段注：“殊，断也。以杖殊人者，谓以杖隔远之。”这表明在警卫时，侍卫持殳用以隔断行人。《诗·卫风·伯兮》有“伯也执殳，为王前驱”的句子，可知帝王或诸侯出巡时，殳在前导卫士队里是作为开道用的。这时的殳已进入了仪仗队的行列，成为“礼兵”的一员。汉代天子出行，执金吾“职主先导，以御非常”（《汉书·百官公卿表》注），其所职之“金吾”就是两头饰金的无刃铜殳。

无可讳言，秦殳出于三号坑正是指挥部侍卫甲士手中守备兼仪仗之用的兵器。

铜钺、金钩与秦殳，在秦俑坑里虽然都有发现，但其中除了殳还称得上是一件具有实战作用的兵器外，钺同钩制作粗劣，则纯属于模拟的象征之物。不过，就其存在的秦汉时期而言，它们统统逐次退出了战斗行列，只是作为军中礼仪性兵器依然享有着昔日的盛名。

注 释

[1] 杨绍舜：《山西柳林县高红发现商代铜器》，《考古》1981 年第 3 期；又：《山西石楼褚家峪、曹家垣发现商代铜器》，《文物》1981 年第 8 期。

[2] 北京市文物管理处：《北京地区的又一重要收获——昌平白浮西周木椁墓的新启示》，《考古》1976 年第 4 期。

[3] 广西壮族自治区文物工作队：《广西田东发现战国墓葬》，《考古》1979 年第 6 期。

[4] 湖北省博物馆：《一九六三年湖北黄陂盘龙城商代遗址的发掘》，《文物》1976 年第 1 期；又：《盘龙城商代二里冈期的青铜器》，《文物》1972 年第 2 期。

[5] 北京市文物管理处：《北京市平谷县发现商代墓葬》，《文物》1977 年第 11 期；陕西省博物馆：《陕西绥德墕头村发现一批窖藏商代铜器》，《文物》1975 年第 2 期。

[6] 中国社会科学院考古研究所等：《殷墟妇好墓》，文物出版社，1981 年。

[7] 山东省博物馆：《山东益都苏埠屯第一号奴隶殉葬墓》，《文物》1972 年第 8 期。

[8] 北京市文物管理处：《北京市新征集的商周青铜器》，《文物资料丛刊》2；程长新等：《历尽沧桑，重放光华——北京市拣选古代青铜器展览简记》，《文物》1982 年第 9 期。

关于三孔有銎钺，据李学勤先生提供的材料还见有《博古图》、《西清古鉴》、于省吾：《双剑誃殷契骈枝续编》，梅原末治：《欧美搜储支那古铜精华》。

[9] 王家祐：《记四川彭县竹瓦街出土的铜钺》，《文物》1961 年第 11 期。

[10] 云南省博物馆等：《云南楚雄万家坝古墓群发掘简报》，《文物》1978 年第 10 期。

[11] 戴尊德：《山西灵石县旌介村商代墓和青铜器》。《文物资料丛刊》3。

[12] 甘肃省博物馆：《武威雷台汉墓》，《考古学报》1974 年第 2 期。

[13] 李京华：《汉代的铁钩镶与铁钺戟》，《文物》1965 年第 2 期。

[14] 汉代的斧车图像很多，如南京博物院：《沂南古画像石墓发掘报告》，1956 年；重庆市博物馆：《重庆市博物馆藏四川汉画像砖选集》，文物出版社 1957 年；甘肃省博物馆：《武威雷台汉墓》，《考古学报》1974 年第 2 期；李文信：《辽阳发现的三座壁画古墓》，《文物参考资料》1955 年第 5 期。

[15] 南京博物院：《沂南古画像石墓发掘报告》，文化部文物管理局，1956 年。

[16] 湖北省博物馆：《曾侯乙墓》，文物出版社，1989 年。

[17] 安徽省文物管理委员会等：《寿县蔡侯墓出土遗物》，科学出版社，1956 年；安徽省文物工作队：《安徽淮南市蔡家岗赵家孤堆战国墓》，《考古》1963 年第 4 期；又：《安徽舒城九里墩春秋墓》，《考古学报》1982 年第 2 期。

[18] 湖北省博物馆等：《江陵天星观一号楚墓》，《考古学报》1982 年第 1 期。

[19] 单先进等：《长沙识字岭战国墓》，《考古》1977 年第 1 期。

捌　秦俑坑青铜兵器的科技成就管窥

——对冶铸造型、机械加工和表面处理等制造技术探讨

一　弁　言

秦始皇陵东侧兵马俑坑截至目前，出土当时实用的兵器多达四万余件。但是，除了5枚铁铤铜镞、1枚铁镞和1件疑为“外来”之物的铁矛外，全系青铜制品。这在铁兵器已经登上战争舞台那个时代，秦人仍顽固地采用铜兵器，并于铁和铜的拼搏中，“落后”竟然战胜了“先进”。此种强烈的反差和意外的结果，不能不说又是一个“奇迹”!

问题的提出和个中原因，我在《秦俑兵器刍论》中已首发刍论。这里，我将换个角度——兵器制造，从另一个层次——科技水平上，来探索一下它“落后”或“先进”的内在联系。

战国时期（公元前475～前221年），钢铁兵器一出现，即显示出其优势。当关东诸国普遍用铁兵器武装自己的队伍时，而秦国却把殷周以来沿用着的青铜兵器发展到了它的顶峰，从而在英勇善战、所向披靡的秦军手里表现出锐不可当的威力。通过检验可以看出，在铜、铁兵器交替的时期（战国至秦），它们不是截然的两种形态的替换，而是有着一段并行发展的历程。尔后，铁兵则取铜兵的地位而代之。从科学技术史的角度看，它们处于并驾齐驱的那个阶段，无疑凝聚着我国劳动人民的聪明才智和创造能力，是我国古代科学技术的丰硕成果，对此后的冶炼和机械制造工艺不无深远影响。

第一、二号兵马俑从葬坑的试掘简报已公诸科学界[1]。本文对一些兵器资料再作抽样检验，重新设计测定内容，首次涉猎秦兵器制造的科技成就及其历史地位问题。

二　制作工艺浅析

《荀子·强国篇》指出：“刑（型）范正，金锡美，工冶巧，火齐得，剖刑而莫邪已。然而不剥脱，不砥厉，则不可以断绳。剥脱之，砥厉之，则劙盘盂、刎牛马

忽然耳。”荀况在这里概括了铸剑的各道工序及规范要求的重要性。实际上，秦铜兵制造正是在铸造成型、外加工和拼装过程中，既能严格遵循操作规程，又有相应的安全措施。当然，我们在研究时所能看到的制作工序毕竟还是有限的。

(一) 冶铸

1. 铸件与铸法

秦铜兵器无一例外地均是铸件。用 $FeCl_3$（氯化铁，或称“三氯化铁”、“氯化高铁”）酒精溶液浸蚀铜镞样品以后，在金相显微镜下可以观察到树枝状的结晶，显示了 Cu—Su 合金所具有的那种典型的铸造组织。在用二元或多元合金熔液浇铸时，它也无一不用范模。矛和矛镦、戈鐏等因留銎而使用了内外范。凡是剑、戈、钩、钺、铤、弩机机件等实心铸物，都一律采取双合范，一次铸成。剑璏，则于浇铸时插入泥芯而成銎的。戈穿、弩机铜件的栓塞孔，应是浇铸时预留的。

这些铸件的表面光滑，有的銎内还留有细末，说明制范的材料较细，推测属于泥型铸造。铸出的毛坯，凡是未经加工者，模痕及毛刺犹存（如Ⅰc镞铤、矛及鐏銎等）。

浇铸方法看来是不尽相同的。剑、矛、钩的浇口当在柄和銎的部位，而对数量大、体型小的镞，则可能用叠范。镞的首、铤分铸，先铤后首，故关部往往留有毗缝包裹在铤基上。

2. 合金成分与配比关系

按照兵器的作用及对各部件性能要求的不同，在几种成分的合成上，都有一定的配比关系。以3柄残剑剑身为例，定性鉴别和定量分析如表一：

表一　三柄秦剑成分测定表

化验号	化检手段	取样部位	化验含量结果（%）						
			铜	锡	铅	锌	银	镍	铬
21	化学定量分析		76	21.38	2.18	0.41			
287	化学定量分析		74.64	22.13	1.14	0.15			
	电子探针	表面	71.00	31.00				0.54	
		内部	73.00	21.40				0.64	
	激光显微光谱		大	少				微	痕
272	化学定量分析		76.32	18.02	0.17				
	激光显微光谱		大	大	无		痕		

剑是便携式的近刺武器，要求锋利，坚而且韧。通过上表可以看出：铜的含量是71%～76.32%，锡的含量是18.02%～22.13%，二者的比例接近3∶1，大体符

合《考工记》关于“三分其金而锡居一，谓之大刃之齐”的配比要求（3∶1 即铜占 75%，锡占 25%）[2]。完整的 3 柄青铜剑，窄而且长，超过此前的一切铜剑。这除了战争实践的要求之外，冶铸术的精进也应是个重要的原因。

对 8 件铜镞分别进行检验，所得数据如表二：

表二 秦俑铜镞成分测定表

化检号	式别	取样部位		检验手段	检验结果(%)						
					铜	锡	铅	锌	银	镍	铬
281	Ⅰa	镞首		化学定量分析	80.11	11.44	5.77	0.38			
282	Ⅰb	镞首		化学定量分析	80.46	11.65	5.07	0.35			
		铤(粗)		化学定量分析	79.36	11.34	6.30	0.35			
		铤(细)		化学定量分析	81.65	12.77	3.53	0.32			
283	Ⅰc	镞首		化学定量分析	81.65	12.57	4.57	0.13			
		镞铤		化学定量分析	81.54	12.45	4.64	0.14			
22	Ⅰc	镞首		化学定量分析	81.16	11.10	7.71	0.098			
284	Ⅰc	镞首		化学定量分析	81.47	12.46	4.52	0.13			
		镞铤		化学定量分析	81.64	12.77	4.81	0.15			
未编号	Ⅰc	镞首		化学定量分析	85.14	11.39	1.95				1.98(平均)
		表面	最高点	电子探针进行微区成分分析	59.50		7.92				0.87
					51.90	35.76					
					58.20		9.20				0.53
			最低点		17.00	28.77					2.03
					18.20						2.23
					29.50	1.20					1.20
					19.60		12.30				
		内部	最高点		69.90		5.90				0.007～0.05
			最低点		34.50		4.50				0.002～0.04
		各部		光谱定性分析	大	中	小			痕	
		各部		X光荧光分析							表面 1.98
未编号	Ⅰc	各部		光谱定性	高	高		有		有	有
282	Ⅱa	镞首		化学分析	83.06	11.70	3.60	0.29			
		镞铤		化学分析	85.03	9.88	3.30	0.31			
		镞铤		激光定性分析	大	大	少	无	少	微	

由表二可以看到青铜镞，无论是首或铤，均由铜、锡、铅、锌 4 种主要元素合成。而个别镞还含有微量和痕量元素，如镁、铁、硅、锰、钛、铌、钴或硫、磷、铝等。若从各个元素的含量上进一步分析，我们就会发现其间具有这么几种关系：

第一，镞首含铜在 80.11%（281—Ⅰa）～83.06%（270—Ⅱa）之间。锡在 11.10%（22—Ⅰc）～12.57%（283—Ⅰc）之间。《考工记》："五分其金而锡居二，谓之削杀矢之齐"，显然秦镞的含锡量不及此规定。我们知道：锡是金属中最软的金属，熔点只有 327.4℃，同铅一样，都有降低青铜熔点、增加硬度、提高铜液流动性、改善铸造性能（弥合锡青铜的缩松——缩孔）的特性。那么，经化验的秦镞镞首的含铅量在 3.696%（270—Ⅱa）～7.71%（22—1c）之间，若从锡、铅含量的总和上看，这些镞首铜与锡之比还是达不到制作杀矢的要求的（5∶2）。这很可能与另一考虑有关，即：箭矢的飞行速度同弓的形体结构及其弹力成正比例，因此镞的硬度就无需受 5∶2 的限制。在这里，减锡增铅的目的，也可能出于人们对铅毒的认识[3]，借此来增加这一多发性武器——"弹头"（矢镞）的杀伤力。

第二，因为镞首要求具备很高的穿透力，铤则是入笴（干）的部分。所以铤部（特别是Ⅰa）浇铸粗疏，往往有气孔的存在。

第三，镞首的含锌量除Ⅰc外（如 22、283、284），Ⅰa、Ⅰb 和Ⅱa 都在 0.29%（270—Ⅱa）～0.38%（281—Ⅰa）之间。我以为，由于自然界中单一的铅矿甚少，往往都有锌的伴生。因此在冶铸青铜合金时，特别在古代也就加铅带锌，往往是免不了的。但是，我们把镞同剑的含锌量相比较，还会发现镞的含锌量高于剑（0.15%），因此说，锌系有意加入的可能性也是存在的。从科学原理上看，锌的加入合金，利用其脱氧作用，以防气泡逸出，从而具有增加刃力、调剂各成分间刚柔关系，还可获得防腐的结果。当然，是否为有意加锌，仍待今后进一步验证。

第四，铜、锡、铅几种主要成分的含量，在镞与镞之间存在着差别，可看做是非一次所铸而造成的出入。我作此论的根据之一是：在同镞的首、铤之间，主要成分大体接近。只有Ⅱ式镞首（三出刃式）的锡铅含量高于铤部，这显然又是为了增加首部三个薄刃的硬度而有意所为。

对矛及镦作电子探针测定和激光定性，除共同有痕量的铅元素之外，其含铜量分别是 69.62%、84.83%，含锡量分别为 30.38%和 15.15%。因为矛头是刺兵中前端最重要的组成部分，是杀伤力的集中点，那么，要做到坚利，就自然成为对矛锋与刃的要求。所以，矛头与镦含量的区别，正是按人们的需要而在冶铸上有着具体的体现。

战国时期成书的《考工记》，首次提出冶铸青铜的"六齐"理论。应该说，这是长期来制造合金实践的工艺总结。书言："金有六齐：六分其金而锡居一，谓之钟鼎之齐；五分其金而锡居一，谓之斧斤之齐；四分其金而锡居一，谓之戈戟之齐；三分其金而锡居一，谓之大刃之齐；五分其金而锡居二，谓之削杀矢之齐；金锡半，谓之鉴燧之齐。”今以化验的几种秦俑青铜兵器与之对照，如表三：

表三　秦俑兵器与“六齐”规范比较表

秦俑兵器化验结果				《考工记》“六齐”的铜锡之比			
兵器名称	含铜量（%）	含锡量（%）	铜：锡	含铜量（%）	含锡量（%）	铜：锡	合金名称
矛镦	84.83	15.15	5.6：1	83.3～86	16.7～14	5：1～6：1	钟鼎之齐
镞首	80.11～83.06	11.1～12.57	6.6：1～7.2：1	80～83	20～17	4：1～5：1	斧斤之齐
				75～80	25～20	3：1～4：1	戈戟之齐
铜剑	71～76.32	18.2～22.13	3.4：1～3.9：1	66.7～75	33.3～25	2：1～3：2	大刃之齐
铜矛	69.62	30.38	2.3：1	60～71	40～29	3：2～5：2	削、杀矢之齐
				～50	～50	～1：1	鉴燧之齐

从对照中，我们可以看出：秦青铜剑的铜锡之比是3.4：1～3.9：1，其含铜量界于“戈戟之齐”和“大刃之齐”之间，而比较地接近于“大刃之齐”，显然适合于砍杀、拼刺的功能要求；镞首的铜锡比为6.6：1～7.21：1，而同“削、杀矢之齐”的铜锡比相去甚大。因为含铜量高达80%以上，其穿坚的力量就较差。但是，只要我们看到铜镞的合金中锡铅总量达到18.7%～20.28%时，尽管还不及“削、杀矢之齐”，却获得了“戈戟之齐”的坚韧性能。秦矛头的含锡量较高，铜、锡比例是5：2，正符合“削、杀矢之齐”。而矛镦的铜锡比接近6：1，其含铜量远远高于矛头。这种反差很大的现象，说明秦矛头作为一支锋利的刺兵的着力部，正是加强的重点。

锋利、坚韧，是人们对于冷兵器起码的性能要求。而纯铜（即“红铜”）质太软，是不能制作兵器的。随着冶铸锡青铜技术的不断提高，青铜兵器的含锡量也在逐渐增加。河南安阳小屯村出土的商代铜戈的含铜量是88.98%，锡含量是4.01%。西周铜戈的含铜量在82%以上，而含锡量却增加到13%以上。个别的周戈铜量降到73.38%，锡量虽是12.1%，但铅量却猛增加到12.41%。锡量的加大，不唯是降低铜的熔点，而且在增加青铜的硬度。据知，纯铜的布氏硬度（HB）只有35度，若加锡5%～7%，硬度就增加到50～65度；若加锡7%～9%，硬度就增加到65～70度；若加锡9%～10%，硬度就达到70～100度。

那么，秦俑坑出土的兵器又怎么样呢？青铜剑经测定，其硬度为106度，大约相当于中碳钢调质后的硬度。秦矛和秦镞的硬度都在100度以上。因为镦是护长兵器柄端的附设物，非力的对抗部，因此其含铜量高、含锡量低，远逊于剑、矛、镞的配比。人们由于器物用途的不同而赋予一定的硬度要求，能做到控制含锡量，说明秦的青铜冶铸技术达到了相当高的造诣。

(二) 铜件的加工工艺

1. 模型

合金中各成分的配比，取决于制器者的目的和要求。而铸件是否实用，则来自于造型的准确性。秦兵器制作规整，均属于对称性结构。我曾对剑、矛、钺的正面、侧面，以及戈、钩的侧面做等分的切线。所得的两个剖面不但全等，而且两个几何体也是相等的。这充分的表现出当时制型和外加工，具有极高的技术水平，有着一套相当精密的加工机械设施。

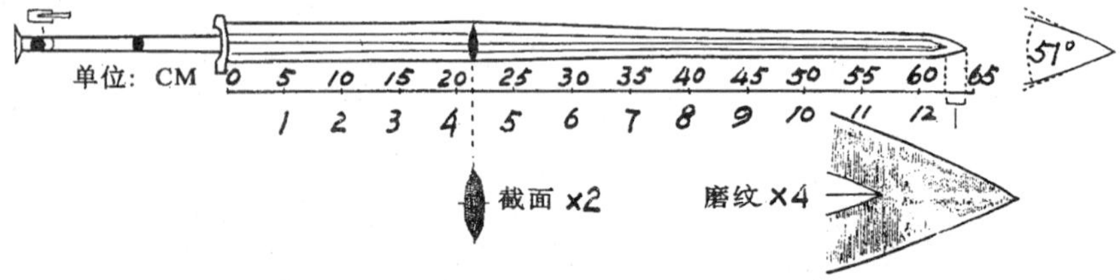

图Ⅱ-8：1 圆首剑分割及磨纹图

我在原秦俑考古队时，设计了一套物理测试方法。首次对出土的各种兵器进行检测，在揭示秦制造兵器的奥秘方面，有着令人惊喜的发现。这一成果，为同行的考古者不情愿又不可回避却巧妙地引入到自己著述中。当时，选测的标本之一就是青铜圆首剑（即Ⅰ式剑）（图Ⅱ-8：1）。选择的考虑是：剑既作为近身防卫的武器，要在短距离内快刺格斗，立见胜负，既锋利又坚韧则是其功能要求。而实践经验又告诉人们：用以“防检非常”（刘熙《释名·释兵》）的剑，每每是长胜于短、钢铁优于青铜质。那么，秦剑既属于长型的青铜质，其身既窄又薄，同六国之剑迥异，用以装备军队，必有独到之处。于是，用精确度为 0.02mm 的游标卡尺作测试。其结果如表四：

测量数据所显示的变化，归纳起来有三个要点，即：

(1) 剑身由基部至锋端的宽度，作波浪式的减宽变化。基部最宽（3.65 厘米），锋端收杀为 0，其间减宽的级数，是在每隔 5 厘米的等距范围之内，以 0.05 厘米的倍数作起伏性收缩，从而形成了 0.05、0.10、0.15、0.20、0.25、0.30 厘米等六个级差数。但这绝不是均等的递减，而是跳跃式分段收缩。如果从穿刺的实战动作出发，就得把起点（0）倒过来，即起自锋端。那么，它双刃的变化应该是：锋的夹角只有 51°，这应是进刺极佳的锐角⟶自锋至 3.6 厘米之间，呈顶角是锐角的外鼓弧边等腰三角形⟶自 4.1 至 9.1 厘米之间，是一段向内收缩而又等宽（2.3 厘米）的“束腰”（可起“风槽”的作用）⟶9.1 厘米之后，呈加宽的趋势，至 34.1 厘米（第六、七测点）的一段为最猛烈⟶至 49.1 厘米（第三测点）的一段，为等距微增⟶至 54.1 厘米（第二测点）的一段猛增⟶随后又进入等距微增，直至接茎的基部。

表四　秦俑坑圆首剑等距测量结果

现　　状	剑全长 83.1 厘米，其中身长 46.1 厘米						
测量要点	测定部位：剑身。由格至锋，每隔 5 厘米取点，唯第 12 点至锋为 4.1 厘米						
测点序号	宽（厘米）	厚（厘米）	宽与厚的比值	等距宽度差		等距厚度差	
				测　数	趋　向	测　数	趋　向
身基部（格）	3.65	0.91	4.01		最宽处		最厚处
1	3.55	0.80	4.43	0.10	基差	0.11	基厚差
2	3.50	0.77	4.54	0.05	微差	0.03	薄
3	3.40	0.79	4.30	0.10	大缩	−0.02	加厚
4	3.35	0.79	4.24	0.05	等距微差	0.00	等厚
5	3.30	0.75	4.40	0.05	等距微差	0.04	再薄
6	3.25	0.76	4.27	0.05	等距微差	−0.01	加厚
7	3.10	0.80	3.87	0.15	起伏大缩	−0.04	加厚
8	2.80	0.60	4.66	0.30	起伏大缩	0.20	大薄
9	2.60	0.65	4.00	0.20	起伏大缩	−0.05	加厚
10	2.35	0.52	4.51	0.25	起伏大缩	0.13	减厚
11	2.30	0.47	4.99	0.05		0.05	
12	2.30	0.34	6.76	0.00		0.13	
锋端	0.00	0.00	0.00	0.00		0.00	

（2）剑身的厚度以基部为最厚（0.91 厘米），向锋部也作减薄的变化。同样，减薄的速度也是在每隔 5 厘米的等距范围内，随宽度作同步变化。这就形成了“厚⟶薄⟶加厚⟶再薄⟶再加厚⟶大薄⟶加厚⟶减厚”等八段的变化曲线。

（3）由格向锋的厚度变化，可以看出：近格 5 厘米的一段较他处为厚外，在由厚减薄的过程中，等距厚度差在−0.04～0.02 厘米之间摆动。而且等距厚度差同等距宽度差作反向变化，即：剑身宽的地方其厚度减薄，剑身收束的地方其厚度加大。这种情况在宽同厚的比值上也得到佐证，其变化处于 4.00～4.99 厘米之间。唯宽在 3.10 厘米正值刃部大收缩开始，厚度随之增大，其比值变小（3.87）；相反，近锋处宽在 2.30 厘米处，其厚度突然变薄，二者比值增大（6.67）。

纵观青铜剑的演变史就可以看出：剑身是由短增长的。周剑长仅 30 厘米左右，到战国时期也不过 66 厘米，仍属于“短剑型”。人们为了解决增长后带来易折和挠曲的弊端，就唯有选择加大身宽的一途。像西周剑，腊广只有 3.15 厘米，到战国晚期就加宽到 4.5 厘米[4]。如此一来，便意味着剑身增长同剑宽加大是同时并行的，这也无疑地增加了剑的自重和钝性。但秦剑一改旧观，则变成了兰叶状的“长型剑”，全长可达到 94 厘米。秦俑坑的青铜剑虽在潮湿的地下度过了 2200 多年，经受挤压、锈蚀，仍锋利如新、油光闪亮，可轻而易举地划透叠放的十一层报纸。看来，秦剑在实用性能上确实比其他国家的青铜短剑要精良得多。在解决锋利和坚韧这两大难题上，除了优选锡青铜的合金配比之外，在造型学上也能做到符合力学原则。剑身从基至锋的递降过程中，由宽变窄，由厚变薄，使宽厚兼顾（宽处厚度小，窄处厚度大）、相互弥补（力度均衡）、刚柔并济（弹性传导）。即以穿刺的作用而言，呈锐角的剑锋、收缩的“束腰”、刃口富于曲折而又逐渐加宽的剑身……对于克服进击时的反作用力，增强进刺的速度和力度等等，无疑都是有利的。而且由于宽度和厚度的反向变化，还使长条形剑身的机械强度相对地平衡而达到富有弹性，从而避免了因强弱不均所导致断折的发生。

2. 锉磨与抛光

秦俑兵器的实用性重于装饰性，把实用作为第一位是制器的出发点。这些铜兵器的表面异常光滑，剑、戈和矛的光洁度可达到▽ 9～▽ 10，铜镞Ⅰc 表面光洁度也在▽ 7 左右。显然易见，当这些铜兵器铸出后的第一道工序就是整治“毛坯”，打掉“毛刺”，进而作表面抛光处理（图Ⅱ-8：2）。只有个别部位，如镞Ⅰa 和Ⅰc 的有些铤未经锉磨和修饰者，合模浇铸的“分型线”犹存。似乎是出自不但无损于装配的进行，还基于插入箭杆，有利于固定的考虑。

秦剑、戈的内部组织结构严密，无气泡的存在，表层的硬度高于内部。这除了掌握纯熟的冶铸技术外，还必定经过加热锻打以消除内应力，从而使分子结合紧密，组织细化，表面整洁[5]。再经平锉、平铲、平磨，打去毛刺和粗糙的表皮。最后，似用麻絮蘸油粘面砂（相当现在 200＃细砂）反复揩拭，使之表面光亮，甚少或不留擦痕。

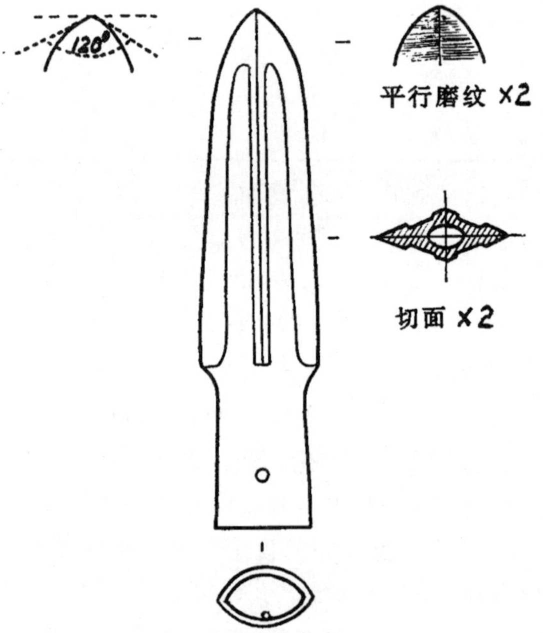

图Ⅱ-8：2　青铜矛精度图
（Ⅰ式，秦俑一号坑）

用锉刀锉磨的方法，除应用于修治兵器的大样之后，再经加工外，还广泛地用来加工细部，使之规矩化。一些铜兵器上的道道锉痕，至今清晰可辨。如扁茎剑（Ⅱ式）的剑柄仅锉出大型，三棱镞的镞关则锉掉三棱（镞Ⅰa、Ⅰc，锉的方向同棱十字相交，镞Ⅰb则向棱两侧斜锉），镞铤锉之使呈圆台体或二段衔接的台锥体。由锉面观察，锉刀该是钢铁质的平锉和圆锉两种。

兵器的刃，属于两面磨制，《书·费誓》“砺乃锋刃”即此意。剑和矛刃的磨纹，呈一条条向脊的平行线（图Ⅱ-8：1、2）。戈的援胡转弯处，则呈辐射状的磨纹（图Ⅱ-8：3）。磨纹细而密，纹径1/2mm，磨面平整光滑，似用固定的手摇磨轮（砥石）打出。

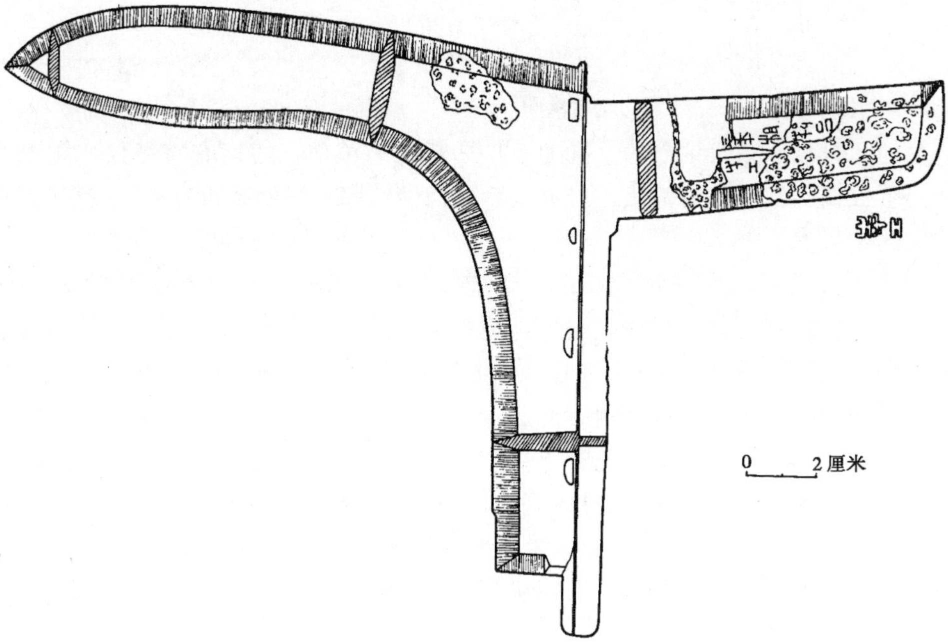

图Ⅱ-8：3　三年相邦吕不韦戈截面分割及磨纹显示图

（一号坑T19G11：0924）

对于镞首的“砥砺”，其准确度更是达到出神入化的程度，三种三棱镞的三个棱都呈微凸的弧形。其横截面作等边三角形，用精确度0.01mm的外径千分尺较量，Ⅰa三边的误差为0.3％～48％，Ⅰb三边的误差为1.6％～75.5％—16.7％～88.7％，Ⅰc三边的误差为6.5％～8.5％—11.5％～33.5％（图Ⅱ-8：4）。

铜殳前端的三棱面的磨面平整，其夹角分别为87度、88度、89度（图Ⅱ-8：5）。

远在两千多年前，锉磨切削的外加工技术，达到如此的高度。如果没有一套加工的卡具和方法，简直是难于理解的。

3. 钻孔与錾凿

留孔有两种作法：一是铸，二是钻。戈穿、弩机栓塞的枢孔，系浇铸时预留的。

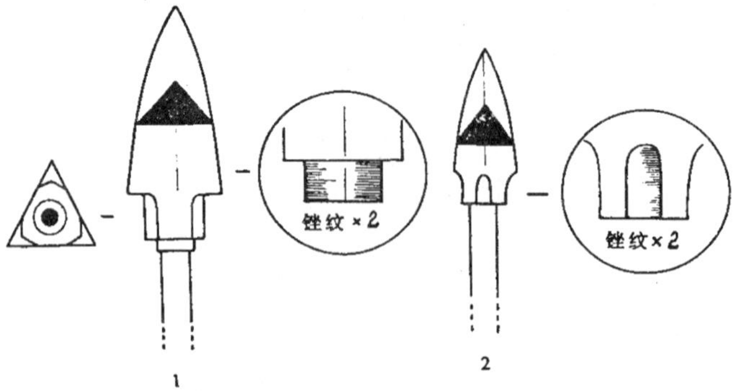

1. 二号坑出土　2. 一号坑出土

图Ⅱ-8：4　青铜镞精度图

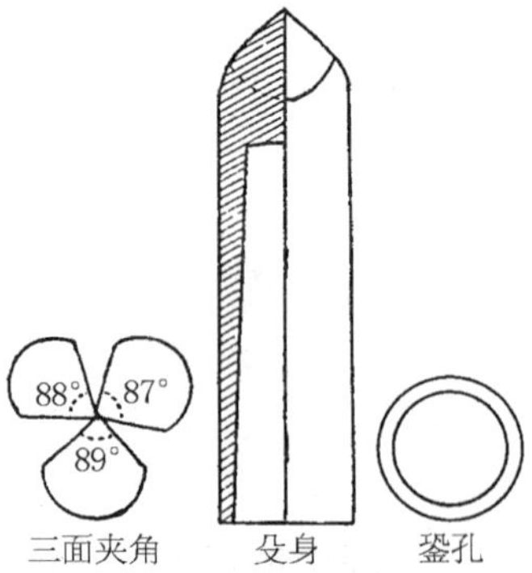

图Ⅱ-8：5　秦俑铜殳结构及尖锋展开图

矛、镦的圆钉孔，则是钻出的。有的Ⅰb三棱镞的关部，还钻有直径仅0.1毫米的钉孔。Ⅰ式铜剑剑柄分为两段，当榫接后，插销钉固定，销孔直径1.45毫米，也当是施钻的结果。

铜戟和铍头上都有长铭文，最多者有17字。铜矛和弩机上，铭文较少。戟、铍、矛（Ⅱ式）的刻铭，笔锋呈楔形，转折处不圆滑，字形多有走脱，该是錾、凿结合手法形成的“殳书”。而戈胡上“寺工”两阴文，属于铸铭。三出刃铜镞和铁铤铜镞镞首的风槽，也都经过凿剔修治。

4. 截割与铆钉

当兵器浇铸出，必须截掉浇口，再对毛坯进行加工处理。Ⅰ式铜剑剑柄，榫接的母口宽1.5～3.1毫米，深7.2毫米，似为锯截。子母衔接后的铜销钉，是两面铆钉的。铜矛上的销钉，也是穿过骹壁从两面打入柄端，再磨平销钉的外露部分。

（三）组装与保护措施

一件铜兵器往往是由各部件合成的。而不同的部件，特别是金属件，那是要经过冶铸、外加工、表面处理等一系列工序完成的。最后经过对各部件的组装，才能成为一把具有杀伤力的所谓武器。

对武器，要做好平时保养，才能战时投入使用。为了携带和保存方便，当时又有各种防护设施。下面仅就秦俑兵器的“护体”设备，分别介绍之：

剑的部件主要是身、茎一次的铸物，套入菱形铜格，接首、缠缑，然后藏入“剑室”（鞘）。Ⅰ式剑的铜首，呈喇叭形，与茎部榫接。茎上无箍，缠以蒯缑，再表面髹之以漆，就构成了“剑铗”（柄）。虽然在今天看不到这种剑鞘的全形，但从残迹上观察，其做法是：先用两片槽形木板作为室的骨架，在内部衬绢，外缠丝绳，表面髹漆。再在剑鞘的下端套上铜琕（又称“摽”或“鞞”），在口部穿上铜琫，就使剑鞘成为牢固的一体——故而称其为“室”。为了挂佩，还在鞘外部中上的位置上，安上鼻形的铜璏，以便贯索。另外，在剑柄端或鞘外装些骨坠之类的剑饰品。

作为长兵器的戈属于勾兵，矛属于刺兵，殳则属于击兵，均需安装在木柲上。为保护柲的末端，更为了竖立的方便，在柲端套以铜镦。《考工记》规定："戈柲六尺有六寸，殳长寻有四尺，车戟常，酋矛常有四尺，夷矛三寻。"郑玄注："八尺曰寻，倍寻曰常。"按 1 周尺＝23.1 厘米计[6]，柲的长度分别是：戈——152.46 厘米，殳——277.2 厘米，车戟——396.6 厘米，酋矛——462 厘米，夷矛——554.4 厘米。

秦俑一号坑，出一支据认为是最完整的矛。其木柲长 6.7 米，径 3.4×4 厘米。这一长度，竟比夷矛还多出 115.6 厘米。若从"凡兵无过三其身"的作战经验看，陶俑的一般高度为 1.86 米，"三其身"也不过 5.85 米。那么，这杆长矛除了迹象随湿土走形的这一微小的因素外，其长度、其作用别有用意吧！我认为那是一个战旗的旗杆，因此不应以"长矛"称之。

《考工记》载："句兵欲无弹（掉头），刺兵欲无蜎（桡曲）。是故句兵椑（径椭圆），刺兵抟（圜圆）。击兵同强（上下等粗），举围欲细，细则校（疾利）。刺兵同强，举围欲重（握持显重，不可飘轻），重欲薄（近）人，傅人则密（对），是故侵之。"对于长兵器之柄的这一规范要求，秦俑兵器也有体现。如铜钺的夹柄痕宽 4.5 厘米，戈鐏的内径 3.5×4 厘米，对于采取夹缚方式的钺和戈是适宜的，不会有掉头的发生。铜矛銎的内径只有 3.6×3.8 厘米，而柲径是 3.4×4 厘米，当然只有削细柲端才可入銎。这种深銎细柲的一杆矛，再在矛骹两面打入细钉，就能收到"刺兵同强，举围欲重"、"无蜎"的实际效果。步卒俑握拳拄器的孔径（拳眼）4×6.5～4.5×5 厘米，是同前边提到的柲径大致相当。所以，我以为秦戈、矛的干径一般在 4 厘米左右，只有铜殳内径 2.7 厘米。殳径虽细，但以束竹为柲，才会有"细则校"的作用。

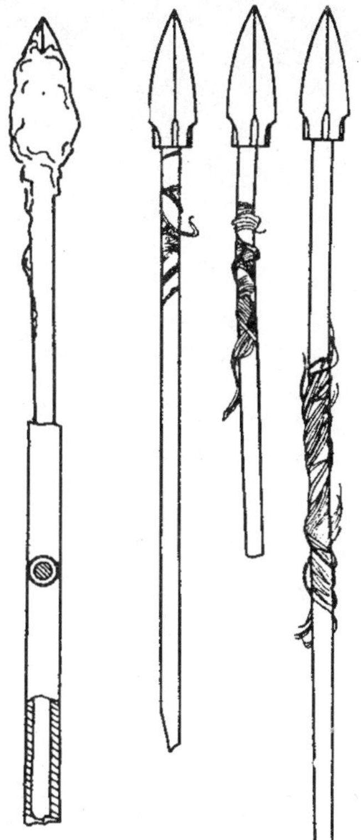

图Ⅱ-8：6　Ⅰc 式镞铤缠麻丝入笴图

秦箭只有成束地出土者，才使我们看清了它原来的面貌。箭箙底垫板，上设耳，宽 21 厘米、厚 3.6 厘米、高 38 厘米。箭支倒插箙中，每箙盛 100～120 支，也符合"每箙百矢"的规定。《考工记》载，杀矢"叁分其长，而杀其一，五分其长，而羽其一"。注："矢稿长三尺"，"羽六寸"。据此，箭杆长折合 69.3 厘米，其中羽占 13.96 厘米。秦俑坑Ⅰc 式镞的箭支多盛箙中，通长 68～

72 厘米，最长有达 80 厘米的。箭笴（杆）径 0.65～0.7 厘米，前三分之二涂红漆，后三分之一涂褐漆，尾端设羽毛占约 15 厘米。笴上不同颜色，也可能表示其重心的所在。显然，秦箭的长度要求也是符合常规的。其镞与杆的装法是：铤缠麻丝，插入杆中，使之结合紧密（图Ⅱ-8：6）。例外的是Ⅰb 镞于细铤部分缠麻丝，说明粗铤至镞首部分露于杆外，当是掌握重心的又一作法。

弓干以皮革条缠绕，长 147.2～176.1 厘米，弦长 117～140 厘米，弩臂前承弓，后端装铜机件。弓弩出土时，往往盛于韬中（图Ⅱ-8：7）。弩韬状如张翼的飞鸟，其测量规格为 144×19 厘米，似为麻织物所编制，外涂之以漆。由于箭杆及箙、弓干及韬均已腐朽，尚难辨识是否为“檿弧箕箙”（即山桑木做的弓、箕草编的袋）。

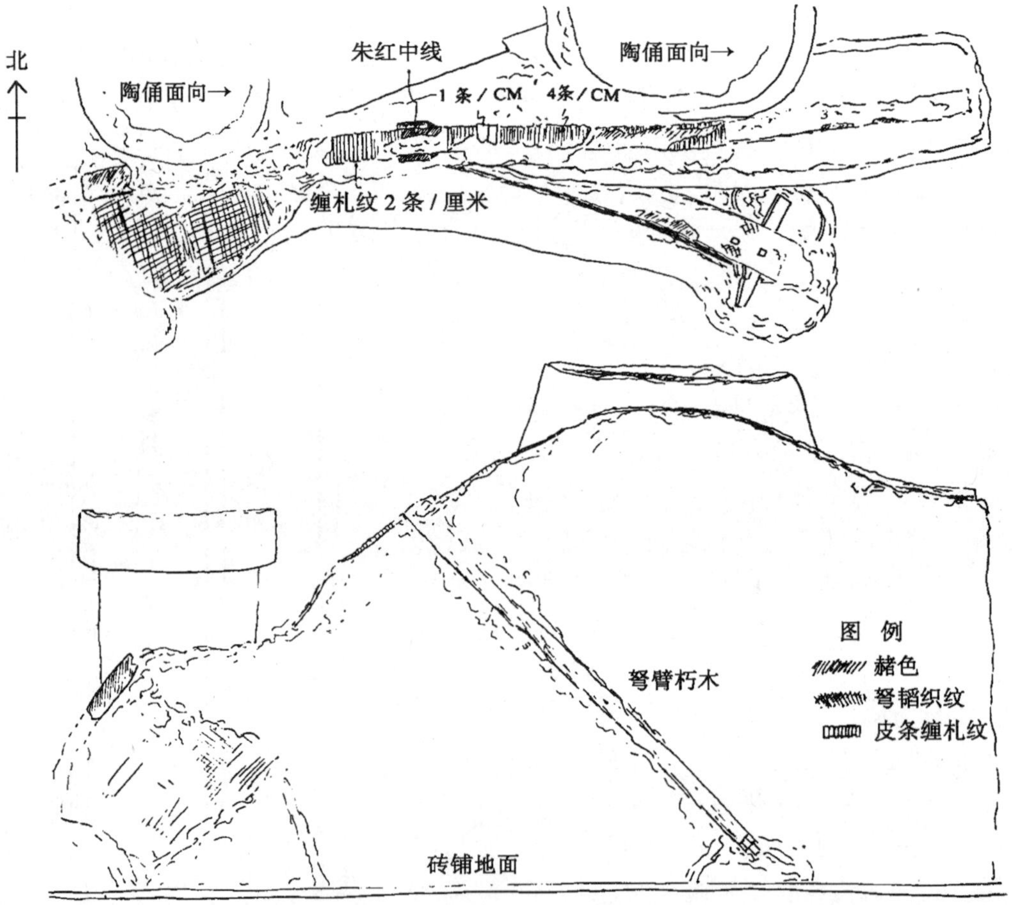

图Ⅱ-8：7　弓弩韬迹

（一号坑 T20G11）

三 收获与探讨

（一）因用途而调配冶金成分

对秦军阵营坑青铜兵器的定性、定量测定，通过对比，可以看出人们因镞、矛、剑、弩、镦等用途的不同而在冶铸合金时，配比成分也各不相同。今选取商周和秦的铜镞为例，对比如表五：

表五 铜镞成分对比表

样品名称	数量	时代	Cu%	Su%	Pb%	Zn%	Fe%	Ni%	总量%	资料来源
铜 镞	1	殷	96.06	1.83	1.85	无	0.03	未测	99.77	《中国冶金简史》
铜 镞	1	西周	94.52	1.93	2.09	0.08	0.29	0.05	98.96	《中国冶金简史》
铜 镞	1	西周	92.40	14.19	1.60	0.04	0.14	0.02	98.39	《中国冶金简史》
铜镞首	5	秦	80.11至83.06	11.10至12.57	3.60至5.77	0.13至0.31			97.35至99.37	中国社会科学院考古所化学分析室

由表五的化学成分比较中，可以看出秦镞镞首比殷周镞的含铜量低，锡铅的合计含量高，说明对硬度要求在冶铸中已能达到预期的目的。根据实践经验，若果锡占青铜的17%～20%则最为坚韧，锡占青铜的30%～40%则硬度最高。那么，细长而窄薄的秦剑基本符合《考工记》的规定，因此也达到了锋利而坚韧的要求。同样，粗短结实的秦矛更能满足坚硬利刺的目的。镞首的铜、锡之比不及5∶2，但铅、锌的加入，就提高了它的机械性能和实战效果。这不能不说是缜密而精到的一种考虑。由几个部件组成的同一器物，也因各自功能的不同而控制诸元素的含量（如镞首与铤）。由此来看，秦人正确地掌握了合金配比同性能、功用的关系，在《考工记》的基础上把青铜冶铸技术又推上了一个新高度。

（二）加工工具

对秦青铜兵器的加工工具从痕迹和制作方法上推测，可知有锯、錾、锉、钻、铲和砥石。在使用上，这诸多工具的制作必定是手工和机械相结合的。如剑、矛刃部纹理平行、磨面平整，若不是脊的中轴线同砥石的磨向保持垂直，而且作直线运动；若不是固定加工器物使之与砥石磨面保持一定的角度，而且保持磨刃的深浅；若不是将砥石做成轮转机械，而且附设定向的标尺，要使剑的外加工正常进行，要使其整体规矩化，那简直是不可想象的。再从方法上看，锉磨、抛光、钻孔、錾凿、截割等，若没有固定工具，要加工出切合实用的产品，也是不可能的。因此，我们完全有理由相信，那时必定发明并使用着多种相当精密的加工机械，而且所使用的工具必定是钢铁质的，尽管其动力还只是靠人的体力所承担。当然，这些机械在秦俑坑里是很难找到的，有待于今后考古的发现。

(三) 铬盐氧化处理技术的运用

秦剑、矛、镞、殳、鐏的表面光洁而呈灰色，经微光显微光谱、X光萤光、电子探针、光谱分析等检验，其表面有一层致密的含铬化合物的氧化层。北京钢铁学院曾用电子针对表面呈深黑色、未予编号的三棱铜镞（Ⅰc）做分析。其结果表明，它表面铬的含量为0.87％～2.23％，平均1.98％，厚度约10～15微米。经锉过镞表面的金相照片，不再显示铬的存在。又，对287号秦剑进行过四次电子探针测定，也是只有表层有铬，含量达0.6％～2％，厚10～15微米。同样，一只戈镦的表面含铬为0.23％。

人们为了增强合金抗腐蚀的能力，用铬酸盐或重铬酸盐处理金属表面，使之发生氧化还原反应，从而生成一层致密的浅灰和深灰色的薄层。这种只有近代才使用的技术，德国人是1937年首次宣告成功的。之后相隔12年，美国于1950年才掌握了这一工艺。他们也都将此列为自己的专利。

实际上，中国古代已能就地取材，在取得烧陶、冶铜、炼铁控制温度的丰富经验基础上，进而对青铜表层也能进一步作铬盐氧化处理。不但秦俑坑青铜兵器表面有含铬化合物的存在，而且在西汉中山靖王刘胜墓中也有经人工氧化处理的铜镞发现。其表面铜高区含铬量为0.017％，铜低区含铬量约5％[7]。

远在2100多年前的秦代，人们已能成熟地掌握合金表面处理的这一工艺，创造出自己特有的简单而易行的路子，应该说它的发明时间还要更早一些。这种伟大的技术成果，简直是世界冶金史上一项奇迹！也是我国古代劳动人民对世界科学发明的又一伟大贡献[8]！

附注：本文的部分检验材料，承冶金部有色金属研究院、北京钢铁学院、首都钢铁研究所化验室、中国社会科学院考古研究所化学分析室及陕西省缝纫机厂检验科协助测定。在此深表谢忱。

注　释

[1] 始皇陵秦俑考古发掘队：《临潼县秦俑坑试掘第一号简报》，《文物》1975年第11期；《始皇陵东侧第二号兵马俑坑钻探试掘简报》，《文物》1978年第5期；《秦始皇陵东侧第三号兵马俑坑清理简报》，《文物》1979年第12期。

[2]《考工记》有“金有六齐，□分其金，而锡居□……”句，前面的“金”指青铜，后面的“金”说的是纯铜。“锡居几”是锡成分占铜的份数，“齐”即剂量。因此，“五分其金而锡居二”是说铜锡之比为5∶2，即铜占71.34％，锡占28.57％。

［3］纯铅具有毒性，这是古人早已认识了的。但作为合金存在时不再具毒性，当时人限于没有科学的检测手段，对此恐怕还不了解。

［4］参阅本书《秦俑兵器刍论》一文。

［5］青铜铸件加热理应不超过650℃×3小时的规范。否则，硬度和耐磨性能有所减退。

［6］周尺，据传洛阳金村的铜尺。见陈梦家《战国度量衡略说》，《考古》1964年第6期。

［7］韩汝玢等：《秦始皇陶俑坑出土的铜镞表面氧化层的研究》，《自然科学史研究》1983年第4期。

［8］《中国冶金史》编写组见告：经过模拟的人工氧化处理方法及其原理是用铬铁矿、火硝在空气参与下，经过850℃～950℃焙烧，浸出制备，即可得铬酸盐或重铬酸盐。其反应式如下：

$$2FeO \cdot Cr_2O_3 + 4Na_2CO_3 + \frac{7}{2}O_2 = 4Na_2CrO_4 + Fe_2O_3 + 4CO_2$$

分离出 Fe_2O_3 之后，在有 CO_2 的参与下，铬酸盐可变为重铬酸盐：

$$2Na_2CrO_4 + 2CO_2 + H_2O = Na_2Cr_2O_7 + 2NaHCO_3$$

然后，将重铬酸盐（$Na_2Cr_2O_7$ 可由天然碱 Na_2CO_3 取得，$K_2Cr_3O_7$ 可由含 K_2CO_3 的草木灰和熬硝取得，KNO_3 同铬铁矿焙烧而得到）加温356.7℃～398℃，使之变为熔融状态，再蘸入青铜制品，即可得到含铬化合物的人工氧化层：

$$3Pb + K_2Cr_2O_7 \overset{\triangle}{=\!=\!=} 3PbO + Cr_2O_3 + K_2O$$

$$3Sn + 2K_2Cr_2O_7 \overset{\triangle}{=\!=\!=} 3SnO_2 + 2Cr_2O_3 + 2K_2O$$

$$3Cu + K_2O_7 \overset{\triangle}{=\!=\!=} 3CuO + Cr_2O_2 + K_2O$$

玖　秦代军工生产标准化的初步考察

——秦俑军工产品的测定与推论

孙子说："凡用兵之法，驰车千驷，革车千乘，带甲十万，千里馈粮；则内外之费，宾客之用，胶漆之材，车甲之奉，日费千金，然后十万之师举矣。"（《孙子兵法·作战》）。十万大军出动，日费千金，而战国时期的秦国已是"带甲百万，车千乘，骑万匹"的规模，其战车、马匹、武器、被服的装备，粮秣的加工，等等，如果没有大规模的、多种类的军工生产为后盾，是完全不可能的。而秦军武器精良，名冠诸侯，如果军工生产没有一个标准化的要求，没有严格的组织机构和有秩序的生产，也是办不到的。

"不以规矩，不能成方圆"（《孟子·离娄上》），这早是人们常识范围的事。《周礼·考工记》一书载有制作车乘、武器、量器、礼器、生活用具等手工业产品的规范要求和制作方法，可以说是颇为详尽。它不但是战国初年齐国标准化生产的官书，而且也是春秋末年以来各国推行标准化运动的反映。商鞅变法，曾"平斗桶（斛）"、"权衡丈尺"（《史记·商君列传》），并有商鞅方升这一标准量器传之于世。用法令形式在秦国首次推行一套度量衡计量标准，以此贯彻到官府和民营的手工业生产中去，并以之为衡量产品的准绳。当秦始皇统一六国之后，不但把秦国原来的度量衡标准颁行全国，而且还使天下"车同轨，书同文字"，秦"半两"铜钱成为全国的通用货币。那么，这些标准化或同标准化有关的措施，对巩固封建政权、促进各地经济文化的发展，都具有积极的意义。

出土的有关秦的兵器实物，以秦始皇陵东侧的兵马俑坑最为集中，地层关系也最为明确。其次是在秦的故都咸阳、江西遂川的窖藏里也有不少的发现。零星见于报导的还有秦雍都遗址以及长沙、成都、山西和内蒙古等地。而云梦秦简的出土，更为我们研究这个问题提供了当时的法律根据。

一　标准化的产品

古代的军工产品，同样也属于"王者之器"。它包括了武器、车马器和军服三大项。因其服从于国家政权的需要，多同民事无关，故多集中在各级官府手工业作坊里。正因如此，才更需要有统一的规格要求。

秦简《工律》:“为器同物者,其大小、短长、广亦必等。”是说同一类的器物,分有不同的等级型号,而同属一级的又必须相等。这实际是“同类归并,大小分档”的系列化取得了法律的承认。下面就以实物来验证其推行的结果。

(一)远射程兵器的配套设施

完整的箭,据秦俑坑76束的统计,其中长度在68~73厘米者,计63束;其余在35~50厘米之间。长70厘米的占53.42%;长68厘米的占19.7%;余者,少仅1.3%,多则9.2%。这标明秦箭长一般在70厘米左右。箭的全形结构是竹笴(杆)前端装有青铜箭头,后设羽、栝。箭干表面髹三色漆,黑、红、赭的比例依次是1∶9.6∶3.2。《考工记》载:“五分其长而羽其一。”按羽毛部分占箭后端13厘米长的一段折算,则箭全长69.3厘米。可见秦箭基本符合制作规范。至于长短的差别,应是另有分档的。

如果说箭杆迹象容易受地形影响而在计量上多有误差的话,则金属的矢镞就不同了。秦镞有三棱、四棱、三出刃、双翼等几种形式,据我对5769支铜镞的统计,其中三棱式的“羊头镞”约占99.76%。而此式又有平翼、倒刺和杀翼的三种型号,其规格如表一:

表一 秦俑三棱铜镞测量表 (单位:毫米)

型 别	首 长	通 长	数 量	所占比例(%)
平翼(Ⅰa)	42~45	415	36	0.624
倒刺(Ⅰb)	35~40	384~419	6	0.104
	32~34	323~326	555	9.62
杀翼(Ⅰc)	28	182~200	1721	29.83
	28	103~110	3120	54.08
	27	90~105	331	5.74

《考工记》规定制作杀矢的标准是:“刃长寸,围寸,铤十之。”是说镞首的高度同底边的周长相等,铤长是首高(或底边周长)的十倍。那么,秦的平翼三棱铜镞基本上也符合这一标准。尽管杀翼的三棱铜镞首、铤之比,显得首大铤小,但作为成品的箭长及设羽长度,还是符合制箭要求的。特别是这种镞首加工的准确度达到了令人吃惊的地步。据100支杀翼式三棱铜镞的测定,其结果如表二。

表二里首长和底边的平均数,实际是假定的“标准线”,同秦政府颁行的标准(现已无从探知)当然会有出入。但它毕竟使我们能在比较中看到产品合理性的与否问题。现在,我们可以得出这种镞首在铸造和加工中的误差来:

首　　长:0.6836^{+}~1.7764^{-}毫米

底边宽度:0.7641^{+}~0.91^{-}毫米

表二　杀翼式三棱铜镞（Ⅰc）镞首测量表　　　　（单位：毫米）

测量内容 / 数值要求	首长（短 / 长）	镞首底边宽度 D1（小 / 大）	镞首底边宽度 D2（小 / 大）	镞首底边宽度 D3（小 / 大）	备注
实际长度	26.46 / 28.92	9.40 / 10.98	9.42 / 10.97	9.32 / 11.085	三边中取最小与最大者
平　均	27.1436	10.3012	10.1841	10.175	属假定的标准线
误差范围	0.6836^+ / 1.7764^-	0.9012^+ / 0.5888^-	0.7641^+ / 0.7859^-	0.885^+ / 0.91^+	标准大于最小的宽度(＋)，小于最大的边(－)

首是钝头三棱锥体，截面作凸曲边三角形。从上表中也可以看出它们的误差甚微，应该说这种杀翼铜镞是些公差范围内的标准性产品。

屈原有“带长剑兮挟秦弓”的诗句，这不仅仅是因为它的性能良好，而且也反映在制作上的讲究。秦弓未曾见到，出土唯见同弩臂结合的弩弓。其干长有 1.30 米、1.36 米和 1.40 米的几种，而以后者为多。但它们结构的共同特点是：无一例外的是弣径粗于渊、箫部位，外缠革带，表涂赭色漆。弣的中心部有一圈朱红线，既把弓干分为相等的两段，又正对弩臂的“矢道”。弩臂虽然长在 71～76 厘米之间，但含、矢道、耳（关）、弣俱全，部位也固定。

铜制的弩机机件制作规整，带有通用、互换的性能，其大小如出一模。下面是据 26 件弩机测定的结果，如表三：

表三　铜弩机测量表　　　　（单位：毫米）

内容 / 要求	悬刀 长	悬刀 宽（上/下）	悬刀 厚	望山 高	望山 宽（上/下）	望山 基厚	牛 长	牛 厚	枢 孔径	枢 钉距（中/中）
平均	103.261	18.895 / 20.937	9.003	79.985	10.679 / 22.019	23.06	56.734	9.16	9.868	45.257
误差范围	5.261^+ 至 3.538^-	$1.415^+ \sim 1.205^-$ / $1.077^+ \sim 1.502^-$	1.243^+ 至 0.697^-	1.185^+ 至 3.452^-	$1.176 \sim 2.322^-$ / $1.911 \sim 1.760^-$	1.16^+ 至 1.34^-	3.974^+ 至 0.565^-	0.96^+ 至 1.38^-	1.328^+ 至 1.031^-	3.47^+ 至 3.703^-

整个弩机的关键零部件，如悬刀的宽厚，望山下部的宽度、基厚，牛的厚度，涉及咬合关系，平均误差仅在 $1.9192^+ \sim 1.7608^-$ 毫米之间。枢孔直径 8.54～12.9 毫米，销钉具有互换性。悬刀、望山、牛、牙上铭刻编码一致，足以说明由多部件构成的兵器有生产上的组合化。

（二）长戟的组合化与秦铍（锬）的定型化

秦戟是矛同戈组装的长兵器。拆开，就是矛与戈两柄单兵。

矛头依大小可分为窄长型和粗短型两种。前者是单用的长矛，如陕西户县宋村春秋秦墓的矛，其刃体同骹的长度几乎相等，窄叶高脊，通长 27.6 厘米[1]。陕西凤翔高庄秦矛通长 34.5 厘米，不但矛体加长，而且形制上除了叶下角保留圆形外，剖面“十”字形高脊也变为棱形脊，出现了血槽，表面上还经过特种工艺处理[2]，这同秦俑坑的矛头有很多近似之处。

至于短形矛，虽有带血槽和不带血槽的两种，但都是定型化了的青铜制品，如表四。秦的短型矛头，形制上因为血槽的有无、长短有差而略显区别，但母体一致，各自定制。既可单独的成为刺兵，又可同戈组合为戟。至于长矛头，是不具备这一用途的。这些都表明秦兵器在生产上，是按序列化进行的。

同样，战国以来秦戟上的矛头也是标准化了的产品。多作长胡三穿或四穿的刃内戈，无孑刺。不论援上起脊与否，均稍上仰。内穿作楔形，铭刻均镌两侧。援、内长度大致相等，像俑坑 5 柄始皇三年到五年戟的戈头，通常在 26.5～26.85 厘米之间。宝鸡检选的八年诏吏戈长 27.1 厘米，内蒙广衍故城十三年上郡守寿戈 22.6 厘米，广州罗岗十四年属邦戈 26 厘米，江西遂川二十二年临汾戈 23.7 厘米，宝鸡凤阁岭二十六年年陇西戈 26.3 厘米，四川涪陵二十六年蜀守武戈 26.2 厘米。见表四。

表四　秦短型矛头测量一览表　　（单位：毫米）

型别	出土地	形状描述	通长	刃		骹		孔数	材料出处
				长	宽	长	銎径		
Ⅰ	秦俑坑	粗短，锋尖圆，菱形脊，脊侧有两血槽，扁圆銎贯刃体	150	103	32.6	47	18.42×25.2	2	秦俑考古队库存
Ⅰ	（同上）	（同上）	152	105	32.64	53	19.5×24.92	2	（同上）
Ⅰ	（同上）	（同上）	152	103.5	33.1	48.5	21×25.24	2	（同上）
Ⅰ	江西遂川	（同上）	153					2	《考古》1978.1
Ⅰ	广东平乐	（同上）	153		33				《考古学报》1978.2
Ⅰ	内蒙广衍故城	（同上）	136	84	29		21×25	2	《文物》1977.5
Ⅰ	栒（?）	（同上）扁圆銎贯刃体						2	《贞》中 71
Ⅱ	秦俑坑	无血槽，棱脊，余同秦俑坑 Ⅰ型	176	119	35.34	57	34.24×30	2	秦俑考古队库存
Ⅱ	（同上）	（同上）余同Ⅰ	176	119	36.04	57	23.92×29.8	2	（同上）
Ⅱ	（同上）	（同上）	176	119	34.94	57	23.5×30.2	2	（同上）
Ⅱ	（同上）	（同上）	173.5	115	35.1	57	23.36×29.4	2	（同上）
Ⅱ	（同上）	（同上）	175	117	36	58	25×31.1	2	（同上）
Ⅱ	（同上）	（同上）	180	120	36.1	60	25.84×30.24	2	（同上）

型别	出土地	形状描述	通长	刃		骹		孔数	材料出处
				长	宽	长	銎径		
Ⅱ	(同上)	(同上)	175	118	35.1	63	23.1×28.4	2	(同上)
Ⅱ	"吕不韦"矛	(同上)						2	《小校》10·74·5

把矛头同戈头合装在一杆柲上，间距21～25厘米，下安装铜鐏。完整的戟全长2.88米。这应是秦戟的一般长度。

铍起源于东周时期的一种扁茎折肩剑，在其演进过程中，也随地区的不同而形式多样。但战国秦铍已定型化，它像是一柄平脊的短剑装在长柲上，后端安鐏。秦俑坑出土长铍（锬）16柄，铜铍头作平脊，楔形铤，"一"字格，通长35.2～35.55厘米，仅有1件长36.45厘米。铸造的时间虽然先后经过五年（秦王政十五年到十九年，即公元前232年～前228年），但型制、大小如出一炉，加工程序也似一人所为。铍格径39.2×19.88～40.6×18.32毫米、厚6.94～7.6毫米，穿孔同铍基正好套合。帽状的铜镦，口径深浅一致，均具有互换性。柲径都是35毫米，唯柲的全长在3.59～3.83米之间，稍有差等，但总可说是合乎标准的长柲刺兵。

（三）青铜长剑加工工艺的标准化

秦俑坑出土青铜剑17柄，其中除了1柄长83.1厘米，一般长90厘米以上，最长的可达到94.4厘米。均属长型铜剑。按照圆首和扁首可分为两式，在制作上都有冶金成分配比合理、加工精细两大特点。

秦剑是青铜铸件，无论是由脊或是从刃做切线，都可以得到两个全等的几何体。这种对称形的产品，首先是来自模型的准确。由观察知，剑的身、茎系采用双合范一次铸成。经化学分析的287号剑，铜占74.64%、锡占22.13%、锌占1.14%、铅占0.15%。《考工记》规定，"大刃之齐"的配比是"三分其金而锡居一"，即铜占75%，锡占25%。秦剑的锡、铅含量合起来，基本接近于《考工记》的标准规范。其洛氏硬度达到HRC22～24度，大致相当于中碳钢调质后的硬度。

未发现秦剑存在气泡造成的"砂眼"，其内部组织结构紧密，而表层的硬度又高于内部。这除了纯熟地掌握冶铸技术之外，显然是经过"取砺取锻"加热锻打的工序，消除了内应力，使分子结合紧密，组织细化。再经过锉、铲、揩、磨，使表面整洁，光洁度可达到▽9～▽10。

秦剑棱脊规整，厚薄相宜，表现了加工器械产品的标准化。锋的两刃夹角是51～65度的锐三角形。身呈细条的兰叶状，中脊自锋至基成一条直线，两刃随锋刃呈锐头锥形（∧）之后，收缩为一段"束腰"，接着逐渐加宽。除了近格处是剑身又厚又宽的地方之外，其厚度同宽度作反相变化，即剑身宽的地方其厚度减薄，剑身收缩的地方其厚度加大。脊侧之两从线虽然同两刃构成等距的曲线，但两刃的磨纹除"束腰"前的一小段随锋作辐射状变化外，剑身的大段均呈垂直于脊的平行线。结合整个部件可以看出当时已经使用着锯、錾、锉、刨、磨、钻等加工手段，而且还应有一套卡具和定向标尺，只有使这诸多的工具专业化才可实现兵工产品的标准化[3]。

同一些矛、镞、殳、鐏等兵器的铜件部分一样，有些剑的表面光滑而呈浅灰色。经激光显微光谱等检验，其表面有一层致密的含铬化合物的氧化层。像22号三棱杀翼铜镞，表面铬的含量是0.87％～2.23％，厚度约10微米；287号剑表层含铬量是0.6％～2％，厚度约10～15微米。用铬盐处理金属表面，使之发生氧化还原反应，从而增加了合金抗腐蚀的能力。秦俑坑兵器和西汉中山靖王刘胜墓铜镞表面上也都经过铬盐氧化处理，可见我国远在两千多年前已能就地取材，利用烧陶、冶铜、炼铁的控制温度经验来处理金属表面了，不但是世界冶金史上的一大发明，而且为标准化产品又增添了一项新内容。

秦代兵器制造已专业化，它不但包括这些金属兵器的冶铸、机械加工和表面处理的各道工序细密而严格，而且还有木工、皮革一套制作技术。像盛装兼保护兵器的箭箙、弓韬、弩弢，保护铍、戈、矛等刃的小弢。这些也都是按照规定的标准而生产的。像箭箙呈口大底小的倒方锥袋状，口径5×177～3.6×21厘米，底径8×9厘米，深约32～39厘米，个别的长及50厘米。底垫侈腿的条状木座，口沿为麻绳类编制物。箙背部都有一个贯通上下、长约60厘米的云形木撑杆，并用韧性的藤条连接箙底，以承托箭束的重量。每箙插入一百支箭，符合“每弓者一箙百矢”（《周礼·夏官司马》郑玄注）的配发定额。

由前面的阐述，我们看到秦兵器制造趋势早已转向专业化、产品标准化、生产系列化、零部件通用化。尽管这对于今天我们所说的“三化”要求来说，是极不完善的，也是不够严密的，但毕竟是有意义的，因为它是历史的产物。

二　车马具零部件的通用化与装配成型中的组合化

《考工记》说：“一器而工聚焉者，车为多。”车是多工种的综合产物，也往往是衡量当时工艺水平的标尺。其任载性能的好坏，依设计的合理与否而定。所以《考工记》对于车的制造及其对于同武器配合关系的规范也就特别详细。

秦的军车分为两种，一种是作战的戎车，一是运载的辎重车。目前所能见到的秦车，还是秦俑坑出土的实物与遗迹，统计如表五。

秦俑坑的战车，由木质及金属钩件组成。经过火焚后留下来的仅是些铜零件、压印及炭化了的痕迹。加之坑顶坍塌，文物受到长期重压，因而要从重叠挤压在一起的迹象中清理出车子这错综复杂的关系来，困难是很多的，因为本身变形、地面起伏，所以丈量出的尺码就免不了有所出入。根据上面的统计和我们的观察，大概可得出这样一些认识：

表五　秦俑坑木车规格详表　　（单位：厘米）

编号	牵引部分					车箱部分										轮轴部分								
	辀		衡			舆			高	后门及门侧栏杆			铜角柱			轮径	辐		牙		毂		轴	
	长	径	长	径	其他	广	深	底栿		数目	宽	高	数目	高	径		数目	宽	高	长	长	径	长	径
1	360	10/15				130	120	5（根）		2	32	40	3	56.5	1.5/2	180		4		10				
2	240	3.5/10					120			2	32	40	2	56.5	1.5/2	残					30	14（大端）	250	8
3	370（—）	8/16	30（—）	8			120		30	2	32	40									30	6/10		
4			140（—）	5		150	120	5（根）	30															
5	396	12（宽）	120（—）	6	有轙	110	100		34	2	32	40												
6	390	8/10				100	90																	
7	300	12				120	100		32	2	32	40											38	9
8	380	6/11	18	5		140	108		38															
9						150	120																	

说明：1.“—”号系残存尺码；　2.空格，系遗迹无存

第一，这些战车的大样尺码规格是划一的，如车舆后轸两个相对而又相等的车阑，加上门道宽，即是舆的宽度。在以轴和毂之长比对，就可以确认“150 厘米”是舆宽的标准尺码。因为在轴头上确也给軎、辖留出来 20 厘米的一段长度，即：车轴的外露部分长度是：〔（250－150）厘米－（30 厘米×2）〕÷2＝20 厘米；同样，用铜角柱和轮径对比，也应确认车舆的标准进深是 120 厘米。以陶马的长（2 米）和舆的进深（1.2 米）比，则辕长在 3.7～3.9 米之间。

第二，车子的同类零部件是标准化的通用件。像毂、牙、辐、衡、辀及其铜构件等，各自的几何形状、尺码、表面质量和机械性能，必定一样，因而可以做到互相替换。

第三，车子的舆、轮、辀、衡等部分均可成为一些组合的单元。《考工记》有“轮人为轮”、“为盖”，“舆人为车”，“辀人为辀”的记载。对比中可以看出，秦车的制造也同样体现了分工的专业化和组合化。做到独立制件、分类储存，在装配时才组合成器。

战车的车马具和鞍具的穿连部分，凡属绳索和革带者，均已腐朽无存。留下来的铜衔、镳、大泡、环、筒管、三叉管、带扣、石质的辔缰链条，也都是同类同型

的。显然，都是些预制的通用件。

马鞍同样是军工生产的一项主要内容。由秦骑兵俑的马鞍看，它是在马背上铺一块近于方形的软垫，再在上面贴附一块由密集的大盖钉穿缀的革垫，即所谓鞍鞯。鞍的固定点有两处，一是肚带，用参扣勒紧；一是套在尾下臀部的鞦。这种简单的马鞍，即没有攀胸和足镫，鞍也不起桥。表明它是极不完善的，还处在低鞍的阶段。不过，战国时期，骑兵既已登上战争的舞台，马鞍作为军需用品，当然也并不因为其简单而不列入军工生产的。不知是否属于专门从事革制品制作的“鲍人之事”？诚若此，也为工艺专业化提供了一个力证。

战国后期，各国军队的组成，都属于多兵种的武装集团。车兵、步兵（包括弩兵和“长铍兵”)、骑兵都在秦俑坑映现出它们的影子。其所用的武器、服装装备都得仰仗于官营手工业作坊。就是整套指挥系统的标识，如钟鼓、旌旗、徽章等，应都是由专业化生产大军而按标准来制作的。

三　军服生产的专业化

秦简《金布律》：“禀衣者，隶臣、府隶之毋（无）妻者及城旦……隶臣妾之老及小不能自衣者，如舂衣。亡、不仁其主及官者，衣如隶臣妾。”这里“禀衣”是指无妻的奴隶，并不包括士兵。而且云梦睡虎地四号秦墓出土的两方木牍上，有士兵黑夫和惊要钱买衣的信。但从“为禅裙襦”，“自以布此”看，很明白，它绝不是外著的军服，而属于“亵衣”之类，即贴身内衣和常服。再由“禀衣”缴钱和褐存大内知，秦国设立有大规模的被服手工作坊，而且是从铜铁、皮革、胶漆、染织、麻缕等原料加工开始，进行剪裁、缝合编缀等一系列复杂过程，最后才把成衣上缴到武库、大内储存、配发。

根据军服的特点，在手工业内部有着男女的分工。用铜铁制作、皮革裁剪，是男工师和匠师（工）的事，而女子则“操缗红及服者”，“用针为缗绣它物”（秦律《仓律》)。

从陶塑武士俑所著的战服观察，由头至脚，可说是披挂齐全的。韬发的有长冠、切云冠、武帻、武弁（也当有胄)，护项者有曲领，外著曲裾战袍，或袍外擐铠甲。腿裹膝缚或札行縢，或套胫衣、附注。足登履、屦或合鞮。型式各别，大小有度[4]。例如：曲裾战袍有三种，袭、襌重掩、长垂护膝；絮衣大襟，平摆露膝；褶衣短小，仅盖腹背。秦简《金布律》：“为褐以禀衣：大褐一，用枲十八斤，直（值）六十钱；中褐一，用枲十四斤，直（值）四十六钱；小褐一，用枲十一斤，直（值）三十六钱。”分等用料，有着严格的规定。这里的褐虽然指的是发给囚犯御寒的粗布麻衣，同秦俑袍对比知，秦军服款式、型号、质料，用料多少，自然也是有标准可循的。

秦俑铠甲有七种型号，“将甲”先以皮革为地，嵌缀小片甲札，前叶三角倒垂，遮蔽裆前，披膊宽博，文绣周边；“佐甲”有前无后，取背带式；“御甲”修长，臂釬、护手和盆领齐全；“步甲”胸、腹、腰、背和双肩都是大札叶连缀；“骑甲”短小及腹，便于马上彀射。这些甲衣，不但型式依军职身份的不同而不同，而且札叶的大小与多寡、编缀的次序、组合的方法，都有着严格的规定。《效律》规定：“甲旅札赢其籍及不备者，入其赢旅衣札，而责备其不旅衣札。”这里的“籍”就是制造甲衣上、下旅各部分札叶数的明文规定。剩余的札叶，应如数上缴；反之，一领甲的札数不足得责令补赔。同样，秦律中有很多赀甲、盾、络组的条文，其本身也足以反映出秦政府所规定的标准。

四　制度化的生产环节

为了确保军工生产的正常进行，保证产品的质量，有效地为封建兼并战争提供“坚甲利兵”，秦政府制定了一套具体措施，并切实地把它贯彻到生产过程中去，使之制度化、法制化。

（一）严格工序，坚持标准

兵器生产同多部件组合的产品一样，因各部件的作用不同，而有着不同的性能要求，故而在制作中就有着专业化的分工。《考工记》有“冶氏为杀矢、戈戟”，“桃氏为剑”，“函人为甲”，“矢人为矢”，“庐人为庐器”，“弓人为弓”的记载。很明显，同是制箭，铸造箭镞归“冶氏”，最后设羽装笴（箭杆）成之于“矢人”。同是造长兵器，戈、戟这金属首的冶铸加工，归“冶氏”，最后装柲为器者则成之于“庐人”。多工种、多工序是生产中的进步现象。战国秦更注意工序前后承续的关系，上一道工序中制作不合格者，是不能交给下一道工序的。

军工产品的器形、质量和性能有着统一的标准，不能混淆。秦简《工律》规定：“为计，不同程者毋同出。”“程”就是规格，是计量性法规。它对于生产者和主造者，都具有法律的约束力。以兵器的外表涂色为例，《效律》就明确地说：“殳、戟、弩，漆彤相易殹（也），毋以为赢不备，以职（识）耳不当之律论之”。像秦俑坑戟柄涂黑漆，上面有两段红色，或涂绘朱红图案；弩臂表面颜色深赭，前后一致；箭杆黑、红、赭三色长短一定，尽管百支同插在一箙中，也是高矮等齐的。颜色、大小各不相混。

（二）勒名刻记，层层督责

《吕氏春秋·孟冬季·十月纪》：“物勒工名，以考其诚。工有不当，以行其罪，以究其情。”秦兵器多刻铸有督造者、主造者和造者的籍贯和名字，如五年戟铭刻：“五年相邦吕不韦造，寺工詟，丞义，工成”。十二年上郡戈刻“十二年，上郡守寿造，漆垣工师乘，工更长猗”，既有制造时间，又有“百官之长”的相邦（或郡守）和下级工官，直至普通工匠，有身份、有名字。这可说是秦兵器制度化了的款式。

秦简《工律》：“公甲兵各以其官名刻久之，其不可刻久者，以丹若漆书之。”秦俑坑的战车和铍殳，不能像在铜兵器上那样的可以“刻久”，于是一律用朱红色漆书写“寺工”二字。

对不加标识的行为，是要处罚的，像《秦律十八种·效》规定：“公器不久刻者，官啬夫赀一盾”。即使标识错了，也是要论罪的，《效律》说“器职（识）耳不当籍者，大者赀官啬夫一盾，小者除”。刻记官名、工名，是为了追究责任，同时也督使各级管理者和生产者加强责任心。

（三）规定任务，限制定额

任务是对手工业作坊说的，定额则是手工业工匠完成工作量的时限。《秦律杂抄》：“非岁红（功）及毋（无）命书，敢为它器。工匠及丞赀二甲。”生产任务是按年制定的，中途如果转产，必须有秦政府的“命书”。产品也是按年记账的，秦简《金布律》规定：“工献输官者，皆深以年计之”。当然还是为了检查手工业工场完成年度定额的。

秦简《均工律》规定：“新工初工事，一岁半红（功），其后岁赋红（功）与故事等。”这是说新工的生产定额是：头一年折半计算，第二年就应同老工匠完成的数额相等。在计算工作日时，要考虑到有效工作日和劳动力素质这两大因素。《工人程》规定：冬季三天相当夏季的两天。计功时，又注意把掌握技术工匠和辅助劳力、性别和年龄龄加以区别。像做零杂散活（相当现在所谓“小工”、“零工”）的“冗隶妾”二人相当于工匠一人，以部分时间服役的“更隶妾”四人相当工匠一人，满七岁可以役使的“小隶臣妾”（相当后世的“童工”）五人相当工匠一人。

（四）刻记标识，检验把关

对军工产品，除了“勒名”外，还要“刻久”，以作为识别的标志（“器识”）。秦俑坑里的剑、铍、弩机上除了刻画符号外，还有数字编码，这大概就是标记次第的“识”。

在手工手坊里，一旦完成生产过程，作为成品就必须有封检，如玉检称作“琼”（秦简《法律答问》）。在检上要题写该物品的大小、规格和价值等。秦简《效律》是关于检验县和都官物资账目的规定，其中对兵器、铠甲和皮革等项尤为详细。这种核验的“效”制，有不少是在作坊里进行的，对于数量大小合否规定（“公器赢，不备”）、标记的有无（“刻久”）、次第顺序（“识佴”）等内容审慎极严，像布的质量粗恶、长宽不合标准的，绝不允许上市（秦简《金布律》），而对军工产品不合乎标准的还要处罚。

（五）开展评比，有奖有惩

为了考核工师和工匠的工作成效，秦政府建立了“省殿制”。从漆园、采矿，到手工业作坊，广泛地进行评比。《秦律杂抄》规定：“省殿，工师一甲，丞及曹长一盾，徒络组廿给。省三岁比殿，赀工师二甲，丞、曹长一甲，徒络组五十给。”考察时，产品被评为下等的，主造者受罚。连续三年不能改变面貌的，就加倍惩处。

省殿，这当然是由主管的上级部门进行品评。而产品的使用效果，是检验的又一重要方法。《秦律杂抄》说“大车殿，赀司空啬夫一盾，徒治（笞）五十”。《司空律》：“为大车折鞪（鞣），辄治（笞）之。”

五　法制化的管理制度

（一）制造权及其组织机构

军工产品不是商品，制造权要牢牢地掌握在国家之手，民间是绝不允许私造的。

少府系中央政权机关的九卿之一。它是管手工业的最高领导机构，其收入纯归皇室。据载，将作少府“掌治宫室”，是主管工程的官职。《通典·职官九》说它的属官“中校署掌舟车杂兵仗厩牧”。由秦“十三年少府工檐”矛及太原检选的五年吕不韦少府戈知，直属于国君的少府设立有各种手工业作坊，从事着国君和皇室所需的各种器物和服饰用品的生产。兵器和其他军需用品中有相当大一部分，就是少府作坊的专业产品。中校署，也掌握着一些兵器的制作。秦俑坑出土有 20 多件“寺工”兵器（戈、矛、戟、铍等）和车马器，始皇陵园内也有大量的“寺”字建筑材料（筒瓦、板瓦、脊瓦等）的发现，这本身就表明它具有为王室服务的性质。“寺工”即是少府下属的为王室主造兵器和车马器的内官。而陵墓建筑用材，是特有的专项工程，在汉代属于“东园秘器”之一，其生产作坊大概就属于将作少府所管辖。

另外，秦简《工律》也有“工室”校正衡器和量器的规定，知其为直接管理手工业的核验机构。当然，它又是封建官僚机构的组成部分之一，在汉代至少分有“右工室”和“左工室”（《封泥汇编》），也当归汉少府属官之一的“考工室”管。秦简《均工律》还有工师教新工，“盈期不成学者，藉书而上内史”的话，能否说明“掌治京师”的内史也是管手工业并属于工师的上级呢？

从秦中央到郡县一级的地方政权，都拥有相当数量和规模的官营手工业作坊。军工用品，是其专项生产的内容之一。析言之，中央一级专事军工生产的作坊归“寺工”，主造兵器、车马器和服装；而在郡县设立库冶作坊，主造兵器和车马器。从兵器铭文看，秦的军工生产，同齐国、三晋一样，实行三级监造制度。中央一级，由相邦（丞相）代表国家监造；郡县一级，由郡守代表政府监造。领导工匠并主管生产的是“寺工”、工师及副手的丞，或士上造、工大人等所谓“主造者”。而“工”则是直接从事生产的“造者”。这样，就构成了一个在少府或内史的领导下，由相邦和郡守管辖、监督工师率领“百工”，严格地按国家颁发的标准（“程”）从事生产的军工系统。

（二）生产者的身份和技艺的传授

由秦政府经营的手工业，无论是专门的军工作坊，或是兼营的手工作坊，从事生产的不外是两类人，即：一是掌握技艺的自由人，像工师和工，也包括服兵役的“更卒”；二是怀有技艺的官奴隶，其中有罪犯隶臣妾及鬼薪、城旦等刑徒，还有他们的子女（“奴产子”）与“寇降”（战俘）。两类人中，前者只占少数，后者是在严刑峻法下造成的社会罪犯，是封建专制国家获取大量无偿劳动力的一大途径。

具有自由民身份的工师，据《吕氏春秋·季春纪》载：“令百工审五库之量……百工咸理，监工日号，毋悖于时”，“陈祭器，按度程”（又见《礼记·月令》）。可见工师具有双重身份，一方面是管理手工业作坊的工官，掌握着一定的权力；另一方面又是具有专门技艺的劳动者，成为工匠的师傅。工匠精于技术，勤于工作，通过自己的手艺改善社会地位，工匠中的出类拔萃者，有可能升到工师的地位。所以工匠受到重视，也应是秦统治者国家发展军工生产的一项重大措施。

秦政府重视军工生产，注意技术力量，把握着三个环节：第一，培养新工。秦简《均工》：“工师善教之，故工一岁而成，新工二岁而成。能先期成学者谒上，上且有以赏之。”第二，控制劳力。《均工》：“隶臣有巧可以为工者，勿以为人仆、养。”《仓律》：“女子操缗红及服者，不得赎。”第三，招徕“客工”，继续执行商鞅变法以来的徕民政策。这些做法都保证了秦国手工业军工技术的更新、队伍的稳定和后继有人；同时，对促进各地区经济和技术的交流起着积极的作用。

重视技术是服从于发展军工生产的目的。因此，法律干预官营手工业又成为另一种手段。二者相辅相成。秦简《工律》、《司空律》、《效律》里多有惩罚工匠的条文，苛繁细琐，显然是套在工匠们颈上的道道枷锁，动辄得咎。

（三）库藏制度

兵器藏之于“武库”，刻铭明确，如秦昭王二十六年戈铭：“二十六，丞相守□□造，西工宰阉，工□。武库”[5]，其他的还有始皇五年吕不韦少府戈[6]、十三年少府矛[7]、石邑戈[8]等。同样，郡铸兵器也有自铭“武库”的。至于在印章、封泥、秦简中提到藏器于库的材料也比比皆是。

军工产品贮藏在武库，也多产于武库下设的官营手工业作坊。所以说，武库不但藏器，而且造器。武库设立在中央的，见有雍（今陕西凤翔县南）、栎阳（今陕西临潼县东北武家屯一带）、咸阳（今咸阳市东的窑店镇一带）等秦的故都。设立在郡的，有上郡、河东郡、蜀郡、陇西郡和上党郡等地。县一级不见设库，有库冶的也是郡管。武库在库冶地点也并非一个，往往根据“分类贮藏”的原则就有好多个，像咸阳有“武库”、“北库”，上郡有漆（今陕西葭县）、高奴（今陕西延川县）、图等处。

武库不但是制造、储存军工产品的场所，而且也是同军工有关的原料供应点。秦简《效律》：“官府臧（藏）皮革，数杨（煬）风之。有蠹突然，赀官啬夫一甲。”《金布律》：“县、都官以七月粪公器不可缮者，有久识者靡之。其金及铁器入以为铜。”“都官输大内，已禀衣，有余褐十以上，输大内，与计偕”。《吕氏春秋·季春纪》也说：“命工师令百工审五库之量，金铁、皮革、筋角、齿羽、箭干、脂胶、丹漆，无或不良”，所列数种多是制造武器、军服的原材料，是藏之于“五库”（即“武库”）之中的，因之需要工官查验审度，防虫、防朽、防盗，保证供应。

对于秦代的库藏方式、内部结构等问题，截至目前我们还很不清楚。秦俑兵器仅仅给我们显示了它具有完备的保护设施，如箙、韬、弢等。是否有“兵兰”和“弩锜”这类设施呢？回答是肯定的。因为在秦始皇陵东侧内外城之间有“铠甲坑”的发现。一领领石铠甲和兜鍪，尽管穿缀的铜络组（连线）腐朽，致使札叶散开，叠压铺陈坑底，况且石质甲衣也非实用。很显然，模拟性的铠甲所置放的这处规模很大的坑，也当是“武库”的再现。那么，当年这些石甲和武器是怎么放置的呢？还是不清楚。不过汉长安武库有兰锜的迹象，马王堆三号汉墓有兵器架实物的出土，再证明之以沂南汉画像石，应该确认秦武库中也当有兰锜一类放置设施的。

秦的库藏制度是很严密的。首先，建立有藏品的登记账簿——“计”，而且要定期检验——“效”，损耗要注销，做到藏品同登记簿相符。其次，发、领、交，手续齐全；再次，派有重兵把守，注意府库安全。最后，对失职者严加惩处，从谇、赔偿到赀甲、盾等，在秦律中比比皆是。

注　释

[1] 陕西省文管会秦墓发掘组：《陕西户县宋村秦墓发掘简报》，《文物》1975年第10期。

[2] 吴镇烽等：《陕西凤翔高庄秦墓发掘简报》，《考古与文物》1981年第1期。

[3] 参见本书《秦俑坑青铜兵器的科技成就管窥》一文。

[4] 参见本书《秦俑军服考》一文。

[5] 王红武、吴大炎：《陕西宝鸡凤阁岭公社出土一批秦代文物》，《文物》1980年第9期。

[6] 张颔：《检选古文物秦汉二器考释》，《山西大学学报》1979年第1期。

[7] 国家博物馆藏品。

[8] 许玉林等：《辽宁宽甸县新发现秦石邑戈》，《考古与文物》1983年第3期。

拾 秦俑兵器铭文汇释与造器编年的完善化

——从铭文汇释看文例的变化过程

秦俑坑出土大件的青铜兵器上多镌刻文字。部位在戈和戟的内、外两侧，矛骹上，铍身及其茎、格上，剑基和弩机的各部件上。字数少则一两个，可连读。书体作小篆者，刻划得纤细流畅，宛若游丝；錾凿者笔画似楔，规矩而简洁；铸铭则宽博方整。至于铭文内容提供的学术资料，更是多方面的。

一 秦俑兵器的铸造年代与铭文内容

（一）几件铭年兵器

秦俑坑出土有铭文的青铜兵器，列如表一：

表一 秦俑坑青铜兵器铭文一览表

<table>
<tr><th rowspan="2">顺序号</th><th rowspan="2">名称</th><th rowspan="2">编号
（[ ]属暂编）</th><th rowspan="2">式别</th><th rowspan="2">件数</th><th colspan="4">铭 文</th><th rowspan="2">备 注</th></tr>
<tr><th colspan="2">部 位</th><th>铭法</th><th>内 容</th></tr>
<tr><td>1</td><td>矛</td><td>T19K:079、T19G8:0205</td><td>I</td><td>2</td><td colspan="2">骹孔上</td><td>錾</td><td>寺工</td><td></td></tr>
<tr><td>2</td><td>矛</td><td>[4][13][55][32]T2G3:0451、T10G7:0639</td><td>II</td><td>6</td><td colspan="2">骹孔上</td><td>錾</td><td>寺工</td><td></td></tr>
<tr><td rowspan="2">3</td><td rowspan="2">三年戈</td><td rowspan="2">T19G11:0924</td><td rowspan="2">II</td><td rowspan="2">1</td><td colspan="2">内内侧</td><td>刻</td><td>三年，相邦吕□□造寺工……</td><td rowspan="2">出于 T19G11，可能是戟的戈头</td></tr>
<tr><td colspan="2">内外侧</td><td>刻铸</td><td>□寺工</td></tr>
<tr><td rowspan="3">4</td><td rowspan="3">三年戟</td><td rowspan="3">T10G6:0577</td><td rowspan="3">戈II
矛I</td><td rowspan="3">1</td><td rowspan="2">戈</td><td>内内</td><td>刻</td><td>三年，相邦吕不韦造，寺工詟，丞义，工窎</td><td rowspan="3">属于联装戟</td></tr>
<tr><td>内外</td><td></td><td>寺工（铸）、左（刻）</td></tr>
<tr><td>矛</td><td>骹孔上</td><td>錾</td><td>寺工</td></tr>
<tr><td rowspan="3">5</td><td rowspan="3">四年戟</td><td rowspan="3">T10G6:0576</td><td rowspan="3">戈II
矛I</td><td rowspan="3">1</td><td rowspan="2">戈</td><td>内内</td><td>刻</td><td>四年，相邦吕不韦造，寺工詟，丞我，工可，戟</td><td rowspan="3">属于联装戟</td></tr>
<tr><td>内外</td><td></td><td>寺工（铸）、文 ⌐（刻）</td></tr>
<tr><td>矛</td><td>骹孔上</td><td>錾</td><td>寺工</td></tr>
</table>

续表

6	五年戟	T20G10:01392	戈Ⅱ 矛Ⅰ	1	戈	内内	刻	五年,相邦吕不韦造,寺工詟,丞义,工成	属于联装戟
						内外		寺工(铸)、午(刻)	
					矛	骹孔上	錾	寺工	
7	七年戟	T19G8:0710	戈Ⅱ 矛Ⅰ	1	戈	内内	刻	七年,相邦吕不韦造,寺工詟,丞义,工竟	属于联装戟
						内外		寺工(铸)、壬(刻)	
					矛		錾	寺工	
8	十五年铍	T2G3:0450 T2G3:0463 T20G9:0810		3	身		刻	十五年,寺工敏造,工鸾,寺工	0810号“五”字漫漶,格无铭文
					格		刻	寺工	
					茎		刻	丙,左,戊六(0450)	
								十六子(0463),五,戊三,左(0810)	
9	十六年铍	T2G3:0448		1	身		刻	十六年,寺工敏造,工黑,寺工	
					格		刻	寺工	
					茎		刻	子,□十三	
10	十七年铍	T2G2:0397 T2G3:0444 T2G2:0395 T2G2:0390 T2G2:0400 T20G10:0882		6	身		刻	十七年,寺工敏造,工鸾(正面)寺工	铍身铭文格式全同
					格		刻	寺工	
					茎		刻	左,四工□(0444),子,ㄣ,丕(0395),子五九(0397),左(0400)子壬五(0390),子五,丁十(0882)	
11	十八年铍	T20G9:0791		1	身		刻	十八年,寺工敏,工鸾	缺格
					格				
					茎		刻	五三	
12	十九年铍	T2G2:0401 T20G9:0829 T2G2:0396 T2G3:0445 T2G2:0398		5	身		刻	十九年,寺工邦,工目	铍身铭文全同,唯0401号铍格另一侧刻“卅八”
					格		刻	寺工(内侧)	
					茎		刻	子乙六(0829),八,十七(0396),左,八(0445),左,六(0401),子,六二(0398)	
13	铍镦	T2G2:0398	Ⅲ	1	侧		刻	寺工	
14	戟鐏	坑Ⅰ试掘期	Ⅰ	1	底		刻	┤├,卅,六,八,八	
15	铍韬	T2G3:04501 T20G9 韬迹		2	口外		朱书	寺工	
16	铜镞	[19]	Ⅰb	1	关部		刻	二	
17	弩机	T10K:063	Ⅰ	1	牛(内)		錾	Ⅱ	Ⅰ式:①钉向一致,由内向外,或反之;②悬刀平齐,内侧凹
					牙(外)		錾	Ⅲ	

续表

18	弩机	T10G5:0535	Ⅰ	1	悬刀	錾	五十五(内侧),文(侧里)	
					牛(外)	錾	五十五	
					牙(外)	錾	五十五	
19	弩机	[44]	Ⅰ	1	望山(外)	錾	廿	
20	弩机	[3]	Ⅰ	1	悬刀(内)	刻	十六	
21	弩机	[1]	Ⅰ	1	悬刀(外)	錾	*	
					望山(外)	錾	*	
					牛(外)	錾	*	
22	弩机	T1G1:0236	Ⅰ	1	望山(外)	錾	廿一	
23	弩机	T1K:06	Ⅰ	1	悬刀(侧内)	錾	十五	
					牙(侧内)	錾	十五	
24	弩机	T1K:05	Ⅱ	1	望山(外)	錾	十二	
25	弩机	T1K:04	Ⅰ	1	悬刀(侧内)	錾	五	
					牛(下)	錾	五	
26	弩机	[36]	Ⅰ	1	牙(面)	錾	十五	
27	弩机	[92]	Ⅰ	1	悬刀(侧内)	錾	二	
					望山(外)	錾	人	
					牛(下)	錾	廿二	
					牙(面)	錾	Ⅱ	
28	弩机	[10]	Ⅰ	1	悬刀(侧内)	錾	]、×	
					牙(面)	錾	+[illegible]	
29	弩机	T1G1:0239	Ⅰ	1	牛(下)	錾	卅一	
					牙(下)	錾	廿五	
30	弩机	[36-2]	Ⅱ	1	牛外(外)	錾	△	
					牙(外)	錾	し	
31	弩机	[?]	Ⅱ	1	悬刀(外)	刻	二	
					望山(外)	錾	◈	
					牛(外)	錾	七	
32	弩机	[?]	Ⅰ	1	望山	錾	八,十八(面),二(底)	
33	弩机	[?]	Ⅰ	1	望山(内)	錾	五	

续表

34	弩机	[?]	Ⅰ	1	望山(内)	錾	廿卄	
35	弩机	[?]	Ⅰ	1	悬刀(侧内)	錾	十七	
36	弩机	[48]	Ⅰ	1	望山(外)	錾	山	
37	弩机	[94]	Ⅰ	1	望山(外)	錾	山	
38	弩机	[15]	Ⅰ	1	望山(外)	錾	六	
					键(盖)	錾	二十	
39	弩机	[84]	Ⅰ	1	悬刀(侧外)	錾	Ⅰ	
					键(盖)	錾	五	
40	弩机	[18]	Ⅰ	1	望山(外)	錾	Y	
41	弩机	[121]	Ⅰ	1	悬刀(内)	錾	七	
					钩牙(面)	錾	二	
42	弩机	[85][67]	Ⅰ	2	悬刀(侧后)	錾	ˆΛ	铭文及部位全同
43	弩机	[66]	Ⅰ	1	悬刀(侧前)	錾	——	
44	弩机	T19G11:0927	Ⅰ	1	悬刀(外)	錾	卅六	钩牙外侧铭同此
					牛(外)	錾	卅六	
45	弩机	[13]	Ⅰ	1	望山(外)	錾	卄一	
46	弩机	[128]	Ⅰ	1	悬刀(侧后)	錾	三六	
47	弩机	[12]	Ⅰ	1	望山(外)	錾	出	
48	弩机	[19]	Ⅰ	1	望山(外)	錾	冖	
49	弩机	[34]	Ⅰ	1	望山(外)	錾	卌一	
50	弩机	0917[14]	Ⅰ	2	钩牙(面)	錾	酉	铭文及部位全同
51	弩机	[?]	Ⅰ	1	钩牙(面)	錾	丙	
52	弩机	[?]	Ⅰ	1	望山(外)	錾	六	
					钩牙(外)	錾	一	
53	弩机	[?]	Ⅰ	1	望山(外)	錾	二　世	
54	弩机	[?]	Ⅰ	1	悬刀(外)	錾	十一	
					键盖	錾	二,二	
55	弩机	T1G1:056	Ⅰ	1	钩牙(外)	錾	十四	

续表

56	弩机	T1G1:0239	Ⅰ	1	悬刀	錾	卅	
					钩牙	錾	卅	
57	弩机	T1G1:0252	Ⅰ	1	悬刀	錾	卅四	
					钩牙	錾	卅四	
58	弩机	T10G5:0536	Ⅰ	1	键盖	錾	廿一	
59	弩机	T10G7:0673	Ⅰ	1	牛	錾	Ⅰ	
					钩牙	錾	二，卌	
60	弩机	T10G7:0671	Ⅰ	1	悬刀	錾	卌，十一	
61	弩机	T19K:085	Ⅰ	1	钩牙	錾	午	
62	弩机	T19K:077	Ⅰ	1	望山	錾	十一	
63	弩机	T19G11:0860	Ⅰ	1	望山	錾	八	
					键	錾	一	
64	弩机	T19G11:0925	Ⅰ	1	望山	錾	六	
					牛	錾	六	
65	弩机	T19G9:0763	Ⅰ	1	悬刀	錾	Ⅰ	
					键	錾	二	
66	弩机	T19K:096	Ⅰ	1	悬刀	錾	十	
					钩牙	錾	廿	
67	弩机	T19K:080	Ⅰ	1	悬刀	錾	一	
					望山	錾	十六	
68	弩机	T19K:081	Ⅰ	1	悬刀	錾	八	
					钩牙	錾	七十	
69	弩机	T19G8:0711	Ⅰ	1	望山	錾	十二	
					钩牙	錾	十二	
70	弩机	T19G8:0761	Ⅰ	1	钩牙	錾	卯	
					键	錾	卯	
71	弩机	T19G10:0868	Ⅰ	1	钩牙	錾	丙	
					键	錾	丙	
72	弩机	T19G10:0859	Ⅰ	1	牛	錾	三	
					键	錾	三	

续表

73	弩机	T19G10:0858	Ⅱ	1	悬刀	錾	Ⅱ	
					键	錾	十二	
74	弩机	T19G10:0867	Ⅰ	1	望山	錾	卌二	
75	弩机	T19G8:0713	Ⅰ	1	悬刀	錾	六	
					牛	錾	六	
76	弩机	T19K:087	Ⅰ	1	牛	錾	十一	
77	弩机	T19K:065	Ⅰ	1	望山	錾	卌	
78	弩机	T19K:082	Ⅰ	1	悬刀	錾	武	
79	弩机	T19G10:0873	Ⅰ	1	望山	錾	庚	
80	弩机	T10G7:0658	Ⅱ	1	钩牙	錾	十	
					键	錾	文	
81	弩机	T10G7:0659	Ⅰ	1	钩牙	錾	二	
82	弩机	T10G7:0675	Ⅰ	1	钩牙	錾	六	
					键	錾	十二	
83	弩机	T10G7:0674	Ⅰ	1	钩牙	錾	五	
84	弩机	T10G7:0665	Ⅰ	1	钩牙	錾	王,八	
85	弩机	T10G7:0637	Ⅰ	1	钩牙	錾	十	
					键	錾	六	
86	弩机	T10G7:0663	Ⅰ	1	键	錾	五	
87	弩机	T19K:067	Ⅰ	1	钩牙	錾	八	
					键	錾	四	
88	弩机	T19G11:0917	Ⅰ	1	钩牙	錾	七十	
89	弩机	T19K:086	Ⅰ	1	钩牙	錾	五	
					栓塞	錾	二	
90	弩机	T19G11:0918	Ⅰ	1	钩牙	錾	Ⅰ	

从上表中知，秦俑坑有明确纪年的兵器主要有5件铜戟（戈）和16件铍。戟（戈）的年次有三、四、五、七，省造者是“相邦吕不韦”。铍则铭十五、十六、十七、十八、十九等年。欲知这些兵器的纪年属于某一代秦君的年号，而最早的“三年”铭和“相邦吕不韦”刻铭则是解疑的关键。

《史记·吕不韦列传》载："庄襄王元年，以吕不韦为丞相，封为文信侯。……庄襄王即位三年，薨，太子政立为王。尊吕不韦为相国，号称为'仲父'。"《秦始皇本纪》又载："十年，相国吕不韦坐嫪毐免。"[1]因为秦俑戟铭早的纪年是"三年"，而吕不韦从公元前249年封"相国"到公元前237年"免相"的这十二年任相期间，又恰恰经过了秦庄襄王和秦始皇先后这两个"三年"。那么，此戟（戈）究竟造于那位秦王的"三年"呢？经过排比论证，我认为当以秦始皇的三年为是。根据是：

第一，从同坑出土的纪年戟铭看，三、四、五、七几年差不多是连续的。若联系陕西宝鸡检选的"八年相邦吕不韦"戟[2]和四川青川出土的"九年相邦吕不韦"戟[3]，至少可以确认，从秦始皇三年到九年间是连续铸造兵器的。这无疑也符合当时的政治和军事形势。我们知道，在秦始皇"初即位，委国事大臣"时，吕不韦以相国的身份，雄心勃勃，"招致宾客游士，欲以并天下"。曾经连年用兵，攻三晋、败五国攻秦之军，平定叛乱。此时为适应战场上大量使用兵器的需要，军工生产当然是不间断地在进行着。

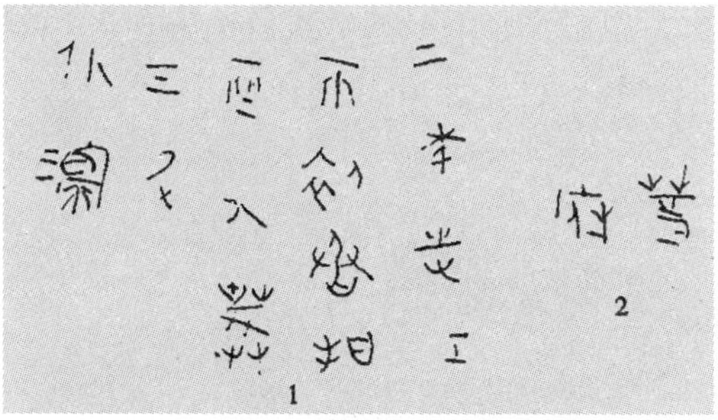

1."二年寺工师初丞拑廪人莽三斗北寖（寝）"（壶腹）
2."莤（酒）府"（圈足）

图Ⅱ-10：1 二年寺工师初壶铭文摹本
（咸阳市博物馆藏）

第二，"寺工"一名，最早见于秦庄襄王二年（公元前248年）的"寺工师初"壶[4]（图Ⅱ-10：1）。而在秦始皇时，它是使用最为频繁的一个词。但先后的称呼却截然两样，前者的"寺工师"当系"寺工工师"之省；后者如秦俑坑出土铜戈、戟、铍、鐏上铭作"寺工□"或"寺工"。显然，单称"寺工"者，指的是主造兵器、车马器和兼作宫廷用具的中央官署之名；而"寺工"铭下有连文者，则是寺工里工师的职称和私名，如"寺工礬"、"寺工邦"、"寺工周"等。当然，"寺工"作为职务和职称，本来就具有"工师"的身份。不过，有关秦的文献中，只称"工师"，而在器铭中才省称为"寺工"[5]。所以"寺工师"同"寺工□"的区别，正是庄襄王同秦始皇造器时铭刻变化的标识。有一残戈的内铭作"二年，寺工礬，金（丞）角……"[6]，既不作"寺工师"，也缺少"相邦吕不韦"或代表中央督造的其他人，该作何解释？细审"寺工师初"铭文，它只出现在一件"二年"铜壶上，而"寺工礬"则连续出现在二、三、四、五年的戟铭中。工师代表"寺工"制造兵器，既是百工之长，就不可能在庄襄王二年并存"寺工师初"和"寺工礬'二人。再由礬从3～5年一直从事和主持制造兵器知，"二年，寺工礬，金（?）角"戈不但属于秦始皇二年相邦吕不韦督造的兵器，而且还是由庄襄王到秦始皇刻铭制的过渡型。所以，秦俑兵器上的“三年”只能是秦始皇的年号。

第三，“三年相邦吕不韦”戟铭中的“丞义”，还见于秦始的皇五年、七年相邦吕不韦戟铭。“工窎”之名出现于“三年相邦吕不韦”戟铭中，还后见于秦始皇十五、十七、十八年的“寺工敏”铍铭中。相反，“义”和“窎”不见于“三年”之前的器铭中。故此二器的“三年”结合“詟”、“义”、和“窎”等工名，当以始皇的纪年为是。

基于前述的理由，秦俑坑出土的铭年兵器铸造时间有着明确的秦始皇纪年。综合其他因素，那些未铭年的兵器也当是统一六国之前的铸造物。

(二) 纪年铭文内容释例

秦俑铭年兵器关于分级负责的监造制度，表现在戟和铍铸造的时间进程上，前后似有不同。

三年至七年相邦吕不韦戟铭中，由高到低的职务依次是：“相邦——→寺工——→丞——→工”四级。其中的前三级属于管理者，而只有“工”才是直接的生产者（图Ⅱ-10：2～5）。

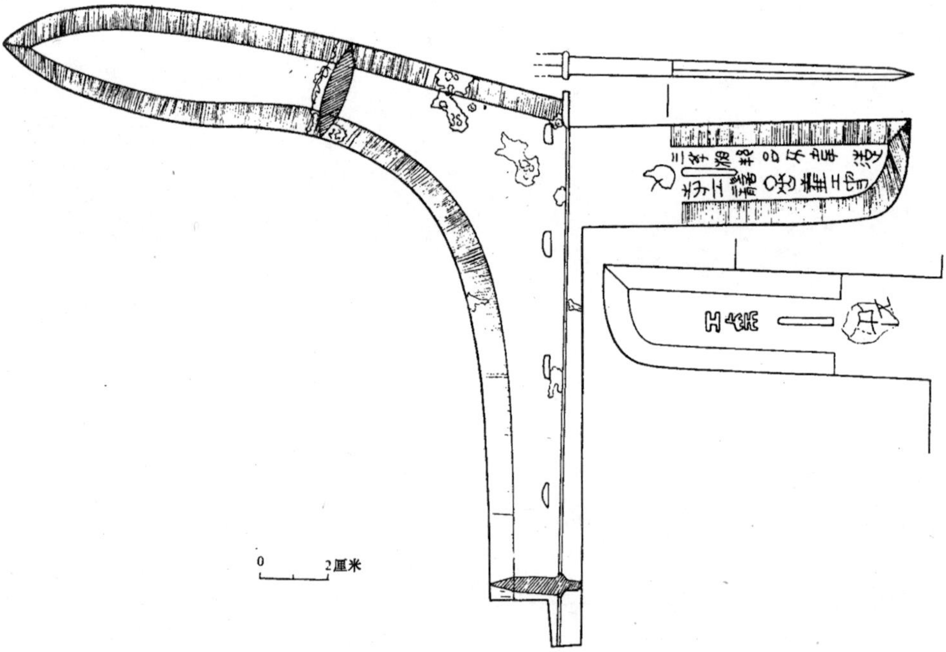

图Ⅱ-10：2　三年相邦吕不韦戟戈头铭文

（一号坑 T10G6：0577）

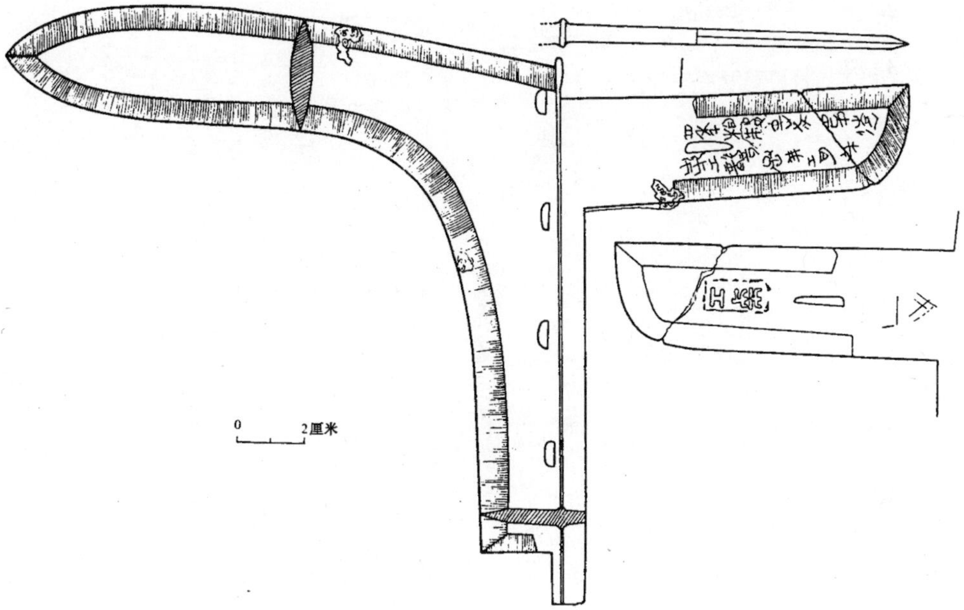

图Ⅱ-10：3 四年相邦吕不韦戟戈头铭文

（一号坑 T10G6：0576）

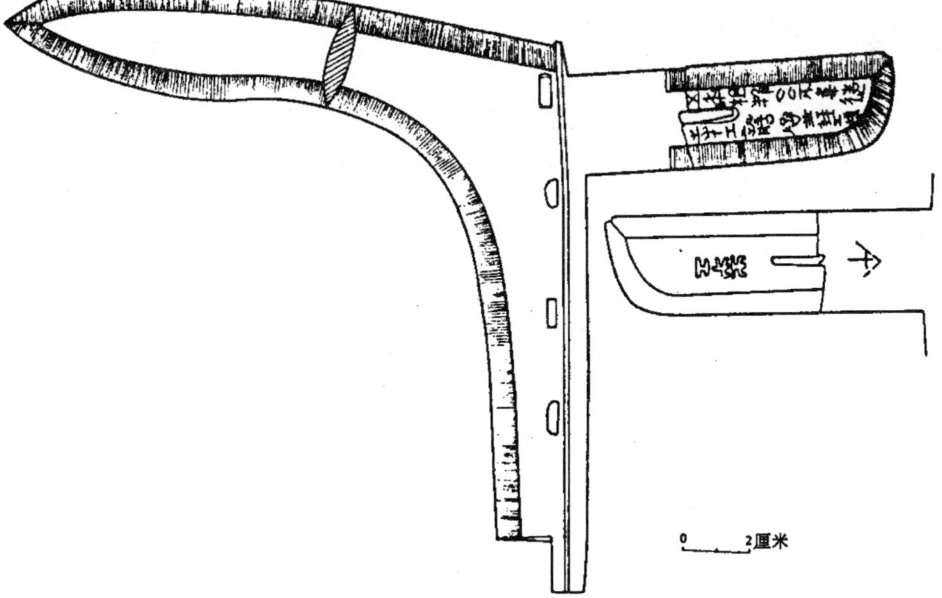

图Ⅱ-10：4 五年相邦吕不韦戟戈头铭文

（一号坑 T20G10：0192）

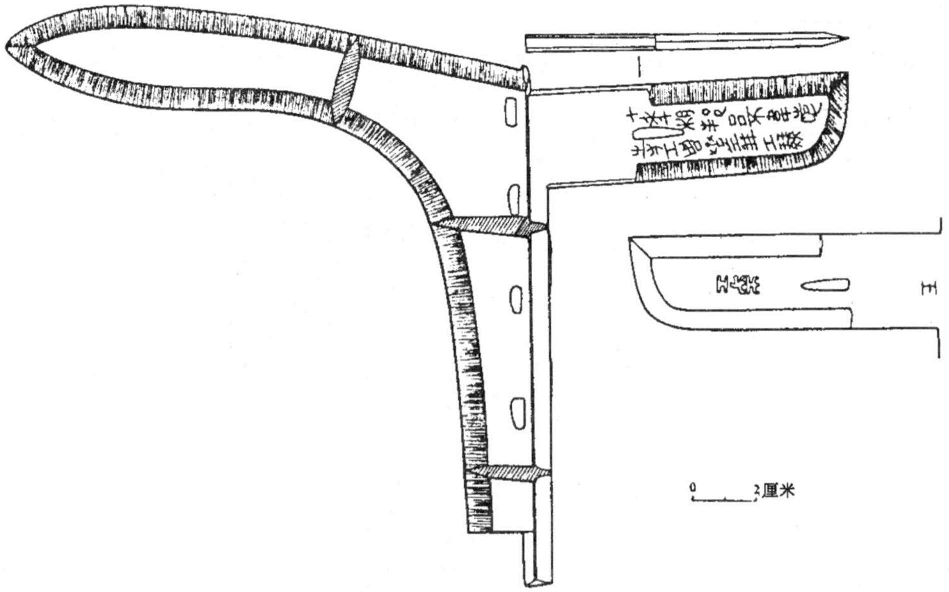

图Ⅱ-10：5 七年相邦吕不韦戟戈头铭文

（一号坑 T19G8：0710）

“相邦”代表中央政府主持国家的兵工生产，是督造系统中的“省者”。秦孝公时铸造有“十三年大良造鞅”戟[7]、“十六年大良造庶长鞅”矛[8]。铭文中提到的商鞅是以大良造或左庶长的身份监督生产的，但并不是直接从事铸造的主持人。同样，秦俑兵器铸造的省者，只能是相邦吕不韦，而并非他人。

“工师”本是手工业工匠中具有较高技艺和职务的师傅，按《礼记·月令》郑玄的说法，属于“工官之长”。在秦时，工匠的生产地位相当高，是“相邦”下边具体的“主者”。他不单是收徒传技的师傅，而且是生产的组织者、查验者，实际上是在对王室负责。《吕氏春秋》记载：天子“命工师：令百工审五库之量（金铁、皮革筋、角齿、羽箭干、脂胶、丹漆），无或不良。百工咸理，监工日号，无悖于时。”（《季冬纪》）“工师效功，祭器，按度程……必致功为上。物勒工名，以考其诚；工有不当，必行其罪，以穷其情”（《孟冬纪》）。所以工师在生产中的重要地位和作用，是自不待言的。但自始皇以来，除了地方手工业生产兵器仍用“工师”之名外[9]，凡中央官府手工业生产的兵器都用“寺工”。这必定是同直属王室、为王室生产的特殊性质有关。因此，“寺工”既是官工之署，也就成了工师的职务名称。所谓“寺工某”，实则是“寺工工师某”，如“寺工敏”即“寺工工师敏”。秦俑坑戟铭中出现的寺工工师是“謷”和“周”两个人，如果再加上长铍上的寺工“敏”和“邦”，计有四人，而由“謷”和“敏”主造兵器的时间就长达五年之久。

器铭中的“丞”，也是官府手工业作坊中的师傅，同“工师”都属于生产中司造的“主者”。但丞的地位低于工师，当是工师的副手。不过，在十三年相邦义戟铭中，还有个“工大人”位列“工师”和“工”之间[10]，其地位是否相当于“丞”？在秦俑戟的丞，只见有“义”和“我”二人。

“工”是掌握生产技艺的工匠。在官府手工业中，是制作产品的直接承担者。地位低下，属于劳动者阶级。秦俑戟和铍上出现的工名有窎、可、成、竟、黑、目等六人。相邦、寺工工师和丞的职务相对稳定，工名出现较多。而这些铭文兵器是兵器中很少的一部分，出土的又是未被发掘中的一部分。由此不难想象，秦的军工生产的规模一定是很大的。

由相邦（或丞相）代表中央督造兵器的作法，可以说它是同有秦一代相始终。秦俑坑出土的相邦吕不韦戟，是秦始皇三、四、五、七年生产的。从“二年，寺工詟，金（?）角”戈知，时间还可提前到秦始皇二年。往后可证的还有八年、九年吕不韦戟[11]、十七年丞相启状戈[12]和二世元年的丞相李斯戈[13]。那么，我们从前后的相邦（丞相）戟（戈）中，可以看出秦对兵器的生产由管理、监督、检验到生产已经形成了一套“省⟶主⟶造”的三级制。如表二：

表二　秦戟铭例中三级对应表

身份 级别	省者（监造人）	主者（司造人）	造者（制作人）
中央	相邦/丞相	寺工、丞/诏吏	工
地方	守	工师、丞	工

秦铍的铭文体例，和戟（戈）铭不同（图Ⅱ-10：6～9）。表现之一，就是没有刻监造的相邦（丞相）和丞，如“十七年，寺工敏造，工窎”。表现之二，就是同战国时期关东国家的长段铍铭也不类，像赵国四年的春平侯铍正面就有“四年，相邦春平侯，邦左军工师岳身，冶匋沥执齐”等 19 个字，背面还有“大攻（工）肴（尹）肖（赵）间”5 个字[14]（图Ⅱ-10：10）。三十三年韩铍的铭文，作“卅三年，奠（郑）命（令）榣涵司寇（寇）肖（赵）它生库工币（师）皮耴冶君（尹）启造”[15]（图Ⅱ-10：11）。秦铍上的刻铭都是短文，也可能是出自这样的考虑，即：因为相邦是当然的监造者，故而从略；只有寺工才是实际的主造者，对其产品负责，因此须“物勒工名”加以突出。诚若此，就连他副手的名字也隐而不显。

（三）戟、铍上其他部位的铭文要义

秦俑青铜戟和铍上除了纪年、监造系统两大部分铭文之外，在其他部位如戟（戈）内外侧、铍的身、茎、格上也都有铭文。不过，这些部位上的铭文有其自身的特点：第一，内容上多为炉冶、库名和器物编号；第二，系铸铭或錾铭，书体显得规整、庄重而醒目。譬如戈内外侧的“寺工”二字属于铸出的阴文，笔画粗壮，锋端

1. T20G9：0810
2. T2G3：0463
3. T2G3：0450
4. T2G3：0448

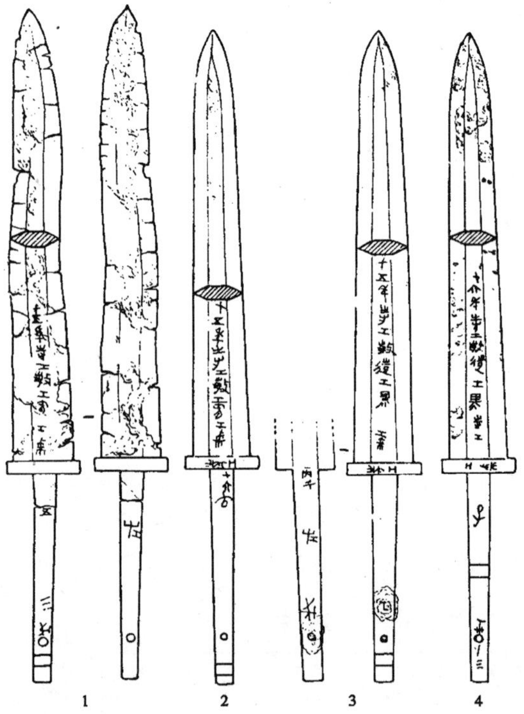

图Ⅱ-10：6　**秦铍铭文（一）**（一号坑）

5. T2G2：0395
6. T2G2：0400
7. T2G2：0390

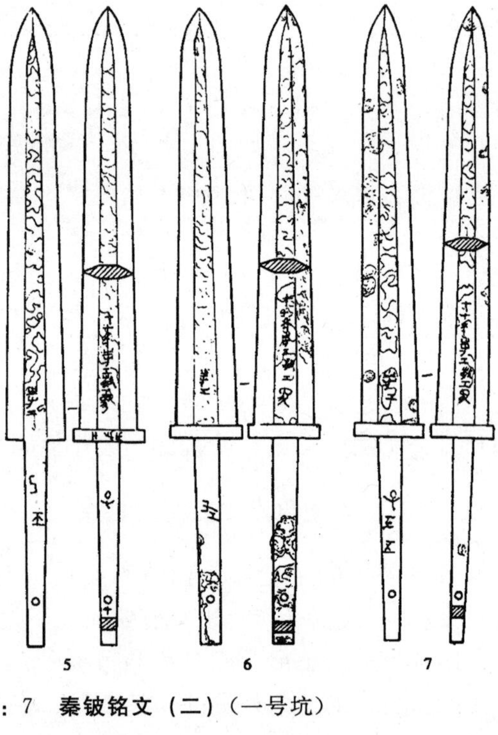

图Ⅱ-10：7　**秦铍铭文（二）**（一号坑）

8. T20G9：0397

9. T2G3：0444

10. T20G9：0791

11. T20G9：0829

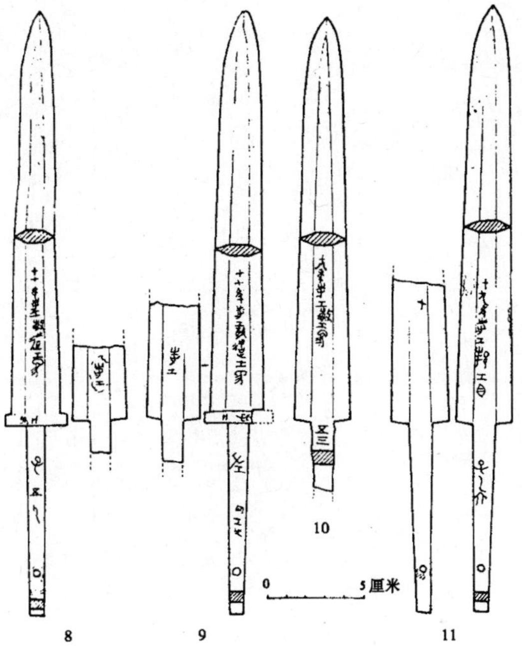

图Ⅱ-10：8 秦铍铭文（三）（一号坑）

12. T2G2：0396

13. T2G3：0401

14. T2G2：0398

15. T2G2：0445

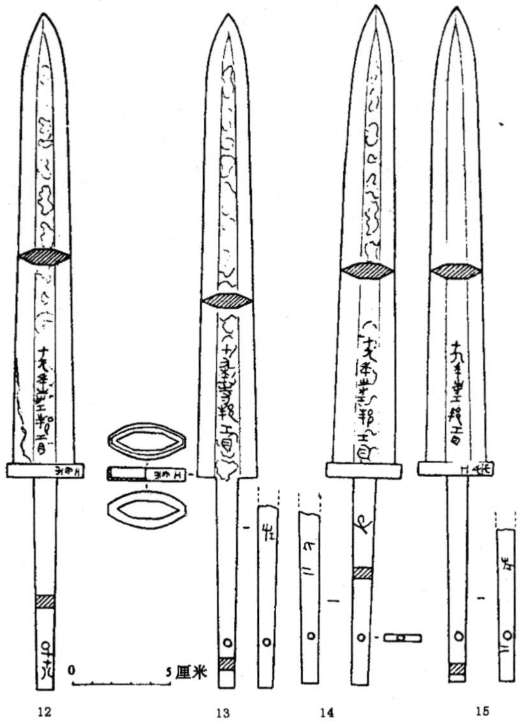

图Ⅱ-10：9 秦铍铭文（四）（一号坑）

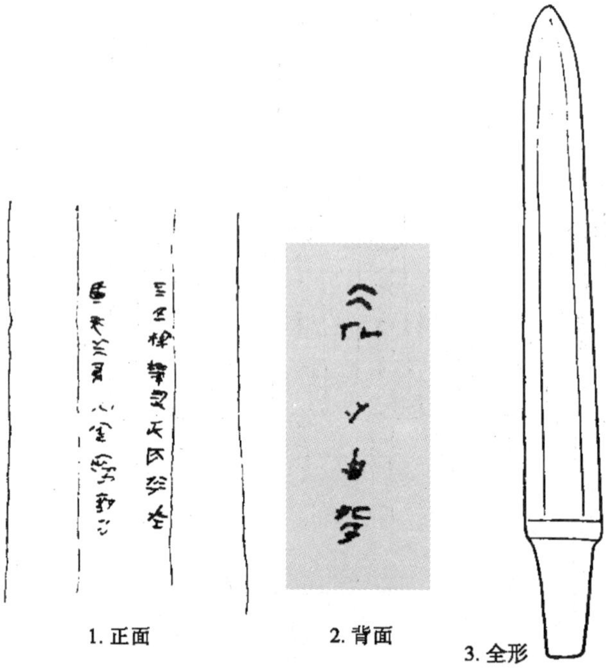

图Ⅱ-10：10　**赵国铜铍及铍铭摹本**

（旅大出土）

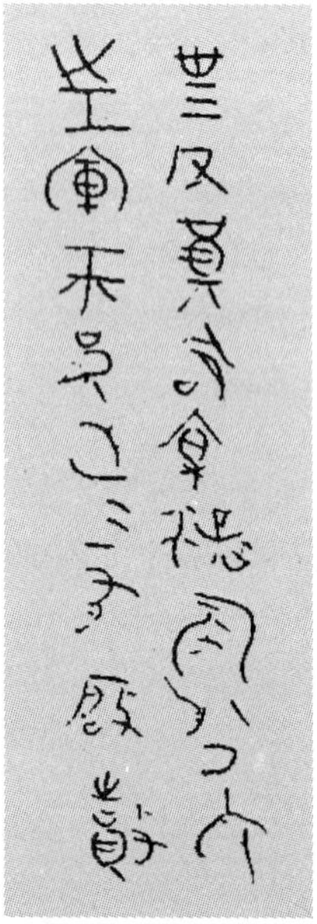

图Ⅱ-10：11　**韩国铍铭**

（郑韩故城出土）

平齐，有似今日之“黑体”字，同器身上刻画的长篇铭文潦草急就的作风形为二致，显然在于强调铸器官署的权威性；第三，戟铭内容单一，铍铭则显得庞杂。

戟内之外侧和铍身、茎、格上的铭文综合起来，包括了七方面的内容：

一是铸造兵器的官署，如“寺工”；

二是库名，如“左”代表左库；

三是以天干为兵器部件分类的编号，如丙、丁、戊、壬等；

四是以地支为分类的编号，如子、午等；

五是天干和地支配合编号，如子壬五、子乙六等；

六是用数字作为编号的，如二、三、五、六、八、十三、十六、廿、卅、五三、五九、六二、八七等；

七是以上六类之外的，如“文”等。

从这些兵器的编号上，我们可以得出这么一些看法：

秦俑坑的兵器系相邦督造、是寺工管辖下的专业化了官府手工业作坊的产品，库藏专有而集中。中央的武库数并非一处，但也不很多。目前搜集到的库名，不过“武库”、“上库”、“北库”等[16]。那么，既有“上库”，当有“下库”[17]。同样，咸阳既有“北库”，也许还有南库。

第二，武库不但储藏成品武器，而且也是造器之所。三晋兵器铭文中多冠有库名，可知其武库中就设有冶铸的作坊。

第三，秦俑坑以天干、地支或二者结合、或数字编码的兵器，以长铍为最多。若以此编码推算，其兵器的铸造量必然是个不小的数字。结合秦俑一号坑执铍武士俑群的单独编列看，足见在战场上对铍的需求量是多么的巨大！因此说“强弩在前，锬戈在后”（《战国策·燕策二》）的话，绝非“纯系游说之士的夸张之词”。

（四）弩机铭文与标准化的机件

弩机机件多有简单的编码刻记（图Ⅱ-10：12），内容主要有六种，即：(1) 数字编码；(2) 天干地支；(3) 图案符号；(4) 库名；(5) 不认识的符号；(6) 不明含义的文字。其中以数字为最多，大概包括了1～8、10～18、20～22、25、26、30、31、34、36、40、42、55、70等。

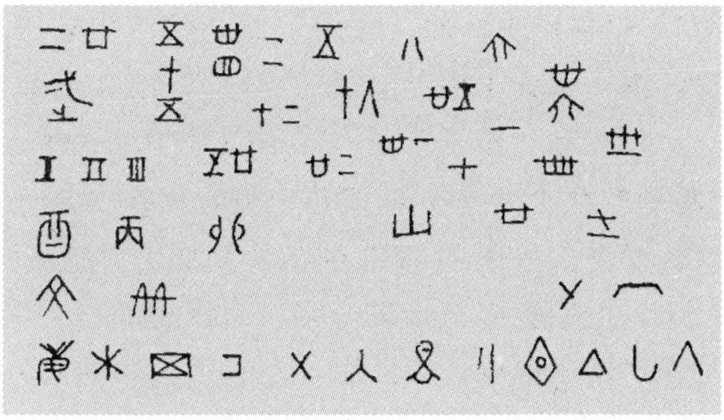

图Ⅱ-10：12　秦俑弩机上的铭文摹本（部分）

图案符号类，是很有艺术趣味的一部分刻记，如Ⅰ、Ⅱ、Ⅲ、*、人、J、×、+、△、乚、二、◈、卅、出、⌒等。

不认识的刻画不多，见有ጰ、ᑫ、Y、/ 四个。不明含义的是“文”、“王”二字.

干支最少，有酉、丙、午、卯、寅等。

从弩机的铭文和刻记看，数字编码和图案符号主要用于同一弩机的配套机件上，如悬刀、牛、钩牙上錾有同一数字的有“五十五”、“卅六”，悬刀和钩牙相同的有“十五”、“卅”、“卅四”、“*”，望山和牛具相同数字的有“六”，悬刀和牛相同的有“五”、“六”，钩牙和键相同的有“卯”、“丙”；牛和键相同的有“三”。但绝大多数弩机上的编码并不统一，像同一弩机上的悬刀、牛和钩牙分别刻ጰ、△、∪三种符号，更多的弩机上只刻一个字。

秦俑坑出土的铜弩机分为两式，其区别主要表现在两点上：一是外形有变化，如Ⅰ式弩机的悬刀竖直，下端平齐，棱角分明，略显博大，而Ⅱ式弩机悬刀窄细，略向前弯曲，下端外侧呈抹角状；二是键从弩臂上穿连，和钩牙的方向有着较大的区别，如Ⅰ式弩机的两键或由外侧向里，或由里向外，方向完全一致，而Ⅱ式弩机的两键则取交错向，即：前者如果由外向里穿，后者则由里向外，或调个位置亦是。尽管两式弩机有如此的区别，使人不解其意，但机件的规格、结构的统一却惊人地相似。这种通用性，足以显示了秦兵器制造确已达到了标准化的地步。

二　秦兵器铭文体例变化的轨迹

（一）变化述略

春秋时期秦的铭文兵器发现极少，就目前考古的出土品再加上著录所见，也不过 9 件。这些材料是，陕西宝鸡姜城堡、甘肃灵台景家庄两座春秋早期墓（M1、M2）中各出土 1 件“元用”戈，陕西陇县边家庄 12 号秦墓出土静、宪公时的“卜淦□高”铜戈 1 件[18]。带“秦子”铭文的兵器，除著录的“秦子”戈[19]（图Ⅰ—10：13）和“秦子”矛[20]（图Ⅰ—10：14）之外，故宫博物院、澳门珍秦斋，各藏“秦子”戈 1 件[21]，西安市公安局缴获“秦子元用”戈 1 件[22]。关于“秦子”的时代，学者们一般的都定在春秋早期。9 器铭文的字数由简到繁，开始仅见“元用”二字，以后竟多至十五个字。有意思的是“秦子”戈和“秦子”矛的铭文完全相同，均作“秦子乍簉公族元用，左右币□用逸宜”。从中我们可以看出：在秦前“出子”（秦有两个“出子”，此为宪公之幼子，为区别于后惠公之子，故称“前出子”）时（公元前 703 年～前 698 年）[23]，兵器铭文已具备了省者（秦君）、使用者（公族）、属主（左右军之武器）、置用地（宜）这么几个要素，显然比之“元用”（专用）要明确具体得多了。

战国时期秦的铭文兵器，最早者当数陕西凤翔八旗屯秦墓的“吉为剑”。该剑铭作“吉为乍元用”两行重文，计有 10 字[24]，时代约当战国早期（或春秋晚期晚

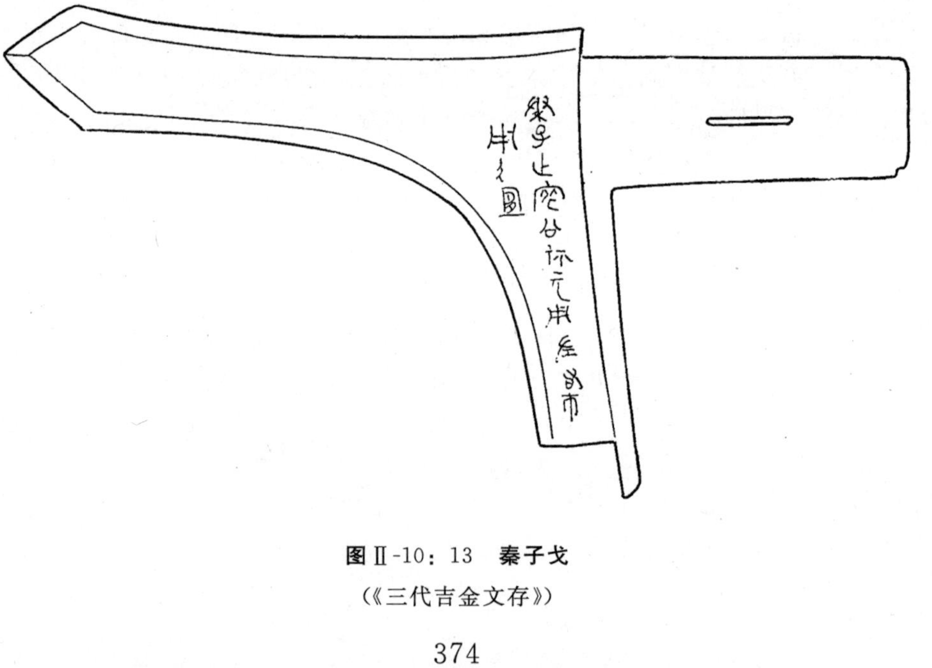

图Ⅱ-10：13　秦子戈

（《三代吉金文存》）

段)。而此后的剑铭就极其简短，甚或成了无铭的素剑。

但秦国的铭文兵器自孝公之后，开始发生了前所未有的大变化。刻铭格式趋向完善化，从而形成秦国铭文独具特色的体例和风格。那么，这种由粗到精的发展，每一阶段所形成的铭文格式，既是秦由战国到统一各时期兵器分期标准，自然也就成了秦兵器断代的根据。因为除了战国早期的“吉为剑”和战国中期前段的“大良造鞅矛镦”[25]、“大良造鞅殳镦”[26]具有长段铭文之外，此后的铭文也不过一两个字。其内容不是铸造的官署名，就是器物的编号。相反，由于长戟格外受到重视，其铭文于是变得复杂和精到。

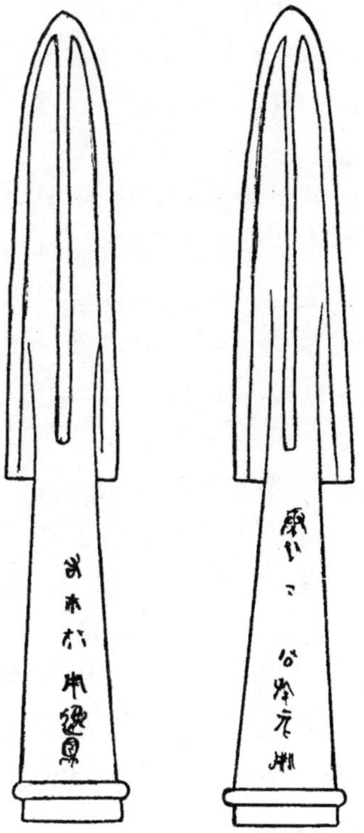

图Ⅱ-10：14　秦子矛

(《三代吉金文存》)

(二) 戈 (戟) 铭文格式的分期考察

1. 秦孝公时期的铭式是：

“……年大良造……之造……”

刻辞中的省者是“大良造”，再也不是名义的国君“秦子”了。从此开了大良造、相邦(或丞相)代表中央政府督造的先例。还增加了纪年，如“十三年，大良造鞅之造戟”[27]。也有附记地名的，如大良造鞅矛镦和殳镦都记“雝”，商鞅方升上还铸“重泉”等。

2. 秦惠文王时期的铭式是：

“……年，相邦……之造……工上造……(或工师……)”

秦惠文王时戈铭中的督造者，由大良造改为“相邦”，新增加了主造者及其籍贯与爵称。如“四年，相邦樛斿之造，栎阳工上造闻”[28]。“上造”属于秦二十级爵位的第二级，作为工匠的“闻”具有爵位显然不是一般的“工”，而应是具有“工师”或“工大人”地位的“主者”。

图Ⅱ-10：15　秦惠文王十三年相邦义戟内铭文摹本

这一时期铭文格式最为典型的要算是“十三年相邦义”戈。铭作“十三年，相邦义之造，咸阳工师田，工大人耆，工樍”[29]（图Ⅱ-10：15）。这里有铸造时间、省者、主者和造者，较为完整。

商鞅变法之后，秦国国力日益增强，积极向外开拓，对兵器的需求量也加大。这时除中央官府的兵器手工业作坊之外，地方手工业也进入了备战状态。

地方手工业制造兵器的，首推上郡。秦惠文王于公元前 328 年在接纳了魏国献出的上郡十五县之后（《史记·秦本纪》），利用咎奴（入秦后写作“高奴”）这个魏国原来的兵器铸地及技术力量[30]，在其地设郡，扩大规模铸造兵器。当然，郡造兵器的生产权还是掌握在国家之手。因此，在上郡守代表中央政府直接监督下由工匠铸造。其有名的传世产品就是“上郡戈”了。考定的秦惠文王戈有 3 件（图Ⅱ-10：16），其铭文如下：

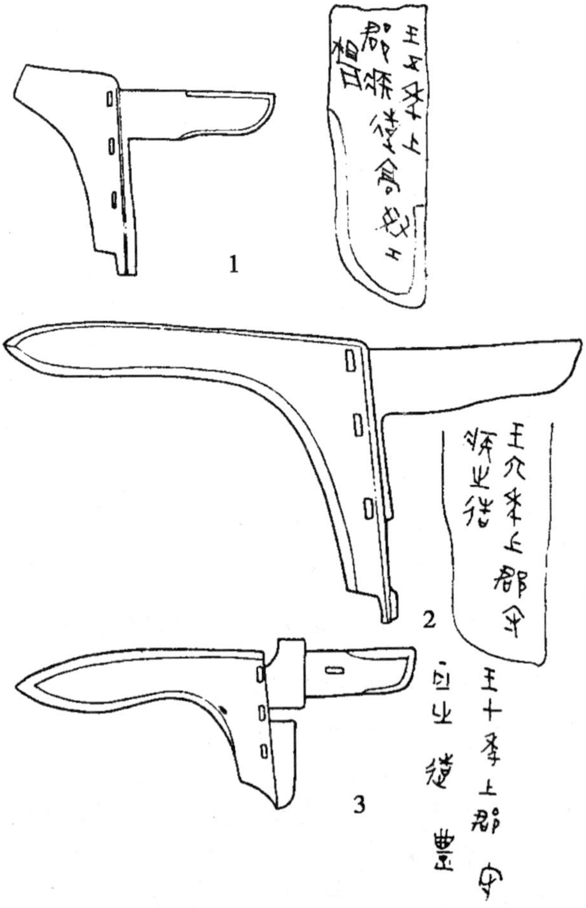

1. 陕西省博物馆藏　2、3. 著录

图Ⅱ-10：16　秦惠文王时王年三戈及铭文摹本

“王五年，上郡疾造，高奴工䫗”[31]；

“王六年，上郡守疾之造，□□□□”[32]；

“王七年，上郡守疾（中）之造，□豊”[33]。

由省者和造者两级构成的铭式，既不同原来魏式的习惯，也和后来秦上郡戈的铭例相区别。这可以说是秦惠文王时特有的情况。但这毕竟打破了由相邦督造、铸地皆在内史的制度。

3. 秦昭王时期的铭式：

前后有变化。以二十年为界限，前期沿袭了惠文王时期的格式，如十四年相邦冉戈铭作：“十四年，相邦冉造，乐（栎）工币□，工禺”[34]。丞相触戈铭作：“□□年，丞相触造，咸阳工币叶，工□，武”[35]（图Ⅱ-10：17）。

昭王后期的戈铭格式是：

“……年，相邦……造……工师……丞……工……”

显然，这也是继承了秦惠文相邦戈的铭式而来，只是新添了一个“丞”，如“廿年相邦冉戈”铭作：“廿年，相邦冉造，西工师□，丞鬼，（工）隶臣□”[36]。

昭王时郡造兵器的刻铭，可说是同中央保持一致，只是省者由郡守代替了相邦（丞相）。其格式是：

“……年……郡守……造……工师……丞……工……”

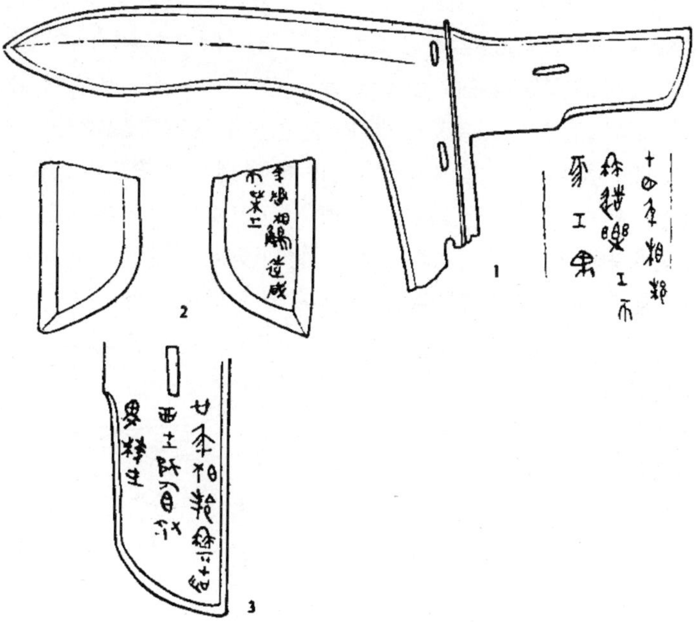

1. 十四年相邦冉戈（著录） 2. 丞相触戈内（著录）
3. 廿年相邦冉戈内（湖南楚墓）

图Ⅱ-10：17 秦昭王时期戟铭格式

“廿五年上郡守厝戈”，可说是最为典型的一件。其铭作“廿五年，上郡守厝造，高奴工师窑，丞申，工鬼薪诎”[37]。同此的上郡戈还见有“廿七年上郡守趞戈”[38]（图Ⅱ-10：18），“卌年上郡守趞戈”[39]。

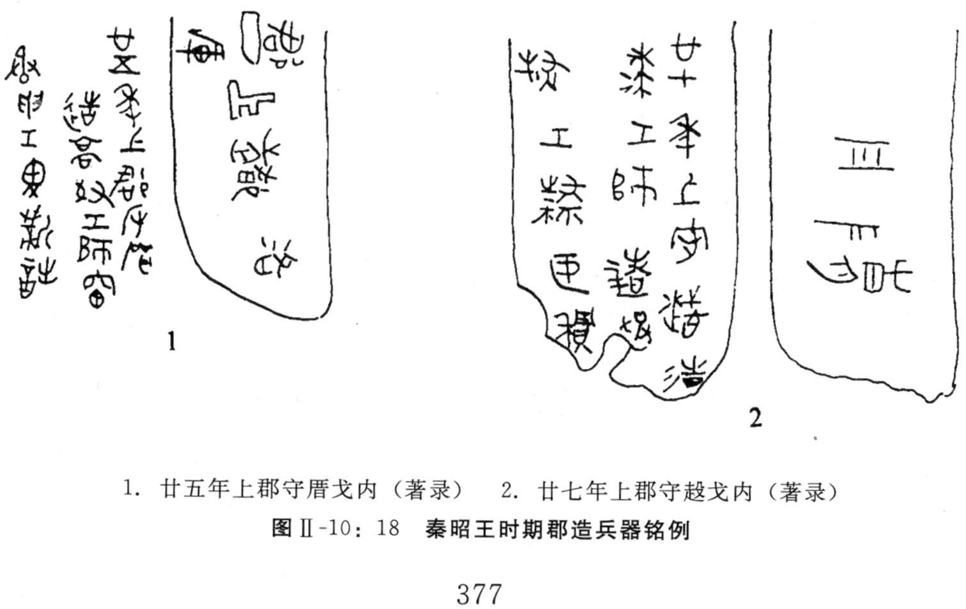

1. 廿五年上郡守厝戈内（著录） 2. 廿七年上郡守趞戈内（著录）

图Ⅱ-10：18 秦昭王时期郡造兵器铭例

4. 秦孝文王、庄襄王时的戈（戟）发现不多，从考定的几件看，文例紊乱，不成系统。由中央造的仅见“少府”戈一例，其铭作：“少府，二年作”[40]。“少府”原为三晋的官署机构，而秦设置在后。《汉书·百官公卿表》：“少府，秦官，有六丞。”其属官有考工室，太原检选之五年吕不韦戟铭作“五年，相邦吕不韦造，少府工室昤，丞冉，工九。武库”。内外侧刻“少府”[41]。但二年少府戈没有同“工室”相连，这并非“少府工室”之省。而表明“少府”下设官工室，确实是在秦时。且此戈为中长胡三穿，同秦始皇时的长胡四穿戈也有区别。可说是一个过渡形式。庄襄王曾为质于赵，铸器时就有从三晋之俗的成能。

庄襄王时郡造兵器的铭式，一仍昭王之旧。如“二年上郡守冰”戈铭作“二年，上郡守冰造，高工丞沐□，工隶臣徒”[42]。在这里只是把“高奴”省作“高”，而且还把工师之名及“师”字略去。只有另一柄戈铭才称得上是规范之作：“三年，上郡守冰造，漆工师□，丞□，工城旦”[43]（图Ⅱ-10：19）。

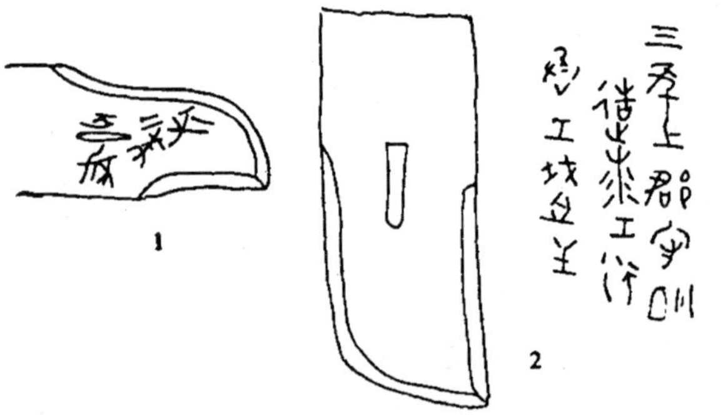

1. 二年少府戈内（河北省）
2. 三年上郡守冰戈内（著录）

图Ⅱ-10：19　秦庄襄王时期戈铭格式摹本

5. 秦始皇、秦二世时期，兵器监造制度变动较为频繁，曾出现过“相邦”（或“丞相”）和“寺工”（或“属邦”）监造的两种铭文格式（图Ⅱ-10：20）：

第一种铭式是：

“……年，相邦（丞相）……造，寺工（或“诏吏”、“少府”）……丞……工……”

秦俑坑、长沙左家塘、宝鸡、太原等地出土及著录者，凡属相邦吕不韦监造的秦始皇三、四、五、七、八、九年的戟（戈）铭文格式无不如此。至于长沙左家塘秦木椁墓出土的四年吕不韦戈，因边缘残损后经磨平使丞名和工名缺失，其铭式当然也不应例外[44]。秦二世元年，李斯戈铭作“元年，丞相斯造，栎阳左工去疾，工上”[45]，只是把“相邦”换成了“丞相”。

四川青川出土“九年吕不韦戟”的铭文较为特殊，铭作“九年，相邦吕不韦造，蜀守金，东工守文居戈三，成都”（内内侧），“蜀东工”（内外侧）[46]。由中央的吕不韦和地方的蜀守金两级督造，此戟尚属孤例。大概在成都的作坊为中央制造，故而加了直接的督造者“蜀守金”。而“蜀东工”因《小校经阁金文拓本》上提到的“蜀西工”都属于主造机构，那么，“东工守”无疑也是工师。由此可见，“东工”同

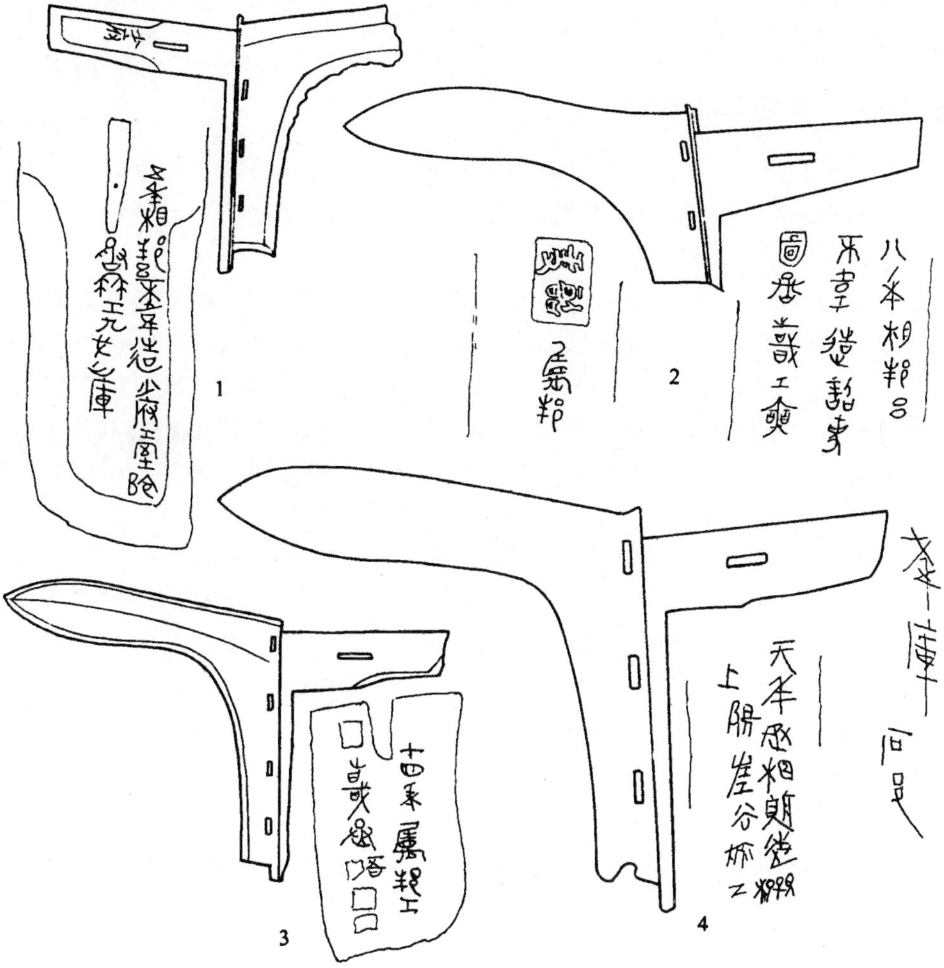

1. 五年吕不韦“少府”戈（太原）　2. 八年吕不韦“诏吏”戈（宝鸡）

3. 十四年“属邦戈”（广州）　4. 元年丞相李斯戈（辽宁宽甸）

图Ⅱ-10：20　秦始皇、二世时期戟（戈）铭例

“寺工”、“少府”、“诏吏”一样，都是秦始皇时中央直属的兵器制造机构。其所不同者，仅仅在于铸造地不是在咸阳而是在成都。归根到底，此戟铭文仍然还是合乎中央级的格式（图Ⅱ-10：20）。

第二铭式是：

“……年，寺工（或“属邦工师”）……丞……工……”

此式的铭例如“二年，寺工詟，金（?）角”[47]，“十四年，蜀邦工师蕺，丞□，工□”[48]。

从这一时期的铭式可以看出：“主造者”不再直呼“工师某”，而是强调了“寺工”、“诏吏”、“少府”这些主造机构。或者干脆以“寺工”或“属邦工师”取代了以“相邦”名义监造的虚设，并赋以实际的监造权。同时，也相应提高了“丞”的作用。

(三) 不曾规范的矛铭

春秋战国时期的铜矛已具备了大段的铭文，像“秦子”矛主要强调了“秦子乍造”及其专有。“大良造鞅矛镦”铭也突出了“大良造庶长鞅”造矛的权威性。这些虽然有了作器的时间，但还未形成固定的铭文格式。

由中央制造的矛，铭文都记有省造和管理的机构。像河北易县燕下都遗址北沉村出土秦始皇时期的“少府矛”，一面刻“少府”二字，另一面刻“武库受属邦”[49]。“少府”作为秦中央“九卿”之一，执掌着“山海池泽之税”的大权，负责皇室给养。大将章邯以少府的身份，曾参与并主持过秦始皇陵墓的修建工程。“少府”矛则表明它也代表国家制造兵器，并移交武库收藏保管，再由武库授予专管边境民族的中央机构——属邦。另一柄藏于中国历史博物馆的“少府”矛上还记了铸器的时间和少府工室之名，如“十三年，少府工檐，武库受属邦”[50]。

中央的武库不但统管武器，而且配发武器也是其拥有的职能，其刻铭往往也能提供一些更有代表意义的书例。如一件由“寺工”造的矛上刻铭是：“武库受属邦”（穿右侧）：“寺工”（穿下）、“咸阳”（穿右上方）、“戊午”（穿左下方）[51]（图Ⅱ-10：21）。这表明它的督造者是“寺工”，铸地在首都咸阳，编号为“戊午”，藏于武库，再授予“属邦”。

汉代为了避高祖的名讳，改“属邦”为“属国”。《汉书·百官公卿表》：“典属国，秦官，掌蛮夷降者。”典，含有“主管”之意。属邦，自中央至地方另有一套管

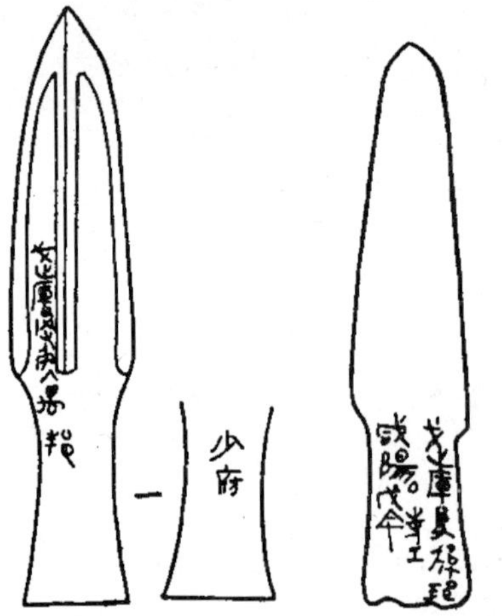

1　　2

1.“少府”矛（河北燕下都）　2.“寺工”矛

图Ⅱ-10：21　秦“少府”、“寺工”矛铭摹本

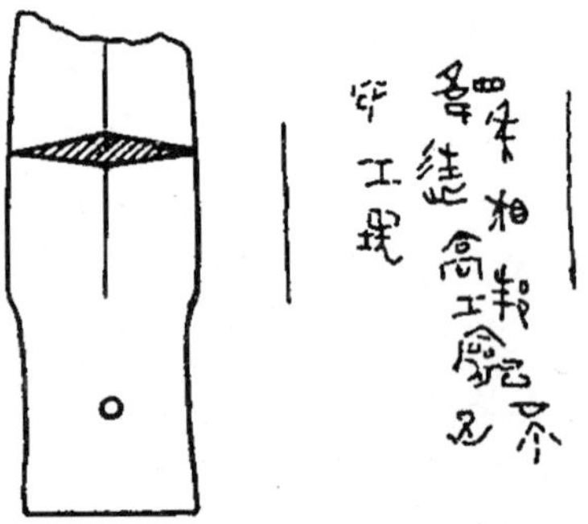

图Ⅱ-10：22　上郡造四年吕不韦矛铭

（内蒙清水河出土）

理和称谓系统。睡虎地秦墓竹简《语书》中，有“南郡守腾谓县、道啬夫”的话。其中以县与道并列，所以《汉旧仪》也说“内郡为县，三边为道”。中国历史博物馆收藏有“属邦”矛[52]，可知中央的属邦因同下属的管理有关，就拥有专用的兵器。

地方造矛，仍以上郡为多。因为兵工生产程序繁多，特别是在古代分工还不是十分精细的情况下更是如此。战国末期秦矛的铭文仅仅标明地名，“高奴”矛即是其例[53]。而秦始皇时期郡铸铜矛之铭，则同中央造保持一致。

有两柄上郡造的吕不韦铜矛，其铭文确是规矩化了的格式。如“三年，相邦吕[不韦上]郡假守宪（?），高工□，丞申，工地”，“四年，相邦吕不韦造，高工龠，丞申，工地”[54]（图Ⅱ-10：22）。两矛均出自内蒙，铭文位于骹上，作纵刻三行。铭中的丞及工名全同，因铭文有残缺，如对照辽宁博物馆收藏的三年上郡戈残内铭文，就知道此两柄相邦吕不韦矛并非造自中央手工业作坊，而是上郡所为。“由于始皇三年上郡守位空缺”，故以宪代理（“假”）相邦吕不韦造。而四年矛，就直接假吕不韦之名而造[55]。

战国时期用作戈、矛联装戟的矛头，似乎有了专门化的倾向。这种矛头的形体

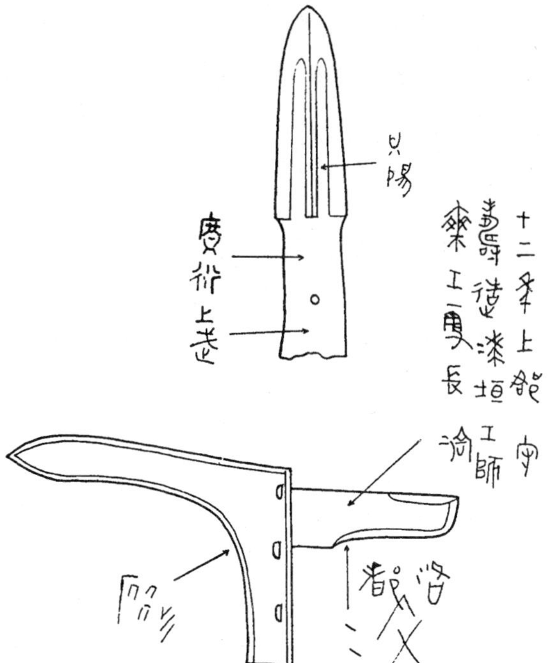

图Ⅱ-10：23　联装戟形制与铭例

（内蒙广衍故城出土）

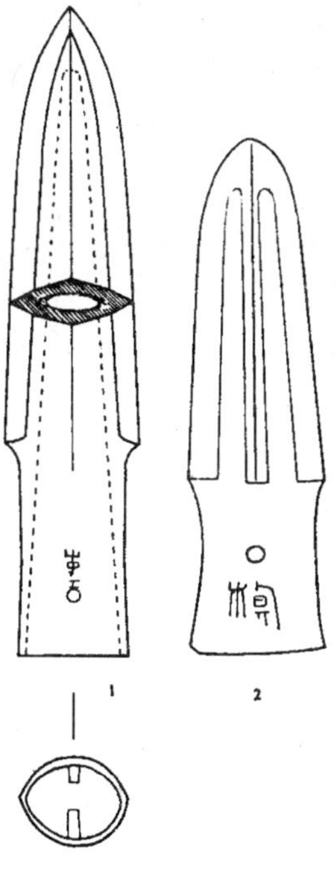

1. “寺工”矛（秦俑坑）

2. “栒”矛（著录）

图Ⅱ-10：24　联装戟矛头

趋于宽而短，长度在15厘米左右，专称曰“刺”。《周礼·考工记》说到戟就是把戈的内、胡、援和刺分开说的。但这种戟刺的铭刻，均不成文。铭文内容大体包括三项，一种是仅刻记地名，而且多与同戟之戈铭一致，像秦昭王时期的“广衍”矛的骹上刻“广衍”、“上武”，脊右侧的风槽中刻“圜阳”（图Ⅱ-10：23）。很清楚，这三处地名并不连属，但此矛头确与“十二年上郡守寿戈”在一起出土，而且戈内上也刻有“广衍”二字[56]，显系戟的置用地。我们见到秦始皇早年的“栒矛”，仅在骹孔下刻一“栒”字。当为内史所属的“栒邑”县之省[57]，毕竟还是置用地。同期同式的，还有“武都”矛[58]。

另外，还有两种中央督造的联装戟的矛铭，或刻铸造官署，如“寺工”；或官吏的泛称，如“诏吏”[59]等（图Ⅱ-10：24）。

三　秦俑兵器所引出的刻辞学意义

（一）完善的铭例之一

秦俑坑出土的铭文兵器都是秦始皇四年（公元前243年）之后铸造的，其刻辞所表现出来的文例却是秦人长期来铸兵发展演变的结果。也正因为它处于自己的成熟期，其完善的铭例既有充分的内涵——主要内容，也有相当广阔的外延——演变的轨迹。

从种类言，秦俑兵器几乎囊括了战国末年秦国从远射程、长柄到近战卫体等类通用兵器的所有内容。而刻辞于兵的，见有戈、矛、戟、铍、剑、弩、箭等，连运载工具的车马亦无不涉及。至于连读成诵者，莫如戟、铍两种。弩机机件上的刻辞简括，或一二字，或同机同文，无非是些统一编码记数而已。只有戟铭才是铸造时间和监理规定的纪实性文字。

再由铭例的完善过程而言，秦始皇时期的铬文格式，既是长期来优选的结果，又是中央集权制的一种反映。孝公时的省者是大良造，一改原来由国君“秦子”直接过问的旧规。秦惠文王之后，一直是由相邦（或丞相）省造，至秦始皇时沿用不改。主者，则由工匠中的精英人物工师（或“工大人”）领衔主事。而秦始皇时，以“寺工”或与之相当的“少府”、“诏吏”、“属邦”一类机关铸造，从而突出了专铸兵器机关和“丞”的作用。工匠署名，从惠文王时期已经开始，这不是为别的，而是督责的需要。

秦俑兵器是当时中央官府作坊铸造出来、藏之于武库的实用兵器。还未投入战场上使用，即调来装备了兵马俑。故而铭辞都属于生产过程中的首铸首刻，既无生产地，也无置用地。能否说它就是专为兵马俑生产的，还没有定论。

（二）秦兵器刻辞制度述略

1. 兵器从生产、库藏到配发，固然是独立而又相连的三个环节，但也表明了铸造、保管与使用分权的关系。

秦昭王十二年（公元前295年）上郡守寿戟，其戈头的铭文是："十二年，上郡守寿造，漆垣工师乘，工更长（张）$\square$"（内内侧），"洛都"（内外侧），"□□广衍"（胡内侧）；矛头的骹部刻"广衍"、"上武"，风槽中则刻"圜阳"。显然，此戟生产于上郡，藏之于上郡武库，而广衍、洛都与圜阳都是先后几个调发的置用地。单刻"武库"者，都是指中央的武库，如少府二矛、五年吕不韦戟、元年丞相斯戈等。凡地方所造，都加郡名，也归该郡武库保管，如"上郡武库"的，见有昭王二年、十八年、廿五年上郡戈，还有上郡武库矛、上武广衍矛等。

武库接收铸造好的兵器而储藏，因此护理保管是其职能之一。同样，对收藏、效验、检查，都建立有一套严密的制度。发放武器，则是遵照皇帝命令而执行的又一职能。云梦秦简《工律》规定："其叚百姓甲兵，必出其久，受之以久。"在此，出库是发，入库则是管。两种职能集于一身，而又手续严格。当周文领的农民军进入关中逼近京都时，秦二世"授兵以击"，自然是从咸阳武库中提取兵器而交给郦山徒的，当然，也有用装备武士俑的实用兵器的可能。

2. 兵器的铸造形式，分为中央和地方两级制。

由中央督造的兵器或宫廷制作的器物多不记地名，兵器上或标以库名及编号，如"武库"、"上库"、"左库"、"北库"等等。除在咸阳、栎阳之外，内史造兵之地，如"吾"（即"衙"，如昭王四年的相邦樛斿戈）、"雍"（昭王卌一年相邦冉戈）、"郃阳"。

地方造兵器只限于郡一级，而郡又以上郡为最多，现存的12件上郡戈，铸地在高奴的就有5件（即：秦惠文王后元五年上郡守疾戈、昭王七年上郡守闻戈、廿五年上郡守厝戈、四十八年上郡守起戈、庄襄王二年上郡守冰戈），另见有高奴矛。上郡还有另一个重要的铸地，就是"漆垣"。至于其他郡造的兵器见有陇西郡的西县（昭王廿年相邦冉戈）、河东郡的临汾（秦始皇二十三年临汾守曋戈）、蜀郡的成都（始皇二十六年蜀守武戈）等。

秦铸造兵器都集中于官府作坊，郡造者必由郡守代表中央政府监造，民间不得私铸。秦始皇统一天下，立即下令收缴全国兵器聚之咸阳而销毁。

3. 秦的铭文兵器具有自己的特色，这主要表现在：

第一，由省、主、造三级构成的兵器监造制，也因时间的先后和种类的不同而有着明显的区别。

由中央级制造的兵器，其省者在秦孝公时为"大良造鞅"，此后为相邦（丞相）。但孝公时的兵器刻辞中无主者，惠文王至昭王时为某地的"工师"或"工大人"，始皇时则改为“寺工”某人或“少府工室”、“属邦工师”、“诏吏”某人以及“丞”某人。

孝公时不署造者之名，以后则标“工”某人。

第二，秦始皇以前的兵器刻辞中，对省者以职务代姓，只称名，如大良造鞅、相邦义、相邦冉、丞相触等。秦始皇时代则署全名，如“相邦吕不韦”。秦二世时又恢复成略姓具名的旧制，如“丞相斯”。

对司造的工师，始皇前的兵器刻辞中都缀以籍贯，提名者也都是以一字为限，像“咸阳工师田”、“萯工师雝”、“栎阳工师□”、“漆垣工师□”等。

对工匠，在名前也有加爵名或刑名的，如“工上造闻”、“工更长（张）猗”、“工鬼薪诎”、“工隶臣積”、“工城旦□”等。

第三，秦兵铭刻的书体，都是典型的秦文字。

不过，刻铭，因草率急就而显得纤细潦草；铸铭的笔画，则壮实而规整；錾凿者，也仅限于字数少的兵器或部位上，如铍格、弩机。

戈、戟上的铭文，在铸出后交入武库期间都属于首刻。调换置用地之后，则行二刻或三刻。也有磨损后补刻的。

第四，因历史原因，秦戈戟刻辞行文有变化，实则反映着一种时代的烙印。

秦孝公十年（公元前352年）至惠文王后元十年（公元前315年）之间，在省者相邦或郡守名下均作“之造”二字。而惠文王后元五年（公元前320年）至秦始皇时期才作“造”。

对“工师”的写法前后也有变化，如秦惠文王十三年（公元前325年）到昭王四十年（公元前267年）都作“帀”。而昭王十二年（公元前295年）至二世时期则改作“师”。昭王之世是“帀”和“师”的交替时期，故二字并行[60]。

第五，由多部件组装的兵器，如弩机，其铭辞多为编号。

第六，铭辞在兵器的部位上较为固定。

戈（戟）的大段纪年铭文，一般多刻在内的内侧，刻胡上者少有（同样在内侧）。内的外侧，在始皇以前多刻地名或库名，而始皇时期一律改为主造机关的“寺工”、“属邦”、“诏吏”、“少府”等，而且多铸铭。

铍身刻纪年铭，格上刻“寺工”，茎上则为编号。

注　释

[1]《战国策·秦策一》：“卫鞅亡［魏］入秦。孝公以为相。”“相”是最高文官的最早称呼，随后则正式设置丞相。《史记·秦本纪》载：惠文王十年“张仪相秦”，更元七年“乐池相秦”；武王二年“初置丞相，樗里疾、甘茂为左右丞相”。四川青川郝家坪秦《田律》有“二年十一月己酉朔日，王命丞相戊（茂）、内史匽、□□更

修为田律”之句，可见武王设置丞相的记载是可信的。但“丞相”在秦始皇以前的兵器铭刻中都称作“相邦”。因为自秦惠文王四年相邦樛斿戈开始，无不如此。

丞相又简称“相”。《史记·范雎列传》载：昭王先以魏冉为相。后以范雎为相，又加赐“相国”。可见在战国末年，丞相和相国的称呼是并用的。这在《秦始皇本纪》和《吕不韦列传》中对吕不韦的称呼上也反映了出来。

丞相又尊称为“相君”。

[2] 八年吕不韦戟铭：“八年，相邦吕不韦造，诏吏图，丞蕺，工奭”（内内刻），“诏吏”（内外铸），“属邦”（内外刻）。参见李仲操：《八年吕不韦戈考》，《文物》1979年第12期。

[3] 九年吕不韦戟铭：“九年，相邦吕不韦造。蜀守金，东工守文居，戈三，成都”（内内刻），“蜀东工”（内外铸）。参见尹显德：《四川青川出土九年吕不韦戟》，《考古》1991年第1期。

[4] 二年寺工壶铭：“二年，寺工师初，丞拑，廪人莽三斗北寖（寝）”、“莤府”。参见李光军等：《咸阳博物馆藏的两件带铭铜壶》，《考古与文物》1983年第6期。

[5]《吕氏春秋·孟冬纪》：“命工师效功，陈祭器，按度程。”云梦秦简中有如此一些记载：“工师善教之”（《均工》），“省殿，赀工师一甲……省三岁比殿，赀工师二甲……”，“非岁红（功）及毋（无）命书，敢为它器，工师及丞赀各二甲”（《秦律杂抄》）。

[6] 端方：《陶斋吉金录》5.37；邹安：《周金文存》6.11。

[7] 十三年大良造鞅戟铭：“十三年，大良造鞅之造戟。”参见罗振玉：《贞松堂集古遗文》12.6；罗振玉：《三代吉金文存》20.21；邹安：《秦金文录》41。

[8] 十六年大良造矛铭：“十六年，大良造庶长鞅之造雝矛”。见于省吾：《双剑誃吉金图录》50，《三代吉金文存》20.60.1。

[9] 二十六年蜀守武戈铭：“武，廿六年，蜀守武造，东工师宦，丞业，工□。”参见于豪亮：《四川涪陵的秦始皇二十六年戈》，《考古》1976年第1期。

[10] 十三年相邦义戟铭：“十三年，相邦义之造，咸阳工师田，工大人耆，工積。”秦戟（戈）中有“工大人”者，仅此一例。参见于省吾：《商周金文录遗》584。

[11] 八年吕不韦戈见[2]，九年戈见[3]。

[12] 田凤岭等：《新发现的“十七年丞相启状”戈》，《文物》1986年第3期。

[13] 许玉林等：《辽宁宽甸县新发现秦石邑戈》，《考古与文物》1983年第3期。

[14] 旅顺博物馆：《旅大地区发现赵国铜剑》，《考古》1973年第6期。

[15] 郝本性：《新郑“郑韩故城”发现一批战国铜兵器》，《文物》1972年第10期。

[16] 在秦都咸阳遗址曾出土带有“北库”铭文的铜构件。参见陕西文管会、博物馆勘察小组（王学理）：《秦都咸阳故城遗址发现的窑址和铜器》，《考古》1974年第1期。五年吕不韦少府戈上有“武库”的刻铭，参见张领：《检选古文物秦汉二器考释》，《山西大学学报》1979年第1期。

[17] 三晋兵器铭刻中见有“左库”、“右库”、“上库”、“下库”等。参见黄盛璋：《论三晋兵器的国别和年代及其相关的问题》，《考古学报》1974年第1期。

[18] 姜城堡墓出土“元用”戈的材料见王光永：《宝鸡市渭滨区姜城堡东周墓》，《考古》1979年第6期；景家庄墓出土“元用”戈材料见刘德桢等：《甘肃灵台景家庄春秋墓》，《考古》1981年第4期；“卜淦□高”戈铭，作“卜淦□高乍铸，永宝用逸宜”，材料见张懋镕、刘栋：《卜淦□高戈考论》，《考古与文物》1990年第1期。

[19]“秦子”戈著录，见于罗振玉：《三代吉金文存》19.53.2；邹安：《周金文存》6.4，器藏广州市博物馆。

[20]“秦子”矛著录于罗振玉：《三代吉金文存》20.40.3，罗振玉：《贞松堂集古遗文》12.27。

[21] 故宫博物院藏“秦子”戈，见中国社会科学院考古研究所：《殷周金文集成》17·11352，中华书局，1984年。澳门珍秦斋藏器见王辉、萧春源：《新见铜器铭文考跋二题》，《考古与文物》2003年第2期。

[22] 吴镇烽：《秦兵新发现》，《容庚先生百年诞辰纪念文集》，广东人民出版社1998年。

[23]“秦子”戈和“秦子”矛，两器铭全同，作“秦子乍（作）造，公族元用，左右币□，用逸宜”。铭文位置，在戈的胡部和矛骹部。王辉先生在其《秦铜器铭文编年集释》一书中，以为“秦子”不是未即位之太子，而是初即位但仍在居丧期间的嗣君。并不是文公之后未即位就病卒的太子静公，更可能是继宪公而立的出子。那么，秦子戈、矛的实际监造者应是擅权的大庶长弗忌、威垒和三父这三个人。

[24] 吴镇烽、尚志儒：《陕西凤翔八旗屯秦国葬发掘简报》，《文物资料丛刊》(3)，文物出版社，1980年。

[25] 大良造鞅矛镦铭：“十六年大良造庶长鞅之雝矛。”引自于省吾：《双剑誃吉金图录》下50，罗振玉：《三代吉金文存》20.60.1

[26] 大良造鞅殳镦铭：“□□□□□造庶长鞅之造雝殳骄□”。引自于省吾：《双剑誃吉金图录》20.21，罗振玉：《贞松堂集古遗文》12.6。

[27] 于省吾：《双剑誃吉金图录》20.21，罗振玉：《贞松堂集古遗文》12.6。

[28] 罗振玉：《三代吉金文存》20.26.2，罗振玉：《贞松堂集古遗文》12.9。

[29] 于省吾：《商周金文录遗》584。

[30] 黄盛璋先生据魏国的“四年咎奴”戈铭考定：咎、高同音，“咎奴”就是

“高奴”。所以高奴是魏纳上郡十五县于秦之后，秦设上郡所铸兵器的写法。而上郡入秦之后也就成为秦铸造兵器的中心。黄文出处引见［10］。

［31］周萼生：《王五年上郡疾残戟考》，《人文杂志》1960年第3期。

［32］李泰棻：《痴庵藏金》前61，梁上椿：《岩窟吉金图录》下58。

［33］罗振玉：《贞松堂集古遗文》中66。

［34］于省吾：《双剑誃古器物图录》上48。

［35］罗振玉：《贞松堂集古遗文续编》下22.2。

［36］周世荣：《湖南楚墓出土古文字丛考》，《湖南考古集刊》第1辑。

［37］此戈据（日）原田淑人《周汉遗宝》载，出自朝鲜平壤附近之乐浪。曾经郭沫若、李学勤、张政烺等先生前后多人考释。郡守“厝”原隶定“厝”，转写作“庙”。陈平先生改定为“厝”，并以为他就是历仕秦之惠文、武、昭三王时的名将司马错。此论可从。

［38］此戈藏故宫博物院，李学勤先生在《战国时代的秦国铜器》一文（刊《文物参考资料》1957年第8期）中最早公布了释文“廿七年，上守趞造。漆工师诸，丞恢，工隶臣積”。“上”当是“上郡”之省，或系漏刻。“趞”即司马错，又写作“遣”。

［39］此戈也藏之于故宫博物院。张政烺、李学勤等先生都有释文。陈平后发表摹本。其铭作：“卌年，上郡守趞□，漆工帀耤，丞秦，工隶臣庚。”文中缺省者的“造”及造者“工”。趞，陈平疑为大将白起之“起”字。

［40］《河北省出土文物选集》图146；李学勤、郑绍宗：《论河北近年出土的战国青铜器》，载《古文字研究》第7期。

［41］同［16］张领文。

［42］李三：《内蒙古准格尔旗出土一件上郡青铜戈》，《文物》1982年第11期。

［43］戈铭见《商周金文录遗》583。在原戈上守名的“冰”字系残文，长期来无法辨认，后由于“二年上郡守冰戈”的出土而破译。黄盛璋先生在《新出秦兵器刻铭新探》一文中根据内蒙乌兰察布盟清水河县贾浪村出土的“三年相邦吕不韦矛”铭作了补释。他指出“秦始皇三年，上郡守位缺，汉有代理之守……四年连假守也没有”，所以断定“三年上郡守冰”戈的时代应在秦始皇之前。我们还从二年和三年戈的形制上看，作中长胡三穿者，其时代约在庄襄王时期。

［44］作铭：《最近长沙出土吕不韦戈的铭文》，《考古》1959年第9期。

［45］同［13］。

［46］同［3］。

［47］同［6］。

［48］广州文管会：《广州东郊罗岗秦墓发掘简报》，《考古》1962年第8期。

［49］同［40］。

［50］十三年少府矛及其铭文均未见报导。原物现藏中国历史博物馆。

［51］华义武等：《介绍一件先秦有铭铜矛》，《文物》1989年第6期。

［52］同［50］。

［53］刘体智：《小校经阁金文拓本》10.71.4。《三代吉金文存》20.33.5。

［54］乌兰察布盟文物工作站：《内蒙古清水河县拐子上古城发现秦兵器》，《文物》1987年第8期。

［55］三年上郡戈铭："三年，上郡［□（守）□（不）□（造）］高（工……）丞申（工）"，参见黄盛璋：《新出秦兵器铭刻新探》，《文物》1988年第6期。

［56］崔璿：《秦汉广衍故城及其附近的墓葬》，《文物》1977年第5期。

［57］罗振玉：《贞松堂集古遗文》12.11；罗振玉：《三代吉金文存》20.32.4。

［58］同［54］。武都县据《汉书·地理志》载，属九原郡（今内蒙古河套地区）。九原郡为秦始皇时设，南同上郡为邻。"武部"矛同"广衍"矛的形制基本相似。虽都是联装戟的矛头，通体宽短，脊两侧有血槽，但地方造的这种矛同中央造的"寺工"矛则有着明显的区别，即它的矛骹稍细而略长。

［59］罗振玉：《三代吉金文存》10.70.4。

［60］陈平：《试论战国型秦兵的年代及有关问题》，《中国考古学研究论集——纪念夏鼐先生考古五十周年》，三秦出版社，1987年。

艺 术 篇

壹 秦俑艺术历史地位的考古学观察

——问题的提出与思考

始皇陵的武士陶俑，以其威严壮阔的阵营场景及栩栩如生的群像著称于世。其形体如真，情态自然。精湛的艺术技巧和独创的表现能力有机结合，从而形成光辉灿然的“秦俑艺术”。

对秦俑这一艺术实体，直观的描述较为容易，切中要害的阐发则难。截至目前，虽然开始有一些美术大家谨慎地发表过几篇文章，但大多是赞美性的文字[1]。因本人没有深厚的美术史素养，故而不敢全面评述，只想就考古学的角度，给大家提供一个评判秦俑艺术的尺度，并想以此来探索一下秦俑艺术的历史地位。

一 秦俑创作意向的推测及其艺术成就的概括

（一）秦俑同时代精神的关系

雕塑艺术是通过塑造形象而反映社会的。秦俑是两千多年前的艺术作品，它当然体现着秦始皇这个一世雄主的意向和愿望。而他本人作为这个国家的最高统治者，其思想行为也必然对社会产生影响。因为任何社会产品都必然地、或多或少地打上时代的烙印，那么，秦俑作为文化产品自然也不例外。

众多的体高等身的陶俑、坐骑、战车，按照军事序列，以陈兵的形式，再现秦军列阵、驻营、拟战、军幕的生活场景，从宏观上正反映了秦国兵强马壮、气吞山河的风貌。首先，战国时代因为兵革不休，致使生产凋敝，百姓涂炭。而秦国在商鞅变法后，国力强盛，凭借着“带甲百余万，车千乘，骑万匹”（《战国策・韩策一》）的军事实力，在统一天下的战争中驰骋纵横，所向披靡。秦俑军阵所呈现的意境，可说是这壮阔时代的艺术缩影。其次，指挥这支军队的最高统帅秦始皇，他的襟怀、气魄和胆识，正是那个时代培育的一种品质。所以要把军队的形象搬入幽冥，这也是前此所无的一种举动。总之，秦俑所反映的是那个时代风貌，而秦军的胜利和秦始皇个人的气质则是秦俑艺术产生的社会基础。我们似乎可以这样说，没有秦军的胜利，没有秦始皇，便不会有秦俑的出现，也不可能有秦俑艺术的产生。

以军队形象从葬陵墓固然是秦始皇的首创，但是以军队为题材塑造战争场面的艺术作品，早在战国时期的青铜器装饰画上已经出现。河南汲县山彪镇的水陆攻战纹铜鉴上面，刻有290余个士兵在水面和陆地上拼杀攻坚的场景。同样的交战图像，在成都百花潭出土的铜壶、故宫藏宴乐铜壶上都有明晰的反映。而传洛阳金村出土的骑士持剑刺虎纹铜镜，表现的则是武士著铠、乘马勇斗的风姿。不过，以上这些材料提供给我们的图像，都是些仅具轮廓的侧面剪影，还不能看出他们的真实形象来。而秦俑群像以鲜明的主题、严密的组织、数量巨大的实体，呈现出宏伟的场面则是旷世未有的。

（二）从整体到个体的艺术表现

始皇陵兵马俑，是迄今为止发现的最有代表性的关于军事场景的实物资料。单从美术角度而言，在宏观上提供给人们的艺术美在于：把群塑形象设计在一个统一的构图中来。在这里，秦俑的布置采用了两个很有特色的手法：一是方块或长方块结构；二是对称结构。

二号坑基本上属前者，它虽属步、骑、车、弩等四个兵种的营地与操练场，构成四个大方块（即Ⅰ—Ⅳ区），但在平面安排上作前后两线布置。即第二线是横向的长方块，构成二号坑的主体部分，属于大本营的所在；第一线则是由334尊立式弩俑，环围着蹲式持弩俑，组成方块状的练兵场地。虽然偏处主体部左上部一隅，是附属，但位处最前，表明是不可或缺而又相当重要的组成部分；处于二线右侧的是由8列计64乘战车组成方方正正的车兵营区。左侧是由108匹俑马组成长方形骑兵单位，仅在前面有6乘为前导，应是以骑兵为主、配备战车的独立营区。而中部则是由19乘车和二百余尊步兵间隔排列的长方形作战单位，由8骑作殿后。

一号坑融和了以上两种布置方法。像前锋呈横向的长方块，车后的步卒是纵向长方块。东端第一行六车前的12名武士俑，排列上基本呈正方块。但主力阵容中的武帻甲卒却是左右对称的。即使战车和步卒有相间关系的，无论从横的或纵的方面也都是相互照应的。这种整齐的构图方式也许反映的是秦屯围军阵的真实情况，但在很大程度上确实呈现了艺术的美感。因为方块构图给予人在视觉上的效果，是整齐、严密，具有无穷的连续性，而对称结构，在轴线关系上延伸、展开，使画面更加整齐，并形成横向或纵向上宽度或深度的变化。

秦俑作为立体空间的造型艺术，是一批大型的写实主义佳作。结合考古观测，我以为以下几个方面是值得注意的：

1. 形体如实，可说是脱胎于秦兵马的模拟品

秦俑身高1.70米（坑Ⅰ T10G：俑33）～1.87米（坑Ⅰ T10K：俑93），基本同当时人体高相当[2]。头颅、体躯、四肢及其细部结构，也基本合乎解剖学比例。陶质的车马通高1.58～1.70米，体长1.90～2.20米[3]，四腿如柱，膘肥体壮，属于重挽型马种是一目了然的。这些武士俑多半虎背熊腰、膀圆腿粗、体形硕大健壮，

大概同魏之“武卒”、齐之“技击”一样，都是些经过秦政府严格挑选和严格训练的“虎挚之士”。

除去秦代的水军之外，步、弩、车、骑等兵种都可以从秦俑阵营中找到他们的形象。车御戴冠（或帻），著臂釬（臂铠）长甲，车士则是戴帻执长兵的武卒；骑兵戴压发的武弁，擐齐腹短甲，提弓；步卒著铠，或戴冠帻。其中著袍弩兵或著甲弩兵，均免胄束发，很可能有远射与近射的不同。将俑著袍襗，擐细甲，戴切云之冠，登勾履，持剑。服制因兵种、因身份的不同而不同，概由其战斗作用而定[4]。

2. 面貌不一，必定也是秦军将卒的英雄群像的缩影

秦武士的塑造，不但再现了各个兵种的实际，而且也成功地塑造了一批年龄、面容不同的官兵形象。但是，秦俑中有很多雷同的形象，并非一些文章中所说的“千人千面”。根据面部模具的统计，大约不到 30 种。可见众多的秦俑就是从这些模型出来再经细部处理的作品。但中级以上的军吏俑，塑造精到，刻画细腻，各具形态，确实是些形神各别的艺术形象。

这众多不同的形象，是否单单能从艺术手法的高超来解释得通呢？“销兵铸鐻以狄人为本”（《史记·秦始皇本纪·索隐》），“横桥建墩以忖留像之”（《水经注·渭水》），看来，在务求实际、“一断于法”的秦国和秦王朝那里，纯粹的、脱离社会生活的艺术是很难存在的。那么，秦俑形象的塑造，特别是那些高级军吏俑，恐怕并非没有依据吧！

雕塑，在古代的诸种造型艺术形式中，塑造人物形象似乎偏重于那些杰出人物的肖像及其活动的。远在旧石器时代的“奥瑞纳文化”中，法国的和奥地利的洞窟里就有圆雕或浮雕的裸女。中国仰韶文化中，也发现过陶塑或石雕人头像。这些显然都是原始人类对自身理想化的一种形态。古代埃及人的圆雕人像几乎都是真人的肖像，如现藏于柏林博物馆的王菲尼菲尔提蒂头像。在两河流域的古文化中，古地亚像、阿树尔那吉尔帕二世像，都再现了公元前 23 世纪到公元前 9 世纪拉格什和亚述统治者的神态。同样，希腊的雕像也有着杰出的成就。如“宙斯像”、“掷铁饼者”、巴特农神庙的群雕等。后起的罗马肖像雕刻更是盛况空前，后来居上。在市街上，公家的雕像就有两个“异常的巨像”，其中一个高达 34 米。还有 22 个大的骑马人像。除此之外，有 87 个镀金像、73 个黄金象牙像、3785 个铜像。至于普通的大理石像，那就更多了[5]。今日在维也纳、斯德哥尔摩，及至奥斯陆街头看到的那些雕像，无一不是有名可指的。由此可见，中外的古代雕像多半是以那个时期的代表人物及其活动展开的。那么，出自同一理念，秦俑坑建造的本身即表明，它是秦军胜利的一座丰碑。它只不过是被搬入地下的纪念品罢了。

我们说秦武士俑官兵形象的塑造出之有据，是指它体现在两个方面：一是立有战功的指挥者，二是秦国各地区的少数民族。截至目前，秦俑坑共出土军吏俑十数件，其面相各不同，年龄有差等，爵秩有高下，表情不一。年老者，面庞清癯，长

须可捋，态度平静，显现出不苟言笑、稳健多谋的老将风姿；壮年者，面阔耳大，天庭饱满，眉宇飞扬，或有髭须，表现了血气方刚、威猛善断的“智将”气质。他们头戴切云冠，穿袭襗战袍，擐小札叶长甲，着跗注蹬勾履，拄剑伫立，昂首挺胸、体魄魁伟，显然是些指挥若定、身经百战的将官。而戴长冠，穿胸式甲衣的佐俑面目清秀，神情恬静，是一位勤于思考，善于谋略的辅佐军官。这些指挥俑塑型精细，敷色明朗，显然出之于塑工中的高手，代表了秦俑艺术的最高水平。他们中，究竟有无秦将中王翦、王贲、蒙骜、蒙武、蒙恬、杨端和、李信、麃公、王齮、羌瘣、内史腾、屠睢、章邯的形象？或者是画工记忆中的某一“模特儿”？当然，这些现在很难考究的推测了。但塑造形象之有所本，似毋庸置疑。

秦统一六国之前，秦国的领土奄有十四郡，包括了陕西、甘肃、宁夏、四川、山西、河南、湖北、湖南和贵州等省的大部分。在这个广袤的地域里，除了生活着占有人口最多华夏族（汉族的前身）之外，还有许多少数民族——“诸戎”，如戎、狄、羌、胡、巴、苴、濮、賨、獽、夷、蜀、徙、冉、駹、僰、邛都、筰都、夜郎、蛮等。按照秦的兵役制规定，男子十七岁“始傅”（到了当兵服役的年龄），少数民族也不应例外。早在周武王伐商时，以西土为根据地，就有庸、蜀、羌、髳、微、卢、彭、濮等8个少数民族参战，在秦、楚之战中，巴蜀也往往出兵十数万，对秦的取胜起着极重要的作用。根据资料，少数部族的装束和性格特征大致是：戎人“更相抄暴，以力为雄”，“性坚刚勇猛”；羌人“被发覆面”；巴、邛都、夜郎或“魋髻”（即“椎髻”，系盘发于顶），或“翦发”；賨人“男子左衽，露发，徒跣”；嶲、昆明“编发”（编发为辫）。……秦军中吸收勇武的少数民族男子是毫无问题的事实，特别是巴人、蜀人和羌人。秦俑多有“椎髻”和“辫发”，是否同此有关？当然，史书上有关少数民族的面相特征记载很少，其发饰、装束都会受到部队生活的约束而改变。但从秦俑相貌看，绝大多数不是南方人的“秀骨清像”，而更多地具备北方人，特别是西北人的特征。阔面、高颧、大耳、方口厚唇、体魄魁伟，犹如今日关陇一带的彪形大汉。特别是今日陕南和四川人的面相，也可以在这里找到他们的影子。那面大额宽、络腮胡须者，腮窄、尖颏、高眉大鼻、少有髭须者，或长脸细目、鬓发多折、一绺长髯者，或立眉虎眼、直鼻大嘴、须稍上翘者，或额低面宽、蹙眉鼠目、短颈压肩者……能说没有少数部族的勇士吗？

秦俑的艺术性在其写实的基础上，有着新的发挥，我以为概括起来有以下几点：

第一，主题表现上，有实有虚，虚实相生，从而收到视觉上的最佳效果。

步、车、骑、弩四个兵种的编列次序属实，而兵力多寡属虚。一号坑的翼、卫部均系面朝外的单行，车后的徒卒数目无定，不合兵法的规定，显然具有很大的象征性。战车、坐骑与武士三者，是模拟的实体，但车兵不坐车、骑兵不乘马、御者执辔随车，都是虚拟。武士握持兵器的姿势多是真的，但弓、弩、戟、铍放置在地上却是不合理的。试想想：固然“兵无常形”，但如果依实际布阵，再多筑几个俑坑亦不能容纳！实中有虚，虚中含实，才在人们眼前呈现一支扑面而来的浩浩荡荡的大军。谁能说它没有达到设计者的主观意图呢？

第二，造型上，具体而微的精雕细琢与概括洗练的深刻，妙在“传神”。

依体造型，力求准确，塑工本身即是标尺。陶俑的形象，刻画细腻，颁部大样准确，五官适度，胡须各别，发丝根根清晰，有如刚刚梳过而挽髻上顶的。铠甲札叶大小、厚薄一定，规格如矩，履底、合鞮的针脚走向如实，而袍摆、裤管却仅具大型，衣纹皱褶也只是寥寥数道阴线。所著战服虽有随体的自然起伏，却不像希腊、罗马雕塑那种肌肤透衣的质感。从整体看，秦武士俑上细下粗，似不相称，但活灵灵的面部却紧紧抓住观者的视线：那硕大粗壮的身躯有如大雁塔般的庄重稳定，就会给人以难于摇撼的稳固之感。

陶马的四腿壮实，仅具关节和蹄脚。虽说是“着笔”不多，但马头雕塑之精，却居全躯之首。加上丰满的臀部，从而勾勒出秦马“探前趹后，蹄间三寻”的良种神态来。

第三，手法上，静中见动，有塑有绘，从而增强了秦军的威严气势和勇武精神。

作陈兵形式的阵营处在静态，就容易笼罩在凝固死寂的沉闷氛围之中。而秦俑雕塑家，却能紧紧抓住关键性的细节给予重复、强调，既破静为动，又不损害整体，反而在无形中突出了更加广阔的艺术境界。如发带翻飞，似有风动之感；眉毛粗壮高起，胡须上翘，不似常人，但作用正如舞台上戏剧人物画眉、挂须一样，使得面部轮廓清晰，五官位置更加明朗，有助于表现表情变化和人物性格的刻画。军吏俑或左手挟剑，两指微屈，或右手紧握左腕拄剑站立，都表现出一定的力度；蹲姿甲俑右臂自然下垂，拳半握，左臂屈肘手微伸，一上一下，十分清晰地表现了内在动感。

兵马俑的色阶多达 15 种之多，敷色各不同。作为个体的服色，同样是通体不一，部位有别[6]。强烈的对比，浓淡相间，使得整个阵营场面虽静穆而又异常热烈。

塑造“体”，色赋“质”。各有侧重，又互为补充。有机配合，相辅相成。因为秦俑的雕塑同绘彩的统一，就使得这些无生命的模拟物一下子充满了生机盎然、呼之即出的活力。

综合上述，可以看出，秦俑无论从个体形象的塑造、群体布置，或是造型表现上，都解决了对象的体积、空间、比例、外形、体量、质感等基本问题，从而生动地表现其风韵神态。所以说，秦俑是一批成功的大型的写实主义雕塑群像。

二　探寻“秦俑艺术”在中国雕塑艺术史上的地位

（一）秦俑出现前的艺术扫描

中国有着悠久的文化传统。各个时期的造型艺术，犹如一根长长的链条，环环相扣。秦俑艺术是一定历史阶段的产物，此前的雕塑成就为它的出现奠定了基础。它的存在，也为此后雕塑艺术的发展铺设了道路。

中国古代的立体雕塑，如果从商代算起，到了秦代，已经有了长达十几个世纪的缓慢发展历程。陶器、铜器的制造，从生活用品到礼乐大器，种类繁多。但人们是以实用为前提，然后才是对形式美的追求。器之有名，如鼎、簋、壶、盘、匜、簠、爵、鬲、尊、彝、豆、觯、缶，瓿、鉴、盉等等，就是定型化、符号化的产物。其次，为了表达一定的意念，人们也就用写实或抽象的多种手法来装饰器表。青铜铸品的母胎来源于精工的雕塑，以动物作为器物的造型，可说是占了空腹式圆雕的大宗。如湖南出土商代的象尊、四羊尊，陕西眉县李村的西周驹尊是很有名的。另外，以艺术的形体作为实用物，紧贴生活，美化生活空间者也是俯拾即是。山西省长治分水岭的战国立人擎盘牺尊，河北省平山中山王墓的虎吞鹿器座、龙凤纠结方案等，不但形象生动，而且艺术手法也从拘谨、装饰意味甚浓的束缚中解脱出来。其间，有春秋时期的莲鹤方壶（故宫藏品），“莲瓣舒展、龙鹤欲动”，仙鹤振翅引吭，风格之新颖，可作为这一转变中的代表。表现立体雕像的作品，在先秦时期已经有很大的发展。如河南洛阳、信阳、辉县，山西长治，河北易县等地出土的铜、铅、银、玉、陶等人物造型，神态自然，富有生活情趣。总之，战国时期雕塑的写实主义作风一扫商周时期饕餮食人之类带有宗教意义的诡秘作风。这种由题材到内容的解放，风格由抽象到写实的转变，为秦俑艺术的出现，起了铺垫的作用。

但是，从商代到战国早期，中国的造型艺术一直没有脱离工艺美术的范畴。小自玉、骨、角、牙、蚌、木等材料制作的璧、璜、圭、璋等礼器、日用器和动物形的装饰，大到各式青铜器的造型和装饰艺术。其技法，无论是丰富多彩的平雕、线雕、浮雕，还是造型复杂的圆雕，或是把雕、琢、刻、划、塑、捏、绘等多种技法熔于一炉的综合艺术手法；在成型上，或烧、或铸、或处理后的自然型，都反映了技巧由简单到复杂，由原始到成熟的发展过程。曾侯乙墓出土六个佩剑武士的钟虡铜人和盘龙底座，装饰着龙、豹、蟠虺的尊和尊盘，形象生动，纹饰复杂，是青铜铸品中采取多种工艺手法的精品。总之，战国时期的立体雕塑，无论是青铜器、金银器、玉石器、陶瓷器、木器、漆器，以及绘画等等，其技法的成熟，当同冶金技术和烧窑技术的进步息息相关。这些也都为此后大型独立的雕塑艺术的出现准备了技术条件。

春秋战国之际，中国社会处在一个大变革的时期。随奴隶制的崩溃，新兴地主阶级登上政治舞台，思想领域里诸子蜂起，形成了一个思想解放的高潮。造型艺术开始从装饰工艺的小圈子里有所突破。水陆攻战、歌舞宴饮、狩猎追捕、采桑种植、楼台建筑等现实生活的题材纷纷涌现，这实际也就是从尊神到重人思想转变的具体反映。

战国时期，在装饰雕塑、绘画、建筑艺术方面取得显著的艺术成就，同时也在艺术实践中积累了丰富的经验。《庄子》里描写了这样一个故事："宋元君将画图，众史皆至，受揖而立，舐笔和墨，在外者半。有一史后至者，儃儃然不趋，受揖不立，因之舍。公使人视之，则解衣般礴，赢。君曰：'可矣，是真画者也。'"（《庄子·田子方》）宋公邀人作画，他迟到不说，还安闲地"受揖不立"，竟然回到馆舍去，解脱衣服裸体箕坐在那里。这种知道动笔前稳定情绪、酝酿情绪的人，才是真正懂得艺术的"画者"。孔子说过"绘事后素"（《论语·八佾》），《周礼·考工记》也载："凡画绘之事，后素功"。先在白底上打稿，然后才正式作画，虽然这只是作画的一般常识，但它毕竟道出了绘画的过程。战国时期新的美学思想，为秦代艺术的产生是一种思想准备。

如果说在艺术创作上，战国时期是个思想解放的时期，到了秦代则是发扬光大的时代。换句话说，如果把先秦时期的写实人物雕塑视作还处于探索和积累经验，并形成"雏形"的话，那么，在秦代出现并有更大的发展，就变为可能。前者时间长，正如"十月怀胎"；后者虽短，却是"一朝分娩"。

（二）与秦俑同期的艺术门类

秦俑艺术并非孤立的现象，虽然它是秦代诸多大型艺术中的幸存者。察看其他造型艺术的成就，对理解秦俑的实际问题也许会有帮助[7]：

1. 建筑艺术

秦地的建筑，凭借着地理条件和自然环境的优越，形成了博大雄伟的历史传统。秦穆公居雍，利用天然良材营建宫观，由余参观后也发出了"使鬼为之，则劳神矣。使人为之，亦苦民矣"的感叹（《史记·秦本纪》）。秦惠文王以来，在咸阳附近建造三百离宫，"取岐雍巨材"（《三辅黄图·序》）。阿房宫和骊山陵墓，则是"发北山石椁，乃写蜀、荆地材皆至"（《史记·秦始皇本纪》）。

首都咸阳随着秦统一战争的胜利展开而不断地扩大其规模。渭水北岸，除了原有的冀阙宫廷、咸阳宫、兰池宫之外，还在"北阪"（咸阳原）上仿造六国的宫室；渭水南岸，则有兴乐宫、宗庙、章台和上林苑。整个城市形成"渭水贯都以象天汉，横桥南渡以法牵牛"（《三辅黄图》）的格局。

秦城市建筑具有巍峨雄壮的博大气魄。咸阳宫"因北陵营殿，端门四达，以则紫宫，象帝居"（《三辅黄图》）。仿造之六国宫室遗址从探测知，其平面布局奇特多变，证实“自雍门以东至泾渭，殿屋复道，周阁相属”（《史记·秦始皇本纪》）的规模是可信的。所建的信宫，有如上帝常居的“天极”（北斗星）一样，另修甬道，使之同甘泉前殿、郦山温泉以及渭水北岸的咸阳宫连成一起。计划中的阿房宫，则建在风景秀丽的上林苑中，“先作前殿阿房，东西五百步，南北五十丈，上可以坐万人。下可以建五丈旗。周驰为阁道，自殿下直抵南山。表南山之巅为阙。为复道，自阿房渡渭，属之咸阳，以象天极阁道绝汉抵营室也”（《史记·秦始皇本纪》）。

高大的建筑，同高超的建筑技术分不开。经发掘的冀阙宫廷建筑遗址（秦都咸阳一号宫殿遗址），是一处高台建筑，四阿顶，周环回廊，上设露台。室内的排水、储藏、取暖、采光、通风，都有周到的安排。凌空飞檐，施以朱绘的各式图案瓦当，巍峨中显示着无比的华丽。秦代的整体建筑同空间安排，在这里都显示出实用和艺术结合的美感。

有秦一代的宫殿建筑极尽富丽堂皇之能事，而土木工程更具气魄。万里长城跨山越谷，蜿蜒起伏，秦始皇陵筑土为山，坟高五十丈，不啻是东方的金字塔。

2. 绘画

正因为秦代的绘画作品没有留传下来，因而咸阳北阪三号建筑遗址上的壁画残块就至为珍贵。装饰性的壁带图案整规，色彩鲜艳，给人以庄严、典雅又华丽纷繁的直观感觉。对于梅、竹、树林、房屋等静物的描写具有写实意义，而“车马出行图”尽管残缺太多，但存留下来的这一部分，就给人以强烈的动感。当看到成组的驷马轩车，一乘接一乘地向同一方一向疾驰，似乎与路边的树木擦肩而过，而前方的空间也给人提供了想象的余地。这种对比性的构图，可以引起人心灵上的共鸣，很自然地想起王子年《拾遗记》上的一段记载。名画工烈裔能“刻白玉为兽，毛发若真；画为龙凤，骞翥若飞”，表明了他代表着秦代雕刻与绘画的最高水平。

建筑装饰画，如凤翔、咸阳、临潼的铜构件、铺地砖、瓦当等，从另一个侧面反映出秦代绘画的成就。瓦当纹样除去各式几何、植物纹饰之外，动物见有鹿、豹、鸟、双獾、昆虫、蜻蜓、青蛙等，布局清新，多变，具有浓厚的生活气息。这些画瓦在当年施朱或涂白垩，整齐地排列檐前，同雕梁画栋、木衣绨绣、土被紫朱的建筑设施相辉映，而又水乳交融地成为一体，使得宫殿楼阙更加富丽堂皇、雄伟壮观。至于室内贴壁的线刻珥蛇的水神骑着驮璧的凤鸟，则具有一定的宗教意义。模印的驰马射猎、宴享宾客、苑囿景色、宫廷侍卫一类画像砖，具有完整的画面，更是宫廷生活的写照。

3. 雕刻

秦代的大型雕刻作品，据文献记载，确实是出乎寻常的大。兰池的鲸鱼长二百丈（《后汉书》注引《三秦记》）。青梧观前的一对石麒麟头高一丈三尺（《西京杂记》）。李冰在玉女房下白沙邮刻三石人，腰刻“水竭至足，盛不没肩”等字，作为衡量江水涨落的“水则”，无疑是艺术化了的巨型雕刻。《三辅黄图》和《水经注》

两书均记载：秦始皇造渭桥时，铸造铁墩太重，于是刻力士孟贲等人的石像，祭之，竟移动了人力不胜的铁墩。这虽然是神话色彩太浓的故事，但也从一个侧面地说明秦代在渭水边立有雕像的史实。

秦代的青铜铸像，莫过于众所周知“销兵铸鐻”了。据说这十二个大铜人是仿照临洮的狄人形象作的，坐高五丈，足迹六尺，重十二万斤（《后汉书·五行志》）。把它们安放在咸阳宫前，金光闪闪，赫然无朋。可惜这些巨型的青铜艺术，历经沧桑而终遭毁灭。但秦始皇陵侧两乘驷马铜车的出土，却给人们提供了精巧华丽的艺术形象。轺车在前，安车随后，车御揽辔安闲。其大小为原物之半，比例合度，形象刻画准确，用彩细腻，真实地反映了宫廷车马制度的实际，是极其珍贵的铜塑艺术作品。

（三）秦俑之后汉代造型艺术盘点

代秦而立的汉朝，时跨四百年，国土更辽阔，但再没有出现过像秦兵马俑那样为数众多的巨型陶塑群像。在汉代的历史背景、社会环境、思想意识影响下，形成的艺术作品，则带上了自己的特点。

仅从秦俑之大、汉俑之小上排比，是容易陷入机械论的死胡同里去的。事实上，汉代的造型艺术有着光辉的成就，这表现在以下几方面：

1．艺术种类增加，从写实趋向夸张

汉代在绘画方面，除了先秦已有的帛画、壁画、漆器装饰画之外，还兴起了画像寓于装饰之中的画像石和画像砖。在立体造型方面，石雕承秦之“大”，但陶塑艺术则向小型化、普及化的方向发展。青铜雕塑虽不及前两者的广泛，但转向对精美的艺术效果的追求，如铜镜花纹的繁缛细腻成为工艺美术中的杰作。丝织品不但织作精良，而且纹饰多姿多彩，远销欧洲，开创了“丝绸之路”的辉煌。

陶俑的制作，在汉代仍然受到高度的重视。帝王陵墓从葬坑出土的陶俑，往往是这一塑绘艺术的代表。多年来，在高祖长陵、惠帝安陵、孝文窦皇后陵、景帝阳陵、武帝茂陵、宣帝杜陵及其陪葬墓的从葬坑里都有大量的俑群及动物俑出土。即使是汉京畿之外诸侯王，都用彩绘陶俑从葬。江苏徐州狮子山、北洞山、河南永城芒砀山等地的俑群，都是一方的杰作。至于全国的中小型汉墓里，以陶俑随葬，比比皆是。

景帝阳陵，是汉陵陵园考古工作做得最多的一个。从葬坑出土的彩绘俑，数量多、形象美、内容丰富，堪称诸帝王陵从葬俑中的佼佼者。神采飞扬，表情愉悦，各具个性，极富人情味。尤其是在制作上，全作裸体，敷色如肌肤，外著葛麻丝绸类衣服、铠甲，木臂膀可以自由活动，是塑绘衣饰俑之外的又一俑式——著衣式木臂彩俑。它们或挎剑、执戟、拥盾，或跨马负箙。不同性别、不同年龄的俑群，装置在车马队列中，浩浩荡荡，更显得威武健壮。而一批罕见的大型陶塑动物俑，如牛的憨态、狗的机灵、猪的蹒跚、羊的温顺……都被艺术家塑造得惟妙惟肖！活灵活现[8]。同样，孝文窦皇后陵从葬坑女侍俑，有站立持物，有跽坐抚琴，有拥物静立，有袖手而坐的多种姿势。其造型准确，形态优美，面目姣好，更具有极佳的写实作风[9]。

同秦代的造型艺术一样，汉代在塑造形象方面具有写实的作风，但更重视提炼概括，并加以夸张。阳陵的骑马女俑中有老妇人形象，其额头扁平，两颧鼓如双球，笑容可掬，同四川的说唱俑简直有异曲同工之妙。另外，画像石上的材官蹶张之士，巨口蓬髭，四肢如椽，虽不成比例，却强调突出力大无穷的神态。马的胸肌突出，成近 90°的大块，如果纵观这变形了的轮廓，并同昂首嘶鸣、长尾飞飘，胸宽腰短的曲线联系起来，视觉上即会留下矫健有力、神彩飞扬的印象。

在群雕的构图布局方面，汉代造型艺术能围绕主题，尽可做到内容同形式的统一。咸阳杨家湾汉墓陶俑群雕，即是个典型的例子。它有步兵俑 1800 个、骑兵俑 500 多个。同秦陵兵马俑一样，都是以阵列形式从葬的，部伍整肃，表明墓主人生前是一位军事指挥家。其他汉墓中画像砖、画像石的构图多取散点透视，平列所表现的对象，虽缺乏空间感，但还是有着明确的目的性与方向性。

汉代雕塑从个体到组合，多强调动势，注重整体效果。霍去病墓前一组石雕富于韵味，如“马踏匈奴像”结构简练明确，动物造型饱满、古拙朴素而浑穆厚重。如果同“为冢象祁连山”、通过战争换取和平这一主题联系起来，就显得博大深沉。

2. 题材广泛，内容丰富

表现现实生活，是汉代艺术创作的主要取向。同秦代一样，那些诡秘奇谲的抽象表现法少见了。题材及其内容都十分广泛，包括日月星象、神话传说、历史故事、人物图像、山川景物等。至于表现社会生活内容的，更是多种多样，像宴饮迎宾、庖厨炊事、乐舞百戏、车骑出行、猎捕弋射、人虎搏斗、战争刑罚、播种收割、采莲撷桑、收租求贷、开矿冶炼、纺绩织布、市井贸易、奔马牧放、荡舟游泳、导引养生、楼阙台阁、珍禽异兽等，可说是无所不取、无所不包。这种反映生活的广泛，同秦代宣扬威德的狭隘有着很大的不同。

3. 技法趋于纯熟，表现能力增强

撇开工艺美术，汉代的造型艺术可分为绘画和雕塑两大系统。因用材的不同，表现技法也有区别。前者以线条和色彩构成画面，描情状物，以现视觉；后者如画像石，是以石为地，画像砖以坯为地，均以刀带笔，用复杂多样的线条构成画面，使力度得以充分的展现。彩画以色见长，红、黄、绿、蓝、黑等原色，加之间色，就出现了丰富的色阶。壁画多墨勾彩绘，帛画有平涂者，但总体用对比设色，从而加强了轻淡浓重的效果。漆画用漆如墨，浓笔堆砌，显得厚重，具有浅浮雕的艺术效果，其明暗关系则别有风味，可同西方的油画相媲美。

汉代立体雕塑技法和表现能力，都是以秦代技法为基石，从而形成自己技法上的特征。首先是轮廓清晰、简练明朗。陶俑虽小，形体只有外轮廓线，很少做细节处理，但姿态优美。茂陵跃马、伏虎、卧牛等石像固然承秦之大，但表现手法一如陶塑，在古拙朴实中充满了力量，静中寓动，略见精神。其次是重在刻画情绪，表现动态。“喇叭俑”虽拱手静立，表情变化却反映出转瞬间的动态。成都天回山说书俑、济南无影山伎乐俑，固然形体比例不合度，但各自特有的动作都由于强调夸张而呈现出生动的形象和热烈场景，给人留下想象的余地。画像石和画像砖的人物表情简略，但通过动态的勾勒表达出了他们的心理状态。再次，精致之作则是把圆雕、浮雕和线雕相结合的表现方法推上一个新的阶段。马踏飞燕、长信宫灯的掌灯女，不但形象优美，而且活灵活现，为秦俑所不及，可说是表现触觉的可视性艺术中的珍品。

4. 汉代艺术的又一特点是地域扩大，与边境各族文化相互促进

在内蒙、辽宁、新疆、云南、贵州以及两广，有匈奴、鲜卑、乌桓、氐、羌、西南夷、百越和西域诸族墓葬和遗址的发现，并出土有大量的自战国到秦汉时期的文物。作为造型艺术，往往是民族的和汉式的共存，反映了彼此交流，相互影响的关系。

按照历史的纵线瞻前顾后，秦俑艺术确实上承战国，下启两汉，形成一个独立的塑绘艺术形式。“秦俑艺术”表达着中国雕塑史上一个完整的艺术概念。它反映了秦代艺术家继承战国艺术家所开辟的创作道路，更加彻底地一扫殷周以来概念化、抽象化的描写，变为具体的合理的刻画，以成熟的现实主义作品登上了艺术顶峰。

秦代是造型艺术的开创时期。以秦俑为代表的雕塑从装饰工艺中独立了出来，并且以写实的手法塑造出秦军气贯长虹的英雄群像，可说是中国历史上最早用雕塑形式纪念功绩的一次成功的尝试。杨家湾西汉墓骑兵俑的出土，即是此风的延续。汉武帝发“骑士四千余人被玄甲兜鍪兵车军队”为霍去病送葬（《史记·卫将军骠骑列传》），为冢象祁连山，雕马踏匈奴石像也是如此。

三　在世界历史雕塑群中看“秦俑艺术”

（一）几个文明古国的雕像艺术概貌

欧洲出现原始艺术的时间最早，约在旧石器时代的晚期（距今约3万年～1万年之间）。西班牙的阿尔塔米拉洞、法国拉斯科洞中的动物壁画，奥地利维伦道夫的石女性裸体雕像，法国多处出土的裸女雕像，大大地开拓了人们的视野。

早在中国秦俑出现之前，约公元前3000年的埃及古王国时期埃及人不但建造了举世闻名的金字塔，而且在法老陵墓和神庙里就有了大型的国王和王后塑像。新王国时期，十八王朝之后还出现了小型的裸体雕像。

从公元前3500年起，今伊拉克境内的两河流域（底格里斯河和幼发拉底河），先后出现过诸多奴隶制国家。苏美尔人在泰尔·阿斯马尔神庙里塑造的“祭祀者群像”、阿卡德人创作的青铜“萨尔贡一世头像”及石碑上的浮雕群像，其技术手法相当地成熟。随后的雕像更是异彩纷呈。古巴比伦时期（公元前1900～前1600年）的“汉谟拉比法典碑”（现藏法国卢浮宫），内容为太阳神授法典给汉谟拉比，庄严神圣。亚述帝国（公元前1000～前612年）的雄伟宫殿与融叙事和装饰为一体的浮雕板（用写实手法表现战争、狩猎、宴会与祭祀），也是极为珍贵的历史资料。新巴比伦王国（公元前612～前539年）建造的“空中花园”被誉为古代“七大奇观”之一。伊斯塔尔门作为巴比伦城毁弃后的遗物，收藏于德国柏林博物馆，由彩砖镶嵌的狮、牛等动物仍以其华丽雄健风格令世人惊叹。地跨欧、亚、非三洲的波斯帝国（公元前538～前330年），王宫建筑、建筑浮雕都呈多文化交融的风格。如上所述，两河流域的建筑与石雕艺术的发生早于秦俑三千多年，虽然也有图案精美的细泥彩陶，但完整的人像陶塑艺术作品则绝无仅有[10]。

波斯王大流士在公元前6世纪初，征服了印度河以北的地区。两百年之后，马其顿的亚历山大率领希腊人进入了印度。公元1世纪，在印度兴起了带有希腊风格的犍陀罗艺术。不过，在南亚次大陆出现的佛教艺术，这是中国东汉以后的事，它远远地落在了秦俑艺术之后。

同埃及和两河流域文明并称的古典文明，当数古希腊文明了。在爱琴海区域形成的文化圈，以克利特岛和迈锡尼为两大中心，再加上季克拉基斯群岛、小亚细亚西北沿海的特洛伊城，共同组成“爱琴文化”（又称“克里特—迈锡尼文化”）。这一时期从公元前3000年左右起，持续到公元前1100年。曾经辉煌灿烂一时的克里特—迈锡尼文明，在希腊本土突然消失了，代之而起的是伯罗奔尼撒半岛及其周围岛屿的希腊古典文化。这一为后世推崇的古希腊文化，经历了荷马时期（公元前12世纪～前8世纪）、古风时期（公元前7世纪～前6世纪）、古典时期（公元前5世纪～前4世纪）和希腊化时期（公元前4世纪末～1世纪）。在“在希腊化时期”发生的秦俑艺术同希腊艺术具有一定的可比性。

（二）秦帝国和希腊的艺术比较

从公元前247年嬴政登上秦王的宝座到公元前206年秦亡这约半个世纪的时间，正当“希腊末期”（或称“希腊化时期”，即公元3世纪至前1世纪）。虽然这时希腊的造型艺术发展已成强弩之末，但它继承了过去的艺术传统，仍在艺术的巅峰放射着耀眼的光辉。即以写实性的雕刻而论，其结构关系符合比例、造型准确、构图独特、技法纯熟，简直无与伦比。对于情感的刻画更是细腻而生动，如《垂死的高卢人》表现了受伤而痛苦的表情；《杀妻后自杀的高卢人》，表现了不甘失败后受屈辱的反抗精神。这两件作品是用入侵小亚细亚地区帕加马的“蛮族”惨败遭遇，而描绘国王阿塔罗斯一世（公元前 241～前 197 年）取得胜利的骄傲之态。艺术家用此手法来表现主题，可谓匠心独运。由此也可以看出“希腊化时期”的雕刻取材的多样化与世俗性。秦俑艺术则用数千计的陶俑、车马，是以正面阵营的形式，来表现国力的强盛。二者在艺术上是存在很大距离的。此外，希腊的陶塑人像，虽然不大，也同样有着极高的艺术成就。被称作“塔那格拉”的少女形象，形态矫健优雅，表涂淡蓝、浅红诸色，更增加了雅致的风韵。

李浴教授指出：“可以看出公元前 5 世纪的希腊雕刻，在彻底克服了‘古风时代’的虚套手法后，达到了最大繁荣与古典现实主义艺术之顶峰。在手法上是极尽纯熟、自由、生动、优美而写实之能事；在其雕像之神态表现上是恬静、庄穆、雍容而高尚的气质；在结构上达到变化、谐和、集中而统一。显然，这种高度概括的艺术手法，气韵生动的艺术效果，是从现实社会与自然中撷取典型、集中典型而又创造典型得来的，以致产生了美术史上真、美、善相结合的不朽范例。总之，公元前 5 世纪的希腊雕刻是以崇高、完整、概括、庄穆并赋有高尚的理想性为其特点的”[11]。

秦俑艺术是表现“静止的力之艺术”，所以就在写实的形体上注入了动态的意识。虽有感情的描写，却无艺术夸张与概括而形成的那种浪漫主义倾向。可以说，刚从工艺雕刻脱离出来并飞速发展起来的秦俑艺术，大体上比较接近于公元前 5 世纪希腊那种“恬静、庄穆、雍容而高尚”的古典写实主义。秦蹲姿射俑（图Ⅰ-10：7）同希腊《射击着的弓箭手》立体圆雕（见爱吉那岛《阿法亚神庙》“破风”上的装饰，雕刻于公元前 480 年，现存慕尼黑，高 79 厘米）（图Ⅰ-10：9）比较，前者持弓待命，后者张弓引满，同一题材，一静一动，趣味不同。公元前 5 世纪的希腊群雕典型者，还有奥林匹克的宙斯神庙（公元前 460～前 450 年）和雅典的巴特农神庙的装饰雕刻。后者柱廊内的浮雕带长 160 米，高 1 米。就在这一空间雕出动态人物 490 多个，马 100 余匹。至于描写战争场面的雕刻，有《莱比特人与桑托之战》（在宙斯神庙的西“破风”上，系阿尔卡美奈斯之作品）、《希腊与亚马孙之战》（南希腊巴赛地方的阿波罗神庙装饰带，系斯柯巴的作品）、《格拉奈可斯河之战役雕像》（由 25 个等身的青铜骑士像所组成，系列西普斯的作品，可惜已毁）等，件件生动逼真，都表现出异常激荡的场面，这同秦俑阵营、汉俑骑阵的静态气氛完全两样。

由于中西方的审美不同，在表现方法上也有差异。

希腊艺术家把运动员作为典型的男性美，融入美术作品中去。像作为比赛奖品的双耳陶罐上面，有赛跑的裸体图像，纤细的蜂腰，肥大的臀部，倒三角形的胸，修长发达的四肢，反映了希腊人的审美。而在中国，男性则是以“虎背熊腰”为美，秦俑腰直胸圆肚微突，躯体如塔，同西方武士雕像那种肌肉突起的勇武气质显然有别。其他如秦俑的发丝和胡须，线条刻画具体而逼真，而希腊、罗马则以绺条、以团块来表现。如柏拉图、亚里士多德、安丁诺阿、伊壁鸠鲁等雕像，都是通过这一手法表现发须卷曲的效果。

通过希腊雕塑同秦俑艺术的比较，从雕塑发展史着眼，可以看出，他们都遵循着艺术发展的一般规律，都是古典的写实主义作品。不过，希腊雕塑已经有了浪漫主义的表现，秦代雕塑还处在中国早期的写实主义阶段。中国雕塑到了汉代艺术中，才有了动态和夸张的明确变化，可惜的是在以后的历史中始终没有发展为主流。其次，中西的艺术风格完全不同，并非有高下的区别，它们是不同的艺术体系。希腊雕塑和秦俑艺术作为两颗艺术明珠，早在两千多年前就东西辉映，都是人类文化的优秀遗产。

（三）艺术成就差异的原因

秦俑艺术与希腊同一历史时期，或同一艺术阶段的雕塑作品比较，尽管是同一题材（军队）、同一性质（纪念性群体）、同一表现形式（雕塑、设色），但艺术风格却是不同的。其原因，不能不说是同各自那个时代有关。换言之，也就是不能不受各自的政治、经济、环境、宗教意识以及艺术工作者的文化素养等等的制约，而这些当然地会在各自的艺术作品中留下深深的烙印。

1. 爱琴海区域（包括希腊半岛、爱琴海诸岛和小亚半岛西部沿岸）海陆交错，山峦重叠。岛上没有大的平原，而大理石、陶土和多种矿物的存在为建筑、制陶和冶金提供了丰富的原料。这里地处亚欧大陆，气候温暖，海岸曲折，良港较多，海上交通十分方便，很早就同东方发生了商业和文化往来。这些天然条件同东方那种在大河流域形成发达的农业社会的情况极不相同。

数以百计的希腊城邦国家，特别是那些工商经济发达的城邦，凭借着发展工商业和航海业的有利条件，经济繁荣、文化发达。远在金石并用时代（公元前2600～前2000年），就出现了青铜和黄金饰品、铅质裸体女像。青铜时代中期（约公元前2100～前1400年）的“克利特文化”，已是早期的奴隶制国家。米诺斯王宫建筑群作为神话中的“迷宫”而得到考古证明，一件高三米的彩色浮雕像的比例结构异常准确。其壁画写实、浮雕传神和工艺的精美，已具很高的水平。“迈西尼文化”已进入铁器时代，它属于希腊“太古时代”的晚期（约公元前1600～前1125年），其石筑卫城、宫殿和穹隆形大墓可说是当时建筑水平的代表。绘画和雕刻也都有着高度的写实技巧。随后，希腊的艺术经过“荷马时代”、“古风时代”到“古典时代”而登上了艺术的高峰。希腊这种发展起来的艺术传统，使写实作风臻于完善并富有浪漫主义的色彩。

而在中国早期的农业社会里，由于自然条件的原因，人们的审美观似乎是在奇丽的木构建筑、器物造型和其他工艺品上，才得到了充分的发挥。这同希腊完全不同。

2. 希腊造型艺术迅速发展和成熟的社会根源，大体同阶级关系、宗教意识和健美活动有关。

在希腊的奴隶制社会中，希腊半岛上最强大的城邦是斯巴达和雅典。经过一系列改革，雅典确立了奴隶主的民主政治，成为一个奴隶制共和国。公元前5世纪，伯里克利当政，自由民阶层的工商业奴隶主、小农和手工业者，不受出身门第与财产的限制，都有参加政治的机会，这就使希腊文化具有极为显著的民主色彩。“民主主义”、“人本主义”、“反对神权和专制”，是贯注于希腊文化的主导思想。

由于希腊三面环海，岛屿星罗棋布，壮丽多变的海景奇观，往往又带给古人以无穷无尽的幻想。正如中国燕、齐的近海地区，因海市蜃楼而盛传三神山一样，多神崇拜就成了希腊人宗教思想的一大特点。而宗教和神话，又是希腊艺术产生的土壤。正如马克思指出的：“希腊艺术的前提是希腊神话，也就是通过人民的幻想，用一种不自觉的艺术方式加工过的自然和社会形式本身。这是希腊艺术的素材。”[12]宙斯（诸神的首领）、希拉女神（宙斯之后）、波西顿（管理冥界之神）、雅典娜女神（智慧之神）等名字早在“迈锡尼时期”的文献中已经出现。而宙斯神的儿女们也都是管理一方的神灵，如赫费斯托（火神和锻冶之神）、阿美罗提（美神和恋爱之神）、阿雷斯（战争之神）、雅典娜之神（智慧女神，后为雅典城邦的保护神）、赫拉克列斯（大力士）等。这些神都具有人的性格，是些最完美、最健全、富有智慧和力量而又长生不死的“超人”。另一方面，人也可以具有神的品质。正因为受着“神、人同形同性论”观点的支配，才使希腊人塑造神的精神面貌时肯定现实生活着的人。所以希腊的神像雕刻同人像雕刻一样，生机勃发，充满力量。

古代希腊异常重视体育运动，认为强健的体魄是国家和民族的骄傲。自公元前776年起，每年举行一次奥林匹克竞赛。运动员都是裸体的，对优胜者还雕刻肖像并安放在神庙里。健美活动，推动了艺术家的雕塑活动。而在雕塑中，艺术家又寄托着对于真、善、美典型的追求。

中国幅员辽阔，神话多产生在早期人类聚居的黄河流域，而且多同农牧业的生产、生活有关。《山海经》是保存神话资料最多的著作，其中鬼神变异传闻想象不一而足。但经、图的缺失，使人不能睹其原貌。而以后又在儒家思想的支配下，或曲解为史，造成神话散亡，始终没有像希腊和印度那样集中化、典型化，也没有成为群体共同的精神支柱，当然在艺术创作上就无所表现。即使早期体现统治者思想的宗教意识，在艺术品上也只能是图案化了的东西，如饕餮食人之类。而造型艺术，越过工艺美术阶段大约经过了长达十六七个世纪的时间。这种缓慢的历程，正同用铁的历史一样，希腊处在奴隶社会早期时已普遍用铁作工具，而在中国还只是封建社会的事情。此种历史现象，当然不足以说明社会发展快慢的不同，只不过因国情有异。艺术的发展，同样也表现出这种不平衡性。

3. 艺术创作是一种特殊的脑力和体力劳动，水平的高下同整个社会紧密相关，也同艺术工作者的社会地位、身份、处境、心情息息相关。

希腊的雕塑艺术家，具有自由民的身份，行动自由，可以到任何一个城市去从事艺术活动。因为他们掌握着专门的技艺，往往被邀请去作纪念碑式的雕像。因此，他们的工作条件也比较优裕。公元前5世纪的雅典，就有很多雕刻家的私人工作室。因而他们在自己作品上，就比较容易表现出个人的风格来。这时的一些不朽之作，大多出自三位艺术大师及其门徒之手。米隆是以善刻运动员的美而著称，《掷铁饼者》即是其代表作；菲底亚斯是神像雕刻的老手，在他监督下由弟子们完成的雅典巴特农神庙雕刻，气魄雄伟、手法成熟、动人心弦；坡里克利特的青铜雕像，则把伯罗奔尼撒派传统发展到更高的水平。公元前4世纪的雕刻作品则是以普拉克西特莱斯、史柯巴斯和列西普斯三位伟大雕刻家为代表的。

希腊古典时期的雕刻及其代表作品，不但载之史乘，而且也各有自己著作传世。象坡里克利特《法规》一书，从理论上总结了人体各部分比例、对称所构成的美。这同他的艺术作品一样，都是享有历史盛名的。

和希腊不同，中国古代的艺术家只不过是些有技艺的工匠而已。他们的手艺，是靠口传心授而来。商周时期，他们是奴隶。秦代的工匠按技术高下虽然也受到一定的优待，如“工匠善教之”，“隶臣有巧可以为工者，勿以为人仆、养”（《睡虎地秦墓竹简·工律》），但他们被官府严格控制，没有迁徙自由，而且是在严刑峻法和繁重的劳动下从事“艺术劳动”的。秦俑艺术的创作者没有留下自己的真实姓名，即使有也是同籍贯相连，如“咸阳午”、“咸令”、“脾”、“得”等印记，还很难知其为“塑工”还是“窑工”？而这又不是出于对他们劳动的尊重，而是“物勒工名，以考其诚”式的责任追究。

四　冷静的思索：秦俑陶塑的缺陷及其原因

（一）秦俑造型的缺陷

秦俑作为大型的群体塑绘艺术，无可讳言，还存在着不少的缺陷。难怪有些人说它的“风格基调是沉郁、压抑和悲凉的”。即以造型而论，也是优劣参差的。当我们以认真严肃的态度研究秦俑艺术时，客观指出它的不足，远胜于浮光掠影的称颂，仅从“面子”考虑，更属无益。

有相当数量的秦俑，在造型上存在缺陷，这主要有以下几端：

（1）结构松懈，不合人体比例关系：有臂短及腰者，有短颈压肩者，有窄胸猿臂者，也有手大特甚者……

（2）动作异常，不明其用意：有左手环握而拳眼外翻或向上者，有半握拳而四指如矩者，也有曲肘环握如按者。这些均不是握持兵器的正常姿势。

（3）形象欠准确，不乏概念化的作品：相貌雷同，有如父子或孪生弟兄。据展出的六百多件陶俑看，就有五六十个不同个体都可找到不止两件重复的形象；有些武士俑的形象相当丑陋，几近于猥琐。有件车御的身躯如柴，四肢僵直，嘴歪眼斜，同其重要的身份极不相称。有相当一些俑的双眼与耳轮的连线并不在一个平面上……这些当然不是窑烧或修复所造成的变形。

(4) 表情游移，同军阵主题不协调，正如有些研究者指出的，有些陶俑表情神不守舍、游移不定，还有不少带着几分"轻愁"、"隐忧"、"讥诮"、"憨笑"等。这种复杂多样的表情，都与阵列要求及勇武精神相矛盾。

正因有以上的艺术缺陷或"败笔"之作，从大型的群雕考虑，这些缺陷所造成的不协调状态，势必损害、甚至破坏了整体的呼应关系。

（二）产生缺陷的根本原因

秦俑作为一种历史时期的艺术而受到重视，是理所当然的。若当我们研讨其创作过程时，就感到它之所以产生这样或那样的一些缺陷，也是在一定的历史环境中形成的。原因大致不外乎以下三点：

第一，秦俑从工艺美术的范畴中走出来，固然是无数不知名的艺术劳动者适应时代需要而作的贡献，但这时的文人艺术并未形成，使秦俑塑造在很大程度上还停留在民间艺术的基础上。

艺术产生于劳动实践。原始人类的艺术兴起，主要集中在对物质产品进行美的加工上面（如陶器的形态和图案）。进入阶级社会后，从事艺术劳动的下层人民，除去美化生活之外，更多的是适应统治者"制器"的需要而作装饰。秦汉已有了独立的艺术形式，经过数百年的发展，三国以后才出现了专业画家。由此可以看到：秦代还是处在一个新的艺术形式——陶塑开创的阶段。同时，又是专业画家产生的前夜。也正因为如此，殷周以来鄙视艺术劳动的史、太史及士大夫们，不可能去总结劳动人民的经验，也不会上升到理论的高度来指导艺术。固然先秦的美学思想或多或少地影响到艺术创作，但美学并不等于美术。秦代的雕塑工匠们还只能根据祖传的经验、自己的观察和体验来从事劳动。因此，清新、质朴、充满生气者有之，拙劣、落俗者亦有之。

第二，艺术创作本来是一种高级的复杂的形象思维活动，而秦俑的塑造却是大量的范模分作、组合安装的手工劳动，把人体当作由零部件组装的物件。如果未经艺术性的处理，必然会有各部分规格不配套的应付之作。

第三，在秦代严刑峻法和恶劣的劳动条件下，工匠的艺术劳动带有很大的被动性，他们的积极性必然受到很大的压抑。

秦俑坑建自秦统一前后，在这里从事艺术劳动的人，除去秦国固有的技术人才之外，绝大部分都是以徭役的形式征发自旧日六国的工匠。因为工程量大，除去"工师"（手工业中工匠的师傅）领导"工"（工匠）外，还把有技艺的"工隶臣"也编入。于是，在这些成分复杂的人群中，有相当一些人心怀国破家亡之恨，身受鞭笞役使之苦，因而把陶塑、烧造秦俑只当作一种苦役来完成。但是法律又不允许工匠懈怠，因此，这些民间艺术家也就很自然地把个人情绪诉诸艺术产品中去。于是，出现形似而神不足的作品，就成了很自然的事了。

当然，秦俑的劣质的、或者说是不成功的作品，毕竟还只是一部分，它同爱琴海里有希腊、罗马时期的艺术废品情况不也相似吗？瑕不掩瑜，成功的秦俑塑像毕竟还是多数，雷同的艺术形象还只局限于一般的士兵俑。严谨写实的作品，特别是各级军吏俑（将、佐等）形象逼真、个性鲜明，完全是可以作为一代艺术之尊的。

抓总体，看艺术效果；抓典型，看艺术水平。这，也应是我们评价秦俑艺术发展高度的认识根据。

五　比较后的总结：秦俑艺术之美

秦俑以其真、大、多、神四个直观印象，构成“秦俑艺术”。它异军突起，又以写实的面目开创了秦汉立体艺术的新篇章，以早期东方艺术的形象继承发展并形成了中国的雕塑艺术体系，因而无论是在中国或世界的雕塑发展史上，都具有重要的地位和意义。

秦俑艺术固然是雕塑艺术发展到一定历史阶段的产物，但它同任何好的民族艺术一样，从效果和意义上说，确实是超越时空的。

秦俑艺术的内在美，是通过外在之美而呈现出来的。除了个体塑造之外，“秦俑艺术”作为一个整体的概念，可归纳为“三美”：

第一，构图美。

四坑一组构成一个有机的整体。坑位以坐西面东而论，是右一左三。东西两端坑的外沿平齐，平面上呈大方块。其中包罗了长方形（坑Ⅰ、坑Ⅳ）、矩形（坑Ⅱ）、“凹”字形（坑Ⅲ）。大小不等，穿插有致，既打破了均衡对称的布局，又有着均衡整齐的安排。俑坑成排的过洞，固然是受古代建筑水平的局限（当时还不能构筑大跨度的框架式或拱式屋顶），但这既有宽度又有进深的坑道建筑，四路纵队武士俑密集的排列方法，大大增加了它横向或纵向的延展性。俯视全坑，给人以“不尽长江滚滚来”的动感和强大的压力。若置身俑群之中，环视周围，则有“人在画中”的感觉。因此，傅天仇教授称做“平中幻变”的构图和“交响乐式的雕塑”，是很有道理的。

第二，气势美。

秦俑军阵是以俑、马、车的大和多而形成一个威严磅礴的气势。“大”，不但是俑、马同真实几乎等大，而且俑坑所占空间也大；“多”则指数量之众。尽管俑坑的设置带有很大的象征性，兵力部署也不尽真实，但在秦始皇贪“大”意识的支配下，建造秦俑坑表现庞大的军事场景，无论在当时或是今日，都能让人感受到一种气贯长虹的力量。

头戴冠帻，身穿战袍又擐甲的队队士兵，簇拥着骙骙的驷马战车，伴随着被坚执锐、坐乘骏良駃騠的骑兵，挟弓带剑，干戈耀眼，尽管它属于陶制的“象生”，但人们面对这列队待令、威严整肃的场景，震撼之感油然而生，其生命力、气势宛然在目。

第三，整体美。

高大的始皇陵冢，原是“树树以象山”的。南傍骊山，北环渭川，气象博大。规整的长方形陵园，占地三千余亩。位于冢北的寝殿、食官建筑，参差错落。四面的阙楼、角楼当年一定是巍然耸峙的。据《史记·秦始皇本纪》载，始皇陵墓内：“宫观百官奇器珍怪徙藏满之。令匠作机弩矢，有所穿近者辄射之。以水银为百川江河大海，机相灌输。上具天文，下具地理。以人鱼膏为烛，度不灭者久之”。在陵区除去大型的兵马俑坑之外，马厩坑、铜车马、祭祀坑、珍禽异兽坑、甲库坑、百戏俑坑陆续面世。这些从葬坑不但内容丰富，各不相同，而且排列有序。足见始皇陵及其陵园建筑、葬仪设施都是依原先的蓝图施工，具有一种整体规划之美[13]。

秦陵兵马俑从葬坑自成单元，是陵墓建筑中的组成部分。而众多俑坑又是以墓为依托，墓也因坑而增辉。有主有从，形成整体。

秦俑艺术的形成，完全植根于华夏族在黄河流域这块肥沃的土壤之中。它虽然没有受西方艺术的影响，但同希腊的雕塑一样，都属于古典的写实主义作品。它同其后汉代造型艺术，是前后两个紧密相连的艺术高峰。它不但在中国，而且在世界艺术发展史上都是光辉的历史篇章。

注 释

[1] 秦兵马俑发现不久，美术评论家王朝闻参观后写了一篇文章，以化名发表。文见闻枚言等：《秦俑艺术》，《文物》1975年第11期。随后，有王子云、王朝闻、叶浅予、刘开渠、张汀、吴作人等12位名画家、美术史专家以笔谈的形式发表观感，盛赞有加。载入秦始皇兵马俑博物馆、秦俑考古队等：《中国历代雕塑——秦始皇陵俑塑群》，陕西人民出版社，1983年。虽然后来也有一些谈秦俑艺术的文章，多是些非专业人士的门外之谈。

[2] 陕西省考古研究院于2003年初在秦俑博物馆东500米的山任村一处秦代陶窑遗址上，发现了一个乱葬郦山徒的大坑，其中堆积人骨一百多具。考古人选取了121个成年个体（年龄范围在15～45岁之间）做人骨鉴定，平均身高在166.3～171.6厘米。材料见陕西省考古研究院等：《秦始皇帝陵园考古报告2001～2003》，文物出版社，2007年。

从对比中可以看出，秦俑体高同山任村窑址秦人身高接近，但又普遍显高。这有两个因素要考虑：一是身份不同，要求有别。郦山徒是服役的社会人，为国家尽责，人人有份，而秦俑是士兵形象，有一定的标准。二是与塑造武士俑突出兵强马壮的指导思想有关。

[3] 陕西省考古研究所等：《秦始皇陵兵马俑坑一号坑发掘报告》（1974～1984），文物出版社，1988年。

[4] 参见本书《秦俑军服考》。

[5]（德）米海里司著，郭沫若译：《美术考古一世纪》，上海书店，1998年。此处所引见第一章。

[6] 参见本书《秦侍卫甲俑的服饰与绘彩》。

[7] 王学理：《咸阳帝都记》，三秦出版社，1999年。

[8] 王学理：《阳陵汉俑——陶塑美的旋律》，参见《中国汉阳陵彩俑》，陕西旅游出版社，1992年；陕西省考古研究所汉陵考古队（王学理）：《汉景帝阳陵南区从葬坑发掘第一号简报》，《文物》1992年第4期。

[9] 王学理等：《西安任家坡汉陵从葬坑的发掘》，《考古》1976年第2期。

[10]（英）塞顿·劳埃德著，杨建华译：《美索不达米亚考古》，文物出版社，1990年。

[11] 李浴：《西方美术史纲》，辽宁美术出版社，1980年。

[12] 马克思：《导言》（摘自1857～1858年经济学本稿），《马克思恩格斯全集》第12卷。

[13] 王学理：《秦始皇陵研究》，上海人民出版社，1994年。

贰 秦韵汉风 一脉相承

——论秦俑艺术的去向

20 世纪 70 年代初，秦俑以其异乎寻常的姿态破土而出。

1990 年，在汉景帝阳陵陵园又惊现裸体的木臂著衣彩俑群。

秦汉陶俑的报道，引起社会各界人士的关注，激起艺术史家及更多的研究者的深深地思考：试图揭秘二者之间的关系，并判定它们在中国以及世界雕塑史上的位置。

作为秦俑和汉俑考古的参与者和主持者，在前一篇《秦俑艺术历史地位的考古学观察》中，试图在中外雕塑史上找到“秦俑艺术”的历史坐标，现就“秦俑艺术”与“汉俑艺术”有无继承关系的问题，略陈管见。

一 始皇秦俑同阳陵汉俑的比较

不言而喻，始皇秦俑同阳陵汉俑都属于埋在帝王陵墓外周的从葬之物。虽然这些不同于供亡灵食用的“牺牲”，也不尽是些守卫京师的禁卫军，却是同帝王生前生活内容有关的那一部分。比较而言，二者是有“同”有“异”的。

（一）由同看“异”

1. 秦大汉小不同形

秦俑坑中的军吏与士兵模拟形体，颀大无朋，有些同人等身，高可 1.75、1.86、1.9 米，有些则是异乎常人的“巨人”——高 2 米，甚或 2 米以上。陶马无论是乘马或是车马，都同真马一般高大。而陵园马厩从葬坑的跽坐俑坐高只有 66～72 厘米，显然是些缩小了比例的模拟之物。

阳陵从葬坑的立姿汉俑一般高 62 厘米左右，骑马俑略高。而遗址中出土者还有小于立俑的“娃娃俑”。一般地说，女俑低于男俑，属于通例。

2. 内容不一，各有侧重

秦俑所见多为将卒形象，秦俑三坑中包括除当时水军之外的所有的兵种——步、弩、车、骑。马厩坑里出土的跽坐俑是些仆役的形象——圉人、圉师，动物俑只见有原大陶马和仅及原大之半的铜马。

阳陵汉俑就目前所见，除去大量穿袍擐甲的著衣式武士俑之外，数以百计的披甲骑马女俑已列队而出，使人耳目一新。遗址里出土的陶俑更是林林总总，不一而足。既有端庄娟美、裙裾曳地的跽坐女俑，还有双手拥物、长袍蔽膝的女立俑及抚琴、持物的各式女俑，也有裸体著服的各式男俑。马、牛、羊、狗、鸡等家禽及熊、驼（?）等珍稀动物的造型，也是过去所不多见的。阳陵东区陪葬墓的男女俑，与从葬坑的俑式完全不同，全系塑绘衣饰彩俑。帝陵周围御府坑里，除了大量的动物俑外，还出土有宦者俑及裸体女俑。

秦俑坑显示的是军事生活的部分内容，显得单调。汉俑坑表现的是宫廷生活的一个侧面，丰富多彩。

3. 表现方法不同，各有千秋

秦俑及其衣饰，系一次性塑出，是不可分离的整体。头手同体躯分制，烧成后插入。俑姿多作立式，只有少数作单腿跪姿和分腿的弓箭步。车兵不乘车，骑兵不骑马，是秦俑装置上的一大特点。

阳陵的裸体陶俑其头脚与体躯固然是一次成型，但木制的胳膊却是通过转轴组装在双肩上的。束发的丝绸类“陌额”、漆纚武弁、长袍、铠甲等，则是另外制作而穿在身上的。

处于静态的秦俑，动作单一，表情严肃，愈显得呆滞而气氛沉闷。阳陵汉俑，如是裸体，则显出人体的线条美。其坐、立、行、骑一类动作，衣物飘逸、臂膀活动，再加上面型各别、表情不一，极富于艺术感染力，从而大大缩短了他们同参观者的距离。同时，阳陵汉俑既区别于杨家湾汉墓俑塑绘衣甲和马鞍，又区别于秦俑雕塑衣饰的表现方法，从而为研究陶俑造型提供了一种全新的俑式。

4. 赋彩有简繁，技法显巧拙

秦俑和阳陵汉俑彩绘用色都属于矿物质颜料，前者的色别有红、绿、蓝、黄、紫、褐、白、黑等八种，因深浅浓淡的不同而显现的色阶可达十三种之多。[1]

秦俑塑型后，表涂细泥，经过压光，使俑体密实。烧好的陶俑表层涂两层明胶作底[2]，再敷白色，最后平涂或绘画所需颜色。如此一来，胶粘层和颜料层就变得厚实，竟超过了 0.5 毫米，因而容易发生基底结合部起翘、颜料剥落的现象。当这些陶俑出土时，颜色几乎消失殆尽，遗留下斑驳陆离的一星半点，也往往使文物保护者犯难。

阳陵汉俑的颜料种类则以接近人体肤色的橙红为主，其次有朱红、黑褐、黄、白等色。俑体表面与同颜色间有机胶结层，涂刷得稀薄，颜料层也相应显得薄而均匀，因而俑表层光滑油亮，保存情况较佳。

5. 布局有别，各见精神

秦俑坑再现秦的军事生活场景，涵盖的内容是典型的。它以矩阵的形式（一号坑）再现了出战前的队列布置，以驻营的形式（二号坑）表现便于多兵种协同作战而宿营的原则及营练的关系，以横队的形式（四号坑）虚拟野战场面，还以“幕”的形式（三号坑）显示指挥机关运筹帷幄的功能。这些不难使我们从中窥见秦国当年军事组织和队伍部署的一斑，而且也给我们提供了研究战国时期军事理论及其实践的重要资料。

阳陵从葬坑分区分组布置，以陵城为界限，分内外两层。外层的从葬坑有南区和西区两组，包括大小不等、内容各别的单体坑 48 个。其中最短的 25 米，最长的 291 米，竟比秦俑一号坑坑体长出 81 米。从南区已发掘的部分小坑知，它起码包括了仓、库、府、骑、车队、屏障等一些活动场景在内。至于伴出的文物就不限于兵器了，诸如农工工具、生活用具、车马器、度量衡、佩饰、印章、“半两”铜钱及石条等，应有尽有；内层的御府从葬坑，分布在陵墓四周，如景帝陵探测出 86 个坑，王皇后陵有 39 个坑，“栗姬冢”有 75 个坑。

秦俑坑表现的是兵强马壮的气势，阳陵从葬坑表现的则是丰富的皇室生活。可说是秦韵汉风，各见精神。

（二）由异看“同”

始皇陵和景帝陵两处从葬坑的内容不同，陶俑也大相径庭，但反映阳间生活的这一属性却是一致的；而且从陶塑的群体造型艺术看，有如套合的环，前后相连，组成一条长链。

1. 从艺术风格言，都是一批写实主义的群体塑绘作品

所谓“写实主义”，又称“现实主义”（realism）实际是关于文学创作的一个术语。因为它本是 18 世纪来在西方兴起的文艺思潮，同古典主义（classicism）和浪漫主义（romanticism）相对立。作为一种创作方法，它要求描摹事物时必须按照生活中本来的样子。所以对神话、宗教和寓言一类题材，是绝对排斥的。因而现实生活和自然景物，则成了文学中表现的主要内容。在这里，艺术创作中的“写实主义”不过是借用文学的名词而已。

如果从艺术风格看，始皇陵秦俑和阳陵汉俑，确实是符合“写实主义”的原则。秦俑坑中的军事编列、服饰器用、兵器装备、车马驾服等，无一不是模拟真实而来。像军吏俑，在几千件陶俑中虽占极少数，除去下级军吏俑外，较高一级的都是人各一面，绝无雷同的。其他如发型，固然只有辫髻和椎髻两种，但军吏俑无一例外地梳辫髻，轻装步兵俑（袍俑）全留椎髻，而重装步兵俑（甲俑）的发型是二者兼有，但以辫髻为最多。这种不同既是军职身份和爵秩高下的真实表示，而士兵俑免冑束发或具简便的弁帻也正是秦兵勇武的表现，是“跿跔、科头，贯颐奋戟”（《史记·范雎列传》）的真实写照。

阳陵汉俑作裸体，更能显现出人体艺术的真实。尽管其高度只有真人的三分之一，但各部比例合度，窍孔无一不备（耳、鼻、肚脐、肛门），肌肉和骨骼也颇具质

感。像男俑中不乏胸肌发达，臀部敦厚，腿肚突出，锁骨暴起，胸腔宽阔，腹肌丰润者，确具男子汉的阳刚之气。女俑因年龄关系、骨相的不同，也足以显示出阴柔之美来。陶俑装配上木质胳臂，穿纨绨之衣，或袍外擐甲，更是作俑求真的有力说明。

作为写实主义的雕塑艺术品，同大的模拟，属于写实，而超等或缩小比例者亦不脱此。关键在于它是否忠实地刻画和表现了对象。

2. 形神兼备，刻画细腻

秦俑与阳陵汉俑之间一个显著的共同点，就是两代的艺术匠师们善于把不同身份和性别的人物，从年龄、面容到体质上加以区分。作为典型，则着力刻画他们的外在形体和性格特征，揭示其精神面貌，从而塑造出一大批典型的艺术群像来。

对秦俑将卒的刻画是成功的，这表现在：第一，不同的人物形象具有典型性；第二，神态多样，塑绘细腻；第三，表情丰富，揭示了性格的特征。比如高级军吏俑除了戴切云冠、著重袍、穿细叶甲外，或抬头挺胸，站立如钟，或垂手凝视，或交臂腹前按剑，都有着一种威严不凡的气概和指挥若定的大将风度。二号坑出土的“老将”俑，面庞瘦削，一髯长须，神情安然，显然是久经沙场、富有经验的指挥者。教射场上的一位壮年军吏俑，面庞方正，额上虽已爬过几道皱纹，但目光有神，肌肉壮实，显得气宇轩昂。士兵俑有老有少，神情或严肃，或天真，或沉静，或喜形于色，但个个都是赳赳武夫。

阳陵汉俑整体气氛似乎要宽松与活跃一些。西汉前期，在安定的社会环境里，艺术家的创造才能得到了进一步的发挥，取得了较高的成就。以男性卫士俑的刻画为例，我们看到或面庞丰盈、唇含渥丹、双目凝视、沉静怡然；或颧骨突兀、眉脊隆起、棱角分明、神情冷峻；或尖嘴猴腮、腮肉紧绷、双眉紧锁……而那骑马披甲、带剑的女俑，脑后梳盘髻，又别具一番情趣。至于墓道出土裸体的垂髻女俑、遗址中出土的各式雕衣女俑，多姿多态，同样也达到了出神入化的地步。

秦汉时代的艺术匠师们对动物俑的塑造同样是忠实而生动的。如果说秦俑坑的陶马膘肥体壮，是力役型“河曲种”再现的话，那么头窄而长，双耳如削竹，细颈昂首，似在嘶鸣的汉陶马，则属于善于奔跑的一类。此外，陶牛的憨态、陶狗的机灵、陶猪的蹒跚、陶羊的温顺、陶鸡的自鸣得意，都刻画得逼真可爱！

3. 简约的概括，合理的夸张

在写实的前提下，秦汉陶俑在概括与真实之间，都作了合理的处置而恰到好处。

秦俑头大如真，头发丝缕明晰，既有波浪起伏的蓬松之状，又有光滑可鉴的质感。刻画髭须，则是用贴泥片的手法做出络腮髯、山羊胡和八字须这三类中年男子常见的须式。胡须或起翘，或下垂，或平直，并借助光线显示出真实感。个别陶俑手部特大，拇指跷起，虽不似常人，却显得异常有力，显然是一种夸张处理。陶马外形的塑造也很准确，马头部刻画精细，显得真实而精神，而体表则压光着色不画毛色，披鬃刻画几道阴线，整体显得形神兼备。

阳陵汉俑因为出土后木质胳臂和衣服腐朽无存，其体躯就显得修长。男俑头部塑造细腻，手法多变。发髻虽只作概括处理，发丝不清，但绺结明确。有意思的是女俑盘髻的发绺走向真实，大概是为了强调女性的特征。汉俑头同整躯大体合乎比例，并适当加大腹长和股长，在著衣之后给人以潇洒飘逸的感觉；臀部固然稍显尖削，四趾也平直结实不合常理，却因穿衣纳履而不伤大雅。

秦汉陶俑形象的概括是为了避免繁琐，夸张则是为了强调重点。二者的恰当运用，大大地增强了艺术的感染力。

4. 模、塑、绘手法结合

秦汉陶俑都经过“模型——→雕塑——→窑烧——→绘彩”几道工序后，才按照要求入坑布置。

其共同点主要表现在以下几个方面：

第一，分段制作，拼对组装。秦俑的脚、腿、体腔逐段地制作，双臂单做，再同肩部粘合。头、手模制，单烧，再分别插入颈和袖口。汉俑基本同此，而结合部在胫、腹和颈部。

第二，模塑作胎，敷泥成型。无论是陶俑或是陶马的各部分，都有实心和空心的两种。做胎时，视其情况或用模制，或用手塑。汉俑的身躯用合模。头是面部和脑壳分别模出后再粘合在一起的[3]，与秦俑头相同。因为秦俑的脚、腿、臂膀粗大，就用泥片卷成实心，胸、腹则用泥条盘筑，再根据各部位实际加大厚度，后经捏、塑、砍、削、刮一类手法处理。这些可在分段制作时进行，也可在全躯粗胎完成之后进行。

第三，雕塑形象，粘接附件。对俑头、身躯先做大样，使各部比例协调，再粘接预制的耳、鼻等件，最后着色。体表单色平涂，面部分层涂色。描眉点睛，衣纹图案则用绘画。

秦汉陶俑的成型来自“模”，个性的获得出之于“塑”，而赋予“神”者则借助于“绘”。三者的成功运用，就造就了一代艺术的典型。

（三）“同”与“异”产生之由

作为秦汉陶塑艺术的典型代表，始皇秦俑和阳陵汉俑可说是当之无愧的。然而，时代精神所赋予的气韵却是各不相同的。

大量的事实可以说明，当时的社会背景及秦始皇个人的气质对大型的群体造型艺术起着方向性、决定性的作用。

秦自商鞅变法以来，随着耕战政策的推行，国力强盛，兼并战争多有胜利。如果说秦始皇“初即位”（公元前 247 年）之后不久就开始了“丽山”陵墓工程，除去规模大于他的先人之外，恐怕还未必有更多随葬或从葬的内容吧。随着公元前 230

年亡韩之后，在秦国统一天下的大势已定的情况之下，郦山工程也就在更大的范围内，以更雄厚的财力、更充足的劳力为依托而大规模地展开。对志得意满的秦始皇说来，超出常规的营建方式、随葬内容等一系列昭示前无古人的举措，都将付诸实施[4]。因为秦始皇一统天下，仰仗的都是这支强悍勇武的军队，再加之他本人所具有的那种气魄，使得利用陶塑的手段做出这一磅礴宏大的群像，成为可能。由此，也开了以军队为偶像从葬的先河。

汉景帝继文帝之后，遵奉“黄老之术”，对内重农抑商，对外“和亲”以事匈奴，从而换来了政治稳定和经济发展的局面。正如班固描述的那样：“民人给家足，都鄙廪庾皆满，而府库余财。京师之钱累百钜万，贯朽而不可校。太仓之粟陈陈相因，充溢露积于外，腐败而不可食。”（《汉书·食货志》）国家兴旺，人民富足，丰富多彩的社会生活内容也必然反映到丧葬礼制上来。阳陵从葬内容已完全不同秦俑坑那样的单一，陶俑面容也不似秦俑那样的冷峻，而是和悦可亲，很富于人情味，完全属于世俗化、艺术化了的作品。

如果说秦俑艺术带有纪功的含义的话，那么，在和平安定环境下产生的阳陵汉俑艺术则具有更多的生活享受的意义。

此外，还有两个制约的因素需要我们留意。这就是：

第一，官府手工业作坊的劳动定额同艺术创作的矛盾；

第二，工匠的社会处境、个人心情同艺术创作的关系。

而这些具体到秦汉两代是不完全相同的。战国末期，秦国为统一天下，征发不已，连十五岁的少年也上了前线。秦统一后，仍然是严刑峻法，征戍徭役繁重。包括“工师”和“工”这两部分人在内的工匠，虽都是自由人，但其中有相当一部分“工”却是“鬼薪”、“隶臣妾”一类的刑徒。云梦秦简《均工》规定：“隶臣有巧可以为工者，勿以为人仆养。”《仓律》也说：“女子操缗红及服者，不得赎。”他们的劳动要受到严格的监督，不但“物勒工名，以考其诚，工有不当，必行其罪，以穷其情”（《吕氏春秋·孟冬纪》），而且“监工日号，勿悖于时”（《吕氏春秋·季春纪》）。对他们的劳动量实行着“度程”制度，云梦秦简中就有着相应的法律规定；但伙食标准却很低，《传食律》规定仆人每餐的伙食标准是粝米（粗米）“少半斗”（即三分之一斗，相当于现在的0.7升）。想来地位低下的制俑工人也不会比这好多少，其生活条件的清苦使人难于想象。面对如此的社会现实，制俑工匠能不在自己的作品中注入个人的感情？我们看到一定数量的秦俑形象丑陋、体态失常，神态或毫无表情，或心不在焉，或戚戚如诉，或愤懑有加，或“沉郁阴冷”[5]，凡此种种，就耐人寻味。

当然，西汉政权下的“官工”并不等于改变了自己的阶级地位。相对而言，其处境要比秦时好得多。汉初，推行“黄老之术”，遵循“无为而治”的思想路线，执行一些“与民休息”的政策。“从民之欲，而不扰乱”（《汉书·刑法志》）的结果，对“离秦之苦”的老百姓说来就是莫大的宽慰。官府手工业作坊的产品主要是供皇室和贵族消费与享乐的，集中着具有高度技术水平的工匠。文景时期，因为社会气氛平和，工匠的处境与心情也相对宁静与融洽。那么，在从事“东园秘器”制作过程中，特别是塑造艺术形象时，他们个人的感情色彩能不诉诸这些陶俑？

二 秦汉陶塑艺术的源流

根据陶塑艺术的发展变化，我以为可将其分为六个时期。

第一期——“孕育期”（春秋战国时代）

这时以木、石、泥为雕塑材料制作的人体造型，虽显得粗犷原始，却为陶俑的出现创造了技术条件。铜川枣庙春秋墓出土的泥俑[6]、凤翔秦公陵园和 M23 发现的几件石俑，体态呈圆柱体或四棱柱体。河南泌阳北岗战国晚期秦墓、湖北云梦睡虎地 9 号秦墓出土的彩绘木俑[7]，手法简洁明快，但不合人体比例。所有这些俑型当是陶俑出现前的雏形。

第二期——“迸发期”（战国末至秦）

随统一战争的节节胜利，秦兴起了建筑纪念碑式建筑的热情，大型的雕塑作品也应运而生。据《史记·秦始皇本纪》载“秦每破诸侯，写仿其宫室作之咸阳北阪上。南临渭，自雍门以东至泾渭，殿屋复道，周阁相属”，“作信宫渭南，已更命信宫为极庙，象天极”，阿房宫的前殿“东西五百步，南北五十丈，上可坐万人，下可建五丈旗。……周驰为阁道，自殿下直抵南山，表南山之巅以为阙。为复道，自阿房渡渭属之咸阳，以象天极”。还扩大陵墓的建筑规模，使坟高五十余丈，墓内上具天文，下具地理。为方便首都咸阳渭河南北的交通，早在秦昭王时就于渭河上架设桥梁，到秦始皇时更扩大了规模，建起我国第一座多跨（计 68 跨）梁式桥——“横桥”，长达 526.68 米，宽度则接近现代四车道的城市桥梁的设计要求。[8]大型的工程还得数“万里长城”了，它把旧日秦、魏、齐、燕、赵、中山等国边墙连接，成为世界奇迹。纪念碑式的大型雕塑作品，除横桥北岸的力士孟贲石像[9]和咸阳宫门前放的 12 个“重各千石”（折合 30751 公斤）的大铜人之外，就是我们今日能看到七千左右个陶质兵马俑群像和始皇陵铜车马了。

大型陶塑异军突起于京师之地，并发展到当时艺术的顶峰，当是春秋战国期间造型艺术经验的积累和能工巧匠智慧的结晶。

第三期——“间歇期”（西汉初年，即高祖至文帝统治期间）

汉初经济萧条，“自天子不能具纯驷，而将相或乘牛车”（《汉书·食货志》）。由于汉统治者推行“与民休息”政策，使国力逐渐恢复，至文帝时期已初见成效。但反映在造型艺术上却是生气不足，给人一种久睡刚醒的感觉。安陵东的狼家沟第 11 号陪葬墓，在封土四周的围坑中出土有陶质武士俑、弋射俑、舞俑及牛、羊、猪等动物俑群，排列有序，甲衣彩绘，但体型古板[10]。

第四期——“高峰期”（汉景帝至昭帝时）

全国大中型西汉墓建造宏丽、随葬品精美，学术价值与艺术水平高者，多出自这一时期。像河北满城中山靖王刘胜夫妇墓中虽无陶俑随葬，但价值连城的金缕玉衣、长信宫灯、错金银博山炉及多件珍贵的铜壶早已享誉海内外[11]。

随着国家的富强和人民的富裕，厚葬成为时尚而迅速风靡全国。以彩绘陶俑随葬或从葬的现象以北方为普遍。特别是以具有组合关系的从葬形式出现者，只盛行于关中帝王陵及其陪葬墓，关外也仅限于诸侯王墓。南方普遍流行的是木俑，像湖南长沙马王堆三号墓就出土有著衣、雕衣、彩绘、桃枝俑 104 件[12]；湖北江陵凤凰山和四川成都凤凰山的汉墓中，不但出土大量雕工精细的彩漆木俑，甚至连马、牛、狗的模型也是木雕的，绝无陶俑的出土。[13]

这一时期的陶俑塑造精到，神采飞扬，富于艺术的魅力。现选典型的几例略述：

最有名的西汉俑群，要数陕西咸阳杨家湾四号墓从葬坑出土的陶俑群了。在 11 个从葬坑里，竟出土彩绘步兵俑 1965 件，骑兵俑 583 件，其中以骑兵俑的造型最为优美。[14]

孝文帝窦皇后陵西一组从葬坑出土的彩绘陶俑，毛发漆黑，面色绛黄，服色呈红、褐、黄色。立俑双手置胸前似在拥物，跽坐俑或处静态，或抚琴。一个个面庞姣好，体态端庄，是一批典型的宫廷侍女形象。[15]

阳陵南区从葬坑规模宏大，布局严谨，俑群数目多，神态愉悦，在目前的汉俑中可称上乘。

茂陵从葬坑偏重于珍禽异兽的埋藏，和薄太后南陵从葬坑的内容一样，反映的是皇家苑囿中玩乐的享受[16]，而侍俑多是些仆役的形象。但茂陵陪葬墓的石刻浑厚博大，阳信家铜器精美绝伦，均是汉武帝功绩和国力强盛的最好说明。

江苏徐州狮子山汉楚王刘戊墓，有从葬坑四个，出土彩绘立姿、坐姿或乘马的武士俑 2337 件，组成一个军事序列，也颇为壮观。[17]徐州北洞山楚王汉墓，在七个壁龛中随葬彩绘男女侍俑和抚瑟俑 422 件，甚具特色。[18]这些俑的塑造，代表了景帝、武帝时期的地方水平。

河南永城芒山汉梁王陵墓，建筑宏伟，随葬品丰富，出土彩绘陶俑 43 件，其中守门俑的冠服系一次塑出，而骑马俑和女俑均作缺臂的裸体，也很有特色。[19]

济南无影山出土一组由 22 件彩绘陶俑组成的跳舞、杂技俑群，充分反映了西汉艺术的水平。画面中有两个长袖女子翩翩起舞，四个男子做折腰、柔术、“拿大顶”的表演。吹笙、抚瑟、撞钟、击鼓诸俑和袖手旁观者，也是各具形态，十分有趣。[20]

第五期——“衰败期”（宣帝至西汉末）

汉武帝晚年穷兵黩武，大兴土木。昭帝初年，各地叛乱，加上自然灾害，更使社会动荡不安。宣帝虽有“中兴”之举，终难免颓势。杜陵尽管宏伟，珍宝无数，但出土数以百计的“裸俑”则造型呆滞，毫无生气，显系官窑中的应付之作。[21]由此以下至汉末世，帝陵尽管很大，随葬品也不乏珍品，但陶俑艺术已呈衰败之象。

第六期——“精炼期”（东汉时期）

在整个东汉时期再没有出现过大型的陶俑群塑，而西汉时期广泛地流行于北方的那种局面也因壁画墓、画像石、画像砖墓的盛行而相对地改变；以陶俑随葬的地域，也大大地缩小，主要集中以洛阳为中心的中原地区；南方依然少用陶俑，唯独广州一带有成套的出土。四川成都平原一带仍然流行厚葬的风气，木俑为陶俑所代替，竟成趋势。

东汉陶俑艺术比之西汉更为成熟，既有写实，也有夸张，世俗化、浪漫主义色彩颇为浓厚。事实上它是通过三种类型的题材来表现更为广泛的生活内容的，其中确也不乏精美的上乘之作。今举例如下：

1. 表现人事活动场面的：塑造地主阶级生活的典型形象，有享乐的场景，也有建筑、生活设施和各种奴仆，诸如乐舞、百戏、酿造作坊、陶楼、亭台、井栏、猪圈、厕所、水田等。洛阳七里河汉墓中出土的陶俑有做滑稽相的，也有做倒立和跳丸的，上身裸露，大腹便便，还有奏乐俑班和跳七盘舞者，不但是墓主饮宴生活的反映，而且艺术造型也极其生动。[22]。

河南淅川汉墓出土的“陶水榭”模型，刻画有水池和亭榭，其间有帏帽长衣、袖手盘膝而坐的主人，也有执帚的侍者、猎夫、骑士等俑，还有马、鹅、鸭、龟、鸟等形象，是东汉晚期豪强贵族亭园生活享受的缩影。[23]

焦作市一汉墓中出土一彩绘陶仓楼，前院两角树双阙，中连以罘罳。楼上有主人通过窗口向外窥视，院中卧一狗，盯着背粮入院交租的农民。整体具有呼应关系，形象相当生动。[24]

广州建初元年（公元 76 年）汉墓的陶城堡，门楼有武士守卫，城中有主人及各种吏役。佛山、南海还出土陶作坊。这些是东汉中期地主庄园经济高度发展的表现。[25]

四川东汉墓出土的陶塑“神山”（钱树），上有西王母、舞俑及抚琴俑，还有马、猿、蟾蜍和嘉禾的形象。[26]其中有神有人的活动，构成一幅完整的画面。

成套的模型明器，使简单的人物形象同环境相融合，显示出一种整体的美。

2. 单俑的塑造：东汉匠师对人物的造型较为精致。四川的陶俑有作执锸，负婴，扬箕，背兜者，有庖厨的侍俑，也有吹箫、抚琴、击鼓、舞蹈、说书等伎乐俑，富有生活气息。特别是成都天回山、羊子山和郫县等地出土的“说唱俑”，传神写照，令人叫绝。像天回山的说唱俑袒腹、赤足而坐，左掖夹鼓，右手举桴，跷右腿，张口露齿，满面堆笑，加上额头皱纹数道，把一个饱经风霜、正在眉飞色舞的说唱艺人表现得淋漓尽致。[27]

3．生活中常见的动物：动物造型尤为写实生动，主要见有六畜和鸭、鹅一类家禽。其中以狗和马为最多。

同东汉画像石、壁画墓的材料一样，东汉的陶塑艺术作品中不再见礼器的制作，而是充满着浓厚的生活气息。这种葬俗的变化，自然是刺激陶塑艺术发展的又一个诱因。

纵观自春秋至东汉陶塑艺术的发展，其主要受到两个因素的影响，一是技法的成熟和提高，二是政治因素的影响。始皇陵秦俑同阳陵汉俑正处在波浪式发展中的两个高峰段，也当然地成为秦汉两代陶塑艺术的代表。二者也分别显示了秦俑艺术博大浑厚、汉俑艺术精细深刻，反映了各自所处时代的风貌。

秦韵汉风，各具千秋。

三　秦汉陶俑对后世陶塑艺术的影响

秦汉陶俑艺术对后世雕塑艺术的影响，主要体现在如下几个方面：

第一，以俑随葬，从根本上改变了过去那种以礼器为主的随葬内容，而更接近社会生活。

由秦到西汉初，以彩绘陶俑群从葬的帝王和贵族的墓葬，还只限于社会的上层。随后则普及于社会，到东汉时期连一般中小型墓中也有了陶俑的随葬。商周以来在墓中随葬青铜礼器、兵器和车马器的那种情况，因陶俑的出现而发生了变化。判断墓主人社会地位和政治身份的标准，也不限于礼制内容一项了。

有组合关系的陶俑群，也是当时社会生活和墓主人阶级关系的判断物。始皇陵兵马俑、阳陵汉俑属于国家军队和皇家侍卫的缩影，而狮子山、北洞山的兵马俑则是地方军事势力的反映。杨家湾汉墓的俑群，表现的是一代武将军旅生涯的情状。西汉中晚期以后，随着土地兼并的日益加剧，庄园经济在随后的时间里有了更大的发展。东汉的强宗豪族“连栋数百，膏田满野”（《后汉书·仲长统传》引《昌言·理乱》），拥有大批由破产农民而来的“徒附”和“部曲”，经营农业、畜牧养殖、果蔬桑麻、煮盐酿酒及手工制造，还建有高大的碉楼坞壁，蓄养“家兵”自卫。自给自足，闭门成市，俨然是社会上的一个独立王国。而这些反映在丧葬上的就是墓中随葬的望楼、守兵、水田、舂米、磨面、家畜家禽、饮宴、歌舞、出行等陶俑或模型。

阳陵汉俑是景帝武帝时期陶塑艺术的典型，由此奠定的一些制俑要素（如体量、彩绘等）也为后世所继承而少有变化。魏晋南北朝以后的陶俑有向小型化发展的趋势，直到唐三彩俑的盛行才再度出现大型、富丽多姿的盛况。

第二，由写实到适当的夸张，从严肃冷峻走向活泼清新。

秦俑群按照军阵、营垒、示战和指挥所的形式排列，显示了一种气势磅礴、凛然不可犯的威严。命令如山、军纪整肃，将士待战、战马欲驰，整个气氛则凝聚在一个“战”字上。俑群中个个是整齐划一的姿势、纹丝不动的静态。尽管各个武士俑在表情的刻画有些许的不同，但并不能使静穆的全局有所改观。再如铜车马的御俑、马厩坑的“圉人”俑，无一不是恭谨且忠于职守的形象。在这里，写实多于夸张，严肃胜过活泼。

阳陵汉俑的出现，是社会大动乱过去半个世纪之后“和平时期”的产物。经济上升，社会安定，人民安居乐业，出现的是欣欣向荣的社会局面。而这些，已在从葬和随葬俑上敏感地表现了出来。像阳陵从葬坑里不但保持有步兵、骑兵和车兵的队列，还出现了宫廷侍卫俑、宫女俑、女乘马俑、伎乐俑和牛、马、猪、狗、羊、鸡一类动物俑。彩俑表情愉悦、各具情态。动物俑惟妙惟肖。僵持沉闷的气氛在此为之一扫。茂陵的大型动物石雕群，以明快洗练的刀法把跃马、卧牛、伏虎的形态和盘托出。四川“俳优俑”把一位饱经风霜老艺人的形象塑造得栩栩如生。铜奔马、马踏飞燕等艺术品则蕴含着更深一层的韵律。总之，这些汉代的造型艺术品确实是把“动感”、“力度”和想象力发挥到了极致。溯本求源，显然是在继承阳陵陶塑艺术传统的基础上，使写实与夸张手法有机结合，并作了新的发挥和艺术的再创造。

第三，始皇秦俑和阳陵汉俑是纯粹的中华陶塑艺术，它从博大、浑厚、雄武的造型里走出来，向健美、秀丽、多姿的文化深层走去，从而成为一支独立的造型艺术形式。东汉以后，当佛教造型盛行之际，陶俑艺术既吸收佛教艺术之精粹充实自己，又使佛教造型趋向中国化。

以阳陵汉俑为代表的西汉陶俑，无论是立姿、跽坐姿，或是乘马姿，其塑造形体的基调还多取“正面律”，即：以头颈和躯干为竖轴，左右平衡，塑造技法简洁、明快，没有繁琐的装饰；俑表敷色均取平涂，不曾晕染。这同秦俑的表现法一样，和古代埃及、美索不达米亚以及希腊古风时代早期的雕刻风格颇相近似。

魏晋南北朝时期，受佛教艺术的影响，陶塑在东汉以来传统的基础上同石雕、泥塑、瓷塑一起，都有了很大的发展。魏晋时期的陶俑，朴拙可爱，其动态固然是要表现的重点，但技法上却再不满足于过去那种单纯的彩绘。这时已“开始用凹凸的线条，表达形态的体面关系，因此手法更趋向现实”[28]。北魏墓中的陶俑，多具“汉化”的特色，这正是少数民族统治者深受汉人生活方式影响的反映。河北磁县东陈村东魏尧氏赵郡君墓[29]、北齐高润墓[30]，都出土有大量的模制陶俑。前者有381件，后者136件，均表施白衣加彩绘，但人体比例结构比较准确，形象神态写实而生动，显然是吸取了佛教造像和西方人体造型的成果。但汉俑毕竟是它赖以存在的基础，虽然北齐、北周之际，受佛教艺术的影响，陶俑一度显现出“程式化”、“概念化”的弊病，动物俑也有着僵化的倾向；南朝也因长期陶塑的不发达，仍然保留着古拙、浑朴的作风，可是，此后不久，陶塑艺术不但恢复了旧观，还迎来了自己的春天。到了隋唐时期，我国的陶塑艺术发展到它光辉的顶点，而三彩俑的出现则为陶塑世界增添了光辉的一页。

纵观陶塑艺术史，秦韵、汉风、唐美，一脉相承，是独树一帜的艺术品类！

注　释

[1] 王学理：《秦侍卫甲俑的服饰与绘彩》，《考古与文物》1981 年第 3 期。

[2] 中国科学院自然科学史研究所李亚东先生在《秦俑彩绘颜料及秦代颜料史考》一文（载《考古与文物》1983 年第 3 期）中推断这层基底是“胶矾水”（动物胶和明矾按比例配合，加水煮成的胶体溶液）。陕西省历史博物馆单眄女士等人在《秦俑坑出土彩俑颜料鉴定》一文（《考古学集刊》1984 年第 4 期）中推断在陶体和彩绘之间的黑色涂层“为多糖类天然树胶化合物”，它起着便于着色的作用，从而否定了“作为粘结剂用的猪血、生漆等物质”的说法。

[3] 从阳陵汉俑的断茬处我们可以观察到原来粘接的痕迹。陈直先生在其《西汉经济史料论丛》一书中列举他见到两个汉俑头范，一个上刻“秦府”二字，作草隶书体，一个边刻“车府”二字，作古隶书。题字的还有猪、狗、羊等动物残范。

[4]《史记·秦始皇本纪》：“始皇初即位穿治郦山，及并天下，天下徒送诸七十余万人，穿三泉而致椁，宫观百官奇器珍怪徙藏满之……”

[5] 张文立、吴晓丛：《秦俑主题思想试探》、《主题·意志·逆反心理——再论秦俑的主题思想》，载《秦始皇陵兵马俑博物馆论文选》，西北大学出版社，1989 年。

[6] 枣庙出土的泥俑 8 件，均彩色涂绘，最高的只有 16.5 厘米。参见陕西省考古研究所：《陕西铜川枣庙秦墓发掘简报》，《考古与文物》1986 年第 2 期。

[7] 泌阳秦墓出土木俑 4 件，最高的只有 16 厘米。参见驻马店地区文管会、泌阳县文教局：《河南泌阳秦墓》，《文物》1980 年第 9 期。云梦睡虎地 9 号秦墓出土木俑 4 件，其中立俑 3 件，最高 22.3 厘米；半身御俑一件，高仅 8.7 厘米。参见湖北孝感地区第二期亦工亦农文物考古训练班：《湖北云梦睡虎地十一座秦墓发掘简报》，《文物》1976 年第 9 期。

[8] 王学理：《秦都咸阳》，陕西人民出版社，1985 年。

[9]《水经·渭水注》说石刻力士孟贲等人的像，同《三辅旧事》说鲁班用脚画的忖留神像有所不同。

[10] 此墓虽属安陵的陪葬墓，但入葬时间未必在惠帝时。据文献记载，陪葬安陵的丞相陈平卒于文帝二年（公元前 178 年），丞相张苍卒于景帝前元五年（公元前 152 年），文学家扬雄则是王莽天凤五年（公元前 18 年）葬安陵的。狼家沟汉墓的陶俑群既未随葬墓内，又未从葬于墓外的地下坑中，而是设在墓圹口之外封土掩盖的边缘部分，外形呈正方向的围沟，较为特殊，似为汉陵从葬坑的早期形式。出土

陶俑的数量多，且取彩绘“画甲”形式，形象也大致无别，同死于景帝时的周亚夫墓从葬俑多有相似。那么，此墓主人究竟是谁？材料见咸阳市博物馆：《汉安陵的勘察及其陪葬墓的彩绘陶俑》，《考古》1981年第5期。

[11] 中国社会科学院考古研究所：《满城汉墓发掘报告》，文物出版社，1980年。

[12] 湖南省博物馆等，《长沙马王堆二、三号汉墓发掘简报》，《文物》1974年第7期。

[13] 长江流域规划办公室1973年9至11月在纪南城发掘了9座西汉早期土坑木椁墓，出土木俑74件，可分立俑、坐俑和木片俑三种，出土木马6件、牛2件、狗2件。参见《湖北江陵凤凰山西汉墓发掘简报》，《文物》1974年第6期。又纪南城凤凰山168号汉墓，以出土一具完整的男尸而引起学术界轰动。此墓出土圆雕木俑46件、木片俑15件。木俑多彩多姿，形象生动，或佩剑，或袖手而立，参见《湖北江陵凤凰山168号汉墓发掘简报》，《文物》，1975年第9期。成都凤凰山在1958年清理过一座大型木椁墓，出土木俑44件，还有木猪、木牛、木马等动物俑，参见四川省博物馆：《成都凤凰山西汉木椁墓》，《考古》1959年第8期。

[14] 陕西省文管会等：《陕西咸阳杨家湾出土大批西汉彩绘陶俑》，《文物》1966年第3期。

[15] 王学理、吴镇烽：《西安任家坡汉陵从葬坑的发掘》，《考古》1976年第2期。

[16] 王学理：《汉南陵从葬坑的初步清理——兼谈大熊猫头骨及犀牛骨骼出土的有关问题》，《文物》1981年第11期。又，《汉“南陵”大熊猫和犀牛探源》，《考古与文物》1983年第1期。

[17] 据考，墓主应是西汉第三代楚王刘戊。因参加“七国之乱”，兵败自杀，死于公元前154年。见王恺等：《博大精深　蔚为壮观——徐州西汉楚王陵考古发掘侧记》，《中华文化画报》1996年第3、4期。

[18] 据考：北洞山汉墓的“墓主人是公元前175年至前128年之间的刘郢客、刘戊、刘礼、刘道四代楚王之一”。材料见徐州博物馆、南京大学历史考古专业：《徐州北洞山西汉墓发掘简报》，《文物》1988年第2期。在此，刘戊应予排除。

[19] 阎道衡：《永城芒山汉梁王陵出土大批珍贵文物》，《中国文物报》1991年8月25日。

[20] 济南市博物馆：《试谈济南无影山出土的西汉乐舞、杂技、宴饮陶俑》，《文物》1972年第5期。

[21] 中国社会科学院考古研究所：《汉杜陵陵园遗址》，科学出版社，1993年。

[22] 洛阳博物馆：《洛阳涧西七里河东汉墓发掘简报》，《考古》1975年第2期。

[23] 孙传贤、张静安：《介绍一件东汉晚期的陶水榭》，《文物》1966 年第 3 期。

[24] 杨焕成：《河南焦作东汉墓出土彩绘陶仓楼》，《文物》1974 年第 2 期。

[25] 广州市文管会：《广州动物园东汉建初元年墓清理简报》，《文物》1959 年第 11 期。

[26] 于豪亮：《“钱树”、“钱树座”和“鱼龙曼衍”之戏》，《文物》1961 年第 11 期。

[27] 四川省博物馆：《四川文物考古工作三十年》，载《文物考古工作三十年》，文物出版社，1979 年。

[28] 张光福：《中国美术史》，知识出版社，1982 年。

[29] 磁县文化馆：《河北磁县东陈村东魏墓》，《考古》1972 年第 6 期。

[30] 磁县文化馆：《河北磁县北齐高润墓》，《考古》1979 年第 3 期。

叁　秦俑军服考

——勇军启示录

秦始皇陵武士俑形象逼真，有如生人，是些不可多得的陶塑艺术群像。这些赳赳武夫的服饰，真切实际，是研究中国古代服制弥足珍贵的资料。

陶俑披挂齐全，装备干练，其装束所反映的不是常服，当是除水军以外的秦军战服。在整理这些包括车、骑、步、弩等几个兵种的服装资料的过程中，使我们得以窥见秦军戎装的大致轮廓，从而也将为探讨其装备制度及其承继关系提供了线索。

古代的服饰资料，在历代的《舆服志》里有着翔实而广博的记载；在考古文物中，更是洋洋大观。而涉及有秦一代的服饰资料，无论是文献记载，或是出土文物，却是鲜之又鲜。我在这里整理和考释的秦俑军服，只是秦舆服制度中很小的一部分，它同秦时帝后的冕服、官吏的命服、庶民的常服、奴婢的便服、伎乐的舞服、罪犯的徒服等构成了秦代服饰的整体。从对秦俑实体的观察、测绘，到总结为文，这在研究秦俑服装上是开篇之作，不确之处在所难免。

一　种类及其定名

（一）冠

《释名·释首饰》："冠，贯也，所以贯韬发也。"古人蓄发，戴帽子的第一作用就是韬敛头发，而这对作战的武士尤为重要。但从护体装备的需要讲，秦军理应戴有兜鍪。《左传》僖公三十三年（公元前627年）秦军过成周的北门时，就有车士"免胄而下"的记载。秦武士俑多免胄束发，这大概是苏秦说的"科头"。另外，秦俑戴冠者只占35.01%，而且只有身份高和军中作用特殊的武士戴冠，一般的步卒则是免胄的了。

秦俑冠式有四种：

Ⅰ式——Ⅰ式a（即Ⅰa）系倒梯形的板状革物，从额前斜起，大端下折，贯韬辫发或纽髻。然后用两条带子分别横压额顶"板"端及脑后的帽体，并在颞部做呈近90度的拴结，再由两侧下垂结于颏下。因为发辫多在头顶收束，此冠的可容部位在上部，固定的力点则在颏下的纽结上，其松紧程度随各个头型的大小而变。一般戴板长 17～20 厘米、下宽 7～10.5 厘米、上宽 11.7～18.5 厘米，缨长 84～115 厘米（图Ⅲ-3：1）。

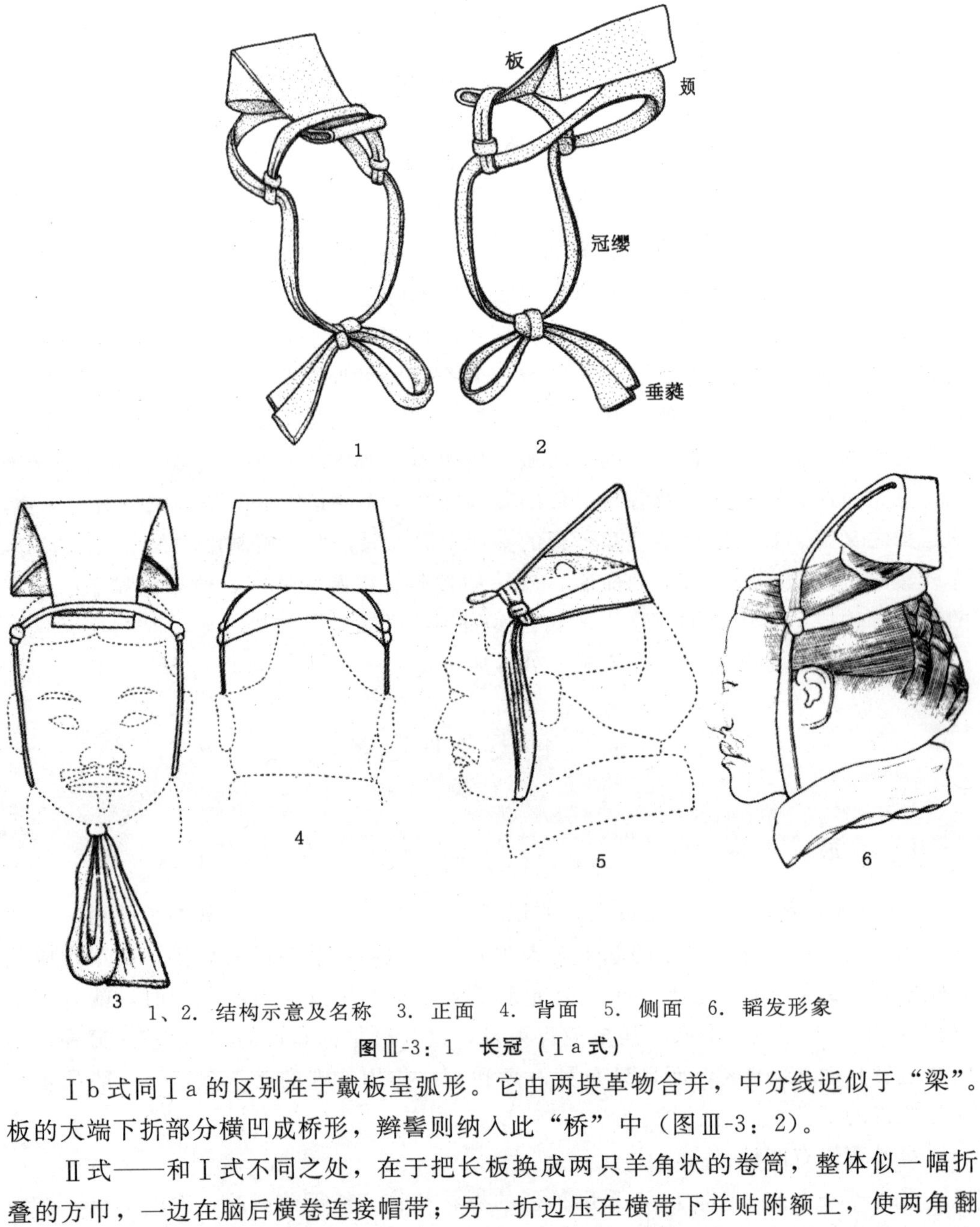

1、2. 结构示意及名称　3. 正面　4. 背面　5. 侧面　6. 韬发形象

图Ⅲ-3：1　长冠（Ⅰa 式）

Ⅰb 式同Ⅰa 的区别在于戴板呈弧形。它由两块革物合并，中分线近似于“梁”。板的大端下折部分横凹成桥形，辫髻则纳入此“桥”中（图Ⅲ-3：2）。

Ⅱ式——和Ⅰ式不同之处，在于把长板换成两只羊角状的卷筒，整体似一幅折叠的方巾，一边在脑后横卷连接帽带；另一折边压在横带下并贴附额上，使两角翻卷飞扬，高 15 厘米左右（图Ⅲ-3：3）。

Ⅲ式——呈瓠瓢状，套在头上，斜出的绾髻兀起。也有直接用带子在帽外结扎发髻，使二者固定不易脱落。帽围 59～66 厘米，高 11～19 厘米（图Ⅲ-3：4）。

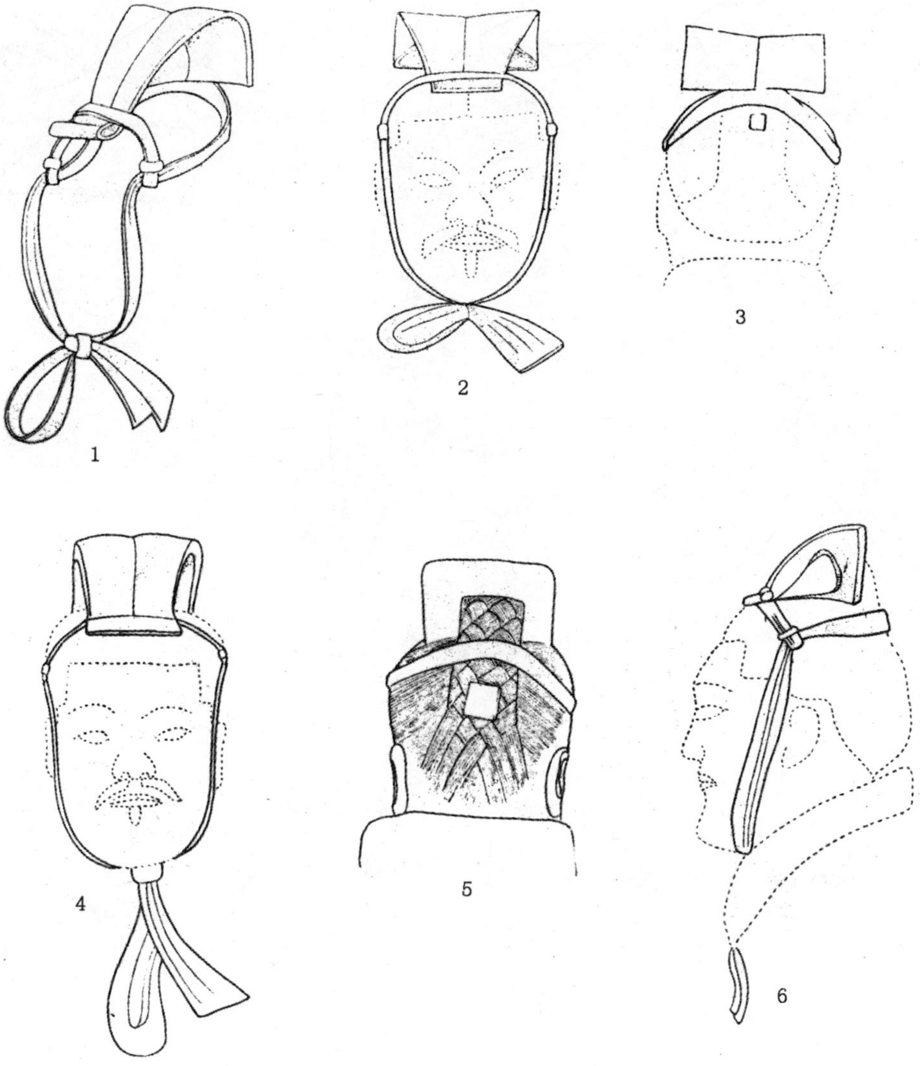

1. 结构示意　2. 正面　3. 背面　4～6. 韬发之一例

图Ⅲ-3：2　长冠（Ⅰb式）

Ⅳ式——帽体基本同Ⅲ式。因戴此式帽的武士梳辫髻，所以顶部浑圆可头，侧有两耳，以带扣结于颏下（图Ⅲ-3：5）。

司马彪《续汉书·舆服志》载："长冠，一曰斋冠，高七寸，广三寸，促漆纚为之。制如板，以竹为里。"这种冠制的最大特点是像一块板斜起。正因如此，才能度量出高和宽这两个数据来[1]。依晋尺折算[2]，此冠长 17.15 厘米，宽 7.35 厘米，正同秦俑Ⅰ式冠相当。据《说文通训定声》："纚字亦作纵，按：韬发之缁布也。"这就是说，制作长冠是以竹为里，裹之以纚，髹之以漆，才形成冠体。秦俑Ⅰ式冠面平整无纹，同文献记载接近，可知属于"长冠"。

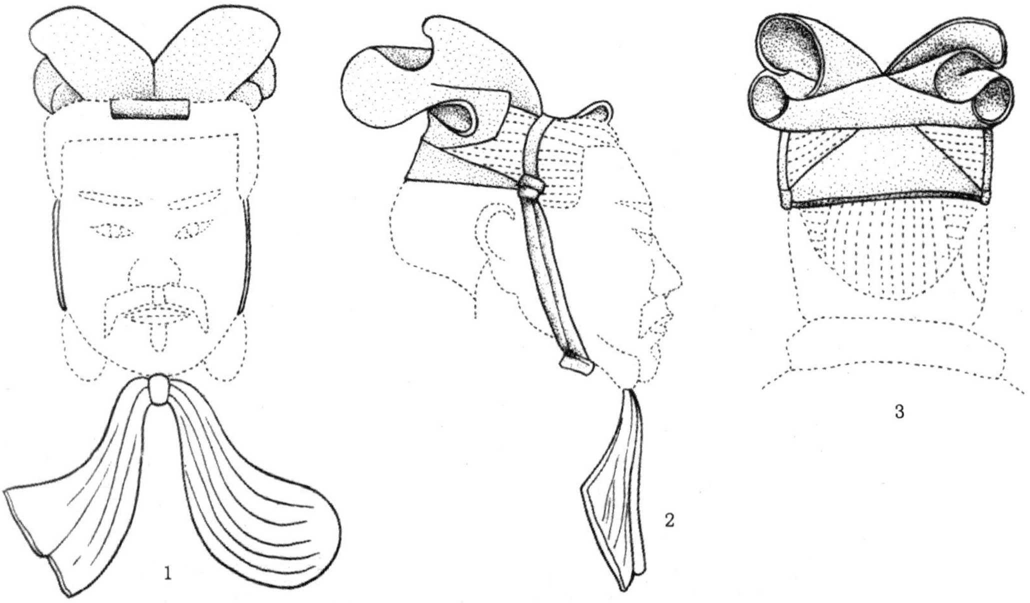

图Ⅲ-3：3　切云冠（Ⅱ式）

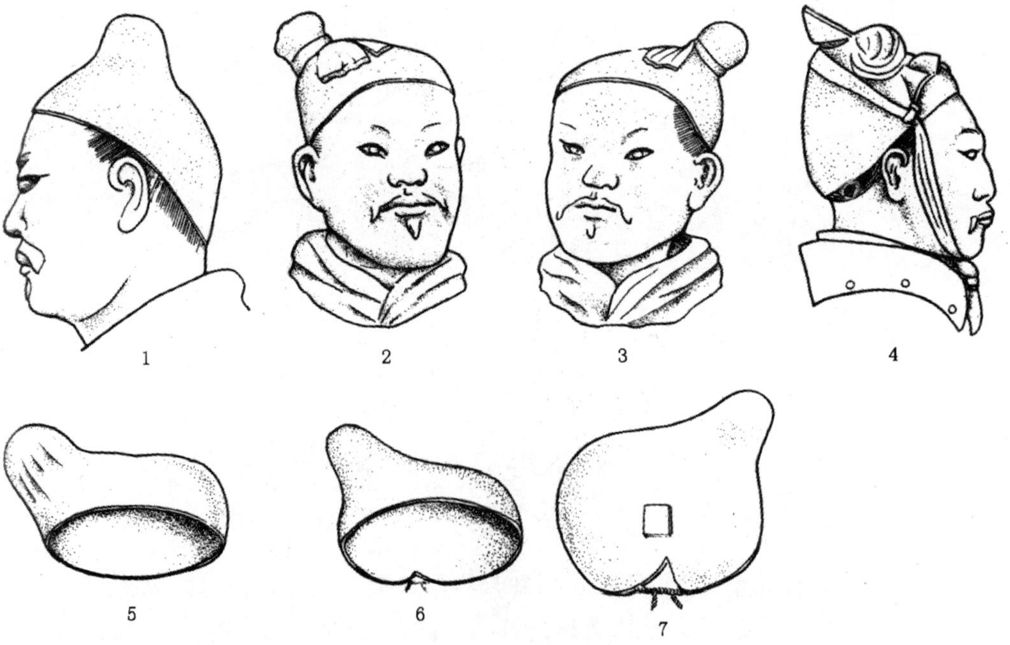

1.一号坑执长铍戴帻之甲士　2.二号坑轻车之车士　3.三号坑御手帻上加冠　4～7.武帻结构

图Ⅲ-3：4　武帻（Ⅲ式）

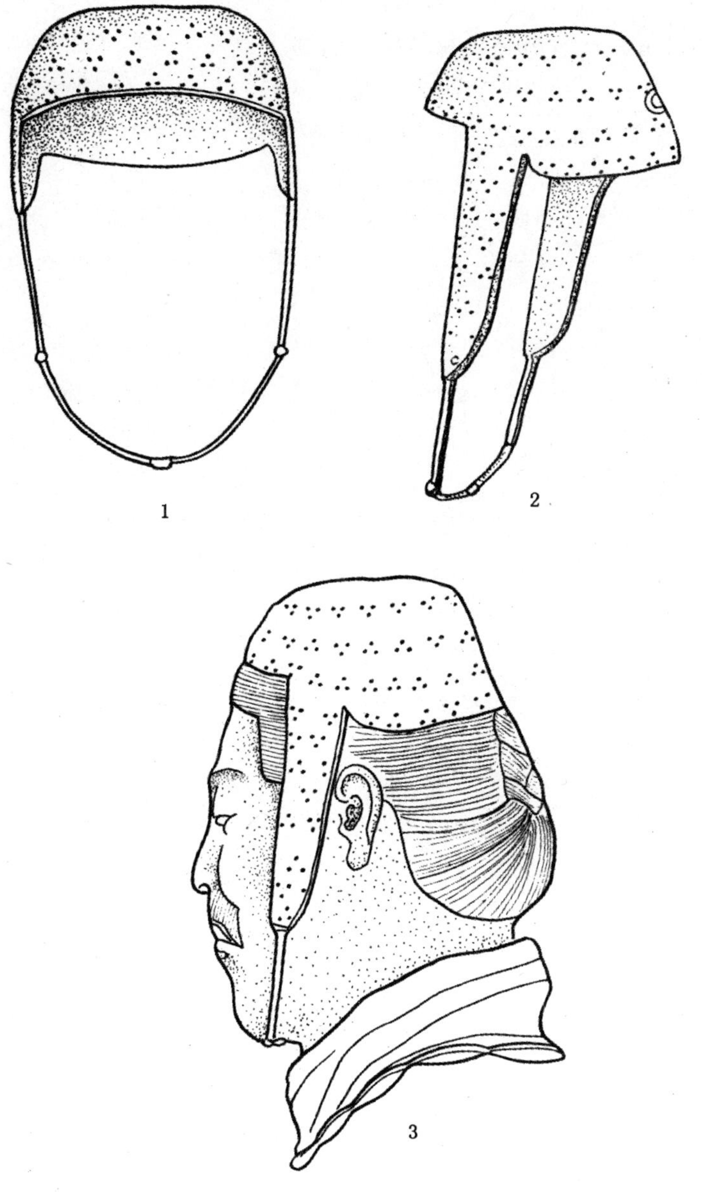

1、2. 正面与侧面结构　3. 二号坑骑士戴弁

图Ⅲ-3：5　武弁（Ⅳ式）

Ⅱ式冠形制特殊，为考古中之独见，很可能是对其他国冠制进行改进而作为武士冠的。楚人因好“奇服”，而成为不同于“冠带诸侯”的另一个服制系统。其冠，束发而高起，被目之为“南冠”，像信阳楚墓中彩绘漆瑟上的人，作倒三角形，还拖着数根长长的披毛；长沙出土御龙帛画之人物头顶有一片竖起的轻纱，也是颤颤巍巍的。《楚辞·离骚》有“高余冠之岌岌兮”句，足见御龙人物戴的可能就是“高冠”。《楚辞·九章·涉江》：“带长铗之陆离兮，冠切云之崔嵬。”“长铗”指的是“长剑”，御龙者正是戴高冠、著博袍、佩长剑的形象，屈原也说“带长剑兮挟秦弓”，可见这是楚地流行的服饰。“切云”据闻一多先生说：“切云犹摩云。冠曰切云，正状其高。”那么，秦俑Ⅱ式冠作层云叠起、垂绥飞飘，是否就是“切云冠”，或“切云冠”的改进型？

有说Ⅱ式冠是“鹖”冠（即“惠文冠”）的。但据蔡邕《独断》和《续汉书·舆服志》看，这种冠式的最大特点是有两只野鸡尾羽，分别插在冠的左右两侧，并用青丝带绲边。有冠带结于颌下（但不是下垂的装饰品——蕤）。这种冠制在传洛阳金村出土战国骑马持剑武士纹铜镜、汉画像砖、北魏石棺的图像中均有明晰的反映。鹖，是高原上一种猛禽。据说，赵武灵王把插上鹖尾的帽子赐给武士，作为勇敢的象征。以后延续下来，成为武士特有的冠戴，名曰“武冠”。那么，秦指挥俑所戴的Ⅱ式冠上两只卷筒，绝不是鹖尾的“简化”或“艺术化”，所以绝不是鹖冠。

秦俑的“长冠”（Ⅰ式）和“切云冠”（Ⅱ式）都具有系结于颏下的带子，这就是文献上所说的“冠缨”（《礼记·玉藻》）。卫乱，“子路曰：‘君子死，冠不免’，结缨而死”（《左传》哀公十五年）。汉淳于髡“仰天大笑，冠缨索绝”（《史记·滑稽列传》）可证。由于缨有固冠的实用价值，进而成为具有美感的装饰物，故称作“垂蕤”[3]或“缨蕤”（《续汉书·舆服志》）。如果织绣花纹，则称“缋緌”[4]。秦俑的冠缨飘逸胸前，绘绣的“缋委”散而下垂，不但是装饰性真实的再现，而且也饶有艺术风味。

秦俑Ⅲ、Ⅳ式冠有“帻”、“巾”、“帽”等种种称呼，似各有据。但仔细推敲，歧异之由在于所引用文献记载不同，又加之理解不一，以致“众说纷纭，莫衷一是”。《独断》说：“帻者，古之卑贱执事不冠者之所服也。……元帝额有壮发，不欲使人见，始进帻，服之，群臣皆随焉。然尚无巾，如今半帻而已。王莽无发，乃施巾。故语曰‘王莽秃帻施屋’。”蔡邕是东汉的大学者，按他的说法，戴帻始自西汉元帝，巾始自王莽。但《仪礼》却说：“士冠，庶人巾。”王莽戴帻，就不见得是庶人之服了。《说文》：“发有巾曰帻”，《方言》：“覆髻谓之帻”。在此，帻同巾又成了一码事。只有冠，才是古来有之，无怪唐人刘知儿也发出“殷辂周冕规模不一，秦冠汉佩用舍无常”之叹（《旧唐书·刘知几传》）。

“古者有冠无帻”。实际上，帻的雏形已在戴冠的过程中就形成了。巾、帻原是一物，不过是些稍事修饰的缠头布罢了。巾在裹头，帻在包发。巾帻远在殷墟的玉人头上就发现了它的原型，岂止始自王莽！只有在以后的发展中才有了区别。可见巾、帻同源，分而为流。

戴冠往往要内加束发的幅巾[5]，或者冠下著衬帽。战国时代已打破了服制上严格的等级界限，秦稍作改进，在额前增加为大红色的首饰，遂成了武士的“武帻”(绛袙)[6]。秦俑戴Ⅲ式冠，有两种情况：一种是单著（如坑Ⅰ的T2、T20执长铍甲俑、坑Ⅱ的车士）（图Ⅲ-3：4之3～5），另一种是帻上加长冠（如坑Ⅱ的御俑，图Ⅲ—3：4之6）。

古人蓄长发，像巾帻一类帽子还难于完全收束，就得另加一个附属的“頍”（音kui)。《诗・小雅・頍弁》有“有頍者弁，实维伊何”的句子。毛注作“弁貌”。《释名》作“頍，倾也。著之倾近前也”。戴上弁，不是“頍”倾，而是有了頍就能使弁“倾近前”（适应几种倾斜的角度）。正如《仪礼・士冠礼》郑注：“缁布冠无笄者，着頍围发际结项中隅为四缀，以固冠也。”在秦俑长冠和切云冠上，都有一条另外拴结的长带子。但在二者上面的位置不同，长冠的是带在部压住板，两端结住鬓侧的冠缨上；而切云冠的则是绕过后脑勺，两端再连在压冠的缨上。那么，这个起着“束发固冠”作用的頍在这里就很形象如实地呈现在人们面前[7]。

《续汉书・舆服志》说到皮弁的开头形状是“制如覆杯”。秦俑Ⅵ式冠，是半个浑圆的覆瓢，两耳下垂，并以环带扣结于领下，正如翻过来的耳杯，故可称之为“武弁”[8]。

（二）曲领

陶武士俑的战袍，在衣皆部分均无另加的衣领。即使是一些汉俑穿的曲裾禅衣，也同样保持着这种平滑的缘边[9]。

秦武士俑无一例外地，在脖子上围着一股粗壮的织物，交叠于袍襘之下，高3～7厘米，厚约2～4厘米（图Ⅲ-3：6)。这就是史游在《急就篇》里说的“曲领”，其作用正如颜师古注释的那样：“禁中衣之领，恐其上拥颈也。其状阔大而曲”。

曲领在洛阳北魏宁懋石室线刻画中有反映。不过，那是在胸前朝服之下，是个半圆形的硬领。秦俑曲领绕颈，也许是一种便捷的形式。

秦俑擐甲者，这种曲领的作用不只是“禁中衣”，而且还能防甲口沿对颈的摩擦。因此，它同样是战服的防护设施之一。

（三）曲裾袍、褶服与革带

秦俑所著上衣，从里到外有三重。一般的秦俑只穿外衣和内衣，而只有高级军吏俑是三重俱全的。

过去解释秦武士俑外披的战衣时，或称作“短褐”、“长襦”、“袍”等。看来不尽恰当。《史记・匈奴列传》：“服绣袷绮衣、绣袷长襦、锦袷袍各一。”颜师古注：

（绣袷绮衣）"服者，天子所服也。以绣为表，绮为里也。"《字林》："袷衣无絮也。"前边的"绣袷"和"锦袷"，是说由高级的丝织品做成有面有里而不著絮的"夹衣"（袷）。后边的衣、襦、袍，指的是长短。那么，衣、襦、袍并见，它们显然是有区别的。

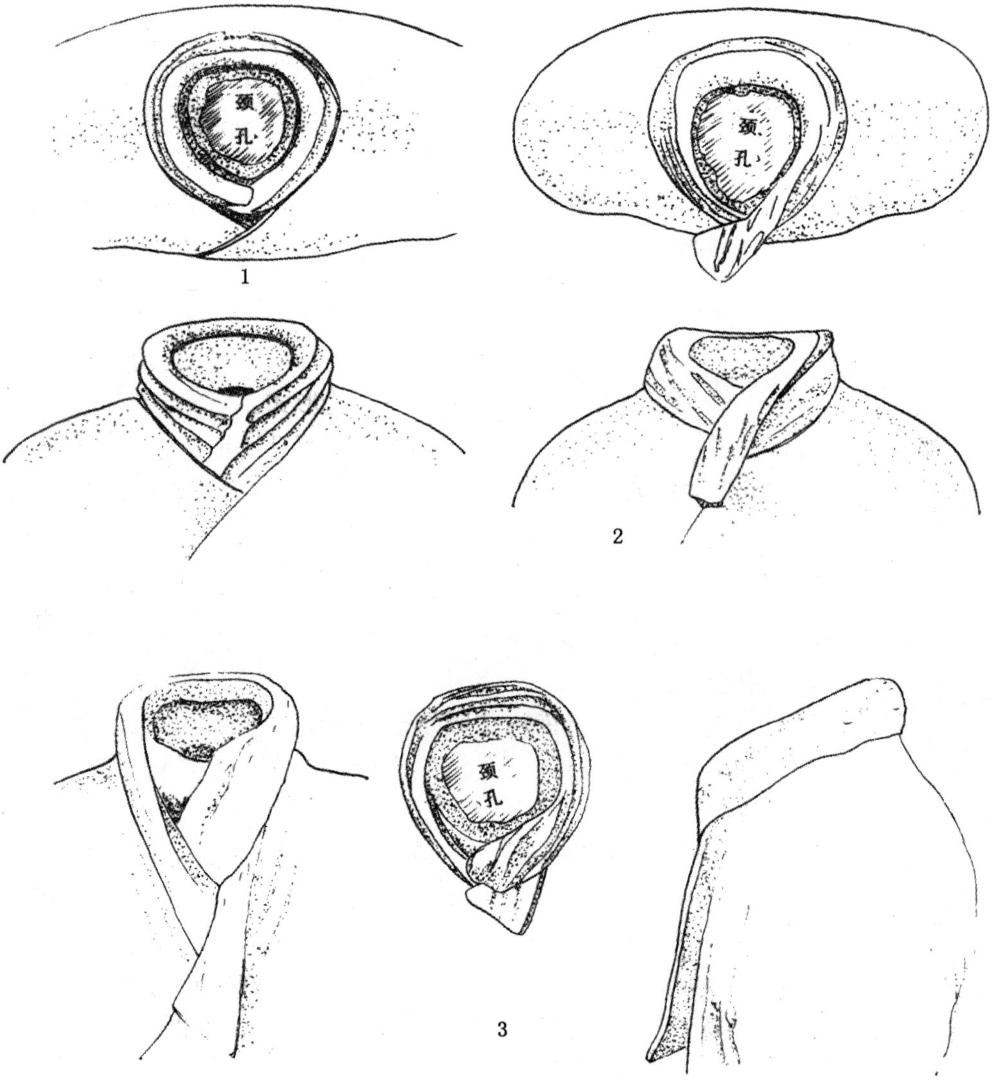

一号坑袍俑曲领：1. T19K：202　2. T1G2：4　3. T10G7：9

图Ⅲ-3：6（1）　曲领（一）

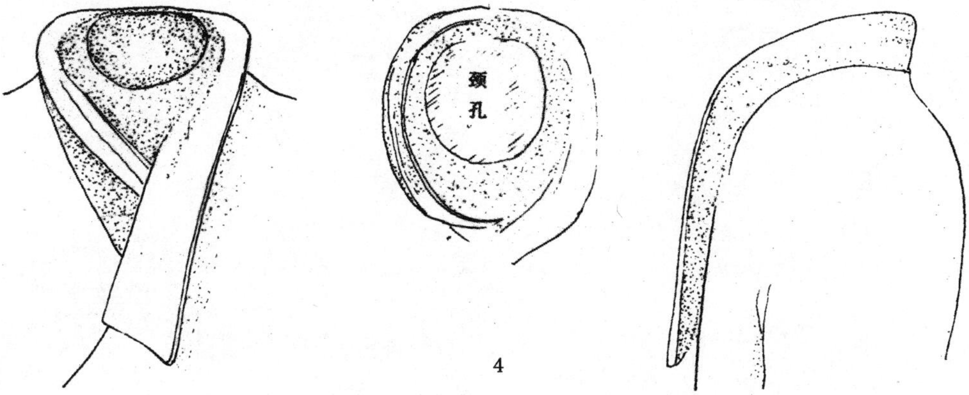

4

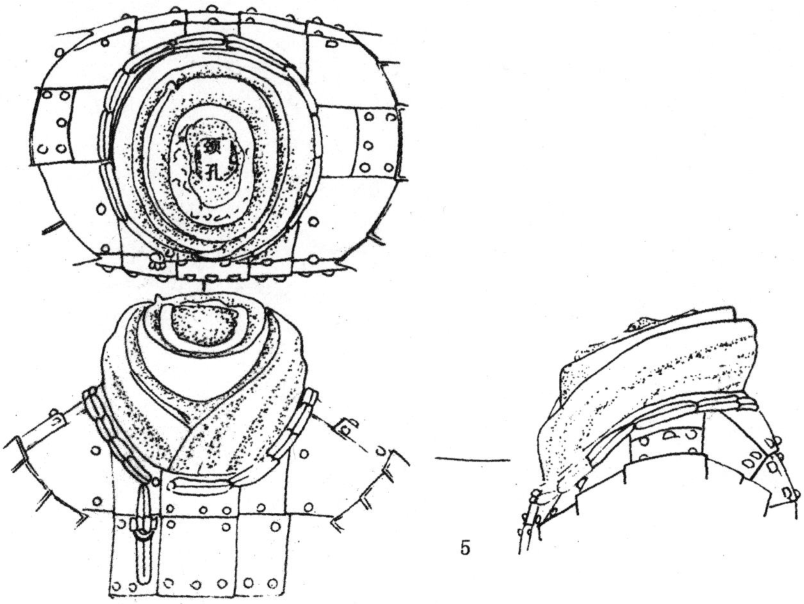

5

一号坑袍俑曲领：4. T10G7：8　一号甲俑曲领：5. T2G3：092

图Ⅲ-3：6（2）　曲领（二）

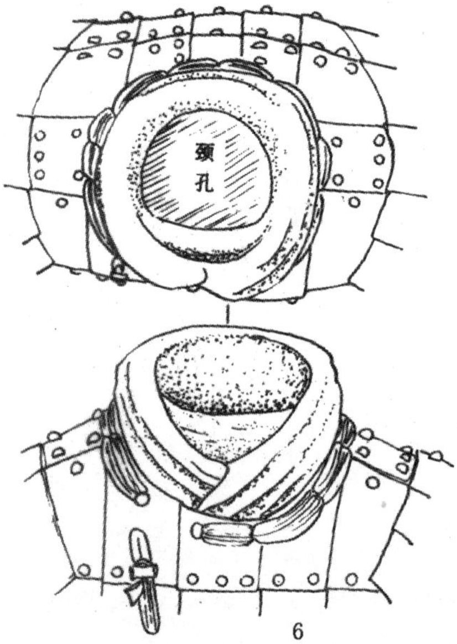

6

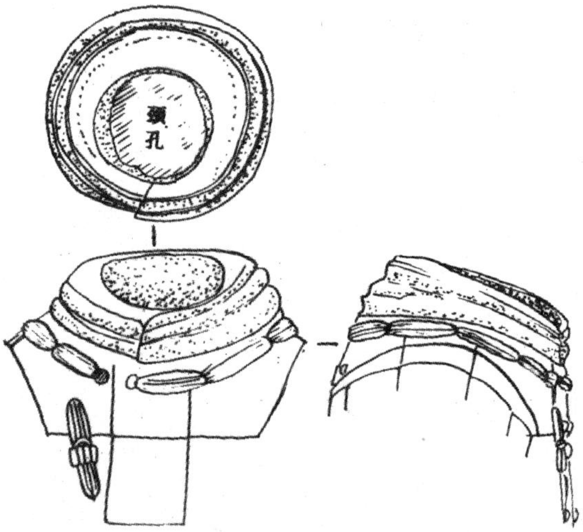

7

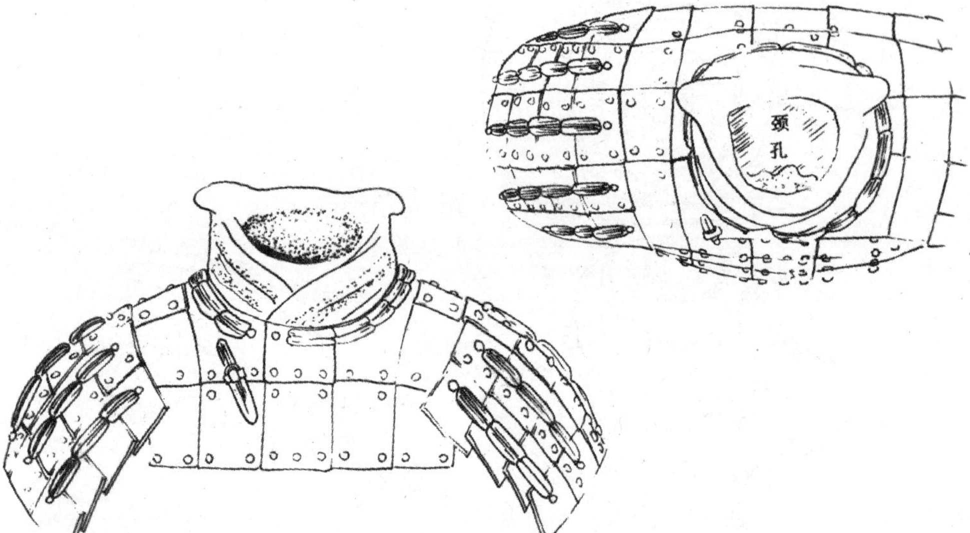

8

一号坑袍俑曲领：6. T20G9：94　7. T2G3：87　8. T20G9：89

图Ⅲ-3：6（3）　曲领（三）

"褐"，亦应如此。既有质料、装饰的不同，更有形制上的差异。《文献通考》说："褐者，裾垂至地。"裾是衣服的前襟，也称作"大襟"。它既垂地，也就是长衣，所以《淮南子·齐俗训》说楚庄王"裾衣博袍"。相反，还有一种粗制的短衣也叫"褐衣"，那只是贫贱人的服装[10]。云梦秦简《金布律》有"囚寒者为褐衣"用枲的规定[11]，在这里用粗麻（枲）编制的褐衣又成了"囚衣"。《晏子春秋·内篇谏》："百姓老弱，冻寒不得短褐。"又《汉书·贡禹传》："臣禹年老贫穷，家訾不满万钱，妻子糠豆不赡，裋褐不完。"师古注："裋者谓僮竖所著布长襦也。褐，毛布之衣也。""裋褐"是粗布短衣，正因为贫穷，才"裋褐不完"。所以《淮南子》的《主术训》说"百姓短褐不完而宫室衣锦绣"，《齐俗训》也说贫人"冬则羊裘解札，短褐不掩形而炀灶口。杜甫诗有"杜陵野客人更嗤，被褐短窄鬓如丝"，"天吴及紫风，颠倒在短褐"，"赐浴皆长缨，与宴非短竭"。很清楚，"褐"是穷人的粗衣。所以，古时把开始做官叫做"解褐"，是同无官职的"被褐"相对的。《说文解字》就明确地释"褐，短衣也"。褐不只是穷人的衣着，连囚徒也在服用。另外，《中华古今注》说："秦始皇常靸望仙鞋，衣丛云短褐，以对隐逸求神仙"。那当然是另一码事，不得视"褐"为高贵之据。那么，无论褐的长短，都同秦俑战服不合，故不应称其为"短褐"。

襦也是一种短衣。朱骏声《说文通训定声》中说襦："襡、襦、袀，短衣也。"段玉裁《说文解字注》："其长及膝，若今之短袄。"《急就篇》颜师古注也说："短衣曰襦，自膝以上。"按古代的深衣之制，"衣"和"裳"是有别的。上为衣，"及长过膝"；下为裳，"其长及踝"[12]，上下连接在一起，这就是所谓"长襦"。还有一说，襦指的是内衣[13]。如睡虎地四号墓两方木牍上有黑夫和惊向家里讨钱的信，说是"为禅裙襦"。这个"襦"当然应该视做内著之服，因为各自若著战衣，而要维持军容的整肃，那简直是不可想象的。同理，秦律中"赀甲"、"赀盾"也都是对犯罪者罚金的等级规定，不尽是缴纳实物的。所以，"及膝"是指一般的"襦"，"及踝"则是襦的延长——长襦。但这些均同秦武士俑衣制不合。即便有把"过膝"的战衣称作"长襦"者，也因含义不明确，不好苟同。至于说"襦"系内衣，则同我们所讨论的问题相去甚远，可置之不顾。

那么，要确知秦俑外著战衣的原名，首先还是让我们看看它外形的特点：

第一，交领，曲裾，右衽，束带；

第二，厚实，端庄，直袖，袪口浅卷有如直袖无胡的褠禅衣（《释名·释衣服》）；

第三，长度一般及膝。

除以上这些共有的特点外，还有长短、裌复、掩法深浅的差异。可为三式：

Ⅰ式有三（图Ⅲ-3：7）：Ⅰa：大襟，衣两角斜分，垂于两股之侧有似燕尾（但不同后摆中分的燕尾服）。长度多在 100 厘米以上，短者也有 93.5 厘米；

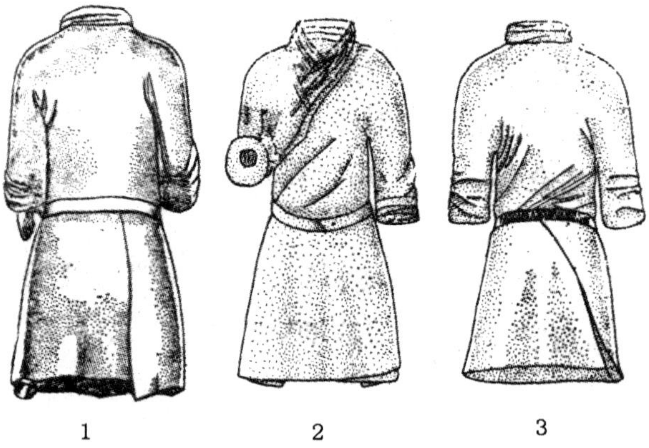

1. Ⅰa式 2. Ⅰb式 3. Ⅰc式

图Ⅲ-3：7 战袍——复衣（Ⅰ式）

Ⅰb：基本同Ⅰa，但衽缘绲边；

Ⅰc：同Ⅰa，唯下摆平直，无下垂的衣角，如立射武士俑（也可能同其丁字步站立而使下摆展开的姿势有关）；

Ⅱ式：同Ⅰa，唯两重衣。其穿法是两衣并掩，一起束带；或是里衣掩襟后再套穿外衣，束带。两衣内长外短，两摆差距4.5～5.5厘米（图Ⅲ-3：8）。

Ⅲ式：前幅较窄，是为小襟，但大于直裾式的对襟。下摆平直，长度较他式为短，落于股中。长100.8厘米（图Ⅲ-3：9）。

此外，秦俑还穿贴身的小衣。因其受外衣的遮掩而在俑颈部仅露一点圆领或交压的领角。固然全形不清，总可肯定是《释名》

上：袭襗摆距小 下：袭襗摆距大

图Ⅲ-3：8 战袍——重袍（Ⅱ式）

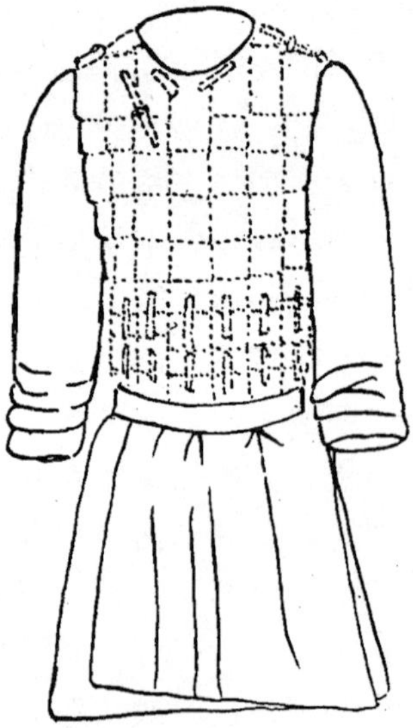

图Ⅲ-3：9 擐短铠之褶衣（Ⅲ式）

（二号坑骑兵俑所著）

所谓“受汗垢之衣”的内衣——“鄙袒”、“羞”、“亵衣”。

外著曲裾式战衣（暂除铠甲及护腿设备）长蔽髋臀，大襟长摆，斜领交裾。其掩法大致是这样的：把右襟掩过体前，角垂左侧。然后将左襟向右绕过胸前，角落右侧。股两侧衣角下垂如燕尾，这就是所谓“曲裾后垂交输”的形式[14]。袍上再用革带束腰。这种长衣的衣长（自领缘至后摆）同摆长之比为1∶2.5，个别的可达到1∶3，正是“裾衣博袍”的形制。

《广雅·释器》：“袍，长襦也。”这是用长襦比喻袍的，反之，长襦本身的加长也就是袍。同理，《淮南子·齐俗训》高诱注：“楚人谓袍为短褐大布”。这不过是换了地方的一种叫法。这也再次说明：长襦、襦和袍不同，但又和袍存在着某种近似之处。

于此，我认为秦俑战衣不是“短褐”，也不是“长襦”，而应为“战袍”。作如此定名，还基于以下的理由：

第一，秦人的“战袍”之称由来已久。《诗·秦风·无衣》里有“岂曰无衣，与子同袍，王于兴师，修我戈矛”，是脍炙人口的名句，其演化为军人间“袍泽之谊”，也成为中国人道德文化的要素之一。

第二，袍是长衣服，有面有里，内絮丝绵，即有“著者”[15]。著，或作“褚”，是絮衣服的材料——丝绵。据《礼记·玉藻》载：“纩为襺（茧），缊为袍。”即是用新丝绵（纩）絮襺，用旧而粗的乱麻絮袍[16]。而这也往往是做军衣的必要原料之一。如《左传》宣公十五年（公元前594年）就有“三军之士皆如挟纩”的话。再看秦俑战衣厚实，显非禅衣。须贾就是因为哀怜“范叔一寒如此”，才赠范雎以厚缯之“绨袍”（《史记·范雎蔡泽列传》）。所以，古人把这种絮棉之袍又称之为“絮衣”、“复衣”，是有道理的。

第三，袍是当时普遍的外著常服。孙贻让在《周礼正义》中解释说：“凡著袍者必内著襌，次著袍”，这在历代陶俑服制上都有明确的反映。秦始皇也曾规定“三品以上绿袍深衣，庶人白袍”（《中华古今注》）。可知著袍是历史上盛行不衰的服式。

秦俑战袍中还有两种特殊的袍式，也应是另有专名的，如：

Ⅱ式袍——

王国维说：“褶谓一衣自有表里，袭则数衣相为表里。褶为衣名，袭乃加衣之名。”（《观堂集林·胡服考》）“袭”是衣上加衣之谓，是套穿的重衣。不过，秦俑的Ⅱ式重衣均系袍式，内长外短，所以我们把这外著之长衣称作“袍”，也可称“袭”。至于里面的长衣则可称作“襌”，因为它处于袍与内衣（即“亵衣”）[17]之间，也可给“中衣”之名。《释名》：“中衣，言在小衣之外，大衣之中也。”

Ⅲ式袍——

《释名》：“褶，袭也，覆上之言也。”意思是褶衣像袭，覆盖的是上体。王国维据以推论“大褶至膝，小者则较膝之短矣”。那么，这种褶也就近似于现在的掩襟短大衣。《礼记·玉藻》郑玄注："褶音牒，袷也。"孙希旦集解："衣，有表里而无著（褚）者谓之褶。表面皆用帛为之，故曰：'帛为褶'。"这种有表有里、双襟合口胸前的短袷（即袷）袍的特点，正同秦俑Ⅲ式袍吻合。它既为骑兵之上衣，应当名之曰"褶"。上褶同长裤配套，这就构成了骑士在马上作战的"袴褶之服"（胡服）。

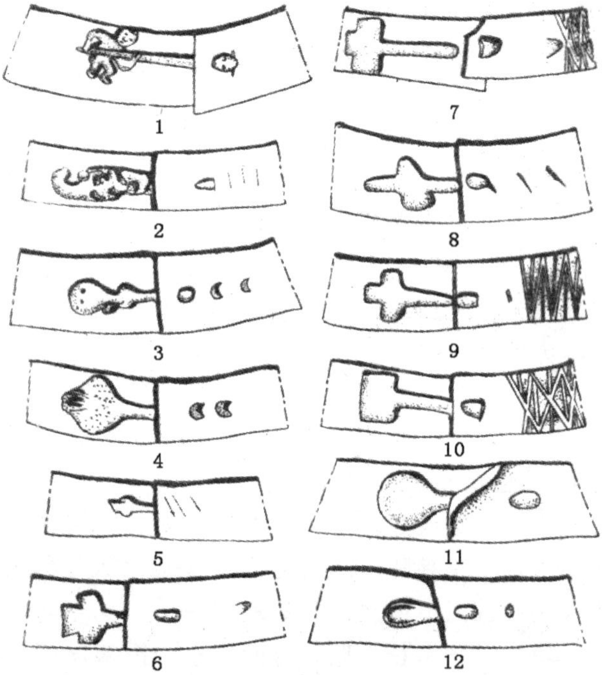

图Ⅲ-3：10　秦俑革带之钩形

1. T10K：110　2. T19G8：12　3. T19K：197
4. T1K：18　5. T19K：127　6. T19G8：23
7. T10G6：22　8. T1G4：29　9. T10G6：27
10. T10K：46　11. T1G2：3　12. T19G10：9

秦俑穿战袍，腰间无不束带。擐铠甲者，因前后甲的遮挡，袍上的束带是看不清楚的。但在腰侧的甲缘之下，往往露出束带的一个边来。秦俑的腰带呈扁条形，围在腰间，形作浅浮雕。因为带的大端缀带钩，腹前带上有孔眼三个（个别的是两个或四个），可知其原物为革制。带长 80～110 厘米，宽 3～5 厘米。表面压印有菱格纹、三角纹。带钩贴附于革带右端的表面，以钩盖固定。束袍时，由左端拉过带尾，通过孔眼同钩头相扣。（图Ⅲ-3：10）

《周礼·春官·巾车》说腰带有绅有鞶的不同。绅属于大带，是用丝绦束衣的绑札之便带，所以无钩之设。而鞶属于革带，用韦，以佩玉。而秦俑的带属于缀钩之革带，也就是原来的"具带"（《战国策·赵策》）。据王国维先生在《胡服考》一文中的汇释，此带系"袴褶服之络带，即郭络带、钩络带之省称"。故而秦俑之袍带，也可称作"络带"、"革带"或"具带"。

秦俑的带钩呈浅浮雕的形象，原来应是青铜制品，小者 3 厘米，大者长及 20 厘米。其形状有铲、斧、棒、琴、琵琶、钉盖等形，也有一些夔龙盘结、飞鸟展翅的趣味之作。有一钩，作勇力之士持矛前刺的半浮雕。钩身作勇士躬身持矛奋力前刺之状，钩首则作被刺的敌人头颅。构思新奇、则寓意明确、造型生动，是一艺术小品。

带钩作为实用之物，又具装饰之美，向来受到青睐。《淮南子·说林训》，有

“满堂之坐，视钩各异，于环带一也”之句，可见带钩制作之考究，早为“食肉者”所钟。赵武灵王行胡服骑射，用黄金师比为带钩。所谓“师比”、“胥纰”、“犀毗”、“私鈚头”等名，都是胡音，为“鲜卑一语之转”（王国维《观堂集林》）。

《左传》僖公二十四年（公元前 636 年）载，齐管仲曾用箭射中公子小白之钩。事在春秋中期，可知具钩之带并非大带，中原原有革带也非是战国时由胡地传入。当然，秦文化早受胡人影响，服饰的沿用或引进问题，需具体而论。

（四）铠甲

秦俑铠甲是最引人注目的部分，因将卒军职、衔级的不同而有别。其形状可分为二类七式：

第一类：革、札结合铠——这指的是在革铠上嵌缀札叶，于周边处“露白”的形式，包括有四式：

Ⅰa（图Ⅲ-3：11）：先用皮革缝制成一领“坎肩式”的“短袄”（即前后两部分），再在两肩头上联接披膊（又称“护膊”、“搭膊”、“覆膊”）。分上、下旅两段，计长 64 厘米。前甲上旅，自胸以下有 3 或 4 排甲片，每排有札叶 7 片；后甲自背以下有 4 或 5 排甲片，每排札叶 7 片。腰部有甲片一排，绕体一周，接于上旅之下，计有札叶 20～26 片。前后甲的下旅，有 7 排或 6 排甲片，每排札叶数和腰札数相等。总之，此式铠的前甲有札叶 11 排，后甲的上旅始终比前面多出一排。

双肩的披膊较他式为长，可护住肩膀的部位。在皮质披膊的中间嵌缀甲札，上下 10 或 11 排，每排甲叶 7 片。

皮革外露的部分在铠甲的下摆、胸、背和披膊的四周。上面绘制有精美的几何

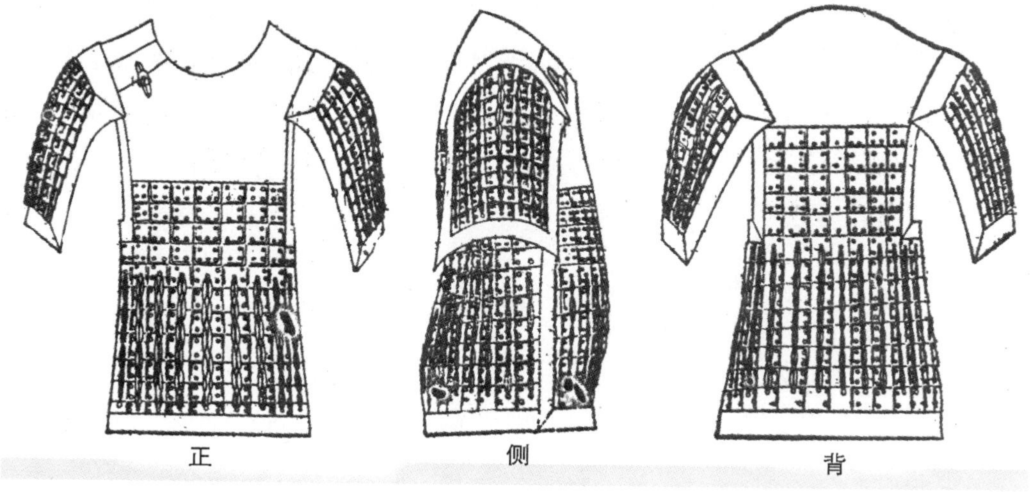

图Ⅲ-3：11 铠甲—Ⅰa 式（吏甲）

（一号坑 T1910：24）

形图案。

铠甲的开合部位，在右肩前和腋下。右锁骨头部位的皮革上有棒形扣结。

Ⅰb（图Ⅲ-3：12）：整形仍然是由前甲、后甲和披膊三部分组成。其构成特点是：前甲下摆呈倒三角形，垂蔽裆前，长可97厘米；背甲下缘平齐，仅及腰际，长55厘米；细小札叶嵌缀的部位是前甲的胸部以下，腰部一周、背下一方块；在皮革披膊上和前后札叶的外围部，绘以各种几何图案花纹；革铠上有下垂的彩色带结，两肩各一、胸三、背二或三朵。

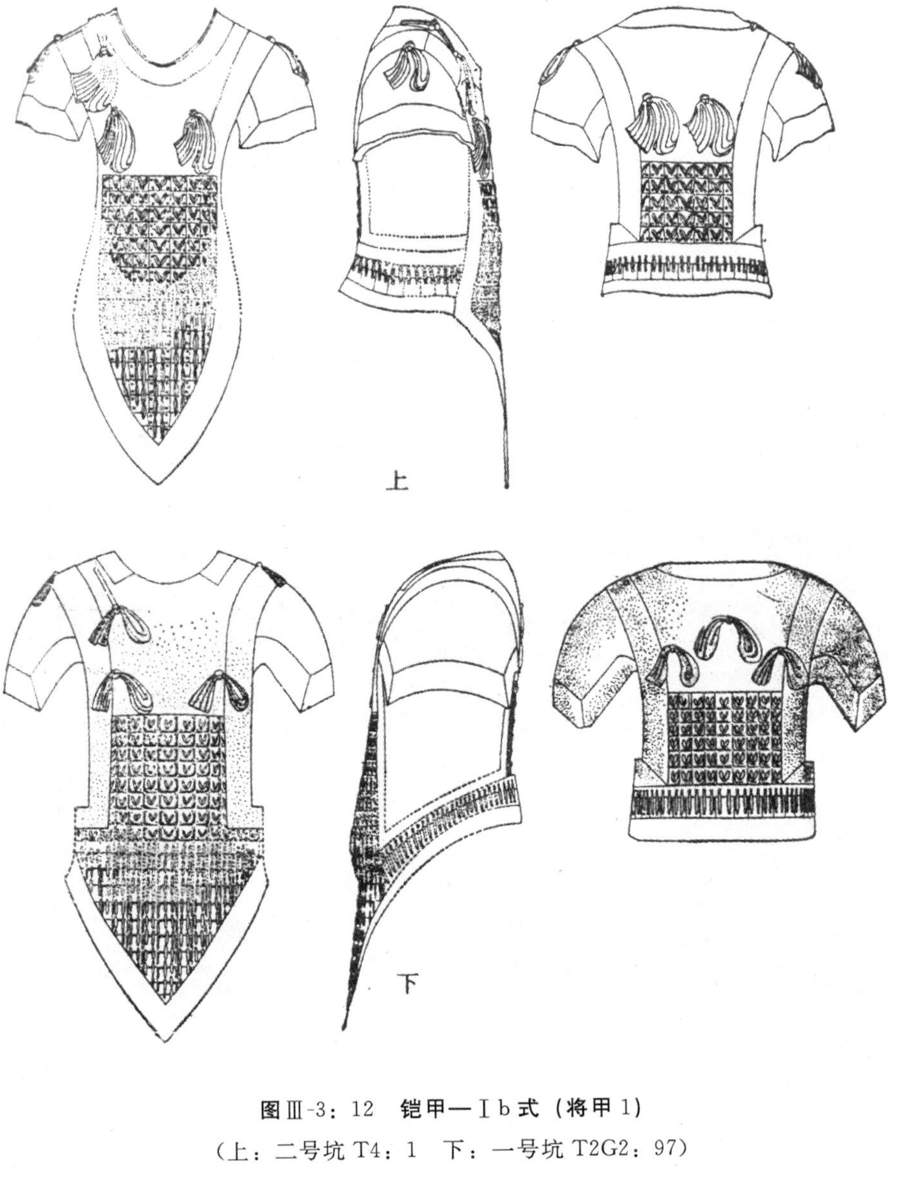

图Ⅲ-3：12　铠甲—Ⅰb式（将甲1）

（上：二号坑T4：1　下：一号坑T2G2：97）

此式铠的甲叶属于细札型，呈长方形和方形两种。每片札叶的面积有4.2～4.8厘米×3.5厘米、4.0厘米×4.0厘米两种规格。全领甲札叶有160余片。

开合位置在双肩上。左右肩开口有纽带扣结，带头花结下垂。擐甲时取“钻穿式”，即从头顶上向下环套在身上，再在双肩扣结。

Ⅰc（图Ⅲ-3：13）：形制基本同Ⅰb式，唯无披膊而已。但也稍有区别，表现在：

第一，博大壮阔。前甲身长100.8厘米，后甲长62厘米。

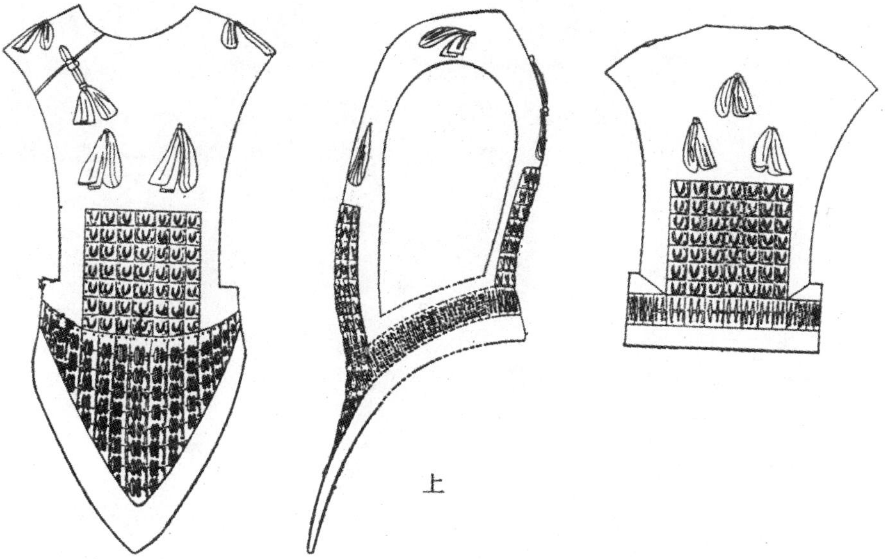

上

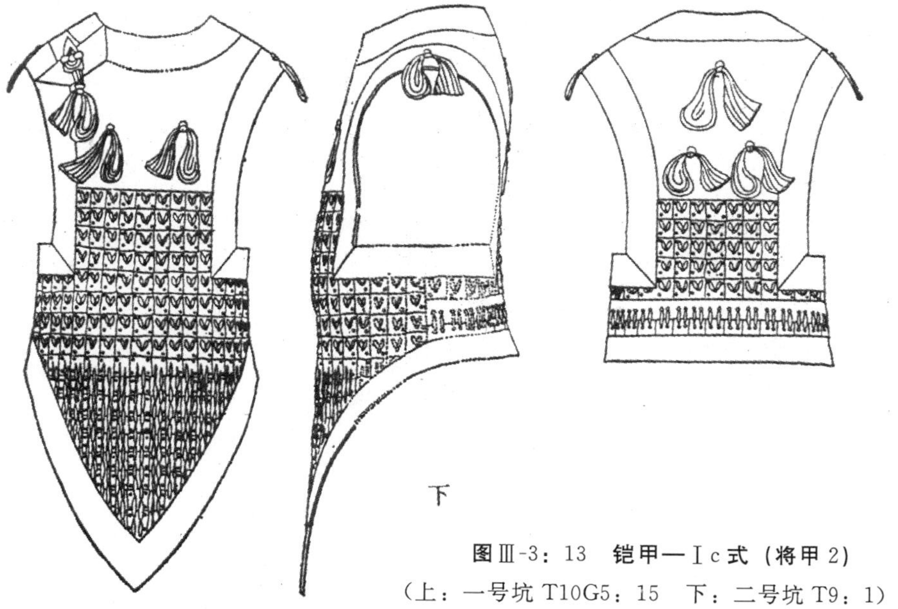

下

图Ⅲ-3：13 铠甲—Ⅰc式（将甲2）

（上：一号坑T10G5：15 下：二号坑T9：1）

第二，甲片细小。固然甲札也是方形和长方形两种，但面小，如方形甲片是3.5厘米见方。整领铠甲有甲片250余片。

第三，连接甲札的方式，虽然同上式一样，除去每片四角有“钉豆”之外，还在腹、腰部的每片甲叶上增加了两道呈“√”形的络组“联甲带”。而此式的“√”形络组带面积，有些铠甲上可扩展到腹下部，覆盖到肚脐处。

Ⅰd（图Ⅲ-3：14）：仅有前甲而无后甲，更无披膊。在前甲上缘的左右两角，各接一条长30厘米、宽10厘米的绦带，带头再续以细长的彩带。铠甲下缘呈圆弧状，在圆角的上部作两个纽环，以便背带穿连。

甲片连缀，贴附在前甲革铠的中间，周边留出宽约4.7～6厘米左右的甲缘，上绘彩色几何图案。整领甲的全长是65厘米，宽36～40厘米之间。上下有甲片11排，每排5片，如加上肩前的三角形甲片，总计有甲片57片。

此式铠甲防护的主要部位是胸、腹。穿时，前甲贴体，两肩的绦带在背部交叉，

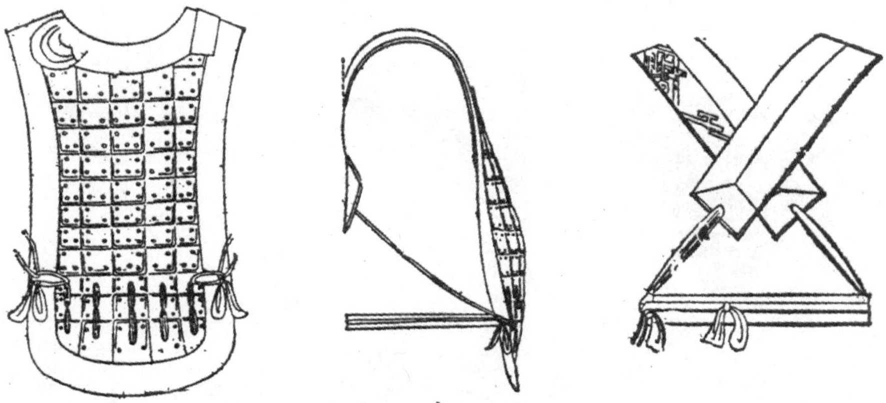

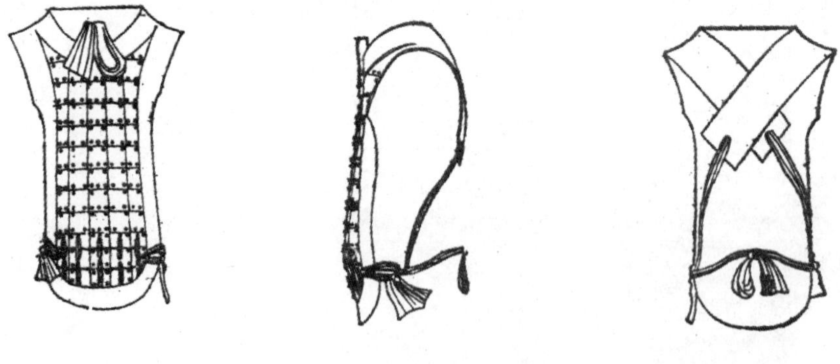

图Ⅲ-3：14　铠甲—Ⅰd式（佐吏甲）

（上：一号坑T19G10：14　下：二号坑T4：2）

再把细长的彩带穿过腰间的纽环，然后拴结在后腰上。

第二类：札叶联缀铠——整领甲全由大甲片穿连，不留周边。可分为三式：

Ⅱa（图Ⅲ-3：15～16）：由前甲、后甲和披膊三部分构成，开合口在颈前和右腋之下，胸右侧之上缀有扣结。此式铠前长后短，前甲下缘尖圆如桃，后甲下缘平齐。一般长 66 厘米左右。前后甲的札叶上下作 8－7 排或 9－8 排，上旅每排 5 片，下旅适应体宽再增加两片。披膊有如覆瓦状，札数是 4 排×5 片。全领铠的甲叶数少则 195 片，多者可达 229 片。

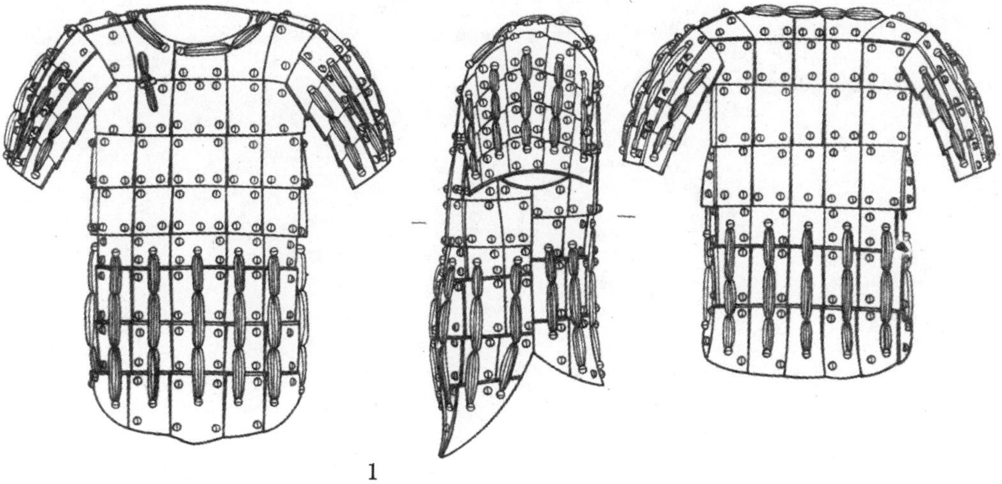

1

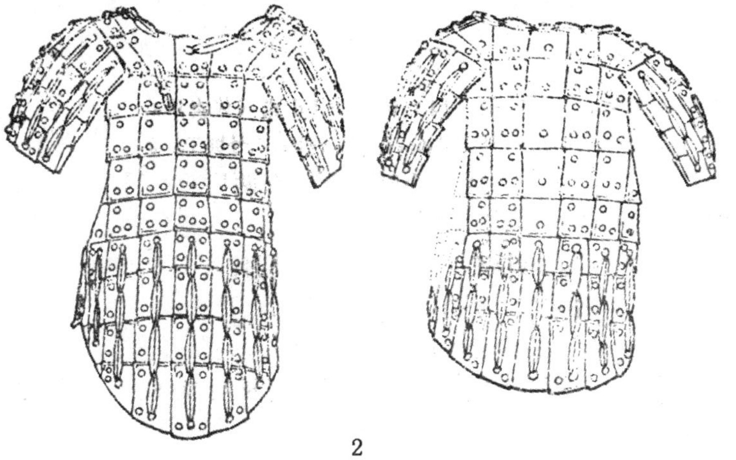

2

图Ⅲ-3：15　铠甲—Ⅱa 式（步兵、小吏甲）

（1. 三号坑侍卫甲俑　2. 一号坑 T1G2：22）

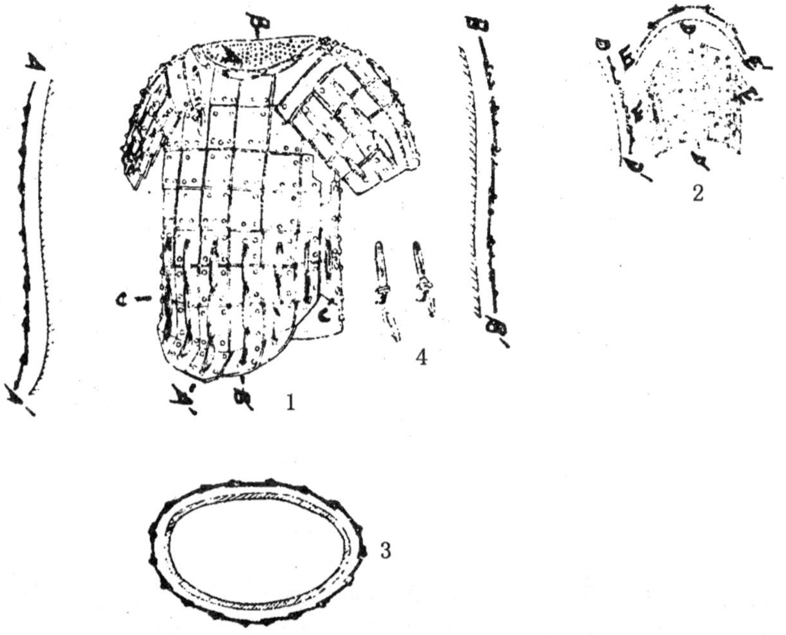

1. 甲衣透视及甲片压法　2. 披膊压法　3. 甲身环压法　4. 脑前甲扣结构

图Ⅲ-3：16　甲札排列法示意（Ⅱa 式）

Ⅱb（图Ⅲ-3：17）：较Ⅱa 式铠为短，骑士所著者长不过 55 厘米，御手甲的最长才是 66 厘米。此式甲最大的特点是无披膊，开合口留在右上胸部。骑士铠的前后甲札叶数各是 8 排×7 片。为连缀两叶甲札，在两肩头和腋下再增加连缀的札叶。肩上的札数是 2 排×2 片，腋下是 3 排×3 片；御铠的前甲上下有甲札 12 排，较后甲多一排，每排有札叶 7～9 片。同样在双肩和胁下增加札叶，全领甲有札叶近 200 片。

Ⅱc（图Ⅲ-3：18）：通体修长，由前后甲、臂甲、护手甲和盆领五大部分组成。此式铠甲出土于二号坑的车兵营中，较为特殊。前甲长约 80 厘米，下缘平齐，两角被抹成三角形，札数是 12 排×5～7 片。后甲短于前甲一排，札数为 11 排×5～7 片。臂甲从颈侧连接前后甲，经肩向下，形成“袖筒”，札数计 16 排×5 片。护手甲由 3 片连缀，似一块龟盖，连接臂甲覆于手背之上。盆领由 3 块长甲札合成，下缘连铠，围颈一周，颏下留缺口，高可 3.5 厘米。全领札数可达 327 片之多。

秦俑七甲显示出来形体和结构方面的特点是：

第一，基本属于“短型甲”，当是秦国防护服装的特色。

《荀子·议兵》里说魏国考选步兵的标准是：“魏氏武卒，以度取之：衣三属之甲，操十二石之弩，负服矢五十，置戈其上。”其中所谓的“三属之甲”，据《汉书·刑法志》师古注引：“服虔曰：‘作大甲三属，竟人身也。’苏林曰：‘兜鍪也，

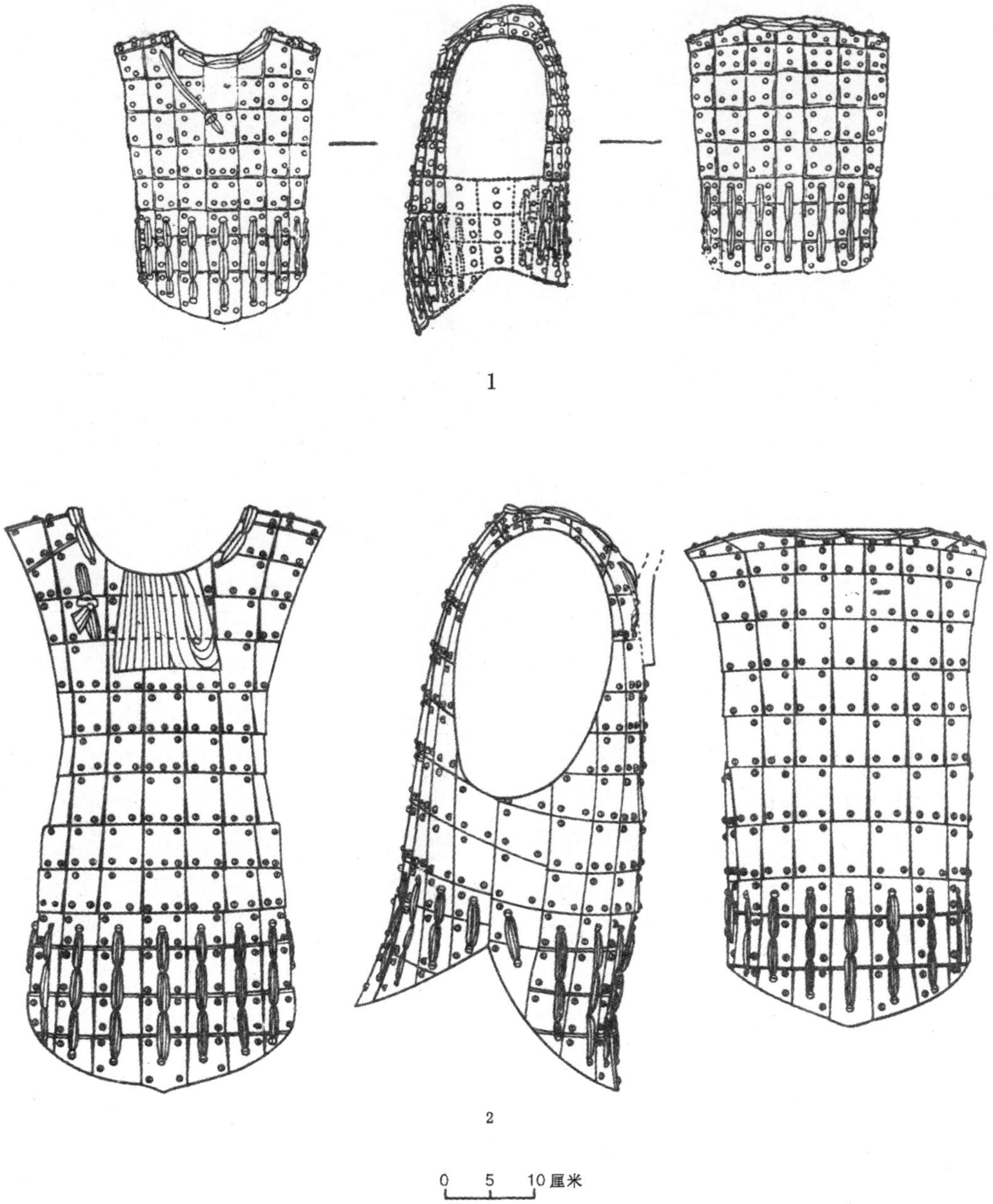

1. 二号坑 T12：2（骑） 2. 三号坑 46（御）

图Ⅲ-3：17 铠甲—Ⅱb式（骑御甲）

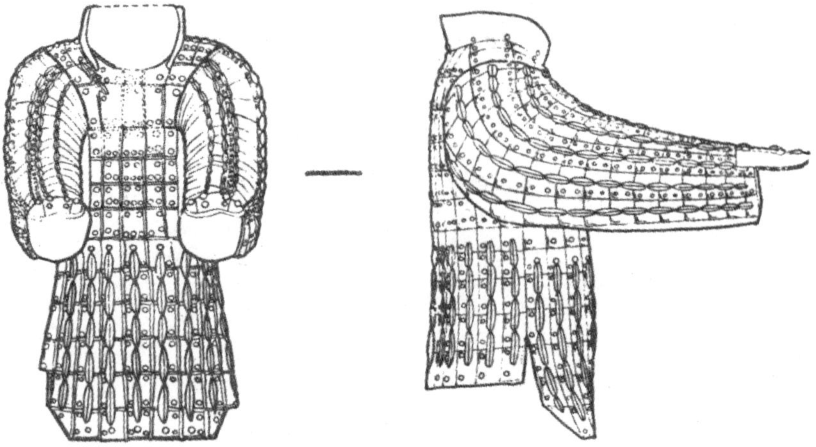

图Ⅲ-3：18 铠甲—Ⅱc式（御甲）

（二号坑轻车兵御俑 T1：2）

盘领也，髀裈也。’如淳曰：‘上身一，髀裈一，胫缴一，凡三属。’”苏林、如淳之说尽管所指不同，但都是身体三部分的防护装备，而且各有专名。《说文解字》：“属，连也。”既然是“三属”，正同服虔说的“大甲”，其长“竟人身”。秦俑二号坑车兵营的御者所穿的铠甲（Ⅱc式），具有盆领、臂釬、护手甲，而前后甲下可及腹，还只护住了体躯的上身。既然没有护住髀（股）、胫（小腿），此式铠就算不上“三属之甲”。同样，高级军吏俑所著之甲，前蔽裆胯，其倒垂的三角形前甲固然长到100厘米，毕竟是起着显示等级身份和装饰的作用，还是算不得“三属之甲”的。

在秦俑七种铠甲中，车兵御俑和高级军吏俑的铠甲数量最少，身长最大，但都不属于“三属之甲”。短于此制的其他式铠甲，则更不用说。那么，秦用“短型甲”是否意味着不重视作战的防护装备？回答应该是否定的，因为这正是秦国战服装备的特色所在。对此，我们应该从两方面看：首先，把秦俑铠甲同与它配套的战袍、曲领及各类护体设施联系起来，显然是一套既利于作战、又防护严谨的、科学的战服系列；其次，秦俑铠甲的样式、长短同军职身份和兵种有关系。

第二，外观上短小、精练、合体，有利于作战动作的发挥。

秦俑铠甲一般只长及腹部，防护的重点部位在上体的前后和肩。前甲又长于后甲。

从铠甲的表里看，第一类铠是革、札结合的双层。在缝制的革铠上再缝缀以连属的甲叶，无疑是多了一层防护。第二类铠没有在札叶联缀成形之后露出周边，还不能说没有衬里。因为札叶联缀后形成的错缝，是会直接伤害战袍的。汉代“坚甲絮衣”连用就是这个道理。

第三，结构上有其独到的做法，表现在：

1. 甲叶多呈方形、长方形和三角形。叶面基本上有大小两种，像二类铠甲有的叶面大可13厘米×6.5厘米（Ⅱa），作细札叶的二类铠有的札叶面积只有3厘米×3.1厘米（Ⅰb、1c）。一领铠甲所用甲片最少的只有57片（Ⅰd），最多可达327片（Ⅱc），一领步兵之甲札数在195～229片之间，大概此属一个制甲的常数。

秦俑甲片的面积虽说是“大”，但仍然还属于小札叶。春秋时期的皮甲，像湖南长沙浏城桥楚墓提供的例子，其甲片的规格有15厘米×13厘米、20.5厘米×13厘米。湖北随县曾侯乙墓的甲片最长的可达到26.5厘米。相比之下，秦俑甲片虽小，但整领铠甲不仅贴体，而且便于活动。

2. 札叶相接时的排列方式是：①在横向上：以腰围的一排甲札为“横线”，位于此“线”上旅的一排排甲片是“以上压下”（即上片压下片），在下旅的是“以下压上”（下片压上片），从而形成往上下两个方向展开，排排叠压；②在纵向上：以胸腹为“中分线”向两侧绕体作行行叠压，直至脊柱；③披膊和御者的臂釬，都是以半筒的中脊向两旁叠压，整体上则系由下而上地错缝压。

3. 札叶间的连接通常采取两种方法，一种是“点缀法”：即在每片札叶的四周和中心，有3～5个组带的穿连点，使它同相邻的札叶结合；另一种是“条缀法”，即在点缀的札叶上，如腰际、披膊、臂部，用组带穿连上下两排札叶；或在颈部的前后甲上缘，横向地加一周络组以连接左右的札叶。前一法用在上旅，形成稍有活动间隙的“固定连缀”。而后一法多用在下旅，因为这部分甲片上只有2～3个点缀的连接点，如再加上1～2道组带，不但在身躯活动部位增加了一道更为牢固的“保险带”，而且也形成了便于活动的“活动连缀”。

秦俑甲片采用小札叶，适于体躯变化的札叶排列方式、连缀方法，比起春秋战国时期南方诸侯国皮甲的大叶札由右往左、由下向上的单向排列来，显得贴身灵巧，行动自如。

无论是“点”连拟或是“条”连，其连接的“络组”应该是质薄而宽的同一质料的绦带（表面有三道绉褶）。从性能上必定是坚韧耐磨的材料，价值不菲。不然，怎么在云梦秦简上随处都可以看到有“赀络组”的法律条文呢？因为秦俑甲片上孔距大小的不同和组带走向的不同，因而在札叶上形成了“点”如钉、“条”如带的针脚。

秦俑甲制七种，确因军职身份和兵种的不同而配发。下面分别给予定名：

Ⅰa式铠甲——发现于一号坑的“矩阵之本”。为戴双板长冠的中级军吏所服，目前在前5个探方内仅见4例（G2：27/G4：43/G8：41/G10：24），可定名“吏甲”[18]。

Ⅰb式铠甲——在一、二号坑中均有发现，计有3例。其中两例为一号指挥车上戴切云冠的高级军吏俑所著，而且又是在两个对称的指挥位置上（G2：97/G10：97）。另一例是二号坑弩兵营地教射的高级军吏俑所穿（T4）。此式铠可名之曰“将甲一号”。

Ⅰc式铠甲——仅见两例。一例在一号坑第五过洞的第一号车上，为戴切冠的高级军吏俑所著（G5：15），另一例是二号坑车步骑混编营中一指挥车上的老年高级军吏俑所穿（G11、车6）。此式铠可名曰“将甲二号”。

Ⅰd式铠甲——有4例，其中3例为一号坑指挥车上的中级军吏俑所穿（G2：14/G7：14/G10：14）。另一例是二号坑弩兵营中站在高级军吏俑右侧的中级军吏俑。此式铠可名之曰“佐吏之甲”。

Ⅱa式铠甲——是秦俑甲衣中数量最多的一种，下级军吏俑和重装步兵俑均穿此式铠甲。不过，二者稍有区别。前者长67～75厘米，前甲札数为11排×15～7片，全铠计195～229片；而后者甲长60～66厘米，前甲札数为8排×5～7片，全铠计119～147片。取名时因其和杨家湾汉墓武士俑的一类二型铠甲结构相同[19]，故前者称“小吏甲”，后者称“卒甲”。

Ⅱb式铠甲——分别为骑士和车御所著。二者的区别是前者身短，后者身长。骑士前甲保护的部位是胸，下缘仅及腹上部，因为过此则妨碍乘马作战；而因御手是立乘，其战斗地位使之成为“众矢之的”，故而暴露面尽可能地采取安全措施，因之防护部位从上到下，直至裆部。前者可名为“骑士甲”，后者可名为“普通御甲”。

Ⅱc式铠甲为二号坑的车兵营的御者所著，可称“车兵御甲”。

(五) 裤(绔)与护腿设施

古代的“裤”字有多种写法，如绔、袴、嵰、�等。其形制有两种，一种类似于无骑缝的套裤，即两腿贯穿裤筒，裆不缝口。《释名》所谓“袴，跨也。两股各跨别也”。另一种是裤，也有写作嵰、裈、裩等，属于缝裆的满裆裤。

从发展时间上看，至少在西汉中期以前，男绔有裆，女绔无裆[20]。那么，有人问：《史记·赵世家》有屠岸贾灭赵氏，搜索宫中，赵朔夫人“置儿绔中”，又作何解？问题很简单，因为外边穿有裳遮护的缘故。把绔作为外服，那是赵武灵王“易车而骑”以后的事。在这里，指出这一点是因为它有助于对俑裤的理解。

秦武士的绔，上隐袍内，下及脚面。绔管可腿，笔挺有力。在其中、下部往往还有一道横线，可能是缝制时因料幅的关系而形成的。（图Ⅲ-3：19）除绔外，秦俑下体的防护设施还有四式：

Ⅰ式：在膝下用两幅宽约10厘米的帛带由里向外地缠绕，至脚踝下。在帛带起讫的上下两端，均用组带绑扎，对称地垂结胫前。这种护腿高度29～44.5厘米，上部周长33～66厘米，下部周长只有24～33厘米。帛带多褐色，组带朱红，也有粉紫色者。（图Ⅲ-3：20）

《左传》桓公二年“带、裳、幅、舄”句下杜注：“邪幅，如今行縢者。”其著服部位，《诗·小雅·采菽》：“赤芾在股，邪幅在下”。笺：“邪幅，如今行縢也。偪束

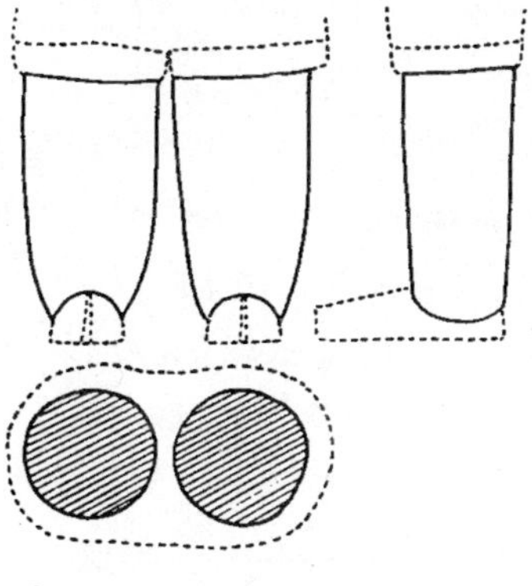

图Ⅲ-3：19 **长裤**

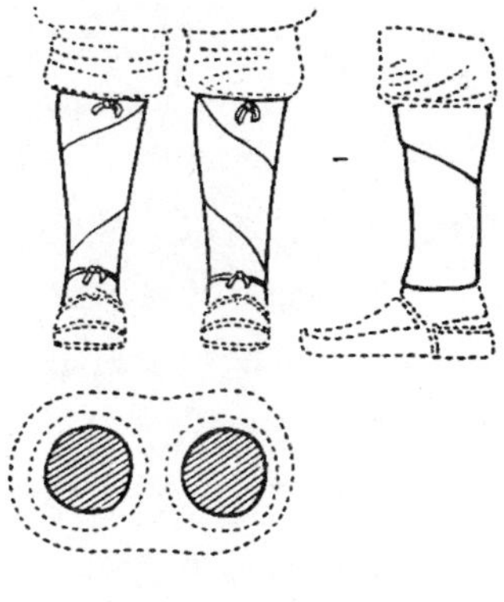

图Ⅲ-3：20 **行縢**

其胫，自足至膝，故曰在下。”幅，本是布帛宽度的统称，因为采用螺旋式缠绕腿胫，才有邪幅的称呼。这应当说是很早的一种护腿设施，至少在西周时代的武士是如此。它的实战作用正如《释名》说的那样：“幅，所以自偪束，今谓行縢言以裹腿，可以跳腾，轻便也。”所以，秦武士俑的此式护腿是“行縢”无疑，也就是俗称的“绑腿”、“裹腿”。

Ⅱ式：相当行縢的部位，不过它是在绔外的粗而短的杯状圆筒。其上口周长 44～64 厘米，下口周长 37～51 厘米，护腿高度只有 16～26 厘米。（图Ⅲ-3：21）

《说文解字》：“绔，胫衣也。”绔虽则类似套裤，却是护小腿的，所以段玉裁说它的形状是“左右各一，分衣两胫”（《说文解字注》）。秦俑Ⅱ式护腿以称“胫衣”为是。[21]

Ⅲ式：虽也是仰杯状，但粗壮厚实，直通股间，显得臃肿，似在绔外又套了一件防护服。仅以膝上下的周长为例，就在 50～64 厘米之间，显然大于胫衣之上口。那么，在股间的上端口径将大于此数。所以，塑造著此服的两俑腿时，竟使二者粘连在一起，让人产生“步履维艰”之感。（图Ⅲ-3：22）

过去有人称此裤式为“絮衣”和“胫缴”者。《汉书·袁盎晁错传》，“赐之坚甲

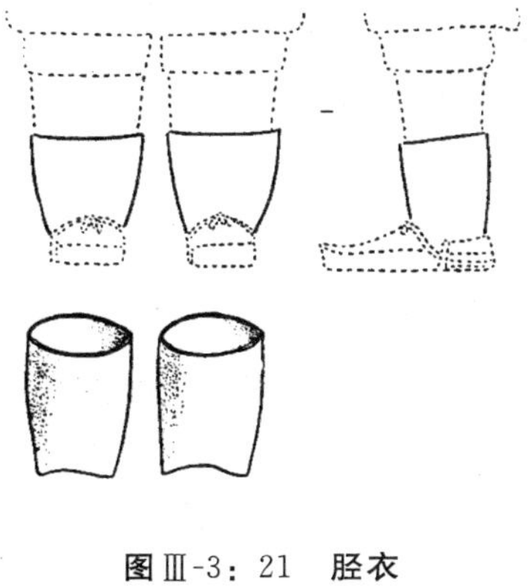

图Ⅲ-3：21 **胫衣**

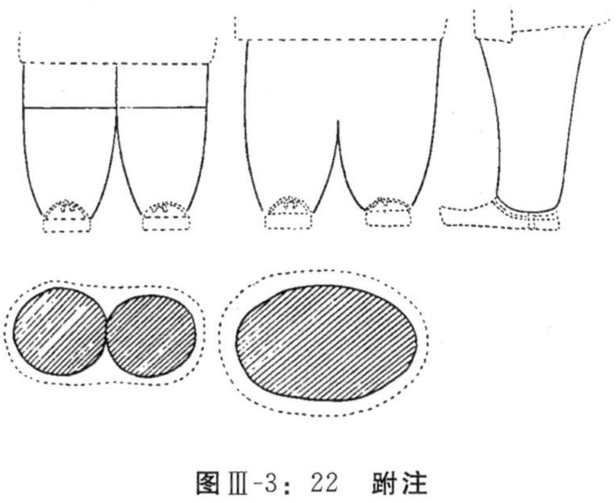

图Ⅲ-3：22 **跗注**

絮衣”，知衣在身以垫衬坚甲。所谓“胫缴”，实是缚胫衣之生丝绳。可见二者都与秦俑不合。

《左传》成公十六年（公元前575年），晋郤至“有韎韦之跗注”。跗是脚背。注，属也、连也。所以，杜注：“跗注，戎服。若袴而属于跗，与袴连”。这种服制的特点是像裤子而并非裤子，但同裤子又连接在一起。其长度下至脚背，当然也是上达股间而束于腰际的。韎韦，是赤黄色的熟牛皮。秦俑Ⅲ式护腿的表面光滑，中有横线，似在缝制这种上粗于下的皮革时的接口，而且著此绔者并非一般的步卒。现在看来，以称“跗注”为妥。

Ⅳ式：这就是大家通常说的“短裤”。位于袍摆之下，外露6～12厘米，粗于长裤、行縢和胫衣，往往是套在诸种的外面。有些在上面还带有襞折。（图Ⅲ-3：23）

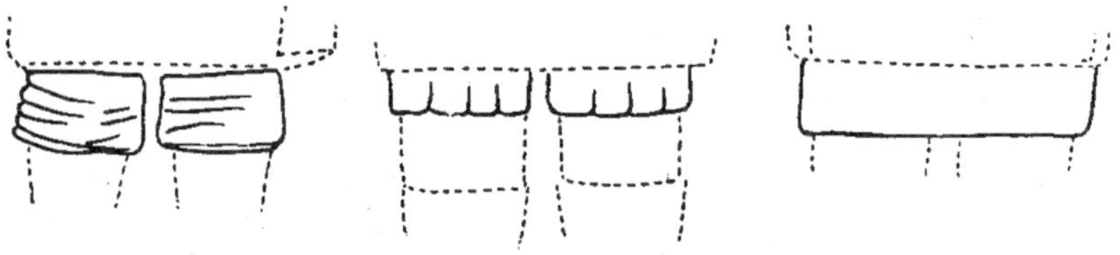

图Ⅲ-3：23　膝缚

实际上，这是一种护膝设施。因为有些并不分裆，形同今之短裙。如果把短裤套在长裤和其他护腿服之外，是断无此理的。可见其不是短裤。这种形式在以后的南北朝和隋唐时期的袴褶服中是经常可以看到的，名之曰“膝缚”。

（六）鞋

秦武士俑的鞋式可脚，变化不大，长26～29.6厘米，宽10～12厘米。分两式：

Ⅰ式：有如今之方口鞋。（图Ⅲ-3：24）但特殊之点有二，第一，从鞋尖的形状看，有Ⅰa——齐头平吻、Ⅰb——弧头拱吻、Ⅰc——平头翘吻、Ⅰd——平头翘尖的四种；第二，从系结的方式看，一类（Ⅰa～Ⅰc）是在鞋后跟和踝下的鞋缦[22]两侧等三处有环纽，綦穿纽环中而缚于脚面[23]；另有一类（Ⅰd）是无纽无綦。

无论鞋的尖端平齐或弧头拱吻，或翘吻的几种情况，只能看做是“小异”；而单底，方口，有纽有綦，着地后前部踏实则属于“大同”。从《仪礼·士丧礼》“綦结于跗连纽”的特点看，Ⅰa～Ⅰc式应名为“屦”。（图Ⅲ-3：24之1～4）

《急就篇》颜注：“单底谓之履。”《古今注》又说：“履者，屦之不带者”。结合“头深而兑（锐）、平底”（《急就篇》颜注）的“韦履”（亦名鞮、靸）的特点，可以看出，这还是履同屦在形式上的区别之一。即以履而论，就有熟牛皮的“韦履”、丝织品的“锦履”[24]和重在装饰鞋头的“勾履”（《汉书·王莽传》）。秦俑Ⅰd式鞋，顶端平齐，吻尖翘起特甚，以称“句（勾）履”为当[25]。（图Ⅲ-3：24之5）

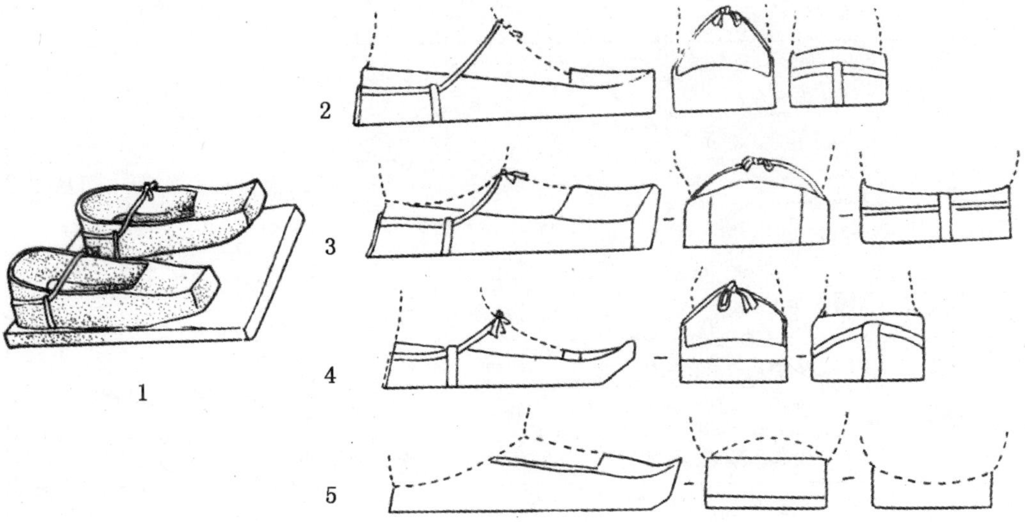

1. 履复原图　2. Ⅰa式屦　3. Ⅰb式屦　4. Ⅰc式屦　5. 勾履

图Ⅲ-3：24　屦及勾履

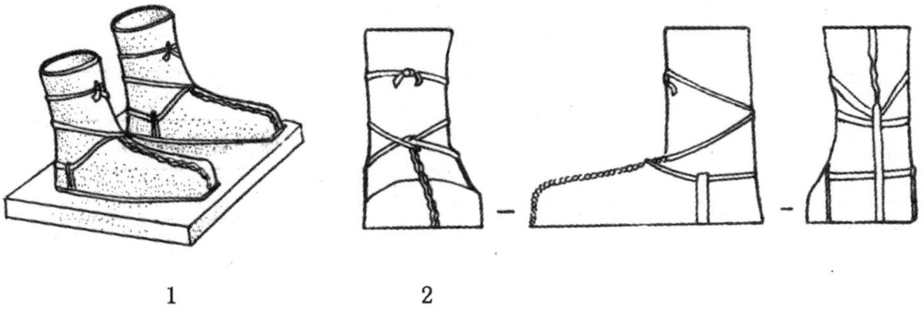

图Ⅲ-3：25　合鞮

Ⅱ式：是两片革物合成的单梁半高筒靴，也有纽有綦。（图Ⅲ-3：25）《说文解字》：“鞮，革履也。”在沈阳的郑家洼子曾出土过胡人的“络鞮”实物，其形犹如高筒靴。所以秦俑此式鞋可定名“合鞮”。

对秦俑战服的形状，我做了上面的概括与描述，通过考释给予定名。今列表于下：

秦俑战服一览表

通称	式别	定名	异名	特征
帽	Ⅰ	长冠	斋冠、刘氏冠	长板斜起，有缨
	Ⅱ	切云冠		以巾折卷，似层云翻飞，多作对称排列，有缨蕤
	Ⅲ	武帻	幅巾、衬帽	可头的软帽，似半瓢，无缨
	Ⅳ	武弁	帕	如武帻，但垂耳，有带扣
围领		曲领	围领	似前交的“围脖”
曲裾袍	Ⅰ	a 战袍	絮衣、复衣	曲裾大襟，衽角分垂股两侧
		b 战袍	絮衣、复衣	基本同上，但衽缘绲边
		c 战袍	絮衣、复衣	下摆平直，无斜分的衽角
	Ⅱ	外袭	袍、战袍	重袍并掩，或重袍分掩
		内襗	亵衣	
	Ⅲ	褶	褶衣、裌袍小褶	小襟，短身，衣摆平直
腰带		革带	具带、络带	窄带“皮质”，以带钩扣结
铠甲	Ⅰ a	吏甲		有前后甲，披膊，皮甲外露
	Ⅰ b	将甲 1		细札叶，前襟作倒三角形，后摆平直，皮质披膊
	Ⅰ c	将甲 2		基本同Ⅰb，但无披膊
	Ⅰ d	佐吏甲		有前后甲。后甲为交叉式背带，前甲有皮边
	Ⅱ a	卒甲	小吏长甲	甲有前、后及披膊三大部分，札叶大
	Ⅱ b	骑士甲	指挥车御手甲	作“坎肩式”短甲，无披膊
	Ⅱ c	车兵御甲	御甲	整体修长，有前后，臂釪、护手和盆领
裤	长裤	袴、绔		上隐袍内，下及脚面
	护腿设施 Ⅰ	行縢	邪幅、绑腿、裹腿	幅布自膝以下缠绕至脚踝(自里向外)
	护腿设施 Ⅱ	胫衣		作仰杯式，主要护胫部
	护腿设施 Ⅲ	跗注		在绔外，长及跗，粗壮
	护腿设施 Ⅳ	膝缚		袍下护膝。有分裆，或不分裆
鞋	Ⅰ a	屦	有带鞋	单底方口，齐头平吻，有纽有綦
	Ⅰ b	屦	有带鞋	单底方口，弧头拱吻，有纽有綦
	Ⅰ c	屦	有带鞋	单底方口，平头翘吻，有纽有綦
	Ⅰ d	履	无鞋带	单底方口，平头翘尖，无纽綦
	Ⅱ	合鞮	靴	单梁，革履，有纽有綦

二 全貌及其配备

（一）战服的总体印象

秦俑战服的全貌，从头至脚，可以用如下公式表示之：

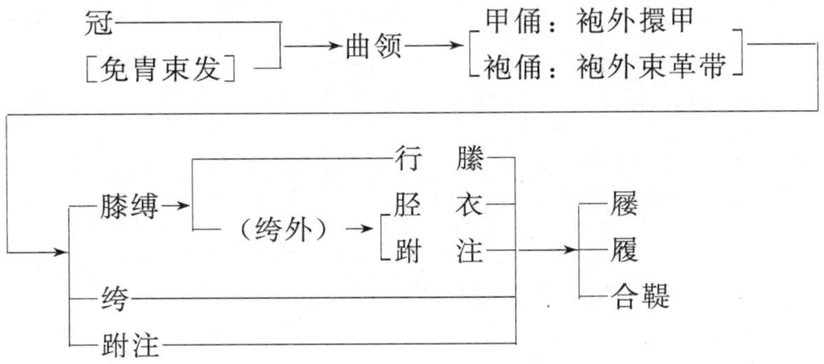

这些战服的品类多样，经考察得知，因兵种、军职、等级而有着一定的组合关系。为探索这一内在的联系，在此简要地重复一下俑的身份实属必要。

秦俑三坑的武士包括了除当时水军以外的步、弩、车、骑等四个兵种。

步兵俑群按在阵营中的编列位置，可分为单独编制的“独立步兵俑”和附属于战车的“隶属步兵俑”两大类。由军服装备上观察，这些步兵又有着著袍、裹行縢的“轻装步兵俑”和穿袍擐铠著胫衣的“重装步兵俑”的区别。

《史记·秦始皇本纪》载：秦二世曾“尽征其材士，五万人，为屯卫咸阳，令教射狗马”。《正义》释材士为“材官蹶张之士”。“材官”并非官职之名，很可能是“材士”之误。实际上指的是经过专门军事训练的地方武勇之士，所以也可以是步兵的代称。“蹶张”本是手足开弩弓装箭的一种动作，于是，人们就把这种使用强弓劲弩的武士称作“蹶张士”（《汉书·申屠嘉传》）。由于步战的普遍展开，远射程兵器在战斗程序上有了新的部署，于是把弩射的士兵从步兵中独立出来，成立了一支同步兵或其他兵种相机配合的新兵种——弩兵（或称“射兵”）。

秦指挥俑，同样也有著轻装的和著重装的。但以戴冠、穿袍、擐甲的重装为多。这里虽然没有将帅俑的出现，但从高级、中级、下级到初级的军吏系统看，已形成了“金字塔式”的梯次结构。

车兵是个古老的兵种，但秦把车区分成轻车、阙车、骑车和指挥车。利用战车冲击力大的特长，适应新时期战术需要，各执其事，确实是“灵活运用”。车上的乘员，无论是左右车士或御者，无一例外地都著重装。

骑兵俑之马披低鞍，无甲，但骑士著重装。

三号坑里作为高级官长的“亲兵”俑，都是些侍卫甲俑。

（二）战服装备的组合形式

1. 轻装步兵俑服：免胄束发，围曲领，著袍，勒革带，裹膝缚，缠行縢，蹬屦（或履）。

2. 重装步兵俑服（以下均取示意式），分两种：

A 长冠（或免冠）⟶曲领⟶袍（少数著袭）、外擐Ⅱa式甲⟶膝缚（或无）⟶行縢（或胫衣、或跗注）⟶屦（或合鞮）。

例：戴长冠者为最低一级军吏，如坑Ⅰ·K139、G2：86、G4：44、G8：37等。免胄束发者为士卒，其铠甲较前为短，如坑Ⅰ·G3：9中随车和独立步兵俑。

B 武帻⟶（以下基本同A）。

例：在坑Ⅰ是集中编制、成对称排列的甲士，如G1～G3、G9～G11。在坑Ⅱ则属轻车兵的车士。

3. 弩兵俑服，分三种：

A （束发）⟶曲领⟶袍、勒带⟶膝缚⟶胫衣⟶合鞮。

例：作丁字步的立姿射俑，如坑Ⅰ·G11：64，坑Ⅱ的射兵俑。

B （束发）⟶曲领⟶袍（少数著“袭”）、勒带⟶膝缚⟶行縢⟶屦。

例：坑Ⅰ·K和G1、2、4、6～8、10、11的袍俑。

C （束发）⟶曲领⟶铠甲（Ⅱa式）⟶膝缚⟶胫衣⟶履。

4. 车兵俑服，分两种：

A 武帻（帻外以带札髻）⟶曲领⟶甲（Ⅱa式）⟶膝缚⟶胫衣⟶屦。

例：坑Ⅱ的轻车甲士。

B 长冠⟶曲领⟶甲（Ⅱa式）⟶胫衣⟶履。

例：在一号坑为指挥车的车右俑，在二号坑里为同步、骑混宿营中阙车之左右车士。

5. 御手俑服，分三种：

A 长冠⟶曲领⟶甲（Ⅱb式）⟶绔⟶屦。

B 长冠⟶曲领⟶甲（Ⅱb式）⟶胫衣（或跗注）⟶屦。

例：坑Ⅰ御俑。

C 长冠压武帻⟶曲领⟶甲（Ⅱc式）⟶绔⟶胫衣⟶屦。

例：坑Ⅱ轻车兵御俑。

6. 骑兵俑服：

武弁──→曲领──→甲（Ⅱb式）──→褶──→绔──→合鞮。

例：坑Ⅱ骑兵俑。

7. 侍卫甲俑服，分三种（均出自三号坑）：

A （缺头）──→曲领──→甲（Ⅱa式）──→膝缚──→长绔（或行縢）──→屦。

B （缺头）──→曲领──→甲（Ⅱa式）──→胫衣──→屦。

C 长冠──→曲领──→甲（Ⅱa式）──→跗注──→屦。

例：此属指挥车后之“鼓手”俑。

8. 高级军吏俑服，分两种：

A 切云冠──→曲领──→重袍（Ⅰa式极少）──→甲（Ⅰb、Ⅰc式）──→跗注──→勾履（屦极少）。

例：坑Ⅰ·G2：97、G5：15、G10：97，坑Ⅱ，T4：1、T9：1。

B 切云冠──→曲领──→重袍──→长绔──→勾履。

例：坑Ⅰ·G3：15（一号车指挥俑）。

9. 中级军吏俑服，分两种：

A 双版冠──→曲领──→袍──→甲（Ⅰd式）──→膝缚──→胫衣（或长绔，或跗注）──→勾履。

例：坑Ⅰ·G7：14、G10：14、坑Ⅱ·T4：2。

B 双版长冠──→曲领──→袍──→甲（Ⅱa式）──→跗注──→勾履。

例：坑Ⅰ·G10：24、G2：27。

10. 下级军吏俑服，分两种：

A 长冠──→曲领──→袍、勒带──→甲（Ⅱa式）──→胫衣──→屦。

B 长冠──→曲领──→袍、勒带──→膝缚──→行縢──→屦。

例：坑Ⅱ·K：70。

从以上示意及举例中可以看到，尽管这么多兵种的全套战服在配备上各有一定的组合关系，但从总体上还有一些共同之点。这就是：

第一，无一例外地围有护颈的曲领。因为它同御手的盆领一样，因而也是全套战服的组成部分；

第二，著战袍也必定腰勒革带；

第三，擐甲者必定内著战袍。

（三）制服的设计思想

古代军服的式别，除历史演变的原因有过多种样式之外，因各期不同，本身也有个从不完备到完备的过程。但一般来说，它总是同社会阶级相适应而形成“舆服制度”的。以秦俑军服而论，它是一种战服，属于贴身的防护设施。有利于战斗动作发挥，必然就成为设计上的第一要求。故此，我们联系到当时兵器的种类、战斗位置及其凭借的战具，进一步探索一下秦俑战服制作上的特征。

首先，从与战者的身份上看，毋庸置疑可分为“军吏”与“士卒”两层。其服饰装备截然不同，仅以头部和上身的防护为例，如下所示：

秦武士俑
- 军吏
  - 将、佐——戴切云冠（或双版长冠）、穿重袍、擐细札甲
- 士卒
  - 甲卒
    - 步兵
      - 随车步兵、侍卫队——戴帻、免胄——穿袍、擐甲
    - 车兵
      - 车士
        - 戴帻车士、长冠车士——穿袍、擐甲
      - 御——戴长冠、穿袍、擐短甲
    - 骑兵——戴弁、穿褶、擐短甲
  - 袍卒
    - 弩兵
      - 弓射手、弩射手——免胄、穿战袍

由上表再结合组合关系，我们还可以看出下面几个问题：

第一，秦俑坑内的武士俑，以披甲者为多，几乎囊括了所有的出土兵种。而士卒俑所著之铠甲，都是些“短型甲”，其防护的主要部位还在上身。兜鍪无一发现[26]，仅有简单的冠、弁、帻而已，况且这还只占全部武士俑的一部分。全部弩兵和步卒的大部分，在这里都属于绾髻辫发的免胄者。相反，关东六国士卒的防护服却像铁桶一样的严密，如魏国武卒“衣三属之甲，冠軸（胄）带剑”，楚兵“鲛革，犀兕以为甲，坚如金石”（《荀子·议兵》），韩卒“坚甲盾，兜鍪、铁幕”（《史记·苏秦列传》）。比较之下，秦军的防护却显得简单而干练。

第二、秦将俑的军职，从统兵数额上看，高于“屯长”，甚或“百将”。他们处于作战单位的后部（如坑Ⅱ的弩兵及车、步混编队列之后），或是乘指挥车（如坑Ⅱ、Ⅲ），并多作持剑的姿态。其特异的切云冠、双重战袍、长垂过膝的细札甲衣、厚实臃肿的跗注、翘头勾履等一套服装打扮，是他在军中有着突出地位的最好说明。这也至少说明他们不是操弓持兵直接参与拼刺者。而佐俑披之铠甲，有前无后（Ⅱd式），立于将俑之侧，或乘车指挥，同样也反映出他在军中的战斗地位不同于一般士兵。

第三，由战斗方式上分析，秦俑军服有其精到的制作考虑。

战斗中，敌对双方实际是用生命进行着“力”的较量。速度的快与慢、战机的捕捉与延误……都决定胜负于顷刻之间。而这里面，除去战士的心理、智慧、体力、

技巧之外，“负重”的多寡则涉及对双手解放的程度。那么，秦俑免胄束发、短型铠，或免胄束发、穿战袍、紮行縢、蹬纽綦之屦……显然是一身轻装的典型。对此，足以看出设计秦俑战服时有着明确的意图。

免胄束发的甲卒和袍卒，同战车相间，执戈、矛、戟一类长兵器，被放置于坑Ⅰ和坑Ⅱ军事序列的中部，显系战斗的主力。这大概就是韩非子说的“闻战，顿足徒裼，犯白刃，蹈炉炭”（《韩非子·初见秦》）的那种“锐士”。著袍，自然是一种护体而又便战的轻装。穿Ⅱa式甲，是为了适应在近距离白刃格刺的需要。偪束行縢和綦纽之屦，更是有利于驰驱奔袭和战斗动作的有效发挥。至于一号坑戴武帻的甲俑，手执长铍，对称地自成单元，在布阵上当另有讲究。但全套防护战服则表明，在白刃格斗中，他们是被首先调用的勇力之士。

骑兵俑使用的唯一武器是远射程兵器的弓弩。“驰骑彀射”，这是我国早期对骑兵的战术要求，也是其武器装备的特点，应该说是同赵武灵王“变服、骑射”的情况相承。骑士所戴武弁，旨在敛发；穿短铠甲、褶服开襟在侧，足登紧绦合鞮（靴），都是从便于乘骑、有利矢射而出发的。骑甲无披膊，对于转换身躯也有着很大的灵活性。因为骑兵的作用在于乘敌虚背，追散击乱，绝军道，败津关，掩其不备，出其不意。秦骑俑服饰的构成，就充分体现了这个“快”字。

弓用于战争，是随车战而展开的，弩则是后起的事。但使用弩的徒手武士单独编列，成为“弩兵”队形，显然是在战国时期。秦俑坑将弓弩手置于最前列，即是这一兵种地位重要的反映，同“彊（强）弩在前，锬戈在后”（《史记·苏秦列传》）的配置相符。恩格斯在论述古代亚述的步兵战术时，说：“弓箭手或是站在前面作战，这时他们每一个人都由盾牌手来掩护；或是站在后列，这时，第一列和第二列的长矛手弯下腰或是跪下来，以便弓箭手射箭。”[27]秦俑弩兵应该说是这一场景的艺术再现，如一号坑的前锋部，由三列 204 个袍俑组成横队，他们著战袍，执弓弩，缠行縢，表明这是一支行动便捷的轻装战斗力量，在远距离的对阵中，当然能够有效地发挥弓弩这一远射程兵器的杀伤威力；再如二号坑操练场的习射场面，由 334 个袍卒和甲卒单独编列，有 160 个蹲姿甲俑居中执弩，有 172 个弓射手（前后站着袍俑，两侧站着铠甲俑）环卫着。在这里，轻便的战袍或紧身短铠，著胫衣，蹬屦，都便于这部分弓弩队伍的轮番接射动作的变换。

战车在秦统一六国的战争中，并未因步、骑兵地位的上升而被取代。重装车兵同样也受到高度重视。像车士俑的装束，除铠甲、胫衣、方屦外，多武帻、长冠，手执长兵，在白刃格斗的会战中，或是败敌追击，或是保护战车排除障碍，既可防身便战，又能做到轻便快捷。

车御戴长冠压帻，颈护鍉锻（盆领，即常说的颈铠）、臂釬长甲、跗注胫衣，更是秦俑防护设施中最完备者，对抵御矢石，集中注意力，发挥御术娴熟的特长而言，无疑是理想服装。

三　绘彩及其图案

秦武士俑的服饰经过绘彩，应该说是比较真实地反映了军服的色别、质地和刺绣的实际。

（一）绘彩

人们谈论“秦俑艺术”多偏重于形象的欣赏和陶塑手法的细微描述，但却忽视了其巧妙地用彩这一重要因素。实际上，二者紧密联系，不可分割。因为也只有塑、绘二者的结合，才能使其区别于西方的雕塑体系，从而显现出中国雕塑的艺术风格来。

秦俑的用彩，作平涂的单色有朱红、玫瑰红、橘红、粉红、土黄、紫红、粉紫、深蓝、珠宝蓝、石绿、赭、深赭及粉白等色。但可惜的是，这些只是残留的色彩，当然不能反映它昔日的盛容。不过，从残留的部位上，我们大致还可以复原服色的轮廓，从中窥见当年设色的几个要点来。因有专文论及[28]，现简化如下：

1. 全部武士俑的固定部位，有着统一的颜色。

朱红——铠甲的络组、扣结、甲钉（只有侍卫甲俑中极个别者作石绿或天蓝）、发带、縢绦、屦带。

赭——甲札、行縢。

粉红——手、脸及脚面。

2. 尽管服色千差万别，但曲领同袖口的颜色一般一致，见有朱红、粉绿、粉紫、玫瑰红、天蓝、深蓝和粉白等。似以粉绿为其大宗。

3. 在一名武士俑的全套战服上，各部分颜色不同，对比设色的效果强烈而鲜明；但同一式服装的颜色也不尽相同，穿插于阵列中显得绚丽多姿。

袍服——

例一：粉绿曲领、袖口（下简称“领袖”），红袍（赭里），粉绿膝缚，赭縢（朱红带），赭屦（朱红带）。如坑Ⅰ・K：122。

例二：朱红领袖、粉绿袍（粉红里）、朱红膝缚、赭縢（朱红带）、朱红屦。如坑Ⅰ・K：120。

（注：为从大块色别上对比，以下举例中对袍里、领袖、屦綦及甲钉、络组等固定色从略）

甲服——

例一：朱红袍、绿白领袖、赭甲、朱红络组、天蓝膝缚、粉绿跗注、赭屦、粉红綦带。如坑Ⅰ・G1：32。

例二：朱宝蓝袍、白领袖、赭甲、朱红络组、玫瑰红膝缚、紫縢带赭屦、粉紫带。如坑Ⅱ·G10：20。

将服——

深紫袍、粉红袭、粉绿跗注、赭履，配以由土黄、粉紫、紫红、湖蓝、玫红、朱红、赭等多种单色或复色绘制华丽图案的细札甲衣。如坑Ⅱ·T4“将俑”。

佐服——

赭袍、花边赭甲、粉绿绔。如坑Ⅲ·俑44。

骑服——

粉绿袍、赭甲、天蓝绔、粉绿合鞮。如坑Ⅱ·T12俑。

御服——

赭冠绿缨、朱红袍、赭甲、粉绿绔、赭屦。如坑Ⅲ·俑46。

（二）图案

1. 由彩色绘制的图案在秦俑军服上只占有极少数，其部位仅见于将甲革缘及披膊、佐甲革缘及背带，骑俑的武帻。唯独革带上的纹饰是压印的几何纹样，比较单纯。而其他部分的图案花纹，多姿多彩。

2. 单元纹样可分三类（图Ⅲ-3：26）：

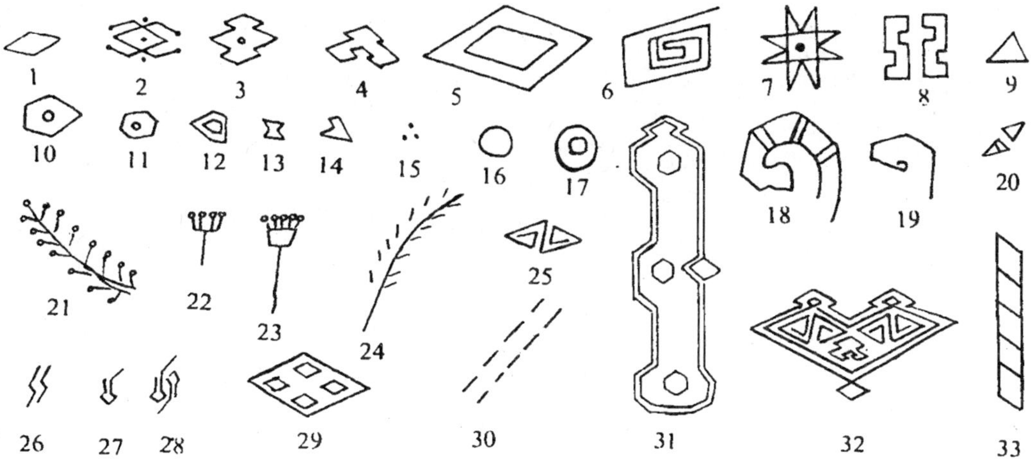

（一）几何纹样：1. 菱形 2. 双破菱 3. 杯纹 4. 轭菱 5、6. 回纹 7. 八齿星 8. 对己 9. 三角形 10～12、14. 多边形 13. 细腰 15. 三圆点 16、17. 圆圈 18～20. 无名纹样

（二）植物纹样：21. 总状花序 22. 伞状花序 23. 篮状花序 24. 穗状花序

（三）自然纹样：25. 三角云 26. 掣电 27、28. 涡旋 30. 雨丝

（四）复合纹样：29. 四菱格 31. 盾形图案 32. 仰轭 33. 菱形带

图Ⅲ-3：26 单元纹样及复合纹样举例

第一类是几何纹样，计有菱形、双破菱、杯文、轭菱、回纹、八齿星、对已、三角形、多边形、细腰、三圆点、圆圈及无名几何纹十多种；

第二类是植物纹样，主要是花序，如总状花序、伞状花序、篮状花序及穗状花序等；

第三类是自然纹样，见有规矩化了的三角云、掣电、涡旋、雨丝等。

以上三类单元纹样，以几何纹样的数量为最多。而这些既是图案的小单位，又变化出种种复合纹样，如由菱形纹可组成四菱格、菱形带等，由轭菱、三角云和单线还可组成仰轭图案等。

秦俑军服上的图案，系由多种单元纹样同圆点、直线、小圆圈构成。其构图法完全采用展开式的两方连续，其安排有四：第一种是由粗线打成十分规矩的菱形网格，在每一格中再套绘细线菱形，做成一个个上下左右斜向的“回”字框，然后在每个框内填绘单元纹样，把不同的单元纹样排列为一段纹样组，并以此顺序向两端展开，反复出现。将甲胸前的皮革图案，即属此类。第二种是不同的单体纹样，分段做二方连续组合。如背皮甲及披膊图案。第三种则是几何纹样的自由组合，向两个方向展开。如佐俑的背带及后甲下缘花纹。第四种是单元纹样展开排列，如革带的“回”纹图案。(图Ⅲ-3：27)

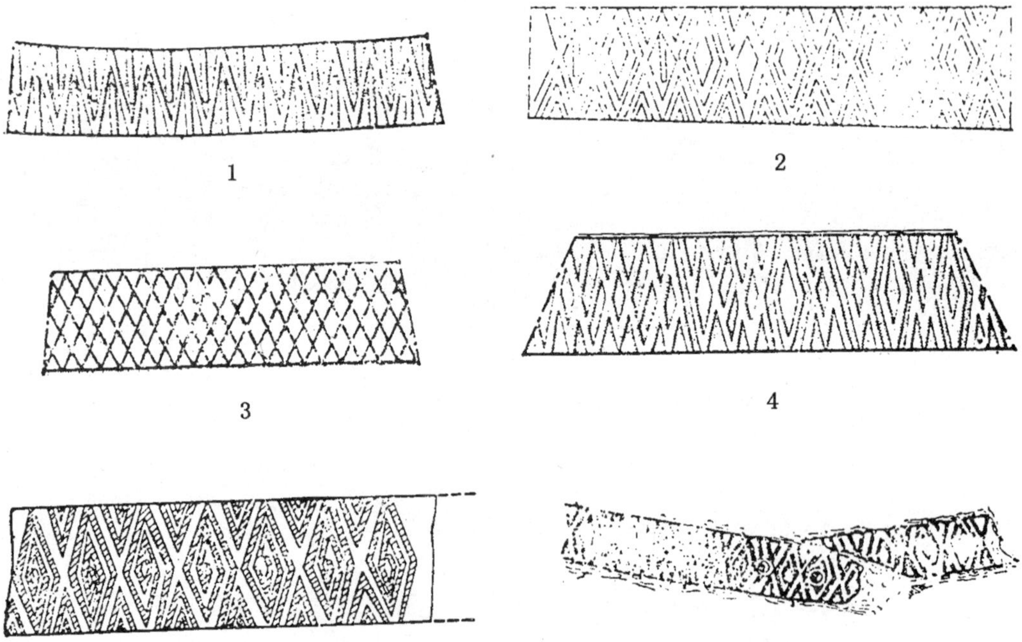

图Ⅲ-3：27　革带上的花纹

(一号坑：1. T1G5：5　2. T19K：140　3. T19G8：21　4. T1G1：10　5. T1G1：11　6. T1G1：15)

图案用彩，同样采取的是对比设色、陪衬主题的手法。以“将甲”为例，在赭色的小片甲札上缀以红甲钉，若满天繁星；再施粉白和粉紫相间的络组，有似编贝般整齐，使红、白、紫三色的点和线突出赭底之上。为了避免混淆，在甲衣周缘，用粉红为底的菱网图案，使大块的赭色同粉红色很明显地区分开来。菱网线条粗黑，而填绘的纹样施彩，平涂的四菱格分别有粉白、朱红、深赭和金黄四色。陀螺菱用红心白边，或黄线红边。双破菱用红线白点，或白线红点，或红线红点，或黄线白点，或白线黄点。皮质披膊虽为浅赭色，而掣电、陀螺菱和涡旋等纹样一例是朱红色。他如背带上的花纹也是五彩缤纷。（图Ⅲ-3：28～31）

3. 图案的主题花纹是几何纹样，包括自然纹样在内，呈菱形格局。

“将甲”最为华丽，前甲的倒三角形周缘图案做镜面对称排列。粗线条的菱格网固然受轴线的限制，而革带的压印纹以及“佐吏甲”背带上的主题图案无不呈斜行走向。（图Ⅲ-3：32～33）之所以如此，大概同军服的性质有关。将衣要保持庄严稳

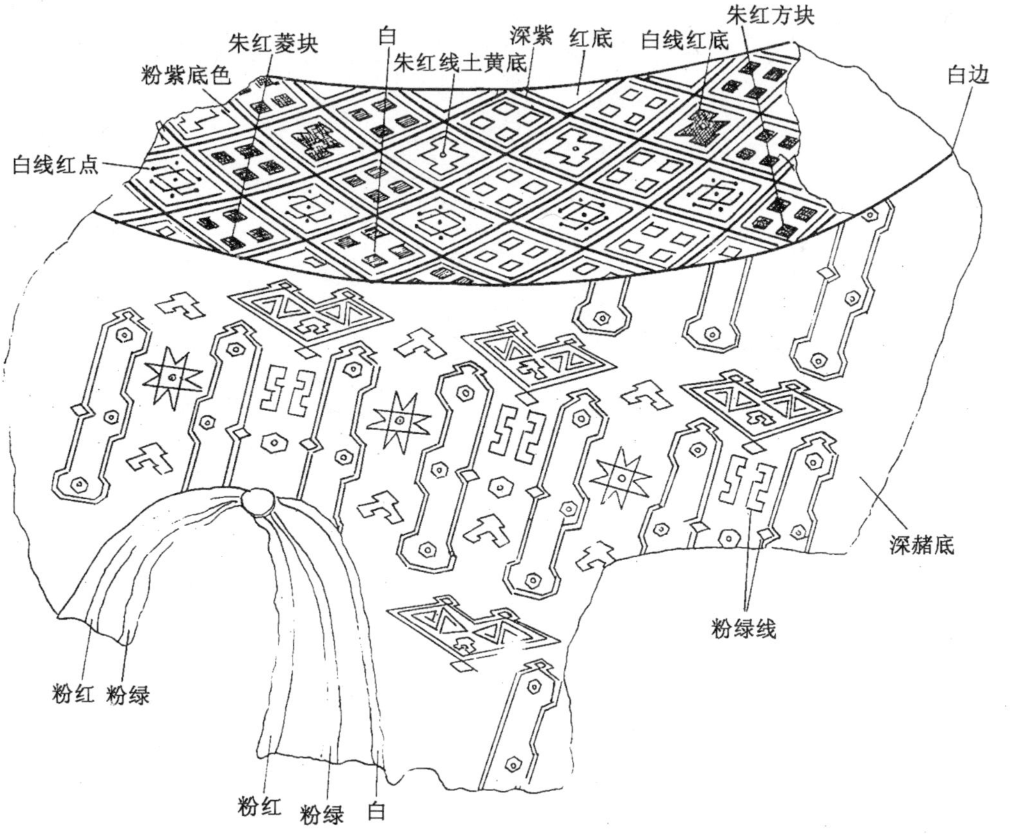

图Ⅲ-3：28　将甲图案（一）

（一号坑：T2G10：97 俑右肩后部彩色印迹）

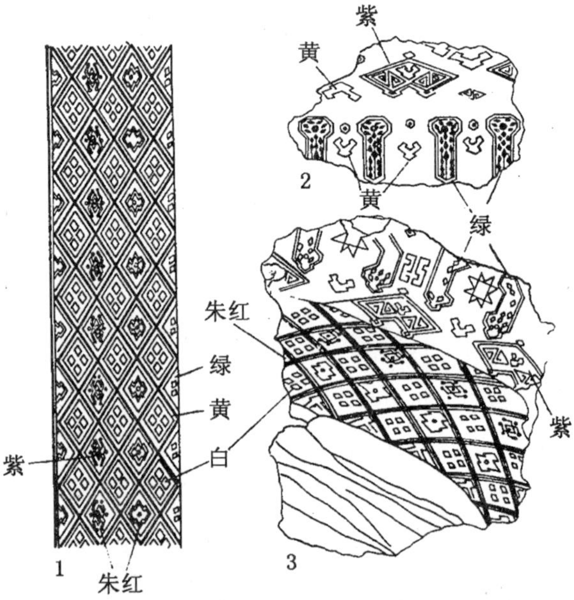

1. 甲边　2. 胸甲　3. 背甲领下

图Ⅲ-3：29　将甲图案（二）

（二号坑）

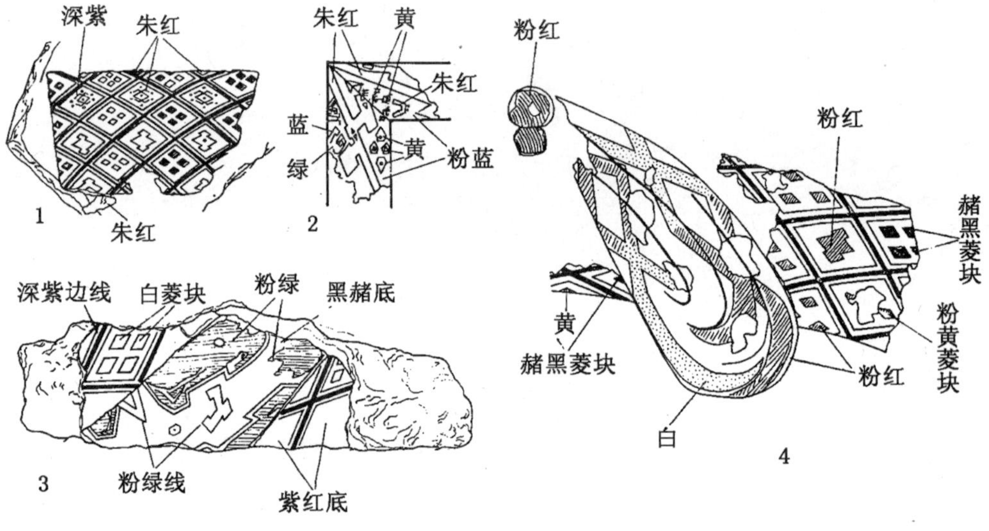

1. T20G10：97 俑背甲　　2. T19G10：24 俑甲边

3. T29G10：97 号肩甲边　4. T20G10：97 俑披膊

图Ⅲ-3：30　将甲图案（三）

（一号坑）

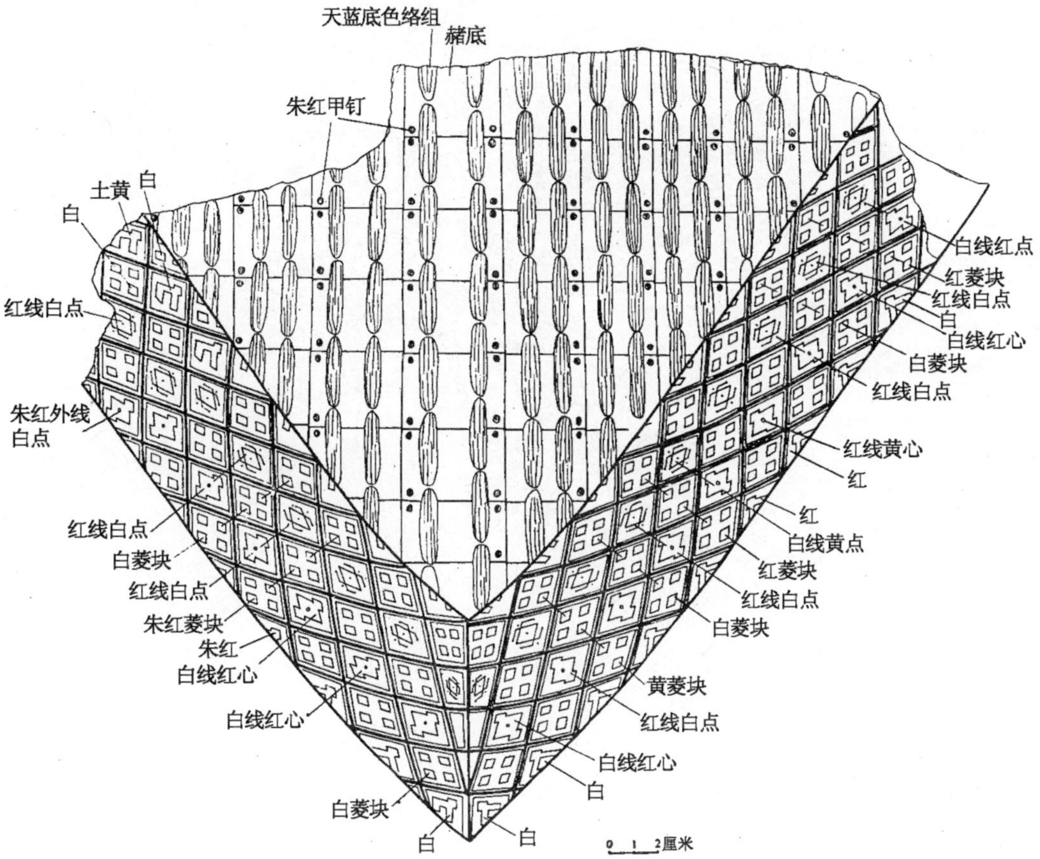

图Ⅲ-3：31　将甲胸腹前垂部边饰图案

（一号坑：T20G10：97）

重的气质，所以构图严谨，既不能像天子服在尊严中显出雍容华贵，又不能像士庶服饰简朴自由，也不能像日用器具装饰图案之开放舒展。同时，我们还应看到：做菱形构图是对过于呆滞气氛的一种突破，从而赋予一些流动感。从总体看来，这同整个武士俑的阵形排列、寓动于静的气氛是相互适应的。

四　服制及其构成

（一）性质问题

秦武士俑的衣着属于军服是了无问题的，而且还是全副武装的战服，也是无可争议的。

秦军的常服应是著战袍、穿长绔、蹬履屦的“轻装”。而只有在战时，或守备时

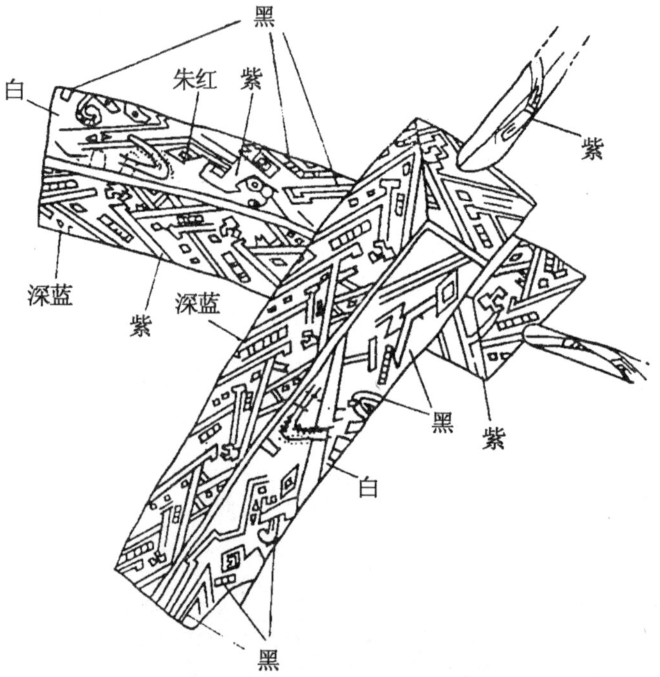

图Ⅲ-3：32 佐俑铠甲背带上彩色纹样

（一号坑：T10G7：14）

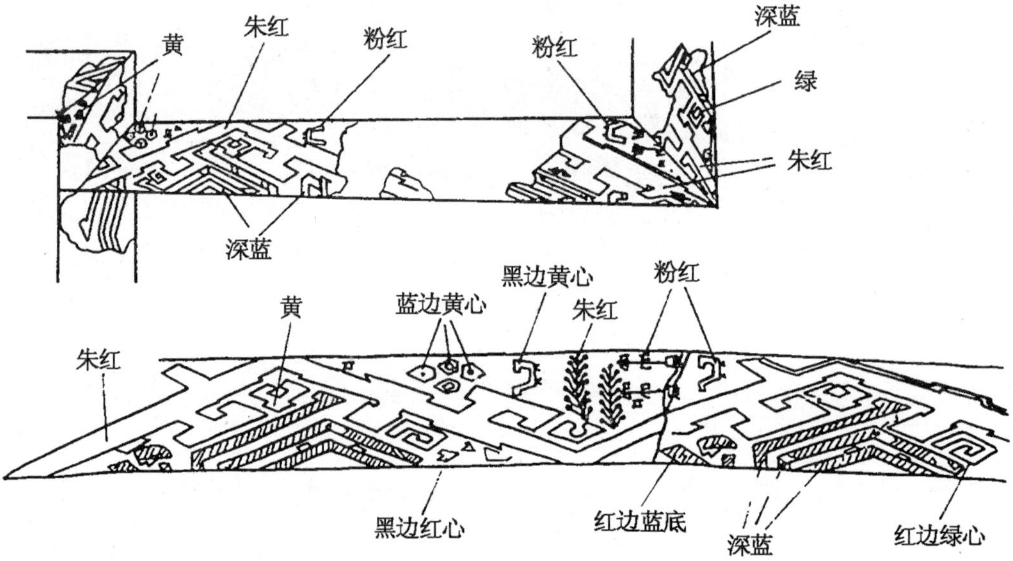

图Ⅲ-3：33 吏甲图案花纹

（一号坑：T10G9：24）

才擐甲、裹胫衣、缠行滕，或加跗注的。道理很简单，护体的作用取决于战斗的需要，这同车战时代那种甲士在行军中，往往还把甲衣放在革车上的情景相仿。

秦俑的护头设施都非常简单。各级军吏俑戴的不过是简易的“切云冠”和“长冠”而已，武士俑中也只有少数戴“武帻”和“武弁”。而最重要的胄（兜鍪），则无一发现。于是，大家多以秦军的勇敢来解释。这有道理，也有文献根据，但始皇陵园内“石甲库从葬坑”的发现，有为数不少的石胄出土，可见秦军也是戴胄的，证明秦军过洛邑“免胄而下”的记载不虚。至于秦俑坑未见胄，是否同没有发掘结束有关？即使秦俑坑没有胄的出现，也当从其他原因上去探求。

战服同作战攸关，自然也是设计的出发点。以甲衣为例，札叶的形状因所处的部位不同，要做到服装合体也就不同。但其连缀也非固死，必定给予活动的余地，只是程度不同罢了。像胸背部活动范围小，札叶连缀的绦带露头时成了小“钉豆”；腰腹部活动范围大，上下札叶间连缀除“钉豆”外，还加上了条状的络组。同样，札叶连缀方向同样也体现着设计思想的缜密周到，像胸背用上叶压下叶，腰腹相压，以便于体躯的弯曲和扭转；甲士的披膊和御手的臂釬，其札叶由下而上的叠压更利于动作的有效发挥。骑兵甲短及腹，长绔合韈，当然在于方便乘骑。

《中华古今注》：“三代及周，著角袜，以带系于踝。”角袜，形不见于考古资料，而袜早已有之，战国及有秦一代也不应例外。在秦始皇陵园 K0007 号从葬坑出土的箕坐陶俑，没有穿鞋，但著袜[29]。但秦俑坑的武士俑手脚均绘粉红色，可见不是难于塑绘，确未著袜。究何缘故，有待考释。

（二）质料问题

秦军的冠帻，不同于胄之护顶，而重在束发。从形制及其所表现的质感观察，当是精细的织物所裁制。长冠的“板”和切云冠的“卷筒”，未必是“以竹为里”。可能是丝织的“纚”缝制，再经漆粘结，这大概就是所谓“漆纚”。

甲衣的质料从历史的发展顺序看，先后出现过皮甲、练甲、铜甲、铁甲等，而秦俑甲札的颜色呈深赭，其甲片又有大小两种，大者显系铁质，将、佐的甲衣则应是铁、革的结合物。皮甲上多施彩绘图案，故有“画甲”之称，像安阳侯家庄 1004 号墓的皮甲，随县曾侯乙墓有保护头部的“面廉”出土，就为我们提供了殷代到战国早期“画甲”的实证。那么，秦俑将、佐之甲的革边图案就有两种情况，画斜向规矩纹的背带、以雨丝纹为地而具有太极图构图的涡纹、掣电纹样的披膊，大概就是织锦之类。耳杯纹曾见于秦都咸阳的丝织残片和壁画中。即使在战国楚俑的衣缘和马王堆一号汉墓的“规矩纹起毛锦”、“鸡翘纹锦”上也有同样的发现。而甲革部绘菱网填以各类纹样者，很可能就是“画甲”的一种作法。

《中华古今注》：“秦始皇三品以上绿袍深衣，庶人白袍。皆以绢为之。”这说的是作深衣制的官服和士庶常服的颜色与质料，所用是高贵的丝织品却是可以肯定的。

士卒的衣料何如？这从云梦睡虎地第11号秦墓的木牍文字中，即可得到一些信息。黑夫和惊在家信中提到的“丝布”和“绤布”[30]。前者是较为讲究的衣料，而“绤”字据《说文通训定声》解：“治敝絮也……如今弦弹故棉”。可见家境贫寒的一般士卒自备服装只能是用旧布，就像现在说的“再生布”。秦俑战袍厚重，也很可能是絮枲之所谓“缊袍”。其表面光滑，色泽鲜明，通体严整，当然也可说是厚帛衲成的“絮衣”。

行縢属于编织的条带。跗注和膝缚厚实，肯定不是皮质，在很大程度上同袍的质地一致。胫衣包裹绔外，皮革缝制的可能性很大。

（三）多彩与“尚黑”问题

《史记·秦始皇本纪》载：“衣服、旄节、旌旗皆上黑。”这话长期来禁锢了人们的头脑，总以为秦人的服色如墨。伴随着秦都咸阳宫殿彩色壁画、始皇陵区大型彩绘陶俑和彩绘铜车马的出土，该是以正视听的时候了。

“上黑”源于《史记》，也作“尚黑”。战国末季，邹衍的“阴阳五行”学说为政权的取代提供了依据。秦始皇也深信不疑，以为“秦代周德，从所不胜”，故而进行了改正朔、定服色的一套活动。以后的汉代，从文帝起也搞过。不过，从其主导思想、活动内容上都可以看出问题的真谛所在：秦“尚黑”是法定的，以黑为上，用黑主贵。因此，用作衣服的颜色也只有帝王才配得上。而这，也总是同郊祀的礼仪连在一起的，《续汉书·舆服志》说秦“郊祀之服皆以袀袨”。据《淮南子·齐俗训》注：“袀，纯服。袨，黑斋衣也。”这就说明帝王举行隆重的郊祀之礼的祭服才用纯黑的“袀袨”，平时当然并非如此。

既然始皇用阴阳五行学说，以为秦得水德，服色尚黑，而且把这定为帝王的祭服，可见他不但在统一之前，而且在统一之后，也不曾不分场合地排挤其他颜色而去搞“黑一色”。相反，吸收华丽服饰的作法同他不拒绝人才、引用客卿的气魄一样，向来是大胆而积极的。《续汉书·舆服志》就说战国“竞修奇丽之服，饰以舆马、文罽、玉缨、象镳、金鞍，以相夸上。……及秦并天下，揽其舆服，上选以供御，其次以赐百官”。这记载，我以为是可信的。战国时期，宫廷手工业产品出奇斗胜，已有大量的出土文物为证。而在这些物质享受的诱惑之下，秦始皇绝不会不动心，所以司马彪不但作了如实的记述，而且晋人袁宏论及西汉服制时也曾说过同样的话。

秦尚华丽，各式服色当然也不例外。爱美之心人皆有之，古今相同。但在古代，服色被打上了明显的等级烙印。据载，秦帝王祭服“上黑”，官服绿袍，武将首饰为“绛袙”（《续汉书·舆服志》），骑吏“皀袴”（《汉官仪》）。刑徒，只有“衣赤衣冒（帽）赤幰”了（《睡虎地秦墓竹简·司空律》）。至于《续汉书·舆服志》上的那些规定，更是东汉服制、颜色、质料法定化了的东西。

（四）继承与影响问题

《周礼·春官宗伯》司服："凡兵事，韦弁服。"郑注："韦弁，以韎韦为弁，又以为衣裳。"

这些话说得是如此的肯定，竟是以赤黄色牛皮为军帽，为军服！这实在是使人不得其解。如果再加上"韎韦之跗注"（《左传》）成公十六年），"函人为甲"（《周礼·冬官·考工记》）等语，最多也只能得出个皮甲、皮护腿的一般印象。

秦俑军服属于何种服制，既不见经传，又缺乏对照参稽的资料。那么，这是有据还是无凭？

沈约说，"秦灭礼学，事多违古。汉初崇简，不存改作，车服之仪，多因秦旧"（《宋书·志·礼》）。确实，秦人自商鞅变法之后，逐渐富强，不因循，不沿袭，其进取精神雄冠诸侯。统一天下，制度多有创新，以众多的兵马俑从葬，稀世罕有。再现的秦军服饰、发型也是出乎传统的奇特。无怪乎在正统的儒者眼中早也看到了"秦灭礼学，事多违古"的变化。如果我们还拘泥于旧制，就很难看出它的特殊性来。另一方面，"车服之仪，多因秦旧"的话也给我们提供了探索秦服的门径。

刘向在《说苑·善说》里举了这么个故事："林既衣韦衣而朝齐景公。公曰：'此君子之服也？小人之服也？'林既逡巡而作色曰：'夫服事何足以端士行乎？昔者荆为长剑危冠，令尹子西出焉。齐短衣而遂偞之冠，管仲、隰朋出焉。越文身断发，范蠡大夫种出焉。西戎左衽而椎髻，由余出焉。既如君言，衣狗裘者当犬吠，衣羊裘者当羊鸣。且君衣狐裘而朝，意者得无为变乎？"在这里，我们无妨撇开其对思想僵化症的辛辣讽刺，不是还看到了春秋时代服制的地区性差别了吗？那么，尽管我们探索的秦代军服仅是秦服之一种，但只有注意到它的继承和吸收问题，才可以了解它本身所具有的特点，从而有助于了解到它的影响。

秦俑军服的形成，我认为主要来自三个途经的影响，这就是：

第一，继承了殷周以来固有的介胄戎服的形式——韦弁服；

第二，有选择地吸收了关东国家服制之长，而受有南方大国——楚的影响要更深一些；

第三，合理地吸取了北方草原民族战服的特点。

秦人源于东方，旋又处于周之故土，其文化受殷周影响。其戎服之胄、甲、战袍、胫衣、行縢、跗注等不但早见于《尚书》、《诗》、《左传》、《战国策》等先秦典籍，而且在安阳殷墟、河北昌平白浮、山东西庵、长沙楚墓、随县曾侯乙墓、河北燕下都等处都有实物的出土。尽管这些地下保存的服饰质料因时代、地区的不同而各异，但组装复原后，从形制上毕竟勾绘出一些"韦弁服"的轮廓来。

在这里，如我们离开那些文献上晦涩的记载和作注者的演绎，由实物出发，立即就会看到从车战到步骑时全套护体戎装包括有四个部分，即：兜鍪、甲衣、护腿和鞋子。这应该说是“韦弁服”的基因，秦武士俑的戎装也正是具备着这些要素。

袍服“深衣”，早已有之。地域不同，形制各异：自春秋以来，东方齐鲁一带的袍作宽博大袖；地处中原的三晋，似以窄长袍为其特征；越人“祝（翦）发文身，错臂左袒”；吴国“鳀冠（大鲇皮之冠）秫缝（长针粗缝）”（《战国策·赵策二》）；立国江汉的楚人，其袍贴身，绕襟数重；秦人战袍虽然长仅及膝，但曲裾裹体，同楚袍甚相接近。其领与袖同色，连某些图案纹样也是一脉相承。

楚之“切云冠”行之于秦，固然是我从形象上的推断。但在其他冠式上，秦取于楚还是有史可稽的。如《淮南子·主术训》说：“楚文王好服獬冠，楚国效之。”[31]蔡邕《独断》中说“獬豸冠”确是楚制。秦统一后则把这种取意于“能别曲直”的楚王冠，赐给了执法近臣御史，称为“法冠”或“柱后惠文冠”。汉代也沿用了此制，马王堆一号汉墓的木俑冠上有一木棒，现在学者都承认它就是楚之“獬豸冠”的实物。诚若此，秦之“法冠”也当去此不远。楚冠中“南冠而絷者”（《左传》成公九年），同样被秦君赐给自己的执法近臣御史（《汉官篇》胡广注）。“长冠”据说是汉代刘邦所创制，实则是他对流行于楚地的冠形加以改进（“以竹皮为之”）罢了，而这种楚冠也早已为秦所用，可见秦人吸收楚文化在服制上的反映简直是明若观火般清晰。至于吸收其他国家冠式赐予自己的近臣，还可以举很多例子。如“高山冠”本是齐王冠，秦灭齐后赐给谒者；“武冠”本是赵王冠，秦灭赵就赐给近臣等。这些做法不单是对别国冠服形式的借用，恐怕还含有“贬低别人，抬高自己”的政治用意吧？

谈及中国古代的服制，其中最引人注目的问题之一，就是所谓“胡服”。人们也曾提出过一些判定“胡服”的标准。其实，这个问题较为复杂，因为文化交流、融合，是很复杂的过程。要确定标准的话，我以为“胡服”大致有四个特征：

（1）头戴插有两根野雉尾的“鹖冠”；

（2）衣长齐膝，窄袖；

（3）具带，附有带钩；

（4）蹬皮筒靴。

秦俑服制，虽不尽如“胡服”，但考古资料和文献记载毕竟反映出某些因素，这表现在：衣长及膝者固然在中原出现较早，形为襦袴，以裳复被，但把袴作为士卒的外著之服，应该说是战国末期之后的事。秦俑上袍下袴，以具带束腰，可说是整齐划一的。特别如骑兵的长袴和靴子，固然并非草原历史民族那种筒形的络鞮，但总属皮革的制品。秦俑的窄袖短袍（褶衣），仍以带钩、具带束腰，并取前开襟形式，铠甲也仅仅长及腹际，如果再结合其使用弓弩的武器装备，不正是“胡服骑射”的形象吗？《史记·赵世家》载：“主父（武灵王）欲令子（惠文王）主治国，而身胡服将士大夫西北略胡地，而欲从云中九原直南袭秦，于是诈自为使者入秦。秦昭王不知，已怪其状甚伟，非人臣之度，使人逐之，而主父驰已脱关矣。”这个故事从另一个角度说明，秦国采用胡服的时间至少是昭王八年（公元前 299 年）以后的事了。信阳长台观、江陵望山的战国前期楚墓里，遣册上记有革带和钩，而且有金银错或金错嵌玉带钩的出土。这都早于《楚辞》时代，是否可以证明楚人早已接受了北方“戎狄文化”的影响？于此，又为秦人受胡服影响提供一例证[32]。

由上面的分析，即可看出秦人军服形式是在殷周以来“韦弁服”的基础上，通过对战国时期诸侯国和异族服饰的吸收和改进，从而形成自己的“袴褶之服”。

秦人战服，对于步、骑、车、弩多兵种的适应，是战服装备随战争形式的转变而作的历史性选择，对此后的军服形制也有着深远的影响。像Ⅱa 式甲（步甲）是秦武士俑最完备的一种战斗防护铠甲，统袖、曲裾式的束带战袍，由行縢、胫衣等组成的护腿设备，都可从杨家湾汉墓兵俑的衣着上得到直接的反映。即便是“人有甲，马无具装，鞍作低鞍”的情况，又何曾不似？

注 释

［1］因为冠的形状多样，度量上就发生了可量与不可量问题。这也从另一个侧面为我们理解某一冠形提供了轮廓的印象。如说到“冕”，则因板形前圆后方，而且平置，则记“广寸，长尺二寸”；而对“通天冠”、“法冠”就只说“高”，不说“宽”；说“进贤冠”，“前高”、“后高”和“长”；说“樊哙冠”，则有“广”、“高”和“前后出”几个数字；对“高山冠”、“远游冠”，只说“制如通天（冠）”；对“方山冠”只说“似进贤（冠）”；而对“术氏冠”仅说“前圆”，既不说大小，当然也不便类比。

［2］晋尺 1 尺＝24.5 厘米。据吴承洛：《中国度量衡史》，商务印书馆，1957 年。

［3］《礼记·杂记》：“大白冠，缁布之冠，皆不蕤。”孙希旦：“蕤者，冠缨之结于颐下而垂余以为饰者也。”

［4］《礼记·内则》：“冠緌缨”，孔颖达疏：“结缨颔下以固冠，结之余者散而下垂，谓之緌”。《礼记·玉藻》：“缁布冠缋緌。”孔颖达疏：“缁布冠有緌，尊者饰也。缋，或作绘缋，或作蕤。……绘同緌，本又作蕤耳。”

［5］《后汉书·鲍永传》：“悉罢兵，但幅巾，与诸侯及同心客百余人诣河内。”李贤注：“谓不著冠，介幅巾束首也。”《三国志·魏志·武帝纪》载曹操死后“敛以时服”。裴松之注引《傅子》：“汉末王公，多委王服，以幅巾为雅。是以袁绍、崔豹之徒虽为将帅，皆着缣巾。”

［6］《续汉书·舆服志》：“古者有冠无帻，其戴也，加首有頍，所以安物。故《诗》曰‘有頍者弁’，此之谓也。三代之世，法制滋彰，下至战国，文武并用。秦雄诸侯，乃加其武将首饰，为绛袙以表贵贱，其后稍稍作颜题。”《说文解字》：“颜，

眉之间”，“题，额也”。

[7] 对于这一点聂崇义也是肯定的，但他在《新订三礼图》一书中（插图4）绘的頍项图却是由根带子拴结的布圈，别以组带系项上，不知其所据。但该书同出土实物多有距离，可见他出于想象！

[8]《释名》说弁形是“如两手相合抃”，而且是前高广，后卑锐。这同周弁也不尽相同。秦俑Ⅵ式冠与周汉弁制有别，故名之武弁。

[9] 像杨家湾汉墓的武士俑和任家坡窦陵的女侍俑著三重衣，外衣无领，而中、内衣虽无领，却上缘高起，露出外衣之上。参见陕西省文管会等：《陕西省咸阳市杨家湾出土大批西汉彩绘陶俑》，《文物》1966年第3期；王学理等：《西安任家坡汉陵从葬坑的发掘》，《考古》1976年第2期。

[10]《孟子·滕公上》：“许子衣褐。”赵岐注：“褐以毳织之，若今马衣也。或曰褐，枲衣也。一曰粗布衣也。”毳，音脆。鸟兽的细毛。

[11] 云梦睡虎地秦简《金布律》：“囚有寒者为褐衣。为幪布一，用枲三斤。为褐以禀衣，大褐用枲十八斤，值六十钱；中褐一，用枲十四斤，值四十六钱；小褐一，用枲十一斤，值三十六钱。”

[12]《文公家礼·深衣制度》。又见《诗·邶风·绿衣》毛传：“上曰衣，下曰裳。”

[13]《礼记·内则》：“十年出就外傅，居宿于外，学书计，衣不帛襦袴。”孙希旦《集解》：“襦，里衣；袴，下衣。二者皆不以帛为之，防奢侈也。”

[14]《汉书·江充传》：“充衣纱縠禅衣，曲裾后垂交输。”颜师古注，引如淳曰：“交输，割正幅，使一头狭若燕尾，垂之两旁，见于后，是《礼·深衣》续衽钩边。贾逵谓之‘衣圭’。苏林曰：‘交输，如今新妇袍上挂全幅缯角割，名曰交输裁也。’”这种衣饰做法，实际是把整幅布帛对角裁开，绕体之后，分别垂挂在衣服后摆两边，有如燕尾之状。这在汉俑的服制上也得到证实。

[15]《论语·子罕》：“衣敝缊袍，与狐貉者立，而不耻者，其由也欤?”朱注：“缊，枲著也；袍，衣有著者，也盖衣之贱者。”

[16]《礼记·玉藻》：“纩为襺（茧），缊蕴为袍。”注：“纩谓今之新绵也，缊谓今纩及旧絮也。”

[17] 袭，也是全套衣服的数量单位。但同我们所研究的问题无涉。襌，是指贴身的衣服，著袍者往往内著襌，所以也就“袍襌”相连。亵衣同样是贴身的内衣，《荀子·礼论》：“设亵衣，袭三称，缙绅而无钩带矣。”

[18] 对秦军吏俑，一般分成高级、中级和初级三等。据考，有郡尉（都尉）、司马、军侯、卒长、发弩啬夫等职，其爵级最高可以达到八等的“公乘”爵。这里虽然没有“将军”，但高级军吏俑按《商君书》所指，已进入武将之列。本文也沿用过去大家给予“将军俑”的俗称，从“将”、“吏”、“卒”来给军服命名。

[19] 陕西省文物管理委员会：《陕西省咸阳杨家湾出土大批西汉彩绘陶俑》，

《文物》1966 年第 3 期。服装分型采用杨泓先生的分法，见《中国古兵器论丛·中国古代的甲胄》，文物出版社，1986 年。

[20]《汉书·外戚传》记霍光“欲皇后擅宠有子，帝时体不安，左右及医者皆阿意，言宜禁内，虽宫人使令皆为穷绔，多其带，后宫莫有进者”。服虔曰：“穷绔，有前后裆，不得交通也。”师古曰：“穷绔，即今之绲裆裤也。”这可说明，前此是绔之无裆的开裆裤。

[21] 王国维：《观堂集林·胡服考》，“绔、裤一字。古与今时裤制无异，古无异说。唯段氏玉裁《说文解字注》谓今之套裤，古之绔也；今之满裆裤，古之裈也。盖《说文》胫衣，《释名》‘跨别’之训以为言。……以今套裤当之，非也”。如果王国维先生能够看到像今天这样丰富的文物所反映的服饰资料，特别是看到秦武士俑的话，也一定会同意段氏“套裤”之说是不易之论。

[22] 缦又同鞔，《吕氏春秋·召类》：“南家，工人也，为鞔者也”。高诱注作“鞔，履也，作履之工（腔）也。”《说字解字》段注：“如今人言鞋帮也。”

[23]《礼记·内则》：“子事父母，偪履著綦。”朱子曰：“綦，鞋口带也。古人皆旋系，今人之从简易，缀之于上，如假带然。”

[24] 云梦秦简《法律答问》：“以丝杂织履。履有文，乃为‘锦履’。”

[25] 此式在汉代专指“岐头”者，参见《汉书·王莽传》。长沙马王堆一号汉墓也有此物的出土，但我们应看到这是平头演变的结果。

[26] 在秦俑坑里没有兜鍪的出土，而在秦始皇陵园的甲库从葬坑中却有发现。可见秦军是有这一装备的，这也证实文献记载是正确的。所以，今后在俑坑发现兜鍪的可能性还是存在的。

[27] 恩格斯：《军队》，载《马克思恩格斯全集》第 14 卷。

[28] 参见本书第三部分《艺术篇》肆《秦侍卫甲俑的服饰与绘彩》。

[29] 陕西省考古研究院等：《秦始皇陵园考古报告（2001～2003）》，文物出版社，2007 年。

[30] 湖北孝感地区考古班：《湖北云梦睡虎地十一座秦墓发掘简报》，《文物》1976 年第 9 期。

[31] 獬冠，有引作“鲑冠”。《淮南子》高诱注：“鲑即獬字。”据郝懿行《尔雅义疏·释兽》：“吴羊牝者无角，其有角者别名鲑也。”《续汉书·舆服志》：“獬豸，神羊，能别曲直，楚王尝获之，故以为冠。”可见，所谓“鲑冠”，也就是“獬豸冠”，或简称“獬冠”。《国语》、《左传》泛指为“南冠”。高诱进一步说“獬豸之冠如今御史冠”。

[32] 河南省文化局文物工作第一队：《我国考古上的空前发现，信阳长台关发掘一座战国大墓》，《文物参考资料》1957 年 9 期；湖北省文化局文物工作队：《湖北江陵三座楚墓出土大批重要文物》，《文物》1966 年 5 期。

肆 秦侍卫甲俑的服饰与绘彩

——附论多彩的军服与秦的主色问题

秦俑一、二号坑因多种原因，使原来俑体上的彩绘损失殆尽，所以在“简报”上只好轻描淡写，甚或根本未曾涉及。[1] 1977年在试掘三号坑时，我请“亦工亦农考古训练班”主持人登记颜色，但此建议被搁置，连我交给的从北京带回来的三个彩色胶卷也不知去向。我只好再请秦俑博物馆（筹）的王志龙先生用水彩颜料比照着画出一份“色阶表”，还自行设计表格，入坑进行逐俑登录。经过反复校核，终究理出一个头绪来。同时，鉴于过去二号坑试掘时主持者以手持罗盘定位造成方向不准的教训，我亲自操持大平板测绘仪，绘出了一张“三号坑平面图”。可惜的是，我提供的“颜色登记表”压根未经采用，而所绘的“平面图”，经过改制成了他们的“作品”。[2]

阴暗心理，拒绝事实。挖宝手法，无视科学。一手包揽的又一结果是对指挥车上的一片圆形花丽迹象没有仔细辨认，未采取保护措施，使其竟被一场雨水泡了汤。是“车盖”，是“革鼓”，执笔者也说不清，相关信息改稿者也只好在“简报”里阙如。

由于秦俑三号坑未经火焚，颜色存留较多。经我首次拾遗登录的这晓星残月般的颜色，既不被“简报”采用，为科学负责，我只好单独公布，相信对研究秦代的服饰与用色问题有一定的参考作用。

一 秦俑三号俑坑废弃的历史背景及其定性

首先，我们应该确定第三号俑坑的性质，才可进而推知这些甲士的身份。该坑有以下几点值得注意：

1. 所谓“秦俑从葬坑”，实际包括了四个坑在内，属于完整的一组。其中的第三号坑，位于诸坑中后部偏左的位置上（图Ⅰ-1：1）。

2. 三号坑的平面，呈坐西面东的“凹”字形。面积约520平方米，是诸坑中最小者。布局特殊，正面南北长，形为廊道。中部，对着斜坡门道，停放着彩绘鼓车（据彩绘圆环迹象为外周3个嵌入鼓腔的铜环）一辆，车后随有四俑；在廊的南北两端向西拐，成为左、右两厢。为数众多的陶俑则分布在廊与厢的通道之中，而俑群均作相向的两队排列（图Ⅰ-4：2）。

3. 坑中共有著甲的武士俑 68 尊，其中除去车后俑中 3 尊有头外，余皆无存，坑内连俑头的碎片也找不到。身躯的残破程度，也较一二坑的为轻。

4. 在坑中的其他文物，仅见铜殳 30 件及少量铜镞和剑的零件（图Ⅰ-4：3）。

显然秦俑三号从葬坑也是个遭受人为毁弃的坑。但同其他坑相比，它毁坏的情况，却是很特殊的，这是什么原因呢？

经过部分发掘的一、二号俑坑，都经过历史上秦火的光顾，唯独三号坑幸免于难。如果把它装配的不完整性，同四号坑的空置，同陵园更多的焚毁迹象联系起来考察，我们就不得不回首“丽山”工程和亡秦战争时的那段历史。

《史记·秦始皇本纪》载：“（二世）二年冬（公元前 208 年），陈涉所遣周章等将西至戏，兵数十万。二世大惊，与群臣谋曰：‘奈何？’少府章邯曰：‘盗已至，众强，今发近县不及矣。郦山徒多，请赦之，授兵以击之。’”《汉书·楚元王传》也提到“郦山之作未成，而周章百万之师至其下矣”。在大兵压境，直至“百万之师至其下”，而在“郦山之作未成”的现场就发生了《水经注·渭水》上记述的那一幕：“项羽入关发之，以三十万人，三十日运物不能穷”，“牧人寻羊烧之，火延九十日不能灭”。那么，由以上引文中可以看出：第一，在秦始皇死后的二世统治时期，修治郦山陵墓的工程并未完工；第二，陵园及其附属建筑确实经过了一场火的浩劫。废弃俑坑的存在、诸坑塌毁的现象即是这段历史的例证。例外的是三号坑虽未经过火焚，却遭到了毁灭性的破坏。俑多无头，车后俑被掀翻，除残留一些以表威仪的殳之外，长短兵器则被掠一空。这一现象则确切地告诉人们：指挥中心的破坏，即是对战败者的征服，戈、矛、剑一类实用兵器当然的作为战利品被胜利者带走，不再具备战斗作用的铜殳束而未及带走也正合情理。古代军事家把所谓“入罪人之地”的暴神祇、毁土功、燔墙屋、伐林木等劫掠财富、伤害生灵的行为列为“军戒令”（《司马法·仁本》），在此找到了反证。

始皇陵东侧这组从葬坑，经试掘和发掘未竣的有三个坑（编号为Ⅰ～Ⅲ），另外在二、三号坑之间还有一个未曾置俑的废坑（坑Ⅳ）。这样从平面布局及其内容上看，一号坑是车步编列的长方形矩阵队列，二号坑是由车、弩、步、骑的混编营地，而处于诸坑后左部的三号坑显系指挥位置。这一格局，我们在前几坑内的小作战单位中也找到了相似的例子。像在二号坑弩兵队列同车、步、骑的混编队列的后左部，都发现有指挥俑的存在。如果说横长的四号坑是个模拟对战的情形，那么，三号坑具有金鼓齐全的“驷乘”，模拟的正是军幕。这一定性的根据，鉴于本书在《运筹帷幄　决胜千里——秦俑三号坑漫议》一文中有详细论述，故于此不再赘述。

三号坑无轻装的袍俑，而甲俑右手持兵器分两队相向排列，表明他们不是冲锋在前的“陷阵之士”，只是些指挥官的卫队和亲兵罢了。鼓，当是备乘的指挥车的指挥物。配套的还应有“金”（铎），可惜未见到。不知是未及放置，还是放置后被当作“战利品”而被掠走？无论怎么说，此车定为指挥车大致没错。

指挥车后的陶俑为一组 4 个，除 43 号俑无头外，均戴长冠，擐甲，著胫衣浅履。其中 45 号俑居正中，其左侧是 46 号俑，两俑凝视车前，双手前举作执辔状，(唯后者甲衣无披膊，系Ⅱb 式铠甲)，当系“御者”和鼓手；43 号俑位右侧，其右手做持长兵器状，左手似在按剑，是为“车右”；44 号俑跟在 45 号俑之后，其甲衣有前无后，胸腹甲片连缀于皮革中心，留出绘有图案花边，背带交叉结于腰后（Ⅱd式铠甲）。此式甲在第一、二号坑中都有发现，俑多站在指挥俑旁，其身份当属“佐”类的副官。所以，由指挥车后恭候待命的甲俑看，也许这就是文献中说的 4 人共乘殿车的“驷乘”。至于独缺身份很高、装束有别的“将军俑”，当别有原因。

二 “亲兵”形象

因为三号坑的陶俑是秦侍卫甲士的形象，其服饰和用彩并不很复杂，但可以看出因各自身份不同而有所区别。

侍卫甲士由头至脚的全形服装是这样的：长冠──→曲领与冠缨──→袍外擐甲──→跗注、胫衣或行縢──→勾履或合鞮。

戴长冠必有系颏的垂缨。冠直接压在辫发之上，这是同二号坑中具有臂釬（臂甲）的车御冠服不同之处。颜师古曰：“帻者韬发之巾，所以整乱发也，当在冠下，或单着之。”（史游《急就章》）二号坑穿Ⅱc 式铠甲（参见《秦俑军服考》分类）的车御，其戴冠法也是这样。而三号坑御者，其头发梳成辫髻，因此就无须戴帻。厚实粗大的曲领，同样是交叠地压于战袍交领之下。这同二号坑车御的鍜锻（颈铠）一样，在战斗中具有护颈的作用，还可避免坚硬的甲衣领缘的摩擦。

著袍一重，不见中、内衣。铠甲套穿在袍外，实则形成军服两重。战袍仅长及膝，皆右衽，长度大体相当（66～67 厘米）。

原《简报》将三号坑武士俑的铠甲分为 4 式，其中Ⅰ、Ⅱ式甲共 66 件，革、札结合的Ⅲ式甲及有前后、无披膊的Ⅳ式甲各一件。除去Ⅲ式甲和Ⅳ式甲分别为“佐俑”和“御副”所著之外，而Ⅰ、Ⅱ式甲仅有札叶大小和多少的差异，形制上并没有什么特殊的地方（其Ⅱ式甲仅为 7、15、19 号三尊俑擐穿）。因此，应合而为一。如此一来，铠甲型式变动有如下表：

表一 铠甲型号变动表

原编铠甲型号	新编铠甲型号
Ⅰ式	Ⅱa 式
Ⅱ式	Ⅱa 式
Ⅲ式	Ⅰd 式
Ⅳ式	Ⅱb 式

Ⅱa式甲，属于“步甲”。此式铠甲是秦俑各式甲衣中数量最多的一种，在一、二号坑里的下级军吏俑和重装步兵俑无不擐穿。从中不难知道，这是战斗步卒的普遍甲式，也是侍卫武士所著之甲式。

侍卫甲之裤有长短之分，或短隐袍内，或因下缚护腿而仅显膝上。护腿用具见有三种：行縢、跗注和胫衣。行縢（即“邪幅”[3]）的缠法，同其他坑的秦俑保持一致。也是自下而上，由外向内，两端有绦带绑扎。裹有跗注的俑，两腿粗壮肥硕。裤外自膝以下另套两片革物者，即为“左右各一，分衣两胫”的胫衣（《说文解字》段注）。著这三种护腿之陶俑在坑内的排列，没有次序，显然没有形成定制。

方口紧带的“句（勾）履”和两片皮革制成单梁的“合鞮”，在三号坑亲兵俑的脚上都有，并没有严格的限制。不像在二号坑里，唯独骑兵俑足蹬。

秦俑的服装尽管是陶塑品，经我对侍卫甲俑服饰及色彩的观察，似可得到如此的印象：战袍及裤的衣褶随体，圆润无皱，似为麻葛类纺织品的模拟物[4]；铠甲赭色，表明它是铁质的札叶，以钉铆合，腰腹间用“络组”穿连以利伸缩；勾履与合鞮棱角兀起，成型规整，针脚清晰，显系皮革缝制。

侍卫甲俑的装束，对原《简报》甲式分类作一更正，详见表二。

表二　侍卫甲俑的衣式与数量统计表

袍式	甲式	护腿形制	鞋式	俑数	俑号及附注
战袍	Ⅱa式	行縢	勾履	26	其中护腿和鞋式二者缺一，有三件，入此
战袍	Ⅱa式	行縢	勾履	1	俑15
战袍	?	行縢	勾履	5	俑22、25、48、51、52
战袍	Ⅱa式	胫衣	勾履	2	俑43（车右）、45（御）
战袍	Ⅰd式	胫衣	勾履	1	俑44（佐）
战袍	Ⅱb式	胫衣	勾履	1	俑46（鼓手）
战袍	Ⅱa式	跗注	合鞮	20	其中护腿和鞋式二者缺一的4件，据他项鉴定入此
战袍	Ⅱa式	?	合鞮	1	俑19
战袍	?	跗注	合鞮	3	俑42、54、64
战袍	Ⅱa式	胫衣	合鞮	4	俑13、57、60、68
战袍	?	胫衣	合鞮	1	俑16
战袍	Ⅱa式	胫衣	勾履	1	俑7
战袍	Ⅱa式	?	?	2	俑19、65

综合以上材料，大概可能勾勒出秦侍卫队服饰和装备上的一点轮廓来：

第一，侍卫用作警卫，虽不是直接参战的部队，但必须是由全副武装的“力士”所组成的一支强兵，布防上必得戒备森严以防不虞。环壁之64名甲士，是否头戴兜鋆不得其详，而无不于战袍外另擐重甲，袍蔽髀髋，短裤微露，腿缠行縢，或缚胫衣，足蹬勾履或合鞮，是为秦侍卫的整形军服。

第二，行縢便捷，配以勾履；跗注严实，紧束合鞮。二者的数量大致相当，又杂相排列。车后四俑不但甲式因身份不同而有别，而且胫衣同勾履组合，是下旅装备上少有的特殊者。

第三，武器当以以表威仪的铜殳为主，适当配以近卫格刺的铜剑和远射的弓弩。

三　服色

组成秦俑军事序列的诸坑俑群，以三号坑陶俑的颜色保留较多。其所涉色阶计有朱红、玫瑰红、粉红、橘红、紫红、粉紫、深蓝、珠宝蓝（孔雀蓝）、石绿、赭、深赭（褐）及粉白等13种。

1977年，我们对三号坑试掘时，刚刚出土的陶俑色彩绚丽，鲜艳如初，是其他坑所没有的情况。

首先，第一印象是陶俑色调偏暖，设色上通过强烈对比的手法，从而收到整肃热烈的艺术效果。

颜面、手脚敷色粉红，很自然地表现出肌肉的质感。由于战袍、铠甲、护腿各部分面积较大，在设色上更加讲求。如褐色铠甲下露出的战袍，作暖色调的各色（朱红、玫瑰红、粉红、紫红）或冷调的石绿、珠宝蓝等，而裤与胫衣（或行縢）则以两种不同色调与褐色相对；或是战袍同护腿装备同色，但裤另涂他色，使二者区别开来。即如同一部位着色也不尽一致，如战袍的面、里，行縢和履、鞮的面、带各不相同。褐色甲片上，则配以朱红的络组和甲扣，使二者陪衬得宜。至于甲钉则显得五光十色，更有一番艺术趣味。

其次，在色彩的变换中，却有着相对的稳定性。

曲领，涉及石绿、紫红、朱红、粉紫、宝石蓝、玫瑰红及粉白等色。除去35和36号俑之外，其他俑的战袍，袖口与衣领采用同一颜色。这种领、袖一色的作法，在汉女侍俑的服饰上也有同样的例子[5]，应是秦汉时代服制装饰的所谓“偏诸缘”（衣和领绲边）。原来是以彩丝织成的绦带漫在衣边，有如今之花边，装饰意义很浓。

秦侍卫甲俑的铠甲色种大体固定。如甲片全是象征铁札的赭色，而络组（即腰部连接札叶的连甲线）、甲扣全系红色，即使是五色的甲钉（朱红、粉红、粉白、石绿和深蓝）也是以红为主。

再次，陶俑的上彩为装饰色，故用平涂；描绘花纹图案者仅见于Ⅰd（佐吏甲）式甲衣的革边及车鼓。

从三号坑俑群的服饰用彩上，大体可以反映出他们的身份和地位来。详见表三：

表三　陶俑色彩登记表

俑号	手	战袍				铠甲				护腿装备				鞋		
		领	里	面	袖口	片	钉	线	扣	膝缚	跗注（胫衣）	行縢		样式	面	带
												面	带			
1	粉红	石绿	粉朱	粉朱		赭	粉红	朱红	朱红	粉朱	/	赭		履	赭	赭
2	粉红		紫红	石绿	白	赭	粉红	朱红	朱红	白	/			鞮	粉红	粉红
3	粉红		玫红	玫红	石绿	赭	朱红	朱红	朱红	石绿	/	朱红		履	赭	赭
4	粉红	紫红	石绿	赭	紫红	赭	粉红	朱红	朱红	石绿				鞮	石绿	紫红
5	石绿	?	石绿	石绿		赭	粉红	朱红	朱红	珠宝蓝	/			鞮	粉朱	朱红
6	石绿	白	粉朱	石绿	白	赭	白	朱红	朱红	褐	白	/		鞮	粉红	?
41	石绿	?	珠宝蓝	石绿	?	赭	白	朱红	朱红	石绿	粉红	/		鞮	石绿	石绿
42			紫红	赭						褐	褐	/		鞮	紫红	?
7	粉红	朱红	朱红	石绿	朱红	赭	朱红	朱红	朱红	白	上朱 下绿	/		履	褐	石绿
8	粉红		?	赭	石绿	赭	朱红	朱红	朱红	?	?	/		鞮	石绿	?
9	粉红	白	深蓝	石绿	白	赭	白	朱红	朱红	?	白	/		鞮	紫红	
40	粉红		?	石绿	赭	?	朱红	朱红	石绿	/				鞮	朱红	
39	粉红	朱红	玫红	赭	朱红	赭	粉红	朱红	朱红	紫红	/	赭	石绿	履	赭	石绿
38		朱红	?	?	朱红	赭	朱红						?			
13	粉红			石绿	珠宝蓝	赭	粉红	朱红	朱红	石绿	上玫红 下褐	/		鞮		
17	粉红	朱红	玫红	玫红	朱红	赭	粉红	朱红	朱红	珠宝蓝	/	褐	玫红	履	褐	褐
21	粉红	石绿 (未底)	玫红	玫红	石绿 (朱底)	赭	粉红	朱红	朱红	/	/		玫红	履	褐	
12	粉红	粉紫	玫红	朱红	粉紫	赭	粉红	朱红	朱红	玫红	石绿	/		鞮	白	石绿
16	粉红	紫红	珠宝兰	石绿	赭	朱红	朱红	彩紫	上绿 下蓝	/		鞮	粉红	?		
20	粉红	粉紫	朱红	紫红	紫	赭	粉红	朱红	朱红	珠宝蓝	/	褐		履	褐	粉红
11	粉红		石绿	石绿		赭	石绿	朱红		石绿	/	褐	石绿	履	褐	粉红
15	粉红	珠宝蓝	玫红	玫红	珠宝蓝	赭	粉红	朱红	朱红	朱红	/	褐	紫红	履		
19	粉红	粉紫	玫红	石绿	粉紫	赭	朱红	朱红	朱红	粉紫				鞮	石绿	朱红
10	粉红		石绿	石绿	?	赭	朱红	朱红		石绿	褐	/		鞮	粉红	
14		石绿	朱红	朱红	石绿	赭	朱红	朱红	朱红	石绿	/	褐	石绿	履	褐	粉红

续表

俑号	手	战袍				铠甲				护腿装备				鞋		
		领	里	面	袖口	片	钉	线	扣	膝缚	附注（胫衣）	行縢面	行縢带	样式	面	带
18	粉红	宝蓝	紫红	石绿	宝蓝	赭	朱红	朱红	宝蓝					鞮	石绿	
34	粉红		石绿	玫红	?	赭	石绿	朱红	珠宝蓝	玫红	石绿	/			玫红	石绿
30	粉红	?	石绿	石绿	紫红	赭	朱红	朱红	宝蓝	玫红	/	褐	石绿	履	褐	白
26	粉红		?	粉紫	赭	赭	白	朱红	朱红	珠宝蓝	白			鞔	玫红	粉紫
35	粉红	石绿	玫红	石绿	玫红	赭	朱红	朱红	朱红	石绿	/	褐	玫红	履	褐	玫红
31	粉红		朱红	紫红		赭	粉红	朱红	朱红	紫红	/			鞮	玫红	紫红
27	粉红	石绿	紫红		石绿	赭	石绿	朱红	朱红	粉紫	/	褐		履	褐	
36		玫红	玫红	石绿	石绿	赭	粉红	朱红	朱红	石绿	/	褐		履	褐	
32			玫红	玫红		赭	白	朱红	朱红	石绿	/			鞮	玫红	粉紫
28	粉红	石绿			石绿	赭	粉红	朱红			/	褐		履		
37	粉红	石绿		赭	石绿	赭	石绿	朱红		石绿	/	赭		履	褐	
33	粉红	石绿	石绿	珠宝蓝	石绿	赭	白	朱红	朱红	褐				鞮	白	
29				石绿	白	赭	粉红	朱红	朱红					鞮		
22	粉红			玫红	宝蓝	赭	朱红	朱红			/	赭	紫红	履	褐	紫红
23	粉红		石绿			赭	白	朱红		石绿	珠宝蓝			鞮	白	石绿
25			褐	赭		赭	粉红	朱红			/	赭		履	赭	朱红
24	粉红		玫红	玫红		赭	朱红	朱红		石绿	/	赭	朱红	履	褐	朱红
43		石绿	石绿	玫红	石绿	赭	朱红	朱红		珠宝蓝	上下 石绿			履	褐	朱红
46		石绿	粉紫		石绿	赭	朱红	朱红		褐				履	褐	
45	粉红	珠宝蓝	朱红	褐	珠宝蓝	赭	深蓝	朱红		珠宝蓝	上珠 宝蓝			履		
44		白	褐	褐	白		深蓝	朱红	朱红			上 石绿		履	口红	下褐
57	粉红		玫红	玫红	石绿	赭	粉红	粉红		石绿	上朱红 下玫红			鞮	玫红	
56	粉红	珠宝蓝	石绿	石绿	宝蓝	赭	粉红	粉红	朱红	石络		褐	玫红	履	褐	玫红
55	粉红		玫红	玫红		赭	朱红	朱红		粉红	石绿			鞮	?	?
54		珠宝蓝	玫红	玫红						粉紫	石绿			鞮	玫红	
53	粉红	石绿	玫红	玫红	石绿	赭	白	朱红		白	?	石绿		鞮	石绿	
52						赭	朱红	朱红		石绿	/	褐		履		

续表

俑号	手	战袍				铠甲				护腿装备				鞋		
		领	里	面	袖口	片	钉	线	扣	膝缚	跗注(胫衣)	行縢		样式	面	带
												面	带			
51	粉红	石绿	玫红	玫红	石绿	赭	朱红	朱红		石绿	/	褐		履		
50	粉红	石绿	玫红	玫红	石绿	赭	粉红	朱红		玫红	/	褐		履	褐	
49	粉红	石绿	玫红	玫红	石绿	赭	粉红			?	石绿			鞮	玫红	
48	粉红		玫红	玫红		赭	朱红				/	褐	朱红	履		
47	粉红	深蓝	石绿	石绿	深蓝	赭	白	朱红	朱红	石绿	/	褐		履	褐	
58	粉红	石绿	石绿	玫红	石绿	赭	朱红				/	褐	朱红	履	褐	
59	粉红	石绿	石绿	珠宝蓝		赭	粉红	朱红	朱红	朱红	/	褐	石绿	履	褐	
60	粉红	石绿	朱红	褐		赭	粉红	朱红		深蓝	上紫红 下石绿	/		鞮	玫红	
61	粉红	石绿		玫红		赭	粉红	朱红		石绿	赭	/		鞮	玫红	玫红
62	粉红	石绿				赭	粉红	朱红		白	/	赭	玫红	履		
63	粉红		玫红	褐		赭	朱红	朱红		赭	珠宝蓝	/		鞮	玫红	石绿
64			玫红	橘红						石绿	深蓝	/		鞮	橘红	玫红
65			玫红	玫红										鞮	石绿	玫红
66			朱红			赭	粉红	朱红	朱红		/	赭	石绿	履	赭	石绿
67	粉红			紫红	石绿	赭	粉红	朱红						?		
68	粉红		珠宝蓝	玫红		赭	白	朱红		石绿	上玫红 下珠宝蓝	/		鞮	石绿	

[说明]：

1. 空栏系色无存留者。
2. “?”系色别不清。
3. “/”，胫衣或行縢两式必居其一，该号系无色可言。
4. 颜色有上、下两色者系胫衣。
5. 43号俑头无存，残留胸前的缨带为珠宝蓝色。有头俑44号戴长冠，缨带珠宝蓝色；45、46号两俑戴长冠，缨带均为石绿色。
6. 有头的3尊戴长冠陶俑（44～46号），是颜面粉红，发须均褐色，冠赭色。

从上表中可以看出，侍卫甲俑的服色混杂，但曲领及袖口，以石绿为主，只有北侧厢房武士俑的战袍似多作红色，这可能是秦侍卫武卒的通用服色。

车御俑（45号俑）著Ⅱa式甲，戴长冠，褐色战袍，在赭色甲片上除朱红络组，缀以深蓝色甲钉，领口及跗注为珠宝蓝色。这是三号坑独特的服色，也是秦俑坑御俑中唯一的一个例外。是否为统领秦俑坑的指挥车御者的专用服色，尚不能确定。

车后一组四俑（御、鼓手、军佐及车士各 1）的服饰及色彩较为特殊。战袍长而蔽裤，均穿胫衣勾履。色彩以绿蓝为主。只有军佐（44 号俑）才著背带式革札结合的Ⅰd 式甲，勒朱红革带。这在一、二号坑指挥车旁都有发现，可见其地位在军吏之列。

此外，领袖、甲钉及胫衣作三白色的彩俑有 6 件（6、9、23、26、47、68 号俑），均穿Ⅱa 式甲，多穿跗注、蹬合鞮。而且它们都位当南廊及两厢的要道或角隅处。这种服饰上的特殊性及有规律的分布，似表明他们为该区侍卫的小头目。

四 着色浅说

（一）颜料质地

1977 年试掘三号坑时，初出的彩色俑颜色鲜艳，神态逼真。但遇日晒风吹，附着在俑表的颜料即卷皱起翘，随之颜色也在减退。好在我等作的“色阶表”，后来成了秦俑博物馆展览的样品，“登记表”成了一号坑“考古报告附录”模仿的样本。

经初步研究，得知陶俑表面施彩过程分两步，即先涂一层明胶，然后再绘彩。根据经验，陶质表面不能直接着色，必须先行处理，也就是涂明胶以填塞陶制品表面疏松的空隙，并能增加附着力，然后着彩。或有在着色前施加白衣者。如此，就可使俑色鲜艳而柔和，逼真而持久。

所有颜色，经非真空质子 X 光荧光定性分析，属矿物质颜料，其成分见下表：

表四 颜料成分表

序号	取样部位	颜色	元素分析													
			钾	钙	钛	钒	铬	锰	铁	钴	镍	铜	锌	砷	汞	铅
1	勾履带	紫红		✓	✓		✓		✓			✓	✓	✓	✓	
2	络组	朱红	✓	✓					✓	✓			✓	✓	✓	✓
3	袖口	石绿	✓	✓	✓		✓		✓			✓				✓
4	连甲扣	朱红	✓	✓	✓		✓	✓	✓		✓	✓	✓	✓?	✓	✓
5	脚踏板粘料	无色		✓	✓		✓		✓	✓	✓	✓	✓			
6	战袍下摆	赭		✓	✓		✓		✓				✓	✓?	✓	✓
7	俑手	粉红		✓	✓	✓	✓	✓	✓			✓	✓	✓?	✓	✓
8	颜面部	粉红		✓	✓	✓	✓	✓	✓	✓			✓	✓	✓	✓
9	袖口	深蓝	✓	✓	✓		✓		✓			✓	✓		✓	✓
10	马口上膛	粉红		✓	✓		✓		✓			✓	✓	✓	✓	✓
11	俑颜面	底色		✓	✓	✓	✓		✓	✓		✓	✓	✓	✓	✓

说明

①“√”系测出所含元素。③“√?”是该元素能量同有的元素能量重迭未能确定者。⑨此分析系《中国冶金史》编写组委托上海复旦大学加速器室及上海中国科学院原子核所活化组测定。

(二) 中国绘画用彩的新史料

中国绘画有着悠久的历史传统，积累和创造出丰富的绘画经验，逐渐完善并使之理论化。像新石器时代的先民们的彩陶作品，向人们揭示了用笔和施绘白垩、红矾土、炭（黑）、土黄等色的历史事实。[6]春秋战国时期彩绘陶器、漆器又把用彩范围和技法更加扩大。而秦代彩色壁画和彩俑的出现，应该说是它在前代用彩的基础上，发展了彩塑而结出的丰硕成果，又为汉代描绘人物生活的绘画作品及装饰性的各种几何图案的发展创造了条件。

注 释

[1] 陕西省考古研究所：《秦始皇陵兵马俑坑一号坑发掘报告》(1974—1984)，文物出版社，1988年。又：《秦始皇陵东侧第二号兵马俑坑钻探试掘简报》，《文物》1978年第5期。

[2] 始皇陵秦俑坑考古队：《秦始皇陵东侧第三号兵马俑坑清理简报》，《文物》1979年第12期。

[3]《诗·小雅·采菽》：“邪幅在下。”笺：“邪幅如今之行縢也；偪束其胫。”

[4]《诗·大雅·生民》有“麻麦幪幪”句。麻麦生长茂盛，可见麻在种植中很受重视。

《诗·豳风·七月》：“七月鸣鵙（伯劳鸟叫），八月载绩。”《传》：“载绩，丝事毕而麻事起矣。”陈奂《诗毛氏传疏》说：“丝所成曰帛，麻所成曰布。”

作为蔓生植物的葛，也是制衣服的原料。《诗·周南·葛覃》：“葛之覃兮，施于中谷，维叶莫莫，是刈是濩，为絺为绤，服之无斁。”葛不但作布，亦当为作鞋的材料。《诗·魏风·葛屦》：“纠纠葛屦，可以履霜。”麻葛在古代的陕西均有出产，秦人以之作战衣，当属事实。

[5] 王学理等：《西安任家坡汉陵从葬坑的发掘》，《考古》1976年第2期。

[6] 于非闇：《中国画颜色的研究》，朝花美术出版社，1955年。

伍　隐蔽性工程　坑道式建筑

——秦俑坑的建筑艺术

秦人在春秋初年进入关中之后，沿汧渭而东，都城作为政治重心的标志也随之作过七次大的迁徙。其城池、宫殿、宗庙、园林一类大型的土木建筑工程跟着国力的增长，规模扩大、恢宏壮观。秦德公在雍建大郑宫、祈年观，宣公筑阳宫，穆公更筑三休台，使宫、观、台、馆高低参差、错落有致。难怪戎王的使臣由余参观了这些"宫室积聚"的盛况之后，发出了"使鬼为之则劳神矣，使人为之亦苦民矣"（《史记·秦本纪》）的喟然长叹。咸阳从秦孝公时"大筑冀阙"开始，至秦始皇时已形成了"诸庙、章台及上林皆在渭南。秦每破诸侯，写放其宫室，作之咸阳北阪上，南临渭。自雍门以东至泾渭，殿屋复道，周阁相属"，"咸阳之旁二百里内宫观二百七十，复道、甬道相连"的规模。（以上均引自《史记·秦始皇本纪》)。咸阳形成了"渭水贯都以象天汉，横桥南渡以法牵牛"的格局（《三辅黄图》)。

高耸干云的秦代建筑虽然早已化为乌有，但它的历史遗存通过考古工作的部分揭示，证明并非子虚。事实说明它是秦人气度和技术传统的再现。

秦俑坑作为宏大的建筑实体，它不是突兀于地表之上，而是深入地下，其上加覆土2～3米。它是以地下为主，又同地上浑然一体的土木混合建筑，这既突破了人们原先那种传统的建筑概念，也为研究中国建筑科学技术史提供了又一种建筑类型。

一　因表现地下"陈兵"的需要而采用特殊的建筑形式

（一）性质

秦俑坑的设置，固然不是矗立于地面之上的纪念碑，却是在阴间世界为秦始皇弹奏的一曲颂歌。它撷取了阵、战、营、幕等几个富于代表性的军事生活场景，从葬于陵园之内以显示当年的军威，展现了秦军的强大，军容的整肃。不言而喻，它不仅肯定了秦始皇生前作为军队的最高统帅的地位，也倾诉着秦始皇本人同这支征战疆场的武装力量的深厚情感。

由于历史条件的局限，秦代无论在地面还是地下的土木结构，都还不能建造出大跨度的无柱建筑。因此，大型的俑坑只能在地下作成多跨的坑道形式。

以砖、木、席、土为原材料，通过木构架和黄土的结合，在地下形成一组大型的土木建筑群，可说是一种前所未有的建筑形式。

（二）秦俑三坑的平面形制

1. 矩阵之坑——即一号坑。坑体是一个横向的矩形。坑体东西长约 210 米，南北宽 62 米，面积约为 13020 平方米。坑口距地表 0.3～1.5 米，坑底距地表深 4.5～6.5 米。在坑体的四侧，各有五条供当时施工上下的斜坡通道。其东西两端的坡道各长 10 米，比两侧的略长一些。在坑中有东西向的夯土墙（即“隔梁”）10 道，南北并列，从而形成 11 条巷道式的“过洞”（用“G”表示）。由横截面上看，像是 11 个“洞”一字排开（图Ⅲ-5：1）。因为隔梁的两端并未同东西壁面顶齐，而是各留一道宽 3.45 米的开间，并和两侧的边洞相通，从而形成绕坑周壁的一圈回廊。但是，两端的宽度比两侧的要大一些，所以把东开间（用“K”表示）或叫“前廊”，把西开间叫“后廊”。

按照布阵的要求，此坑的回廊部分安排为矩阵之表，包括由轻装步兵俑组成的前锋、后卫和主要由重装步兵俑组成的左右翼；其他的 9 道过洞中和边洞的内侧则部署着由战车和重装步兵俑间隔排列的矩阵之本。

2. 营垒之坑——即二号坑。坑体的北半部是个东西长 94.6 米、南北宽 38 米的长方形。在其西端南侧，附一个大体呈方形（52×49 米）的坑。整个坑的平面就形成了“曲尺形”，其总面积有 6000 平方米。在坑的东西两端各有 4 个斜坡道，北侧有两个斜坡道。坑内的过洞虽然也呈东西向、作南北并列的形式，但平面布局则是由 4 个区域构成，即：

第一区位于二号坑北部长方形的东端，即曲尺形东北部向前突出的部分。其内部的四周绕以回廊，部署着以轻装为主的立姿射俑；中间有 4 条过洞，南北并列，一律为蹲姿的重装持弩的射兵俑群。显然这一区是作为营地教射的场地而设，也当是布阵时“强弩在前”的反映。

第一区两端是一道南北向隔墙，墙上洞开 5 门。墙西侧有 6 条东西向的过洞，构成第四区。四区之南，依次为三、二两区，每区各占 3 个过洞，实是车步混编营和骑兵营的所在。

第二区位于二号坑的南侧，有 8 个过洞，属于轻车兵的营地。

第三区在第二区之北、四区之南，占 3 个过洞，是车兵和步兵的混编营地。

第四区在第三区之北，也占 3 个过洞，是以骑兵为主的营地。

二号坑由 4 个兵种组成，按 4 个区域单独编列，从总体上构成一个统一体，显然是为布阵方便而划分的营垒缩影。

3. 军幕之坑。平面呈“凹”字形，东端有一斜坡门道，东西长 17.6 米，南北宽 21.4 米，面积约 520 平方米。正面为指挥车备乘的“车府”，北厢为军祭之所，

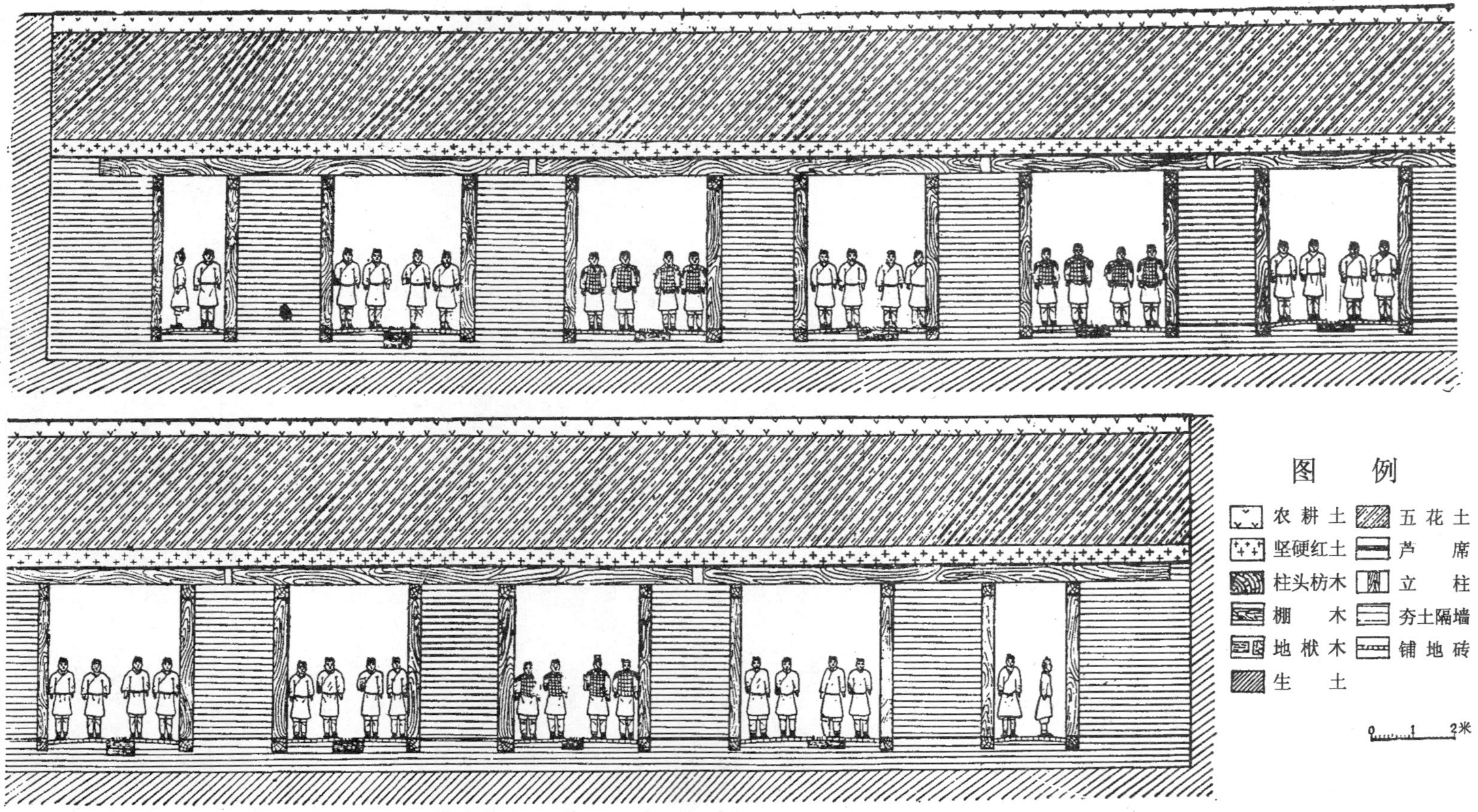

图Ⅲ-5：1　秦俑一号坑构筑横截面图

南厢在过庭之后则由中庭、后室组成。分别是合谋、秘藏的所在。由侍卫甲俑的排列及其他文物的内涵判明：三号坑的特殊形制，正是指挥机关军幕。

（三）体量

秦俑坑是个巨型的地下土木工程，在当时的地面上只有土丘，未见其他标志。但同秦的城邑、宫殿、陵墓一样，都具有一种夺人的气势。其建筑体量相当大，仅一、二、三号坑的主体面积就达到 19540 平方米，如果加上未构架的四号坑，总面积也在 24140 平方米以上，出土量可达到 110580 立方米。见表一：

表一　秦俑三坑挖方工程表

坑别	坑体面积（m^3）	坑体挖掘土方量（m^3）				坑体空间	
		坑深	坑口深	原坑深度	秦代出土量	柱高	容积
Ⅰ	13020	4.5～6.5	0.3～1.5	4.6	59892	3.2	41664
Ⅱ	6000	5	1	4	24000	3.2	19200
Ⅲ	520	5.2～5.4	1	4.3	2236	3～3.5	1690
总计	19540	/	/	/	86128	/	62554

说明：

1. 表中的土方量是指挖方。隔墙的夯筑及覆土本应计入工作量，但此处按挖方算，故从略。

2. 因坡道是施工的一种措施，工程结束后即封堵填塞，所以同坑体建筑本身无直接关系，故可于此不计入工程量。

3. 俑坑的深度只取平均数。

秦俑坑的柱高一般为 3.2 米，而三号坑中最高处也只有 3.5 米。若按秦俑最高者 2 米算，在入坑后其头顶上还留有 1.2～1.5 米的空间。实际上，俑坑的高度仅能容纳拄戟（高 2.88 米）的武士俑，而对 3.6 米以上的长铍就不能竖直而立了。所以我们看到俑坑的铍都是平置于地上的，俑拳空握，这就反映了俑坑居高的实际。尽管如此，秦俑三坑的容积仍可达到 62554 立方米，可见体量还是相当雄伟的。

二　构筑过程及施工方法的考古学探索

（一）建筑材料的用场及其用量的估算

秦俑坑的建筑材料除去黄土之外，主要是青砖、木材和席子三种。绳纹青砖用于墁铺过洞和回廊的地面。其形状有条形的，也有近似方形的，大小薄厚不等，约有五种规格，即：第一种“大条砖”——（长）42 厘米×（宽）19.5 厘米×（厚）

9.5 厘米；第二种“窄长砖”——41.5×13.5～9.5 厘米；第三种“薄长砖”——37×14×6 厘米；第四种“小条砖”——28×14×7 厘米；第五种“方砖”——23×19.5×9.5 厘米。从铺地用砖的数量看，主要是第四种小条砖。

秦俑三坑的砖用量约在 21 万块以上，计算如表二：

表二　秦俑三坑用砖量统计表

坑号与说明	砖铺地面积（m^2）	砖规格（m^2/块）	用砖量（块）
Ⅰ	6,459.876	0.28×0.14=0.0378	170,896.19
Ⅱ	2,406.18	同上	63,655.55
Ⅲ	183.43	同上	4,852.65
总　计	9,049.486	/	212,104.39

说明：

1. 各坑铺地砖面积是环廊和过洞中的实际数；

2. 砖规格暂按小条砖计算。

秦俑坑木材的用途比较广泛，栿、柱、枋、棚顶及封门都是以质地良好的木材做的。

在这里没有设置柱础石，而是在过洞两侧的隔墙基部和环廊四壁的基底，平置着一道首尾相接的栿木，目的是为了承托排柱。地栿作四棱柱体，截面作 30 厘米×30 厘米～43 厘米×43 厘米。

木柱从截面上看，有方有圆，故而称作“方柱”或“圆柱”，其中以加工过的方柱为多。柱径一般为 30～45 厘米。这些方柱同俑坑土壁的结合，采取三种形式。即：第一种，是把柱子嵌入坑壁之内的所谓“暗柱”，使一面暴露在外，同坑壁保持平齐（如一、二号坑过洞）；第二种，柱紧贴坑壁，使三面暴露在外，成为所谓“明柱”（如二号坑的过洞）；第三种，虽属于明柱，但往往两柱靠近成为“并柱”（如三号坑的）。柱间距 0.9～1.5 米，通常多在 1.5 米左右。（图Ⅲ-5：2）

所谓“枋木”，实际是两柱顶端的连接木。随排柱的延伸，枋木也根根相连。在过洞的两侧，沿坑壁各是一行排柱。那么，柱顶上的枋木同柱下面的地栿一样，均呈东西向。而在东西廊道两侧，枋木则呈南北向。枋木的截面一般为 35×45 厘米，只有一号坑过洞东口的枋木呈圆柱形，直径约 30～55 厘米。一根根枋木的长度不等，短者 1 米，长者可达 11.8 米。不论枋的长短，其接合点必然是落在柱顶的中心部位。因为隔墙和过洞都具有阔大的纵深，在秦俑一号坑的 11 个过洞里，南北并列着东西向的枋木 22 道。

横压在枋木上的，是密集排着的圆木，这就是所谓“棚木”。很自然，过洞之上的棚木作南北向排列，而在坑东西两端开间的棚木则呈东西向。一号坑的棚木直径

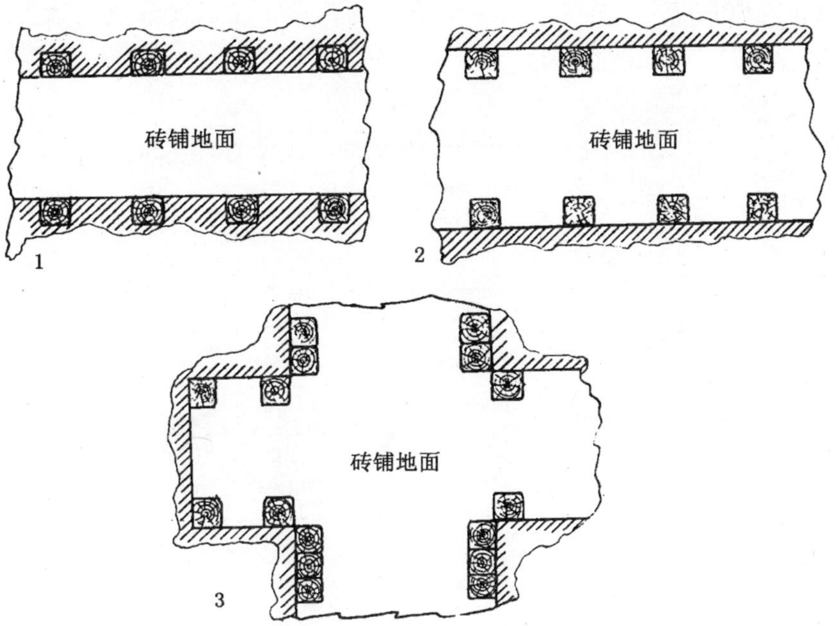

1. 一号坑过洞 2. 二号坑 G12 3. 三号坑

图Ⅲ-5：2 俑坑立柱同墙壁结合图

是 20～40 厘米，而二号坑的棚木直径有的竟达到 80 厘米。棚木的长度一般都在 8.5～12 米之间，可以直盖住四个过洞。两根棚木的搭接处，同样也是落在隔墙的中脊之上的。接点参差，既分散了棚木对隔墙的压力，又可使棚木间彼此靠实，形成一个整体。

俑坑所用木材都是质地良好的松、柏大木，其用量总体积在 50914.3 立方米以上，如表三：

表三 秦俑坑木材用量表

内容 数量 坑号	柱（根）	枋（根）	枕（根）	棚木（根）	封木门（根）	合计（m^3）
Ⅰ	3,732	1,280	1,280	7,192	150	37,339.8
Ⅱ	1,206	476	476	2,496	60	13,446
Ⅲ	66	35	35	90	12	128.5
总 计	5,004	1,791	1,979	9,768	222	50,914.3

说明：

根数是统计的，立方系估算。

在棚木之上原来铺有一层席子，以防覆土漏入坑内。从粗细两种“人”字形编织纹印痕和节理看，可以确认为是芦席和竹席。两种席以前者的用量为最大，见表四：

表四　秦俑坑用席量统计表

数量 内容 / 坑号	芦　　席　（m^2）	其　　　他
Ⅰ	13650	
Ⅱ	5627.6	
Ⅲ	183.43	
总　计	19469.3	

说明：芦席用量按坑体的覆盖面积算。

（二）构筑方法简述

秦俑坑作为一项大的土木建筑工程，工作量大、工期长，是中外工程史上少见的。其施工程序大体是这样的（以一号坑为例）：

挖　　坑——根据阵营的兵力部署、平面形状掏挖土圹。

↓

夯筑坑壁——坑底分七层夯实，厚 50～65 厘米；坑四壁包一层夯土“帮衬”。

↓

夯筑隔墙——在坑底每隔 3.2 米（南北边洞宽 1.5～1.75 米），夯筑一道东西向的承重墙，高、宽各 3.2 米。

↓

设 地 栿——沿隔墙和坑壁，重新按栿木的宽度开挖出一道夯土地槽，把栿木平放嵌入。

↓

立 排 柱——按照柱径及柱间距要求，在夯墙壁挖开垂直的柱槽，嵌柱入槽。

↓

墁铺青砖——在坑底的夯实地基上，垫土使平整，打实，再平摆条砖。在坑两端的廊道里，砖向南北，过洞里则作东西向（二号坑砖向同此。相反，三号坑的正庭、南北廊和北厢的砖向作东西，而南厢则作南北）。

↓

架 枋 木——在排柱顶端，搭接一根根枋木，使之同夯土隔墙顶部保持水平。

↓

密排木桁——使棚木横置于枋木之上，密集排列。

↓

盖　　席——把席子一张张地铺盖在棚木之上，使接缝不留缝隙。再于席上敷
↓　　　　一层细泥和黄土，厚10～30厘米。
覆　　土——在土圹内的篷盖顶上填土，一层层地夯筑，使之密实，直出地表
↓　　　　之上。

通过上面的施工示意和说明，可以看出，俑坑自下而上的大结构关系是：由夯实地基和铺砖地面构成下层；文物空间为中层；由棚木、席子和覆土结合而成的顶盖构成上层（图Ⅲ-5：3～4）。

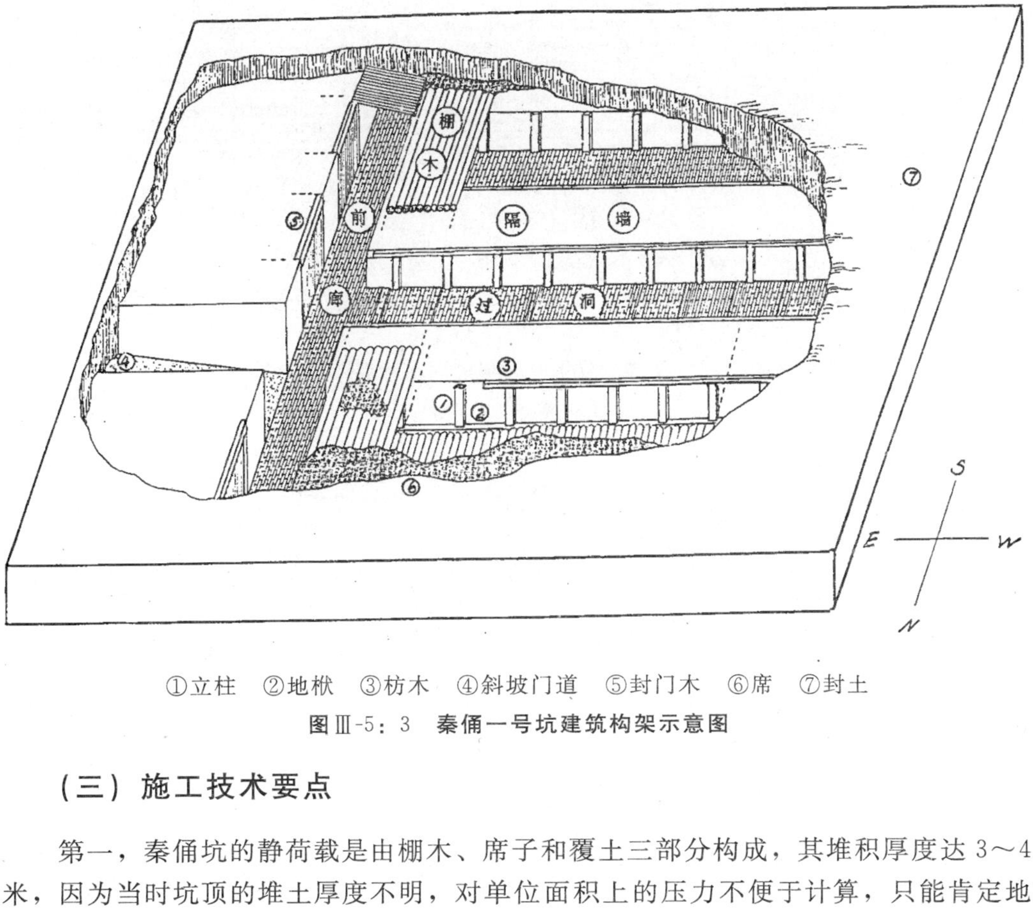

①立柱　②地栿　③枋木　④斜坡门道　⑤封门木　⑥席　⑦封土

图Ⅲ-5：3　秦俑一号坑建筑构架示意图

（三）施工技术要点

第一，秦俑坑的静荷载是由棚木、席子和覆土三部分构成，其堆积厚度达3～4米，因为当时坑顶的堆土厚度不明，对单位面积上的压力不便于计算，只能肯定地说这种土木的重量绝不是一个小的数值。而承受这种力量的受力部分主要是隔墙及其壁柱。墙之两侧等距的壁柱成排竖立，均齐对称，既嵌入夯筑的隔墙中，再加之柱顶端承枋载桁，就使得这种承重墙成为一个牢固的受力整体。

第二，在排柱下不设础而采取地袱（图Ⅲ-5：5），无疑地对分散压力是有实际作用的。秦俑坑现存的，隔墙明显低于原来的高度，不但墙降低到与俑同高，而且立柱也发生了偏斜。原因是俑坑的土墙长期受地下水的浸泡而下陷，并非轴向压力

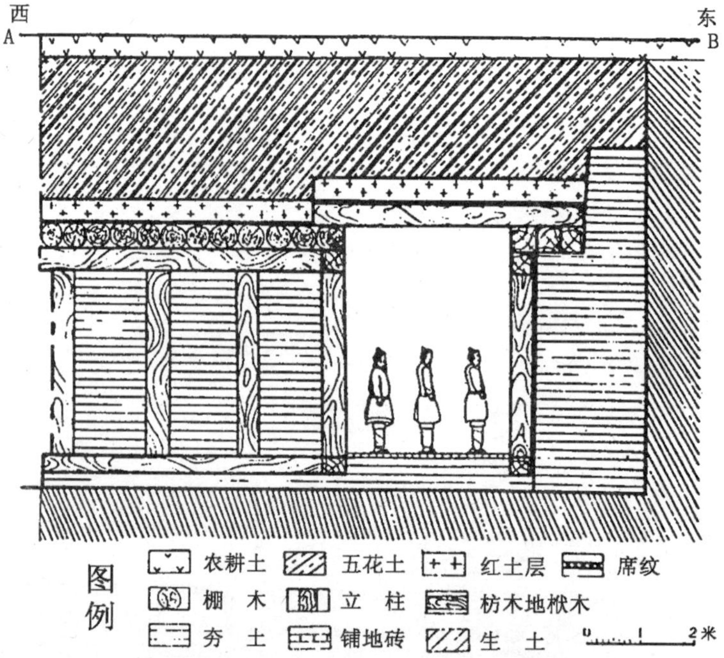

图Ⅲ-5：4　秦俑一号坑开间与过洞木构架结构复原图

（开间和 G10 北壁）

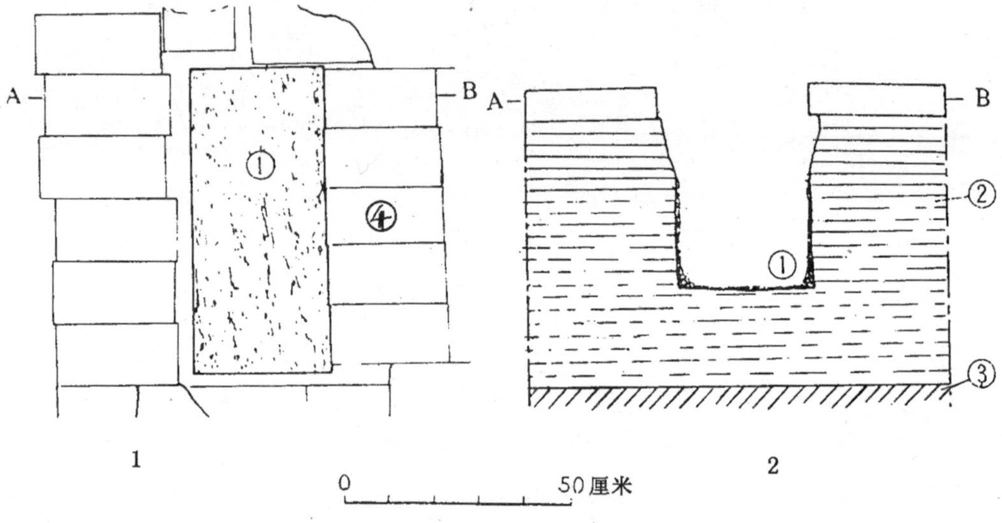

①朽木　②夯土　③生土　④铺地砖

图Ⅲ-5：5　地栿槽结构

（一号坑 T10G7 东端立柱下地栿槽）

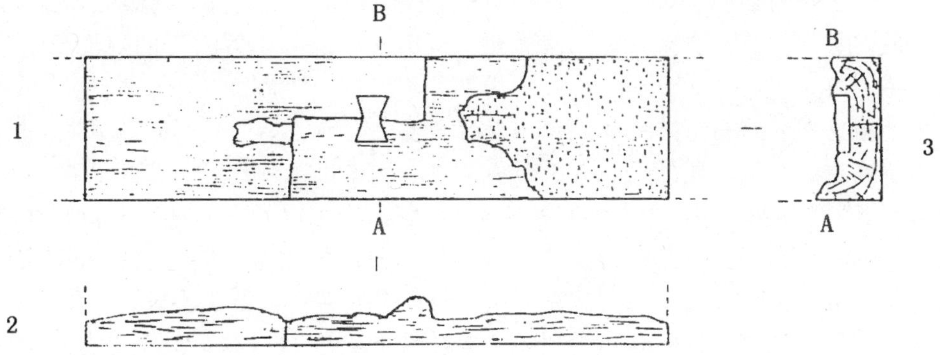

1. 平面 2. 正剖面 3. 侧剖面

图Ⅲ-5：6 地栿接口的卯榫结构图

（一号坑 T20G10 北侧）

达到或超过临界压力所致。柱头同枋的结合部未用斗拱，个别的仅仅采用简单的榫卯，显然是一种防止滑脱以增加稳定性的措施。

第三，秦俑的立柱虽有明柱和暗柱两种，但前者是沿壁而设（如三号坑），后者则同承重墙结合，还未发现“将军柱”、“都柱”之类的设置。在转角处两柱并立，柱头各托一枋，伸向呈 90°。

第四，棚木多用圆木，极个别处用方木。密实排列，一根接一根地相互靠紧，因此，彼此间不需要任何连接物。但在地袱的两木相接处，各锯一半成为方向相反的舌形榫头，两榫套合之后，再在接缝上嵌入一个细腰形的拴板以增加拉力和坑扭曲力。（图Ⅲ-5：6）

第五，在发掘的秦代建筑中，室内地面均未铺砖。咸阳的高台建筑上，薄方砖是用以贴壁的，空心砖也多为踏步。而秦俑坑大量用条砖不但是秦建筑的一个特例，而且还占建材之大宗。但这些条砖并不用在砌隔墙而是墁铺过洞和回廊的地面。其铺法也是平放对齐，既不错缝，也不用粘合料。

三 秦俑坑的建筑学意义

（一）是解决大跨度建筑的一种特殊类型

战国以来的秦宫室建筑多起自地面，呈高台的形式。既名“台”者，也就是高出地面之上，有如“章台”。苏秦就曾对楚威王说，“今欲西面而事秦，则诸侯莫不南面而朝于章台之下矣”（《战国策·楚策一》）。阿房前殿遗址至今仍高出地面 10 多米，总面积达 60 多万平方米。即如被群众称之为“始皇上天台”的夯土台，仍然是高耸巍峙的。后围寨的高台基址高 6 米，砌筑有空心砖踏步，层层叠叠，屋脊式陶水道在台下鱼贯而接残留 20 米，可以想见当年台上泄水量之大，建筑之宏伟![1]这些建筑的内容空间究竟有多大，无法确知，阿房宫“上可坐万人”的规模长期来也使人困惑不解。

咸阳原上秦一号宫殿基址的发掘，为我们解决高台宫室的居间问题提供了借鉴。那是围绕高台、分层筑屋的。在夯土台顶部的主体建筑一号室内，东西 13.4 米、南北 12 米，四周绕以壁柱，中心的圆柱直径 64 厘米。可以看出它还属于梁柱体系的抬梁式木构架。由于承受荷载的支持力量靠柱同夯墙的结合，因此，这种建筑居间和进深不可能太大，因为木构架依附夯土高台就是它赖以撑持的基础。

秦俑坑的木构架，同样是过去地面建筑传统的继承和沿袭。如果说有新的发展的话，那就是因为不能作出大跨度的立体空间，便把隔墙加以纵向延伸和横向扩展，从而开辟了大的容纳面积。壁柱同夯墙是承受荷载的支撑点，棚木之上增厚的覆土也只是为加强稳定性的考虑。尽管秦砖烧造的是如此的规整而标准化，但在实际使用上还未掌握以砖砌墙的技术，竟使地下水浸泡土墙以致发生“屈曲”，这不能不是一个历史性的遗憾!

夯墙同梁柱结合的构架，不用说，是创造立体空间的有效措施之一。时代所赋予的这种特色，也自然而然地会反映在当代的其他建筑物上。秦始皇陵墓之内“以水银为百川，江河大海，机相灌输。上具天文，下具地理”(《史记·秦始皇本纪》)，其巨大的立体空间的构成当也是多种扩充手段的综合，其中也不排除秦俑坑的这种构架方式。[2]

(二) 木作技术的偏差

柱下垫础，在中国是早已有之。原始先民已经知道在柱洞中填些卵石，借以分散屋面、梁架通过柱传递给地面的压力。秦咸阳一号宫殿遗址的壁柱下，垫一块具有上平面的原石。阿房宫区一些大的柱石，从外形看未经雕琢和美化，但接柱的部分却是一个大平面。按说秦俑的排柱之下，也理应有石柱础。虽然垫以地栿从而使压力分散，达到整体平衡，但木栿毕竟不如石础耐久。

同样，秦代建筑上普遍用拱，及至汉代更加成熟。但例外的是秦俑坑木构架中，并无拱的使用，柱头是直接顶在枋木之下的。由于支撑面小，梁柱的结合不牢固，整体的稳定性就差，以致出现了枋木脱离柱头的现象。

秦俑三号坑在转角处是两柱并立，柱头上各顶一根不同方向的枋木，二者多呈 90 度的夹角。这同咸阳故都秦宫遗址和渭河南岸闫新村的高台秦宫遗址壁柱的作法是一致的。[3]很明显，都是梁柱结构中的一种早期特征。其缺陷在于结合部没有互相牵制的力量，稳定性就较差，无形中削弱了建筑的整体性。转角双柱的建筑手法，在西汉末年的“明堂辟雍”遗址中还保持着![4]

（三）条砖的使用还只局限于铺地

砖，古称“甓”。《诗·陈风·防有鹊巢》：“中堂有甓。”中堂是祖庙中的正路。按照马瑞辰的《毛诗传笺通释》的解释，“甓为砖”[5]。根据陕西扶风黄堆村的发现，西周时的砖还只能是铺地砖。洛阳东周王城，燕下都遗址出土过战国中晚期的薄砖。但是，长期来夯墙和木构架结合的承重功能虽在建筑中有着高度的发展，但秦俑坑中并未将制作规矩、质地细密、火候较高的条砖用来砌墙。即使用以铺地，还是不错缝地对齐平摆。（图Ⅲ-5：7）足见此时还没有认识到砖在砌筑中的重要作用，而是沿用着用做铺地砖的老路子，更谈不上错缝砌的技术了。

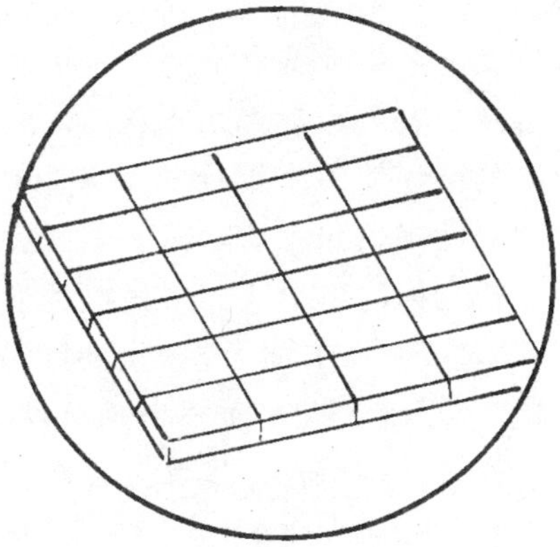

图Ⅲ-5：7　俑坑中铺地砖摆法示意图

在秦俑一号坑东南角的东壁上有一段条砖包帮的坑边，高 65 厘米、宽 85 厘米、厚 50 厘米。但砖用叠垒，既不错缝，也不压茬。对口不齐，只是在内敷了草拌泥一层。也正因为用垂直通缝的原始砌法，使得彼此结合不紧，容易松动，砖壁也就发生了歪斜不整的情况。（图Ⅲ-5：8）看来这段夯筑的坑壁是原来已经垮掉，在放置车马和俑群时不好帮衬夯土壁，只有用砖补壁应急而已。当然，这还算不得是真正的砖墙。尽管如此，也许这正是砌墙技法在缓慢的发展历程上迈出的第一步。虽然临潼刘庄战国晚期秦墓虽已用条砖砌椁，但毕竟是偶见的孤例。只有在西汉中晚期以后，砖砌技术才臻于成熟。

图Ⅲ-5：8　秦俑一号坑条砖补壁图

（四）平面展开的整体结构之美

秦俑四坑的建筑作为“陈兵”的场所，不必要追求空间高度，而是平面展开的。根据布置要求，由于坑形不同，各坑虽然是独立的，自有一个中心内容，但是从设计者总意图上看，却是相互关联的，是个有机的整体。一个无限铺陈的空间，使人看到整齐的砖铺地面、粗壮的梁架木构、高大如真的车马俑群。地下建筑的雄伟、兵马阵营的壮观，二者的陪衬、烘托，形成了一派峥嵘博大的气势。总之，从形式到内容，或从内容到形式，秦俑坑都最大限度地创造了一个整体结构之美。

《三辅黄图》上有秦始皇“表河以为秦东门，表汧以为秦西门”的说法，秦咸阳“渭水贯都，以象天汉，横桥南渡，以法牵牛”的记述则是都城规模的形象化比喻。同样，扩建了的阿房宫“规恢三百余里，离宫别馆弥山跨谷，辇道相属，阁道通骊山八十余里，表南山之巅以为阙，络樊川以为池”，也是付诸实施的事实。很清楚，固然秦始皇有其好大喜功的一面，但那毕竟是中国“理性精神”下的建筑传统，即在大空间里作平面的铺陈，强调相互连接，构成统一的整体。

注　　释

［1］王学理：《秦都咸阳》第三章、第六章，陕西人民出版社，1985年。

［2］王学理：《秦始皇陵研究》，上海人民出版社，1993年。

［3］同［1］。

［4］唐金裕：《西安西郊汉代建筑遗址发掘报告》，《考古学报》1959年第2期。

［5］东汉许慎在其《说文解字》中有“瓦”字而无“砖”字，所以先秦典籍中出现的“甓”、“瓴”或二者结合的词“瓴甓”、“令甓”、“令辟”，都指的是砖。“砖”字本作“甎”、“塼”，作为俗体，最早见于北魏颜之推《颜氏家训·终制篇》：“蒙诏赐银百两，已于扬州小郊北地烧砖”。

陆 篆隶混用 异乎其趣

——论秦俑文字的书法艺术

随秦始皇陵兵马陶俑群的出土，有相当数量的刻摹文字也相继面世。过去的学者多从史料学的角度作过一些著录、分类和初步分析，而对它展现的书法艺术却没有提及。于此，我不揣浅陋，略加论述。

一 先从“书同文字”来看秦的书法

（一）“文字异形”为大一统局面所不许

中国的文字在殷周两代已相当成熟，从甲骨文到金文，虽然风韵各别，但结构笔画毕竟是相对稳定的。其间固然也有一字多形或随意省改、位移的情况，却是没有从根本上违背汉字发展的基本规律。

不过，文字同任何事物一样，并非是僵死的东西，而是处在发展变化中的。当然，其变化之形，或固定之式，都在历史的长河里以相对稳定之态和形变的积累，呈现着一种和谐之美。原始的文字，实际是写实的图画和由图画抽象而来的符号。郭沫若在其《古代文字之辨正的发展》一文中说：“中国文字的趋于统一，事实上并不始于秦始皇。自殷代以来，文字在逐渐完密的同时，也在逐渐普及，由黄河流域侵润至长江流域和珠江流域。西周所留下来的金文，是官方文字，无分南北东西，大致上是一致的。但晚周的兵器款识、陶文、印文、帛书、简书等民间文字，则区域性差异很大。中国幅员广阔，文字流传到各地，在长远的期间发生了区域性的差别（例如在今天广东还有‘冇’字和‘乜’字类）。”文字学家唐兰先生在其《中国文字学》一书中，从文化学的角度具体分析说：“春秋以后，王室的势力衰落，各个国家都在发展它本国的文化，除了秦国还继续西周文字，北方的大国如齐跟晋，南方的像徐跟楚，都有过很高的文化。虢、郑、鲁、卫、陈、宋、邾、莒、滕、薛，几乎各有各的文字，最后一直发展到吴越。春秋时齐国文字跟徐国文字，都是开风气之先的。楚国也自有一种雄强的风格。吴、越跟晋国都可以作后劲。那时盛行的鸟虫书、奇字和错金字，都是在这三个国家”。

汉字在长期的使用过程中，其笔画和形体处于不断演化之中，而且在书写上又出现了正体和俗体的差别。在诸侯争霸的春秋和七雄纷争的战国5个半世纪里，割据状态的存在，更加加速了文字书体地域化的进程，从而形成了“言语异声，文字异形”的局面。（见表一）如由书法角度着眼，不同文字的书体，异彩纷呈，给书法艺术平添了多样性的特征。但这毕竟是书法家的看法。实际上，这种自立门限的状态，对社会进步来说无疑是一种阻力。因为文字毕竟是一种交流思想、进行社会交际的重要工具。所以，当秦始皇完成了统一的大业之后，中央集权专制就再也不能容忍那种同政治相抵触的思想文化。于是就在采取一系列巩固封建统治的政治、经济措施的同时，统一文字也理所当然地提到了议事日程上来。

表一　战国“文字异形”举例

国别 字别	齐	燕	三晋	楚	秦
安					
令（命）					
马					
阳（阴）					

（二）秦书八体

《说文解字·叙》：“秦始皇帝初兼天下，丞相李斯乃奏同之，罢其不与秦文合者。斯作《仓颉篇》，中车府令赵高作《爰历篇》、太史令胡毋敬作《博学篇》，皆取史籀大篆，或颇省改，所谓小篆者也。是时秦烧经书，涤除旧典，大发吏卒，兴戍役，官狱职务繁，初有隶书，以趋约易，而古文由此绝矣。自尔秦书有八体：一曰大篆，二曰小篆，三曰刻符，四曰虫书，五曰摹印，六曰署书，七曰殳书，八曰隶书。”对这段文字，我以为它包括了下面两层意思，即：

第一，秦始皇接受丞相李斯的建议，“罢其不与秦文合者”的六国系统的文字，而以西土流行的、接续西周史籀大篆的秦系统文字为基础，削繁就简，使文字字形规矩、偏旁部首统一，从而创出一种便于掌握的“小篆”字体。并令李斯、赵高、胡毋敬三人分别写出《仓颉篇》、《爰历篇》和《博学篇》等三个范本，颁行全国。那么，在这个除旧布新的同时，也因为公务繁多，书写中“以趋约易”的结果，又一种书写更为简便的“隶书”被总结了出来，并得到社会的承认（“初有”），从此大篆这类古文不再流行。

第二，从书法角度看，秦系文字独尊的结果，就形成了大篆、小篆、刻符、虫书、摹印、署书和隶书等所谓的“八体”。

古往今来的很多学者，都据事实说明了秦始皇统一文字不仅指小篆，而且也包括了隶书在内，二者在秦代都取得了合法的地位。这一见解已被事实证明。如果说小篆系李斯、隶书系程邈所“初创”，这是不合常情也有违文字发展规律的。道理很简单。汉字是群众性的、社会性的文化现象，任何一种书体都是因为人们在书写实践中逐渐形成的，而绝不是某个人闭门独创出来的。所以说李斯、程邈的功绩不是什么“创造”，而是他们经过搜集、整理民间约定俗成的文字，从书法角度使之规范化，再经官方的力量推广到社会上去。大概历史上发生仓颉造字、杜康造酒、蔡伦造纸等等，都不外乎此理。

在探讨秦俑文字之前，还是回顾一下“秦书八体”，并谈一下我个人的理解：

1. 大篆

汉人往往把大篆同《史籀篇》混为一谈，显然是未加审慎的。《汉书・艺文志》没有“史籀十五篇”，并明确地说：“史籀篇者，周时史官教学童书也”。颜注：“周宣王太史作大篆十五篇，建武时亡六篇矣。”可见《史籀篇》实际上是用大篆书体写的童蒙课本。那么，大篆既已列为秦书八体之一，它同籀文当是一种书体的两名罢了。姑且不论太史籀是否用大篆写过《史籀》十五篇，但秦人处于周地直接受有周文化的影响却属于事实。所以，大篆只不过是周、秦间西土的秦系文字而已。

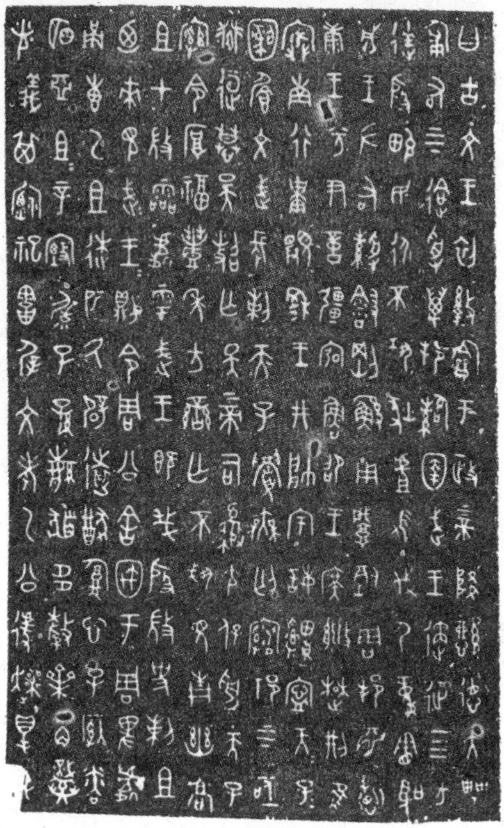

图Ⅲ-6：1　墙盘铭文（部分）

王国维《史籀篇疏证序》一文，根据《说文》中的重文，标明籀文的有 250 个字。谈到籀文的特点时，他说：“固有殷周间古文同者，然其他作法，大抵左右均一，稍涉繁复，象形象事之意少，而规旋矩折之意多。推其体势，实上承石鼓文，下启秦刻石，与篆文极近”（王国维：《观堂集林》）。若从金文材料看，“象形象事之意”的图画性和“规旋矩折之意”的符号性二者的多少，还不足以完全地作为判断是否属于籀文的根据。但籀文的安排较为整齐严谨，笔道刚劲而又俊秀，毕竟还是它的特点之一。再从书法艺术发展变化的角度看，籀文的出现也有其历史的必然性。周代早期的铜器铭文属于“波磔体”，其风格无论是凝重，或是恣放，或是平实，但总的情势还是结构严谨、章法自如的。而中期的书体，则趋向书写便捷的方面发展。西周晚期铭文字体又发生了新的变化，文字表现较为规范，字体更趋成熟，像周宣王中兴之世的《虢季子白盘》、《毛公鼎》、《墙盘》（图Ⅲ-6：1）等铜器的文字方整，笔势匀称，藏锋起笔，中笔行笔，刚劲有力，结体较前更为紧密，当是这一时期籀文的代表之作，后来秦人的文字即是它的继承和发展。

秦系文字是在周宣王时籀文的基础上创造的一种新字体。春秋时期的《石鼓文》雄健浑厚，朴茂自然，圆劲挺拔（图Ⅲ-6：2），他如秦公钟、秦公簋的铭文字体细巧隽秀，有似游龙，同前者的风格迥异。不难看出，这些都是由大篆向小篆变化的过渡字体。它们虽有浓厚的宗周色彩，尤以后者清秀而瘦劲，书写便易更是实用型字体的代表（图Ⅲ-6：3）。

图Ⅲ-6：2　**秦石鼓文（部分）**

图Ⅲ-6：3　**秦公钟铭文（部分）**

因为籀文、大篆在秦国有着长期的使用历史，有着广泛的社会基础，所以在秦统一文字后被作为一种书体而保留了下来。这正像我们今天推广的简化体汉字一样，除去正式场合之外，谁也没有宣布书法家写繁体字是非法的。

2. 小篆

小篆是秦始皇二十六年统一文字时依据《史籀篇》的字体，对秦国流行着的大篆“颇作省改”而作的书体。遂而成为推行全国、使用范围极广的正体字。传世和出土的很多秦金石文字多属此类。

秦始皇5次东巡，曾于泰山、琅邪台、之罘、碣石、会稽、峄山等处7次刻石

图Ⅲ-6：4 秦《泰山刻石》(部分)

图Ⅲ-6：5 秦《琅邪刻石》(部分)

图Ⅲ-6：6 秦《峄山碑》(部分)

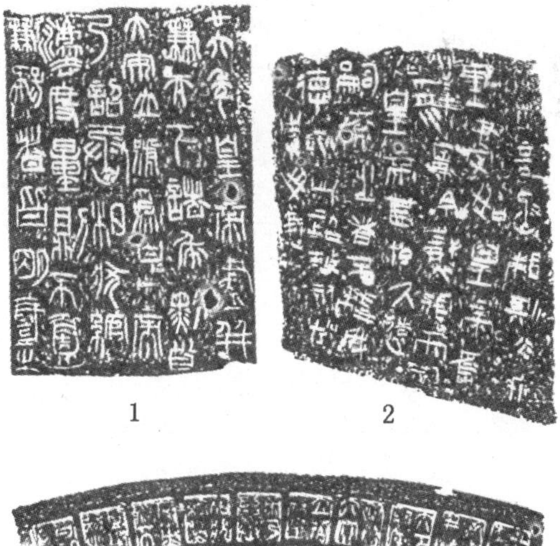

1 2 3

1. 始皇诏文 2. 二世诏文 3. 陶量上的始皇诏文

图Ⅲ-6：7 秦诏版与陶瓦量文字

颂功。这些勒石文字系小篆，均出自丞相李斯的手笔。山东泰庙中残存《泰山刻石》十字（图Ⅲ-6：4）。中国历史博物馆藏的《琅邪台刻石》（图Ⅲ-6：5）以及西安碑林藏的《峄山碑》摹刻（图Ⅲ-6：6）。尽管前二者原刻剥泐严重，字迹漫漶或系后人摹写，但其端庄凝重的风格，平稳、纵长飘逸的结体法式，以及疏密匀停的章法，都堪称万世篆书之表。

除去颂功刻石之外，我们看到秦始皇与二世的权量诏书、虎符、兵器上的款识，也多属小篆书体（图Ⅲ-6：7）。

3. 刻符

在符节上锲刻的秦文字，我们至今还没有见到，但看到铜兵符如“新郪”、“阳陵”以及“杜符”都是错金的小篆书体，笔画走向宛转自如，起笔落笔整齐，绝不见刀刻走笔之形。当然，还不能说它们就属于刻符。因为其载体是“虎符”，而书法结体、章法一如权量字体，实属范铸的小篆，至于刻在铜兵器上的秦文字，则屡见不鲜。在戟、铍上直接刻画的字迹，细如毫发，槽道极浅，笔画也走形。往往见两器同一字，或是同器上的同字，其笔法、形体也不尽一致，但它毕竟是在刻篆书时所形成的一种书体，正像今日的毛笔、硬笔、指画字一样，风格独具，应该就是“刻符”一体。（图Ⅲ-6：8）。

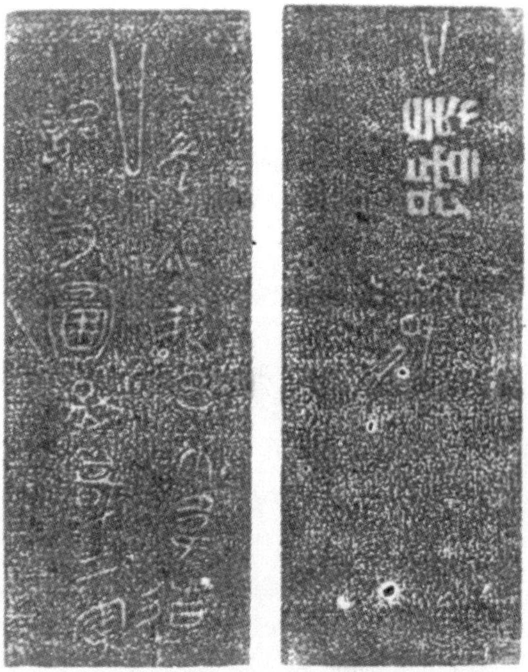

图Ⅲ-6：8　五年相邦吕不韦戟铭

4. 虫书

顾名思义，所谓“虫书”就是笔画有似于虫形的书体。在春秋战国时期的南方诸国，其兵器或钟镈之上多有以鸟形或虫体组成的铭文。凡是纯刻的，可分称为“鸟书”或“虫书”，即使二体不合刻，人们也习惯地统称其为“鸟虫书。”

鸟虫书体在汉代还相当流行，像瓦当中有“永寿嘉福”四字，汉印如“莽胥”、“灶”二字，都属于虫书。[1]（图Ⅲ-6：9）

既然“秦书八体”还有“虫书”一体，我们又没有见到秦虫书的遗迹，因此，我想它很可能是刻写小篆用的一种变体美术字。其笔画的变形，吸收了鸟虫书的韵味，以致人们把二者混为一体。

1　　　　2

1. 灶　2. 莽胥

图Ⅲ-6：9　虫书举例

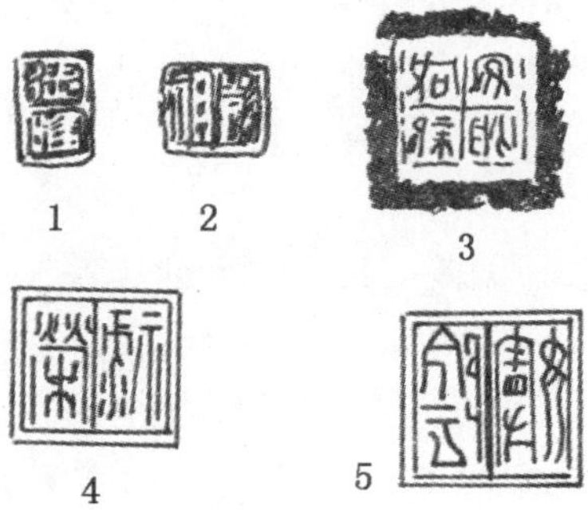

1. 徒唯　2. 彭祖　3. 咸安新盼　4. 荣禄　5. 阴嬦

（1—3 咸阳故城出土　4、5 始皇陵陪葬墓出土）

图Ⅲ-6：10　秦摹印文字

5. 摹印

摹印是玺印文字，其字数不多而又受到印面大小和形制的限制。因此，在布局上就得有周密而艺术的安排。《说文》："摹。规也。"根据玺印的条件，就得用规摹的方法把笔画的繁简作疏密兼顾的处理，其结果势必使小篆书体发生形变，这就形成了一种所谓的"摹印"体。

秦的摹印文字，见有咸阳秦遗址的铜器窖藏中出土"彭祖"、"徒唯"两方印章，还有捺压在陶器上的"咸新安盼"印记。在秦始皇陵东侧陪葬墓中也出土有"荣禄"、"阴嬦"两方铜印章。其字体作"小篆"或"草篆"，书体有方正、有修长者，但都是印面布满而很少露白的。

6. 署书

古人封闭简札一类密件时，要在上面附一块木牌，并在上面题字，此物叫做"封检"。正如《释名·释书契》说的："检，禁也。禁闭诸物使不得开露也。"王先谦在《疏证》中比作后世的"题签"、"斗检封"、"标签"。在封检上的题字称作"署"。这种检署制度，在战国时代即已形成，并为历代所承袭，如今之商品上打"火漆"、邮件上铅封等。

在官署门阙上题字也是先秦时期形成的一种作法。门框上有一块木板，竖写官署名。此题字的木板原先称作"扁"或"榜"。《说文》："扁，署也。从户册。户册者，署门户之文也。"不过，横书悬挂的榜那是后起的演化之物。

作为封检的凭信实物，我们见到的"封泥"就是。秦封泥的大量出土，是在汉长安故城内。这批秦公用的玺印封泥，是护封后呈送给皇帝的物品，钤印的是官印，专物专印。印面多有田字界格（方印）、日字界格（半通印）、横日字界格。文字凸起不高，是接近小篆体的"摹印篆"风格，同白文秦印俨然有别。能否说它就是秦的"署书"，尚难定论。

无论是封检或门榜，在上面题字是共同的。所以段玉裁在《说文通训定声》里说："凡一切封检题字皆曰署，题榜亦曰署。"因为以封检和门榜为书写对象，字型要大，久则就成了一种书体，所以也叫"榜书"。虽然秦的署书还未发现，想来它不过还是大型的小篆或古隶而已。

7. 殳书

殳，本是一种长柄的打击型兵器。从出土战国以来的殳头看，一般是没有铭文的。唯见曾侯乙墓出土的Ⅱ式铜殳上有"曾侯之用殳"六字的铸铭，其字体纤细纵长，有若针刺。[2]其书体与同墓的多果戟上的文字并没有两样（图Ⅲ-6：11），在吴楚的铜器上此一种字体也是屡见不鲜的，所以它不能作为"殳书"的代表。

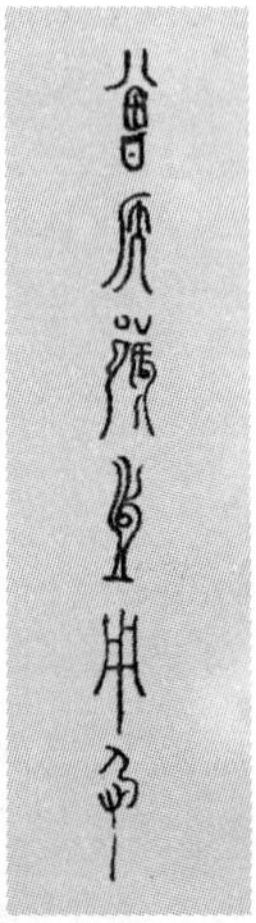

图Ⅲ-6：11

"曾侯郕之用殳"铭文摹本

徐锴在《说文系传》里说："殳体作八觚，随其势而书之也。"殳头有尖锋与钝头的不同，其形体有圆有棱，可称得上"觚"。如果是"随其势而书之"，显然带有很大的自由性。而段玉裁则放大了范围，说"言殳以包凡兵器题识，不必专谓殳，汉之刚卯亦殳书之类"（《说文解字》注）。实际上，兵器的铸铭和刻铭在书体和风格上是不一致的。因此统言兵器文字为"殳书"的说法，实在是难于成立的。

秦权确有多条棱面的。始皇同二世两诏文，字属錾凿的小篆，既有方整的一面，也有潦草的一面。因为权的用量既多，又大小不一，其诏文又不能尽出李斯等大家之手。况且刻诏的目的只是为宣传政府统一度量衡的命令，并非都属标准器。器上刻诏，标明是经过检验过的可信之物。因此各郡县自刻诏权，完全在情理之中。由各地传写、复制诏文的结果，文字形体不再是标准的，风格也自然异样。始皇刻诏的小篆书体，一般来说还较为正规。而秦二世元年的诏书则大小不一，篆隶兼容。能否说凿錾于权量以及兵器上的篆书，就是汉人所言的"殳书"?

8. 隶书

隶书同篆书最大的区别是不再严谨圆润而是结构松散自由，笔画也不是圆转勾连、力度匀称的，而是方折开放的。秦泰山刻石是标准的小篆书体，兵器上的刻铭尽管走形者有之，但是我们看到那是力图使笔画圆转而受到工具和刻铭对象的限制所形成的。而诏版文字用笔就松散潦草得多了，像"则"、"皆"等字，其偏旁刂、"比"用篆，而"贝"、"白"则是硬折的隶体。

秦代隶书的遗墨，当首推云梦睡虎地的秦简了。虽然它作为隶书体还不是很成熟，但篆意少而隶意多，运笔也周到，安排得相当精巧，可谓之曰"秦隶"或"古隶"的（图Ⅲ-6：12）。

从前面的论证看，许慎所谓“秦书八体”，以形体论不外乎大篆（小篆前的古篆）、小篆（同文以后的正体）和古隶（“以趋约易”的俗体）这三种。因为此三体再加上花体的（美术字）“虫书”都属于字体的方面。而刻符、摹印、署书和殳书等四种，不过是小篆用在不同载体上，受材质等的局限，表现不同的风格而已。只有篆和隶两体是早已萌发于“西土文字”一系之中的，其中篆书系“书同文字”的基础，随之二者都成为并行的官书。只不过前者用在记功刻石、兵符印信、权量诏书等一些庄重场合的物件之上，属于标准的官书；而后者因其草率急就，又容易辨认，而广泛地用在书写公文、简牍和日常记事上，具有较浓厚的社会基础，故定之为日用文字。

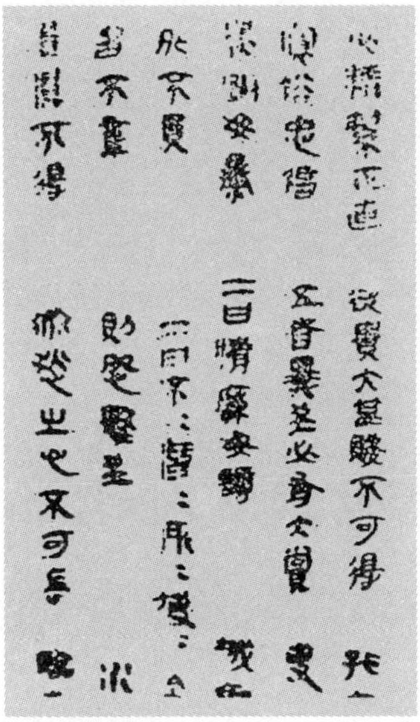
图Ⅲ-6：13 湖北云梦秦简（部分）

二 秦俑铭刻的载体及其内容

（一）铭刻对象与内容

秦俑坑出土的文字资料，其书体所表现出来的韵味确实也是独到而典型的。这些文字是以三种载体而保留下来的：

第一种是陶文。这是在制作陶俑、马和砖的过程中，趁坯还未晾干时随即刻画文字或捺压印戳的。

第二种是刻铭。这在青铜兵器、车马器上是以刻、铸、錾的方式而表现出来的。

第三种是笔迹。在车马器上有墨书或朱书写的字。

秦俑的胸、背、肩、臂、颈、腰、头、手、脚、衣摆、膝缚和脚踏板等部位上，都留有陶文，其内容有两种。一类是数字编号，从一到几百，虽然不尽连续。同一数字多有重复，字形大小也不一，径面小者一厘米多一点，大者可及17厘米。写法上是多种多样的，如“二”、“三”有正写的，也有竖划几道的。“四”字多写作“[illegible]”，个别的却作横划四道“亖”。合书的有“廿”、“卅”、“卌”。十以上到百十以下的数字一律作简称式，而且竖写，如“三”、“三”、“丗”、“[illegible]”（即“一百二十”）。看来这些数字编号并非是俑马统一的累积性编号，当属于工匠对自己作品的记数。（图Ⅲ-6：13～23）

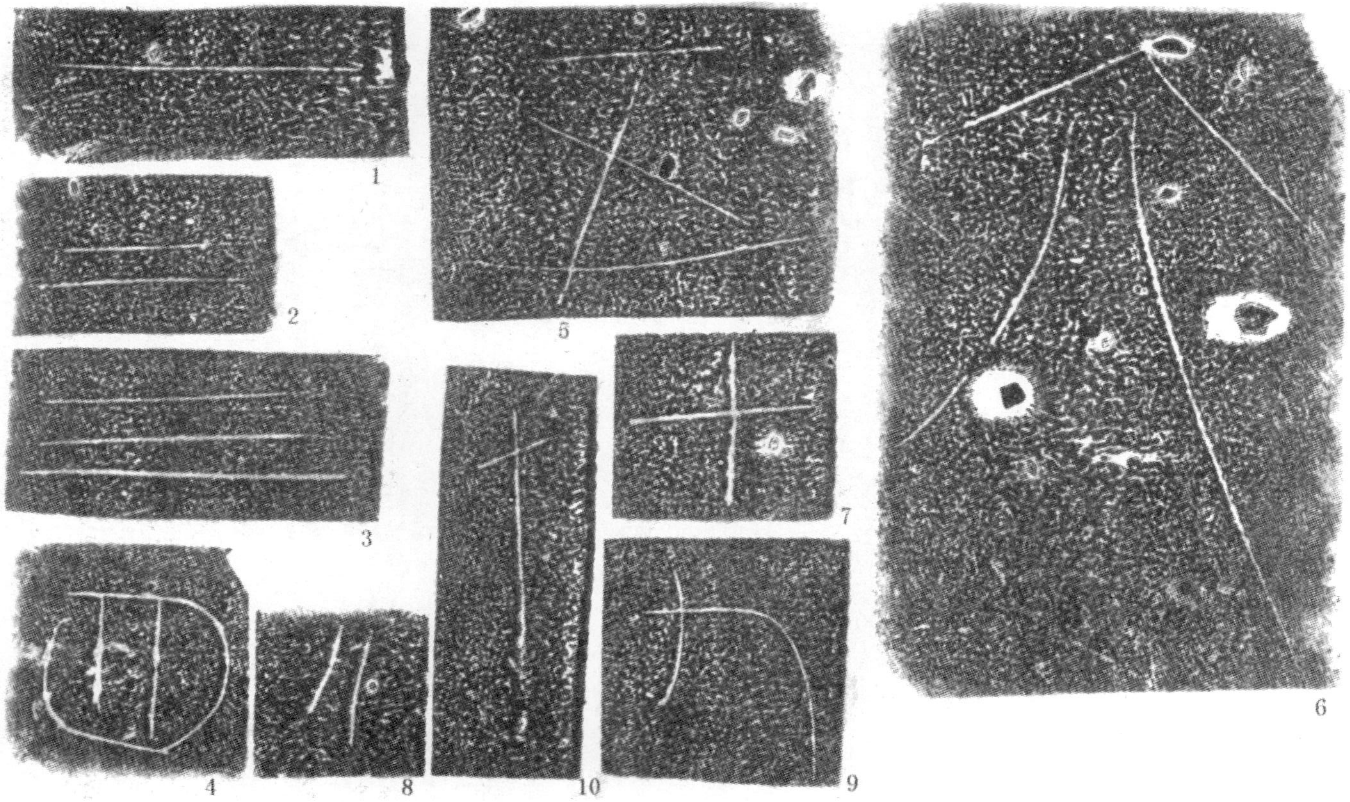

1~10. 一、二、三、四、五、六、七、八、九、十

图Ⅲ-6：13　陶文拓本：数字编号（一）

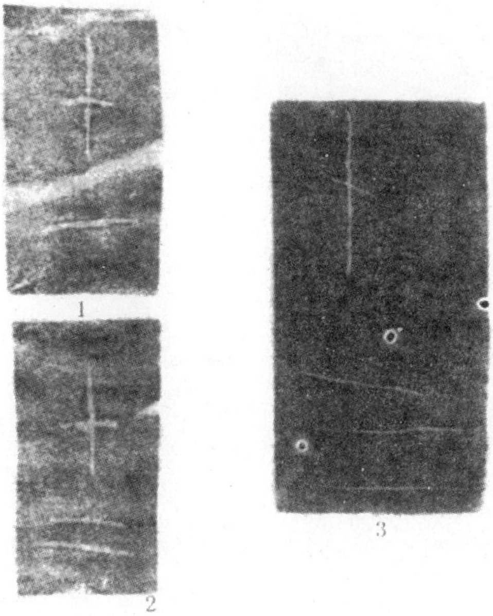

1. 十一　2. 十二　3. 十三

图Ⅲ-6:14　陶文拓本:数字编号(二)

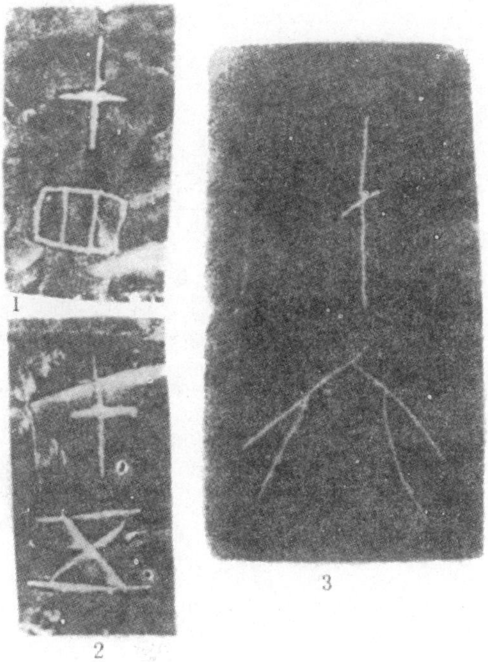

1. 十四　2. 十五　3. 十六

图Ⅲ-6:15　陶文拓本:数字编号(三)

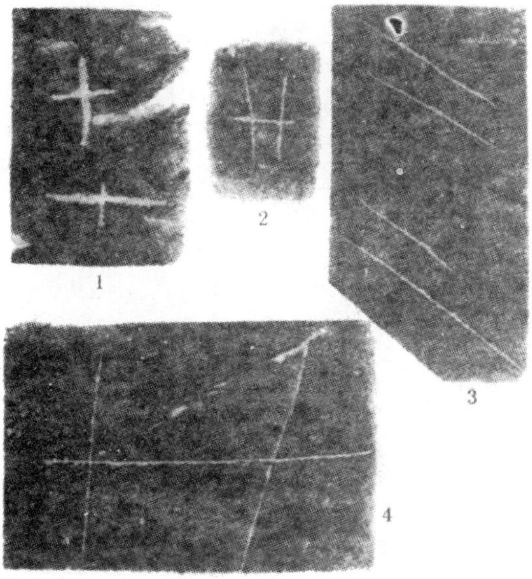

1. 十七　2. 廿　3. 二二　4. 卄

图Ⅲ-6:16　陶文拓本:数字编号(四)

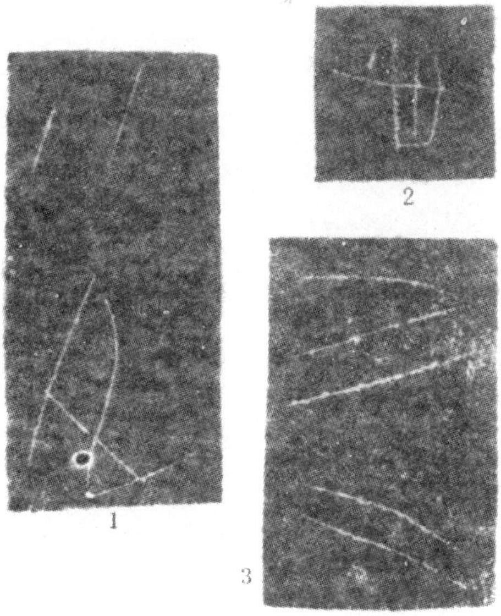

1. 二五　2. 卅　3. 三二

图Ⅲ-6:17　陶文拓本:数字编号(五)

1.三四　2.四四　3.四四

图Ⅲ-6:18　陶文拓本:数字编号(六)

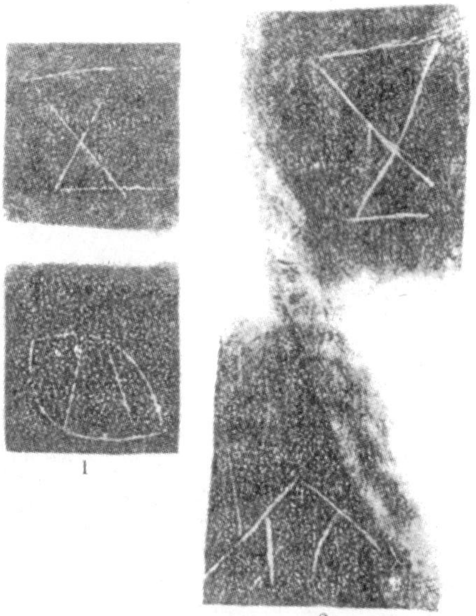

1.四四　2.四五　3.卅九

图Ⅲ-6:19　陶文拓本:数字编号(七)

1.五四　2.五六

图Ⅲ-6:20　陶文拓本:数字编号(八)

1.六五　2.七三　3.八卄

图Ⅲ-6:21　陶文拓本:数字编号(九)

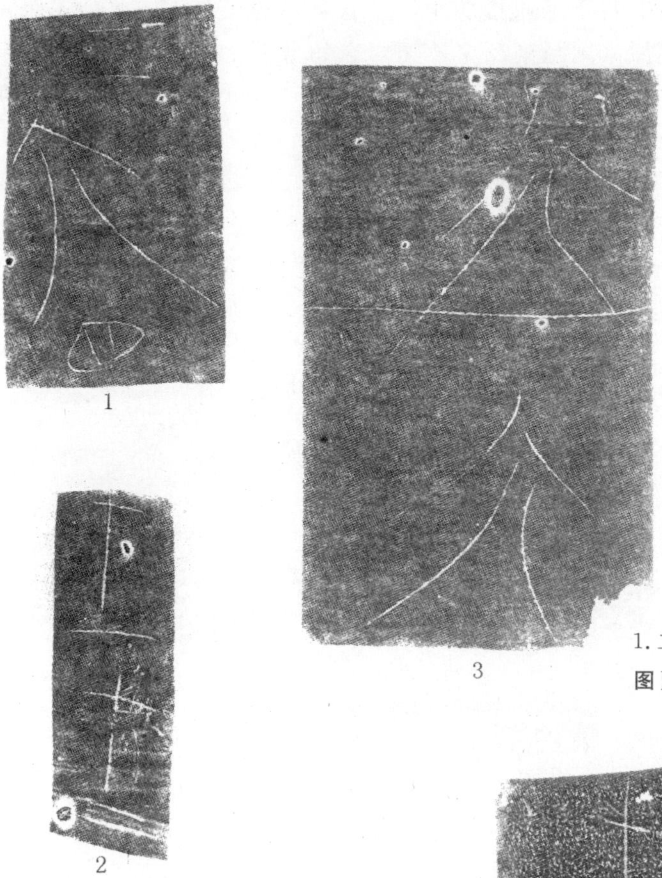

1.二六四　2.十一廿一　3.六一六

图Ⅲ-6:22　陶文拓本:数字编号(十)

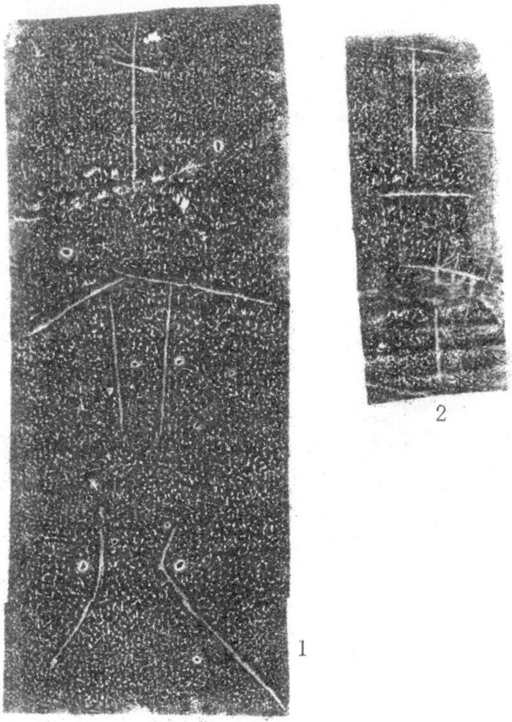

1.十六八　2.十一廿一

图Ⅲ-6:23　陶文拓本:数字编号(十一)

另一类是标明中央或地方官府手工业作坊中，带有籍贯的工名，或单列工名的印戳，或刻画的陶文。戳印模原来用阴刻反文，压印在俑身上之后就成了凸起的阳文，如“得”、“宫得”、“係”、“宫臧”、“宫彊”、“宫颓”、“宫欬”、“宫魏”等。阴刻的，有“宫”、“宫颇”、“宫係”、“咸阳危”、“咸阳衣”、“咸阳野”、“咸阳笴”、“咸阳秸”、“咸阳木”、“咸衣”、“咸野”、“咸午”、“咸秸”、“咸行”、“咸庆”、“咸翊”、“咸路”、“咸处”、“咸樨”、“咸敬”、“咸娇”、“咸阳”、“秸”、“行”、“诩”、“稺”、“娇”、“午”、“野”、“安邑”、“工路”等。最有意思的是“咸阳高、栎阳重、临晋菲、安邑□”四人，同刻于一俑上，显系他们合作。单刻工名的还有“脾”、“北”、“安”、“越”、“申”、“甲”、“少”、“山”、“高”、“小遬”、“封八”、“咏留”等。（图Ⅲ-6：24～32）。

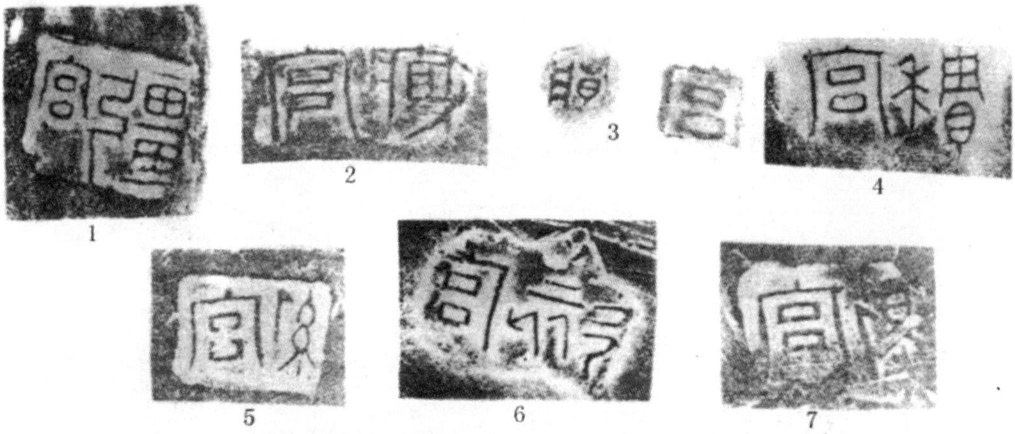

1. 宫彊　2. 宫臧　3. 宫朝　4. 宫積　5. 宫係　6. 宫欬　7. 宫得

图Ⅲ-6：24　陶文拓本：工匠名称（一）

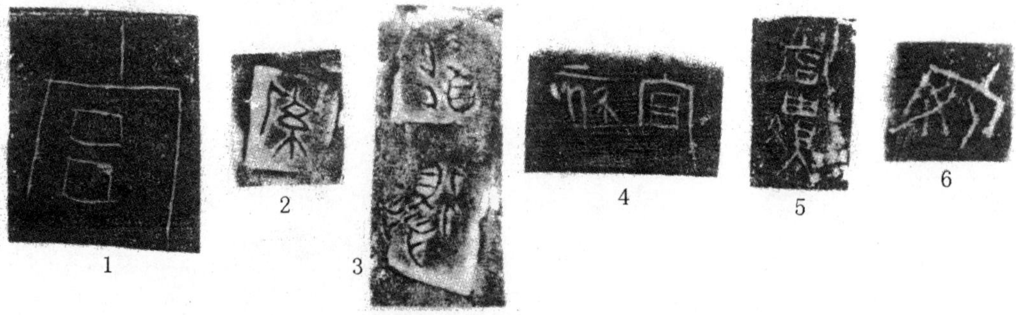

1. 宫（宫署名）　2. 係　3. 得得（反文）　4. 宫欬　5. 宫嫧　6. 安

图Ⅲ-6：25　陶文拓本：工匠名称（二）

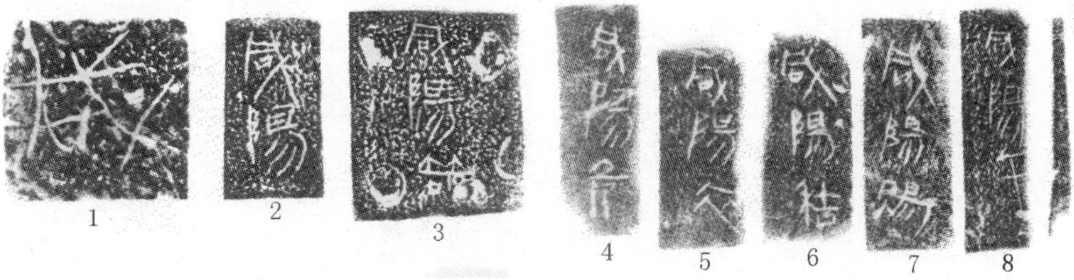

1. 咸（咸阳地名省称） 2. 咸阳 3. 咸阳笥 4. 咸阳危
5. 咸阳衣 6. 咸阳秸 7. 咸阳赐 8. 咸阳午

图Ⅲ-6：26 陶文拓本：工匠名称（三）

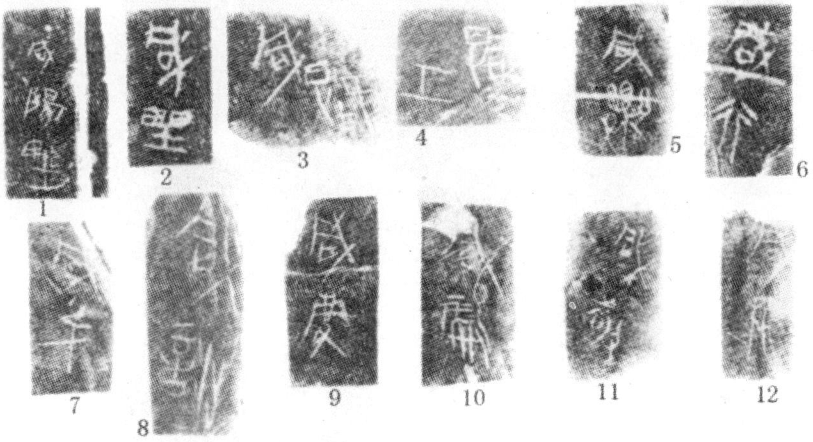

1. 咸阳野 2. 咸野 3. 咸路 4. 工路 5. 咸姊
6. 咸行 7. 咸午 8. 咸诩 9. 咸庆 10. 咸处 11. 咸敬 12. 咸穉

图Ⅲ-6：27 陶文拓本：工匠名称（四）

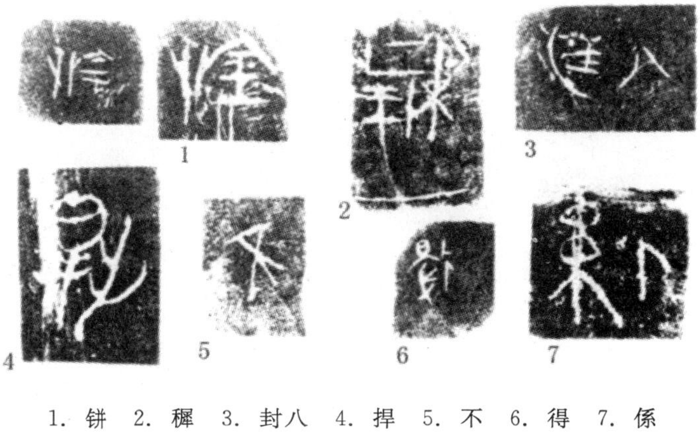

1. 锑 2. 穉 3. 封八 4. 捍 5. 不 6. 得 7. 係

图Ⅲ-6：28 陶文拓本：工匠名称（五）

1. 宫魏　2. 宫颇　3. 甲　4. 申　5. 由　6. 冉　7. 北　8. 越悁

图Ⅲ-6：29　陶文拓本：工匠名称（六）

1. 小遬　2. 王（姓）　3. 吴（姓）　4. 文（名）　5. 棠

图Ⅲ-6：30　陶文拓本：工匠名称（七）

1. 僝　2. 右也　3. 已（朱书）

图Ⅲ-6：31　陶文拓本：工匠名称（八）

1. 咸阳高、栎阳重、临晋菲、安邑□　2. 咏留　3. 屈　4. 已

图Ⅲ-6：32　陶文拓本：工匠名称（九）

秦俑金文资料主要出自青铜戈（戟）的内部、铍的身部，及格、矛骹、弩机上。戟、铍铭系自成文例的大段刻镂文字，5 柄戟分别属于秦始皇三、四、五、七年之物，16 柄铜铍则铭刻秦始皇十五至十九年年号。以七年相邦吕不韦戟的内面刻文为例，上刻“七年，相邦吕不韦造，寺工周，丞义，工竟”，内外侧铸“寺工”二字。十九年寺工铍铭刻作“十九年，寺工邦，工目”（身）（图Ⅲ-6：33）、“子”、“六二”（铤）、“寺工”（格）。弩机机件上，多为錾刻的数字编号。

车上和铍韬上朱书“寺工”二字，虽然简单，却方正有力。

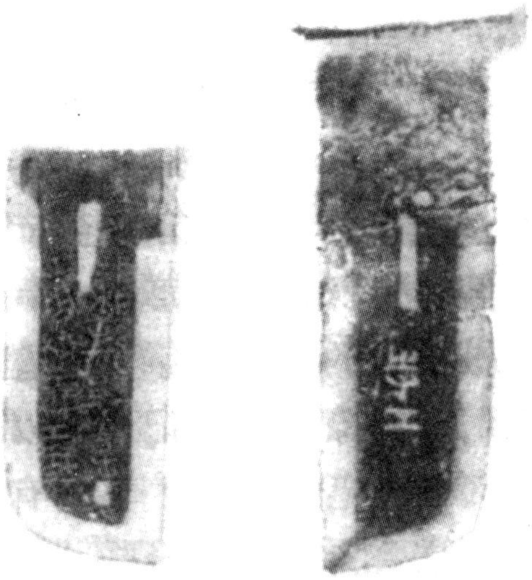

1　　2

1. 内内　2. 内外

图Ⅲ-6：33　秦戟铭

（二）秦俑文字的书体辨识与成文手法

秦俑文字的载体，一般属于硬性材质的金属。戈、戟和铍的大段铭刻，都是在铸造和加工完成之后才錾刻的（图Ⅲ—6：34）。因其笔画的多寡、字面的大小、力度的轻重各个不同，因结构随物，就具有较强的随意性。弩机和铍格、铤上的纯属錾字，其笔画挺直，转角方折，显得规整。戈、戟内上的“寺工”二字属于铸铭，当然是塑型时所为，壮实有力，恰似今之“黑体”字。陶俑在塑造好之后，利用坯胎未干之前刻画或戳印，因而带有一定的弹性，富有流畅飞扬之概。

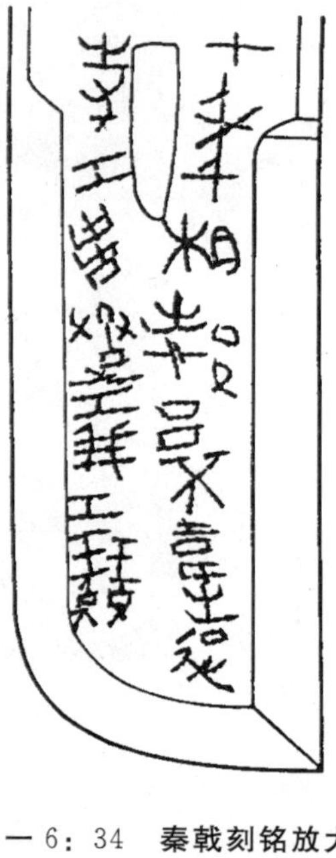

图Ⅲ—6：34　秦戟刻铭放大图

因为秦俑陶文载体和书写工具的特殊性，就决定了它与布帛和简牍文字的不同。因此在书体辨识上对照“秦书八体”，也许对接近真实有些许好处。

但是，我们还应当看到的是这么一个事实，即秦俑和秦俑兵器并不是“书同文字”之后的产物，而是处于这一大变动的前夜。其字体当然不完全规范，毕竟还属于纯粹的“西土秦文字”一系的。在这里虽然看不到李斯们作的像泰山刻石那样的范本，却可从中窥见他们书写标准字书前赖以存在的文字根基。当然，“秦书八体”固然是汉人给予的名称，但总可以认为是“书同文字”之前即已发生和存在的事实。

秦戈、戟内背面的铸铭“寺工”二字属于地道的小篆书体。其结构谨严，章法端庄，笔画光滑一致而转折圆润。但戈、戟、铍上的刻文虽是篆体，却因载体特殊，走刀变形，就可能属于“刻符”一体了。至于这几种兵器和弩机铍格上的錾凿文字，笔道挺直，转角方折，大概也可归之于“殳书”一类。

陶俑捺压的戳记，可以划入“摹印”类书体。但刻画性的陶文，有篆有隶，只因笔画瘦劲、笔划有繁简、书写水平有高低而风格独异，似乎隶意较之篆意要更为强烈一些。

书写在车马器和铍韬上的“寺工”二字，同戈内背面的铸铭一样，都属于典型的小篆书体。

通过秦俑文字同“秦书八体”相对照，我们至少可以得出这么三点认识：

第一，秦俑文字以篆书为主，并揉进了古隶，从用途上通过刻符、殳书和摹印书体而显现了篆同隶书的变体。至于大篆籀文因距秦俑制作的时间相去较远，就绝然不见。

第二，刻铭在秦兵器上的篆体铭文，一般比较正规，即使戟内的刻文潦草急就，也还是没有脱开字体的基本要素。同样，陶俑身上的刻画文字自由奔放多于严整拘谨。原因大概是前者出自咸阳中央级手工业作坊的“刻工”，而后者则是郦山墓制俑现场的工人或工师所为，文化素养的层次显有不同。

第三，篆、隶混用，字形不定，结体、章法不严，可以看出秦国在“书同文字”之前也有着一个由繁杂到同一的过程。

三 秦俑书法艺术赏析

（一）秦篆、草篆

笼统地说秦俑文字属于“小篆”，结论显得简单了一些。要分析它属于何种字体，光知道它处于“书同文字”前夜的历史背景，毕竟还不能肯定某字体就是标准。那么，我们所持的根据应该是什么呢？当然还是李斯们“皆取史籀大篆，或颇作省改，所谓小篆者也”（《说文叙》）。

标准的小篆书体遗迹，为大家所承认的莫过于始皇的东巡刻石了。遗憾的是可资凭借就是《泰山刻石》、《琅邪台刻石》残字及《峄山刻石》和《会稽刻石》的摹本。秦诏版明确刻记着秦始皇二十六年统一度量衡的诏文，其中有不乏小篆书体的精品，至于权量文字中陶量诏文虽为四字一戳的印章，毕竟是按照标准书体修饰过的，比起刻诏来我认为更能体现篆书的精神。

首先，从单个字的结体看，秦俑金文既有继承故周金文结构紧密的一面，也有散乱松懈的一面。“寺工”二字无论是戈内的铸铭，或是铍韬、战车上的书写，风格一致，其线条圆转，着笔有力，尽管笔画简单，但疏密得当，毫无阻滞之感。若再证之戟内“诏吏”等铸铭，其一致性真有似于《石鼓文》的气势。不过，其体势方正，还不完全具备后来小篆纵势长方的特点。戈、戟和铍上的刻铭，其结构固然统一而稳定，但字形、笔势却带有很大的散漫性，像“十九年寺工”铍的“九”字有多种写法，或流畅飞扬，宛若游龙；或萎缩无势，松懈不力；或平平庸庸，其貌不扬。“年”字各笔画可以移位，而“相邦吕不韦”几字也姿态不一。（图Ⅱ-10：2～5）

其次，从章法布局上看，戟、戈的内上刻铭呈两纵行，铍铭只有一纵行，但多排列不整，行距同字距往往也因字形大小不一，而没有定式。其纵横之间的关系往往由笔画的疏密而被打破。如“七年相邦吕不韦”戟，“年”字拉成纵长，“邦”字作斜行的横宽，竟把“吕”字刻得很小，而又给挤到一边去。“工”、“周丞义”几字倾斜不一。（图Ⅱ-10：5）

最后，从间架结构和笔法的特点上看，因为是锲刻文字，从起笔到行笔也因受材质的限制，很难看出内含的力度。不过，从转折处还可窥见原来力图圆转的努力。有些简直是简化字，如“女”字作“[illegible]”，不作“[illegible]”；三滴水作“ミ”，而不作“[illegible]”；立人偏旁作“[illegible]”，而不作“[illegible]”。

秦俑陶文的特点，同金文可说是一致的。印戳文字的篆意较浓，笔画粗而有力，运笔周到，转折规矩，甚富篆书的韵味。而刻画数字编号和籍贯、官府作坊工名的文字，从结体到章法都是篆隶混杂的。

本来自从“书同文”之后，秦小篆书体比起先秦古文、籀文来，由繁趋简，具有结构稳定、字形纵长、笔画圆转、书写方便的特点。但秦俑的篆体前比石鼓文、秦公钟、秦公镈的文字，已简约得多，也容易辨识，显然是很大的进步。但后比始皇东巡的刻石残字和诏版的小篆，不只有一定距离（没有气势连贯的圆笔，没有起笔藏锋、中锋行笔、收笔回锋的笔法，也缺乏形体长、笔画盘曲的篆书特点），而且篆隶并存。这当然既符合字体发展的普遍规律，又是统一文字前秦系文字使用实际的反映。但它毕竟处于大篆到小篆的过渡阶段。对于秦俑这一特殊的书体，我们只能称之为“秦篆”，或因其急就简约，也可名之曰“草篆”。

（二）古隶

秦统一六国文字，不但以秦篆为基础把战国时期紊乱的文字加以整理，形成秦代官方统一规范化的文字——小篆，而且也因为公务往来频繁，篆字难以适应时间紧迫的需要，便把早已隶化了的秦隶作为秦代的日常用字。云梦秦简作为法律条文，竟用隶体书写，那么它在社会生活中用途之广泛就可想而知了。

定型成熟的隶书是最引人注目的，是笔画有了波磔——左短右长。实际上，从用笔到结体，它还有一套较为完整的规矩。用笔除去方圆、藏露诸法之外，像横画作蚕头磔尾，有波势俯仰；点作楔状，竖如立柱，转似矩折。使结构产生变化而富于流动感，也是隶书的特色之一。像对称的两立竖，左需平弯，右无勾挑；横画两端之二竖要取斜势，或上窄下宽，要么是上宽下窄。这样一来，就打破了呆板的对称均衡的状态，体势也由小篆的纵长，变为正方，以至于横

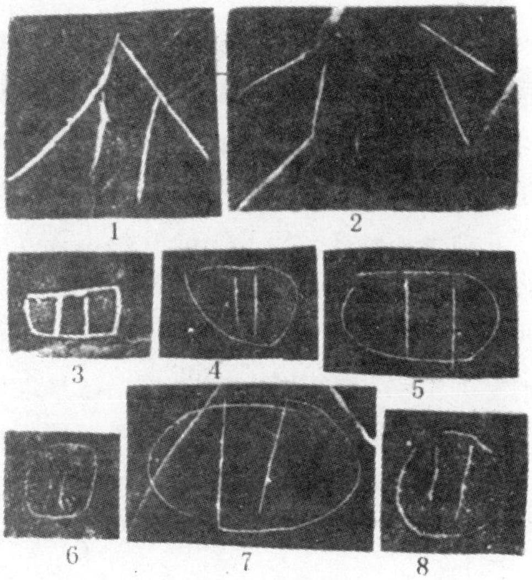

1～2. 六　3～8. 四

图Ⅲ-6：35　陶文隶体举例（一）

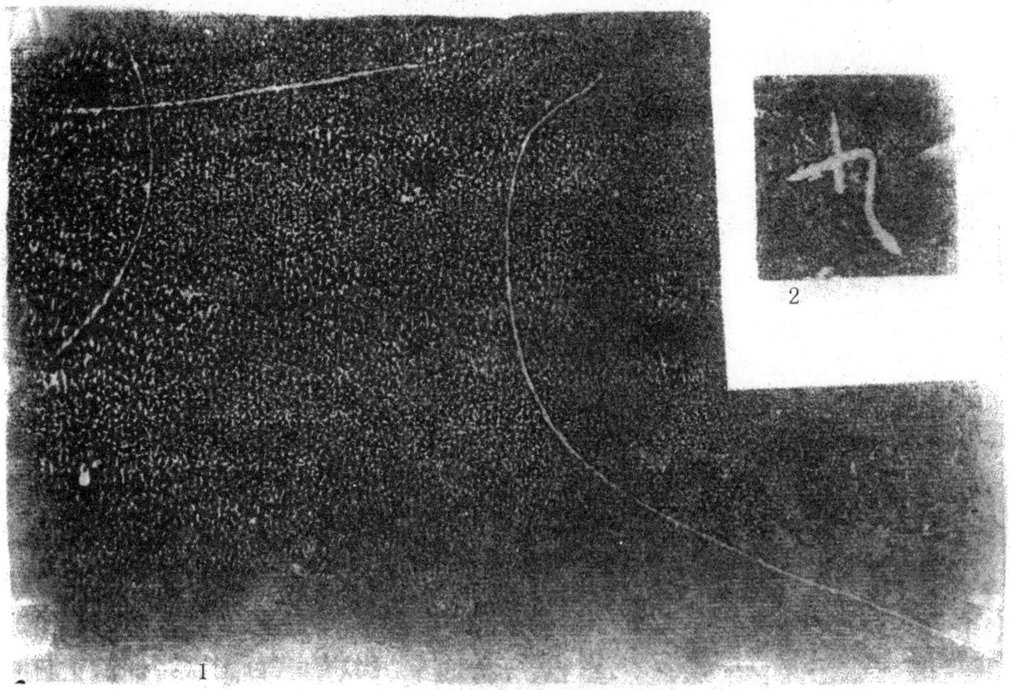

1～2. 九

图Ⅲ-6：36　陶文隶体举例（二）

势扁方。

我们还应看到的事实是，秦隶早在战国晚期就已经萌芽。四川青川县昭王时期秦墓木牍上的字体，虽没有点画俯仰之势，却具书写流畅的隶意。[3]而云梦秦简的隶书则是以全新的面目出现的，其字形工整严谨，结体端庄秀丽，笔画浑厚古朴，已是一种成熟的隶体。那么，秦俑文字中的隶体与之相比，还是很稚嫩的。其篆隶混用，而隶还处在“隶变”的阶段，其方正平直的字形已明显地表现了出来。陶文的数字是顺手划出来的，没有藏锋、回锋和运笔的讲究，如“六”字划直道，“四”字既有在圆圈中填上两竖道的作“⑪”，也有在扁长方框中填两竖道的作“ⅢⅡ”。粗笔的“九”字，波势短，磔势长，已具隶体的美感。（图Ⅲ-6：35、36）刻画的“宫”字，点如竖柱，宝盖“冖”的两端硬折成竖柱“冂”。笔画多的字，多作直道的交错而少圆转。很清楚，秦俑之隶体还不完全具备隶书的标准，也并没有完全摆脱篆书的影响，再加之受到书写工具及材质对象的限制，还只能属于“古隶”的范畴。

四　秦俑文字的书法家与书体源流

（一）秦俑的书法家

秦俑兵器铭文中出现的人名，上至丞相吕不韦，下到工师“詟”、“周”、“敂”、“邦”，丞“义”、“我”和工匠“鸳”、“可”、“成”、“竟”、“黑”、“目”等。

丞相吕不韦代表皇帝作为督造者，只是主领其事生产兵器，而且又往往是名义的，是不可能具体到刻铭上来。而工匠是实际的生产者，其身份似由三部分人组成，一是奴隶，如“隶臣”[4]，二是刑徒，如“城旦”、“鬼薪”[5]等，三是由隶臣立功赎免和服更役的自由民[6]。工的地位低下，《吕氏春秋》有“百工咸理，监工日号，毋悖于时”（《季春纪》），“命工师效功，陈祭器，按度程”（《孟冬纪》）的话，可见工师作为百工之长，主管着兵器制造在内的具体生产任务，对完成定额和保证产品的质量负责，不但具有较高的生产技艺，而且也有一定的职权和文化水平。因此，铭刻兵器，作标记，按度程等都是工师或助手“丞”的事。在咸阳的中央官府手工作坊中主管制造秦俑青铜兵器的工师詟、周、敂、邦、丞义和我等人无形中就成了几位硬笔书法家。当然，这里也并不排除设立专门刻铭工的可能性。

从秦俑陶文中清理出来的工匠名有“彊”、“得”、“係”、“臧”、“欬”、“嫧”、“頹”、“颇”、“朝”、“魏”、“衣”、“危”、“野”、“赐”、“午”、“笴”、“木”、“秸”、“行”、“庆”、“诩”、“路”、“处”、“稺”、“敬”、“娇”、“高”、“重”、“菲”、“羝”、“民”、“脾”、“安”、“北”、“禾”、“已”、“其”、“冉”、“屈”、“甲”、“捍”、“眼”、“申”、“田”、“不”、“壬”、“卝”、“中”、“吉”、“少”、“山”、“高”、“龠”、“文”、“斗”、“丙”、“由”、“尚”、“重”、“辰”、“咏留”、“封八”、“小遫”、“次遫”、“越

悁”等 65 人。当然，这只是秦俑一号坑前五个探方陶俑上出现的工名[7]，在整个秦俑坑中只是极少的一部分。这些工匠有来自中央官府制陶作坊的，也有从各地调来的陶工。他们大都参与了刻写和题记工作，因为这是上级检查验收的凭借。当然，这也同样没有排除工师和验收者作标记的可能性。但这些“印戳”，起码不是工匠自制的。

从秦俑文字看，尽管受兵器刻字范围的限制，受陶俑体表不能大书特书的制约，而成就的书体有拘谨，有奔放，有规矩，有自由，其笔法有“初通文墨”的习作者，也有洒脱自如的书家，可说是异彩纷呈又质朴自然。也正是这些湮名已久的劳动者，作为社会下层的“书法家”没有料想到他们那不自觉的“墨宝”竟成了今人研究秦代文字书体的珍贵资料。

（二）秦俑文字在书法艺术史上的地位

秦俑兵器铭刻和陶文不是出自大书法家的手笔，而是下层劳动者顺手拈来之作。其文字纯属西土的秦系民间文字。正是因为它代表了人民的情趣和文化素养，自觉或不自觉地步入了中国书法艺术的殿堂，因此可称得上是“黔首的书法”。当秦始皇“书同文字”时，李斯们的《仓颉》诸篇范本如果没有民间那种约定俗成的基础，而是纯属“独创”一种新型的、谁都没见过的文字的话，那绝对是得不到社会承认的。

隶书作为一种有社会基础的新兴字体，以趋约易，较篆书有特别的优点，也曾使“始皇善之”。但毕竟因为是“隶人佐书”，并没有给予合法的地位，只能是默认而已。由此我们也可以看到：在秦国同样有正体和俗体的存在。即使是六国文字，同样也有着削繁就简的民间通用文字的现象。所以说秦俑文字从另一个侧面反映的正是整个文字运动的倾向。秦祚既短，虽有法令的推广，但字体的大变革和大发展只有到了汉代才完成了这一历史使命。

秦俑文字的书体以篆为主，篆、隶并用。其本身又不完全是典型的小篆和隶书，而属于“秦篆”和“古隶”。这实际上既开创了篆和隶之先，又正处在由篆到隶的转变过程之中。我们看到秦俑的篆体同始皇东巡刻石字体之间的差别，又看到秦简之隶同汉简之隶的异同，就不难发现它们发展变化的脉络。

历来学书者都把学李斯的小篆字体作为进入书法艺术之室的阶梯。“不究于篆，无由得隶。”这应该是学隶的起步在篆的经验之谈。唐人张怀瓘其《书断》中称李斯小篆为：“传国之宝，万代之法式。斯小篆入神，大篆入妙也。”

注　释

［1］罗福颐：《汉印文字征》，文物出版社，1978 年。
［2］湖北省博物馆：《曾侯乙墓》，文物出版社，1989 年。

[3] 四川省博物馆：《青川县出土秦更修田律木牍——四川青川县战国墓发掘简报》，《文物》1982年第4期。

[4] 云梦睡虎地秦墓竹简《均工》："隶臣有巧可以为工者，勿以为人仆、养。"秦昭王四十年上郡守戈也有"工隶臣庚"的铭文。秦昭王廿年相邦冉戈铭作："廿年，相邦冉造，西工师□，丞鬼，隶臣□"（载周世荣：《湖南楚墓出土古文字丛考》，《湖南考古丛刊》第1辑）。廿七年上郡守趞戈铭："廿七年，上郡守趞造，漆工师趱，丞恢，工隶臣積"（张政烺：《秦汉刑徒的考古资料》，《北京大学学报》1958年第3期）。以"隶臣"为工的还见有庄襄王二年"上郡守冰戈"。

[5] 刑徒为工的如昭王十五年上郡守厝戈铭："廿五年，上郡守厝造，高奴工师窀，丞申，工鬼薪诎"（《周汉遗宝》55.1）。

[6] 云梦秦简《军爵律》："工隶臣斩首及人为斩首以免者，皆令为工。其不完者，以为隐官工。"昭王十二年的上郡守寿戈铭中有"工更长猗"，即服更役的自由民。

[7] 陕西省考古研究院等：《秦始皇兵马俑一号坑发掘报告》（1974～1984），文物出版社，1988年。

附　录

秦兵马俑坑^{14}C的年代测定报告

周明富　周卫健　杨礼平　王学理

位于陕西临潼县秦始皇陵之东的兵马俑从葬坑，由7000个左右形体如实的武士俑和战车，分别按阵、营、战、幕四种形式组成，雄伟壮观、气势非凡。陶俑和陶马作为大型的雕塑艺术群体，同样在中外美术史上也放射着异样的光辉。

兵马俑坑一共发现有四个，组成为一个“陈兵”的整体。其中除四号坑是个未曾放置文物的空坑外，其他三个坑都有俑马和战车。但从筑坑、制作到装配，工程量很大，显然不是在短期内所能完成的。那么，俑坑究竟是什么时候建造的？又是何时被焚毁的呢？由于没有文献的确切记载，我们为了对研究这一课题提供科学参数，便采用^{14}C测年方法，先对俑坑进行系统采样，将所得的^{14}C标本做了认真的物理化学处理，现将测定的结果报告于后。

因为^{14}C年龄测定方法可精确地测定五六万年以来的地质及考古文物的年代，特别是近年来，随着实验技术有了很大发展，^{14}C的精度已达到千万分之几，它已成为各学科研究数万年内自然历史现象的一种有效手段。

^{14}C测年方法的根据是：凡与大气圈发生交换关系的一切含碳物质，一旦与大气停止了交换（如生物的死亡等），则该物质中的^{14}C含量就按下列公式在减少：

$$A=A_oe^{\lambda t}$$

A_o——现代碳的放射性；

A——被测样品的放射性；

λ——^{14}C衰变常数，$\lambda=0.693/T\frac{1}{2}$；

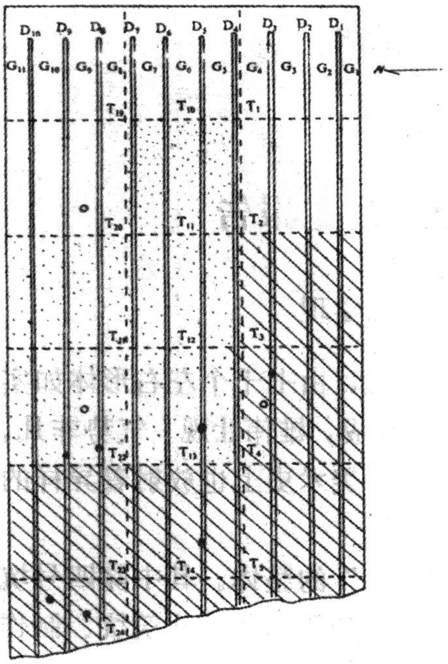

⊡^{14}C取样点　○热释光取样点　□发掘完成探方

▒1986年发掘的探方　\\\\待发掘的探方

图Ⅳ-1：1　秦俑一号坑取样点示意图

$T\frac{1}{2}$＝^{14}C半衰期＝5568±40年。

根据样品中^{14}C的减少程度，就可以得知其死亡的年代[1][2]。

$$T = log\frac{Ao}{A} \times 18.5 \times 10^3 \text{（年）}$$

1985年的6月和9月、1986年的11月，我们先后三次到兵马俑一号坑取了被焚烧过的棚木炭样六个。采样地点是：$T_{24}G_{10}$、$T_{24}G_9$、T_4D_3、$T_{22}D_8$、$T_{22}D_9$、$T_{14}D_5$。（图Ⅳ-1：1）

一、样品制备

为获得可靠的放射性碳年龄，我们根据样品种类和保存的地质环境，进行了相应的物理、化学方法预处理，有效地去除了样品的外部浮土、渗入缝隙的沾污物和不同时期沉积在样品中的碳酸盐类、腐植酸等外来含碳物质。

样品经过上述处理后，采用碳化锂方法在真空系统中进行Li_2C_2和计数苯的合成[3]。

因为苯是最有效的液闪烁溶剂，苯中碳的含量占92%，且均系来自被测样品。所以我们选择了合成苯作为^{14}C计数样品[4]。

反应式如下：

（1）$2C + 2Li \xrightarrow{900℃} Li_2C_2 \xrightarrow{+2H_2O} C_2H_2\uparrow + 2LiOH$

（2）$3C_2H_2 \xrightarrow[100℃]{催化剂} C_6H_6 + 149.2$ 千卡/克分子

二、测量方法及其结果

液体闪烁法^{14}C年代测量是一种精确、快速而有效的断代方法。由于样品中的^{14}C含量十分微弱，计数率低，因此要求仪器的探测效率高、本底低，并能长期稳定地工作。这种^{14}C断代测量是基于测量标准碳、本底碳和样品碳三者之后的综合计算结果。为此，要求它们的闪烁样品有相同的淬灭水平，或分别进行淬灭校正。所谓淬灭是指在制样过程中带进的杂质而影响探测效率的现象。为保证测量精度必须对被测样品的淬灭程度进行监测。

本实验采用和1KB公司Quantulus—1220低本底液体闪烁谱仪对样品进行测量和数据处理。

仪器于1985年安装时对^{14}C标样（20ml玻璃瓶）在320～650道范围内的探测效率为76.00%，本底为7.69cpm。仪器工作一年之后，在相同条件下，仪器的探测效率为75.87%，本底为1.71cpm。不难看出仪器的稳定性是十分可靠的。

仪器的计数由1024道分析器记录样品的能谱分布，工作时可选择合适的道宽，以获得较高的相对优值 No $\sqrt{B}$。其中No为对标准样的计数率，B为本底碳样的计数率。本仪器道宽为180～400道范围内，用3ml聚四氟乙烯瓶对中国糖碳标准测量了26000分钟，再用1.362来校正相当于0.95草酸值的中国糖碳，其计数率的平均值为23.76±0.21cpm。对自制无烟煤本底碳样（3ml聚四氟乙烯瓶）测量了20000分钟，其结果为0.477±0.042cpm（无烟煤本底比标样本底低是因样品瓶及道宽不同）。以上所测数据在统计误差范围内一致。计算仪器优值为34.40，优于国际同类实验室指标。[5]

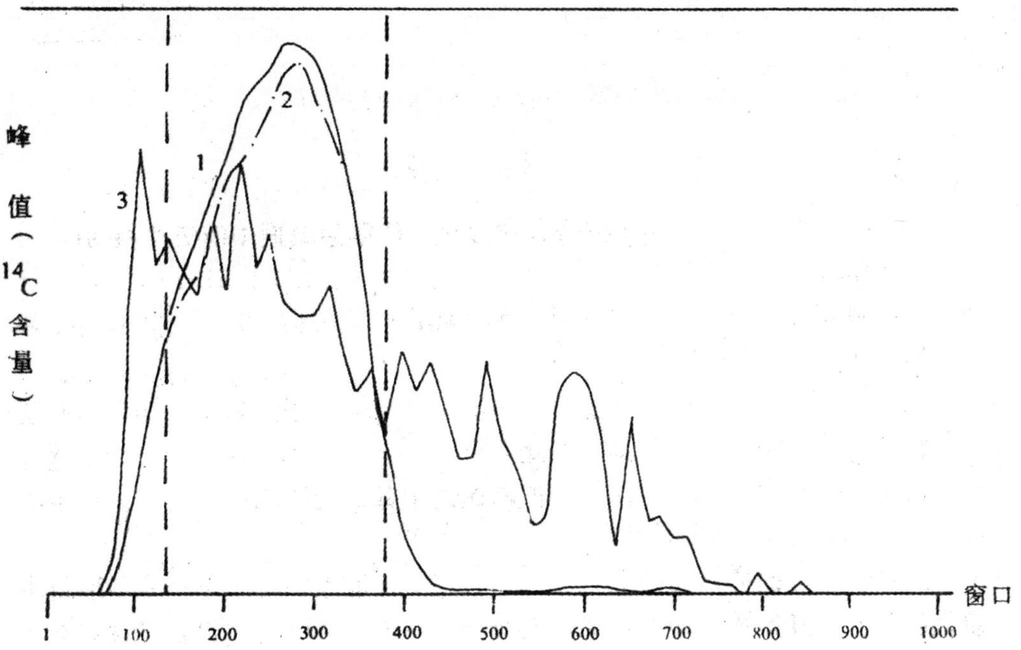

1. 中国糖炭标准　2. 秦俑一号坑 $T_{14}D_5$ 木炭样　3. 北京门头沟无烟煤本底炭的^{14}C能谱图

图Ⅳ-1：2　^{14}C测量图谱

图Ⅳ-1：2是本实验室制备的标准碳、样品碳的能谱图，图形基本是一致的。说明本实验室一套制备样品的工艺流程是基本稳定可靠的，制出的样品具有相同的淬灭水平，测量所得数据不需分别校正即可进行年龄计算。

仪器在数据处理时考虑了多种因素的影响，并进行了修正。（图Ⅳ-1：2）

本实验室采用中国糖炭作为现代标准，本底标准采用北京门头沟无烟煤；^{14}C半衰期是5568年，距今年以1950年为起点。样品测定结果如下表：

表一　兵马俑一号坑木炭^{14}C测年数据

野外取样号	实验室号	样品物质	^{14}C年龄 B·P（年）	树轮校正值*
T4·D3	QC—9	木炭	2215±50	2360—2105
T24·G9	Qc—6	〃	2200±50	2360—1995
T24·G10	QC—15	〃	2250±150	2650—1945
T24·D8	QC－120	〃	2160±95	2360—1945
T224·D9	QC—121	〃	1960±80	2130—1720
T14·D5	QC—123	〃	2190±80	2365—1950

*《Radiocarbon》，1982，Volume24，Number2，p103～150。

三、讨　论

（一）我们从表一中可以看到，在 6 个^{14}C年龄数据中有 5 个在 2160～2250 年之间，这同我室热释光实验室对兵马俑陶片测定的年龄值（2130～2250 年）非常接近[6]。

（二）由于^{14}C年龄值是表示树木砍伐时的年代。同时，树木中心位置^{14}C浓厚低于其外部^{14}C的浓度，因此 6 个^{14}C年龄数据都有高低。显然，这与采样部位等诸因素有关。为此，我们取这 6 个数据的平均值时，则得其中年龄为 2163 年。

据考古研究的最新成果表明：兵马俑坑的建造大约是秦统一战争取得决定性胜利之时开始的（秦始皇于公无前 221 年统一全国）[7]。也就是说，秦始皇统一六国距今已有 2171 年。最后迫于农民起义的打击而停工，以至于被焚毁（约公元前 207 年），前后经过约 18 年时间[8]。这一看法，现在可以得到^{14}C与热释光年代测定的支持。尽管岁月流逝，往事如烟，但这里却体现了秦代人民丰富的想象力，秦始皇陵兵马俑不愧为世界奇迹、民族的骄傲！

（注：工作中得到刘东生教授和安芷生同志的指导。参加取样的还有张光宇、高万一、祝一志、卢演俦等同志。在此一并致谢）

注　释

[1] 中国科学院贵阳地球化学研究所^{14}C实验室：《^{14}C年龄测定方法及其应用》，科学出版社，1977 年，第 5～12 页。

[2] 中国科学院贵阳地球化学研究所^{14}C实验室：《地球化学》，1973 年第 2 期，

第 135～137 页。

[3] 周明富等：《^{14}C 年代测定的碳化锂制样法的研究》，《地球化学》，1983 年第 4 期，第 411～416 页。

[4] Tamers. M. A. Int，J. APP. Radioa Iscotopes，26，1975，p676～682。

[5] S. A. Mcquanie etc，Advances in Scintillation Counting，edited by 1983，University of A1berta Canada T6G2N8，p420～441。

[6] 卢演俦、张景昭、王学理：《秦始皇陵兵马俑一号坑陶俑及红烧土热释光测年》，《中国第四纪研究》，1988 年第 1 期（第 8 卷），第 50～54 页。

[7] 王学理：《秦始皇陵研究》，上海人民出版社，1994 年。

[8]《汉书·楚元王传》："郦山之作未成，而周章百万之师至其下矣。"

秦始皇陵陶俑彩绘颜料的鉴定

韩汝玢　谢逸凡

秦始皇陵兵马俑坑出土的陶俑、陶马身上，原都饰有彩绘，由于俑坑曾被焚，加上长期埋藏地下，彩绘颜料大都脱落，无法保持原貌；从俑、马尚残存的颜色，以及与之粘接土上留下的痕迹，可看到着色的颜料为矿物质，颜色分为绿、粉绿、朱红、粉红、紫、蓝、中黄、橘黄、黑、白、灰、赭等色。颜面、手、足均为肉红色，以黑色绘眉目、须发，衣服和铠甲有丰富的色彩变化。兵马俑着彩绘主要是使之更接近于生活的真实状况，俑所携持的青铜兵器及铁箭镞，也都是实用武器。

一、分析手段

1978 年陕西省考古研究所王学理送来着色的俑马残片，要求对颜料进行科学鉴定。选送俑马残片颜色如表一所示：

表一　送检陶俑马残片颜色

样品序号	1	2	3	4	5	6	7	8	9	10	11	12	21
颜　色	玫瑰红	朱红	粉绿	朱红	粘合料	土红	粉红	粉红	群青紫	肉红	底胶	朱红	—
取样部位	履带	连甲带	袖口	连甲线	脚踏板	俑下摆	俑手	俑颜面	领口	马上膛	俑颜面	连甲线	俑料

刮取残片表面颜料少许，放在玻璃载片上，同 502 胶粘覆一层，俑马残片的泥料亦同样刮取，余残片均送回。由于刮取颜料数量较少，对其鉴定不能进行化学成分分析，故采用质子 X 荧光非真空分析仪进行颜料成分的定性分析，用转靶 X 射线衍射测定其结构，用偏光显微镜进行岩相分析并拍摄彩色照片，3 种鉴定结果，对照比较综合分析，得到本项秦始皇陵陶俑彩绘颜料的鉴定报告。

质子 X 荧光非真空分析法，是 20 世纪 70 年代发展起来的。是把静电加速器产生的质子束，通过薄窗引出真空室，质子束在大气中对样品进行分析，使样品的形状大小不受限制。X 荧光分析的无损伤性质，对珍贵文物鉴定是一项重要手段。1977～1978 年湖北省博物馆与有关单位合作，在上海复旦大学的静电加速器上，利用上海原子核研究所提供的检测设备，先后对著名的越王勾践剑及同墓出土的菱纹剑，进行了质子 X 荧光非真空无损分析鉴定，结果已发表[1]。作者在参加该项研究中，亦有机会对陶俑彩绘颜料进行了定性分析。质子 X 荧光分析是利用静电加速器提供的质子束轰击样品，使样品中各元素原子的内壳层电离，然后用 Si（Li）探测器测量外壳层电子填充内壳层空位时辐射出来的特征 X 射线，由特征 X 射线的能量来判断样品所含元素的成分。用质子束激发产生的特征 X 射线的截面大，故可提高检测的灵敏度，所用的样品量可以减少。

二、俑坑颜色分析的结果

由于秦陵陶俑彩绘颜料样品量少，利用质子 X 荧光非真空无损分析法对其进行成分的定性分析，其结果见表二。一般情况下，Si（Li）探测器仅对原子序数≥11 的元素灵敏，轻元素不能检测，在分析数据中均出现 Ar，是由空气中的 Ar 造成的干扰。用 400 道分析器测谱，在计数率不大于 1000 次/秒的条件下，对 5.9keV 的 X 射线能量分辨率为 220eV。实验中质子能量到达样品表面时为 1.7MeV，投射到样品表面的束点直径不大于 2mm。检测时所用速流在 5～10nA 之间。

表二　质子 X 荧光法测定颜料样品成分的定性结果

样品号	取样部位	颜色	化学元素														
			P	S	K	Ca	Ti	V	Cr	Mn	Fe	Co	Cu	Zn	As	Hg	Pb
1	履　带	玫瑰红				$\underline{V}$	V		V		$\underline{V}$		V	V	V	V	V
2	连甲带	朱　红		V	V	$\underline{V}$	V		V	V	$\underline{V}$			V	V	$\underline{V}$	V
3	袖　口	粉　绿			V	$\underline{V}$	V		V		$\underline{V}$		$\underline{V}$				V
4	连甲线	朱　红			V	V					V	V		V	V	$\underline{V}$	V
5	脚踏板	粘合料				$\underline{V}$	$\underline{V}$	$\underline{V}$	V	V	$\underline{V}$		V	V			
6	俑下摆	土　红				$\underline{V}$	V		V		V			V	V		V
7	俑　手	粉　红				$\underline{V}$				V	$\underline{V}$				V	$\underline{V}$	V
8	俑颜面	粉　红				V	V	V		V	V	V		V	V	V	
9	偏领口	群青紫			V	$\underline{V}$	$\underline{V}$	V	$\underline{V}$		$\underline{V}$		$\underline{V}$			V	V
10	马上膛	肉　红		V		$\underline{V}$	V		V		$\underline{V}$		V	V	V	$\underline{V}$	V
11	偏颜色	底　胶				$\underline{V}$	V	V	V	V	$\underline{V}$	V	V	V	V	V	V
12	连甲线	朱　红	V	V	V			V	V		V			$\underline{V}$			

注：1）以 $\underline{V}$ 表示该元素含量较高；

2）每件样品还存在 Ar，是空气中的干扰元素未列出；

3）某元素的 X 射线特征谱能量值有重迭现象，如 CuKβ 与 ZnKα，FeKβ 与 CoKα，Pblα 与 AsKα，AsKβ 与 Hglβ 等，确定有无该元素时要持慎重态度。

选取不同颜色的颜料1# 玫瑰红、3# 粉绿、6# 土红、7# 肉红、9# 群青紫、10# 肉红，用奥林帕斯（Olympus）偏光显微镜下进行物相观察，并摄照彩色照片，其结果见表三。

表三　岩相观察结果

样品号	取样部位	颜色	观察结果	照片
1	履　带	玫瑰红	石英、辰砂、方解石、雌黄为主，褐色片状褐铁矿(?)和紫萤石(?)，蓝铜矿少许	见彩版，透射单偏，X210，全貌
3	袖　口	粉　绿	石英、孔雀石、方解石，片状褐铁矿	见彩版，透射单偏，X210，全貌
6	俑下摆	土　红	褐铁矿(?)无色透明物、石英、方解石少量	见彩版，透射单偏，X210，全貌
7	俑　手	粉　红	石英、方解石、辰砂，蓝铜矿及雌黄少见，还有孔雀石、褐色物及黑色不透明物	见彩版，透射单偏，X210，全貌
9	领　口	群青紫	石英、方解石、锰方解石(褐色)、辰砂、孔雀石、蓝铜矿，雌黄及紫萤石(?)等，有黑色不透明物	见彩版，透射单偏，X210，全貌
10	马上膛	肉　红	褐铁矿(?)、辰砂大量，石英、方解石少量	见彩版，透射单偏，X210，密集区

* 注：北京科技大学地质系李前懋、刘正皋教授协助进行鉴定。

岩相鉴定表明：几种颜料均是矿物颜料；颜料颗粒在0.02～0.06毫米；均含有无色透明的石英，与粘土中的石英可以分辨；白色的方解石是粉质颜料，又称白垩，其分子式为$CaCO_3$，若其中有Mn、Fe、Mg取代Ca，可能具有浅褐色。6# 及10# 颜料中的矿物，与辰砂显示的颜色有异，需用X射线衍射仪进行物相分析。紫萤石亦不能确定，天然矿石中的紫色萤石是等轴晶系，显现的紫色不均匀，1# 及9# 颜料中的紫萤石不是等轴晶系，显现的紫色却很均匀。7# 及9# 尚发现黑色不透明的矿物（见彩版）。21# 陶俑粘土基体岩相一观察结果是：高岭土及少量水白云母，偶见微斜长石，粘土中加入带棱角的石英为骨料。

为了进一步判定颜料的物相结构，选择1#（玫瑰红）、3#（粉绿）、6#（土红）、7#（粉红）、9#（群青紫）、10#（肉红），共6种颜色及21# 号陶俑基体粘土进行X射线结构分析。用日本理学Dax—rBX射线衍射仪，Cu靶，单色，$\lambda=1.5405A^0$，在40kV，100mA条件下进行相分析。其衍射曲线见图Ⅳ-3：1～7。测量数据见表四至十。

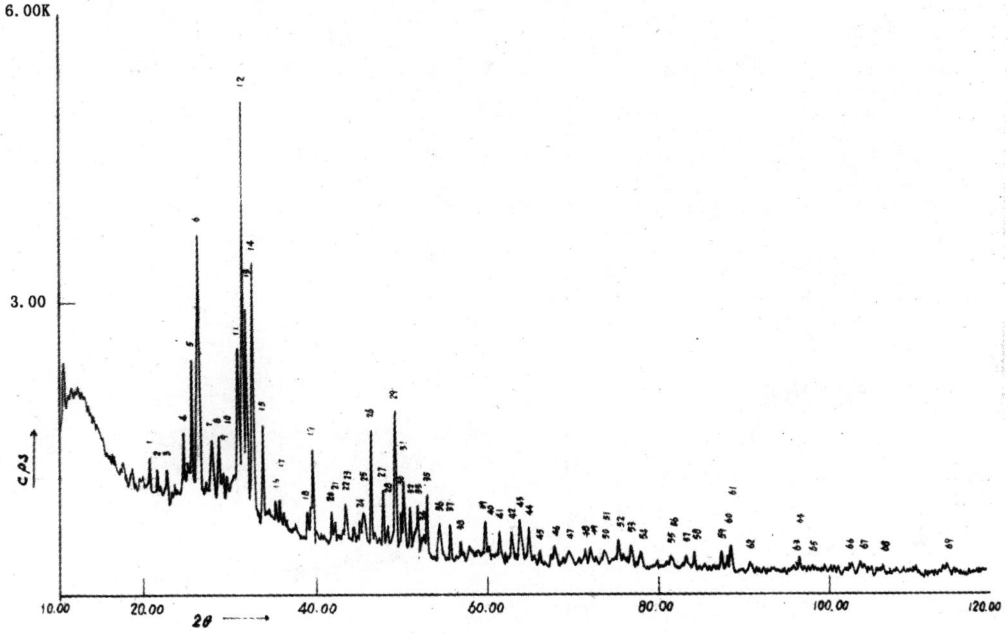

图Ⅳ-3：1　1#样品的X射线衍射图

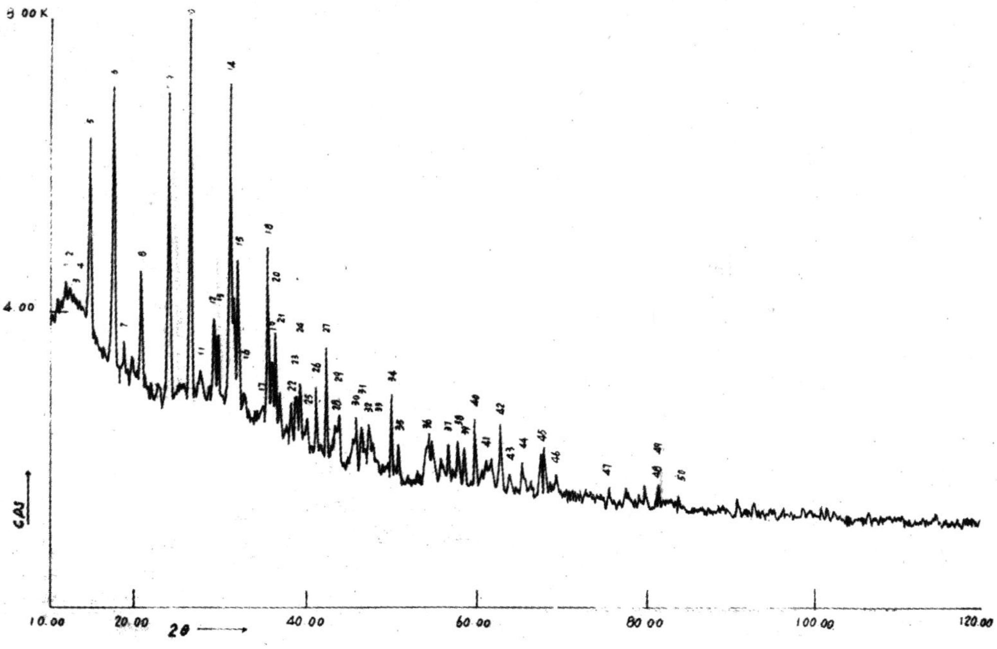

图Ⅳ-3：2　3#样品的X射线衍射图

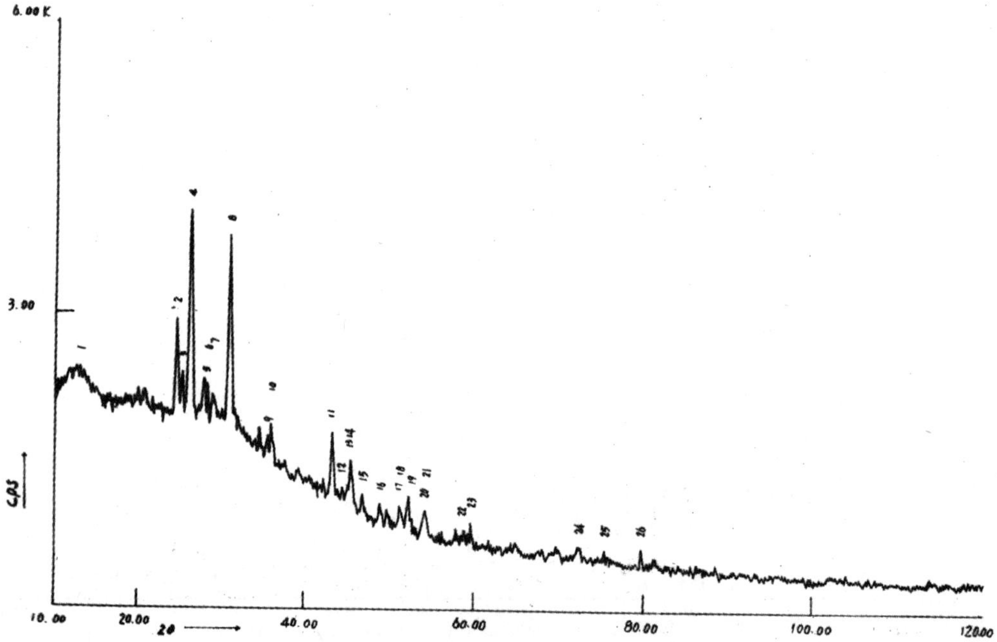

图Ⅳ-3：3　6[#] 样品的 X 射线衍射图

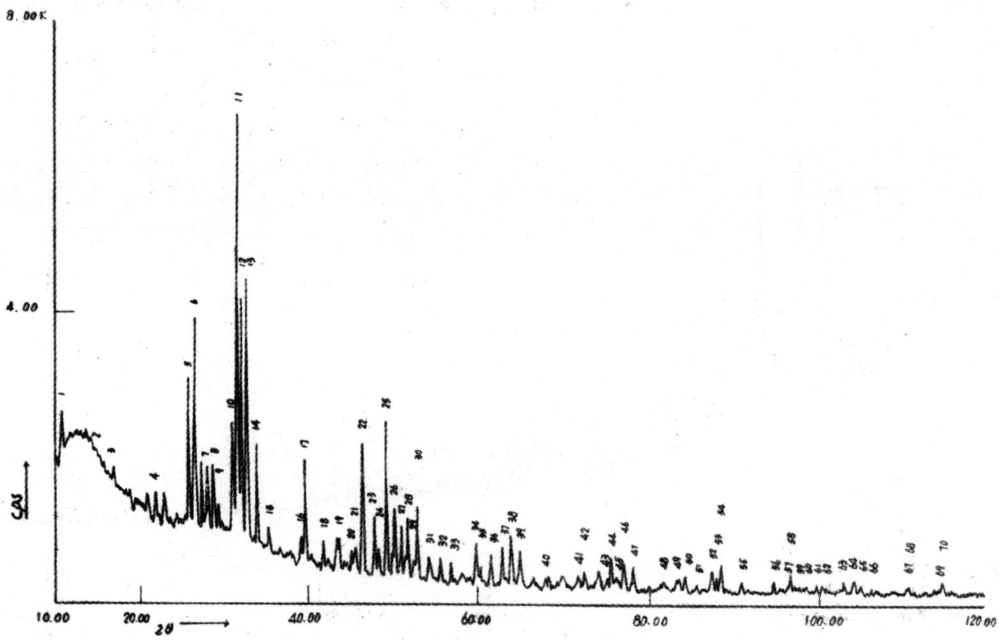

图Ⅳ-3：4　7[#] 样品的 X 射线衍射图

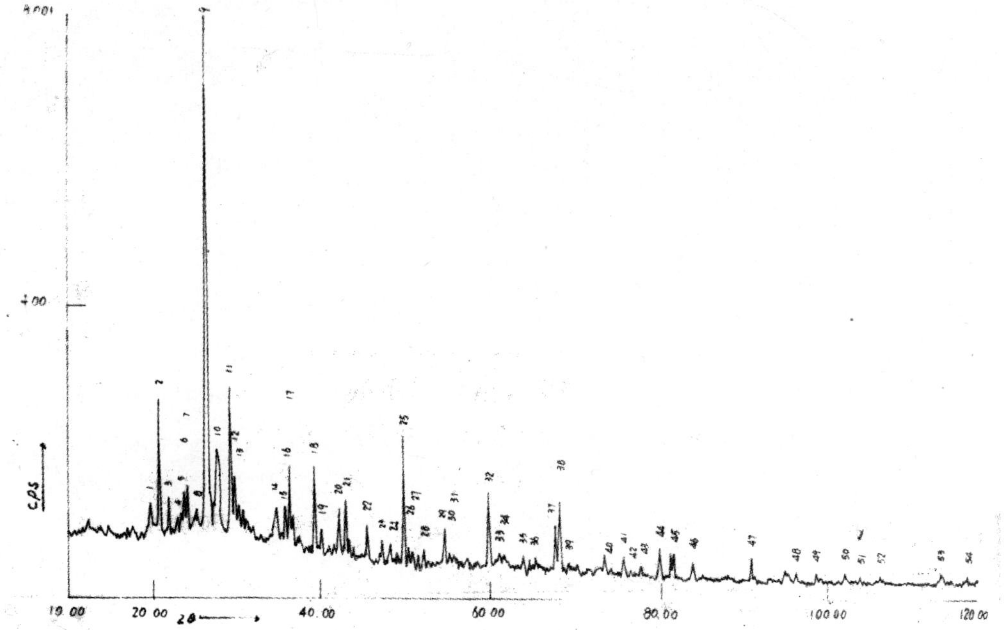

图Ⅳ-3：5　9# 样品的 X 射线衍射图

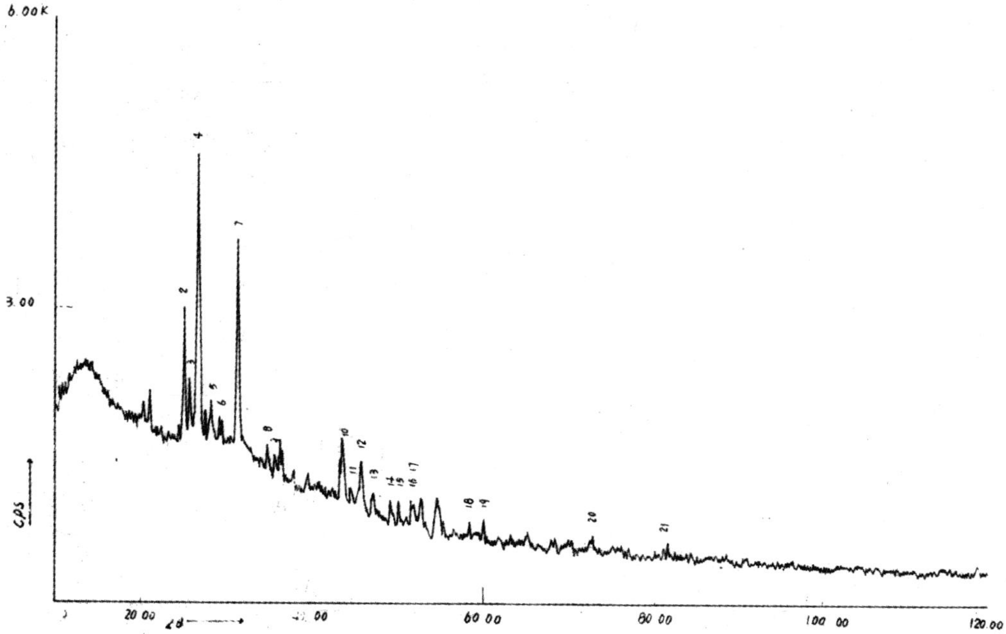

图Ⅳ-3：6　10# 样品的 X 射线衍射图

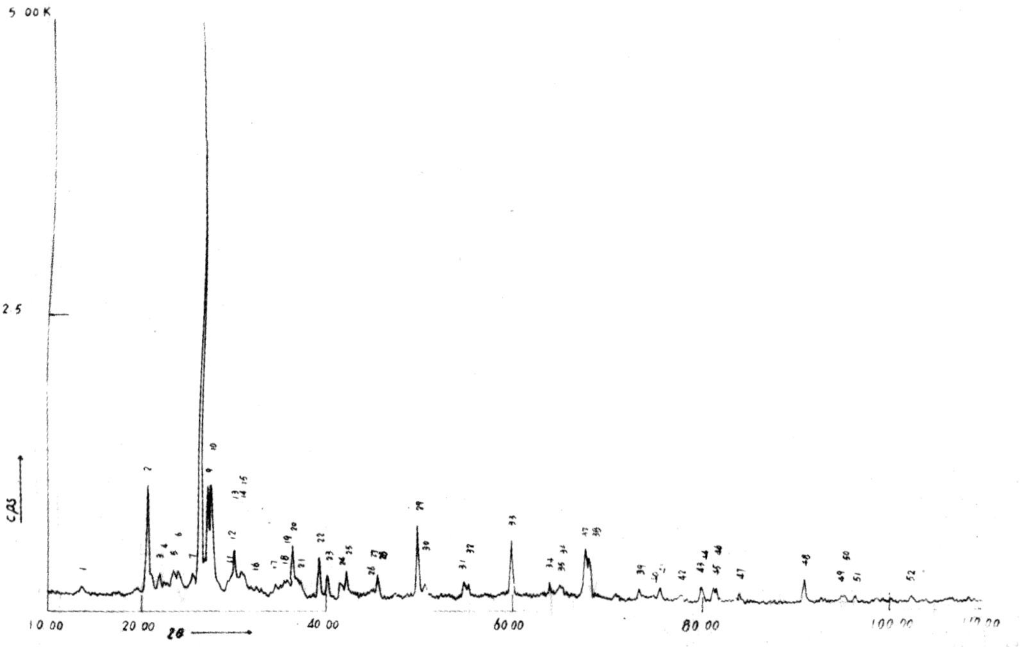

图Ⅳ-3：7　21[#]样品的 X 射线衍射图

表四　1[#]（玫瑰红）样品 X 射线衍射分析的结果

No.	2—Theta (ob.)	Sin⁻² (ob.)	d	I / I₁	33—1162 SiO_2	5—586 $CaCO_3$	6—256 HgS	10—436 Cu_3AsS_4	29—733 $FeTiO_3$	8—491 $ZnSO_4$	5—577 $PbSO_4$
1	20.72	.032	4.2832	29	V					V	V
2	21.62	.035	4.1068	25						V	
3	22.72	.039	3.9104	25		V					V
4	24.7	.046	3.6013	33			V			V	V
5	25.74	.05	3.4581	48							V
6	26.48	.052	3.3631	73	V		V			V	V
7	27.96	.058	3.1883	31			V	V			V
8	28.78	.062	3.0993	32				V			
9	29.28	.064	3.0475	25		V		V			
10	29.84	.066	2.9916	24		V					V
11	31.06	.072	2.8768	50		V	V	V			V
12	31.64	.074	2.8254	100		V	V	V			
13	32.04	.076	2.791	58							
14	32.76	.08	2.7313	67					V		V
15	33.9	.085	2.642	34						V	V
16	35.38	.092	2.5348	19					V		V
17	35.88	.095	2.5006	19		V					
18	39.04	.112	2.3052	17						V	
19	39.68	.115	2.2695	29	V	V					V
20	41.86	.128	2.1562	17							V

续表

No.	2—Theta (ob.)	Sin^{-2} (ob.)	d	I / I_1	33—1162 SiO_2	5—586 $CaCO_3$	6—256 HgS	10—436 Cu_3AsS_4	29—733 $FeTiO_3$	8—491 $ZnSO_4$	5—577 $PbSO_4$
21	42.3	.13	2.1348	15	V						
22	43.52	.137	2.0777	16		V	V				V
23	43.72	.139	2.0687	17			V	V		V	V
24	45.18	.148	2.0052	15							V
25	45.74	.151	1.9819	17	V					V	
26	46.56	.156	1.9489	33			V			V	V
27	47.96	.165	1.8952	21			V				
28	48.46	.168	1.8768	12		V					V
29	49.36	.174	1.8447	37				V			
30	50.04	.179	1.8212	17	V					V	
31	50.36	.181	1.8104	23	V					V	
32	51.16	.186	1.7839	18							V
33	51.96	.192	1.7583	18			V				
34	52.7	.197	1.7354	12			V	V			V
35	53.08	.2	1.7238	20				V	V		V
36	54.48	.21	1.6828	14			V			V	
37	55.76	.219	1.6472	14							
38	57	.228	1.6142	11	V					V	V
39	59.86	.249	1.5438	15	V					V	V
40	60.28	.252	1.534	10							V
41	61.54	.262	1.5056	13		V					
42	62.92	.272	1.4758	13		V			V	V	
43	63.88	.28	1.456	15	V					V	
44	64.92	.288	1.4351	13			V		V	V	
45	66.32	.299	1.4092	9							
46	68.08	.313	1.376	9	V				V	V	V
47	69.8	.327	1.3462	8			V	V			
48	71.52	.342	1.318	9							
49	72.22	.347	1.307	10						V	
50	73.7	.36	1.2843	9		V	V		V	V	
51	73.94	.362	1.2808	8					V		
52	75.5	.375	1.2581	11	V		V				
53	76.98	.387	1.2376	10		V					
54	78.14	.397	1.2221	9		V					
55	81.4	.425	1.1812	8	V						
56	81.7	.428	1.1776	7			V				
57	83.34	.442	1.1586	8							
58	84.18	.449	1.1491	8							
59	87.36	.477	1.1153	9							
60	87.94	.482	1.1094	8	V						
61	88.42	.486	1.1046	10			V				
62	90.76	.507	1.0821	7	V		V				
63	96.12	.553	1.0355	6	V	V					
64	96.6	.557	1.0316	7			V				

续表

No.	2—Theta (ob.)	Sin^{-2} (ob.)	d	I / I$_1$	33—1162 SiO_2	5—586 $CaCO_3$	6—256 HgS	10—436 Cu_3AsS_4	29—733 $FeTiO_3$	8—491 $ZnSO_4$	5—577 $PbSO_4$
65	98.08	.57	1.02	6							
66	102.48	.608	.9878	6	V				V		
67	103.86	.062	.9784	7	V	V					
68	106.58	.643	.9608	6			V		V		
69	114.62	.708	.9152	6					V		

注：表中所列 No. 为 X 射线衍射峰的序号；2—Theta（ob.）＝2θ，为出现 X 射线衍射的位置角度；Sin^{-2}（ob.）为相应 θ 角的 Sin^2 值；d 为原子面间距，埃；$1/I_1$，是 X 射线衍射峰的相对强度；数字为 JCPDX 卡片号及相应化学式。

表五　3[#] 粉绿样品的 X 射线衍射分析的结果

No.	2—Theta (ob.)	Sin^{-2} (ob.)	d	I / I$_1$	10—399 石绿	5—586 $CaCO_3$	33—116 SiO_2	26—1112 $CuCrO_2$	25—618 正长石	8—19 Pb_3O_4	5—577 $PbSO_4$
1	11.84	.011	7.468	38	V						
2	12.32	.012	7.1781	38	V						
3	13.18	.13	6.7116	36							
4	13.54	.014	6.534	36					V		
5	14.7	.016	6.0209	55	V						
6	17.46	.023	5.0748	61	V						
7	18.76	.027	4.726	31	V				V		
8	20.72	.032	4.2832	40			V		V		
9	23.98	.043	3.7077	61	V				V	V	
10	26.5	.053	3.3606	100			V		V	V	
11	27.68	.057	3.22	28					V	V	V
12	27.82	.058	3.2041	28					V		V
13	29.34	.064	3.0414	34	V	V					
14	29.78	.066	2.9975	32	V	V			V		
15	31.2	.072	2.8642	62	V	V		V	V	V	V
16	31.56	.074	2.8324	36	V	V					
17	32.12	.077	2.7843	41	V				V	V	V
18	32.78	.08	2.7297	25							V
19	34.9	.09	2.5686	24				V	V		
20	35.48	.093	2.5279	42	V				V		
21	36.08	.096	2.4872	29	V	V			V		
22	36.42	.098	2.4648	32	V		V	V	V		
23	36.92	.1	2.4326	25	V				V	V	
24	38.24	.107	2.3516	24	V						V
25	38.72	.11	2.3235	25	V						
26	39.28	.113	2.9717	27	V	V	V		V	V	V
27	40.16	.118	2.2435	22	V		V			V	V
28	41.18	.124	2.1902	26	V				V	V	V
29	42.3	.13	2.1348	31	V		V				
30	43.44	.137	2.0814	22	V	V				V	V
31	43.88	.14	2.0615	23	V						
32	45.46	.149	1.9935	20	V						V

续表

No.	2—Theta (ob.)	Sin^{-2} (ob.)	d	I / I_1	10—399 石绿	5—586 $CaCO_3$	33—116 SiO_2	26—1112 $CuCrO_2$	25—618 正长石	8—19 Pb_3O_4	5—577 $PbSO_4$
33	45.9	.152	1.9754	22	V		V			V	
34	46.48	.156	1.9521	21	V				V		
35	47.4	.162	1.9163	22	V	V		V	V	V	
36	47.84	.164	1.8997	19	V	V					
37	50.04	.179	1.8212	25		V		V			
38	50.88	.185	1.7931	19				V			
39	54.26	.208	1.6891	19	V			V	V		
40	54.48	.21	1.6828	20	V						
41	54.76	.211	1.6749	20			V				
42	55.8	.219	1.6461	18				V			
43	56.78	.226	1.62	19	V	V			V	V	
44	57.9	.234	1.5913	20	V	V			V	V	
45	58.6	.239	1.5739	19	V						
46	59.84	.249	1.5442	22			V			V	
47	60.84	.255	1.5258	16		V			V	V	
48	61.2	.259	1.5131	17		V			V	V	
49	62.84	.272	1.4775	21		V					
50	63.9	.28	1.4556	16			V		V		
51	65.5	.293	1.4238	17		V		V	V		
52	67.64	.31	1.3839	18			V				
53	69.34	.324	1.3541	16		V					
54	75.58	.375	1.257	14			V				
55	79.82	.412	1.2005	14			V				
56	81.1	.423	1.1848	14			V				
57	81.42	.425	1.1809	14		V	V				
58	83.82	.446	1.1531	13		V	V				
59	90.78	.507	1.082	13			V				

表六　6# 土红样品的 X 射线分析的结果

No.	2—Theta (ob.)	Sin^{-2} (ob.)	d	I / I_1	6—265 HgS	10—436 Cu_3AsS_4	4—417 $PbCO_3$	8—19 Pb_3O_4	23—1426 TiO_2
1	13.06	.013	6.773	61		V			
2	24.68	.046	3.6041	73	V		V	V	
3	25.4	.048	3.5036	59					
4	26.4	.052	3.3731	100	V			V	V
5	28.1	.059	3.1728	56	V	V			
6	28.42	.06	3.1378	57				V	
7	29.04	.063	3.0722	54	V	V	V	V	
8	31.02	.072	2.8804	94		V	V	V	V
9	35.48	.093	2.5279	44			V		
10	35.94	.095	2.4966	46			V		V
11	43.38	.137	2.0841	45	V			V	
12	44.6	.144	2.0299	31	V			V	V

续表

No.	2—Theta (ob.)	Sin^{-2} (ob.)	d	I/I_1	6—265 HgS	10—436 Cu_3AsS_4	4—417 $PbCO_3$	8—19 Pb_3O_4	23—1426 TiO_2
13	45.6	.15	1.9877	37	V		V		V
14	45.8	.151	1.9794	34			V	V	V
15	46.98	.159	1.9324	29			V		V
16	49.12	.173	1.8531	26		V	V		V
17	51.48	.189	1.7736	26					V
18	51.66	.19	1.7678	25	V				V
19	52.58	.196	1.739	28	V		V		V
20	54.38	.209	1.6757	25	V		V	V	V
21	54.58	.21	1.68	25					
22	58.96	.242	1.5652	20	V				
23	59.78	.248	1.5456	22			V		
24	72.52	.35	1.3023	12			V		V
25	75.42	.374	1.2593	16	V			V	V
26	79.8	.411	1.2008	16					

表七　7# 粉红样品的 x 射线分析的结果

No.	2—Theta (ob.)	Sin^{-2} (ob.)	d	I/I_1	8—491 $ZnSO_4$	8—209 $PbCrO_4$	29—733 $FeTiO_3$	6—265 HgS	25—618 正长石	8—19 Pb_3O_4	5—561 PbO	3—804 $CaFeO_4$	32—180 $CaSi_2$
1	10.84	9E—03	8.1546	39									
2	14.92	.017	5.9326	31						V	V		
3	16.86	.021	5.2541	28		V			V				
4	21.76	.036	4.0807	23	V				V				V
5	25.88	.05	3.4397	46	V	V			V				
6	26.62	.053	3.3457	59	V	V		V	V		V		
7	28.14	.059	3.1684	28		V		V	V	V			
8	28.9	.062	3.0867	28		V				V	V	V	V
9	29.44	.065	3.0313	20		V			V				
10	31.2	.072	2.8642	37				V	V				
11	31.76	.075	2.815	100						V	V	V	
12	32.18	.077	2.7792	63			V			V	V		V
13	32.9	.08	2.72	67		V			V			V	
14	34.04	.086	2.6315	33	V	V			V				V
15	35.42	.093	2.5321	16		V	V		V	V	V		
16	39.2	.113	2.2962	14	V				V	V			
17	39.78	.166	2.264	30		V	V		V				
18	41.96	.128	2.1513	13		V	V		V	V		V	
19	43.84	.139	2.0633	14	V	V		V		V	V	V	
20	45.32	.148	1.9993	11		V					V		
21	45.82	.152	1.9786	12	V	V				V	V		
22	46.68	.157	1.9442	33	V			V				V	
23	48.06	.166	1.8915	18		V		V	V			V	
24	48.58	.169	1.8725	12		V	V				V	V	

续表

No.	2—Theta (ob.)	Sin⁻² (ob.)	d	I/I₁	8—491 $ZnSO_4$	8—209 $PbCrO_4$	29—733 $FeTiO_3$	6—265 HgS	25—618 正长石	8—19 Pb_3O_4	5—561 PbO	3—804 $CaFeO_4$	32—180 $CaSi_2$
25	49.48	.175	1.8405	38	V	V	V	V					
26	50.48	.182	1.8064	20	V	V	V			V		V	
27	51.26	.187	1.7807	16	V	V	V						V
28	52.08	.193	1.7546	18			V		V	V		V	V
29	52.68	.197	1.736	9		V							
30	53.2	.2	1.7202	20		V	V	V		V			
31	54.6	.21	1.6794	10	V			V		V	V	V	
32	55.84	.219	1.645	9			V			V		V	
33	57.1	.228	1.6117	9	V								
34	59.94	.25	1.5419	12	V		V					V	V
35	60.4	.253	1.5313	8	V						V	V	V
36	61.66	.263	1.5029	10			V			V		V	V
37	62.96	.273	1.475	12	V		V			V			
38	63.98	.281	1.4539	14	V					V			
39	65	.289	1.4336	11	V		V		V			V	
40	67.78	.311	1.3814	6	V		V				V		
41	71.6	.342	1.3168	6						V		V	
42	72.24	.347	1.3067	7	V			V					V
43	74.9	.37	1.2667	6				V		V			V
44	75.58	.375	1.257	10				V			V	V	
45	76.44	.383	1.245	5				V		V		V	
46	76.98	.387	1.2376	9			V						
47	78.18	.398	1.2216	8									V
48	81.78	.429	1.1767	5			V	V			V		V
49	83.1	.44	1.1613	5				V				V	
50	84.28	.45	1.148	6									V
51	85.56	.461	1.1341	5				V					V
52	87.4	.477	1.1149	7			V						V
53	87.94	.482	1.1094	6									V
54	88.48	.487	1.104	9				V					
55	90.9	.508	1.0808	5				V					V
56	94.7	.541	1.0472	5									
57	96.18	.554	1.035	4									
58	96.68	.558	1.031	7				V					
59	97.66	.567	1.0232	4									
60	98.5	.574	1.0167	4			V						
61	99.6	.583	1.0085	4									V
62	100.28	.589	1.0034	4			V						
63	102.88	.611	.985	5			V	V					
64	104	.621	.9775	5			V	V					
65	104.86	.628	.9718	5									V
66	105.98	.638	.9646	4									V
67	110.3	.673	.9386	4				V					
68	110.6	.676	.9369	4							V		
69	114.1	.704	.9179	4									
70	114.6	.708	.9153	5			V						

表八　9# 群青紫样品的 X 射线分析的结果

No.	2—Theta (ob.)	Sin^{-2} (ob.)	d	I / I_1	23—1162 SiO_2	5—586 $CaCO_3$	16—485 $CuCrO_4$	14—652 K_3CrO_8	5—577 $PbS0_4$	24—551 $FeCrO_4$
1	19.76	.029	4.489	11						
2	20.8	.033	4.2669	22	V					
3	21.98	.036	4.0404	11					V	
4	23.04	.04	3.8568	9		V			V	
5	23.5	.041	3.7824	10		V				
6	23.86	.043	3.7261	12						
7	24.22	.044	3.6715	13			V			
8	25.5	.049	3.4901	10					V	
9	26.58	.053	3.3507	100	V			V	V	
10	27.86	.058	3.1996	17					V	
11	29.38	.064	3.0374	24		V		V		
12	29.9	.67	2.9857	14					V	
13	30.4	.069	2.9378	10						V
14	34.9	.09	2.5686	10			V		V	V
15	35.5	.093	2.5265	8				V		
16	35.9	.095	2.4993	10		V	V			V
17	36.5	.098	2.4596	15			V			
18	39.4	.114	2.285	15	V	V	V		V	
19	40.24	.118	2.2392	8	V			V	V	
20	42.4	.131	2.13	10	V				V	
21	43.24	.136	2.0905	11		V	V	V	V	V
22	45.76	.151	1.9811	8	V		V		V	
23	47.52	.162	1.9117	6		V	V	V	V	
24	48.56	.169	1.8732	6		V	V	V	V	
25	50.08	.179	1.8198	18	V		V	V	V	
26	50.62	.183	1.8017	6	V					
27	51.1	.186	1.7859	5			V		V	
28	52.44	.195	1.7434	6						V
29	54.84	.212	1.6726	8	V				V	
30	55.28	.215	1.6603	5	V				V	
31	55.78	.219	1.6466	5				V		
32	59.9	.249	1.5428	12	V		V	V		
33	60.98	.257	1.5181	5		V				
34	61.46	.261	1.5074	5		V	V	V	V	V
35	63.98	.281	1.4539	5	V		V	V	V	V
36	64.68	.286	1.4399	5		V				
37	67.7	.31	1.3828	8	V		V	V	V	
38	68.12	.314	1.3753	11	V		V	V		
39	69.12	.322	1.3578	4		V				
40	74.02	.362	1.2796	4			V	V		
41	75.62	.376	1.2564	5			V	V		
42	76.36	.382	1.2461	3		V				
43	77.62	.393	1.229	4	V			V		
44	79.88	.412	1.1998	6	V			V		

续表

No.	2—Theta (ob.)	Sin^{-2} (ob.)	d	I / I_1	23—1162 SiO_2	5—586 $CaCO_3$	16—485 $CuCrO_4$	14—652 K_3CrO_8	5—577 $PbSO_4$	24—551 $FeCrO_4$
45	81.46	.426	1.1805	5	V	V				
46	83.8	.446	1.1534	4	V	V		V		
47	90.8	.507	1.0818	5	V			V		
48	96.2	.554	1.0348	3	V	V		V		
49	98.7	.576	1.0152	3	V					
50	102.22	.606	.9896	3	V					
51	104.12	.622	.9767	3	V	V				
52	106.56	.643	.9609	3		V				
53	114.5	.707	.9158	3						
54	118.32	.737	.8971	3						

表九　10# 肉红样品的 x 射线分析的结果

No.	2—Theta (ob.)	Sin^{-2} (ob.)	d	I / I_1	33—1162 SiO_2	6—265 HgS	5—577 $PhSO_4$
1	21.02	.033	4.2227	47	V		V
2	25.02	.047	3.5559	66		V	V
3	25.7	.049	3.4634	50		V	V
4	26.72	.053	3.3334	100	V		V
5	28.36	.06		44		V	
6	29.52	.065	3.1443	41			V
7	31.34	.073	3.0233	81		V	
8	34.86	.09	2.8518	35			
9	35.88	.095	2.5006	33			
10	43.86	.139	2.0624	33		V	V
11	44.74	.145	2.0239	25		V	V
12	45.92	.152	1.9746	31	V	V	V
13	47.34	.161	1.9186	24			
14	49.32	.174	1.8461	23			
15	50.24	.18	1.8144	23	V		
16	51.7	.19	1.7666	23		V	
17	51.94	.192	1.759	22		V	
18	58.44	.238	1.5779	18		V	
19	60.1	.251	1.5382	19	V		V
20	72.66	.351	1.3001	15			
21	81.12	.423	1.1846	13	V		

表十　21# 俑基体样品的 X 射线分析的结果

No.	2－Theta (ob.)	Sin^{-2} (ob.)	d	I/I_1	33－1162 SiO_2	25－618 正长石
1	13.74	.014	6.4393	4		V
2	20.78	.033	4.2709	20	V	V
3	21.98	.036	4.0404	6		
4	22.44	.038	3.9586	5		V
5	23.44	.041	3.7919	6		V
6	23.96	.043	3.7108	6	V	V
7	25.48	.049	3.4928	6		V
8	26.56	.053	3.3531	100		V
9	27.44	.056	3.2476	20		V
10	27.78	.058	3.2086	20		V
11	29.44	.065	3.0313	5		V
12	29.88	.066	2.9877	6		V
13	30.26	.068	2.951	9		V
14	30.76	.07	2.9042	6		V
15	31.08	.072	2.875	6		V
16	32.34	.078	2.7658	4		V
17	34.34	.087		4		V
18	35.24	.092	2.6092	5		V
19	35.62	.094	2.5446	5		V
20	36.5	.098	2.5183	10	V	V
21	37.26	.102	2.4111	5		V
22	39.4	.114	2.285	9	V	V
23	40.22	.118	2.2402	6	V	
24	41.68	.127	2.1651	5		V
25	42.4	.131	2.13	7	V	
26	44.78	.145	2.0221	3		
27	44.98	.146	2.0136	3		V
28	45.74	.151	1.9819	6	V	V
29	50.06	.179	1.8205	14	V	
30	50.54	.182	1.8044	4	V	
31	54.76	.211	1.6749	5	V	
32	55.32	.216	1.6592	4	V	
33	59.88	.249	1.5433	11	V	
34	63.96	.281	1.4543	5	V	
35	64.9	.288	1.4355	4		
36	65.2	.29	1.4296	4		
37	67.74	.311	1.3821	10	V	
38	68.28	.315	1.3725	6	V	
39	73.32	.356	1.2901	4		
40	74.82	.369	1.2679	2		
41	75.54	.375	1.2576	4	V	
42	77.74	.394	1.2274	3	V	
43	79.76	.411	1.2013	4	V	
44	80.08	.414	1.19773	3	V	

续表

No.	2－Theta (ob.)	Sin^{-2} (ob.)	d	I / I_1	33－1162 SiO_2	25－618 正长石
45	81.08	.422	1.185	4	V	
46	81.38	.425	1.1814	4	V	
47	83.72	.445	1.1543	3	V	
48	90.68	.506	1.0829	5	V	
49	94.62	.54	1.0479	2		
50	95.02	.544	1.0446	2	V	
51	96.16	.554	1.0352	2		
52	102.16	.605	.99	2		

X射线相分析选用 $Sin^2\theta$ 比较法，测定秦俑颜料及基体粘土结构。将实验分析得到的 $Sin^2\theta$ 值与国际X射线衍射学会制作的标准卡片（简称 JCPDX，旧称 ASTM）给出的指数，通过计算得到 $Sin^2\theta$ 值进行比较，$Sin^2\theta$ 测量值与计算值相差限在±0.01～±0.03之间，除三条最强的衍射峰必须出现外，还必须有其他较强线出现，才能认定此种化合物存在于被测样品之中。由于秦俑颜料是矿物颜料，由多相物质组成，有的X射线衍射峰多达70条，由于不同相的某些衍射线条有可能互相重合，使得衍射图上的最强线条实际上并非单相物质的最强线，而是某些物质的次强或再次强线重合的结果，造成x射线相分析的困难，因此，需要经过多次尝试，深入细致的进行，逐步地确定出被测样品中的物相及其化学式。若某种物相在样品中相对含量很少时，它的衍射线强度较弱，在衍射图上很难分辨，影响分析的灵敏度。X射线相分析的结果见表十一：

表十一　秦俑颜料及粘土X射线相分析结果

样品号	颜色	物　相　组　成
1	玫瑰红	SiO_2、HgS、$CaCO_3$、Cu_3AsS_4、$PbSO_4$、$ZnSO_4$、$FeTiO_3$
3	粉　绿	SiO_2、$CaCO_3$、$Cu_2(OH)_2CO_3$、Pb_3O_4、$PbSO_4$、$CuCrO_2$、正长石
6	土　红	HgS、Pb_3O_4、$Cu_3A_3S_4$、TiO_2、$PbCO_3$
7	粉　红	HgS、Pb_3O_4、PbO、$PbCrO_4$、$ZnSO_4$、正长石、$FeTiO_4$、$CaFeO_4$
9	群青紫	SiO_2、$CaCO_3$、$PbSO_4$、$FeCr_2O_4$、$CuCrO_4$、$K_3Cr_2O_8$
10	肉　红	SiO_2、HgS、$PbSO_4$
21	粘　土	SiO_2、正长石

三、对分析结果的分析

1983年李亚东发表《秦俑彩绘颜料及秦代颜料史考》一文[2]，对彩绘颜料进行鉴定，并讨论了秦代颜料的制造技术的使用特点，及其在科技史上的地位。颜料取样后进行光谱分析和X衍射分析，结果见表十二。因该文未发表分析数据，只给出综合分析的结果，对于借鉴其研究成果及深入讨论，受到影响，甚为遗憾。

表十二　李亚东文章鉴定的彩绘颜料结果

红	绿	蓝	紫	褐	白	黑	填料
辰砂 HgS 铅丹 Pb_3O_4 赭石 Fe_2O_3	孔雀石 $CuCO_3 \cdot Cu(OH)_2$	$2CuCO_3 \cdot Cu(OH)_2$	铅丹+ 蓝铜矿	褐铁矿 $Fe_2O_3 \cdot H_2O$	铅白 $PbCO_3 \cdot Pb(OH)_2$ 高岭土	无定 形炭	高岭土 蒙脱石 云母 粘土

根据表二质子X荧光法、表三岩相观察、表十一X射线相分析的结果，综合分析如下：

1. 秦俑彩绘中红色颜料主要用辰砂（HgS），在1# 玫瑰红、6# 土红、7# 粉红、10# 肉红颜料的X射线相分析中均鉴定得到，且3#、6#、7# 还有铅丹（Pb_3O_4）与辰砂混用。铅丹是方铅矿或白铅矿的风化产物。岩相观察中亦在1#、7# 中鉴定有辰砂（见彩版）。

2. 绿色颜料主要是孔雀石，亦称石绿〔$Cu_2(OH)_2 \cdot CO_3$〕，3# 粉绿颜料的X射线相分析及岩相观察中均鉴定得到（见彩版）。石绿为铜矿矿苗，凡出产铜处必产石绿，颜色从鲜绿到暗绿、墨绿，是中国古代常用的绿色矿物颜料。1# 玫瑰红、7# 粉红、9# 群青紫颜料的岩相观察中亦见到孔雀石颗粒，应是矿物颜料中混入的杂质。

3. 1# 玫瑰红、3# 粉绿、9# 群青紫、10# 肉红色颜料的X线相分析中均发现有硫酸铅矿（$PbSO_4$），表明含铅的白色颜料可能作为调色颜料使用。

4. 1# 玫瑰红、3# 粉绿、9# 群青紫的岩相及X射线相分析中均鉴定发现了方解石，又名白垩（$CaCO_3$），它是白色的粉质颜料。岩相观察9# 群青紫还见到大量的方解石，其中可能有锰、铁和镁取代钙，而具有浅褐色（见彩版）。

5. 1#、3#、7#、9# 及10# 的鉴定中，均发现有石英（SiO_2），主要为无色；其次，为乳白色及灰色，因包裹体存在，可显紫、烟灰、黑、金黄或柠檬黄色等，应是矿物颜料中混入的杂质。

6. 在此次鉴定中未发现以蓝铜矿，即石青〔$Cu_3(OH \cdot CO_3)_2$〕为主的矿物颜料。在1#、7#、9# 岩相观察中发现少量蓝铜矿的颗粒，亦是矿物颜料混入的杂质。

7. 陶俑基体粘土经鉴定为石英（带棱角），正长石，还有少量的水白云母和高岭土。3#、7# X射线分析中出现正长石，应是粘土基体混入的。

9# 群青紫的岩相观察及X射线相分析的结果对应不好。与李亚东文章鉴定结果中紫色颜料，也有较大差异，岩相观察的紫萤石、褐色物、黑色不透明矿物以及X射线相分析中鉴定的含铬化合物等尚需进一步判定，表明秦俑彩绘颜料的科学鉴定至今还难以做出圆满的结论。

（注：本项鉴定历时十余载，先后得到柯俊、方正知、吴杏芳、李前懋、刘正皋诸教授的热心关怀与指导，在此表示衷心感谢）

注　释

[1] 复旦大学静电加速实验室等：《越王剑的质子X荧光非真空分析》，《复旦大学学报》（自然科学版）1979年第1期。

[2] 李亚东：《秦俑彩绘颜料及秦代颜料史考》，《考古与文物》1983年第3期。

后　记

秦俑面世，国人振奋，域外惊异。自1974年以来，秦俑迎接八方来客，并多次海外巡游，成为传播文化的使者。

由秦俑、秦简引发的对秦文化的探索，成为考古、历史学界关注的热点。要研究秦文化，首先要脱离对秦俑好奇、欣赏的一般认识水平，要把秦俑作为一门学问，真正地从学术研究的角度去探索，回答一些切实的历史问题，从而揭示它隐含的各种历史密码。

我作为秦俑发掘与研究开拓期的参与者，1976年便进入这一领域。从支援秦俑博物馆筹建时住简易工棚，到加入考古队夜宿农舍；从1977年试掘秦俑二、三号坑，到1978年正式发掘一号坑；从秦俑发掘、考古报告的编写，到秦始皇陵园调查与清理……风风雨雨地度过了14个春秋，从台前到幕后，可说是饱尝人间百味。但对我而言，有一条是不可动摇的，那就是把秦俑研究作为自己应尽的社会责任。

无论是长期与秦俑为伍，还是1988年离开秦俑，我始终都围绕着一个“秦”字在转。发掘秦俑、研究秦俑，就得用行动对得住秦俑。即以秦始皇陵为例，除了多篇学术论文之外，还出版了《秦始皇陵研究》一书，以专著的形式，首次勾画出了陵史与秦始皇陵的构架轮廓。在考古材料不全的情况下，出版《秦陵彩绘铜车马》，窥探到秦銮驾制度的影像。凭多年探索研究而形成的《秦俑专题研究》，从军事、兵器、艺术到检测，29篇论文既自成专题，又可综合贯穿起来俯瞰秦俑的全貌，以期达到解读秦俑的目的。《轻车锐骑带甲兵》，则是前书的普及型著作。《秦俑专题研究》在1974年出版之后，受到学术界的关注。当时在个人受困的条件下做学问，实属不易。鉴于秦俑作为秦始皇陵“外藏系统”的从葬坑之一，已经过总体测绘，以及“解剖麻雀”式的部分试掘和全面的揭露，对其布局、内涵已基本廓清，预料到今后的发掘——无论从迹象还是到文物的“新发现”——也只能是对此前成果的补充与验证，绝对不会影响已探明的秦俑整体框架构成，因此，24年前在早已具备了研究材料的条件下，《秦俑专题研究》的产生就顺理成章。现此书早已告罄。再看发掘秦俑工作由于人为的原因，停顿了24年，作为研究的凭藉——实物材料，也并无大的起色，那么对秦俑作全景式地研究，也实属必要。经过1994年到2011年这17年间的沉淀、过滤，在前述学术专著与论文的基础上，推出了《解读秦俑——考古亲历者的视角》一书，从材料到观点，力图予以补正、深化，或许可以作为学术界进一步研究秦俑的铺路砖石、具备一定参考价值的一家之言。本书所用线图，部分系自己手绘，部分采自发掘报告或学术期刊；本书彩版，大部分系自己拍摄，部分系郭佑民先生赠送。

在《解读秦俑——考古亲历者的视角》成书过程中，得到陕西省考古研究院王炜林院长等领导的关心和支持、学术界朋友们的鼓励，以及原出版社三秦出版社的理解，这些都使人没齿难忘。特别值得感激的是责任编辑潘占伟先生，从框架结构到文图格式，从观点的成立到材料的运用，他都不厌其烦地进行校核、琢磨，并同我详细商讨，取得妥善处理意见。在学术和出版浮躁的时下，他这种认真负责的态度和严谨勤奋的作风是难能可贵的。因此说，此书得以同读者见面，功劳应归之于为学术研究铺路、具有良好风气的学苑出版社。这，绝不是例行的奉承话。

王学理

2011年5月3日记于陕西省考古研究院